LE

GRAND COUTUMIER

DE FRANCE

Paris. — Typographie HENNUYER ET FILS, rue du Boulevard. 7.

LE
GRAND COUTUMIER
DE FRANCE

NOUVELLE ÉDITION

PAR

ÉD. LABOULAYE,
Membre de l'Institut,
Professeur au Collége de France,
Avocat à la Cour impériale.

R. DARESTE,
Docteur en droit,
Avocat au Conseil d'État et à la Cour
de cassation

PARIS
AUGUSTE DURAND ET PEDONE-LAURIEL, LIBRAIRES
9, RUE CUJAS (ANCIENNE RUE DES GRÈS).

1868

LE GRANT COUSTUMIER DE FRANCE

ET INSTRUCTION DE PRACTIQUE ET MANIERE DE PROCEDER ET PRACTIQUER ES SOUVERAINES COURS DE PARLEMENT, PREVOSTE ET VICONTE DE PARIS, ET AULTRES IURISDICTIONS DU ROYAULME DE FRANCE, NOUVELLEMENT VEU, CORRIGE, ADAPTE LE DROIT, LA COUSTUME, ET ORDONNANCES ROYAULX ET PLUSIEURS ARRESTS DE LA COURT DE PARLEMENT, SELON LES MATIERES ET CAS OCCURRENS. AVEC L'EXTRAICT DU STILLE DE LA COURT ET MANIERE DE FAIRE LES ASSIGNATIONS ET APPOINTEMENS EN CHASTELLET ET AULTRES IURISDICTIONS DE CE ROYAULME.

CUM PRIVILEGIO REGIO AMPLISSIMO

IMPRIMÉ A PARIS POUR GALLIOT DU PRÉ, MARCHANT LIBRAIRE, TENANT SA BOUTIQUE EN LA GRANT SALLE DU PALAIS AU SECOND PILLIER VERS LA CHAPELLE OU LEN CHANTE LA MESSE DE MESSIEURS LES PRÉSIDENS. MIL V CENS XIIII.

PRÉFACE.

§ 1. — Le *Grant Coustumier*. — Son auteur et sa date.

Le Grant Coustumier de France, et instruction de practique, et manière de procéder et practiquer ès souveraines cours de Parlement, prévosté et viconté de Paris et autres jurisdictions du royaulme de France, tel est le titre du livre qu'on cite quelquefois sous le nom de *Coutumier de Charles VI*.

L'histoire de ce recueil est singulière. Au quinzième siècle, les manuscrits n'en sont pas rares; nous en avons retrouvé sept; au commencement du seizième siècle, les éditions s'en multiplient avec une rapidité peu commune en ces premiers temps de l'imprimerie. Nous avons eu entre les mains onze éditions en caractères gothiques, publiées à Paris de 1514 à 1539, et probablement il nous en est échappé quelques-unes. Après 1539, on ne parle plus du Grand Coutumier de France, et c'est seulement en 1598 que Charondas le Caron, grand amateur de notre ancien droit, en donne une édition annotée. Ce n'est plus alors qu'une curiosité.

C'est à ce titre que le livre est cité par ceux de nos jurisconsultes qui ont gardé le goût de l'ancien droit. Brodeau, par exemple, en parle dans sa *Cou-*

tume de la Prévosté et Vicomté de Paris commentée (1), il l'appelle le *Grant Coustumier de France*, et ajoute qu'il a été *rédigé et publié sous le règne du Roy Charles VI, comme l'auteur, qui est anonyme, dist lui-même*, indication empruntée de Charondas le Caron, et que nous n'avons pas retrouvée. La Thaumassière le cite presque à chaque page dans ses *Notes et observations sur les Coutumes de Beauvoisis* (2), mais toujours sous le titre de : l'*Autheur du Grand Coutumier*. Bouhier, sur *la Coutume de Bourgogne* (3), cite l'*Auteur du Grant Coustumier, qui vivait sous Charles VI*. Les annotateurs du Glossaire de Ducange (4) allèguent l'*Auctor Magni Consuetudinarii, qui scribebat anno circiter* 1368. C'est sous le titre de l'*Auteur du Grand Coustumier* que le cite Laurière, sans se prononcer sur sa date. Au dix-huitième siècle, Camus, dans ses *Lettres sur la profession d'avocat*, Paris, 1772, insère dans sa *Bibliothèque des livres de droit*, « le Grand Coutumier de France, publié par Charondas le Caron, » et il met en note : « Ce coutumier est fort utile pour l'intelligence de l'ancienne procédure ; il est antérieur à la Somme de Bouteillier ; on le cite communément sous le nom de *Grand Coutumier de Charles VI*. » Enfin M. Dupin, dans sa *Profession d'avocat* (5), lui consacre une notice sous le titre de : *le Grand Coutumier de Charles VI*, et il dit en

(1) 2e édition, Paris, 1669, in-fo, t. I, p. 7 et 9.

(2) *Coustumes de Beauvoisis*, par Messire Philippes de Beaumanoir, Bourges et Paris, 1690, in-fo.

(3) T. I, p. 210, chap. IV, no 56.

(4) Vo EMANCIPATIO.

(5) Paris, 1832, t. II, p. 714.

commençant : « J'ai enfin trouvé ce vieil in-4°, que je « voyais cité dans tous nos anciens auteurs, quelque-« fois par les modernes, et qui est si rare que ni les « libraires, ni les bibliothécaires ne pouvaient me le « montrer. »

La rareté du livre, l'oubli dans lequel il est tombé s'expliquent aisément et par les mêmes raisons. Le Grant Coustumier était un livre de pratique ; c'était à la fois un Code civil, un Code de procédure et un Formulaire. La première réforme de la Coutume de Paris, en 1510, modifia en certains points le droit civil. L'Ordonnance rendue par Charles VII, *aux Montils-lez-Tours, au mois d'avril* 1453, *avant Pâques*, et plus encore l'Ordonnance *sur le faict de la justice et abbréviation des procès*, rendue à Villers-Coterets par François Ier, au mois d'août 1539, simplifièrent et abrégèrent l'ancienne procédure. La publication de cette dernière ordonnance coïncide avec la dernière édition gothique du Grant Coustumier. Une nouvelle procédure ôtait toute utilité au vieux recueil. On le mit de côté, comme on fait des vieux almanachs. C'est, du reste, chose remarquable que rien ne se détruit plus vite que les livres dont on ne se sert que comme d'instruments. Livres d'école, livres de cuisine, livres de pratique, dictionnaires, géographies disparaissent aussitôt qu'on n'en use plus ; les livres les plus rares ne sont pas toujours ceux qui ont eu le moins d'éditions.

C'est seulement dans ces dernières années que le Grant Coustumier a repris faveur. Depuis qu'on s'est remis aux études historiques, on a senti quelle était l'importance de cette compilation. Le Grant Coustumier est un document d'autant plus précieux, qu'il nous représente le dernier état du droit français, au moment où la coutume va faire place à la législation, où ce ne seront plus l'usage et la jurisprudence qui feront loi, mais bien l'ordonnance et la volonté du Roi. Là se trouvent les origines de la Coutume de Paris et celles de notre Code de procédure. On comprend donc comment, dès ses premiers travaux, un jurisconsulte aussi éclairé que Klimrath a insisté sur la nécessité de réimprimer le Grant Coustumier (1).

Quel est l'auteur, quelle est la date de ce recueil ? Ce sont deux questions qui se tiennent, mais qui ne sont pas d'une solution facile. Examinons d'abord de quoi se compose le Grant Coustumier.

Dans les éditions imprimées, il est divisé en quatre livres.

Le premier n'est autre chose qu'un recueil d'ordonnances concernant la tenue du Parlement, les devoirs des parties, le serment des avocats et des procureurs, les fonctions des huissiers et des greffiers. A la suite de ces pièces, viennent les Ordonnances royaux du Châtelet de Paris, « faites par grande et mûre délibération de conseil en l'an 1485; lesquelles doivent être lues chascun an, le lendemain de *Quasimodo*, et le premier jour plaidoyable d'après vacations de vendanges, et les promettront et jureront garder et observer les gens dudict Chastelet, chascun par tant que à luy peult et pourra toucher. » Ces or-

(1) Klimrath, *Travaux sur l'histoire du droit français*, édition Warnkœnig. Strasbourg, 1843, t. II, p. 15-17.

donnances règlent la tenue des audiences, les fonctions des examinateurs, des avocats, des procureurs, des notaires, des clercs civils et criminels, des audienciers et des sergents près le Châtelet. On remarquera l'ordonnance touchant le clerc de la geôle du Châtelet, qui donne les plus curieux détails sur l'intérieur de cette prison. L'extrait du stile du Châtelet touchant la maçonnerie n'est pas moins intéressant pour nous, c'est une des sources de notre Code civil. Le livre est terminé par d'autres ordonnances sur le serment des baillis, sur la punition du blasphème, ou *vilain serment*, etc. Enfin, en quelques éditions on y a joint la grande ordonnance faite à Paris au mois de septembre 1402, par le roi Charles VI, sur le fait des eaux et forêts du royaume de France.

Il est évident que ce premier livre n'est qu'une compilation sans originalité. On a simplement imprimé en tête de l'ouvrage les ordonnances dont la connaissance était nécessaire aux juges, aux avocats, aux procureurs et aux parties (1). En outre, c'est une addition. Ce premier livre ne se trouve pas dans les manuscrits, et autant qu'on en peut juger, le texte des deuxième et troisième livres est beaucoup plus

(1) Ces ordonnances, qui formaient, ce semble, une espèce de code judiciaire, et qui sans doute étaient tirées du greffe du Parlement, ont été souvent réimprimées. Nous citerons notamment le recueil publié par Galiot Dupré, le premier éditeur du Grant Coustumier : *Les loix, ordonnances et édicts des très-chrestiens rois de France et de la Court de Parlement, tant sur le faict et conservation de la justice que sur la police des lieux et Estat du royaume, depuis le roy sainct Loïs, jusques au roy Henry, deuxième de ce nom, à présent régnant*. Paris, 1559, in-f°.

ancien que la plupart des ordonnances énumérées plus haut.

Le second livre commence par une traduction de quelques définitions empruntées aux Institutes de Justinien; il donne les commandements du droit, il dit ce qu'il faut entendre par droit écrit et droit non écrit, coutume, us et usage, stile et usage; il y joint la division des choses, leur distinction en choses corporelles et incorporelles, et traite ensuite brièvement des servitudes, des cautions, de l'usucapion et prescription, du don et de l'obligation. Tout ceci est emprunté, suivant toute apparence, de quelque abrégé français du droit romain.

Vient ensuite une compilation du droit coutumier, et du stile en usage devant le Parlement de Paris. L'auteur y parle des seigneurs et des seigneuries, de la division des personnes en nobles et non nobles, de l'exécution des lettres, de la *reivendication*, de la différence des commissions, de la division des meubles, des cas de nouvelleté, des libelles en cas de possession, des amortissements, des criées de maisons, du champart, de la saisine en fief, *de feudis*, des coutumes des fiefs, du rachat des fiefs, du droit des censiers, des douaires, des retraits lignagers, du droit des propriétaires, des vues et égouts, des cas de péril, de succession, testament et exécution d'iceux, de garde et bail, des mineurs, tuteurs et curateurs, des délits et crimes, de ceux qui peuvent ester en jugement, enfin des assurements.

Ce second livre est fort curieux, il contient les premiers germes de la Coutume de Paris, et peut servir à éclairer certaines origines de notre Code civil ; mais il suffit d'une lecture rapide pour s'assurer qu'on a devant soi, non pas un œuvre originale, non pas même une compilation faite dans un ordre méthodique, mais simplement un recueil fait de toutes mains, et composé de pièces assemblées au hasard. Le chapitre *De feudis* n'est que la reproduction du chapitre XXVIII du *Stylus parlamenti*; celui des délits et des crimes, et celui qui porte pour titre : *De ceux qui peuvent ester en jugement*, sont extraits d'un stile écrit en latin. Le chapitre des *Coutumes des fiefs* a un tout autre caractère, c'est un catéchisme de droit féodal, fait avec soin ; il est rédigé par demandes et réponses, et écrit en très-bon français. C'est un traité qui paraît ancien, et dont il serait intéressant de retrouver l'original. Le compilateur du Grand Coutumier a visiblement inséré dans son recueil une œuvre dont il n'est pas l'auteur.

Le troisième livre est un style de procédure. Il y est traité des procureurs, des avocats, des ajournements, des exoines, des exceptions, des deffaults, de vue, de garand, du jugement des hommes, des cas des pairs de France. Viennent ensuite des formules de libelle, ou d'assignation pour les cas les plus divers. Le livre est terminé par les ordonnances touchant les appellations.

Dans le quatrième livre, il est parlé de l'office du juge, des demandes et interrogatoires de témoins. Vient ensuite une des grosses questions de notre ancien droit, *les cas qui peuvent toucher le Roi et l'Évêque*, c'est-à-dire la querelle entre la juridiction ecclésiastique et la juridiction séculière. Le compilateur traite à cette occasion des clercs non mariés, ou du privilége de clergie.

Après la procédure civile vient la procédure criminelle. Nous trouvons un chapitre qui parle de la haute justice, suivi d'un traité des peines.

Ce premier chapitre est composé, pour la plus grande partie, de *notables*, ou arrêts du Parlement et jugements du Châtelet, résumés par le compilateur, et indiqués par le mot *nota*, mis en tête du paragraphe. Nous citerons, par exemple, celui-ci, qui n'est pas le moins étrange, et qui donne une singulière idée des mœurs du temps :

« Nota que au bailliage de Melun a un prieuré, duquel le prieur avait toute haute justice. Un sergent du roi vint audit prieur, et l'ajourna. Le prieur dit audit sergent tels mots : *Tu t'es moult travaillé, il te faut boire*, et après ces mots, mit le cul à bort et lui fit un pet. Cela fut rapporté au roi qui le priva de toute sa haute justice, ne oncques puis n'eut haute ni moyenne justice, fors censuelle. »

Le chapitre où il est parlé des peines commence par un petit traité méthodique sur le caractère de la peine et les devoirs du juge ; il se termine par des emprunts faits au stile du Châtelet, et par la citation des opinions de Cessières, greffier du Parlement, de maître Jehan Chaton et de maître Doublet, auditeurs au Châtelet de Paris.

Jean de Cessières, greffier criminel du Parlement (1), nous est connu par l'intéressante *notice* de M. Grün,

(1) C'est par erreur que nous avons imprimé *Tessières*.

sur les archives du Parlement de Paris (1). Ce fut lui qui, le premier, dressa sur parchemin le registre ou procès-verbal des affaires criminelles (*registrum manuale causarum criminalium litigatarum et agitatarum in regio Par. parlamento*). Il commença en 1364 ce recueil, qui est aux Archives de l'Empire, et le continua jusqu'à la date de sa mort, en 1404.

Maître Jehan Chaton, dont le nom revient cinq ou six fois dans le Grand Coutumier (2), semble avoir joui d'une grande autorité : c'était, suivant toute apparence, un des bons magistrats de Paris, au quatorzième siècle. Mais nous n'en savons pas plus long sur lui (3).

Maître Doublet est sans doute celui que cite Loisel (4) sous le nom de maître Martin Doublé. « Il était conseiller au Châtelet, dit de Laurière, sous Charles VI, vers l'an 1392. V. le *Pasquier* et l'*Histoire de Charles VI*, de Jean Juvénal des Ursins, de l'impression du Louvre, p. 33, où il est appelé DOUBLE. »

Après le quatrième livre du Grant Coustumier, les éditions imprimées publient « aucuns notables, moult praticables, extraits du stile de la Cour du Parlement, pour avoir vraie connaissance de la manière de procéder en icelle Cour, etc. »

(1) *Actes du Parlement de Paris*, publiés par M. Boutaric, t. I, Paris, 1863, in-4°, p. CCXXVI

(2) Livre III, *Des exceptions. — Des deffaulx* ; liv. IV, *Des peines.*

(3) Il est encore cité, avec Jehan Pastourel, dans les *Notables*, publiés par M. Bordier, sous le titre de *Recueil des textes relatifs à la coutume de Paris*, 1re livraison. Paris, 1845, p. 40, à la note.

(4) *Institutes coutumières*, l. I, 43, édition Dupin et Laboulaye, t. I, p. 93.

Nous ne dirons rien de cette traduction du style du Parlement, sinon que le langage en est ancien, et qu'elle pourrait bien être contemporaine du texte latin. Dans les arrêts cités, le nom des parties n'est pas toujours le même que dans le style de Du Breuil, publié par Dumoulin ; mais, il y a une telle incorrection dans les anciennes éditions, qu'il est difficile de décider quelle est la bonne leçon.

A la suite du style du Parlement, viennent des formules diverses, et qui sont plus ou moins nombreuses, suivant les éditions. Le tout est terminé par l'*Arbre de consanguinité et d'affinité*, *nouvellement rédigé en langage vulgaire*, c'est-à-dire traduit du latin de Joannes Andreæ.

Maintenant que nous avons vu de quels éléments est composé ce livre de pratique, revenons à la question que nous avons posée plus haut, et demandons-nous si l'on peut connaître l'auteur et la date du Grant Coustumier.

Laissons de côté les additions faites par les éditeurs du seizième siècle, ne tenons aucun compte du premier livre, qui n'est aussi qu'une addition, voyons ce que nous apprennent les livres II, III et IV, qui forment le noyau de l'ouvrage.

L'auteur nous dit en son prologue : « J'ai fait et compilé ce petit traité pour instruire et doctriner les jeunes hommes qui voudront avoir connaissance des faits et instruction de pratique.... Lequel traité, j'ai pris et assemblé de longtemps sur *plusieurs autres livres et opinions des sages praticiens*, et sur plusieurs autres choses concernant et regardant le fait de ladite pratique, selon ma possibilité, faculté et puissance, laquelle j'ai réputée être petite et foible. »

Nous connaissons quelques-unes de ces sources. Nous avons indiqué plus haut le chapitre des *Coutumes des fiefs*. Klimrath, après Choppin, a signalé l'ancien style du Châtelet, qui est conservé en manuscrit à la Bibliothèque impériale, et dont la publication est désirable (1). On peut joindre à ces sources, le style du Parlement de Du Breuil, les *aliqua de stylo curiæ Parlementi*, les *notables* que les praticiens du quatorzième siècle recueillaient comme on recueille aujourd'hui les arrêts des Cours. Si l'on pouvait retrouver tous ces éléments, on verrait probablement que le travail de l'auteur n'a consisté qu'à fournir le fil pour lier ces pièces, rassemblées de toutes parts.

Il faut se dire que ces compilations anonymes étaient un bien commun dont chacun s'emparait à son gré. On en peut juger par le morceau singulier qu'a publié Pihan de la Forest, sous le titre de *Très-anciennes coutumes de Senlis* (2).

Cet ancien texte, présenté, en 1493, aux commissaires du roi Charles VIII, chargés de rédiger et de mettre par écrit les coutumes de Senlis, n'est autre chose que le cahier d'un praticien qui a compilé le Grant Coustumier, le style du Châtelet et celui du Parlement. Est-ce le texte même du Grant Coustumier qu'il a suivi, a-t-il eu recours à une source plus ancienne où notre auteur a puisé? C'est ce qu'il

(1) Klimrath, *Travaux sur l'histoire du droit français*, Strasbourg, 1843, t. II, p. 19.

(2) *Esprit des coutumes du bailliage de Senlis*, Paris, 1771, in-12.

serait difficile de dire aujourd'hui. Mais il est bon de signaler ce remaniement peu connu d'un vieux livre de pratique.

Si l'on se rend compte de la façon dont notre compilation s'est faite, on comprendra que les quelques passages où l'auteur semble se mettre en jeu, n'ont par malheur aucune importance, car rien ne nous dit que ces passages ne sont pas empruntés d'un recueil où celui qui parle est une tout autre personne que notre compilateur.

Ainsi, par exemple, nous lisons à la suite du quatrième livre, au chapitre des *Adjournements* :

« Ce l'ai-je vu en Parlement, l'an 1329, « pro domino de Tyranno, contra dominum Petrum de Ferrariis et Senescalcum Xantonensem. »

« Et ainsi l'ay vu faire en Parlement, l'an 1327, contre dame Marguerite de Belingue et ses enfants. »

Ces citations n'ont pour nous aucune valeur, parce que nous savons que tous ces notables sont pris du style du Parlement (1), et que, par conséquent, c'est Guillaume Du Breuil qui parle.

Mais sommes-nous sur un terrain plus solide, quand, au livre III, chapitre des ***Défauts en cas réel***, nous lisons :

« Nota quod ubi pars appellans presentat se contra judicem... sufficit ex quo judex adjornatus est... ***et ita vidi judicari pro Rebeschaux contra Michaelem Miette, anno Domini*** 1327 (2).

(1) ***Stylus curiæ Parlamenti***, cap. IV, édit. de Dumoulin, Paris, 1558, p. 11.

(2) Au titre *De garand*, liv. III, il y a une citation de même espèce :

Ce *nota*, qui se trouve au milieu d'autres *notables* latins, empruntés au style ou à l'usage du Châtelet, appartient-il à un précédent compilateur ? Qui le sait? Est-ce, au contraire, un aveu de l'auteur, un souvenir personnel ? Il est permis d'en douter, quand, au livre IV, chapitre des *Clercs non mariés*, on lit ce qui suit :

« Le prévôt de Paris, me dit l'an 1382, en avril, qu'il tenait un clerc non marié, qui était houlier et soupçonneux d'autre crime. Il en avait parlé au Conseil du Roi et à Messeigneurs du Parlement, qui étaient d'opinion qu'il le fît tirer en la géhenne, nonobstant sa couronne. »

Il n'est pas impossible que le même homme ait suivi le palais à cinquante-six ans de distance. Mais on conviendra que la chose est peu probable et que le doute est permis. Rien n'assure d'ailleurs que ce paragraphe ne soit pas une addition au texte primitif. Le Grant Coustumier, tel que nous le possédons, fourmille de ces additions.

Un excellent homme, qui s'était beaucoup occupé du Grant Coustumier, M. Denevers, bibliothécaire de la Cour de cassation, espérait avoir trouvé le nom de l'auteur. Sur l'exemplaire de l'édition donnée en 1516, par Galliot du Pré, et que possède la Cour de cassation, il avait lu ces mots écrits au-dessous du

Et ita vidi judicari pro domino de Montemorentiano contra abbatem Sancti Dyonisii. Mais il n'y a pas de date ; et le chapitre n'est qu'un recueil de *notables*, qui complètent le chapitre XII, *De dilatione garandi* du *Stylus Parlamenti*. Il n'y a non plus aucune induction à tirer d'un passage du titre *Des mineurs* (liv. III), où le compilateur parle en son nom personnel.

titre par un des anciens possesseurs de ce précieux volume : *Par Me Guillaume Brouilly, advocat en Parlement.*

Sans se faire illusion sur sa découverte, M. Denevers y attachait cependant un certain prix, mais par malheur nous ne pouvons partager son opinion. D'une part, comme le remarquait M. Denevers lui-même, le nom de Guillaume Brouilly ne se trouve sur aucune des listes d'avocats que nous ont conservées Loisel, Cl. Joly, Boucher d'Argis, Fournel, etc., et on ne le rencontre pas davantage sur le précieux manuscrit de Blanchard, que possède la bibliothèque de la Cour de cassation (1) ; d'autre part, il est trop visible que le nom de Guillaume Brouilly n'est qu'une fausse traduction du nom Guillelmus de Brolio ou Guillaume Du Breuil, greffier du Parlement et compilateur du *Stylus Parlamenti.* L'auteur de la note a pris le Grant Coustumier pour le style du Parlement. On pouvait s'y tromper.

Il faut donc avouer qu'on ne connaît ni le nom de l'auteur du Grant Coustumier ni l'année où il a écrit. Des textes et des arrêts qui composent son livre, il résulte qu'il a vécu dans le quatorzième siècle, mais il n'y a aucune raison pour le placer à la fin plutôt qu'au milieu de ce siècle, et nous n'avons rien trouvé qui justifie le titre de *Coutumier de Charles VI.*

Cette appellation a pour elle qu'on la rencontre sur un manuscrit qui remonte au quinzième siècle ; mais

(1) Catalogue de tous les avocats au Parlement de Paris, depuis Guy Foucault jusqu'à Gabriel de Bullion, en 1723.

on ne voit point sur quoi elle s'appuie. Charondas dit, dans l'Epître à son fils, mise en tête de l'édition de 1598 : « Qui soit l'auteur du livre, je ne l'ai pu encore savoir ; toutefois, j'ai appris de lui-même qu'il était du temps de Charles VI. » Brodeau a suivi Charondas, mais nous ne savons où ces deux savants ont pris cette indication, à moins qu'ils ne fassent allusion à l'anecdote de 1382, que nous avons citée plus haut et qui nous semble loin de décider la question. Bouhier et Camus ont suivi Brodeau. Mais La Thaumassière et Laurière, bons connaisseurs de notre ancienne jurisprudence, se contentent de citer l'auteur du Grant Coustumier, sans donner une date précise à son livre. Quant aux annotateurs de Ducange, ils placent notre auteur vers 1368, sous Charles V, sans dire où ils ont pris ce renseignement.

Nous n'essayerons pas de prendre parti dans cette question ; les pièces nous manquent. Tout ce que nous pouvons dire, c'est que, dans le quatrième livre, on trouve des arrêts de 1372, 1379, 1382, 1387, tandis que, dans les livres II et III, les arrêts cités sont de 1325, 1327, 1335, etc., ce qui supposerait une rédaction antérieure au règne de Charles VI, au moins pour ces deux livres. Mais on ne peut rien conclure de cette diversité, car le livre a été continuellement remanié, et chaque copiste l'a pour ainsi dire refait à son usage, et pour les besoins du jour.

Une seule chose est certaine, c'est qu'il n'y a aucune raison pour donner au Grant Coustumier le titre de *Coutumier de Charles VI.*

§ 2. — Les *Manuscrits du Grant Coustumier* (1).

Les manuscrits du Grand Coutumier décrits jusqu'à ce jour sont au nombre de sept, dont quatre à la Bibliothèque impériale de Paris, un à Rouen, un à Troyes et un au Vatican. Nous allons les faire connaître successivement :

A. *Paris*. Fonds Notre-Dame, 119.

Ce manuscrit, de la seconde moitié du quinzième siècle, a appartenu à Antoine Loysel, qui a écrit de sa main au haut de la première page son nom et le titre suivant : « Grand Coustumier imprimé, 1452. » On lit ensuite la note suivante : « Ce libvre a esté faict du temps du roi Charles VII, il i a plus de cent (cinquante) ans par un homme sçavant en droict et en practique, et fut escript par Philippe le Blanc. »

Après le Grand Coutumier, ce manuscrit contient un recueil d'ordonnances royales, dont la première porte la rubrique suivante : « Extraict des ordonnances ja pieça faictes par le roy Philippe le Bel, c'est assavoir en l'an MCCC et deux, en may. » Viennent ensuite d'autres textes, puis une rubrique « du serment des baillis et des ordonnances sur ce faictes » ; puis enfin

(1) Ces notices ont déjà été publiées dans la *Revue historique de droit français et étranger*, aux dates suivantes :

1857. Notice sur un manuscrit du Grand coustumier de France, conservé à la Bibliothèque de Troyes, par M. Beautemps-Beaupré (*Revue*, t. III, p. 476).

1862. Notice de quatre manuscrits du Grand coustumier de France, conservés à la Bibliothèque impériale de Paris, par M. Dareste (*Revue*, t. VIII, p. 671).

1864. Notice sur un manuscrit du Grand coustumier de France, conservé à la Bibliothèque du Vatican, par M. de Rozière (*Revue*, t. X, p. 251).

— Notice d'un manuscrit du Grand coustumier, conservé à la Bibliothèque de Rouen, par M. de Beaurepaire (*Revue*, t. X, p. 351).

la pragmatique sanction de Charles VII, les libertés de l'Église gallicane (1408), et l'ordonnance de Montils-lez-Tours sur le fait de la justice (1453).

B. Fonds français, n° 9827, aujourd'hui n° 5277.

Manuscrit de la seconde moitié du quinzième siècle. Il contient : 1° l'ordonnance de Montils-lez-Tours ; 2° le Grand Coutumier, avec cette rubrique : « C'est le Coustumier de France ouquel est traictié de plusieurs coustumes, usaiges et stilles estans es pays de France, et de plusieurs autres drois et loys, et premièrement quest justice, en la manière qui s'ensuit; » 3° le style de Parlement ; 4° le style des requêtes du Palais ; 5° enfin des instructions du Conseil du roi sur les amortissements, francs-fiefs et nouveaux acquêts, au bas desquelles on lit : « collationnées par Fromont, commis des deux trésoriers de France, le 26 mai 1461. »

Le dernier feuillet porte la note suivante : « Cest livre appartient à Françoys Barbier, lequel la escript luy estant clerc de maistre Amé Mignon, procureur en Parlement, lequel livre fut relié et parchevé ledit Barbier estant clerc de monsieur M.-Antoine Favre, aussi procureur en Parlement, le VIIe jour de septembre l'an MIIII^c^LXXVII. »

C. Fonds Saint-Germain, 1316.

Ce manuscrit contient le Grand Coutumier et l'ordonnance de Montils-lez-Tours. A la fin du dernier chapitre du Grand Coutumier, le copiste a écrit ces mots : « Explicit. Hunc finem tetigi quem multum desideravi. »

D. Ancien n° 9389, aujourd'hui n° 4369.

Ce manuscrit, de la même époque que le précédent, ne contient que le Grand Coutumier. Une main récente a écrit en tête du premier feuillet, par erreur : « Somme rurale de Boutillier. »

E. *Troyes*. n° 682.

Volume petit in-folio, sur papier, de quatre cent quinze pages ou deux cent huit feuillets. Il est d'une écriture de la seconde moitié du quinzième siècle, à longues lignes non tracées. Les rubriques sont à l'encre rouge. Sur la première feuille de garde est une table des matières, d'une écriture plus récente que le corps du manuscrit, et qui ne reproduit pas toujours avec une exactitude rigoureuse les rubriques telles qu'elles sont dans le manuscrit. En tête de la table, se trouve le nom de **F. Pithou.** Au bas de la première page, se remarque l'indication suivante : *Est oratorii collegii Trecensis;* d'où l'on peut conclure que ce manuscrit a fait partie de ceux qui furent légués au collége de Troyes par Pithou. A côté, et de la même main, le manuscrit est ainsi désigné : *Livre de droict signé en fin* : DE REFUGE. Cette désignation se trouve également sur une étiquette de papier collée au dos du livre et qui paraît d'une écriture plus ancienne que l'annotation placée au bas de la première page. Enfin c'est sous cette dénomination qu'il figure dans le catalogue des manuscrits de la Bibliothèque de Troyes, publié par les soins du gouvernement. Cette désignation provient du nom de Refuge, qui se trouve en effet à la fin du manuscrit et sur le côté intérieur de la reliure du livre, au commencement, et qui peut bien être celui d'un des anciens propriétaires.

F. *Rouen*, E, 97154.

Ce manuscrit se compose de cent quatre-vingt-seize feuillets in-4° sur papier. L'écriture est du quinzième siècle. Il provient de l'abbaye de Saint-Ouen. Sur une feuille de garde, on lit, en écriture du quinzième siècle, ces mots : « C'est à Mme de Heuqueville, » et sur le premier feuillet recto, en écriture du dix-septième siècle : « Ce livre de divers Traictez de justice practique et usaiges sur toutes sortes de matières, appartenant à dame Marguerite de Chastillon-sur-Marne et de la Ferté en Ponthieu, laquelle avoit espousé Pierre de Roncherolles, baron de Heuqueville, Pont de Pierre, de Maineville et de Ronche-rolles. Ils vivoient soubs le règne de Louis XI. »

G. *Vatican*. Fonds Vatican proprement dit, n° 4790.

Volume in-folio, en vélin, couvert de peau rouge, comprenant cent soixante-neuf feuillets. L'écriture, à longues lignes, paraît être de la seconde moitié du quinzième siècle. Les citations latines sont, comme les rubriques, soulignées à l'encre rouge. Rien n'indique au premier abord le genre d'ouvrages qu'il contient. Il est inscrit au catalogue sous le titre de : *Constitutiones Galliæ*, et la table des chapitres du Grand Coutumier, par laquelle il commence, est précédée de cette simple mention : *Cy commence la table du traictié de ce livre*. Cette table, et le texte qui la suit immédiatement, remplissent les cent six premiers feuillets. Au folio 107, se trouve une ordonnance de Charles IV, en date du 26 juin 1326, sur les eaux et forêts; au folio 108, une ordonnance de Charles VI, rendue au mois de septembre 1402, sur le même sujet ; au folio 115, l'ordonnance de Philippe IV, du 1er juin 1306, sur les gages de bataille. Les feuillets 120, 121, 122 sont restés blancs. Au folio 123 commence une traduction française du Traité de Guillaume du Breuil sur le style du Parlement de Paris, laquelle s'étend jusqu'au folio 154 inclusivement. Enfin, les quatorze derniers feuillets sont occupés par une suite d'ordonnances relatives aux différents corps de métiers de la ville de Paris.

Il est remarquable que ces sept manuscrits donnent six textes différents. D paraît avoir été copié sur C, qu'il reproduit exactement à l'exception des cinq derniers chapitres. Il se termine, en effet, après le chapitre de bail et de garde, par cette note : « Darrenier chappitre. » Pour donner une idée des divergences de ces textes, il suffit d'indiquer l'ordre dans lequel ils rangent les titres du Grand Coutumier.

A

1. De justicia.
2. Coustume.
3. De successione bastardorum.
4. Des usages et observances.
5. De stile.
6. De la division des choses.
7. Des choses corporelles et incorporelles.
8. De servitude.
9. De cautions.
10. De prescription et usucapion.
11. De don.
12. De obligations.
13. Des seigneurs.
14. Du nombre des biens.
15. Des lignes de consanguinité.
16. Du nombre des personnes.
17. De l'exécution des lettres.
18. De criées de maisons.
19. Que sont commission, supplicacion et rogat.
20. Quelle chose est prévosté, vicomté et banlieue.
21. De la division des meubles et de héritaiges.
22. Des cas de nouvelleté.
23. Exceptions sur le cas de nouvelleté.
24. De saisine en censive.
25. De saisine en fief.
26. Du serment de feauté.
27. De serment d'aubain.
28. De amortissement.
29. De franc aleu.
30. De droit de patronage.
31. De retraits.
32. Cy ensuivent plusieurs notables touchant retraits.
33. De privilége.
34. De propriété et du droit des propriétaires.
35. Du droit de propriété doit len quelque chose dire.
36. Vues, égouts, esviers et glaconnières.
37. Cas de peril.
38. Du droit des censiers.
39. De conventions entre homme et femme.
40. De succession.
41. De garde et de bail.
42. De mineurs, tuteurs et curateurs.
43. De donner provision.
44. De delits.
45. De fractione salvæ gardiæ.
46. De feudis.

47. Coustumes de fiefs.
48. De l'office de juge.
49. De juges arbitres.
50. Des cas qui peuvent toucher le roy, l'evesque, et premièrement sensuit la tollerance.
51. Des clers non mariés.
52. Des clers mariés.
53. Que est haute justice, moyenne et basse justice.
54. Quest moyenne justice.
55. Quest basse justice.
56. Quest justice foncière.
57. Des peines.

B

1. Quest justice.
2. Quels sont les commandemens de droit.
3. Quest droit naturel.
4. Quest droit escript.
5. Quest droit non escript.
6. Quest coustume de pais.
7. Quest us.
8. Quest stille.
9. La division des choses.
10. Des choses corporelles et incorporelles.
11. De arrest et de division de meubles et heritaige.
12. Doffice de sergent et des adiournemens.
13. Des essoynes.
14. La difference de commissions, supplications et rogas.
15. Des obligations.
16. Des actions.
17. De donnation.
18. De reyvendication.
19. Des executions des lettres.
20. Des criées de maisons ou heritaiges.
21. Des causes pour adnuller ung decret.
22. De pleiges et plegeries.
23. De caution.
24. De usucapion et prescription.
25. Comment usucapion na point de lieu contre prince.
26. Comment action de dol dure trente ans.
27. Comment meubles nont point de suyte se ils ne sont transportés par fraude.
28. De emancipation.
29. De ceulx estans en puissance d'autruy.
30. Des cas touchans le roy et sa juridiction temporelle, et des cas touchant levesque et sa jurisdiction espirituelle, et furent advisés les points qui y sont contenus entre les dits Roy et evesque estre tollerés.

C ET D

E

14. De deux lignes de consanguinite.
15. Du nombre des personnes.
16. De l'excecucion des lettres.
17. Criées de maisons.
18. De la reivendicacion
19. Qui sont commission, supplicacion et rogat.
20. Quelle chouse est viconté, prévosté et banlieue de Paris.
21. De la division de meuble et de heritaige.
22. Des cas de nouvelleté.
23. Excepcions sur ce cas de nouvelleté.
24. De saisine en censive.
25. De saisine en fief.
26. De serement de féaulte.
27. De serement d'un aubain.
28. De rachat.
29. De admortissemens.
30. De franc aleuf.
31. Du droit de patronnaige.
32. De retraitz.
33. Du privilége.
34. De propriété et du droit de proprietaire.
35. Venes, aigouz, esviers et glaconniers.
36. Cas de peril.
37. Du droit des censiers.
38. Des convencions d'entre homme et femme.
39. De succession.
40. De garde et bail.
41. Des mineurs, tuteurs, etc.
42. De donner provision.
43. *De delictis.*
44. *De infraccione salvegardie.*
45. De asseurement.
46. *De feudis.*
47. Coustumes de fiefz.
48. De l'office de procureur.
49. De l'office d'advocat.
50. Manière de procéder.
51. Des adjournements.
52. De adjourner les hoirs du trespassé à reprendre ou delaisser.
53. Ausquelz procureurs il convient grâce, et ausquelz non.
54. Des exoines.
55. Des excepcions et replicacions.
56. Declinatoires pour esclarcir.
57. Des dilatoires.
58. Derraine, peremptoire.
59. De ceulx qui pevent ester en jugement.
60. Des deffaulx.
61. Des deffaulx en cas reelz.

62. Des deffaulx sur appellacion.
63. Des causes extraordinaires.
64. De ce que le demandeur a à faire avant que le défendeur responde.
65. Veue, etc.
66. De garand.
67. Les causes pour adnuller ung décrect.
68. Reprouches de tesmoings qui sont receuz selon le stille de Parlement.
69. Du jugement des hommes.
70. Des cas de pers de France.
71. Des appellacions.
72. Des libelles.
73. Libelle en cas de propriété.
74. Contreditz et salvacions.
75. La forme de faire escriptures.
75. De l'office de juge.
76. Des juges arbitres.
77. Des cas qui peuvent toucher le roy et l'évesque de Paris, *et primo* de la tolérance.
78. Des clercs non mariez.
79. Des clercs mariez.
80. De haulte justice.
81. De moyenne justice.
82. De basse justice.
83. De justice foncière.
84. De justice tréfoncière.
85. Des peines.
86. Aucuns notables.

F

1. Ordonnances sur le faict des eaues et forests.
2. Autres ordonnances faictes sur le fait des eaues et forests.
3. Qu'est justice.
4. Quelz sont les commandemens de droit.
5. Qu'est droit naturel.
6. Qu'est droit escript.
7. Qu'est droit non escript.
8. Des loys et des drois.
9. Quest droit commun.
10. Quest coustume de pais.
11. Qu'est us.
12. Qu'est stille.
13. La différence des commissions, supplications et rogas.
14. Qu'est prevosté, visconté et banlieue de Paris.
15. D'office de sergent.
16. Des adjournemens.
17. Des commissions.

107. De destourner mortemains.
108. De succéder à gens indeuement manumis à tonssure.
109. De vendicion de fiefs.
110. De mortemains que prennent les gens d'église.
111. De douaire coustumier.
112. De dons mutuels.
113. De manumissions.
114. De vendicion de mortemains.
115. De privilegiis clericorum.
116. De don mutuel.

G

Fo 1. Nos 1. Qu'est justice.
2. Quels sont les commandements de droit.
3. Qu'est droit naturel.
4. Qu'est droit escript.
5. Qu'est droit non escript.
6. Qu'est coustume de pais.
7. Qu'est us.
8. Qu'est stille.
9. Des livres de loys et des drois.
10. La difference des commissions, supplications et rogas.
11. Qu'est prévosté, vicontê et banlieue de Paris.
Fo 2. 12. D'office de sergent et des ajournements.
Fo 3. 13. Des essoines.
14. Des obligacions.
15. Des accions.
Fo 4. 16. D'arrest et de division de meubles et heritage.
17. De execution de biens.
Fo 5. 18. De criées de maisons ou hériages.
Fo 6. 19. De causes pour annuller un décret.
20. De donacion.
21. Des plaiges et plegeries.
22. De caucion.
23. De reyvendicacion.
Fo 7. 24. De usucapion et prescripcion.
25. De possesseur de bonne foy.
26. De posseseur de male foy.
27. De décepcion d'oultre moitie de juste pris.
28. De accion de dol.
29. Comment meubles n'ont suite, se par fraude ne sont transportés.
Fo 8. 30. De émencipacion.
31. De ceulx estans en puissance d'autruy.
32. Comment cellui qui poursuit en nom appellatif doit enseigner de son tiltre.

160. Deffenses en accion reelle sur cas de saisine.
F° 100. 161. Demande d'eschoitte troublé.
162. Deffense de succession.
163. Demande sur nouvel trouble de main-morte entre seigneurs.
164. Demande sur nouvel trouble de servage.
165. Deffense de servage de personne.
F° 101. 166. Demande d'eschoitte troublé et de main-morte en cas péritoire.
167. Deffense de servitude de pocession.
168. Demande en accion personnelle.
169. Demande en accion ypothéque.
170. Demande d'arréraiges.
F° 102. 171. Deffenses sur ce.
172. Repplicacion sur ce.
173. Demande de meubles prins sur autruy.
174. Réponse *super eodem.*
175. Demande de gaiges bailliez a aucun mort, dont on causerait les hoirs.
176. Deffense sur ce et *de sine causa.*
177. *De condicione indebiti.*
178. Reponse *super eodem.*
179. Demande de *sine causa.*
F° 103. 180. Réponse *super eodem.*
181. *De accione mixta et communi dividundo.*
183. Deffense *super eodem.*
183. Demande de murtre.
184. Deffense de murtre et d'autres crimes en haulte justice.
185. Deffense d'efforcement de femme.
186. Deffense de dénonciation.
F° 104. 187. Deffense d'espave contre office de juge en plusieurs cas.
188. Demande en cas d'asseurement brisie.
189. Réponse *super eodem.*
190. Repplicacion.
191. Response contre office.
F° 105. 192. Demande d'office de juge en cas civil.
193. Deffense contre office d'avoir exercé justice et d'autres cas.
194. Demande contre cil qui aurait enfraint la justice d'un seigneur.
195. Deffense d'enfrainte de justice, que remission n'en soit faite.
196. Demande de chose emblée.
F° 106. 197. Response *super eodem.*
F° 107. Des eaues et forestz (ordonnance de Charles IV, 26 juin 1326).
F° 108. Autres ordonnances faites sur le fait des eaues et forestz (ordonnance de Charles VI, septembre 1402).

LE TRAICTIÉ MAISTRE GUILLAUME DU BREUIL
SUR LE STILLE DU PARLEMENT.

§ 3. — Editions du *Grant coustumier*, etc.

a. Éditions en caractères gothiques.

I. 1re édition, 1514, chez Galliot du Pré, in-4°. (Bibliothèque de M. de Rozière.)

Cette édition est celle dont nous avons suivi le texte dans cette réimpression. Il faut remarquer le privilége de Louis XII, imprimé au *verso* du titre. Ce privilége, daté du 6 mai 1514, est ainsi conçu :

« Louis, etc... De la part de notre bien-amé Galliot du Pré, « libraire, etc..., nous a été humblement exposé qu'il a intention « de brief faire imprimer un livre appelé le *Grant stille et Cous-* « *tumier de France*... lequel livre ne fut jamais imprimé, mais « il doute qu'il ne pût ou osât ce faire sans notre congé et li- « cence. A cette cause, etc. »

A la suite du privilége est écrit ce dicton, mis en vers par quelque plaideur échaudé :

Le baillif vendange, — le prévost grappe,
Le procureur prend, — le sergent happe,
Le seigneur n'a rien, — s'il ne leur échappe.

II. *Sans date*, in-4°. Le Grant Coustumier de France

et instruction de pratique, etc. *Ajouté outre la première impression*, les ordonnances des eaux et forêts avec l'arbre de consanguinité et affinité.

Imprimé à Paris, par Nicolas Hygman, pour François Regnault. (Bibliothèque de la Cour de cassation.)

III. *Sans date*, petit in-4°. Le *Grant Coustumier de France*, etc., imprimé à Paris par Alain Lotrian et Denys Janot, demourans en la rue Neufve-Nostre-Dame, à l'enseigne de l'*Escu de France*. (Bibliothèque de M. de Rozière.)

IV. *Sans date*, in-4°. S'ensuit le Grant Coustumier de France et instruction de practique, *nouvellement reveu*, corrigé... avec les ordonnances des eaux et forêts, etc. On les vent à Paris, en la rue Neufve-Nostre-Dame, à l'enseigne de l'*Escu de France*. — XLVII (1).

A la fin du volume il est dit : Imprimé à Paris pour Alain Lotrian, demourant en la rue Neufve-Nostre-Dame, à l'enseigne de l'*Ecu de France*. (Bibliothèque de M. Mortreuil, juge de paix à Marseille, correspondant de l'Académie des inscriptions et belles-lettres.)

V. 1515, in-4°, à Paris, chez Galliot du Pré, avec privilége de François Ier, du 24 avril 1515. (Bibliothèque de la Cour de cassation.)

VI. 1516, in-4°, à Paris, chez Galliot du Pré, avec la date du 28 mars 1516. (Bibliothèques de la Cour de cassation et de M. de Rozière.)

[1] Ce chiffre XLVII indique le nombre de cahiers dont le volume est composé.

VII. 1517, in-4°, à Paris, chez Poncet-Lepreux, avec la date du 17 avril 1517. (Bibliothèque de la Sorbonne.)

VIII. 1536, in-8°. *Cum privilegio*. On le vend, à Paris, en la grande salle du palais, en la boutique de Galliot du Pré, libraire juré de l'Université. Mil CCCCCXXXVI. — Imprimé à Paris, par maistre Pierre Vidoue, pour Galliot du Pré, libraire juré de l'Université de Paris. Le XXe jour d'octobre, l'an mil CCCCCXXXV. (Bibliothèque de M. Eugène de Rozière ; la bibliothèque de la Cour de cassation en a deux exemplaires.)

IX. 1536, in-4°, à Paris. On le vend, à Paris, en la rue Neufve-Nostre-Dame, à l'enseigne *Saint-Jehan-Baptiste*, près Sainte-Geneviève des Ardans, par Denys Janot, libraire.

A la fin du volume, il est dit : Imprimé nouvellement à Paris, par Denys Janot, pour Jehan Longis et Pierre Sergent, libraires, demeurant à Paris. Le XXIe jour de mars, l'an mil CCCCC XXXVI. (Bibliothèque de M. Laboulaye.)

M. Dupin, et M. Taillandier, conseiller à la Cour de cassation, possédaient chacun un exemplaire de la même édition. Il en a paru aussi un exemplaire à la vente des livres de M. Jérôme Bignon.

X. 1537, in-8°. Imprimé à Paris, chez Caveillier, et daté du 24 mai 1537. (Bibliothèque de la Cour de cassation.)

XI. 1539, in-8°. Imprimé à Paris, par Estienne

Caveillier, et daté du 12 septembre 1539. (Bibliothèque de M. de Rozière.)

Si nombreuses que soient ces éditions, elles se ramènent à deux classes : l'une, la plus ancienne, que nous avons désignée par la lettre A, contient les éditions sans date et celles de 1514, 1515, 1516 et 1517 ; l'autre, que nous avons désignée par la lettre B, contient les éditions de 1536, 1537 et 1539.

b. Éditions en lettres romaines.

XII. 1598, in-4°. A Paris, chez Houzé.

Cette édition, donnée par Charondas le Caron, porte pour titre : « Le Grand Coutumier de France, contenant tout le droit « français et practique judiciaire, pour plaider ès cours de Par- « lement, prévosté et viconté de Paris et autres jurisdictions du « royaulme. Revu et corrigé sur l'exemplaire écrit à la main et « anciennes impressions, illustré de très-doctes annotations, etc.»

Charondas le Caron étant un de nos jurisconsultes les plus érudits, il a mis dans ses notes quelques citations précieuses ; mais il a eu le tort de ne donner dans son édition ni l'extrait de l'ancien style du Parlement, ni l'arbre de consanguinité. Il est vrai, comme il le remarque, que ces pièces ne se trouvent pas dans *le livre écrit à la main et ne sont de l'auteur qui a fait le Grand Coutumier*, mais il en résulte que son édition est la moins complète.

C'est du reste la plus facile à trouver, quoiqu'elle ne soit pas commune.

L'objet de la présente édition n'était pas de donner la forme primitive du Grand Coutumier, à supposer qu'on pût la retrouver. Nous voulions offrir au public le manuel des praticiens au seizième siècle, la source immédiate de la coutume de Paris, et de l'ordonnance de Villers-Cotterets. Nous avons donc laissé de côté les manuscrits, qui sont des cahiers faits à l'usage des particuliers, et nous nous sommes attachés à reproduire la plus ancienne édition, en y ajoutant les additions contenues dans les éditions suivantes. Le texte de ces vieux livres laisse beaucoup à désirer, et quoique nous ayons corrigé plus d'une faute, ceux qui viendront après nous trouveront encore à moissonner. Néanmoins, nous ne croyons pas avoir fait une œuvre inutile, et nous espérons qu'en rendant accessible aux curieux un livre jusqu'à présent trop peu connu, nous aurons rendu service à ceux qui recherchent les origines de notre ancien droit.

Nous ne finirons pas sans remercier M. Durand, qui s'est chargé des frais de cette édition. L'histoire du droit ne jouit pas d'une grande faveur, en France. C'est une étude qui ne mène à rien ; le public ne s'y intéresse guère ; le gouvernement fait comme le public : aussi, sauf quelques érudits obstinés, personne ne s'occupe-t-il de ces belles recherches. Il faut donc un vrai dévouement à la science, pour imprimer un livre coûteux, avec la certitude de ne pas rentrer dans les frais de l'édition. M. Durand a l'habitude de pareils sacrifices ; mais il est bon d'honorer publiquement ce zèle désintéressé, et ce n'est que justice de dire que, sans M. Durand, le *Grant Coustumier* serait resté dans la poudre où il dort depuis l'an 1598.

PRÉFACE DE CHARONDAS LE CARON.

A MON FILS L. CHARONDAS LE CARON,

Mon fils, puis que vous desirez conioindre la practique du droict François avec la iurisprudence Romaine, deliberation tres-convenable à la profession de l'estat auquel estes destiné, i'ay advisé pour advancer voz estudes, et confirmer vostre dessein, mettre en voz mains les livres, tant Latins que François, qui traictent de cette practique, que le mal'heur du temps m'a laissez. Et entre autres ie vous ay proposé les plus anciens, desquels les Autheurs ont plus diligemment représenté l'usage du droict, qui s'observoit de leur temps, et conféré icelu avec le Romain, tant pour la doctrine qu'on en peut rapporter, que pour la recommandable memoire de l'antiquité. Ceux qui de nostre aage ont travaillé et travaillent encores à retirer hors les tenebres d'oubliance les escrits des anciens Grecs et Latins, et les illustrer d'observations et annotations, ont merité grandement des sciences, n'estans moins louables, que ceux qui publient des nouveaux livres de leur façon. A leur exemple les François amateurs de leur patrie, se doivent dedier à rechercher et remettre en lumière les anciens livres de leur langue, pour la decoration d'icelle. J'en ay veu de diverses sciences, d'histoires, de poésie et d'oraison solüe qui ne cedent en rien aux Grecs et Latins, soit pour la pureté des paroles, poids des sentences ou gravité des choses. J'espere les veoir quelquesfois imprimez, pour oster l'opinion d'aucuns, qui estiment les anciens François n'avoir esté curieux des nobles lettres et sciences. Ayant eu quelque loisir durant les troubles, pour tromper mes ennuis par la lecture de divers livres, ie me suis entre autres addressé au Grand coustumier, et trouvant à corriger en celuy qui est imprimé, i'ay eu recours à un de plus vieille impression, et autre escrit à la main, par le secours desquels ie l'ay reveu et corrigé en quelques lieux, ayant observé les fautes estre advenues, à cause des abbreviations et lettres singulières, appellées par les Latins *singla* vel *sigla*, et poincts qui les suivent, comme pour exemple, *è* et [pour escrit et signe. J'y ay adiousté quelques annotations, le tout pour vostre utilité et usage, et de ceux de vostre aage et profession, qui ne dedaigneront le fruict de mes labeurs. Qui soit l'autheur de ce livre, ie ne l'ay peu encores sçavoir, toutesfois i'ay apprins de luy mesme qu'il estoit du temps du Roy Charles VI.

Mon fils, ie vous recommande la piété et crainte de Dieu, l'obéissance et fidélité envers le Roy, honneur et reverence envers voz superieurs, bien-vueillance et amitié envers chacun, priant Dieu vous maintenir en sa saincte grace.

A Clermont, le XXVe jour d'Aoust, auquel est celebrée la memoire de ce sainct et tres-juste Roy Loys IX. MDXCVII.

Vostre pere et parfaict amy,

L. CHARONDAS LE CARON.

IN VETEREM VEL INTERPOLEM POTIUS STYLI FORENSIS USUM.

AD LECTOREM.

Ne veteres (Lector) libri male despue rugas
  Hujus, et antiqui jura reposta fori :
Certe secretis in bella forensia telis,
  Exhibet argutam callidus artis opem :
Juridicos aperit filo meliore recessus,
  Dædalaque Astræi texta ministerii :
Opprimit audaci natas conamine lites,
  Multaque non liquidi juris operta docet.
Nec solam rerum sequitur sua fama juventam,
  Est sua et annoso gloria judicio :
Maxima rugosæ Themidis prudentia, firmum est
  Jus, quod habent prisci scripta supercilii.
In reliquis, vincat viridis flos integer ævi,
  Dummodo jus firmum nil nisi ruga probet.

N. R. P.

LA TENEUR DU PRIVILLEGE

DE CE PRÉSENT LIVRE.

Loys, par la grace de Dieu roy de France, au prévost de Paris ou son lieutenant et à tous nos aultres justiciers ou à leurs lieuxtenants, Salut. De la partie de nostre bien amé Galliot Dupré, marchant libraire demourant en nostre ville de Paris, nous a humblement esté exposé qu'il a intention de brief faire imprimer vng livre appellé *Le grant stille et coustumier de France*, lequel livre ledit suppliant a fait veoir, et adapter le droict, la coustume et ordonnances selon les matières occurrentes, et lequel livre ne fut jamais imprimé. Mais il doubte qu'il ne peust ou osast ce faire sans nostre congé et licence. A ceste cause nous a icelluy exposant fait supplier et requérir que nostre plaisir soit luy permettre ce faire, et que inhibitions et deffenses soient faictes à tous aultres quels qu'ils soient, de ne le povoir imprimer jusques à trois ans prochainement venans, à compter du jour et date de ces présentes, à ce que ledit exposant puisse estre recompensé de ses peines cousts et mises qu'il luy conviendra faire à imprimer icelluy livre, requérant sur ce luy octroier nos lettres à ce convenables. Pour ce est il que nous, ces choses considérées, vous mandons et commandons et enjoignons à chascun de vous, sicome à luy appartiendra, que vous permettez et souffrez au dit exposant, et auquel nous avons permis et souffert de grace espécial par ces présentes, qu'il puisse et luy loyse imprimer et faire imprimer par ses gens et imprimeurs le dit livre, toutes et quantes fois que bon luy semblera, et à ce faire souffrir et obéir contraingnez ou faictes contraindre réaulment et de fait tous ceulx qu'il appartiendra et qui pour ce feront à contraindre par toutes voyes et manières deues et raisonnables, en faisant ou faisant faire expresse inhibition et deffense de par nous, sur grans peines à nous à appliquer, à toutes manières de gens de quelque estat ou condicion qu'ils soient, qu'ils n'aient à imprimer ou faire imprimer le dit livre, jusques à ce que le dit temps de trois ans soit exspiré et passé, et en cas de débat les dictes inhibitions et deffenses et contrainctes au cas dessusdit tenans, et à ce contraincts tous ceulx qu'il appartiendra par la manière devant dicte, nonobstant appellations ou oppositions quelsconques faicts ou à faire, et sans préjudice d'icelluy, pour lesquels ne voulons estre différé faicts et administrés aux parties ouys raison et justice; car ainsi nous plaist il estre fait, nonobstant comme dessus et lettres subreptices a ce contraires.

Donné à Paris, le VIe iour de may, l'an de grace M. V cens et XIIII et de nostre règne le XVII.

Par le roy nostre sire, maistre Pierre de la Vernade, chevalier maistre des requestes ordinaire et aultres présens.

Et signé : GEUFFROY.

Le baillif vendenge,
Le prévost grappe,
Le procureur prent,
Le sergent happe,
Le seigneur n'a rien s'il ne leur eschappe.

[B. AU LIEU DU PRIVILÉGE A L'AVIS SUIVANT.]

Aux humbles lecteurs,

Les Laconiens ont été fort prisés et honorés à cause de leur briefveté et non superflues sentences ; parquoy encores jusques aujourdhui tiennent les modernes la louange d'icelle breviloquence en leurs bouches; et dict l'on en commun proverbe de leur manière de parler et escripre : briefveté laconique. Et à vray dire, superfluité de langage engendre fascherie. A ceste cause a été faict et extraict de plusieurs livres le présent stille de praticque, tant du droit canon, civil, des docteurs qui auroient escript sur iceux droicts, que de plusieurs coutumiers, ordonnances, stilles et practiques, tant de la souveraine court de parlement que du chastellet de Paris. Lequel contient les institutions et manière de procéder, deffendre son droict, vivre selon raison et justice, appartenans à tous en général sçavoir et apprendre ; car sans la practique pou prouffiteroient les loix et escriptures. Au dict livre est contenue la manière de procéder, tant ès cours souveraines que ès aultres juridictions du royaulme, et le plus communément. Et néantmoins qu'il ayt esté plusieurs foys imprimé, par les singularitez estans en icelluy, à l'utilité d'ung chascun, a esté de nouvel, oultre les précédentes impressions, reveu et corrigé, hors mis le superflu et qui n'est du présent en usaige. Additionné de plusieurs notables touchant la practique et raisons de droict. Adjousté les ordonnances de la court de parlement et du chastellet de Paris, avec aultres choses singulières, ainsy que l'on pourra veoir en continuant la lecture d'icelluy.

PROLOGUE

DE L'ACTEUR AU PRÉSENT LIVRE.

A tous ceulx qui ce petit et très exquis traictié vouldront estudier, lire, et revolver, salut et dilection.

Vueillez sçavoir que pour ce que ou temps passé j'ay usé et consumé mon temps et ma jeunesse en plusieurs vaines choses qui me ont peu prouffité, parquoy j'ay a présent mémoire et souvenance de l'escripture qui dit telles parolles en effet et substance : *Qui querit invenit*, etc. j'ay faict et compillé ce petit traictié, pour instruire et doctriner les jeunes hommes qui vouldront avoir congnoissance du faict et instruction de pratique, affin qu'ils puissent cueillir aucun fruict et entendre à la vérité que c'est de praticque, et comment elle peult estre juste le plus que faire se peult, et en icelle vivre honnestement en ceste vallée de misère sans mendier, et sans faire tort à aultruy, par tant et si long temps qu'il plaira à Dieu que nous y soyons ; car qui ainsi vit, il acquiert bon nom et paradis en la fin. Et si ne peult ou doit selon raison avoir povreté ou indigence, selon ce que le prophète le nous tesmoingne en disant telles ou semblables parolles : *Nunquam vidi justum derelictum, aut semen ejus querens panem*. Lequel traictié j'ay prins et assemblé dès longtems sur plusieurs aultres livres et opinions des saiges praticiens, et sur plusieurs aultres choses concernans et regardans le faict de ladicte praticque, selon ma possibilité, faculté et puissance, laquelle j'ay réputé estre petite et foible. Si vous requiers à tous que prenez en gré ; car ce que je fais, je le fais pour le bien et prouffit de ceulx qui lire le vouldront, et de moy semblablement qui ay bon besoing de congnoistre clerement plusieurs choses qui sont touchées audict traictié. Et ne veuillez pas penser que je me veuille réputer ne tenir pour le plus excellent en science que n'ont pas esté mes prédécesseurs, docteurs et praticiens, car à la vérité se je pouvoie ressembler le moindre d'eulx, il me devroit bien souffire. Si supplie qu'il n'y soit aucunement regardé, mais seullement à l'amour, utilité et prouffit des choses cy dedans contenues, et aux biens qui pour et occasion de ce en pourront advenir à ceulx qui ce présent traicté liront et estudier vouldront ; car il est tout notoire que premier, et avant que povoir venir aux grandes et haultes sciences, il est expédient premièrement apprendre et estre enseigné en l'*a. b. c.* si comme est et sera le contenu de ce présent traictié, qui n'est à proprement parler que ung *a. b. c.* au regard des aultres sciences, faisans mention du faict de practique et de tout ce qui en despend. Et en vérité j'ay commencé cedict livre tant pour la cause desusdicte que aussi pour deux aultres causes qui cy après seront desduictes et déclarées. Dont la première est pour oster et obvier à oisiveté qui est maistresse de tous vices, et aussi pour et affin de moy employer à quelque chose faire, et aussi pour mon plaisir, quant j'eus considéré la matière et l'effect dudict traictié, qui à ce faire me persuadoit parfaictement. Et aussi par l'instigation d'aucuns de mes compaignons et amis, ainsi que plusieurs aultres personnes qui estoient très expérimentés audit faict de pratique.

La seconde cause qui à ce faire m'a meu et incité, c'est

affin que vous tous y puissiez prendre aucun plaisir et delectation, si vous vous y voulez applicquer à l'entendre parfaictement; mesmement considéré qu'il y a assez commencement pour vous endoctriner. Car le don du sens naturel que vous avez, vous pourra donner et parfaire la congnoissance, moyennant cedit traictié, d'aultres plus grandes sciences et doctrines oudit faict de pratique, si entendre et congnoistre les voulez. Mais quant l'on ignore de tout le commencement et les termes des sciences, ce est trop fort et quasi impossible d'avoir vraye congnoissance des sciences et de tout ce qui en despend. Si vous supplie de rechief que ce dit traictié vueillez prendre en gré, en priant pour moy s'il vous plaist.

LE GRAND COUTUMIER DE FRANCE.

CHAPITRE I.

DES ESTATS DE PARLEMENT.

Vous devez sçavoir que justice est gouvernée et administrée par deux manières de gens. L'une est par les ministres de l'église, comme les archevesques, évesques, officiaux et archediacres. Et de tous lesdits ministres la court de Romme est le chief.

L'autre est gouvernée par gens séculiers comme gouverneurs, séneschaulx, baillifs, prévosts, maires et aultres manières de officiers. Et d'iceulx en ce royaulme de France la court de parlement est le chief.

Le roy nostre sire en sa court de parlement a xv conseillers clercs et xv lais prenans gaiges acoustumés sans les quatre présidens, lesquels présidens ont gaiges séparés des dessusdits conseillers, et sans en ce comprendre aucuns conseilliers ausquels le roy donne gaiges à vie (1).

Item il y a en la chambre des enquestes quarante conseillers : c'est assavoir vingt et quatre clercs et seize lais.

(1) Lesquels présidens, etc., manque dans B.

Item semblablement ès requestes du palais a six aultres conseillers, c'est assavoir trois clercs et trois lais [compris le président] (1).

Ordonnances de la court de parlement, espéciallement touchant les parties qui y ont à plaider, avecques les sermens des advocats et des procureurs, et plusieurs aultres ordonnances (2).

Cy ensuyvent les ordonnances de parlement touchant tous, espéciallement les parties qui y ont à plaider.

I. Que tous ceulx qui auront à faire en parlement soyent présentés dès le premier jour ou second, au plus loing, de leur bailliage ou de leur séneschaucée, avant que le siége du parlement soit levé, ou au moins dedans le soleil couchant ; ou aultrement, sans nulle espérance de grace et sans demander deffault, puis là en avant ils ne seront plus receus, ainçois seront tenus pour purs deffaillans. Et sera le deffault puis là en avant baillé à leur partie toutesfois qu'il sera requis.

II. Item que tous ceulx qui se présenteront feront spécialle mention du bailliage ou séneschaucée en laquelle ils auront à faire. Et se ils ont à faire en divers bailliages ou séneschaucées, ou en une seulle, que en chascune présentation ils facent escripre tous ceux contre qui ils seront présentés.

III. Item que toutes manières de parties selon ce que elles seront présentées seront délivrées par l'ordre des

(1) B. ajoute : Outre le nombre susdit y a xx conseillers créés par le roy nostre sire Françoys premier du nom. En la dicte cour y a de tout temps trois greffiers, c'est assavoir le greffier civil, le greffier des présentations et le greffier criminel, IIII notaires et seize huyssiers.

(2) Ajouté par B.

présentations, sans nul advantage de donner audience à aultre personne, mais selon l'ordre qu'ils seront présentés. Et bien se gardent les parties qu'elles soient trouvées à l'huis de la chambre, présentées et garnies de leur conseil quant elles seront appellées. Car les parties présentées seront tantost délivrées sans délay. Et se l'une est présente, et l'autre absente, la présente emportera dès lors autel prouffit s'il ne feust point présente. Et se toutes les deux parties sont deffaillans, reviennent à l'autre parlement sans nulle espérance d'estre ouys ou parlement présent, se la court ne veoit qu'ils l'eussent fait en fraulde d'aucune chose qui touchast le roy (1). Et ainsi se délivrera chascune baillie et séneschaucée avant que l'en commence l'autre.

IIII. Item que la partie qui ne seroit ouye et par la deffaulte de son advocat, il en payeroit dix livres d'amende avant qu'il fut ouy en aultre cause. Et est à entendre des advocats résidens en parlement. Car nulle partie ne seroit excusée pour advocat attendre, estrange de son pays (2). Et commande le roy que ceste peine soit levée sans nul déport.

V. Item que en nulle cause on ne prendra délay contre quelconque personne que ce soit, per ou baron, qu'elle ne se délivre selon l'ordonnance dessusdicte, pour grace que le roy face, se ce n'est à aucun qui soit absent pour le prouffit commun, et lors, de grace, sa cause seroit mise à l'autre parlement. (— Il en seroit de même ? —) en cas de droict de domaine des pairies ou des baronnies, lesquelles

(1) Il y a ici quelque chose de passé, à en juger par le *Stilus antiquus Parlamenti* (édit. 1558, p. 14). « Sed si veniant ad aliud Parlamentum ambo audientur. Quod si defecerint, in perpetuum non audientur : nisi curia videret quod hoc fecissent in fraudem alicujus rei, quod regem tangeret. »

(2) B. Estrange ou de son pays.

le roy mettroit par devant luy à sa venue, et que la chose pourquoy il vouldroit que sa venue fust attendue fust escripte en la lettre, par laquelle il manderoit que ladicte cause feust attendue à sa venue; ou aultrement on la délivreroit sans l'attendre. Et n'est mye l'intention du roy que nulle grace soit octroyée ne donnée par luy au contraire. Mais la tiendroit et veult estre tenue comme octroyée hors de sa congnoissance, se il ne apparoist clerement qu'elle fust donnée et octroyée de sa certaine science. Et enjoinct la court aux advocats par leurs sermens que contre ceste ordonnance ils ne facent requeste à la court.

VI. Item, que le jour que le roy viendra à Paris pour ouyr les causes qu'il aura réservées pour ouyr par devant luy, le parlement de toutes querelles cessera, et seront publiées les causes lesquelles il aura réservées en plaine court, affin que nul n'y demeure se il n'y a affaire ce pendant. Et si tost comme les causes réservées au roy seront délivrées, le parlement cessera quant aulx causes qui estoient réservées au roy. Et tournera l'en à délivrer les aultres causes qui estoyent pour la venue du roy mises en suspens, non obstant requestes que aucuns grans hommes ayent à faire au roy. Et puis après toutes aultres causes délivrées, le parlement finera, et publira l'en le nouvel parlement. Et ce veult le roy et ordonne comme dict est jusques à tant que de certaine science ait ordonné du contraire.

VII. Item le roy enjoinct à tous ceulx de parlement, soient de la chambre, soient des enquestes ou soient des requestes, sur leurs sermens, que de nulle cause qui en parlement soit, ils ne recoivent aucunes parolles privées, en leurs maisons ne ailleurs, de quelconque personne qui leur en vueille parler, par lettres ou par messages, ne en aultre manière, fors tant seullement en parlement, par les parties plaidans, et monstrans leur droict.

VIII. Item le roy a ordonné que durant le parlement les maistres du parlement, clercs ne laics, ne soyent envoyés en commission pour faire enqueste durant le parlement. Et que continuellement ils soyent à la délivrance des besongnes du parlement tant comme il durera.

IX. Item que à nul notaire l'en ne face commission pour tout l'an.

X. Item que des besongnes extraordinaires on n'empesche pas le parlement, mais preigne l'en des maistres à part pour conseillier lesdictes besongnes extraordinaires.

XI. Item le roy n'entend pas, tant comme le parlement sera au matin, de empescher ceulx qui tiendront le parlement, mais se il a affaire d'eulx il les mandera à heure aultre que on ne tiendra pas les plaids dudit parlement.

XII. Item que, quant le roy viendra en parlement, que le parc soit trestout vuide, et aussi soit toute vuide la place qui est devant son siége, si qu'il puisse parler secrètement à ceulx qu'il appellera pour parler à luy.

XIII. Item que nul ne se parte de son siége ne ne viengne seoir delez le lict du roy, les chambellans exceptés, ne ne viengne conseillier à luy, se il ne les appelle.

XIIII. Item que ceulx qui tiendront le parlement ne seuffrent pas eulx vitupérer par oultrageuses parolles des advocats, procureurs, ne des parties. Car l'honneur du roy de qui ils présentent la personne en tenant ledit parlement ne le doit mye souffrir.

XV. Item à tous ceulx qui seront présentés aux jours de leurs bailliages, prévostés ou séneschaucées, ou par estat seront continués, ou aultrement à aultre jour dudit parlement, ne se devront présenter au jour de la continuation. Mais suffist la première présentation.

Ordinationes advocatos et consiliarios in parlamento tangentes (1).

Sequitur juramentum advocatorum et consiliariorum parlamenti.

Primo ponantur in scriptis nomina advocatorum, deinde rejectis imperitis eligantur ad officium ydonei et sufficientes.

Advocati istius curie jurabunt articulos qui sequuntur : videlicet quod diligenter et fideliter istud officium exercebunt.

Quod si ab initio (2) [non] ex post facto [cum] viderint causam esse injustam statim eam dimittant.

Quod in causis quas fovebunt, si viderint tangi jus regium ipsi de hoc curiam advisabunt.

Quod causa placitata et factis negatis, ipsi de recenti infra biduum vel triduum facient et curie tradent articulos suos, nisi ex causa de licencia curie ulterius different.

Quod impertinentes articulos scienter non facient.

Quod consuetudines quas veras esse non crediderint non proponent nec sustinebunt.

Quod causas quas suscipient cito expedient pro posse suo.

Quod in eis dilationes et subterfugia maliciose non querent.

Quod pro salario suo, quantumcumque sit magna causa, ultra decem libras turonenses non recipient, nec etiam aliquid ultra in salarii majoris fraudem, minus tamen recipere possunt juxta l. *Si qui*, C. *De post.* (3).

(1) Ajouté par B. Ces mêmes ordonnances se trouvent en français à la fin du présent livre.

(2) Et?

(3) L. 5, C. *De postulando* (II, 6).

Quod pro mediocri minus et pro minori causa multo minus recipient secundum, quantitatem et qualitatem causarum, et conditionem personarum.

Quod non paciscentur de quota parte litis juxta *Maurus* in l. *Si remunerandi*, ff. *Man.* (1); hoc idem juramentum præstabunt illi qui advocatis preponentibus ut consiliarii assistant.

Quod bene mane venient et bene mane venire facient partes suas.

Quod illum cui fuerit data audientia non impedient.

Quod stando et retro primum scannum patrocinentur.

Quod primum scannum non occupent.

Quod licet plures sint advocati in una causa unus tantummodo loquatur.

Quod ipsi de curia non recedent quamdiu magistri in curia erunt.

[Et est sciendum quod nullus advocatus ad patrocinandum recipietur nisi sit juratus, et in rotulo nominum advocatorum scriptus; et probibet curia ne ipsi ingerant se ad patrocinandum nisi sint jurati.]

Item quia ex advocatorum discretione et industria [precium] (2) dependet causarum abbreviatio, in honorem et utilitatem partis sue, Curia eisdem injungit, in vim sacramenti sui, ut ea facta seu rationes que vel quas solum ad illum finem faciunt in quo verisimiliter provident debere poni in arresto, proponent, facta et rationes, replicationes, seu duplicationes inutiles et supervacuas obmittendo; licet illi pro quibus suum impediunt patrocinium sepius eos molestant et velint hoc fieri, quibus obtemperare non debent propter eorum honorem et ut potius curie pareant in hac parte.

(1) L. 6, § 7, *D. Mandati* (XVII, 1).

(2) Precipue ?

Item advocatis, juxta antiquas ordinationes et per sacramentum, injungit curia ut articulos causarum quas litigaverunt, infra triduum curie tradent, nisi per ipsam curiam super hoc cum eisdem fuerit dispensatum. Et postea, quam citius fieri poterit, eos concordent.

Cum intentio curie sit amodo super factis et articulis partium in fine cujuslibet baillivie prepositure Parisiensis, seu senescalie, de commissariis et commissionibus ordinare, et partibus providere, ut sic ipsi, citius quam consueverint, possint cum commissariis suis loqui, et de pecunia et aliis necessariis ad cause sue procurationem maturius et commodius valeant providere, intentionis curie propter hoc non existit quod parlamento sedente contra ordinationes antiquas, de quibus inferius fiet mentio, commissarii de curia habeant procedere in causa. Sed confestim finito parlamento celerius quam poterunt procedent in eadem.

Quia circa advocationis officium facti experientia et observantia stili multum prodest, advocati qui de novo ad hujusmodi officium per curiam sunt recepti abstinere debent, propter eorum honorem et dampnum quod partibus forsitan propter eorum negligentiam provenire possent, ne ex abrupto et imprudenter advocationis officium exerceant. Sed per tempus sufficiens advocatos antiquos et expertos audiant diligenter, ut sic de stillo curie et advocati modo primitus informati suum patrocinium prestare et advocationis officium laudabiliter et utiliter possint et valeant exercere.

, Item quia dicti advocati honorem debent deferre majoribus et antiquis advocatis, tam in sedibus quam in aliis, ne sedere presumant in primo scanno in quo advocati et procurator regius, baillivi, senescali et alii potentiores et nobiles esse debent et sedere consueverint.

Ordinationes generales procuratores in parlamento juratos tangentes (1).

Sequitur juramentum procuratorum generalium parlamenti.

Primo ponantur in scriptis post nomina advocatorum.

Procuratores predicti jurabunt hæc quæ sequuntur :

Quod diligenter et fideliter officium procuratorii exercebunt.

Quod causarum injustarum onus seu officium procuratorum scienter non recipient.

Quod si ab initio et ex post facto viderint causam esse injustam, statim eam dimittent.

Quod in causis quas fovebunt si viderint tangi regis incommodum, ipsi de hoc curiam advisabunt.

Quod causa placitata et factis negatis ipsi de recenti infra biduum vel triduum fieri, et curie tradi procurabunt articulos suos, nisi ex causa, de licentia curie, ulterius different.

Quod impertinentes articulos scienter non facient nec fieri facient, seu permittent.

Quod facta, nec consuetudines quas veras esse non crediderint, non proponent, nec proponi faciant.

Quod causas quas suscipient cito expediri procurabunt pro posse suo.

Quod in eis dilationes et subterfugia maliciose non querent.

Quod in salario suo, quamtumcumque sit magna causa, ultra decem libras Parisienses pro uno parlamento non recipient, nec etiam in salarii majoris fraudem, minus

(1) Ajouté par B.

tamen recipient secundum qualitatem cause et conditiones personarum.

Item quod non paciscentur de quota parte litis.

Item quod non facient forum de causa ducenda seu consilio querendo, in fraudem salarii advocatorum. Nec alias.

Item quod non impetrabunt nec impetrari facient literas injustas et iniquas contra rationem et stilum curie.

Item quod non inducent magistros suos ad corruptionem aliquam faciendam, nec etiam ad informandum aliquos dominorum de causis suis ad partem extra judicium.

Item quod per favorem, preces, pecuniam aut alias indebite non querent advocatos ad modum prosenete vel mediatoris. [Injungatur eis preter juramentum quod bene mane veniant.]

Quod illum cui data fuerit audientia non impedient.

Quod retro advocatos stent vel sedeant.

Quod primum scannum non occupent.

Quod ipsi de curia non recedent quamdiu magistri in curia erunt.

Et est sciendum quod nullus procurator curie parlamenti admittetur ad officium procuratoris exercendum nisi sit juratus. Et prohibet curia ne ipsi ingerent se ad postulandum generaliter in parlamento nisi sint jurati.

Item prohibet curia in vim juramenti sui ne indiscrete, prout fieri sepius presumpserunt, infra parcum curie intrare presument, ex quo audientia propter eorum inordinatum tumultum et strepitum sepius impeditur.

Sed juxta advocatos partis suæ stent retro scannum. Et hoc eisdem procuratoribus injungit curia, quod si contra fecerint graviter per eandem curiam punientur.

Les seigneurs des enquestes sur leurs serments doivent faire et acomplir les choses qui s'ensuyvent (1).

Article premier. Premièrement qu'ils doivent et facent obeyssance, révérence et audience telle comme il appartient, à leur président.

II. Item que nuls ne conseillent, ne noysent quant ils doivent entendre à leur office. C'est assavoir en escoutant le rapporteur et en jugeant ne se lièvent mie si souvent comme on disoit quils le souloient faire.

III. Item enjoinct leur est sur leur serment que, dedans six jours au plus tard après ce que l'arrest aura esté conseillé, ils rapportent l'arrest faict pour corriger en ladicte chambre. Et se ils ne le povoient avoir faict si tost ils prendront congé au président.

IIII. Item qu'ils lisent leur arrest pour corriger en séant, et que tantost que on leur dira la correction ils facent, et escripvent et relisent.

V. Item qu'ils ne baillent leurs arrest devers la court pour prononcer, jusques à tant qu'ils soient scellés du seel de leur président.

VI. Item que tantost et sans délay qu'il sera ainsi corrigé et seellé ils l'apportent au registre pour prononcer.

VII. Item que pour ce que par leurs sermens eulx et leurs personnes et de leur propre main doivent escripre leurs arrests, ou faire escripre par aucuns de leurs compaignons de la chambre, et non par aultre, soient leurs clercs ou aultres, ils rescripsent leur arrest large et loing à loing, si que on le puisse mieulx lire.

VIII. Item que, combien que leur arrest soit accordé,

(1) Ajouté par B.

aydent à juger les aultres, et facent leurs arrests en leurs maisons après disner, ou de nuyt, et non pas en la chambre des enquestes, se il n'estoit besoing d'en parler à leurs compaignons.

IX. Item que tous rapportent se ils ne sont excusés par leurs présidens, car tous doibvent estre rapportans et jugeans.

Cy ensuyvent les ordonnances des huyssiers de parlement (1).

Article premier. Premièrement la court commande et enjoinct estroictement à tous les huyssiers de parlement que, oultre le huyssier qui appelle les présentations, tous les aultres huyssiers soient chascun jour continuellement audit parlement pour faire leur office, et y demourent continuellement six huyssiers sans nul deffault, c'est assavoir deux pour le premier huis de parlement, deux pour les deux guichets du parc garder, et deux pour garder et oster la noise derrière les bancs et de toute la chambre de parlement, et pour faire et accomplir les commandemens de la court.

II. Item les huyssiers dessusdicts qui doyvent ou devront servir au parlement continuellement par deux moys se viennent nommer et faire escripre au registre pour faire le service des moys de novembre et décembre, et les aultres six pour janvier et febvrier, et ainsi de deux moys en deux moys jusques à la fin du parlement. Toutesfois n'est pas l'intention de la court que ceulx qui serviront devant (2) les moys de leurs compaignons soient pour ce excusés de servir en leurs moys quant ils escherront.

(1) Ajouté par B.
(2) Durant?

III. Item la court leur commande et enjoinct, comme dit est, qu'ils mainent en prison tous ceulx qui noyseront en la chambre de parlement, et empescheront l'audience du siége. Et ce facent sans nulle doubte, et sans nul espargner, et ne seuffrent mye que les clercs des advocats, procureurs, ou d'aultres facent leur escripture en la chambre de parlement.

IIII. Item des seigneurs séans au conseil les huyssiers ne seuffrent que aucuns viennent au siége, se du congé et auctorité du président tenant le siége n'est accordé et octroyé.

V. Item les huyssiers ne viennent pas au conseil, mais parlent de loing. Et se venir les y convenoit, que ce soit le moins qu'ils pourront, tant pour garder l'honneur, comme pour eschever suspition qu'on pourroit avoir contre eulx de revéler le conseil.

VI. Item gardent soy les huyssiers de vendre l'entrée de parlement, et aussi de reffuser l'entrée à ceulx qui entrer y doibvent, car s'il venoit à la congnoissance de la court elle les pugniroit très griefvement.

VII. Item partent et divisent égallement entre eulx les courtoysies qu'on leur fera pour cause de l'office, et ce leur enjoinct la court par leurs sermens.

Des causes des requestes du palays (1).

Cy ensuyvent les ordonnances pieça faictes par le roy sur le faict des maistres tenants les requestes en son palays à Paris. C'est assavoir que bonnes personnes et expertes pour délivrer soient ordonnées ausdictes requestes tant de la langue françoyse comme de la languedoc, et

(1) Ajouté par B.

que ils ayent trois ou quatre notaires, ung de céans, et le surplus des aultres, qui par leurs sermens soient tenus de estre ausdictes requestes, tant comme lesdits maistres y seront, sans faillir et sans partir de leur présence pour aller en la chambre ne aultre part, et que par leurs sermens ils ne puissent faire aultres lettres, tant qu'ils ayent lettres desdictes requestes à faire, et que les lettres que ils feront ils rapportent escriptes au matin devant lesdits maistres des requestes, lesquels les verront et corrigeront s'ils voyent qu'elles soient à corriger, et les signeront du signet à ce ordonné par le roy, lequel signet le président desdictes requestes porte et garde par devers luy. Et les envoyront à la chancellerie toutes corrigées et prestes pour seeller, et s'il y a aucun deffault ceulx en seront reprins qui les auront passées et signées, et ne pourront lesdits maistres des requestes congnoistre, ne prendre congnoissance des causes, espéciallement du principal, ne des causes qui doyvent estre démenées en parlement ou devant les séneschaulx, ou baillifs. Mais se partie s'oppose contre la requeste, affin que lettre de justice ne soit donnée au contraire, ils pourront bien congnoistre et ouyr les parties, à la fin se ils donneront lettres de justice ou non.

Sensuyvent les ordonnances touchant la fin du parlement quant il doit vacquer (1).

I. La court pour certaines causes à ce mouvans a ordonné et ordonne que on ne plaidera plus de ce parlement, et aussi l'en ne se y présentera plus le jourdhuy passé. Et mardy septième jour de septembre, veille de la

(1) Ajouté par B.

nativité nostre Dame, faudra ledit parlement de tous poincts, et seront les derniers arrests prononcés.

II. Item avecques ce ordonne la court que des procès qui ont esté receus durant ce présent parlement, desquels parties ont requis et requerront collation estre faicte, la collation sera faicte dedans les jours de Vermendois du parlement prochain venant, se aultrement n'en ordonne d'aucuns en espécial. Et se dedans lesdicts jours collation n'est faicte desdicts procès par deffaulte ou négligence des parties, la court jugera iceulx procès sans ce que dès lors en avant les parties soient appellées ne ouyes. Et au cas que les deux parties n'auront baillé leur procès dedans iceulx jours, elle jugera sur celluy qui aura esté baillé par l'une des parties, sans plus attendre le procès de l'autre partie.

III. Item que des causes esquelles les parties ont esté et seront appoinctées en faicts contraires, commissaires seront donnés et commissions baillées, et en icelles causes jà appoinctées bailleront les parties leurs articles tous accordés par devers la court, dedans la fin de ce présent moys d'aoust; et des aultres se aucunes en y a appoinctées en faicts contraires avant que ce présent parlement faille, dedans quinzaine après le jour dudit appoinctement; et s'aucun en est défaillant, la court recevra les articles des parties diligens en la contumace des parties qui dedans lesdicts jours ne les bailleront et accorderont, et dès lors en avant ne seront plus receus, et néantmoins la court lèvera sur chascun procureur négligent ou deffaillant dix livres d'amende, ou aultre telle comme bon luy semblera.

IIII. Item que aujourdhuy quatorzième jour d'aoust commencent à courir les six (1) sepmaines ordonnées à

(1) B. 1535. Cinq.

faire diligence de procéder, esquelles selon le stille dudict parlement enjoinct la court aux parties que sur ce facent bonne diligence, aultrement elle y pourvoira.

V. Item pour ce que d'aucunes séneschaucées, bailliages, prévostés et pays les causes n'ont peu estre expédiées ne ouyes en cedit parlement présent, mais sont demourées plusieurs causes à plaidoyer, et en plusieurs desdictes causes les parties sont en faicts contraires, et en commissaires, et n'ont peu et ne pourront estre ouyes sur renouvellement de leurs commissions et à blasmer et impugner de négligence leurs parties adverses, la court ordonne que les parties puissent procéder en leurs requestes par vertu des commissions vieilles, ou qui seront renouvellées se bon leur semble, sauf et réservé à chascune d'icelles de dire, proposer, et requérir l'une contre l'autre, au parlement advenir, tout ce qu'ils eussent peu dire, proposer, et requérir en ce présent parlement.

VI. Item que toutes les causes ordinaires et extraordinaires, pendant ce présent parlement, esquelles les parties sont deument présentées et n'ont peu, et ne pourront estre expédiés en cedit parlement, sont par la court continués et renvoyés en l'estat qu'elles sont à présent, c'est assavoir chascune aux jours de la séneschaucée, bailliage ou prévosté dudict prochain parlement, ausquels elles se doyvent ordinairement démener, excepté celles qui ont esté, sont et seront mises à autres jours, par arrest, ordonnance, réservations ou appoinctemens de ladicte court.

VII. Item contre les non présentées ès causes pendant en ce parlement seront donnés congés, deffaulx et adjournements, où il cherra, à l'autre parlement advenir, à leurs parties adverses qui le requerront, à veoir adjuger le prouffit d'iceulx congés et deffaulx, selon ce que au cas appartiendra et qu'il semblera à la court devoir estre faict, et aussi *comparuits* et aultres exploicts.

VIII. Item et se aucun est adjourné à instance de partie en la court de céans à certain jour advenir, les parties ne seront tenus de elles présenter aux jours à elles assignés, mais retiendront et seront tenus d'elles présenter au parlement prochain advenir, c'est assavoir chascune au jour de la séneschaucée, bailliage ou prévosté des deffendeurs, ou aux jours ausquels les causes doyvent et devront estre ordinairement démenées selon la nature et estat d'icelle.

IX. Item ordonne la court que tantost après les présentations de Vermandois passées, l'en recevera les procès par escript, et ce faict l'en plaidera à tour de roolle des aultres causes dudict baillif. C'est assavoir des causes d'appel premièrement, et des causes qui toucheront le roy seul principalement, et des causes des pers de France, des seigneurs qui tiennent en perrie, et aussi des bénéfices donnés en régalle, et après d'aultres si avant que l'en en pourra délivrer.

X. Item a esté ordonné comme aultrefois a esté faict et publié que doresnavant, quant les présentations d'aucuns bailliages, séneschaucées et prévostés seront passées, l'en commencera à plaider des aultres le huitiesme jour d'après lesdictes présentations et les jours ensuyvant, selon ce qu'elles escherront, et seront appellés à tour de roolle, et par l'ordre et manière dessus-dicte. Et néantmoins dès lendemain de chascune desdictes présentations, ou deux jours après, l'en recevera les procès par escript des parties qui auront jour à icelle, si comme il est acoustumé de faire ès temps et parlemens passés.

XI. Item enjoinct et commande la court aux clercs desdicts bailliages, séneschaucées et prévostés que les procès par escript des parties dont a esté appellé ils portent ou facent apporter clos et seellés à ladicte court de céans ainsi que d'ancienneté est acoustumé de faire, et au regard de leurs sallaires pour ce faire, icelle court les tauxera et fera paier par qui il appartiendra.

XII. Item ordonne encores la court et avecques ce commande et enjoinct aux conseilliers, advocats, et procureurs des pers de France, et des seigneurs qui tiennent en perrie, que durant les plaidoyries des jours duquel ils feront, ils prennent jour pour leurs causes expédier, sans attendre que les plaidoyries d'aultres bailliages et pays surviennent, et soient à leur tour de plaider selon l'ordre dessusdict, aultrement ils n'auront point après d'audience ne de journées pour leur cause délivrer tout le parlement.

Ensuyvent aucuns articles touchant le faict des greffiers de la court de parlement (1).

Les greffiers civil et criminel des présentations seront tenus résider en la court et exercer leurs offices en personne, et ne se pourront absenter hors ladicte court sans le congé d'icelle, sur peine de suspension pour la première fois, et s'ils y renchéent, de privation de leur dicts offices, et seront tenus y venir ès heures que lesdicts conseilliers et présidens y viennent, ne en partir que ès heures que lesdicts conseilliers et présidens en partent.

Lesdicts greffiers seront tenus avoir nombre souffisant de clercs savans et expérimentés, en sorte que les parties ayans affaires èsdits greffes soient promptement dépeschés, lesquels greffiers et clercs ne prendront aucune chose oultre ce que leur est tauxé par ordonnance.

(1) Ajouté dans B.

Le greffier des présentations sera tenu mettre ès cédulles, que luy seront baillées par les parties ou leurs procureurs pour se présenter, le jour que lesdictes présentations auront esté faictes, et sera tenu ledict greffier en faire registre dedans ung moys, après lequel sera communicqué ausdictes parties ou à leurs procureurs. Et quant lesdictes parties porteront leurs cédules pour mettre leur cause au roolle, ledict greffier sera tenu mettre lesdictes causes au roolle selon l'ordre de la présentation, ou selon ce qu'ils seront enregistrés audict registre, et ne prendront lesdicts greffiers ne ses clercs aucune chose pour faire ledict registre, communication et roolle, et deffend ladicte court aux parties et aux procureurs, sur peine d'amende arbitraire, de ne bailler aucune chose audict greffier ne à ses clercs pour estre enregistrés, communication d'icelles, et mettre en roolle, et bien garder l'ordonnance touchant les deffaulx et l'appel d'iceulx.

Item sera tenu ledict greffier des présentations bailler ausdictes parties ou à leurs procureurs, par extraict, les deffaulx et congés dont ils auront affaire pour eulx ayder à la tauxe des despens, ou pour bailler requeste à la court, sans ce que lesdictes parties, ou procureurs pour eulx, soient tenus lever lesdicts congiés et deffaulx en forme.

Item que ledict greffier ne ses clercs ne transporteront hors dudict greffe les procurations.

Item que les parties ou procureurs qui vouldront lever aucun plaidoyé ne payeront pour icelluy que deux sols parisis pour roolle, et seize deniers parisis pour appoinctement. Et deffend ladicte court ausdicts greffiers et clercs de ne prendre aucune chose oultre ladicte somme, soit pour l'escripture ou aultrement.

Les registres desdicts greffiers seront faicts de moys en

moys pour le moins, et ordonne ladicte court aux greffiers que ledict registre soit parfaict à la fin de l'année, ou pour le plus tard ung moys après.

Item a ordonné ladicte court que lesdicts greffiers civil et criminel garderont l'ordonnance faicte touchant le salaire qui leur appartient pour les eslargissemens des prisonniers ou adjournés à comparoir en personne, et n'en pourront prendre aucune chose oultre ce qui leur est tauxé par l'ordonnance sur peine de privation d'office.

Item que celluy des clercs desdicts greffes qui escripra aucune lettre, fera collationner ladicte lettre par ung de ses compaignons, et sera ce mot : *collation est faicte*, escript de la main de celluy qui a collationné ladicte lettre et non de celluy qui l'a escripte. A ce que, si aucune faulte y est trouvée, [on puisse?] procéder par amendes arbitraires contre lesdicts clercs, pugnition corporelle ou aultre que la court verra estre à faire.

Item que ledict greffier civil sera tenu faire ung registre, oultre le registre du dépost, auquel seront escripts les procès, informations, et productions apportées en ladicte court, et sera mis audict registre par qui lesdicts procès, informations et productions ont esté apportées, et le jour qu'elles ont esté apportées et mises audict greffe ; lequel registre sera monstré et communiqué aux parties et procureurs, sans ce que pour icelluy monstrer ledict greffier ou ses clercs en peussent aucune chose prendre en quelque façon que ce soit, pour sçavoir, par lesdictes parties ou les procureurs, se lesdicts procès, productions et informations ont esté apportées ou non. Et commettra ledict greffier ung de ses clercs pour faire ledict registre et communication, lequel seul aura la charge de respondre les requestes que bailleront les messagiers qui auront apportés lesdicts procès et productions pour tauxer les sallaires.

Item que les greffiers des bailliages et séneschaucées seront tenus envoyer les procès et choses qui sont à envoyer clos et évangélisés en la manière acoustumée en ladicte court, le plus diligemment que faire se pourra, par ung seul messagier se faire se peult, lequel baillera certification signée de luy audict messagier qu'il envoyera pour apporter lesdicts sacs et procès, et le nombre et quantité des procès qu'il a baillés ausdicts messagiers, aultrement ne sera tauxé aucune chose à iceulx messagiers, et sera ladicte ordonnance publiée ès bailliages et séneschaucées du ressort de la court de céans.

Item ordonne ladicte court ausdicts greffiers civil et criminel : que après que les présidens des enquestes auront distribué les procès, que le lendemain, ou deux ou trois jours après, lesdicts greffiers ou les clercs seront tenus d'apporter tous iceulx procès, enquestes, sentences ès chambres des enquestes, et bailler tous iceulx procès avec leurs sentences, mis en ladicte distribution, sans en laisser aucuns, à iceulx à qui ils auront esté distribués.

Item que lesdicts greffiers civil et criminel seront tenus bailler les productions nouvelles dedans le lendemain qu'ils auront esté mises vers ladicte court à celuy qui a le procès. Et oultre quant aucuns sacs leur auront esté baillés pour faire collation des pièces, lesdicts greffiers seront tenus les bailler le lendemain à ung des quatre notaires de ladicte court ou huissiers d'icelle, qui sera tenu faire ladicte collation dedans trois jours, et en bailler certification de ladicte collation signée de luy, l'atacher soubs le sac, et, lesdicts trois jours passés, ledit notaire ou huyssier sera tenu remettre lesdicts sacs au greffe, et lesdicts greffiers ou leurs clercs, iceulx receus, seront tenus les bailler le lendemain à celluy à qui ils sont ordonnés, et ce sans préjudice des droicts desdicts notaires et jusques à ce que par la court aultrement en soit ordonné.

Item l'ordonnance de adjouster les productions nouvelles aux inventaires principaulx, *alias* lesdictes productions rejectées, sera gardée.

Item qu'il sera faicte une liace où l'en mettra les tauxations des despens pour les moys qui auront esté tauxés, et seront icelles liaces liées en une année pour l'année qu'ils auront esté tauxés, à ce que plus facillement on les puisse trouver.

Item ordonne ladicte court que ledict greffier civil aura pour le moins trois ou quatre clercs, et le greffier criminel deux, et le greffier des présentations ung, sçavans et expérimentés, pour minuter arrests, décrets et aultres choses qu'il fault minuter èsdicts greffes, aussi pour apporter les plaidoyés, tant en la grant chambre que tournelle, et aultres clercs pour grossoyer et faire lesdicts registres.

Item que lesdicts greffiers civil, criminel, des présentations, seront tenus sallarier leurs dicts clercs, et leur bailler bon et compétant salaire, en manière qu'ils ne prennent ne exigent aucune chose des parties, sinon ce qui leur est permis par l'ordonnance. Et où lesdicts greffiers ne vouldroient sallarier lesdicts clercs, ladicte court les sallariera sur l'esmolument desdicts greffiers.

Item deffend la court au greffier civil et à ses clercs, de prendre aucune chose des escriptures baillées par les procureurs ausdicts greffes qu'ils auront grossoyés pour mettre le *concordat*.

Item ne prendront aucune chose des grosses des faicts qui seront extraicts des procès. Et pareillement des faicts nouveaulx que les parties bailleront en ensuyvant l'ordonnance de la court, sinon pour le vin des clercs comme ils ont des juges, qui est quatre sols parisis pour peau.

FIN DES ORDONNANCES DE LA COURT DE PARLEMENT.

CHAPITRE II.

DES ESTATS DU CHASTELET (1).

Au temps du noble roy sainct Loys, la prévosté de Paris estoit vénale, et se bailloit au plus offrant et dernier enchérisseur, comme on faict la veille de la sainct Jehan Baptiste les fermes du roi nostre sire, par quoy se faisoient plusieurs pilleries et larrecins par les prévosts durant leurs tems; les povres estoient oppressés, et n'avoient point de justice, les riches estoient supportés et faisoient maulx infinis, qui n'estoient point pugnis de leurs malfaicts, et mesmement les larrons publicques et domestiques, car les plus riches et opulens occupoient tousjours l'office de la prévosté du Chastellet de Paris, en commectant plusieurs abus, au moyen de quoy venu à la congnoissance dudict roy sainct Loys, il ordonna et fist deffences que doresnavant l'office de prévost de Paris ne seroit plus vendue, par quoy institua Estienne Boyleau, homme de grande auctorité selon justice, et le nomma garde de la prévosté de Paris, auquel assigna par chascun an gaiges pour exercer ledit office. Et depuis ainsy a esté faict, depuis mil deux cens cinquante et deux, jusques a présent mil cinq cens trente et cinq. Le prévost de Paris est garde de la prévosté et viconté de Paris, soubs le roy nostre sire qui est le vray prévost.

Item soubs le prévost de Paris y a deux lieutenans,

(1) Ce chapitre manque dans A.

c'est assavoir civil et criminel, deux advocats du roy, et ung procureur du roy, deux conseilliers, ung procureur du roy en court d'esglise, le recepveur de Paris, ayant sa chambre ou Chastellet de Paris, seize examinateurs que l'on dit commissaires, austres seize commissaires créés par le roy François premier du nom, quatre greffiers en hault, le clerc du greffe civil et criminel, ung greffier de la conservation apostolique, ung crieur juré, la trompette, le clerc de la geolle et guichet des prisons du Chastellet, deux greffiers des auditeurs, la garde du seel et le chauffe cire du seel, deux portiers oudit Chastellet, soixante notaires; en oultre aultres soixante créés par le roy Françoys premier du nom, unze vingts sergens a cheval, unze vingts sergens a verge, comprins quatre sergens fieffés, douze sergens de la douzaine, audiencier et soubs audiencier, le chevalier du guet, deux clercs et notaires du guet, quatre lieutenans du chevalier du guet, deux à cheval et deux à pied, dix hommes armés par chascune nuyt, seize hommes à pied armés et embastonnés qui sont assis par les carfours de la ville de Paris, qu'on dit guet dormant, et est le guet ordinaire de toutes les nuicts, mais le plus souvent ils se augmente quant il est besoing et nécessité, le questionnaire juré, deux cyrurgiens jurés, ung barbier juré, la guette de l'orloge du Chastellet, les matrones et saiges femmes jurées, le fermier du treillis (1) dudit Chastellet, le fermier des amendes du roy.

Item les jurés mesureurs de bleds, visiteurs de foing du port au foing, la place de Grève, l'escolle Sainct Germain, les halles, tous lesquels sont tenus de faire par chascun jour de marché, mercredi et samedi, rappors des visitations des marchandises et grains, et pareillement

(1) B. 1535, de strellys.

les vendeurs de bestial, en la chambre du procureur du roy, ce que a esté vendu et à quel pris.

Item fault noter que le roy nostre sire à présent régnant l'an mil cccccxxii, pour la grande affluence des causes qui estoient ou Chastellet de Paris, par devant ledit prévost en garde et son lieutenant civil, fut esclipsé (1) de la prévosté les causes des escolliers, supposts de l'université de Paris, et aultres priviléges, et fut créé noble homme messire Jehan de la Barre, lors prévost de Paris, baillif de Paris, et fut faict son lieutenant honorable et saige personne Jehan Morin, [avec?] douze conseilliers, ung advocat et procureur du roy; et les jours que tient ledit conservateur, c'est le mardi et vendredi, où se agitent toutes causes bénéficiales et aultres venant par devant luy, par vertu du privilége donné et octroyé aux maistres régens et supposts de l'université de Paris, mais depuis a esté supprimé ce tiltre bailly de Paris, et au lieu, on dit garde de la prévosté de Paris, conservateur des priviléges royaulx de l'université.

(1) Fit éclipser ou détacher?

CHAPITRE II [*bis*].

DES ESTATS DU CHASTELLET DE PARIS.

Le prévost de Paris est chief dudit Chastellet et est institué par le roy, et représente sa personne quant au fait de justice (1). Et a ledit prévost congnoissance de tous cas tant criminels que civils (2). Et ses lieutenans représentent sa personne.

Item oudit Chastellet il y a deux auditeurs que l'en dit estre suffragans dudit prévost de Paris, lesquels sont subjects dudit prévost. Et ont lesdits auditeurs congnoissance des causes et matières limitées, car ils congnoissent des causes personnelles jusques à vingt livres (3) et au dessoubs tant seulement. Et de leurs jugemens ou appoinctemens quant on se sent grevé on peult demander l'amendement dudit prévost. Et si le jugement par eulx donné est confermé par ledit prévost; celuy qui demande l'amendement doit estre condemné en quarante sols parisis d'amende.

Item il y a le procureur du roy qui conduit et demaine les causes du roy tant par luy que aussi par l'advocat à ce estably et commis par le roy.

Item oudit Chastellet sont les advocats postulans les-

(1) A.B. *Institution ancienne du Chastelet de Paris*. Item le prévost de Paris a trois jurisdictions, une ordinaire et deux déléguées. L'une est la congnoissance du siége du Chastellet, l'autre le privilége de l'université, et la tierce des criées des maisons.

(2) A.B. Et de luy appelle on en la court de Parlement.

(3) A.B. Parisis.

quels sont tous assermentés, conseillent, plaident, et demainent les causes des personnes privées qui ont à faire par devant ledit prévost; lesquels advocats sont tenus de venir chascun jour à l'ordinaire et faire résidence continuelle durant le siége. Et doibvent avoir audience chascun à son tour, c'est assavoir chascun advocat (1) de quatre causes et non plus, se le juge ne leur donne de grace : et *ex officio* (2).

Item il y a oudit Chastellet seize examinateurs et non plus, lesquels sont ordonnés et establis chascun d'eux pour faire toutes manières de examens, enquestes, informations, inventoires, partaiges et divisions des héritaiges, quant commis y sont par ledit prévost, ses lieutenans ou auditeurs. Et doibvent le tout rédiger et mettre par escript.

Item il y a oudit Chastellet le seeleur, qui est garde du seel et du contreseel de la prévosté de Paris, par devant lequel sont passées toutes manières de promesses, obligations et quittances des personnes, et a la visitation des lettres qui devant lui sont mises et apportées. Et est ledit seeleur personne publique et moult notable.

Item il y a encores oudit Chastellet soixante notaires, lesquels et chascun d'eulx (3) peuvent faire et escripre toutes manières de traictés, promesses, convenances, obligations, quictances et toutes aultres lettres et briefs qui sont faicts et signés de leur propre main, pour icelles estre scellés dudit seel. Et peuvent iceulx notaires recep-

(1) A.B. Pour jour.

(2) A.B. Et de ce y a ordonnance faicte en l'an mil quatre cens quatre-vingt, *articulo* XLVI, *titulo* des advocats et procureurs.

B. Cette ordonnance est abrogée, car chascun advocat a son audience de présent, et n'en a que une, mais le juge luy en peut donner après l'audience tant qui luy plaist.

(3) A.B. Accompaignés deux a deux, lesquels peuvent faire, etc.

voir tous contracts, et est à eulx plaine foy adjoustée, sans ce que les parties soyent tenues d'aler devant le seeleur, et tout ainsi comme se faict avoit esté en jugement.

Item il y a et doit avoir oudit Chastellet quarante procureurs et non plus (1), qui sont chargés du péril des causes : et lesquels sont tenus faire résidence convenable et peuvent plaidier comme advocats, pardevant lesdits auditeurs, pour les personnes desquelles ils sont requis, et aussi ès aultres cours subjectes (2). Mais par devant ledit prévost ou ses dits lieutenans n'ont point la loy des advocats.

Item il y a encore oudit Chastellet ung clerc que l'en dit (3) de la prévosté de Paris, lequel a plusieurs aultres soubs luy, qui sont tabellions qui peuvent faire commissions, rapports et aultres choses dépendens de sa chambre. Et lequel clerc de la ditte prévosté a la garde de tous les procès raportés du conseil pour juger, et rédiger par escript tous les jugemens, ordonnances et appoinctemens faicts judiciairement en cas civil.

Item il y a encores ung aultre clerc que l'en dit aussi le clerc de la dicte prévosté de Paris, lequel faict tous les actes, escriptures et appoinctemens des cas des prisonniers civils et criminels.

Item avec ce y a ung aultre clerc que l'en dit le greffier qui se siet en hault, de costé de l'auditoire d'en hault ; et est commis à recepvoir les rapports des adjournemens qu'on faict à trois briefs jours, pour faict de corps et en peine de bannissemens. Et aussi des adjournemens faicts en cas de injures et de villennies, et tous iceulx enre-

(1) A.B. Item il y a tant de procureurs comme le prévost veult, qui sont chargés, etc.

(2) A.B. Et aussi ès cours subjectes.

(3) A.B. Que l'en dit greffier.

gistrer, et faire crier en deffault les personnes adjournées, par ung sergent à ce ordonné, haultement et en plaine auditoire; et aussi peult rabatre les présens; et se aucuns se comparent qui soyent adjournés a trois briefs jours, comme dit est, il les peult et doibt faire mettre en prison oultre le guichet, et faire enregistrer le cas pour lequel il est appellé, à ce que le juge, c'est assavoir le prévost ou son lieutenant, en congnoisse et fasce raison et justice. Et est tenu de bailler, s'il en est requis, *comparuit* aux personnes qui doubtent qu'elles n'aient esté appellées au greffe depuis qu'il a faict son audience; et tant comme les auditeurs sient (1) il ne s'en doibt partir plustost que eulx. Et est assavoir que ceulx qui se laissent meetre en deffault au greffe ès cas dessus dits (2) se mettent en dangier, et pour non comparoir sont en amende de XVII sols six deniers. Et le greffier (3) les peult et doit faire exécuter. Et se aucunes parties sont en procès en la court de Chastellet, et ils sont en publications des causes, il loist à icelles parties faire adjourner leurs tesmoings par trois ou quatre fois, et à quatre journées, et, les ajournemens rapportés au greffe, est tenu le greffier de les enregistrer et en bailler les deffaulx de chacune journée en cas de tesmoignage; et est celle diligence bonne pour la partie qui ce faict, et en ce cas il n'y a amende au roy ne proffit à la partie aultre que dit est (4).

(1) A. Soient.

(2) A.B. Et de premier adjournement.

(3) A B. Et les greffiers, fermiers, les peuvent et doibvent, etc.

(4) A.B. Item y a ung aultre clerc que lon appelle le greffier des mémoriaux, qui est celuy qui signe tous appoinctemens ordinaires et deffaulx.

Item il y a unze vingts sergens a cheval et unze vingts a verge comprins ceulx de la douzaine.

Item quatre sergens fieffés qui au temps passé ne souloyent estre que deux, et les apelloit on *forains*, et sont sergens à cheval et exécutent le seele du

Item fault noter qu'il y a différence entre la prévosté, la vicomté et banlieue de Paris, car l'en appelle la vicomté de Paris certaines chastellenies desquelles, quant elles sont tenues en la main du roy de France, le prévost de Paris de son droict en est bailli. Et sont lesdictes chastellenies : Montléry, Gonnesse, Corbeil et Poissy, et est assavoir que ès dictes chastellenies l'en plaide devant les prévosts des lieux, et des assises du bailli l'en appelle directement en parlement.

L'en appelle banlieue de Paris là où Paris est, et la circuitude contenant environ une lieue, si comme la Chapelle Sainct Denis est de la banlieue, et une partie de la Villette, Sainct Ladre, Panthin, Baigneux, Chaillau, Clichi (1). Et en la dicte banlieue les sergens à verge du dict Chastellet font les ajournemens de bouche et sans commission; et si ung sergent à cheval le faisait et il estoit débatu, le dict ajournement seroit mis au néant (2).

Len appelle prévosté de Paris, là où le prévost de Paris est juge souverain et présumptif de droict commun, et tous les lieux sont de la prévosté de Paris, desquels par appoinctement de juge ordinaire (3), de droict ou de gref, l'en vient ou doit venir de droict commun audict

prévost de Paris, sans commission en et au dedans de la ville, banlieue, prévosté et vicomté de Paris, et faict chascun diceulx sergens adjournemens et exécutions comme dict est, et font leurs rapports oudit Chastellet.

Item il y a ung chevalier, ses lieutenans, deux clercs et soixante sergens du guet. La guette et deux portiers.

(1) A.B. Sainct Esblant, Clichi, Gentilly, Montrouge, Arcueil, Yvry, Icy, Clamart, Venves, le Bourg la Royne jusques au ponceau, Conflans, Carrières, le pont de Charenton, Courcelles, Caillouel, Cachant, Charrongne, Baignolet, la Ville l'Evesque, le Pré Sainct Gervais, la Villette, Sainct Denys, Monstereul deça le ru, Montmartre, Villiers, la Garenne, Autuel, Aubervilliers et Sainct Denys en France jusques au Gril.

(2) A.B. Excepté les adjournemens faicts par lesdits sergens licites.

(3) A.B. Et deute.

Chastellet de Paris : si comme du bailli de Meaulx pour la jurisdiction temporelle de l'évesque de Meaulx, et aussi du chapitre de Meaulx pour la jurisdiction temporelle qui est de la prévosté de Paris, du ressort et de plusieurs aultres lieux (1).

Ce sont les ordonnances royaulx du Chastellet de Paris qui ont esté faictes par grande et meure délibération de conseil en l'an mil quatre cens quatre-vingts et cinq. Lesquelles doibvent estres leues chascun an le lendemain de Quasimodo, et le premier jour plaidoyable d'après vacca-

(1) A.B. Item faut noter que par l'usaige et stille gardés et observés esdites chastellenies et prévostés royalles ressortissans par appel oudit Chastellet de Paris, et esquelles ledit prévost ou son lieutenant a accoustumé tenir les assises comme baillif desdites chastellenies et prévostés, quant aucun se porte pour appelant devant luy de l'ung des juges desdites chastellenies et prévostés, que l'appelant est tenu relever son appel par devant ledit prévost ou sondit lieutenant dedans le premier jour de l'assise qui se tiendra en la dicte chastellenie, se l'appelant ne renonce a son appel dedans la huytaine d'iceluy appel. Et qu'il signifie ladicte renonciation à partie. Et où il ne relefve ou renonce par la manière que dit est, telle appellation démoure déserte.

Item par lesdits usaige et stille, quant aulcun se porte pour appellant d'aucun seigneur ou officier desdites chastellenies et prévostés royalles ressortissant oudit Chastellet, et esquelles chastellenies et prévostés royalles ledit prévost de Paris a accoustumé tenir les assises, comme dit est, ou d'aucun juge ou officier subalterne desdites chastellenies et prévostés ressortissans par appel esdites chastellenies, et pardevant les juges desdits lieux, l'appelant est tenu de relever son appel dedans quinzaine par devant le juge de la chastellenie soubs lequel tel juge et officier dont a esté appelé est subject et ressortissant, sinon que l'appelant eust renoncé et signifié la dicte renonciation à la partie dedans la huitaine dudit appel.

Aucuns sont d'opinion que à relever son appel a quarante jours, comme a esté dit et ordonné par monseigneur le lieutenant conservateur.

A. ajoute : Si de l'estat de la justice dudit Chastellet voullez veoir plus au long, fault veoir les ordonnances royaulx sur le faict de la dicte justice, lesquelles furent faictes en l'an mil cccc quatre-vingts, par grande et meure délibération de conseil.

B. publie ces ordonnances royaulx qu'il date de l'an 1485.

tions de vendenges, et les promettront et jureront garder et observer les gens dudict Chastellet, chascun pour tant que à luy peult et pourra toucher (1).

Des auditeurs du Chastellet.

Article premier. Premièrement nous avons ordonné et ordonnons que le prévost ou garde de la prévosté de Paris sera désormais tenu en tout temps de venir et estre audict Chastellet, pour y besongner et entendre au faict de son office, à sept heures au matin.

II. Item ledict prévost et les aultres officiers et praticiens dudict Chastellet seront tenus d'aller et estre audict Chastellet, pour exercer le faict de leurs offices, ordinairement tous les jours que nos conseilliers de parlement seront en icelluy parlement. Excepté les jours et festes de sainct Denis, saincte Katherine, sainct Nicolas en yver, sainct Germain l'Auxerrois et les vaccations d'aoust et de vendenges.

III. Item avons enjoinct et enjoignons audict prévost qu'il visite ou face visiter par son lieutenant chascun jour les tableaulx et registres des emprisonnés le jour précédent, et que chascun lundy ledict prévost ou son lieutenant visite les prisonniers dudict Chastellet pour veoir leur estat, ou les face venir devant luy sur les carreaulx, pour sçavoir s'aucuns griefs ou oppressions leur ont esté faictes par les geolliers ou aultres.

IIII. Item que ledict prévost ou sondict lieutenant facent tenir les prisons nettes.

V. Item deffendons à icelluy prévost que désormais il ne exige directement ou indirectement des sergens ou

(1) Ajouté dans B

aultres officiers dudict Chastellet chappons, or, argent ou aultre chose, à cause de leurs institutions.

VI. Item que doresnavant il ne prengne ou applicque à son prouffit les ceinctures, joyaulx, habits, vestemens ou aultres paremens deffendus aux fillettes et femmes amoureuses, ou dissolues.

VII. Item enjoignons audict prévost, sur peine de privation de son office, qu'il pourvoye à l'office du clerc criminel, de bonne personne ydoine et suffisante, affin que par le faict d'icelluy clerc aucunes faultes ou inconvéniens n'adviennent, car s'il advenoit ledict prévost sera tenu d'en répondre.

VIII. Item ordonnons que ledict prévost, son lieutenant et les auditeurs dudict Chastellet ne pourront faire aucuns renvoys de cause pardevant aultres justiciers, ne faire redditions de prisonniers, ne taxer sallaires ou despens sur nous sans appeller nostre procureur, et voulons que les tauxations qui seront faictes sur nous soient signées par celluy ou ceulx qui les feront et par le clerc.

Des auditeurs du Chastellet.

Article premier. Premièrement nous avons ordonné et ordonnons que les auditeurs de nostre Chastellet de Paris ne congnoistront d'aucune cause qui monte oultre vingt livres parisis, ne de cause de héritage, et ne pourront donner aucun décret, ne commission signée, fors ès causes et jusques à la somme tant seullement dont la congnoissance leur est baillée.

II. Item que doresnavant lesdicts auditeurs de nostre Chastellet seront mis et institués de par nous par bonne élection ou délibération, et auront pour gaiges chascun soixante livres parisis, et avecques ce seront nos conseilliers audict Chastellet, et auront et prendront chascun la pension acoustumée, et ne seront advocats, procureurs, pensionnaires, ne conseilliers d'aultres que de nous.

III. Item et seront tenus lesdicts auditeurs d'estre et seoir en leurs places et auditoires à huyt heures du matin en temps d'esté, c'est assavoir depuis Quasimodo jusques aux vaccations de vendenge, et à neuf heures en temps d'yver, c'est assavoir depuis lesdictes vaccations de vendenges jusques à Quasimodo, et s'aucunes causes restent au matin à expédier par devant eulx ils seront tenus de les expédier après disner, autant qu'ils en pourront expédier.

IIII. Item nous deffendons ausdicts auditeurs qu'ils n'appoinctent en escriptures aucunes parties plaidant devant eulx, se ce n'est que leur semble en leur conscience que la chose ne puisse aultrement prouffitablement estre expédiée, et que ce soit pour cause montant au-dessus de vingt sols parisis, et ne seuffrent lesdicts auditeurs les clercs des procureurs des parties occuper par devant eulx, ne signer par leurs tabellions aucuns appoinctemens prins avec lesdicts clercs.

V. Item avons ordonné et ordonnons que, quant aucune partie demandera l'amendement au prévost du jugement d'iceulx auditeurs, elle sera tenue de relever dedans XV jours, sur peine de XX sols parisis d'amende, et de perte de cause s'elle ne renonce dedans huyt jours, auquel cas elle payera cinq sols seullement, et sera tenu de signifier à sa partie, ou à son procureur, ladicte renonciation, dedans trois jours après ce qu'elle l'aura faicte.

VI. Item, se celluy qui aura demandé l'amendement en déchet, nous voulons qu'il paye quarante sols parisis d'amende, ou plus, à la tauxation de nostre dict prévost, selon la qualité de la cause et condition de la personne, lequel prévost congnoistra sommairement et de plain de la cause de tel amendement d'amende, et luy enjoignons que ainsi le face.

Du procureur du roy en court d'église.

I. Item et affin que les officiers de la court ecclésiastique n'entreprennent sur la jurisdiction temporelle, Nous enjoignons à nostre procureur en court d'église qu'il aille par chascune sepmaine, ès jours de mécredy et samedy et aultres plaidoyables, ès auditoires des évesques, archediacre et chapitre de Paris, et face diligence de ouyr durant les plaidoyers les matières dont l'en y traictera.

II. Item nous avons ordonné et ordonnons que les procès de nostre dict Chastellet soient si secrettement baillés de par nostre dict prévost à visiter aux conseilliers d'illec, que les parties ne puissent sçavoir à qui le procès sera baillé à visiter, et si le conseillier, ou conseilliers à qui le procès sera baillé à visiter y trouvent aucun deffault, ils le rapporteront secrettement audict prévost ou au clerc de la prévosté, et non point à la partie. Et ne recevront lesdicts conseilliers, actes, lettres ne aultres choses de la partie pour joindre au procès, mais seullement sera joinct au procès ce qu'il y fauldra par la main dudict prévost ou de ses clercs de prévosté.

III. Item et avons ordonné que iceulx conseilliers seront tenus d'eulx assembler avec ledict prévost, ou son lieutenant, par chascune sepmaine le jour du vendredy, pour entendre à l'expédition desdicts procès et au faict de l'exercice de leurs offices.

IIII. Item et leur deffendons que désormais ils ne jugent aucun procès au rapport de l'ung de nosdicts conseilliers, mais soient iceulx procès veus et visités au moins par deux ou trois d'iceulx nos conseilliers, lesquels soient concords en leurs opinions. Et, au cas qu'ils ne seront concords, ledict procès sera rapporté par l'ung desdicts conseilliers en la présence des aultres qui l'auront veu et visité, et aussi des aultres se mestier est.

Des examinateurs du Chastellet.

Article premier. Premièrement nous avons ordonné et ordonnons que doresnavant aucun examinateur ne se serra au rang du siége de nostre dict prévost, et ne sera advocat, notaire, pensionnaire, ne procureur, et ne tiendra aultre office fors l'office d'examinateur.

II. Item que les faicts et articles des parties seront baillés à nosdicts examinateurs de par nostre dict prévost, et ne sera aucun examinateur octroié à partie qui le requière. Et si tost que les articles seront baillés à l'examinateur, et que les parties auront leurs tesmoings prests, l'examinateur examinera iceulx tesmoings continuellement, et s'il advient que les tesmoings séjournent à Paris ou ailleurs, par la faulte et coulpe des examinateurs, ce sera aux propres cousts et despens d'iceulx examinateurs.

III. Item, se aucun deffault est trouvé en leur examination ou procès, que, [si] celluy procès ne se puisse juger, ils examineront de rechef les tesmoings, et répareront leur faulte à leur propre coust, et ceulx qui seroient trouvés coustumiers de faire telles faultes seront ostés de leurs offices.

IIII. Item que toutes les examinations qui se feront par escript et sur articles seront faictes par lesdicts examinateurs, et tout ce qui chiet en leurs offices, et non par aultres, et seront nommés et donnés par le juge, et non pas esleus des parties ou de leurs procureurs, et seront les coppies des articles et aultres escriptures faictes et signées par la main de ladicte court, aultrement n'en sera rien tauxé; et ne mettront lesdicts examinateurs aucunes responces en coppies des articles, s'ils ne voyent que icelles coppies soient yssues et baillées de la court.

V. Item nous avons ordonné et ordonnons que nostredict prévost ou son lieutenant, pour la povreté des parties ou aultre juste cause, et non aultrement, pourra donner commissaires au pays aux parties, se elles le requièrent.

VI. Item avons ordonné et ordonnons que doresnavant les parties ou leurs procureurs seront tenus en leurs personnes d'affermer leurs articles et de respondre à ceulx de leur partie adverse pardevant lesdicts commissaires, lesquels ne receveront aucunes responces impertinentes par escript.

VII. Item nous avons enjoinct et enjoignons ausdicts commissaires que désormais ils facent le rapport des arrests des biens par eulx seellés, et des sergens mis en garnison ès hostels des malfaicteurs ou crimineulx, et d'aultres trespassés sans hoirs, le lendemain après ce que ils les auront faicts, et qu'ils les facent enregistrer audict Chastellet en leur présence, ainsi qu'il appartient, sur peine de dix livres d'amende et de rendre dommaiges et intérests aux parties.

VIII. Item ordonnons que doresenavant les examinateurs qui auront amené ou faict amener aucuns prisonniers audict Chastellet seront tenus de faire leur registre audict Chastellet le jour de l'emprisonnement, sur peine de dix livres d'amende, et de restituer l'intérest à partie, se ce n'estoit pour aucun cas qu'il convenist tenir secret pour le bien de justice, et, sur la peine dessusdicte seront tenus de rapporter le lendemain l'information qu'ils auront faict sur ce, et avecques ce seront tenus de déclarer au registre dessusdict (de?) l'emprisonnement à la complaincte et requestes de quelles gens ils ont ou auront admené lesdicts prisonniers.

IX. Item ordonnons que, quant lesdicts commissaires auront faict adjourner aucunes personnes à trois briefs jours au greffe criminel dudict Chastellet, ils seront tenus sur peine de dix livres parisis d'amende de rapporter audict greffe audict registre leurs exploicts, le jour qu'ils seront faicts ou le lendemain, tellement que, aux jours des adjournemens, nostre procureur puisse requerre et prendre le prouffit desdicts exploicts tel que de raison.

X. Item et avons enjoinct et enjoignons ausdicts commissaires que, tantost après l'an du trespas des testateurs, ils contraignent les exécuteurs d'iceulx testateurs à rendre leurs comptes desdictes exécutions, s'il n'y a empeschement ou cause raisonnable pourquoy faire ne le puisse. Et en oultre, se ils y appercoivent aucun droict pour nous, qu'ils le dénoncent à nostredict procureur, sur peine de le recouvrer sur eulx et d'en estre pugnys.

XI. Item nous avons deffendu et deffendons ausdits commissaires, sur les peines dessusdictes, qu'ils n'emportent aucuns biens hors des hostels où ils les auront arrestés jusques à ce que inventoire en soit faicte.

XII. Item avons deffendu et deffendons ausdicts commissaires qu'ils ne copient doresenavant aucunes actes ou appoinctemens, ou aultres lettres produictes, pour mettre icelles copies en forme de preuve, se ce n'est que la partie produysant le requiere, et que la partie adverse soit présente ou appellée à collationner icelles copies aux originaulx.

XIII. Item et ne prendront lesdicts examinateurs aucunes tauxations de despens à faire, se ce n'est par les clercs ou clerc de l'auctorité, et que premièrement ils ayent leur commission toute signée, et la tauxation faicte, bailleront et rendront à la court et non pas aux parties ou à leurs procureurs.

XIIII. Item lesdicts examinateurs mettront ès dictes tauxations, à chascun article, ce que tauxé auront du contenu en icelluy, et sera ce mis en la marge d'icelles tauxations en droict, ou à la fin d'ung chascun article.

XV. Item ordonnons que les déclarations des despens soient faictes le plus justement que l'en pourra, et affermées par serment, et aussi les diminutions, en deschargeant la court le mieulx et le plus que pourra estre faict. Et que, s'aucun salaire est demandé par advocats ou procureurs, rien n'en soit tauxé jusques à ce que le commissaire aura parlé à l'advocat ou procureur, ou qu'il luy apperra deuement de ce qu'il en aura receu.

XVI. Item avons enjoinct ausdicts commissaires que désormais ils tauxent escriptures à compter trente lignes pour chascune fueille, et septante lettres pour ligne, excepté que pour chascun espace d'entre deux articles sera descompté une ligne et non mye, selon le nombre de fueillets.

XVII. Item et quant au salaire desdicts examinateurs nous avons ordonné et ordonnons que, pour ouyr les responces des causes communes et les mettre en escript au procès principal et ès copies de partie adverse, ung examinateur aura huyt sols parisis de chascune partie. Et s'ils sont deux examinateurs ensemble ils auront chascun huyt sols. Et se la cause estoit si grosse et si pesante que en ung jour les examinateurs ne peussent ouyr les responces, et y convenist vacquer par plusieurs jours, les examinateurs auront plus grant salaires, c'est assavoir seize sols parisis pour chascun d'eulx pour toute la cause. Et en petites causes tant d'en hault comme d'embas auront quatre sols parisis pour lesdictes responces, et au dessoubs selon la povreté des parties, et seront tenus lesdicts examinateurs de ouyr les responces en personne, et les escripre ou faire escripre, en leur présence et des parties.

XVIII. Item pour examiner tesmoings et entendre diligemment ung jour entier, sans ailleurs besongner à l'examen des tesmoings, chascun desdicts examinateurs aura à Paris seize sols parisis pour jour, et se ils vont hors Paris en commission, ils auront chascun trente-deux sols parisis pour jour qu'ils vacqueront diligemment à examiner tesmoings comme dit est, et pour chascun des jours de aller et retourner de ladicte commission autant, mais ils ne compteront riens de minutes de leurs examens, ne pour leurs clercs.

XIX. Item, pour mettre les dépositions des tesmoings en parchemin, ils feront roolles d'ung pied de lé et de deux pieds de long à tout le moins, et auront quatre sols parisis pour chascun roolle, et y mettront tant de lettres qu'ils pourront bonnement, sans fraulde. Et quant aux copies qu'ils feront, les roolles des copies seront d'ung espan de lé, et de tel long qu'ils contiennent soixante lignes à compter l'espace d'entre deux articles, ou tesmoings se aucuns en y a, pour une ligne, et en auront deux sols parisis, et aura deux doigts de marge en l'original, sur le moins, et ung doigt en copies.

XX. Item se ung ou deux examinateurs ne vacquent journée entière pour besonguer, ils seront payés de ce qu'ils feront par portion de temps qu'ils besongneront, et n'auront pas si grand salaire comme dessus est dit. Et seront tenus d'entrer en besongne aux jours qu'ils seront à journée, à telle heure que l'on a acoustumé d'entrer en siége, et y besongner continuellement tout le jour jusques à tant qu'il soit temps de laisser œuvre, à heure de soleil couchant, ou ung peu après.

XXI. Item et pareillement, à faire informations, ouyr comptes et faire aultres besongnes appartenant à leurs offices et qui leur seront commises, ils seront payés de leurs journées sur les parties qui les mettront en besongne, mais s'ils font information pour nous et d'office, sans requeste de partie, ils ne prendront ne demanderont salaire à celluy contre qui ils feront l'information.

XXII. Item quant aux tauxations de despens, dommaiges et intérests, ils ne prendront que huyt deniers pour livre, mais moins en pourront et devront prendre en menues choses, et de povres gens, et de petites causes selon ce que le cas [qui] écherra, et s'il convient faire information sur les dommaiges et intérests, ou sur aultres choses où il chet information à faire ils en seront payés selon les journées qu'ils y vacqueront, eu regard au pris ci-dessus déclairé.

XXIII. Item iceulx examinateurs mettront en escript les deniers qu'ils recevront aux causes des choses dessusdictes, et en bailleront lettres, soubs leurs seaulx ou seings manuels, aux parties, ou à leurs procureurs.

Des advocats et procureurs.

Article premier. Premièrement nous ordonnons que aucun ne pourra patrociner ne pratiquer au faict d'advocacerie ou de procuration au Chastellet de Paris, s'il n'est receu à ce par le prévost, ou son lieutenant, et par le conseil d'aucun assistant de la court dudict Chastellet, et s'il n'a faict le serment de loyallement patrociner et pratiquer.

II. Item que doresenavant viendront et seront tenus venir à ladicte court les advocats et procureurs à heure de sept heures au matin, en tout temps soit d'yver ou d'esté, pour délivrer leurs causes.

III. Item que les advocats et procureurs ne partiront dudict Chastellet depuis qu'ils seront entrés en jugement, sans licence dudict prévost ou son lieutenant, ou sans nécessité ou sans cause raisonnable, sur peine d'amende arbitraire.

IIII. Item que les advocats feront délivrer à leur povoir par les procureurs les causes là ou il n'eschерra plaidoyrie, et monstrer les exploicts qui seront à monstrer, en deschargeant le juge et procédant à l'expédition des causes.

V. Item que les advocats ne plaideront cause se ils n'en ont pas avant faict collation, et n'en feront pas collation en jugement, mais s'ils la veullent faire ils ystront hors de l'auditoire et la feront à part.

VI. Item que chascun advocat aura ou pourra avoir par jour quatre causes à son audience, et non plus, se le prévost ou son lieutenant en la fin de son audience ne luy en veult aucune donner oultre le nombre desdictes quatre causes, selon ce qu'il verra à sa discrétion et ordonnance.

VII. Item que quant ung advocat aura son audience, tous les aultres advocats se serront pour escouter le plaidoyé, et ayder à conseiller et adviser la court, excepté toutesfois ceulx qui du conseil seront de la cause que l'advocat qui aura audience vouldra plaider, et ceulx qui vouldront deffendre la cause.

VIII. Item sur le salaire des advocats ordonnons que les advocats pourront demander de salaire pour plaider causes communes, et deviser toutes les escriptures qu'il fauldra faire en une cause jusques en diffinitive, jusques à dix livres parisis, et non plus, et des grosses causes et subtilles jusques à seize livres parisis, supposé qu'ils soient deux advocats en la cause, et se les parties en veullent avoir plus de deux, faire le pourront à leurs despens, et ne sera point tauxé plus grand salaire que dessus est dit; et s'il y a petites causes ou gens povres, ils s'en payeront modérement et courtoysement sans en prendre ne demander si grand salaire comme dit est, et s'il convient faire aucunes escriptures sur accessoires qui ne soient de l'essence du principal, les advocats en seront payés oultre le taux dessusdict, et leur en sera tauxé salaire convenable, eu regard aux escriptures qu'ils feront sur l'accessoire.

IX. Item les advocats qui sont pensionnaires d'aucunes gens, plaideront et conseilleront les causes de leurs pensionnaires, et les mèneront jusques à diffinitive, sans demander ne avoir pour ces causes aultres salaires que leurs pensions seulement, si ce n'est pour le salaire des escriptures qu'il conviendra faire.

X. Item s'il advient que aucune cause prenne fin, avant qu'elle soit en diffinitive, par accord des parties ou aultrement, les advocats ne pourront demander pour ce tout leur salaire tel que dessus est dit, mais seront payés pour portion de tant qu'ils auront eu de peine, de ce qu'ils auront faict eu regard au pris dessusdit, se ce n'est qu'ils eussent esté payés en tout ou en partie de leur salaire avant que la cause ait prins fin, auquel cas ils ne seroient tenus de riens rendre ne restituer s'il ne leur plaist.

XI. Item nous deffendons que aucun advocat ne signe escriptures s'il n'a plaidoyé la cause ou esté du conseil d'icelle, et voulons que l'advocat qui signera escriptures les visite tout au long avant qu'il les signe, sur peine d'ung marc d'argent ou d'aultre amende à la volunté du juge.

XII. Item ordonnons [que?] des causes qui cherront en plaidoyrie sur l'assertion des faicts des parties, les procureurs feront et seront tenus de bailler leurs faicts pour escripre par manière de mémoire, espéciallement des grosses et subtilles causes, et que les advocats ne plaideront aucuns faicts que ceulx qui leur seront baillés.

XIII. Item et pour ce qu'on appelle les audiences par cédulles, et que les procureurs sont souvent importuns de bailler à l'advocat, qui est à son audience, cédulles dont il vient souvent tumulte en l'auditoire ; ordonné est que puis que ung advocat aura commencé son audience aucun ne luy baille cédulle, ne il n'en recoive aucune ; mais luy soient baillées les cédulles avant son audience commencée.

XIIII. Item que en une cédulle l'en ne mettra que une cause seulement sur peine de l'amende.

XV. Item avons ordonné et ordonnons que désormais aucun advocat ne face appeller à son audience aucunes personnes s'il n'est du conseil de la cause, et chargé d'icelle plaider. Et néantmoins sera tenu garder l'ordre et jour acoustumé des audiences dudict Chastellet, sans toutesfois demander ou avoir aucun prouffit à cause d'icelles audiences soit par l'advocat ou par le procureur.

XVI. Item nous deffendons ausdicts advocats et aussi aux procureurs et aultres qui seront oudict Chastellet que, le juge estant en son siége, et eulx estans en l'auditoire et au parquet, ne parlent ensemble et ne facent noyse ne destourbier au juge, sur peine d'amende arbitraire.

XVII. Item nous ordonnons que aucun procureur ne pourra faire ne deviser escriptures de causes démenées en hault devant ledict prévost ou son lieutenant. Et deffendons que aucunes escriptures ne soient receues illec si elles ne sont signées du seing manuel de l'advocat qui aura plaidé la cause, sauf toutesfois que se icelluy advocat avoit exoyne au jour de bailler, ou estoit hors tellement occupé que le procureur ne luy peult faire signer lesdictes escriptures, la court recepvra lesdictes escriptures pour eschever la perte de la cause, mais le procureur sera chargé de les faire signer le lendemain ou le plustost qu'il pourra, sur peine d'amende arbitraire comme dict est.

XVIII. Item que les advocats et procureurs bailleront lettres de quittance de leurs salaires qu'ils auront eus s'ils en sont requis. Et aussi les clercs mettront par escript ce qu'ils prendront de leurs escriptures s'ils en sont requis.

XIX. Item deffendons que aucun advocat ne se mette en interlocutoire s'il ne scet certainement ou croye en sa conscience que le cas y eschée. Et voulons que s'il apparoist au prévost ou lieutenant que calumnieusement l'advocat se acoustume à ce faire, icelluy prévost ou lieutenant l'en puisse pugnir comme ou cas appartiendra.

XX. Item nous avons ordonné et ordonnons que les advocats dudict Chastellet seront tenus de escripre ou faire escripre en chascune fueille de papier de leurs escriptures trente lignes, et soixante et dix lettres en chascune ligne, excepté que pour chascun espace d'entre deux articles sera descomptée une ligne, et ne pourront demander ne prendre oultre deux sols huyt deniers parisis pour chascune fueille, et leur clerc pour la minute huyt deniers parisis (1).

XXI. Item et aussi avons ordonné que, se par appoinctement de juge ou de commissaires aucuns articles croisés ou débatus par partie adverse demourent ès escriptures

(1) B. 1537. Et pour la grosse aultres huyt deniers parisis.

ausquels partie adverse n'ait mie suffisamment respondu par les siennes, icelle partie y pourra respondre par deux ou trois articles ou plus selon l'exigence du cas, lesquels seront joincts et cousus avec les escriptures principaulx, ainsi que on a acoustumé de faire ès cours de parlement et des requestes de nostre palais, sans que l'en puisse faire à cause de ce nouvelles escriptures.

XXII. Item deffendons que nul procureur ne se siée entour le buffet de l'auditoire dudict prévost, se ce n'est pour faire enregistrer les deffaulx ou pour faire leurs registres de sentences et appoinctemens donnés par ledict prévost ou son lieutenant. Et aussi qu'ils ne mettent aucunes de leurs lettres ou papiers sur ledict buffet, affin qu'elles ne soient entremeslées avecques les lettres de la court, et que l'en ne preigne les unes pour les aultres, sur peine de cinq sols parisis d'amende. Et que, sur peine de ladicte amende, chascun, sitost qu'il aura faict enregistrer ce pourquoi il se traict audict buffet, s'en voise seoir ès lieux et sièges ordonnés pour lesdicts procureurs.

XXIII. Item que aucun procureur ou clerc de procureur ne se siée dedans le siége des clercs ou auditeurs, se ce n'est pour faire enregistrer leurs deffaulx ou appoinctemens, et tantost après se lièvent.

XXIIII. Item nous ordonnons que les procureurs ne se chargeront de causes se ils ne sont bien instruicts, et par bonne collation, et sentiront s'ils pevent quelle preuve leurs maistres auront, pour les avoir quant mestier sera. Et mettront en mémoire tout le faict de leurs maistres pour y avoir recours quant besoing sera, par quoy ils ne se puissent excuser d'ignorance. Et sçauront lesdicts procureurs où leurs maistres demoureront, et où ils les pourront trouver, pour leur faire sçavoir l'estat de leurs causes, affin qu'ils n'ayent cause de eulx excuser de non parler à leurs maistres, et que pour cause de telles allégations délay ne leur sera donné par le juge après la contestation oultre les délaiz acoustumés et tels comme se les maistres estoient présens.

XXV. Item que les procureurs soient diligens de faire leurs collations à leurs advocats, et ne les requièrent de plaider sans bonne collation précédente.

XXVI. Item que les procureurs monstreront l'ung à l'aultre adjournemens, actes et exploicts qui à monstrer seront, et ne les refuseront à monstrer ou à veoir malicieusement, ne pour délayer leurs causes, sur peine de dix sols parisis d'amende pour chascune fois.

XXVII. Item que procureurs ne feront de leur auctorité continuations ne dilations, se ce n'est à la voulenté de leurs maistres ou en cas de nécessité, par le conseil de leurs advocats, ou de la voulenté du juge, sur peine de ladicte amende.

XXVIII. Item délivreront les ungs aux aultres leurs causes amiablement, le juge séant et non séant, de tout ce qu'ils pourront bonnement délivrer sans nécessité de plaidoyries. Et tout ce qu'ils auront accordé entre eulx passeront et tiendront de bonne foy.

XXIX. Item respondront aux articles diligemment et loyaument, ou feront respondre leurs maistres dedans l'assignation qui sur ce sera donnée, et ne nyeront coustumes ne usages qu'ils sachent ou croyent estre notoires, et s'il ont à respondre à aucunes coustumes ou usages dont ils facent doubte, ils s'en informent aux advocats avant qu'ils respondent.

XXX. Item deffendons que procureur ne soit si hardy de plaider, ne de haultement ne désordonnément parler en jugement à son advocat, ou au procureur, ou conseil de sa partie adverse, tant comme son advocat plaidoyera, ne aultrement. Mais si aucune chose veult dire à son advocat, luy dye en l'oreille ordonnément, et ne soit si hardi de estriver au juge, sur peine d'estre mis en prison et d'amende telle que le cas le requerra.

XXXI. Item ordonnons que se doresnavant ung advocat ou aultre faict appeller aucune partie qui ait procureur audict Chastellet, et le procureur n'est trouvé présent en jugement pour délivrer la cause, le procureur ainsi deffaillant payera cinq sols d'amende. Si ainsi n'estoit que à celle heure il fust hors par le congé de la court, ou qu'il eust aucune aultre juste et loyalle exoine.

XXXII. Item que les déclarations de despens soient faictes le plus justement que l'en pourra et affermées, aussi les diminutions, et, se aucun salaire est demandé pour advocats ou procureurs, riens ne soit tauxé jusques à ce que le commissaire aura parlé à l'advocat ou procureur, ou qu'il apperra de ce qu'il en aura esté reçeu.

XXXIII. Item deffendons que doresnavant les procureurs dudict Chastellet ne passent assignations ou continuations de leurs causes s'ils ne vont en jugement ou devant les registres le jour qu'ils accorderont pour les passer et faire enregistrer, et se ainsi estoit que iceulx procureurs fussent tellement occupés qu'ils ne peussent bonnement ledict jour passer lesdictes assignations, en ce cas, ils seront tenus de les passer au plus tard dedans et avant le jour de l'assignation ou continuation qu'ils auront prinse, aultrement la dicte assignation ou continuation sera nulle, et ne sera signée ne enregistrée par les clercs des auditeurs dudict Chastellet ou aulcuns d'eux.

XXXIIII. Item ordonnons que, de cy en avant, les procureurs et advocats dudict Chastellet ne seront continués en l'auditoire hault dudict Chastellet, sinon par le congé, licence et auctorité du prévost ou son lieutenant, soit à jour ordinaire ou extraordinaire, et qu'il y aye cause raisonnable de ce faire. Et s'il advient que aucun advocat ou procureur soit continué à jour ordinaire, sa continuation sera publiée à haulte voix par le clerc de la court en criant l'audience ou rabats des deffaillans, affin que aucun ne le puisse ignorer, et si aucune continuation est par ledict prévost faicte aux heures de relevée ou après disner desdicts jours plaidoyables ou aultres jours extraordinaires, ausquels jours on ne crie aucune audience ou rabats, icelle continuation sera publiée par l'audiencier de l'auditoire hault et ordinaire dudict Chastellet, ou par le sergent qui gardera le guichet dudict auditoire séant, et en la présence de ceulx qui illec assisteront, à ce que aucun ne le puisse ignorer, et se aultrement est faict la continuation sera de nulle valleur.

XXXV. Item est ordonné que si aucuns desdicts procureurs se veullent faire continuer, par l'ordonnance des auditeurs, des causes qui seront pendans devant iceulx auditeurs, ce soit avant que iceulx auditeurs entrent en jugement, et que le clerc ou clercs des auditeurs mettent en escript les noms des procureurs qui seront continués en la veue des aultres procureurs. Et aussi que celles continuations soient publiées au greffe par le crieur de l'audience, aultrement lesdictes continuations seront nulles.

XXXVI. Item quant aux salaires des procureurs, nous avons ordonné et ordonnons que les procureurs de Chastellet pour leur salaire des causes communes, pourront demander pour le demaine d'une cause commune jusques en diffinitive jusques à quatre livres parisis, et non plus, et des grosses causes et subtilles jusques à huyt livres parisis. Et s'ils sont pensionnaires, ils se tiendront pour contens de leurs pensions; et de petites causes, au-dessoubs seront payés. Et s'il advient que la cause ne soit pas menée jusques en diffinitive et qu'elle preigne avant fin, ils en seront payés pour portion comme dit est des advocats.

XXXVII. Item que les procureurs postulans devant les auditeurs pourront avoir et prendre pour chascune journée qu'ils plaideront une cause, ou appoincteront en icelle, deux sols parisis, et non plus. Et s'il y a aucunes assignations d'estat, riens ne leur en sera tauxé ne payé. Et s'il advient qu'il faille faire escriptures devant lesdicts auditeurs, les procureurs qui les feront, feront les roolles quant au nombre de lignes et de lettres en la manière que dessus est dict des advocats, et pour leur salaire de deviser et ordonner lesdictes escriptures auront huyt sols parisis en cas d'injures et d'aultres causes menues; et de plus grosses, vingt sols parisis; mais s'ils sont pensionnaires, ils ne pourront prendre que leurs pensions et leurs salaires d'escriptures s'ils en font. Et ne pourront faire aucunes escriptures lesdicts procureurs s'ils n'en sont expressément requis et chargés de par leurs maistres. Et se aultrement le font, riens ne leur en sera tauxé, et si l'amendront à l'ordonnance de justice, c'est assavoir de quarante sols parisis.

XXXVIII. Item se aucuns despens sont adjugés à partie, les procureurs ne les pourront prendre ne recevoir se ce n'est par le congé et volonté de leurs maistres, ou par la licence et auctorité de justice, sur peine de amende de ung marc d'argent.

XXXIX. Item avons ordonné et ordonnons que doresnavant n'aura oultre le nombre de quarante procureurs practicans ès auditoires d'en hault dudict Chastellet.

Et ne pourront iceulx quarante ou aucuns d'eux, practiquer ès auditoires et siéges d'embas en icelluy Chastellet.

XL. Item et ordonnons que d'icy en avant les advocats, procureurs, commissaires, notaires, sergens ou aultres officiers et practiciens dudict Chastellet ou leurs héritiers ne pourront faire demande ou poursuyte de leurs salaires après ung an d'iceulx salaires desservis, et si ne pourront les vivans demander arrérages de leurs pensions plus que de trois ans passés, eu esgard au tems de leur demande; et au regard des héritiers des trespassés, ils seront tenus d'en faire poursuyte dedans l'an du trespassement, et s'ils attendent plus d'ung an, ils n'en pourront faire poursuyte que de deux ans, et s'ils attendent deux ans, ils n'en pourront faire poursuyte que de ung an, et s'ils attendent oultre trois ans, ils n'en pourront jamais faire demande.

XLI. Item nous deffendons aux parties et à leurs procureurs sur peine de quarante sols parisis d'amende, qu'ils ne facent aucuns accords en cas d'amendement ou excès aultrement en aultres causes qui nous touche, sans monstrer l'accord à nostre procureur.

XLII. Item nous avons ordonné et ordonnons que doresnavant aucun ne soit recevable bailler contredicts ou reproches contre tesmoings après publication faicte.

XLIII. Item et avons deffendu et deffendons ausdicts advocats et procureurs que des causes commencées ou introduictes pardevant l'ung des auditeurs, ils ne facent ou consentent estre faict aucun renvoy devant l'autre auditeur.

Des notaires du Chastellet.

Article premier. Item nous avons ordonné et ordonnons que les notaires, et aussi que les commissaires dudict Chastellet de Paris désormais seront tenus de raporter à nostre procureur tous les inventoires, arrests, et aultres exploicts qu'ils auront faicts pour nous, dedans le lendemain qu'ils auront esté faicts, sur peine de vingt livres d'amende.

II. Item pour ce que lesdicts notaires, pour estre payés de leur salaire d'aucuns inventoires par eulx faicts, font aucunes fois prendre, arrester, priser et gaiger de leur auctorité, oultre le gré et voulenté des parties, en leur préjudice; nous avons deffendu et deffendons à iceulx notaires que doresnavant ne le facent, sur peine de dix livres parisis d'amende, et de restituer l'interest de partie.

III. Item et pour ce que lesdicts notaires ès lettres des contracts et obligations passées par devant eulx insèrent aucunes fois plusieurs clauses dont les dictes parties ne furent oncques advertiés expressément, et longues escriptures superflues avec grand multiplication de termes sinonimes, et à cause de ce, exigent et prennent salaires excessifs, au préjudice et à la charge de nosdicts subjects; nous avons deffendu et deffendons que doresnavant ne le facent sur peine d'amende arbitraire.

IIII. Item nous avons deffendu et deffendons ausdicts notaires à peine d'amende arbitraire, et de restituer le double, que doresnavant ils ne exigent pour la grosse des lettres de simples contracts de procuration signée d'ung seul notaire, oultre la somme de deux sols; de procurations et de aultres lettres communes, signées de deux notaires, oultre deux sols huyt deniers parisis, et des brevets desdictes lettres oultre la somme de seize deniers et aultres lettres et brevets à l'arbitrage du juge.

V. Item et seront tenus doresnavant de escripre, ès brevets et lettres qu'ils feront, tout ce qu'ils recevront à cause de leurs salaires desservis pour la façon d'icelles lettres et brevets.

VI. Item et deffendons ausdicts notaires que pour leur salaire de chascun jour qu'ils entendront ou vacqueront dedans la ville et banlieue de Paris au faict d'inventoires de biens, ils ne prennent et demandent oultre la somme de dix sols parisis pour chascun d'iceulx notaires.

VII. Item enjoingnons à iceulx notaires qu'ils mettent et rédigent plainement et entièrement par escript les contracts qui seront passés devant eulx, et après ce qu'ils seront ainsi escripts qu'ils les lisent au long à la présence des parties, avant qu'ils signent ne baillent les lettres d'iceulx contracts.

VIII. Item et seront doresnavant tenus lesdicts notaires d'enregistrer les convenances, obligations, et contracts faits et passés devant eulx, se l'une des parties le requiert. Et en gardera le registre le plus ancien desdicts notaires. Et seront tenus d'advertir et interroguer les parties se elles veullent leurs convenances, obligations et contracts estre enregistrés. Et quant ils grossoiront les lettres desdictes convenances et contracts, ils seront tenus d'escripre en icelles : *faict, passé et enregistré*, etc. Et au regard des convenances, obligations et contracts dont ne sera point faict de registre, les notaires, après ce qu'ils auront faict et grossoyé les lettres, seront tenus de chanceller les brevets et iceulx garder par devers eulx. Et ne prendront pour ledict registre oultre ce qui est ordonné dessus pour prendre pour les brevets.

Des clercs civil et criminel, et des auditeurs.

Article premier. Item avons ordonné et ordonnons que les procureurs du Chastellet de Paris ne facent ou passent entre eulx assignations, ou continuations de leurs causes, s'ils ne viennent en jugement le jour qu'ils les accorderont pour les passer par devant le prévost, son lieutenant et auditeurs, ou les clercs desdicts auditeurs députés à faire et recevoir telles assignations, si ainsi n'estoit que lesdicts procureurs fussent tellement occupés qu'ils ne pussent bonnement passer lesdictes assignations ledict jour, ou quel cas ils seront tenus de les passer par devant lesdicts prévosts, auditeurs, ou leurs clercs à ce députés, au plus tard dedans les jours que lesdictes assignations ou continuations escherront. Aultrement elles ne seront de là en avant passées. Et deffendons à tous les clercs desdicts auditeurs que après ledict temps ils ne signent telles assignations ou continuations, ne les enregistrent en leurs livres, se ce n'est par la manière dessusdicte, sur peine d'amende arbitraire.

II. Item enjoignons aux clercs civil et criminel dudict Chastellet et aussi desdicts auditeurs que désormais ils facent leurs sentences et procès par escript, sans superfluité de langage, et le plus brief qu'ils pourront, sans incorporer èsdictes sentences, actes ne aultres lettres non nécessaires, et qu'ils ne exigent pour ce salaires excessifs, ne oultre la somme de seize sols parisis pour l'escripture d'une peau de parchemin commune. Et de la moytié d'une peau de parchemin huyt sols parisis. Et de plus, plus, et de moins, moins. Et escripvront en la marge desdicts exploits combien ils auront receu. Et au regard des aultres lettres, actes et exploicts, lesdicts clercs se payeront modérément et raisonnablement de leurs escriptures, selon les tauxations cy après déclairées; c'est assavoir d'ung petit rapport de sergent prendront quatre deniers, d'ung deffault commun concluant, douze deniers. Et si l'escripture est moult grant, et que la matière le désire, ils en prendront plus selon ce que deuement le cas le requerra par juste tauxation du juge : d'ung congé de vendre huyt deniers, d'un mémorial deux deniers, excepté des mémoriaulx de publier, de rapporter l'enqueste, et de ceux èsquels il aura dedans aucune confession ou ordonnance de justice desquels ils auront quatre deniers, et d'une saulvegarde douze deniers, d'une commission pour faire adjournement douze deniers, et d'ung rapport sur ladicte commission douze deniers, d'une commission sur sentence ou de une commission première sur lettre, èsquelles sera faicte mention du contenu ès lettres ou sentences, deux sols parisis. Et semblablement d'une commission à parfaire exécution deux sols parisis.

III. Item d'une condemnation sans procès de quarante sols et au-dessoubs douze deniers, et d'ung acte douze deniers.

IIII. Item d'une sentence sur procès pendant, selon ce que la peine et industrie de l'escripture monstreront raisonnablement à la tauxation du juge.

V. Item des sentences sur coutumaces, ils feront petites sentences annexées parmy les deffaulx. Quant les sommes ne passeront point soixante sols, en auront deux sols. Et se les sommes passent soixante sols parisis, ils feront les sentences des coutumaces où le procès sera narré le plus briefvement que l'on pourra, sans annexer, et en prendront selon l'escripture, industrie, et peine, raisonnablement à ladicte tauxation.

VI. Item les roolles des copies auront trois espans de long et ung espant d'escripture de lé, èsquels espans les marges ne seront point comprinses, et contiendront du moins soixante lignes. Et en auront deux sols six deniers.

VII. Item des criées de héritage, les clercs auront, pour leur peine de les enregistrer en leurs papiers et grossoyer, huyt sols parisis, et quatre sols pour le sergent qui faict les criées. Et se la déclaration des héritages est grande, il en seront payés selon l'escripture qui y sera, le plus justement qu'ils se pourront payer, et en cas de débat le tauxera le juge.

VIII. Item pour enregistrer une opposition ausdictes criées, ils auront douze deniers parisis.

IX. Item pour enregistrer une enchère, douze deniers parisis.

X. Item nous deffendons que lesdicts clercs pour leurs salaires de faire collations de petits et communs procès ne prennent ou reçoivent oultre la somme de dix sols parisis, et de grans procès oultre la somme de vingt sols parisis. Et enjoignons que iceulx clercs escripvent ou facent escripre au dos d'iceulx procès ce qu'ils auront receu pour en faire collation. Et s'aucune des parties veult avancer l'expédition de son procès, elle sera tenue d'en faire faire collation, etc.

XI. Item deffendons aux clercs desdicts auditeurs qu'ils ne practiquent en iceulx auditoires durant le temps qu'ils tiendront le clergie.

XII. Item ordonnons que lesdicts clercs, civil et criminel, et aussi des auditeurs du Chastellet seront tenus de signer et faire expédier franchement les requestes présentées aux juges, et par iceulx respondues et expédiées, sans qu'ils puissent prendre aucun salaire pour ce faire, sur peine de vingt sols parisis d'amende, et de rendre ce qu'ils en auront receu.

XIII. Item deffendons ausdicts clercs desdicts auditeurs, sur peine de crime de faulx, qu'ils n'enregistrent aucuns deffaulx contre aucunes personnes, se ce n'est au rapport et tesmoignage du sergent qui les aura appellés, ou s'ils ne les ont ouys appeller par icelluy sergent.

Des audiences.

Article premier. Item deffendons à l'audiencier du siége ordinaire dudict prévost, qu'il n'appelle aucune personne, si ce n'est par le commandement du juge, ou à l'audience de l'advocat.

II. Item et deffendons ausdicts clercs civil et criminel, que durant le temps de leur clergie ils ne exercent aultre office. Et leur enjoignons qu'ils ayent leurs principaulx clercs bons et suffisans, sachans lire et entendre latin, affin que par leur ygnorance ou insuffisance esclandres ou inconvéniens n'adviennent.

III. Item et deffendons audict clerc criminel, qu'il ne reçoive oultre la somme de quatre sols parisis pour le registre de l'instruction de quelque office que ce soit, et que pour l'escroe et registre d'un eslargissement, il ne prengne oultre la somme de douze deniers, se il n'y a caution, auquel cas il en pourra encores prendre douze deniers, et non plus, pour la caution, quelque nombre de pleiges qui y soient; et pour les aultres eslargissemens ensuyvans n'aura que douze deniers se la caution n'est muée, et s'elle est muée, il aura aultres douze deniers pour la caution nouvelle.

IIII. Item et deffendons au clerc criminel et aux aultres officiers dudict Chastellet, que des confessions rédigées par escript, informations et procès par eulx faicts à la requeste de nostre procureur, ils ne reçoivent aucuns salaires des prisonniers soient absoults ou condamnés; mais des informations et procès par eulx faicts à la requeste desdicts prisonniers, ils pourront demander et recevoir d'iceulx prisonniers salaire raisonnable et modéré.

V. Item nous ordonnons que ledict clerc criminel sera

tenu de bailler chascun lundy, par roolles, tous les deffaulx des eslargis dudict Chastellet au receveur de Paris, ou au fermier d'iceulx deffaulx.

Du seelleur.

ARTICLE PREMIER. Nous avons ordonné et ordonnons que désormais les seelleurs et chauffecire dudict Chastellet qui ont gaiges ordinaires de nous, ne pourront prendre que deux sols parisis tant seullement, pour la nouvelle institution de quelque office que ce soit.

II. Item nous enjoignons audict seelleur que d'icy en avant, il soit par chascun jour plaidoyable en son siége au Chastellet, depuis huyt heures jusques à unze heures devant midy, et après de relevée depuis trois heures jusques à cinq heures en yver, et jusques à six en esté, et qu'il baille du jour à lendemain au fermier dudict seel ce qu'il en aura receu.

III. Item et avons enjoinct et enjoignons audict seelleur qu'il prenne et reçoive des sergens dudict Chastellet, à leur nouvelle institution, bonne et seure caution des sommes anciennes acoustumées. C'est assavoir du sergent à cheval cent livres parisis, et du sergent à pied cinquante livres parisis, et par bonne information sur ce faicte. Et que nostre procureur dudict Chastellet soit à ce appellé.

IIII. Item et pour ce qu'il advient souvent que depuis que aucunes lettres sont passées par-devant deux notaires du Chastellet, et depuis grossoyées et signées par l'ung d'iceulx seullement pour la mort ou absence de l'autre, et seellées par le seelleur dudict Chastellet, qui a veu le brevet signé de deux notaires, que le seel d'icelles lettres ainsi grossoyées est après cassé ou gasté, et n'en appert riens, et pour ce quant on requiert ledict seelleur d'icelles reseeller, il n'en veult riens faire pour ce qu'il n'y a que le seing d'ung notaire, parquoy plusieurs perdent l'effect de leurs lettres, nous avons enjoinct et enjoignons audit seelleur, pour remédier ausdicts inconvéniens, que désormais, quant aucunes telles lettres luy seront apportées pour seeller, que, avant ce qu'il les seelle, il escripve en la fin de ladicte lettre, en lieu d'ung seing d'ung notaire mort ou absent, que tel jour après qu'il luy est apparu du brevet d'icelles lettres signées des seings manuels de tels et de tels notaires, il a mis le seel à icelle lettre, et que après icelle escripture il mette son seing manuel, et que dès lors en avant, si telles lettres sont déscellées, que sans aultre solemnité celluy qui sera seelleur reseelle lesdictes lettres signées et escriptes comme dict est, et pour son salaire de faire ce que dict est aura ledict seelleur de la partie quatre deniers parisis.

Des sergens.

ARTICLE PREMIER. Nous avons ordonné et ordonnons que aucun ne soit receu à office de sergent s'il n'est pur lay, ou marié non pourtant tonsure, ou continuellement portant habit rayé ou party.

II. Item que aucun ne soit receu à office de sergent à cheval s'il ne scet lire et escripre, et enjoignons à iceulx sergens à cheval qu'ils signent de leurs seings manuels toutes les relations des exploicts qu'ils feront.

III. Item que tous les sergens estans en l'ordonnance seront tenus d'estre résidens en la banlieue de Paris, excepté les gardiens députés de par nous à garder le temporel de l'évesque et du chapitre de Meaulx, et le député gardien de Laigny-sur-Marne, et s'aucun estoit trouvé demourant hors ladicte banlieue, il luy sera commandé de venir demourer à Paris, et s'il n'y venoit dedans le moys après le commandement, il sera du tout mis hors de l'ordonnance, et sera mis ung aultre en son lieu, ainsi que si l'office vacquast par sa mort.

IIII. Item que aucun sergent à verge ne puisse sergenter hors de la banlieue de Paris.

V. Item que doresenavant lesdicts sergens seront tenus de déclairer aux parties, en les adjournant en Chastellet, les lieux et auditoire civil, criminel, par devant quel auditeur ils feront l'adjournement (1), à peine de cinq sols parisis d'amende et intérest de partie. Et de ce, et de tous les aultres exploits seront tenus d'en faire leurs rapports devers justice dedans trois jours au plus tard, aultrement leur exploict sera réputé nul.

VI. Item ordonnons que doresenavant quant aucun sergent vouldra entrer en ung hostel pour faire exécution, il sera tenu d'appeller aucuns des voisins pour veoir faire ladicte exécution, et faire inventoire des biens qu'il prendra avant que les emporter, et baillera le double d'icelluy inventoire à la partie si avoir le veult, et sera tenu icelluy sergent de mettre iceulx biens au plus prochain lieu seur de l'hostel où sera faicte ladicte exécution, sur peine de soixante sols parisis d'amende.

VII. Item ordonnons que lesdicts sergens doresenavant quant ils ameneront aucuns prisonniers audict Chastellet seront tenus, avant qu'ils se partent de la geolle, de faire leur registre contenant les causes au vray pour lesquelles ils auront amené lesdicts prisonniers, ou par quel commandement, sur peine de dix sols parisis d'amende à payer à nous, et de restituer l'intérest de partie.

VIII. Item deffendons ausdicts sergens que doresena-

(1) B. les adjournemens.

vant ils ne facent nuls rapports de navreures s'il n'y a playes et sang, rompture ou bature énorme, et leur enjoignons qu'ils facent leur rapport certain et véritable le plus qu'ils pourront.

IX. Item et deffendons ausdicts sergens que doresenavant ils ne facent adjournemens à trois briefs jours, ne mettent aucuns au greffe, ou en prison, et aussi ne se mettent en garnison en aucun hostel s'il n'y a commandement du juge, ou qu'ils ayent esté présens au délict qui de soy soit cas criminel.

X. Item nous deffendons ausdicts sergens que doresenavant, de leur auctorité, sans le commandement de nostre chancellier ou de la court de nostredict parlement, ou dudict prévost de Paris, ou d'aultres ayans à ce puissance, ils ne mainent aucuns prisonniers que au grant Chastellet de Paris où sont les prisons ordinaires, sur peine de soixante sols parisis d'amende, et de rendre l'intérest à partie.

XI. Item nous avons deffendu, et deffendons ausdicts sergens que doresenavant ne facent pour nous aucuns arrests, gaigemens, adjournemens ou exploicts sans auctorité du juge, ou sans la requeste de nostredict procureur, auquel ils apporteront incontinent leurs exploicts, sur peine de soixante sols parisis d'amende, et de restitution de dommaiges et intérests de la partie.

XII. Item nous deffendons ausdicts sergens que doresenavant ils ne soient priseurs de biens, et ne s'entremettent de faire appretiations de biens arrestés et prins par exécution.

XIII. Item ordonnons quant aux salaires d'iceulx sergens que, pour faire ung adjournement simple en la ville de Paris, et jusques aux fossés de la fermeture d'icelle, de quelque personne que ce soit, séculière ou d'église, où il ne convient pas adjourner chapitre, les sergens auront pour leur salaire quatre deniers; et se l'adjournement est faict en ladicte ville de Paris à gens d'église où il conveingne assembler chapitre, ils en auront douze deniers.

XIIII. Item que pour faire ung adjournement hors de la ville de Paris, et dedans demye lieue près de Paris, comme Sainct-Germain-des-Prés, Nostre-Dame-des-Champs, Sainct-Marcel, Coppeaulx, Sainct-Victor, les Tuilleries vers le Louvre, la Granche Bastellière, ès marets Sainct-Ladre, Saint-Laurens, ès Courteilles hors du Temple, les pressouers d'entour l'abbaye Sainct-Anthoyne hors Paris, et hostel de Roilly qui est auprès, lesdicts sergens auront douze deniers parisis. Et se plus loing vont faire adjournemens, comme d'une lieue loing de Paris dedans la banlieue, ils auront deux sols parisis. Et s'ils vont oultre une lieue jusques à la fin de ladicte banlieue, ils auront trois sols parisis.

XV. Item que pour faire aucun adjournement en cas d'appel, où il conveingne adjourner le prévost de Paris, et intimer à partie en la ville de Paris, ils auront pour ce douze deniers parisis, et si l'adjournement est faict audict cas d'appel contre églises, où il conveingne assembler chapitre, ils auront pour ce douze deniers parisis de l'adjournement, en cas d'appel venans des cours subjectes en ladicte ville de Paris douze deniers.

XVI. Item et s'il advient que audict cas d'appel conveingne intimer à plusieurs personnes en ladicte ville de Paris, lesdicts sergens, avec lesdicts douze deniers parisis comprins en une desdictes parties intimées, pour chascune desdictes aultres personnes auront quatre deniers parisis; et s'il convient faire lesdicts adjournemens et intimations en cas d'appel hors de la ville de Paris et dedans la banlieue, lesdits sergens seront payés de leurs salaires selon l'ordonnance dessus déclairée et la limitation des lieux dessus déclairés.

XVII. Item et se lesdits sergens font adjournemens en cas de saisine et de nouvelleté en la ville de Paris à comparoir sur ung lieu estant en la ville de Paris, et à comparoir pardevant le sergent qui fera l'adjournement, [ledit sergent] aura pour son salaire de faire ledict adjournement et ouyr la complaincte, cinq sols parisis, et si sera payé de l'escripture de la relation qu'il fera soubs son seel selon ce quelle contiendra, à la discrétion du juge. Et se ledict sergent faict l'adjournement en cas de nouvelleté en la ville de Paris à comparoir pardevant aultre commis que pardevant luy, il aura quatre deniers parisis.

XVIII. Item et si lesdicts adjournemens sont faicts hors de la ville de Paris à comparoir à Paris ou hors Paris dedans la banlieue, ils seront payés selon la limitation et tauxation devantdictes.

XIX. Item se ung sergent signifie une sauvegarde donnée du Roy nostre Sire, ou signifie sauvegarde du commandement du prévost de Paris, de ses lieutenans, ou des auditeurs, à une personne en la ville de Paris, il aura douze deniers, et se la signification est faicte hors de Paris et dedans la banlieue, il en sera payé selon le taux dessusdit, eu égard aux limitations dessus déclairées.

XX. Item que se ung sergent est présent à faire une veue en ladicte ville de Paris, il aura pour ce douze deniers parisis, et s'il la faict hors les fossés de Paris dedans la banlieue, il sera payé selon le taux dessus déclairé ; et au cas que de plusieurs lieux et héritaiges il conviendroit faire veues et que ledict sergent y vacqueroit par plusieurs journées entières, il aura pour chascune journée cinq sols parisis, soit en Paris ou hors.

XXI. Item et se ung sergent à verge faict exécution en la ville de Paris par vertu de lettres obligatoires, ou de sentence par vertu de *debitis*, et il vacque en faisant celle exécution par ung jour entier, il aura pour jour cinq sols parisis, et se plus ou moins y vacque, il sera payé selon le temps qu'il vacquera au prix de cinq sols parisis par jour.

XXII. Item et se une exécution est faicte hors de la ville de Paris et dedans la banlieue, lesdicts sergens en seront payés selon le taux déclairé au précédent article, et la limitation et distance des lieux dessus déclairés.

XXIII. Item et se ung arrest est faict en la ville de Paris du commandement du juge, ou sans commandement et à la requeste de partie, ou par le privilége aux bourgeois, il aura pour son salaire douze deniers. Et se ung sergent est présent en la ville de Paris à la gaigerie que fera le bourgeois, ou aultre personne, pour sa rente, et le sergent adjourne la partie gaigée à veoir vendre son gaige, il aura pour son salaire quatre deniers.

XXIIII. Item et se ledict sergent faict hors de ladicte ville de Paris et dedans la banlieue aucuns arrests, ou est présent à gaiger et adjourner la partie gaigée à veoir vendre, il sera payé de son salaire selon le taux déclaré au précédent article, et selon la limitation et distance des lieux cydessus déclairés.

XXV. Item et s'il convient que lesdicts sergens facent relation soubs leurs seels des exécutions ou arrests qu'ils feront, ils seront payés de l'escripture de leurs relations selon ce qu'elles contiendront d'escripture, et que le juge arbitrera sur ce : mais se ils rapportent de bouche leurs exploicts pardevers la court, et que par la court ils soient rédigés par escript, ils n'auront point de salaire pour ce faire.

XXVI. Item se ung sergent est présent à acompaigner aucun sergent ou commissaire venant d'aultre court que de la court de Chastellet, pour faire aucun exploict en la ville de Paris, ou dehors icelle et en la banlieue, il aura pour son salaire douze deniers, et hors de la ville jusques à demye lieue il aura deux sols parisis, et s'il va oultre demye lieue il aura trois sols parisis.

XXVII. Item si ung sergent maine ung prisonnier de la court de Chastellet en la court de parlement, et que ce soit en la requeste dudict prisonnier, ou pour l'expédition de sa cause, il aura deux sols, et s'il y a plusieurs sergens, chascun aura deux sols.

XXVIII. Item si ung sergent à la requeste d'ung prisonnier, ou de ses amys, va par le commandement du prévost de Paris, ou de son lieutenant, quérir icelluy prisonnier ès prisons d'aucun seigneur ou justicier estant à Paris pour amener audict Chastellet, ledict sergent aura pour son salaire deux sols, et se ledict sergent va pour ce faire à Sainct-Germain-des-Prés, ou Nostre-Dame-des-Champs, à Sainct-Marcel, à Sainct-Victor, à Sainct-Ladre ou à Sainct-Laurens, il aura pour son salaire trois sols parisis.

XXIX. Item se ung sergent va pour ce faire plus loing que les lieux dernièrement déclairés et dedans la banlieue, il aura pour son salaire cinq sols parisis.

XXX. Item se ung sergent maine des prisons du Chastellet ung prisonnier au parquet où l'on plaide, ou en la chambre du greffier criminel audit Chastellet, par le commandement du prévost de Paris, ou de son lieutenant, pour le examiner sur les cas de son emprisonnement, ou pour aultre cas qui toucheroit une tierce ou sa personne, il n'en aura rien.

XXXI. Item et se ung sergent va sceller en l'hostel

d'ung délinquant ou d'ung trespassé en la ville de Paris, il aura pour son salaire douze deniers, et s'il va hors de Paris pour ce faire, c'est assavoir à Sainct-Germain-des-Prés, à Nostre-Dame-des-Champs, à Sainct-Marcel, à Sainct-Victor, au moulin de Coppeaulx, aux Tuilleries vers le Louvre, à la Granche-Batelière, à Sainct-Laurens, à Sainct-Ladre, ès marests de Paris, à Sainct-Anthoyne hors Paris, et ès lieux semblables dessus déclairés, il aura pour son salaire deux sols; et se ledict sergent va plus loing, c'est assavoir à demye lieue de Paris pour ce faire, il aura pour son salaire trois sols, et s'il va oultre demye lieue de Paris et dedans la banlieue il aura pour son salaire quatre sols parisis.

XXXII. Item et se ung sergent est mis en garnison en ung hostel en la ville de Paris, il aura pour son salaire pour jour quatre sols parisis, et ne aura aucuns despens; mais se nourrira et sera tenu de vacquer en ce continuellement sans faire aultre chose. Mais s'il advient que luy estant en garnison il voyse et vienne en la ville pour faire ses besongnes, ou ce que bon luy semblera, et ne yra ou viendra en l'hostel où il sera en garnison, fors une fois ou deux le jour si comme il est souvent advenu, icelluy sergent aura pour son salaire deux sols; et se ledict sergent est envoyé en garnison hors de Paris, c'est assavoir à Sainct-Germain-des-Prés, et ès lieux dessusdicts estans près Paris, il aura pour son salaire trois sols, et s'il est envoyé plus loing en garnison que ès lieux dessus dicts, c'est assavoir à demye lieue hors de Paris, il aura pour son salaire pour chascun jour qu'il sera en garnison quatre sols; et s'il est en garnison plus loing que demye lieue et dedans la banlieue, il aura pour chascun jour cinq sols, et si sera tenu de vacquer tout le jour en ladicte garnison; aultrement s'il s'employoit à vacquer en aultre besongne, il luy sera desduit et deffalqué sur son salaire.

XXXIII. Item ung sergent aura pour son salaire pour prendre et emprisonner une personne en la ville de Paris pour délict et à la requeste de partie douze deniers, et s'il le faict sans requeste de partie pour justice ou pour office, il n'en aura riens.

XXXIIII. Item nous ordonnons que doresenavant aucuns sergens ne prendront ou pourront prendre argent ne deniers sur ceulx sur qui les exécutions seront par eulx faictes ou requises estre faictes, sur peine de privation de leurs offices, se ainsi n'est que premièrement et avant ce qu'ils en reçoivent aucune chose, la debte principalle dont l'exécution sera requise soit premièrement payée entièrement. Et ce qu'ils recevront à cause de leurs salaires leur soit baillé amyablement sans aucune contraincte ou exécution de celluy ou ceulx qui auront esté et seront exécutés. Et ordonnons que ce qu'ils en auront receu ils escripvent en leur relation.

De l'audiencier.

Article premier. Nous ordonnons que l'audiencier dudict Chastellet et son compaignon seront tenus de venir à sept heures au matin, et d'estre et assister continuellement devant le prévost, tant comme l'en plaidera, pour exercer leurs offices, tant pour garder le guichet, comme à faire la paix, sans en partir hors, se ce n'estoit par le congé du juge, ou qu'ils ayent aultre juste et loyalle exoine, sur peine de dix sols parisis chascun pour la première fois, et pour la seconde vingt sols parisis ou aultre à l'ordonnance du juge.

II. Item que ledict audiencier et son compaignon soient

pareillement de relevée audict lieu, à l'heure que le prévost siet, pour faire leurs dicts offices comme dessus, et sur peine dessus dicte.

III. Item que l'audience du greffe dudict Chastellet sera criée à la dixiesme heure de l'orloge du palais, et non plus tost.

Du clerc de la geolle et geollier.

Article premier. Nous avons ordonné et ordonnons que le clerc de la geolle du Chastellet de Paris pourra recevoir les oppositions de ceulx qui se vouldront opposer à la délivrance des prisonniers, pourveu que iceulx opposans esliront domicille à Paris, et feront enregistrer leurs dictes oppositions, et payeront quatre deniers parisis pour ledict registre dont les prisonniers ne payeront riens.

II. Item avons ordonné et ordonnons que doresenavant aucun ne sera receu en l'office de geollier du Chastellet de Paris s'il n'est pur lay, ou marié, continuellement portant habit rayé ou party, ou soit sans tonsure.

III. Item que toutes manières de prisonniers qui entreront au guichet seront reversés assavoir s'ils sont clercs ou non. Et soit enregistré l'habit et estat où ils sont, et soient croisés ou signés au papier ceulx qui sont clers, à peine de quarante sols parisis.

IIII. Item que quant aucuns prisonniers seront amenés pour cas criminels, le geollier sera tenu de les mettre en prison fermée en telle manière que nuls ne parlent à eulx, et en ce point les tenir tant qu'il aye aultre mandement du prévost ou son lieutenant.

V. Item que le geollier soit tenu d'avoir ung livre auquel sera mis et enregistré par manière de inventoire tout ce que sera trouvé sur iceulx prisonniers criminels, soit argent ou aultre chose, pour estre gardé et conservé à iceulx à qui il appartiendra.

VI. Item pour ce que audict Chastellet a continuellement grant quantité de prisonniers, tant de l'ordonnance du prévost de Paris comme des aultres, le geollier sera tenu d'estre luy cinquiesme, c'est assavoir luy, son clerc et trois varlets.

VII. Item que le geollier, son clerc, ne aultre de ses gens, ne laissent parler aucunes personnes aux prisonniers criminels, se ce n'est par l'ordonnance du prévost ou son lieutenant.

VIII. Item s'il advient que aucunes personnes veullent parler à aucuns prisonniers pour cas civils, ou leur veullent apporter à boire et à manger, ils ne pourront passer l'huys des degrés, mais sera tenu le geollier et ses gens de appeller les prisonniers sur les carreaulx pour parler à leurs amys, et boire avec eulx s'il leur plaist.

IX. Item le geollier ne ses gens ne pourront demander ne prendre argent d'aucuns prisonniers, ne de leurs amys, pour les faire parler à eux sur les carreaulx ne aultre part.

X. Item que aucun prisonnier n'ait escriptoire, encre, ne papier, et sera tenu le geollier de bien s'en prendre garde.

XI. Item que aucun prisonnier ne face, ou face faire, ne escripre lettres closes ne aultres en la geolle, se ce n'est par congé, et que elles soient monstrées au prévost ou à son lieutenant.

XII. Item que le geollier, son clerc, ne aultres de ses gens, ne puissent lesdicts prisonniers muer de prison en aultre, quant ils seront commandés par le prévost ou son lieutenant estre mis en aucunes prisons fermées, ou aultre part, si ce n'est par cas de maladie, ou pour aultre cause nécessaire, laquelle sera premièrement dicte au prévost ou à son lieutenant, qui en ordonnera et fera de ce sçavoir la vérité se bon luy semble.

XIII. Item nous avons ordonné et ordonnons que chascun prisonnier soit mis et logé en ladicte geolle selon son estat, le cas de l'emprisonnement ou le mandement du juge ou seigneur qui l'envoyra prisonnier.

XIIII. Item si ung conte ou baron, ou une contesse est mise en prison audict Chastellet, sera payé pour son geollage d'entrée et yssue dix livres parisis.

XV. Item payera pour semblable cause ung chevalier banneret, ou une dame bannerette, vingt sols parisis.

XVI. Item ung simple chevalier et une simple dame, cinq sols parisis.

XVII. Item ung escuyer, ou simple damoiselle noble, douze deniers.

XVIII. Item ung lombard ou lombarde pour ce mesme douze deniers.

XIX. Item ung juif ou juifve pour semblable cause, deux sols parisis.

XX. Item tous aultres prisonniers pour ce mesme, huyt deniers parisis.

XXI. Item se ung prisonnier gist ès chaisnes, en beauvais, en la motte, ou en la salle, il payera chascune nuyt pour lict quatre deniers parisis, et pour place deux deniers, et s'il veult faire venir son lict de sa maison, faire le pourra, et ne payera que deux deniers pour place.

XXII. Item chascune personne qui sera emprisonnée en la boucherie, en beaumont, ou en la griesche, qui sont prisons fermées, payera pour nuyt quatre deniers, et deux deniers pour place.

XXIII. Item si ung prisonnier est mis en beauvais, et il gist sur nattes ou sur couches de paille ou de feurre, il doibt pour chascune nuyt deux deniers.

XXIIII. Item se ung prisonnier est mis en la fosse, il doibt, quant il a de quoy payer, ung denier pour chascune nuyt, et s'il est mis en la gourdaine ou bersueil, ou en obliette, il doit autant que s'il estoit en la fosse.

XXV. Item se une personne est mise en barbarie, ou en gloriette, il doit autant que s'il estoit mis en beauvais, et s'il a lict, doibt quatre deniers pour lict.

XXVI. Item se ung prisonnier est mis entre deux huys, il payera autant que en la fosse, c'est assavoir ung denier.

XXVII. Item se une personne est amenée pour debte au Chastellet, le clerc aura pour chascun rabat qu'il fera des prisonniers deux deniers.

XXVIII. Item sera tenu ledict geollier de bailler et livrer à ses despens pain et eaue aux prisonniers qui n'auront de quoy vivre, au cas qu'ils ne seroient emprisonnés pour debte, auquel cas leurs créanciers seront tenus de leur quérir à l'ordonnance du prévost, selon que vivres seront chers ou à grant marché.

XXIX. Item et est deffendu audict geollier que à prisonniers criminels, ne baille pour leurs vivres que pain et eaue, sur peine de perdre ce qu'il leur baillera oultre, se ce n'est par le commandement du prévost ou de son lieutenant.

XXX. Item le geollier ne pourra contraindre aucun prisonnier à estre à sa table s'il ne luy plaist; mais sera tenu de laisser passer ceulx qui ausdicts prisonniers apporteront leurs vivres, se ils ne sont pour cas criminels ou en prison fermée, et par commandement, lesquels vivres il sera tenu de livrer aux prisonniers et de les visiter pour sçavoir s'il y aura aucune chose préjudiciable.

XXXI. Item ledict prévost et son lieutenant pourront ordonner et mettre pris sur la table du geollier, selon le temps que vivres seront chers ou à bon marché.

XXXII. Item que la pièce de vin que le geollier aura afforée à pris raisonnable, il sera tenu de tenir nettement sans mauvais emplaige, et sans accroistre le pris, combien que amenuiser le puisse.

XXXIII. Item s'il advient que aucuns prisonniers veullent vivre de provisions sans estre de la table du geollier, faire le pourront, sans tenir table, ne vendre icelle à aultres prisonniers.

XXXIIII. Item le geollier fera tenir plaine d'eaue la grant pierre qui est sur les carreaulx, affin que les prisonniers en puissent avoir sans dangier.

XXXV. Item que le geollier sera tenu d'avoir licts suffisans de deux lés, et qu'il n'en puisse mettre ne prendre le prouffit d'ung lict, que de deux personnes ou trois au plus.

XXXVI. Item se aucun prisonnier veult avoir ung lict de sa maison, avoir le pourra au cas que le geollier n'aura de quoy emplir la place, auquel cas icelluy geollier ne pourra mettre gésir avec luy que ung homme, duquel le geollier aura ung denier de prouffit, avec les deux deniers pour place.

XXXVII. Item que ceulx qui se dient prévosts des prisons ne seront souffers, ne ne pourront prendre ne avoir sur aucuns prisonniers quelque prouffit que ce soit, de bien venue ne aultrement.

XXXVIII. Item la quarte de vin de bien venue, le parler dessoubs la seincture, le voller, le parler latin, et telles truffes sont deffendues, car les prisonniers sont assez chargés de payer les despens nécessaires, et sera tenu le geollier de signifier et faire sçavoir par luy, ou par ses gens, aux prisonniers, au commencement qu'ils y seront amenés, si qu'ils en soient advisés, et s'aucun s'en efforce il le contredira et deffendra.

XXXIX. Item nous deffendons que doresenavant aucun prisonnier, ne aultre personne, ne soit si hardy de jouer au jeu des dés sur les carreaulx ne ès aultres prisons dudict Chastellet, sauf tant pour ce que aucunesfois il y a des prisonniers qui sont gens d'estat et d'honneur qui ne sont prins que pour debtes ou pour aultres légiers cas civils, iceulx pourront jouer aux tables ou aux eschets seullement.

XL. Item que le pain qui sera apporté ou envoyé au Chastellet par les jurés des boulengiers et par celluy qui faict la queste par la ville pour les prisonniers, soit tout distribué aux prisonniers des basses fosses et des basses prisons par le plus suffisant et notable prisonnier qui sera sur les carreaulx, par l'ordonnance du prévost, ou de son lieutenant, ou du clerc dudict prévost.

XLI. Item que l'argent et aultre chose qui sera donné ausdicts prisonniers le jour du vendredy aoré, soit distribué comme dessus, ou aux aultres prisonniers plus indigens, par le plus notable prisonnier qui sera sur les carreaulx, par l'ordonnance devant dicte.

XLII. Item s'il advient que aucuns deniers soient baillés secrettement au geollier ou à ses gens pour faire aumosne ausdicts prisonniers, icelluy geollier ou son clerc seront tenus de le dire et reveller le pris l'ung à l'aultre au prévost ou son lieutenant, ou audict clerc, et de le distribuer ausdicts prisonniers comme dessus, sur peine d'estre réputé pour larron se de par eulx en estoit aucune chose retenue, ou employé en aultre usaige, et d'en estre pugny comme de larrecin.

XLIII. Item que le geollier pourra retenir les prisonniers en prison après leur délivrance des cas pour son geollage. C'est assavoir pour son droict d'entrée et yssue, de lict, giste et place tel que dessus est limité et déclairé.

XLIIII. Item le geollier et ses gens seront tenus de jurer tenir et garder les ordonnances dessusdictes, et se ils mesprennent en aucuns des poincts et articles dessusdicts, ils en seront pugnys par le prévost ou son lieutenant, selon ce en quoy ils seront trouvés avoir mesprins, et que le cas le désirera et les peines, etc.

XLV. Item et n'est mye nostre intention par ces présentes ordonnances de vouloir desroguer ou préjudicier aux aultres anciennes ordonnances desquelles n'est faicte mention en ces présentes.

Ces présentes ordonnances, publiées en la court de parlement l'an mil cccc xxv, furent leues et publiées en jugement au Chastellet de Paris, audit an le lundy xxiii jour d'octobre. Monseigneur le président de la court de parlement tenant le siége, présens monseigneur le prévost, les lieutenans civil et criminel, le procureur du Roy et les advocats, les procureurs, commissaires, notaires dudict Chastellet, à grant nombre.

La court a ordonné et ordonne que si les sergens du Chastellet de Paris qui, au temps de la publication des ordonnances publiées le xxiii jour d'octobre dernier passé, estoient clercs non mariés, se marient et mettent en l'estat déclairé ès dictes ordonnances dedans la Chandeleur prochainement venant, ou aultrement, de là en avant leurs offices vacqueront. Et a esté ceste présente ordonnance dicte au prévost de Paris, affin qu'il la face garder et publier. Faict en parlement le unziesme jour de septembre en l'an mil cccc vingt et six.

Extraict du stille de Chastellet touchant la massonnerie.

ARTICLE PREMIER. *Veues, esgouts, esviers, glaçouers* En cas de veues, d'esgouts, d'esviers, glaçouers, prescription n'a point de lieu, tellement que de long usaige que aucun en ait sur la maison ou héritaige d'aultruy, à Paris, et au préjudice de icelluy, en aultre manière que selon l'ordonnance et constitution de Paris, ville et faulxbourgs seullement, aucun droict ne luy en peult estre acquis fors par tiltre espécial faisant expresse mention comment il a lesdictes servitudes.

II. Deux paires de murs sont. C'est assavoir les murs moytoyens et personniers, et les aultres non, mais proprement sont tous à certaines personnes.

III. L'usaige, coustume et observance de la ville de Paris sont tels et tous notoires : que aucune personne ayant mur, supposé qu'il soit tout sien, joignant sans moyen à aucun héritaige ou maison, ne peult en icelluy mur avoir fenestres, lumières ou veues sur icelluy héritaige ou maison au préjudice d'icelluy de qui l'héritaige ou maison est, se ils ne sont au rez de terre à neuf pieds de hault quant au premier estaige, et quant aux aultres estaiges au rez de chascun plancher à sept pieds de hault et tout à fer et voire dormant. Et si de faict aucun les avoit plus bas ou en aultre manière, celluy qui les y auroit seroit tenu et contrainct, s'il en estoit suffisamment requis et poursuivy par devant juge compétant, de les estouper à ses despens, ou de le mettre en ladicte haultesse et manière, nonobstant quelconque laps de temps par lequel il eust anciennement icelles tenues : toutesfois si de ce il n'avoit tiltre espécial ou aultre chose qui le vaille.

IIII. Item se aucun veult faire aucun édifice en une place, jardin ou terre vuide, qui adjoigne sans moyen au mur de la maison d'aucune aultre personne qui n'est pas moytoyen, il peult faire adjourner icelle personne et requerre qu'elle soit condamnée et contraincte à luy vendre la moitié d'icelluy mur, et la luy laisser pour juste pris pour édiffier sus, et ainsi luy doit estre faict. Et se les parties ne pevent estre à accord du pris, le juge envoyera des massons jurés avec aucun commissaire qui les y menera, ou sans aultre commissaire que eulx iront sur le lieu et priseront tout ledict mur au feur de la toyse ou aultrement, selon que mieulx leur semblera, et en feront rapport à justice. Et par payant la moytié du pris total il aura la moytié dudict mur.

V. Item chacun des personniers dudict mur moytoyen peult icelluy mur faire percer tout oultre, et bouter tout oultre, jusques au rez de la partie et costé du mur qui est par devers son personnier, solives et aultres columnes ou merrien nécessaire pour faire ses planches et assisements prouffitables pour sa maison, et après faire lesdicts trous estouper deuement et conformément selon l'exigence dudict lieu, à ses cousts d'ung costé et d'aultre. Mais s'il y met grant merrien comme poustres et aussi gros ou plus, ou tel que le mur peust empirer, il doit faire pillier de pierre de taille mouvant de terre souffisant pour le soustenir, et s'il ne meult de terre si doit il estre fondé sur fondement ou mur de pierre de taille.

VI. Item et si aucun peult faire cheminée, astre, chauffedos ou chauffecon contre ung mur moytoyen, il y doit faire contremur de tuilleaulx ou de plastre et d'ung pied d'espesseur (1), et en certaine quantité de hault et selon

(1) B. 1530 et demy pied d'espesseur.

la mesure en tel cas acoustumée entre les massons, affin que par le hasle et la grant chaleur du feu le mur n'en puisse nullement empirer.

VII. Item qui faict estable contre mur moytoyen, il doit faire contremur de demy pied d'espès, ou au moins de l'espesseur acoustumée entre les massons, et doit estre depuis terre jusques au rez de la mangeouere, pour les fiens qui pourriroient ledict mur.

VIII. Item qui faict glaçouers, c'est assavoir aysance contre mur moytoyen, ou aucun mur sans moyen, il doit faire contremur d'ung pied d'espès, ou de l'espesseur en tel cas acoustumé entre les massons, pour ce que aultrement la fiente et le pissat pourriroient ledict mur.

IX. Item se ung homme a place, jardin ou aultre lieu vuide, joignant sans moyen à mur d'aultruy ou à mur moytoyen, et il y veult faire la terre labourer, cultiver et fumer (1), il fault qu'il face contremur de certaine espesseur affin que le fondement dudict mur ne s'esvase par deffault de fermeté de terre joignant.

X. Item et générallement quiconque veult mettre terres getisses contre mur moytoyen, ou d'aultre personne sans moyen, il doit faire contremur de l'espesseur acoustumée pour la terre qui corrompt le mur.

XI. Item au mur moytoyen ne peult l'une des personnes, sans l'accord et consentement de l'aultre, faire fenestre ou trou pour veues en quelconque manière que ce soit, soit à voire dormant ou aultrement.

XII. Nota que se aucun a tiltre d'avoir sur son voisin certaines veues, et ne dict point de quelle grandeur ne de quelle longueur, et le mur devient ruineux par quoy il le conveingne abattre, il est bon de demander une

(1) *Id.*, et semer. 1536. Sumer.

provision de justice, c'est assavoir que quant ledict mur soit abattu, certains jurés ou commis voyent la longueur, largeur, et assietes des fenestres, affin que quant on les fera sur le nouvel mur il n'y ait point de débat.

XIII. Item que en ung moytoyen entre deux voisins, l'ung ne peult avoir avantaige ne servitude quelconque au préjudice de l'aultre sans juste et exprès tiltre, soit en cheminée, en chauffedos ou en chauffecon, ou en fenestres, ou en glaçouers, ou en esviers, ou aultrement que ce soit, ne peult rompre ledict mur hault ne bas pour faire fenestre aucunement, ne bouter les bouts des solives dedans, s'il n'y met à ses despens chaisne de pierre de taille et corbeaulx et sablier de fust qui porteront et soustiendront les bouts d'icelles solives. Mais convient que ledict mur soit et demoure tout entier tant comme il est moytoyen.

XIIII. Et supposé que l'ung voisin ait souffert à l'aultre par aucun temps quelqu'il soit [que ledit voisin] ait audict mur moytoyen faict aucune chose, et mesmement qu'il ait partie et qu'il ait faict en icelluy chauffedos ou cheminée, fenestres ou quelque chose qui puisse tourner à charge ou à servitude, il les peult faire oster et retraire et réparer le mur et mettre en estat toutes les fois qu'il luy plaist, et est tenu l'aultre voisin d'oster et retraire et réparer à ses propres cousts et despens telles charges et servitudes et toutes aultres, si tost que devant juge compétant il en est sommé et requis de son dict voisin, nonobstant quelconques laps de temps ; et ne peult en ce cas courir prescription se il n'y a juste tiltre ou consentement de partie. Et ainsi est tenu et gardé en ville, suburbe, faulxbourgs et banlieue.

XV. Item ung propriétaire de plusieurs maisons entretenans, qui les a acquestées et assemblées en la ville de Paris de plusieurs et divers propriétaires, chargées envers divers censiers de plusieurs et diverses charges, vend, donne ou par aucun aultre tiltre met hors de ses mains l'une desdictes maisons avec toutes ses veues, esgouts, et appartenances générallement, c'est à entendre des veues, esgouts et appartenances et qu'elle povoit et devoit avoir raisonnablement selon les usaiges de la ville de Paris. Icelles parolles généraulx ne pevent ne ne doivent estre ne ne sont réputées tiltre juste ne valable pour avoir servitude, sur les aultres maisons qui demourent au bailleur, des veues, des esgouts et des glaçouers, ne de semblables choses, et contre les coustumes : mais doivent tousjours estre ramenées aux usaiges et coustumes de la ville de Paris, se il n'est espéciallement, expressément et nommément dict et déclairé, en fesant le bail de ladicte maison, ou depuis, que lesdictes servitudes doivent demourer en l'estat qu'elles sont au temps du bail, et les convient expressément nommer, déclairer et mettre au contract du bail que elles doivent ainsi demourer perpétuellement : ou aultrement elles ne doivent demourer au préjudice d'icelluy qui a baillé la maison générallement comme il l'avoit prinse, avec les veues, esgouts et semblables mots généraulx qui n'obligent point, ne ne donnent tiltre juste ne valable, etc.

XVI. Item toutes jambes ou membrures de pierre de taille parpaignes assises au rez de chaussée, ou en terre moytoyenne, entre deux voisins, où il y a harpes faisans paremens d'une part et d'aultre, c'est assavoir par devers chascun de deux voisins, font bornes et division de moytoyennerie entre les dessusdicts deux voisins, et que au regard et allignement desdictes harpes de jambes ou membrures devoient (1) estre faicts et allignés les murs

(1) Doivent.

ou aultre cloison qui doivent estre, et faire closture moytoyenne [entre ?] lesdicts deux voisins, et icelles jambes et membrures vallent tiltre suffisant à chascun d'iceulx deux voisins, mesmement quant elles sont assises sur ferme terre, et que au dessoubs n'a cellier, cave ne aultre estaige.

XVII. Item s'il estoit et est ainsi que entre deux voisins eust et ait mur moytoyen qui face closture entre eulx, lequel mur soit fondé aux fonds des celiers desdicts voisins et en terre moytoyenne, il convient et est nécessité que toutes les cloisons qui font division et closture entre lesdicts deux voisins fussent et soient fondées et assises sur le meillieu dudict mur, tout droit en ligne tout cõntremont, se ainsi n'est que l'une desdictes parties ait tiltre suffisant et vallable qu'il doyve aultrement estre; et se l'une desdictes parties a aucune cloison sur son voisin portant à faulx, et non mye sur ledict mur moytoyen estant et assis entre lesdicts celiers, il convient que icelle cloison soit remise et assise à plomb sur ledict mur devant lesdicts deux celiers, et aussi contremont à plomb et ligne, se ainsi n'est que ledict voisin qui a la closture fondée à faulx peust et puisse monstrer et faire foy par tiltre suffisant et vallable, que ainsi deust et doit demourer et doit estre soustenu.

XVIII. Et s'il y a ung mur et ung celier entre deux voisins assis en terre moyenne à deux paremens ou membrures de pierre de taille qui emportent chanfrains ou harpes, ils font et portent bornes contre la moytoyennerie, se ainsi n'est qu'il ait tiltre par lettres ou aultrement souffisamment qui desreguent ou soyent au contraire, nonobstant qu'il y ait aucunes membrures du rez de chaussée assises et fondées en et sur faulx au dedans d'icelles membrures, ou murs de ce lieu.

XIX. Item que l'ung voisin sur l'aultre ne peult acquérir droit de prescription ne prescripre vallablement sans avoir de ce tiltre suffisant et vallable, espécialement en choses latentes et obscures, et dont l'en ne peult pas briefvement avoir congnoissance.

De dénonciation de nouvel œuvre.

Il est à noter que s'aucun homme faict aucun édifice aultrement qu'il ne doit au préjudice d'ung aultre, celluy à préjudice de qui est l'édiffice faict, doit prendre trois pierres et luy doit dire par trois fois : *Vous tel cy ouvrez au préjudice de moy et à mon dommaige, je vous dénonce nouvel œuvre et vous deffends l'ouvrer à mon préjudice ;* et ainsi le doit dire par trois fois, et doit illec getter une pierre et retenir les noms des tesmoings par lesquels il puisse tesmoingner, et après le doit faire adjourner dedans les jours de nouvel trouble et empeschement, et poursuyvre la dénonciation, et quant il viendra au jour il peult ainsi former son libelle : *Je et ceulx dont j'ay cause sommes et avons esté en saisine, et de si longtemps que il n'est mémoire du contraire, parmy une voye ou sentier, et sans empeschement aucun de nulluy. Là estoye allé en continuant ma saisine, où j'ay trouvé Jehan qui cy est qui massonnoit ou faisoit massonner au préjudice de moy et de ma saisine; si luy ay dénoncé nouvel œuvre aux us et aux coustumes, et comme l'en doit faire. Depuis et nonobstant ladicte dénonciation, il y a ouvré ou faict ouvrer ; se il requiert que ainsi soit, je requiers et concluds contre luy que tout ce qu'il a ainsi ouvré ou édiffié, faict ouvrer ou édiffier nonobstant et depuis ladicte dénonciation faicte, soit mis au néant et soit abbatu du tout avant tout œuvre, et qu'il soit condamné à amender au juge et à partie, et à démollir à ses propres cousts et despens tout ce que ainsi a esté faict, si que tout trouble et empeschement soit osté, et s'il nye, etc.* (1).

(1) B. 1536. Pour veoir plus amplement de la justice dudit Chastellet, faut veoir les ordonnances qui s'ensuyvent.

FIN DES ORDONNANCES DU CHASTELLET DE PARIS.

CHAPITRE III.

DES DROITS ROYAULX.

Cy après s'ensuit la déclaration et ordonnance que le Roy nostre Sire a faict en (1) son conseil de son baillif et procureur ou bailliage des ressors de Touraine, d'Anjou et du Maine, par la teneur desquelles appert que le Roy réserve par devers luy la foy et hommaige lige dudict duché de Touraine, la souveraineté et ressors, les exemptions et tous droits royaulx. Et lesquelles ordonnances par messieurs (2) du parlement furent ordonnées estre publiées à la table de marbre et en la ville de Tours, et ès aultres villes et lieux de ladicte duché de Touraine, tant ès lieux et terres de exemption comme en ceulx de la juridiction et domaine d'Anjou.

Et premièrement est ordonné et déclairé par le roy, en tant que touche la duché de Touraine, que ledit baillif qui à présent est, et ceulx qui seront pour le temps advenir ordonnés pour le gouvernement desdictes souverainetés et ressors, exemptions, et droits royaulx, aura la court, jurisdiction et congnoissance des causes et besoignes regardans ressors, souveraineté, touchant les exempts dudict pays de Touraine, leurs subjects, justice et jurisdiction, la jurisdiction ordinaire demourant par devant lesdicts exempts comme ils ont eu du temps ancien.

Item il est ordonné pour le gouvernement dudict bail-

(1) B. 1536 et 1537 à son conseil.

(2) A. messeigneurs. B. messieurs de parlement.

liage desdicts ressors que ledict baillif pourra tenir ses assises, aux jours et par la manière acoustumée à tenir assises, ès lieux qui s'ensuivent : c'est assavoir à Chinon et en la ville de Tours, au lieu que l'en dit le Chasteau neuf.

Item en ung chascun desdicts lieux pourra faire ung lieutenant seullement, et aussi en chascun desdicts lieux pourra establir ung tabellion pour recevoir tous contracts et passer lettres de toutes personnes qui se vouldront obliger devant luy, et aussi establir en chascun desdicts lieux une personne qui aura un seel et sera garde d'iceluy (1).

Item (2) fera aussi ledict baillif sergens pour garder ladicte jurisdiction royalle dudict pais de Touraine, jusques au nombre de six, c'est assavoir deux à Chinon, et quatre à Tours. Et croistra le nombre desdicts sergens se il voit que besoing soit de le croistre.

Item pourra aussi faire et ordonner ledict baillif, ès lieux dessus nommés, advocat et procureur pour garder le droit du roy nostre sire et la couronne de France. Ausquels advocat et procureur seront gaiges et pensions assignés et establis selon l'ordonnance de la Chambre des comptes.

Item feront serment tous les dessus nommés que à leur povoir ils garderont le droit du roy nostre sire et ne le souffriront point périr ne amoindrir.

Item avecques ce ledict baillif, ou ses lieutenans, tiendront les assises en la manière acoustumée, comme dict est : pouront aussi lesdicts baillif et lieutenans tenir jurisdiction ordinaire ès dicts lieux, de huit jours en huit jours, et non aultrement, si ce n'estoit pour cas ou péril évi-

(1) B. Met en note : Ceci a été corrigé par l'ordonnance du roi Louis XII, en l'art. LIIII.

(2) B. aura.

dent, ou aultre juste cause désirant célérité, ouquel cas lesdicts baillif, et lieutenans en son absence, ès lieux dessus nommés, pouront tenir et exercer jurisdiction toutesfois que besoing seroit.

Item ledict baillif et sesdicts lieutenans ès dits lieux pouront congnoistre de tous cas dont la congnoissance appartient au roy nostre sire, soit à cause de souveraineté, ressort ou par droit royal, et ne souffreront mie que aucun (1) juge en ait la congnoissance, si comme des églises royaulx, ou estant de fondacion royalle ou aultrement exemptes, ou privilégiés par le roy nostre sire, auquel cas ledict baillif ou sesdicts lieutenans auront la congnoissance tant des causes desdictes églises, des serviteurs d'icelles, et des hommes et subjects, comment que ce soit, desdictes églises ou personnes privilégiées comme dict est, et ne pourront les juges ordonnés par Monseigneur de Tours congnoistre des causes meues et pendans en deffendant contre lesdicts gens d'église ou privilégiés comme dict est, soit à cause du chief ou des membres desdicts privilégiés (2) : mais seront iceulx tenus de renvoyer sans aucune difficulté par devant ledict baillif au siége ou siéges de leurs ressors, c'est assavoir ceulx de Touraine à Tours ou à Chinon.

Item auront lesdicts baillifs ou lieutenans et non aultres, la congnoissance, punition et correction des crimes de lèze-majesté ou premier chief, de l'infraction de saulvegarde du roy nostre sire, de forgeurs de faulces monnoyes et de port d'armes notable, qui est à entendre quand il y auroit compagnie de gens d'armes garnis d'aultres armes que d'espées, cousteaulx ou bastons.

(1) B. aultre.

(2) B. ou du membre desdits priviléges.

Et aussi des contracts fais sous seel royal quant l'obligé se obligeroit ou submettroit seullement à la correction (1) du seel royal ; car au cas que l'obligé se submettroit à toutes jurisdictions, aultres juges en pourroient congnoistre par prévention. Et aussi ès cas de nouvelleté contre toutes personnes, par prévention congnoistra ledict baillif ou sesdicts lieutenans; et généralement auront la congnoissance de tous cas touchant droict royal.

Item ordonné est que ressort sera assigné à Monseigneur le conte de Blois et à ses officiers, gens ou hommes, à cause du chastel ou chastellenie du Chasteau-Regnault à Tours, et y sera renvoyé de Chartres où il est ; et audict lieu de Tours ès assises ordinaires congnoistra ledict baillif, et pourra justicier ledict conte et ses subjects à cause de ladicte chastellenie.

Item ordonné est que doresenavant pour le temps advenir les mandemens ou rescripts qui partiront de parlement, ou de la court de France. et lesquels l'en souloit envoyer et adresser aux seneschaulx de Touraine, d'Anjou ou du Maine s'adresseront ausdicts baillifs et lieutenans, et ainsi sera dict aux greffiers de parlement et aultres notaires du roy.

Item retiendra par devers luy ledict baillif tous les procès et causes desdicts exempts et subjects pendans ailleurs que par devant luy.

Item et ledict estat (2) desdictes causes, et aussi les aultres qui auront les procès par devant nostre dict baillif ou sesdicts lieutenans, le baillif face bailler à nostre procureur par lui ordonné esdicts lieux pour conservation

(1) B. cohertion.

(2) B. lesdits estats.

du droict royal, et à ce contraingne ceulx qu'il appartiendra.

En tesmoing de laquelle chose nous avons fait mettre nostre seel à ces présentes. Donné à nostre hostel lez Sainct-Pol à Paris, le huitième jour du mois d'octobre mil trois cens septante-un, et de nostre règne le huitième. Par le roy, Villemer (1).

Item il est à noter que le roy par sa souveraineté peult à ses officiers donner nom excellent comme chevalier, président, maistre des comptes et aultres semblables, ce que les aultres seigneurs ne pevent faire, pour ce qu'il n'est pas convenable qu'ils se démonstrent pareils à leur souverain seigneur. Et semblablement il a droict de nommer les gens de sa justice les ungs baillis, les aultres prévosts et les aultres gardes des seaulx royaulx, ce que les haults justiciers subjects ne doibvent pas avoir, mais doibvent dire garde de justice, maires et seeleurs, qui sont noms plus petis. Et aussi en signifiance de sa noblesse et souveraineté, faict l'on faire en sa justice gibet à feste et pillory notable. Et les aultres justiciers subjects ne doibvent avoir fors gibet sans feste et eschelle. Par ceste mesme cause, le roy donne entre ses subjects sauvegarde, ce que les aultres haults justiciers ne pevent faire ; mais pevent deffendre à leurs subjects sur certaine peine qu'ils ne se entremeffacent.

Aussi pour celle cause a le roy prison, et donne respit de debtes, et portent ses sergens verges parmi les terres des haults justiciers, et plusieurs tels exploicts regardans la souveraineté, ce que les subjects haults justiciers ne pourroient faire.

(1) B. Met ici le titre : Des droicts appartenans au roy.

Item au roy nostre sire seul et pour le tout appartient faire amortissement par tout son royaulme, et ne peult en icelluy quelque terre estre amortie jusques à ce que le roy l'ait amorty. Et s'il advenoit que les pers, barons, et aultres seigneurs subjects amortissent aucune chose tenue d'eulx, pour ce n'est pas absolument amortie que le roy ne puisse contraindre le possédant à le délaisser et icelle applicquer à son domaine s'ils ne la mettent hors de leur domaine après la signification que dedans l'an, etc.

Item au roy nostre sire seul et pour le tout appartient donner et créer nouvelles jurisdictions par tout son dict royaulme, et nul autre que luy ne le peult faire sans son congié.

Item au roy nostre sire seul et pour le tout appartient donner grâces à plaidoier par procureur et lettres d'estat, en et par tout son royaulme.

Item à lui seul et pour le tout appartient créer et ordonner foires de nouvel, et marché en et par tout son royaulme, et y donner et octroier tous tels priviléges et franchises comme bon luy semble.

Item à luy seul et pour le tout appartient faire et donner nobilitations et légitimations en et par tout son royaulme indifféremment.

Item à lui seul et pour le tout appartient créer changeurs indifféremment par tout son royaulme.

Item au roy seul et pour le tout appartient la congnoissance, jugement et décision des transgressions faictes sur le faict des monnoies.

Item à lui seul appartient la congnoissance du forgement des faulces monnoies, et le jugement, punition et correction de tous faulx monnoiers, c'est assavoir de ceulx qui font la monnoie, et de ceulx qui y aident tant soit petit, et ne feust tant seulement que souffler le feu.

Item les monnoiers et aultres gens nécessaires pour la monnoie seront traictiés en toutes leurs causes selon la teneur de leur privilége.

Item au roy seul et pour le tout en tout son royaulme appartient la congnoissance souveraine et ressort sans moyen des églises cathédrales et des églises qui sont de fundacion royale, de garde antique, et aultres qui sont réservées et exemptées par privilége ou en aultre manière, en chief et en membre, et aussi de leurs subjects, hommes, et serviteurs, terres et possessions et des aultres droicts à eulx appartenans en quelque manière que ce soit.

Nota que si le procureur du roy conten contre aulcun de l'infraction d'aulcune sauvegarde ou de quelque aultre excès ou délict, ja soit ce que la partie blessée n'en face aulcune poursuite, et l'excès est prouvé souffisamment par aultres tesmoings que la partie blessée, si le roy en a amende, aussi la doibt l'on adjuger à la partie blessée. Mais en simple délict si la partie est au procès avecques le procureur du roy, et elle accorde ou s'en deppart et délaisse depuis, l'en ne luy adjugera point d'amende.

S'aucuns conseuls (1) ou habitans font aucuns excès, oultre l'amende du roy qui sera adjugée contre la communaulté pour le délict d'iceulx conseuls, ils pevent estre pugnis comme singuliers (2) oultre ce que dit est.

Item au roy seul appartient donner sauvegardes, et aussi à luy seul appartient le jugement et punition des infractions d'icelles sauvegardes et du délict dont l'en contendra à l'encontre des infracteurs d'icelles sauvegardes, et dit l'en que la sauvegarde pour sa noblesse attraict tout le remanent du débat à elle. Fault aussi

(1) B. conseils font aucuns, etc.

(2) A. séculiers.

noter que cela est vray, c'est assavoir seulement en tant que touche les personnes laies et les clercs mariés et les juges lais. Mais d'ung clerc non marié qui aurait enfrainct une sauvegarde, le juge royal en auroit la congnoissance en tant comme il toucheroit l'infraction de ladicte sauvegarde, pour ce que le roy seulement seroit offensé, et l'official auroit la congnoissance du simple délict ou de l'injure faicte à partie.

Nota que si ladicte sauvegarde eust esté intimée à partie, et qu'elle feust notoire, si la partie délinquant requiert estre renvoyé à son juge ordinaire ou que le juge le requière, *fiet*.

Nota que quiconques attempte (1) contre une sauvegarde, supposé que ce qui sera faict soit faict pour occasion d'aucune justice, puisqu'il excède, il doibt amende arbitraire.

Nota que par toutes manières que le roy mande ung homme, il est en son sauf-conduit, et se l'en luy fait grief, destourbier ou injure, le juge royal en aura la congnoissance et des despendances.

[Je en doubte combien que l'en die que le roy ne scet avoir si petit prouffit en une cause, que ce petit prouffit n'atraie tout le remenant au juge pour raison de la part du roy qui est le plus noble. Et dit l'en que celle noblesse de donner sauvegarde, ne appartient fors au roy seulement qui est souverain, car nul aultre haut justicier subject ne peult donner sauvegardes ; mais en lieu de ce, il peult deffendre à ses subjects sur certaines et grosses peines que ils ne s'entremeffacent, ne mesdient en aucune manière (2)].

(1) A. atrempe.

(2) Ceci est visiblement une note qui a pris place dans le texte.

Item au roy nostre sire seul appartient la congnoissance, jugement, décision, punition et correction des asseuremens donnés et(1) jurés en sa court, et aultres commandemens et deffences ou(2) paines commises devant ses juges, et des mains brisées en quelque terre ou jurisdiction que ce soit, et n'en doit estre fait aucun renvoy; mesmement les clercs ou évesques seront contraincts par la prinse de leur temporel à donner response sur ce au juge royal, et par luy pugnis s'ils estoient trouvés en meffaict.

Nota que les haults justiciers pevent bien faire donner asseurement entre leurs subjects, si comme il est escript ci-devant(3) au chapitre d'asseurement, aussi font les bas justiciers.

Item au roy seul et pour le tout appartient la congnoissance, jugement, décision et punition des ports d'armes en quelque terre ou justice que ce soit, mesmement quant est fait publiquement et par assemblée de gens et ès chemins publiques; et *est ratio : quia sibi soli* appartient donner congié de porter armes, et faire deffense de ne les porter, et pour ce, luy seul est offensé; et si par le mouvement du port d'armes s'ensuivait aucun faict, ce sont deux délicts, l'ung du port d'armes et l'aultre du faict advenu, lesquels ne pevent estre séparés. Mais aura le roy la congnoissance du tout, par la raison devant dicte que la partie qui est la plus noble attraict à soy la moins noble. Et aucuns dient que les délicts de eulx mesmes sont tous séparés et sont deux paires de délicts, l'ung du port d'armes, qui appartient au roy, et l'aultre pour le

(1) A. ou.
(2) A. aux.
(3) B. cy-après.

faict illicite, qui appartient au seigneur. Et dient que aultresfois en a esté donné arrest contre le roy pour le conte de Torcy (1).

Nota que de tels délicts appartenans au roy, les gens d'église sont tenus respondre par la prinse de leur temporel, et quant ils ont respondu, se ils sont trouvés coulpables, leur temporel est gouverné par la main du roy jusques à ce qu'ils aient réintégré ce qui est à réintégrer, et paié l'amende ; et ainsi a il esté faict et dict par plusieurs fois en la court de parlement.

Item le roy en aucun cas n'est tenu plaider en la court de son subject pour quelque chose à lui appartenant, soit en tout ou en partie, *ut in materia feudali*. Exemple sur ce point : l'abbé de Sainct Cornille de Compiègne, se disoit estre en possession et saisine d'avoir par aubanie (2) les biens de ceulx qui sans héritiers trespassoient en leur haulte justice, sauf que le roy y avoit le tiers, et disoit que pour ledict tiers, le procureur du roy l'avoit empesché, requérant que comme il feust au lieu hault justicier, que la cause feust renvoiée en sa court. Il fut dict que le roy y avoit part, que la congnoissance en demoureroit au roy et ne seroit point renvoiée.

Item episcopus Apannarum céda et donna au roy partie d'une debte que l'évesque de Thoulouse lui debvoit, et pour ce icelluy évesque de Thoulouse fut appellé en parlement là où il requist estre renvoyé à son siége de l'église ; la court luy refusa (3).

Item nota que ung évesque ou aultre prélat quel que il soit, ne peult prendre ne arrester la personne d'ung

(1) B. ou Roucy. B. 1537, ou Boncy.
(2) B. aubaine.
(3) Ces deux paragraphes manquent dans B.

homme lay, mesme en sa court où il tient ses plaids et sa jurisdiction spirituelle, pour quelconques injures tant soient griefvês, se il n'y a cas de mort, ou quelque aultre crime détestable. Et s'il le faisoit l'en le doit contraindre par la prinse de son temporel à réparer ce qu'il auroit fait. Et ainsi fut-il dit en parlement l'an mil quatre cens dix sept, pour les maïeurs et eschevins de la ville de Reims, contre l'archevesque et son official. Mais l'official peult bien procéder contre luy par monitions et excommuniemens.

Item au roy nostre sire seul et pour le tout appartient la congnoissance, jugement, décision et pugnition de tous crismes de lèze-majesté, et à luy seul appartient les biens de tous les condempnés par confiscations en quelque haulte justice qu'ils soyent trouvés. Et les gens du roy de Navarre débatirent cest article disans que leur dict roy avoit la congnoissance des crismes de lèze-majesté au premier chief.

Item au roy seul appartient la congnoissance des héréticques (1) qui est comme aucuns dient équipole à crisme de lèze-majesté ; mais c'est à entendre la majesté souveraine, c'est assavoir de Dieu.

Item le roy a la congnoissance de sodomie.

Item au roy seul et pour le tout en tout son royaulme appartient donner rémission et rappeaulx de ban, combien que les Navarrois débattent ces mots *seul et pour le tout*, et aussi le pourroit débattre le roy d'Ivetot qui est en Normandie, qui se dit avoir celle puissance et auctorité.

Item à luy seul et pour le tout appartient la vérification et entérinement de toutes grâces, pardons et rémissions

(1) B. du crime de l'hérésie.

par lui faictes à quelconques personnes, de et sur quelque cas de crisme ou excès, sans ce que aucun seigneur, baron, ou per, ou aultre dudict royaulme s'en puisse aulcunement entremettre en quelque manière que ce soit.

Item au roy en cas de prévention appartient la congnoissance, jugement et décision de tous cas de nouvelleté par tout son royaulme.

Item si ung homme meurt en la terre d'aucun hault justicier subject, et à la requeste des héritiers ou exécuteurs, les gens du roy ont scelé premièrement les biens du trespassé, le roy par ses officiers fera faire l'inventoire, non pas ledict hault justicier. Et ainsi fut-il dict des biens d'ung nommé Denisot le Bourgongnon, pour ung nommé Jehan de Limoges; aultrement seroit s'il n'y avoit exécuteurs ne héritiers.

Item à luy seul appartient la congnoissance et décision de toutes ses debtes, deues tant à luy comme à ses fermiers, tant à cause des aides comme aultrement.

Item à luy seul et pour le tout appartient la congnoissance, jugement et décision de tous contracts fais soubs seel royal; ou cas toutesfois que l'en se submettroit à toutes aultres jurisdictions, cohercions ou contrainctes, si en auroit le roy la congnoissance par prévention.

Item à luy seul et pour le tout appartient la congnoissance des faicts des juifs, pour tant qu'ils sont en sa garde (1).

Item à luy seul et pour le tout appartient la congnoissance des faicts des nobles espécialement en matière de délicts, et aussi ès (cas) réels(2), si leur seigneur hault justicier n'en est par espécial en saisine. Toutes voies (3)

(1) B. sauvegarde.
(2) B. en cas royaulx.
(3) B. Toutes fois.

si leur seigneur hault justicier a justice foncière et réolle, en ce cas, il peult congnoistre de la réalité, mais d'ung criminel (1) le noble est de luy exempt; combien que sondict seigneur en eust la confiscation. Toutesfois, le long usaige considéré (2), plusieurs seigneurs en ont la congnoissance comme le conte de Dampmartin, le seigneur de Montmorency et plusieurs aultres.

Item là où une ville n'obéist au roy elle doibt estre rasée selon raison. Et la destruction des villes et chasteaux anciens appartient au roy et non à aultre.

Item le roy a la congnoissance de falsification de ses seaulx ou des faulcetés commises en ses lettres. Et est à noter sur cecy que si aulcun ou aulcune est prins par suspicion de l'ung des trois cas privilégiés : c'est assavoir de crisme de lèze-majesté, falsification des monnoies, et falsification de seaulx et lettres, et il est clerc, il sera rendu à l'official, et luy sera deffendu qu'il ne l'examine point sans appeller les gens du roy.

Item le roy a la congnoissance de ses hommes de corps, et les peult faire convenir par ses sergens en quelque haulte justice qu'ils demeurent pour procéder par devant ses juges.

Item le roy a la congnoissance des droicts de patronage tant et si longuement comme il (3) en est débat entre les patrons; car la controversie (4) des patrons regarde plus temporalité que spiritualité. Et ainsi est-il quant aulcun débat est entre le patron et le prélat, c'est assavoir quant le prélat dict la présentation à luy estre dévolue; car lors

(1) B. crime.

(2) A.B. de long usaige.

(3) A. qu'il.

(4) A. controversité.

le roy a la première congnoissance entre iceulx, asçavoir mon (1) si elle est dévolue ou non.

Item au roy appartient la succession de tous bastards soient clercs ou lais. Toutesfois aulcuns haults justiciersen ont jouy, mais, avant qu'ils doibvent avoir la succession desdicts bastards, il convient qu'il y ait trois choses concurrens ensemble, c'est assavoir : *primo* que les bastards ou bastardes soient nés en leurs terres, *secundo* qu'ils y soient demourans, *tertio* qu'ils y trespassent, *alias non audiuntur*.

(1) B. asçavoir si elle, etc.

CHAPITRE IV.

DES EAUES ET FORESTS (1).

Charles, par la grâce de Dieu roy de France et de Navarre, A nos amés et féaulx les maistres des eaues et forests, salut et dilection. Comme les fleuves et rivières grandes et petites de nostre royaulme, par engins pourpensés des pescheurs soient aujourd'hui sans fruict, et par eulx sont empeschés les poyssons à croistre en leur droict estat, tellement qu'ils sont de nulle valeur quant ils sont prins d'eulx, et ne prouffitent pas à en user en leurs mains, ainçois monstrent qu'ils sont plus chers que ils n'ont acoustumé, laquelle chose tourne au grand dommaige tant des riches comme des povres gens de nostre dict royaulme, or est ainsi qu'il nous appartient, de nostre droict royal, curer et penser du bon estat et prouffit commun; et chascun de vous, de tous les engins desquels les noms sont cy-dessus nommés et exposés : prenez ou faictes prendre par vous ou vos députés à ceulx que vous les trouverez, et iceulx faictes brusler; et au regard des pescheurs qu'ils soient appellés, et aultres hommes, à veoir la vengeance en telle manière que les pescheurs doresenavant ne facent faire tels engins; et se aultres engins sont trouvés chez lesdicts pescheurs ou avec eulx qui seroient plus dommageables, pourpensez ce qui sera à pourpenser pour leur malice. Nous commandons qu'ils soient prins par vous ou par ceulx qui seront establis à

(1) Tout ce chapitre manque dans B.

ce faire, et qu'ils soient ars et bruslés comme les aultres devant dicts. Et tous ceulx et celles qui en ouvreront ou qui en seront trouvés garnis [qu'ils soient] contrainets à paier à nous la somme de soixante sols ou telle amende comme vous regarderez selon les mesfaits. Et tous les poissons qui seront ainsi prins soient forfaicts, et regettés en l'eaue s'ils sont encores vifs, et se ils sont morts que ils soient donnés aux povres, et iceulx engins nous voulons estre prins et cerchés de nuit et de jour.

Et pour ce que lesdicts engins vous sont incongneus en plusieurs noms, nous les nommerons cy-dessoubs par escript : le lats [bas?] rebouer, le ciffre, garnis, valois, amende, le pluserois, le truble à bois, la bourache, la chace, le marchepié, le cliquet, le roualle, ramées, seurs, fagos, nasses pellées, jonchées, lignes du long à menus amessons, et que l'en ne batte aux arches ne (1) aux gors, aux ables, et que vraie à chauce orbe ne queure, et que l'en n'y adjoigne boissel espeux. Desquels engins nous deffendons que l'en ne pesche de nuit en deux mois à nul engin; c'est assavoir depuis la mi-mars jusques à la mi-may, que les poyssons fraient en icelluy temps et laissent leur fraie ès herbes, et les pescheurs de nuit les chassent et destruisent toute ladicte fraie ; et que nul ne soit si hardi qu'il voise prendre fraie dedans, ne qu'il preigne guerdons ne dars durant ledict temps; et par tout l'an on pourra pescher de bons engins excepté le temps dessusdict, et tous les aultres engins qui seront faicts de fil desquels ils pourront pescher, nous voulons qu'ils soient faicts à nostre maille, c'est assavoir de la largeur d'ung gros tournois chascune maille, et pourront estre faicts plus larges à prendre les gros poys-

(1) A. aux arches et aux gros, etc.

sons, et de la Sainct-Remy jusques à Pasques de la largeur d'ung parisis, et que les nasses ne queurent par les rivières, si elles ne sont telles que l'en y puisse bouter ses dois iusques au gros de la main. Et ne pourront prendre barbel, carpe, tanche, ne bresme, se chascun ne vault ung denier, le lussel s'il ne vault deux deniers, ne l'anguille se les deux ne valent ung denier, ne aultre poysson de Loire, ne d'aultre rivière royalle s'il n'a plain dour (1), et avecques ce que la queue et le chief apairent (2) du moins. Et toutes ces choses nous commandons estre gardées estroictement, et accomplies diligemment en telle manière que les devant dicts fleuves et rivières soient ramenées en l'estat ancien et acoustumé par vostre diligence, et ne voulons que nul ait la congnoissance de garder et faire tenir les ordonnances dessus nommées fors vous ou les députés de par vous; ainçois voulons que ceulx qui en auront meffait depuis le cry et ordonnance faictes par nostre très cher et redoubté seigneur Phelippe, dont Dieu ait l'âme de luy et de nous, sur ce que aultresfois ont esté publiées, soient appellés pardevant vous ou pardevant les députés à ce faire, et contraincts à donner response sur les choses dessusdictes, premièrement et de plain, nonobstant excusations frivolles ne dilations, et amendrir (3) ce meffait et que raison soit gardée, et de ce faire vous donnons povoir. Mandons à tous que ce faisant vous obéissent. Donné à Chambelly près Meaulx, le xxvie jour de juing, l'an mil trois cens vingt-six.

Item une manière d'attrempance faicte par le conseil du

(1) B. plaindour.
(2) A. appartient.
(3) A.B. amende ce méfait.

roy nostre sire, laquelle il veult estre gardée comme les ordonnances dessusdicts(1) quant aux quideaux(2), les chausses seront au moulle d'ung parisis de plat, et y pourront adjoindre boissel d'osier d'ung molle (3), que entre deux verges l'en puisse partout bouter son petit doit de plat tant que l'ongle porte.

Item quant aux femois dont l'en peschera depuis la Sainct-Martin jusques à Pasques, seront faictes aux moulles d'ung parisis plat aisément, et depuis Pasques jusques à la Sainct-Remy d'ung gros tournois de plat; et de tous aultres filletz dont l'en peult pescher selon les ordonnances dessusdictes semblablement, sauf la truble du fil aultre que celle de bois en tous temps l'en pourra pescher; mais qu'elle soit du moulle d'ung parisis de plat, excepté le temps de fraie.

Item quant aux nasses desquelles l'en peult pescher par les ordonnances, elles seront faictes telles que on y puisse bouter ses trois dois en passant la première jointe sans force.

Aultres instructions faictes sur le faict des eaues, rivières, garennes et déduits des forests de ce royaulme (4).

Truites.
Barbeaux.
Brochets.
Bresmes.
Carpes.

Poissons qui ne sont de la longueur d'ung doy à main d'homme

(1) Manque dans A.

(2) A. quideux.

(3) A. dudit moulle, tellement que.

(4) Manque dans B. A. 1517, dit simplement : aultres instructions faictes sur le faict des eaues.

Perches.
Tenches.
Vendoises.
Guerdons.

oultre queue et teste, sont deffendus par les ordonnances royaulx.

Anguille qui ne vault ung denier tournois de bonne monnoye, à vendre et achepter de marchant à aultre, est deffendue par lesdictes ordonnances.

Vendoises de quelque moison ou quantité que ce soit (1), grandes ou petites, sont deffendues.

Guerdons du temps de my-mars jusques à my-may.

Tous engins à pescher faicts de fil dont la maille est si estroicte que ung gros tournois d'argent faict du temps du roy sainct Loys ne puisse passer de plat par chascune maille aisément, sont deffendus à pescher depuis Pasques jusques à la Sainct-Remy.

Tous engins à pescher s'ils sont si espès que ung parisis à la taille du temps sainct Loys ne puisse passer aisément de plat par chascune maille, sont deffendus depuis la Sainct-Remy jusques à Pasques.

Tous engins de bois, soient nasses d'osier, nasses pelées, jonchées, ou aultres engins quelconques, de boys, d'osier ou de jonc, qui soit se espès que ung homme n'y puisse aisément bouter et sans force tous ses doits jusques aux premières joinctes de la main, sont deffendus par lesdictes ordonnances. Et semblablement les bous, bousseaulx ou plancons (2) adjoustés ausdictes nasses, ou aultres engins d'osier ou de jonc qui sont si espès que ung homme n'y puisse aisément bouter son petit doit, c'est assavoir le bout de l'ongle, sont deffendus.

Tous les engins dessusdicts ou aultres quelconques de

(1) A. qu'elles soient.
(2) A. placons.

fil, de boys, de osier, de jonc, de quelque manière que ce soit, sont deffendus à tendre ou mettre en eaue et les y laisser par nuyt au temps dessusdict, depuis la my-mars jusques à la my-may. Les ouvriers, ou faiseurs desdicts engins, et les marchants desdicts poissons deffendus, doivent estre traicts à amende comme ceulx qui en peschent.

Et est assavoir que toutes les amendes faictes pour les choses dessusdictes sont de soixante sols tournois par lesdictes ordonnances, et doibvent apliquer les deux pars au roy et le tiers(1) aux sergens.

Combre, ramée ou fagots de boys sont deffendus faire en tous temps en rivières, les las rembouer, le ciffre garny, le vallois amande, le plusieurs, la truble au boys, la bourrache, la chasse, le marchepié, le cliquet, le rouaille, le vraye à chausse orbe. Les pescheurs à truble, loches, ables, sentrilles, verons ou aultres poissons non deffendus pevent pescher de trubles espesses(2), qui ne sont mye trubles à boys ne à marchepié. Et doibvent eslire les poissons deffendus, se aucuns en y a prins ausdicts trubles, avant qu'ils soient hors de l'eaue. Et si dehors sont prins ou trouvés saisis d'aulcuns poissons deffendus, ils doibvent amender, et doibvent leurs dicts trubles ou aultres engins deffendus comme dict est estre ars publicquement.

Nulle personne de quelqu'estat ou condition que ce soit ne peut faire ou avoir chantepleure ou fosse qui boive en rivière.

(1) A. et le III.

(2) A.B. espèces.

S'ensuit des forests (1).

Personnes non nobles pevent chasser partout hors garennes, à chiens à lièvres, à connins, à levriers ou chiens courans, ou à chiens à oisel et à bastons. Mais ils n'y pevent tendre quelconques engins que ce soyent de jour ou de nuyt, ne à grosses bestes, s'ils n'en ont tiltre.

Item ne pevent tendre aulcuns engins ou fillets pour prendre faisans ou perdris, si ce n'est par congié des haults justiciers en leurs haultes justices ou garennes.

Item gentilshommes pevent chasser et faire chasser à connins et à lièvres à tous engins hors garennes, et se garennes ont, ils en pevent faire à leur voulenté.

Item gentilshommes pevent chasser aux grosses bestes en leurs garennes et en celles de leurs voisins par congié, et non ailleurs se tiltre ou (2) possession n'en ont.

Item baron, seigneur ou gentilhomme, ou aultre personne ne peult ne doit chasser ne tendre à quelque beste en garennes ne dehors, depuis soleil couchant jusques à soleil levant, si ce n'est en leurs garennes.

Item aulcun noble ou aultre, si ce n'est ung baron, ne peult prendre héron vif, si ce n'est à faulcons ou aultres oiseaulx gentils, sur peine de soixante sols d'amende.

Item aucun gentilhomme ou aultre ne peult et ne doit prendre coulomb de coulombier ou privé en hostel sur peine d'amende arbitraire.

Item aulcun noble ou aultre ne peult aller voller au gibier (3) à quelconques oiseaux, faisans, perdris, alouettes ou aultres oiseaux ès garennes du roy.

(1) A. Des forests et garennes. Tout ce chapitre manque dans B.
(2) A. et.
(3) B. voller ou giboyer.

Item ung homme noble ou aultre ne peult porter filletz en la garenne du roy, soit pour lièvres ou connins, ne tendre aux cailles ne tels menus oiseaux.

Item non nobles, soient gens de mestier ou de labour, ne peuvent avoir en leurs hostels ou ailleurs de par eulx aulcuns harnois ou filletz à prendre grosses bestes, ne mesmes faisans, perdris, et s'ils y sont trouvez des gens du roy, ils les pevent prendre, et sont forfaicts (1) à ceulx à qui ils sont de la condition et estat dessusdicts.

Item nobles ou aultres de quelqu'estat ne pevent tendre ne prendre faulcons, autours, ne laniers ou gerfaux, si ce n'est par congié des gens du roy ou des contes ou des haults justiciers et barons en leurs terres.

Et semblablement si par congié des gens du roy ils prennent aulcuns des oiseaux dessusdicts, ils les doibvent porter devers le roy ou ses gens à qui il appartient, dont ils doibvent avoir le pris ancien et acoustumé. C'est-assavoir : d'un faulcon dit gerfaulx dix livres tournois, d'ung tiercelet gentil ou d'ung austour cent sols tournois pour pièce, d'ung lanier cinquante sols tournois, d'ung lancret et d'ung tiercelet d'autour cinquante sols tournois pour chascune pièce.

Item nul ne peult prendre espervier ès nids, ès forests, ne ès bois du roy, ne y tendre en sa terre sans son congié (2).

Articles extraicts des ordonnances ja piéça (3) faictes par le roy Philippe-le-Bel : c'est assavoir en l'an mil trois cens et deux au mois de mars.

Premièrement le roy a ordonné et ordonne entre les

(1) B. et sont tous forfaicts.

(2) A. sans congé.

(3) Jà piéçà. Manque dans A.B.

aultres choses que si par inadvertance il mande que les biens d'aulcun prélat ou clerc vivant *clericaliter* (1) soient saisis et mis en sa main, que par vertu d'icelui mandement leurs biens meubles ne soient point prins, leurs maisons descouvertes ne contre raison aultrement endommagées.

Item le roy a ordonné et ordonne que doresenavant il n'acquerra riens ès fiefs de prélats, religieux ou barons sans leurs consentemens, si ce n'est chose appartenant à son droict royal, et si ne retiendra nouveaux adveus en leurs terres.

Item il deffend à ceulx qui seront commis à gouverner les régalles, quant elles chéent et vacquent en sa main, que ils ne copent les bois avant qu'ils soient en taille, ne ne peschent les viviers avant leurs temps, ne ne facent aulcun gast. Et s'il y a aulcun arbre qui ait esté gardé pour sa beaulté ou la sustentation des maisons, qu'il soit encores gardé.

Et s'il y avait aulcun estang ou vivier qui fust en pesche, que l'en réserve la nouvation (2) et l'alvin qu'il appartiendra pour peupler la dicte pesche. Et que l'en se garde aussi à tousjours mais de toutes destructions, gast et excès, et que l'en y tienne tel atemprement (3), telle raison et telle équité comme en sa chose propre. Et l'administrateur qui fera le contraire rendra le dommage, et si sera pugny comme de raison.

Item semblablement des barons et aultres subjects quant par deffault de homme leurs terres viennent en sa main.

Item veult aussi que doresnavant les sergens, baillifs

(1) A.B. cléricalement.

(2) A.B. nourrisson.

(3) A. atrempéement.

et gardes des forests de Champaigne, et les maistres et gardes des forests et eaues soient esleus et mis esdictes offices à la délibération du grand conseil (1).

Item le roi ne veult que aulcun séneschal ne aultre baillif soit de son conseil, tant comme il sera en icelluy office.

Item ne veult pas que aulcuns des conseillers reçoivent doresenavant aulcune pension de quelque personne d'église ou séculière, ou d'aulcune ville ou communaulté, et s'ils les ont dès maintenant qu'ils les laissent.

Item veult et ordonne que nuls séneschaulx, baillifs, ou juges quelconques ne puissent avoir esdictes seneschaulcées, prévost (2) qui soit de son lignage, affinité, ou de sa famille et nourriture, affin que pour cause de ce ils ne soient meus à juger moins loyaulment ès causes qui de iceulx prévosts et juges viendroient à eulx par appellation.

Item que les prévostés soient baillées à ferme à personnes saiges, loyaulx, et de bonne foy et de bonne renommée, bien solvables, non soubçonnés (3), ne diffamés de faire oppression aux subjects, et si telles personnes vouloient enchérir lesdictes prévostés, il ne veult mye qu'elles y soient receues. Et si ne veult pas que lesdicts prévosts fermiers taxent les amendes, mais les séneschaulx ou les baillifs desdicts lieux. Et deffend aussi que en chascune prévosté de ce royaulme ne ait que ung prévost ou deux pour le plus.

Item est ordonné et statué que une personne n'aye que ung seul office.

(1) A. par grant délibération du conseil.

(2) A. ou aultre juge sous luy.

(3) A. non suspectionnéz.

Item que lettres du roy soient receues dévotement (1) et révéremment, et mises à exécution diligemment par les juges, sinon qu'ils aient cause juste par quoy ils ne le doibvent faire, auquels cas ils nous rescripvent et rendent lesdictes lettres à ceulx qui les porteront, avecques leurs transcripts ou responses soubs leurs sceaulx. Et s'ils en estoient reffusans ou négligens par malice, le roy veult qu'ils paient le dommaige et qu'ils soient pugnys.

Item que les séneschaulx, baillifs, prévosts et aultres juges exercent personnellement leurs offices et n'aient aucun lieutenant, si ce n'est en cas de nécessité, de maladie ou pour quelque cause nécessaire qu'il les convint absenter, ouquel cas ils seront tenus de retourner tantost après la cause cessant. Et en ce cas mettront juges jusques à leur dict retour, qui soit preudhomme, non mye advocat, ne aultre qui soit empesché d'aultres grandes besongnes, ne chargé d'amis, car il respondroit pour leur meffaict.

Item que les juges ne prendront rien, mesmes si leur estoit offert de leurs subjects ou des églises qui sont en leur garde, ne ne yront en icelles églises ou abbaies pour disner ou pour gésir sans grande cause et occasion.

Item deffend que les juges fermiers ne facent convenance ou marché avecques aucuns de leurs subjects, pour avoir d'eulx aucune somme d'argent pour toutes leurs amendes en quoy ils pourroient estre condampnés durant leurs dicte ferme, pour tant que ce seroit leur donner hardiesse et occasion de meffaire.

Item que les juges et justiciables des prélats et barons ne soient ouys en la court de parlement ne par devant aucuns des officiers royaulx, si ce n'est en pur cas de

(1) Dévotement manque dans A.

ressort ou aultre cas appartenant au roy. Ne le roy ne veult mye que lettres leur soient données fors en ces cas.

Item le roy a ordonné et ordonne que chascun des séneschaulx et baillis tiennent leurs assises par toutes leurs séneschaulcées ou bailliages de deux mois en deux mois pour le moins, et que en la fin de chascune assise ils facent sçavoir quant l'aultre se tiendra. Et qu'ils ne les tiennent pas en la terre des prélats, barons ou aultres, là ou le roy n'a point de justice, ne domaine, ne garde, ne ès lieux là ou il n'a ville, ne habitation, ne aultre part, fors seulement là ou elles ont esté acoustumées tenir xxx ans. Et s'ils le faisoient nous voulons que cela ne tourne en préjudice à aulcun en propriété, ne en possession.

[Nota que il me semble que le contenu en cest article soit contraire à l'arrest qui fut donné pour Tuille comme baillif de Tourraine contre monsieur d'Anjou (1)].

Item le roy a ordonné et ordonne que nul ne soit séneschal, baillif ou prévost du lieu là où il est natif.

Item que nul sergent royal ne voyse justicier ès terres des prélats, barons ou aultres féaulx du roy èsquels ils ont toute haulte justice et basse, si ce n'est en cas de respit ou aultre appartenant au roy nostre sire, et encores que ce soit du commandement ou mandement du séneschal ou bailly, et que oudit mandement soit contenue la cause appartenant au roy. Et ne demourront les sergens en icelles par fraulde contre la voulenté des seigneurs, s'ils ne sont nés du lieu ou s'ils n'y sont mariés ; et en ces deux cas n'y pourront lesdicts sergens exercer ne faire aucun office de sergent. Et encores se cas de ressort y escheoit ou aultre appartenant au roy, iceulx sergens demourans illec ne s'en pourroient entremettre, mais sera

(1) B. ainsi qu'il sera dit cy-après.

mis à exécution par aultre sergent, et pourront les prélats, barons et aultres haults justiciers user contre eulx de leurs jurisdictions temporelles ou spirituelles sans fraulde, ainsi comme contre les aultres personnes privées, ou cas toutesfois qu'ils ne toucheront leurs offices, et les pourront punir de leurs meffaict ou excès qu'ils feroient (1) non pas en exerçant leurs dicts offices ou aultrement pour raison de leurs dicts offices.

Item le roy veult que la superfluité des sergens soit effacée, et que tous ceulx qui demourront soyent obéissans aux séneschaulx ou baillifs, et qu'ils les puissent corriger et punir pour leurs meffaicts, et oster de leurs offices du tout, se le cas le requéroit, jà soit ce qu'ils aient lettres de retenue du roy, et aussi que ceulx qui demourront donnent bonne seureté ès mains des séneschaulx et baillifs de faire le deu de leurs dicts offices, et de respondre et ester à droict sur tout ce qu'on leur demandera pour raison de leurs offices. Et si aucuns d'iceulx sergens mouroient ou laissoient leurs dicts offices ou estoient ostés pour aucune cause, lesdicts séneschaulx et baillis y en commettront d'aultres suffisans, à leur péril.

Item le roy oste et interdict à tous séneschaulx, baillis et aultres justiciers de ce royaulme la puissance de faire notaires publicques par son auctorité royal, et retient le roy et réserve à lui et à ses successeurs perpétuellement et à tousjours la puissance de créer lesdicts notaires publicques.

Item le roy a ordonné et ordonne que les notaires et clercs des séneschaulx, baillifs ou prévosts ou aultres escripvans soubs eulx preignent salaire modéré et attrempé : c'est assavoir de trois lignes ung denier, de IIII à VI, deux

(1) A. faisoyent.

deniers de la monnoie courant et non plus, et se plus y a, d'illec en avant, de trois lignes ung denier. Et doit estre la ligne d'ung espan du long et qu'elle contiengne LXX lettres pour le moins, et si plus y a plus en pourront recepvoir au pris.

Item les sergens à cheval prendront quatre (1) sols par jour, et les sergens à pié seize deniers de la monnoye courant, et ne pourront plus prendre pour leur dict salaire par jour, combien qu'ils fissent plusieurs adjournemens ou exécutions et procédures de leur office, et pour plusieurs personnes, ou pour diverses besoingnes.

(1) A. III.

CHAPITRE V.

DU FAICT DES JURISDICTIONS.

Aultres articles extraicts des ordonnances royaulx faictes par le roy Jehan à Paris, le XXVIIIme jour de décembre l'an mil trois cens cinquante-cinq et publiées notablement (1).

Item voulons et ordonnons que toutes jurisdictions soient laissées aux juges ordinaires, sans ce que nos subjects soient doresenavant traicts, adjournés ne aultrement travaillés par devant nos maistres d'hostel, maistres des requestes, admiraux, maistres des arbelestriers, maistres des eaues et forests ou leurs lieutenans, excepté tant seulement que les maistres des requestes de l'hostel auront la congnoissance des offices, et aussi des officiers de nostre hostel en action personnelle pure, en deffendant tant seulement et non pas en demandant. Et aussi demourra à nostre connestable la congnoissance des sergens d'armes en deffendant tant seulement, et en action personnelle en laquelle il n'y aura point sauvegarde enfraincte. Et aussi pourra nostre dict connestable congnoistre des mareschaulx ou leurs lieutenans quant aux actions personnelles et oultre ceulx qui présentement seront au faict de la guerre, et en deffendant tant seulement, sans toutesfois que ceulx qui y seront puissent en demandant faire adjourner ou convenir en action personnelle ou réelle ceulx

(1) Manque dans B.

qui ne seront pas en la guerre. Et aussi pourront nos maistres des eaues et forests congnoistre de causes regardans leurs jurisdictions ordinaires, c'est assavoir touchant le faict desdictes eaues et forests. Et en tous aultres cas nul ne pourra estre traict ne adjourné fors selon la teneur de nos anciennes ordonnances, et en sa chastellenie ou ressort, soit que les causes nous touchent ou aultres, et s'ils y sont traicts ou adjournés, ils n'y seront tenus obéir ne de soy trouver à la journée assignée.

Item aussi deffendons à nos baillifs, séneschaulx et aultres juges et officiers qu'ils ne traient leurs subjects hors de leurs chastellenies, et qu'ils ne tirent pas de l'une chastellenie à l'autre.

Item pour ce que nos maistres des eaues et forests, soubs umbre de leurs offices, s'efforcent de jour en jour de attribuer à eulx la congnoissance par tout nostre royaulme tant de nos eaues que semblablement des eaues des prélats, barons et aultres justiciers, et soubs umbre de ce prennent et font prendre ès aultres eaues et jurisdictions que en la nostre les engins et les rets et fillez, et ouyr la congnoissance et punition de tous ceulx qui peschent contre nos ordonnances ès eaues de nos subjects, nous ordonnons et voulons et par exprès leur deffendons que doresenavant ne preignent la congnoissance ne punition aulcune de tels cas en la terre et ès eaues et forests de nosdicts subjects, ou en la justice de prélats, barons, seigneurs ou aultres justiciers; se ainsi n'estoit que lesdicts prélats, barons ou aultres justiciers fussent sommés et requis souffisamment, dont ils fussent refusans ou négligens. Et se lesdicts maistres de nos eaues et forests voulaient faire le contraire, nous voulons et octroions que l'en ne soit tenu obéir à eulx en façon quelconque.

Item pour ce que nosdicts maistres des eaues et forests

et aucuns aultres de nostre royaulme, ducs, contes, barons et aultres nobles, se sont efforcés et efforcent de jour en jour de estendre et accroistre les garennes anciennes, et de faire et accroistre nouvelles garennes, pourquoy l'en ne peult labourer prouffitablement, ains demeurent perdus et gastés : nous avons octroié, accordons et octroions que tous accroissemens de garennes anciennes et toutes nouvelles garennes et lès nostres mesmes, qui de nostre tems ou du tems de nostre très chier seigneur et père que Dieu absolve, sont faictes et acquises, soient du tout mises au néant ; et par ces présentes les ostons et mettons au néant et abattons du tout ; et donnons congié et licence que chascun y puisse chasser et prendre sans aucune amende.

ARTICLES ET ORDONNANCES FAICTES PAR LE ROY CHARLES, DUC DE NORMANDIE ET DAUPHIN DE VIENNE, EN MARS MIL TROIS CENS LVI, CONTENANT CES MOTS :

Nous octroions que toutes les garennes et accroissement de garennes eslevées depuis XL ans soient mises au néant, et par ces présentes les mettons au néant et y donnons congié de chasser sans amende.

Item pour ce que, pour la clameur de nostre peuple, nous avons entendu que aucuns de nos sergens desquels le nombre est moult excessif, et lequel nous entendons modérer et restraindre, s'efforcent de prendre salaire excessif pour plusieurs journées, selon le nombre des exécutions faictes pour ung jour ; à raison de quoy nostre peuple a moult esté oppressé et grevé jusques icy, nous voulons et ordonnons que lesdicts sergens et commissaires ne puissent prendre pour ung jour que le salaire d'une journée tant seulement, jà soit ce que en iceluy jour ils facent plusieurs exécutions et pour plusieurs personnes, et que de leurs salaires ainsi modérés ils soient contens, sans ce qu'ils puissent exiger ou extorquer, ou demander aultre chose pour leurs despens. Et s'ils font le contraire, qu'ils soient privés de leurs offices, pugnys griesvement et mis en prison, de laquelle ils ne pourront estre délivrez, relaschés ou eslargis jusques à ce qu'ils aient rendu tout ce qu'ils auront exigé et extorqué à tort, et paié l'amende à laquelle ils seront pour ce condempnez.

Item pour ce que nous avons ouy et entendu que aucuns de nos officiers marchandent et font marchander de diverses marchandises, par quoy marchandise est fort empirée et nostre peuple griefvé, si avons ordonné par meure délibération de conseil, que nuls de nos officiers c'est assavoir les gens de nostre grant conseil, les gens de nostre parlement, des requestes ou maistres de nostre hostel, les maistres de nos comptes, les trésoriers, receveurs, collecteurs, maistres des eaues et forests, nos eschansons, sommeliers, barilliers, pannetiers, maistres d'escuries et maistres des monnoies, gardes, contre-gardes et officiers d'icelle, maistres des garnisons, séneschaulx, baillifs, prévosts; nos procureurs, secrétaires et clercs de marchandise de Paris quant au fait de l'eaue, chastellains ou aultres juges de nous, ou aultres seigneurs, doresenavant, par eulx ou par interposés personnes, ne marchandent ne ne facent marchander, ne s'accompaignent ou (1) participent en marchandise sur peine de perdre la marchandise et d'estre pugnys griefvement à nostre voulenté, et ne donnerons lettres, ne ne ferons grâce au contraire, et renonceront à leur office ou à la marchandise. Et si aucuns en y a qui sur ce aient impétré lettres ou grâces de nous, icelles grâces nous tenons et réputons

(1) A. ne.

pour nulles et de nulle valeur, sur quelque forme de paroles qu'elles soient octroiées. Et s'aucuns s'efforcent de user desdictes lettres contre nostre dicte ordonnance ils seront pugnys si comme dessus est dict, et avecques ce perdront la dicte marchandise.

AULTRES ARTICLES EXTRAICTS DES ORDONNANCES FAICTES PAR LE ROY CHARLES AISNÉ FILS DU ROY DE FRANCE, *et son lieutenant, duc de Normandie et dauphin de Vienne, l'an mil trois cens cinquante-six, au moys de mars, passées par le grant conseil ouquel estoient monsieur l'archevesque de Reims, les évesques de Paris, de Langres, de Nevers, de Laon, de Théroenne, l'abbé de Sainct-Denis en France, messieurs les ducs d'Orléans, de Bretaigne, les contes d'Alençon, d'Estampes, de Roussi, le grant prieur d'Aquitaine, les seigneurs de Meulenc, de Garencières, de Louppe, messire Jehan de Picquegny, Guillaume d'Ambreville, Philippe de Trois Mons et plusieurs aultres.*

Item comme nous avons entendu que le peuple a esté et est moult grevé, tant parce que prévostés, vicontés, clergies et aultres offices ou tems passé ont esté baillés, et prins les bailliages à ferme, et de ce moult de maulx et inconvéniens sont advenus ; comme aucuns de ceulx qui tiennent lesdictes offices ainsi à ferme ne pensent sinon à desrobber et exiger indeuement les subjects, et plusieurs y en a desdicts officiers qui ne sont pas dignes d'avoir ne excercer leurs dicts offices, comme parce que les baillifs, séneschaulx et vicontes ont esté juges en pais dont ils sont nés, nous qui voulons monstrer nos exemples aux haults justiciers et aultres juges, avons ordonné et ordonnons que toutes prévostés, tabellionnages, vicontés, clergies et aultres offices appartenans au faict de justice ne seront plus vendus doresenavant ne baillés à ferme, mais en garde, et par le conseil des gens des pais ou du pais voisin ; et que lesdicts baillifs, séneschaulx et vicontes ne seront point juges ès pais dont ils seront nés et demourans, et se aucuns y en a, nous voulons qu'ils soient ostés, et nous mesmes les ostons par ces présentes du tout.

Item pour ce qu'il est venu à nostre congnoissance que plusieurs des officiers de nostre très chier seigneur et père, et des nos, séneschaulx, baillifs, prévosts et aultres juges, ont receu pour congnoistre des cas criminels et capitaux plusieurs dons, et ainsi ont faict et font encores plusieurs aultres prélats, barons, princes, chevaliers et aultres, compositions dont les crismes ont esté estains et demourés sans estre deuement punis, contre raison et le bien de justice, nous avons ordonné et ordonnons que toutes telles compositions cessent doresenavant, et deffendons à tous justiciers tenans ou aians jurisdictions temporelles oudict royaulme, sur peine de perdre leur dicte jurisdiction temporelle, que aucunes personnes ne mettent à composition en cas de crisme ou pour aultre excès, ains soit faicte pleine justice.

Item ordonnons que des causes du Chastellet de Paris aucuns juges ou justiciers n'aient la court ou congnoissance, ne n'en retiennent par devers eulx où il (1) escherroit opposition entre les parties, fors ledict prévost de Paris tant seulement s'il plaist au créancier. Et deffendons à tous aultres juges quelconques qu'ils ne s'en entremettent en aucune manière. Et avecques ce deffendons à ceulx qui tiendront le parlement qu'ils ne s'entremettent de tenir ou traire par devers eulx les causes ordinaires regardans ledict prévost.

(1) A. qu'il.

Item pour ce qu'il est venu à nostre congnoissance que plusieurs de nos subjects de ce royaulme ont esté moult grevés et adommaigés (1) par transports ou cessions faictes à personne plus puissante; de l'accord et consentement des trois estats, avons ordonné et ordonnons que aucuns ne facent transport ou cession de debte en plus puissante personne, par donation (2), vendition, ne autrement, ne en aucuns des officiers de nostre très chier seigneur et père, et des officiers de nostre mère, ou d'aultres, ne semblablement à personne privilégiée à cause de scolarité ou aultrement. Mais générallement deffendons tous tels transports ou cessions, et iceulx décernons et réputons nuls et de nulle valeur. Et voulons et ordonnons que ceulx qui feront lesdictes cessions ou transports perdent leur action, et les recevans de tels dons et transports punis d'amende arbitraire, et à rendre tous cousts, frais et despends à partie adverse qui pour ce aura encouru, eu et soustenu. Et s'aucuns transports ou cessions sont jà faicts desquels la question ne soit encores faicte ou déterminée, nous les cassons et rappellons et mettons du tout au néant, et les décernons estre nuls et de nulle valeur en quelque estat que le procès soit.

Item et pour ce que plusieurs des officiers de nostre dict seigneur et de nous se sont aultresfois entremeslés d'atribuer à eulx la justice et jurisdiction des seigneurs et juges ordinaires, dont le peuple a esté et est moult grevé, nous qui désirons que chascun use de son droict, justice et jurisdiction, avons ordonné et ordonnons que toutes justices et jurisdictions soient laissées aux juges ordinaires, et à chascun singulièrement en sa jurisdiction,

(1) B. domaigés. A. domagez.

(2) A. dévotion.

sans que les baillifs, prévosts, et aultres justiciers les puissent traire pardevant eulx, sinon que ce feut en pur cas de ressort et souveraineté seullement.

Item il est venu à nostre congnoissance que les huissiers de parlement, les sergens à cheval, et aultres, en allant faire les exploicts, meinent grant estat et font grans despends aux frais et dommaiges des povres gens pour lesquels ils font lesdicts exploicts, et vont le plus du tems à deux chevaulx pour plus grant salaire gaigner, lesquels s'ils allaient en leurs besoingnes et affaires, ils yroient aucunesfois à pié ou seroient contens d'ung cheval. Nous qui voulons refréner tels despends excessifs tauxons et modérons leurs sallaires pour chascune journée à la somme de huyct sols parisis au pais de Parisis, et à huyct sols tournois au pais de Tournois, ou au dessoubs selon ce qui est acoustumé au pais ; excepté lesdicts huissiers de parlement qui pourront prendre pour chascun jour xv sols parisis au pais de Parisis et seize sols tournois au pays de Tournois, et voulons et ordonnons que dudict sallaire ils soyent contens pour chascune journée. Et oultre avons ordonné et ordonnons que aucun ne soit receu à office de huissier de parlement ou de sergent à cheval, s'il n'est bien congneu expert et suffisant à tout ce que appartient audict office.

En oultre avons ordonné et ordonnons que doresnavant les baillifs et prévosts preignent bonne caution desdicts sergens et officiers, telle et si souffisante que partie grevée par leur malice ou maulvaisetié, coulpe ou négligence dampnable, puisse recouvrer ses pertes et dommaiges sur lesdicts sergens. Et oultre avons ordonné et ordonnons que lesdicts baillifs et prévosts qui de ce faire seront remis et négligens, soient tenus de rendre et payer lesdictes pertes et dommaiges, se lesdicts sergens n'avoient de quoy payer et satisfaire à ladicte partie intéressée. Et oultre avons encores ordonné, ordonnons et par exprès deffendons que receveurs, grenetiers et vicontes ne facent faire leurs exploicts et leurs exécutions par les sergens ordinaires des bailliages ou prévostés, et ou cas qu'ils feront le contraire, nous voulons n'y estre point obéy.

Item sera crié publicquement et deffendu sur peine de corps et de biens à tous nobles et non nobles, que, durant le temps de ces présentes guerres, aucuns d'eulx ne meuve ou face guerre en quelque manière que ce soit, couverte ou ouverte, ne ne facent faire, sur peine de corps et de biens. Et avons ordonné et ordonnons que si aucun fait le contraire, la justice du lieu, séneschal ou aultres, appellés se mestier est les bonnes gens du pais, preingnent tels guerroyeurs, et les contraignent sans délay par prinse de leurs corps et exploictation de leurs biens à faire paix et à cesser du tout à guerre.

Item nous ferons jurer au chancellier et aux gens du grant conseil, et aux aultres conseillers et officiers qui sont entour nous, sur sainctes évangilles de Dieu, qu'ils ne feront ensemble confédération, conspiration, ne aliance, et par exprès leur avons deffendu, enjoinct et commandé, sur peine d'estre privés de tous offices royaulx perpétuellement et sans appel ou cas qu'ils feront le contraire.

Item affin que pour les gardes des forteresses champestres le faict de la guerre ne soit empesché, avons ordonné et ordonnons que par les cappitaines des lieux soit sur ce pourveu souffisamment.

Item voulons et ordonnons que si aucuns des subjects et justiciers de ce royaulme appellent du juge subject, d'aucune sentence ou jugement, en la court de parlement ou aultre court royalle, en délaissant le juge moyen, que celluy par devant qui il sera appellé, soient les gens tenans le parlement ou aultres juges, renvoyent ladicte cause d'appel sans délay par devant le juge qui sans moyen povoit et debvoit congnoistre de la dicte cause d'appel, si sur ce sont requis(1) d'aucunes des parties. Et s'ils font le contraire, nous rappellons et mettons au néant tout ce qu'ils feront en ce cas ; et si les en pugnirons griefvement. Il nous plaist toutesfois et voulons que les gens tenans le parlement puissent telles causes d'appel retenir par devers eulx, s'ils voient que la nature de la cause le requière, et non aultrement Et sur ce en chargeons leurs consciences.

(1) A. requises.

CHAPITRE VI.

ORDONNANCES ROYAULX FAICTES A PARIS AU MOYS DE SEPTEMBRE, L'AN MIL QUATRE CENTS ET DEUX, PAR LE ROY NOSTRE SIRE CHARLES VI, SUR LE FAICT DES EAUES ET FORESTS DU ROYAULME DE FRANCE.

Charles, par la grâce de Dieu roy de France. Sçavoir faisons à tous présens et advenir, que comme après que nous eusmes nouvellement prins le gouvernement de nostre royaulme, c'est assavoir au moys de mars, l'an mil trois cens quatre-vingts et huyt, Nous estant en la ville de Vernon, eussions, par délibération de plusieurs de nostre sang et de nostre conseil, faict certaines ordonnances et instructions sur le faict et gouvernement des eaues et forests qui lors estoient moult foullées, destruictes et diminuées en valleur, par le deffault et négligence d'aucuns nos officiers sur le faict desdictes eaues et forests, et aultrement. Et depuis pour ce que sur aucuns articles desdictes ordonnances plusieurs personnes vouloient faire et bailler diverses interprétations et entendemens, contre nostre intencion et le vray entendement d'iceulx, nous avons faict par nos lettres patentes soubs nostre grand scel certaines déclarations sur ce, lesquelles nous avons voulu et commandé estre tenues et gardées par nostre très chier et aymé cousin le conte de Tancarville, souverain maistre et général réformateur de nosdictes eaues et forests, et par nos aultres officiers ou faict d'icelles eaues et forests, et tant pour cause desdictes déclarations comme pour ce que en l'ung des articles desdictes ordonnances dernières est contenu que nous voulons que les ordonnances anciennes des eaues, boys et forests, là où il n'est par lesdictes ordonnances dernières dérogué aucunement ou déclairé, soient et demourent en leur vertu. Et aussi que par nostredict cousin et aultres de nostre conseil nous a esté exposé que il est expédient de mettre modération en plusieurs aultres articles desdictes ordonnances dernières, et faire aucunes additions à icelles pour le bien de nous et de justice, et que grant vexation seroit à nostre cousin et à nos aultres officiers d'icelles eaues et forests se cesdictes corrections n'estoient faictes. Et aussi pareillement se ès cas relatifs aux anciennes ordonnances et auxdictes modérations, il convenoit tousjours avoir recours aux ordonnances anciennes et aux déclarations, modérations et additions dessusdictes; et que les ordonnances de nosdictes eaues et forests fussent dispersées, et contenues en tant de diverses escriptures; Nous, pour eschever et obvier aux inconvéniens qui des choses dessusdictes se pourroyent ensuivir, se provision n'y estoit mise, avons faict veoir, visiter et examiner lesdictes ordonnances anciennes et nouvelles, avecques les déclarations dessusdictes et les articles desdictes ordonnances nouvelles sur lesquels il convient mettre correction ou addition; et tout ce veu et diligemment examiné à grant et meure délibération de conseil, avons voulu déclairé, ordonné, voulons, déclairons et ordonnons que selon la forme et teneur des ordonnances et instructions qui cy-après seront déclairées par articles, soit faict, ordonné, gouverné, traicté et besoingné par nostre dict cousin et aultres officiers d'icelles eaues et forests doresenavant ainsi et par la manière qui s'ensuyt, et non aultrement.

Premier. Et premièrement, que ainsi que faict avons des maistres desdictes eaues et forests, le nombre des verdiers, forestiers, gruyers, sergens et aultres justiciers d'icelles eaues et forests tant à gaiges comme sans gaiges, soit tout retraict et remis au nombre certain et ordonnance ancienne. Et que ung chascun d'iceulx soit sceu par lesdicts maistres des eaues et forests, et à nous et à nostre conseil rapporté l'expérience, souffisance et gouvernement, et aussi le nombre d'iceulx officiers, affin de y pourveoir comme il semblera estre à faire.

II. Item que lesdicts maistres des eaues et forests, appellés avecques eulx telles personnes et en tel nombre comme bon leur semblera, visiteront chascun à une foys bien et deument lesdictes forests de garde en garde, et feront escripre les malefaçons que ils trouveront, et corrigeront les malfaicts selon l'exigence des cas, et bailleront les amendes et exploicts qui de ce yssiront à qui il appartiendra, comme il est plus à plain déclairé cy-après en ces présentes ordonnances.

III. Item aucuns sergens à qui nous avons donné l'office de sergenterie soit à gaiges ou sans gaiges ne usera de sa coustume, supposé qu'il soit coustumier, en la forest dont il sera sergent en sa garde ou aultre, tant comme il sera en l'office, s'il n'en a congié exprès ou licence des maistres des eaues et forests, qui sur ce luy pourront faire ordonnance, délivrance ou provision comme ils verront estre convenable.

IIII. Item les maistres de nos eaues et forests visiteront et vendront les pasnages, appellé avecques eulx par exprès, au jour du bail, le viconte ou recepveur à qui en appartient la recepte et aultres qui seront à appeler, lequel viconte ou recepveur ou son lieutenant, ou cas que ils n'y pourront estre en personne, aura vingt sols; son clerc cinq sols, les verdier, gruyer, garde ou maistre sergent chascun dix sols, et les sergens qui y seront prins douze deniers chascun. Et avecques ce pourront prendre en despence pour plus légèrement marchander avecques les marchans quarante sols et au-dessoubs et non plus. Lesquels quarante sols seront prins des deniers que l'en mettra ou chappel en la manière acoustumée.

V. Item que chascun desdicts verdiers, gruyers, gardes ou maistres sergens visitent chascune quinzaine, à tout le moins, toutes les gardes de la forest dont ils sont verdiers, gruyers, gardes ou maistres sergens, et veoyent l'estat ou le port des sergens et les meffaicts qui y seront, et les raportent par escript aux maistres sans délay. Et face chascun verdier, garde, gruyer ou maistre sergent, sans soy occuper en aultre besoingne s'il n'est à nous, et qu'il ait nos lettres de faire servir son office à ses périls par personne suffisant à l'advis de nostre conseil, résidence en sa verderie, gruyerie ou maistre sergenterie, ou l'en y pourveoira d'aultres. Et les sergens soyent chascun jour en leurs gardes pour sçavoir et raporter aux maistres sergens, gruyers, gardes ou maistres, ce que l'en y aura meffaict. Et se ils sont négligens on y pourveoira d'aultres et seront pugnys selon leurs démérites.

VI. Item et pour ce que l'en a trouvé que nous avons eu plusieurs grans dommaiges par le faict et coulpe des verdiers, gruyers, gardes ou maistres sergens, à ce que mieulx s'en gardent, et que l'en puisse sur eulx recouvrer dommaige, s'il y advient par eulx, ils seront tenus doresenavant de bailler et bailleront en nostredicte chambre des comptes chascun bons pleiges, et respondront pour eulx jusques à la somme de deux cens livres tournois.

VII. Item des faultes et meffaicts qui seront trouvés en tous cas touchans les eaues et forests qui leur appartiendra, congnoistront les maistres verdiers, gruyers, gardes, maistres sergens, tant comme à eulx touche, en lieux notables et publicques, convenables à tenir jurisdiction, au plus aysé des parties, à ce que l'en puisse veoir leurs faicts, et eulx pour nous et les parties avoir conseil se mestier est, et ne donneront plus adjournemens généraulx ne assignations quelque part qu'ils soyent, mais diront le lieu certain qui soit tel que dict est. Et si ne pourront avoir congnoissance de quelconques actions ou délicts fors des cas touchans nosdictes eaues et forests. Et de tous aultres congnoistront les juges ordinaires soit des demourans ès forests et ou rain d'icelles, ou autre part, ou cas que la coustume de la forest ne porteroit le contraire.

VIII. Item que les maistres et verdiers, gruyers, gardes ou maistres sergens, seront contens de leurs gaiges qui leur sont ordonnés, sans prendre aucuns droicts en forfaictures ne amendes, car chose raisonnable n'est pas qu'ils jugent de leur cause.

IX. Item quant aux gaiges ou pensions des maistres qui souloyent estre payés en diverses manières, selon ce qu'ils chevauchoient, et prenoient un jour plus que aultre; lesdicts gaiges leur seront tauxés et ordonnés par délibération à quatre cens livres tournois par an pour tout. Et par ainsi seront tenus vaquer et entendre continuellement ou faict de leurs offices, et prendront leursdicts gaiges par les mains du recepveur ou viconte, ung ou plusieurs du pais où ils seront establis, auquel ou ausquels sera mandé par l'exécutoire de leurs lettres. Et par les comptes desdicts vicontes ou recepveurs il pourra apareoir de leur diligence, et à iceulx bailleront leurs exploicts sur leurs sceaulx. Et aussi leur escripront toutes leurs ventes et délivrances qu'ils feront.

X. Item que chascun desdicts maistres pourra prendre

par an cent moulles de busches et non plus, non pas par sa main ne sur vente nouvelle que luy ne ses compagnons ensemble ne partie facent ne puissent faire, ne en vente de boys pour ce, ainçois leur seront livrés par ung marchant de boys ou plusieurs et tels comme ils vouldront eslyre. Auquel marchant, par lettres de réception des maistres, les vicontes ou recepveurs rabatront sur ce qu'ils debvront pour leur marché desdicts cent moulles de busches, au fur que busche vauldra aux termes, sur les lieux de l'arrivage plus commun, et seront tenus de faire quittance aux marchans; par laquelle quittance rapportans aux vicontes ou recepveurs lesdicts marchans en seront deschargés.

XI. Item des lettres de ventes et délivrances que les maistres feront, ne prendront pour seel et escripture de la plus grant vente que dix sols tournois en pais de Tournois, et dix sols parisis ou pais de Parisis, et des aultres au dessoubs à la vallue; ne pour ce ne feront payer aux marchans pour vin que la somme de quarante sols tournois en pais de Tournois comme dessus. Et se plus en estoit payé, si n'en rendra plus l'enchérisseur se il y vient, et en seront les maistres et les marchans pugnys.

XII. Item des forfaictures que les sergens prendront et rapporteront, ils seront contents des prouffficts qui d'ancienneté y feurent introduicts, c'est assavoir que d'ung charroy auront la charrette et le harnoys, et de ce qui sera porté à somme auront la somme et le bast appellé aultrement harnoys, et nous aurons les chevaux et aultres bestes, et les sergens, des personnes malfaisans auront les menus droicts acoustumés, c'est assavoir les ferremens; et toutes les amendes et aultres prouffficts seront à nous. Lequel prouffict ausdicts sergens leur est laissé à ce que ils soyent plus diligens de prendre garde que l'en ne mefface, et pour ce qu'ils facent de tout exploicts raports sans riens receller ne prendre à part exploicts, amendes ne aultres avantaiges sur nous et sur nos eaues et forests ne sur nos subjects, et sans en riens donner ne distribuer que par les ventes qui se feront à prouffict de nous, se ils n'en ont de nous mandement espécial passé par nostre chambre des comptes, et sur peine d'estre privés d'office, et de leur corps et biens estre à nostre voulenté. Et est à entendre que des forfaicteures, chevaulx à basts, charrettes et aultres choses en quoy les preneurs doibvent prendre portion, les maistres verdiers, gruyers ou maistres sergens feront faire le prix en deux parties : c'est assavoir ce qui peult apartenir au preneur d'une part, et ce qui peult apartenir à nous à une aultre part, pour prendre le chois pour nous à qui d'ancien usaige l'élection est deue, et bailleront par escript aux vicontes et recepveurs les noms des priseurs et tout le faict comme dessus.

XIII. Item que lesdicts maistres et verdiers, gruyers, gardes ou maistres sergens, au fur que les forfaicteures escherront, ils seront tenus rendre aux vicontes ou recepveurs et bailler par scédulle les choses, la cause, les personnes et le temps, et semblablement leurs amendes, tantost après le temps, et tous leurs exploicts, et les exploicts des sergens, et leur raport, sans riens receller ne estre excusés pour dire qu'ils l'eussent oublié.

XIIII. Item que quant les ventes se doibvent faire en nos forests, les maistres en auront collation avecques les verdiers, gruyers, gardes ou maistres sergens et aucuns des sergens plus souffisans avecques, se il est mestier (1) des marchans de chascune forest, pour adviser quantes et où elles seront plus prouffictables à faire, sans retourner à

(1) B. 1598 avec eux, s'il est mestier, ès marchez.

l'erreur passé de faire à voulenté tant de multiplication de ventes, ne si grans, mais ventes de vingts ou trente arpens ainsi qu'ils escherront en siége, sans faire aucun remplaige. Et auront demy an de vuidange oultre le dernier payement de la vente qui sera de trois ans sans passer, s'il n'y a bonne cause de les mettre à plus long temps; et assecureront bien les marchans qu'il n'y aura aultres ventes durant leur temps, ne empeschement qui les destourbe, et leur sera tenu de vérité et en bonne foy; et seront tenus les marchans bailler bons et souffisans pleiges de payer et accomplir leurs marchés et convenances par devers les recepveurs et vicontes des lieux: et sera mis en convenant, en chascun marché des ventes qui se feront des forests, que les marchans feront clorre leurs ventes à ce que les bestes n'y puissent entrer et que la venue en soit sauvée, c'est assavoir ès forests ou il sera plus prouffictable pour nous, à la discrétion des maistres.

XV. Item que le maistre qui ordonnera la vente voye en sa personne la place, pour adviser les lieux où elle sera mieux ou plus prouffictablement, et en estre certain, en sa conscience.

XVI. Item de tous marchés et ventes les lettres s'adresseront aux vicontes et recepveurs des lieux, et leur seront présentées par les marchans : c'est assavoir les lettres des ventes ordinaires dedans ung moys, et des aultres marchés dedans quinze jours après la date, sur peine de une enchière se deffault y estoit; et les vicontes ou recepveurs en manderont faire les criées, en prendront les pleiges, en recepvront les enchières ; et les pleiges prins, manderont aux verdiers, gruyers, gardes ou maistres sergens, faire les délivrances du marché et délivrer martel, prendre sermens acoustumés des marchans: mais des petis marchés dont les enchières passeront à troys plaits, le verdier, gruyer, garde ou maistre sergent en pourra recepvoir les enchières, et prendre les pleiges, par ce qu'il renvoira au viconte ou recepveur le nom du marchant, les enchières, et en dernier à qui il sera demouré, le pris, les noms, les pleiges, l'estat du marché ; le viconte ou recepveur les enregistrera par devers luy, et en recepvra les deniers, fera compte comme des ordinaires ; et toutes voyes pourront lesdicts maistres en tous cas recepvoir les enchères, par les rescripvans tantost aux vicontes et recepveurs.

XVII. Item que lesdicts maistres n'auront puissance de exécuter lettres ou mandemens, de donner termes, respits, alonguemens ne aultres grâces, se il ne leur appert que celles ayent esté présentées et passées par nostre chambre des comptes et trésoriers.

XVIII. Item pour quelconques grâces ou mandemens, soyent ores passées en nostredicte chambre et par nos trésoriers, pour don en boys ou en deniers, comment que ce soit, nouvelle vente ordinaire ne extraordinaire ne se fera, mais le boys sera prins en la vente ordinaire de la forest où le don sera fait, sur le marchant, pour le pris que vauldra le boys à son port ou en sa vente, et ce luy sera rabatu sur ce qu'il devra au premier terme advenir, et aux aultres termes ensuyvant, se tant monte le don ; ausquels termes il payera le donatoire et semblablement sera faict et déduict en deniers de ce qui sera donné en deniers.

XIX. Item si ès dictes forests eschéent aucuns caables, couppeaulx, tronches, branches ou aucuns demourans, ils seront vendus par les maistres ou par les verdiers, gruyers, gardes ou maistres sergens, au prouffict de nous, par garde et non pas tous ensemble ; et ne seront pas les enchières passées à troys plaits, mais de ung chascun marché sera mis enchière au premier jour du premier payement, sauf ce que le premier marché ne monte plus de vingts livres tournoys, et qu'il n'y chet que ung seul payement, ils seront passés à enchière de troys plaits, et seront vendus par compte et par marque, non pas par places, et le compte mis en escript et raporté au vicomte et recepveur par ledict verdier ou gruyer, garde ou maistre sergent.

XX. Item et pour ce que au temps passé les maistres en faisans et vendans ventes de boys, ont par inadvertance oublié à faire retenues en baigneaulx (1) ou estalons pour le repeuple des forests, et depuis grans temps après en ordonnèrent faire retenue, et en estoit faict pris excessif, et puis restitution en boys à grant marché, ou grant dommaige de nous, est ordonné que doresenavant en toutes ventes qui seront faictes sera entendue la rétention des baigneaulx et estalons de dix ou huict arpens, et ce seront tenus les maistres de mettre par escript, pourquoy les marchans ne puissent trouver excusation ; et s'il n'y estoit mis si sera il ainsi entendu, et si en seront les marchans reprins de négligence. Et si par adventure lesdicts maistres oublient ou délaissent à faire ceste retenue, ou la cire, ou greffe, ou aultres choses acoustumées ou ordonnées, ce sera en leurs périls. Et en seront avecques les marchans chargés de restitution, et iceulx, d'amende et pugnition sans excusation.

XXI. Item que soubs umbre de caable ou aultrement l'en ne face vente des chesnes ne d'aultres arbres en estant, sur lesquels aultres arbres abatus par caable ou aultrement seroyent encroués ; mais soyent au marché du caable les entiers laissés et exceptés, se les marchans ne les pevent abatre sans celuy en estant coupper. Et après

(1) B. bagneaulx (ballivaux).

l'en verra mieulx qu'il en sera à faire et ordonner à nostre prouffict.

XXII. Item pour ce que moult de foys on a veu que aucuns coustumiers ou achepteurs qui ung arbre ou plusieurs avoyent à prendre en nos forests, le faisoyent abatre, tellement qu'il s'encrouoit sur ung aultre meilleur pour eulx et plus dommageable à nous que le premier, et tel que iceluy ne cheust en coustume ne en vente, et plus par tel pris avoyent celuy en estant, en fraulde et grant dommaige pour nous, par la convoytise des marchans ou coustumiers, ou par la malice des abateurs, lesquels selon leur industrie faisoyent l'arbre cheoir de quelque cousté qu'ils vouldroyent sans encrouer sur aultre, ordonné est que chacun se garde doresenavant de abatre ou faire abatre si follement son arbre qu'il s'encroue sur aultre arbre à nous apartenant, tellement qu'il ne puisse estre osté sans le nostre abatre : car se il le fait il perdra le sien et sera à nous acquis.

XXIII. Item que les remesances de nos eaues et forests ne seront vendues tant que le maistre des œuvres qui sera pour nous en ces parties les ait veues, et qu'il ayt raporté qu'il n'en ayt plus mestier, ou que toute l'œuvre soit accomplie, et tant de temps passé que espérance ne soit que l'en les doye employer.

XXIIII. Item pour ce que ou temps dernièrement passé, en chascune forest l'en faisoit plus de ventes ordinaires et extraordinaires que les forests ne debvoyent, et que ung marchant en tenoit plusieurs que il delivroyt par ung seul martel, dont moult de frauldes sont ensuivies, ordonné est que chascun marché se délivre par ung seul martel propre qui sera baillé au marchant ès plaits ou assises, et jurera que d'iceluy martel ne marquera fors le boys de sa vente, et après le serment s'il est trouvé qu'il ou celuy à qui il aura baillé son martel en marque aultre boys fors celuy de sa vente, ou mesure frauduleusement, il forfera sa vente entièrement, en l'estat où elle sera, ou fera amende voluntaire, selon ce que l'en verra l'estat de la chose, au chois des maistres.

XXV. Item aucun marchant, pour pleiges qu'il ayt baillé, ne pour martel qu'il ayt receu, ne pourra entrer ne exploicter sa vente, se avant toute œpvre elle n'est martellée, et marquée par dehors par le mesureur, ou d'aultre martel que les maistres y auront ordonné, sur peine de forfaicture ou amende voluntaire, lequel il plaira eslire aux maistres.

XXVI. Item tous marchans, quant le terme de couppe et vuidange de leur marché sera failly, apporteront devers les verdiers, gruyers, gardes ou maistres sergens sans délay les marteaulx dont ils auront délivré leurs ventes; et les verdiers, gruyers, gardes ou maistres sergens les recepvront d'eulx, et leur en bailleront lettres, se requis en sont, et iceulx receus despeceront ou en ordonneront par telle manière que l'on n'en puisse jamais user.

XXVII. Item ainsi qu'il est dict du boys à édiffier il est entendu du bois pour chauffaige des cheminées des chasteaulx, quant nous leur manderons, en ayans regard aux édiffices qui y sont, au nombre des cheminées, et que l'en ne baille pas boys en estant, se bonnement on peult finer d'aucuns caables ou arbres abatus ou seics.

XXVIII. Item quant au chauffaige des verdiers, gruyers, gardes ou maistres sergens, ils n'auront riens s'il n'est avant advisé par l'ung des maistres, ou par le viconte ou recepveur, lequel leur en pourra bailler selon leur mesnaige, ainsi comme par livrée, eu esgard convenable du boys versé ou siec, s'il en y a qui souffise, sinon des remenans des couppeaulx ou branches, qui ne pourront estre emploiés en édiffice, et sans excès ou oultraige ; ne en aultre usaige ne le pourront point convertir, ne à eulx applicquer, ne eulx aider d'usaige contraire ; lequel s'il y estoit ou avoit esté estably est osté du tout.

XXIX. Item quant aux usaigiers qui ont droict et coustume de prendre boys ès forests pour ardoir ou pour édiffier, ou pour leurs aultres usaiges, et avoir pasturaiges ou telles choses semblables, comme nous ne voulons à aucuns donner sans cause empeschement, ne aussi pour mal usaige nostre domaine estre péry, soyent les maistres diligens de veoir leurs tiltres, et enquérir de leurs possessions, la manière de user de l'estat de la forest, et que elle peult souffrir ; et ceulx qui auront à oultraige abusé ne soyent pas laissés à joyr, et les aultres soyent souffers par attrempance mise, se il convient, selon la possibilité des forests, et la qualité des personnes.

XXX. Item semblablement les maistres, sur les peines de devant, ne pourront donner congié ou licence à ung homme usaigier ou coustumier, de ardoir ne user de boys ou pasturaiges aultre part que ou lieu pour raison duquel il prent et perçoit ledict usaige et coustume.

XXXI. Item pour obvier aux frauldes d'aucuns charpentiers, ou ouvriers de neufs vaisseaulx à vin, de charpenteries, de tonneaulx ou aultre merrin, ouvrans de leurs mestiers, ne treuvent hastelliers, doresnavant ès termes ne ou rain des forests se ce n'est dedans les ventes ordinaires.

XXXII. Item que se les coustumiers abatans boys de leur coustume, ou qui leur aura esté livré, ne font bien et souffisamment la couppe prouffictable pour la revenue ils la feront réparer, et si l'amenderont selon la qualité du faict.

XXXIII. Item comme l'en dit que les maistres verdiers,

gruyers, gardes et maistres sergens qui ont esté, se soyent eslargis par fol hardement, simplesse, ou aultrement, de restituer arréraiges aux usagers qui riens n'en avoyent, en eschauffages et en choses semblables, qui sont annuels, temporels, et momentanés, deffendu est que plus de tel cas faict ne soit, ne usaige transmué de lieu en aultre pour quelque cause, sans l'exprès commandement de nous passé, ou de nostre dicte chambre.

XXXIIII. Item que les maistres des forests ne aultres ne puissent establir sergent, ne donner sergenterie des eaues et des forests, à gaiges ou sans gaiges, ne le sergent ne soit si hardy d'en user s'il ne l'a par nostre grâce et octroy, ou s'il n'y a évidente ou souffisante cause; ouquel cas lesdicts maistres y pourront establir sergent à temps et par provision.

XXXV. Item pour ce qu'au temps passé les maistres, verdiers, ou gruyers, gardes ou maistres sergens ont acoustumé, quant il estoit plait ou desbat devant eulx d'aucunes forfaictures ou amendes, à user de compositions, et de y prendre prouffict singulier contre justice, et en nostre préjudice et de nos subjects, les maistres doresenavant n'en useront plus et ne seront arbitres de nostre droict. Mais seront tenus de ouyr parties, et justement juger selon vérité et la nature du cas, et à ung chascun faire raison et droicture, et ne prendront pour nous fors ce qu'il appartient. Et aussi n'en feront don ou grâce, mais à nous s'en attendront comme à nous seul appartient faire du nostre à nostre voulenté. Et semblablement les verdiers, gruyers, gardes ou maistres sergens des cas qui regardent leurs offices.

XXXVI. Item ne pourront lesdicts maistres donner aucuns eslonguemens de vuidange pour quelque cause que ce soit ou puist estre ; et qui besoing en aura, si en ayt recours à nous ou à la chambre de nos comptes; et lors en facent les maistres ce que mandé leur sera.

XXXVII. Item pour ce que de jour en jour estoment du boys tant pour nos navires comme pour nos chasteaulx et édiffices, et que ou temps passé ce qui en a esté prins et employé esdits chasteaulx, navires et édiffices a esté prins et couppé sans mesure ou ordonnance, en dommageant les forests en grant lésion et destruction d'icelles, ordonné est que quant il conviendra (à) ouvrer, ceulx qui seront chargés des œuvres n'en pourront riens prendre tant que lesdicts maistres, ou l'ung d'eulx, avecques les vicontes ou recepveurs des lieux ou leurs lieutenans, et les verdiers, gruyers, gardes ou maistres sergens soyent appellés: lesquels par bonne délibération avecques les ouvriers adviseront combien de boys, et quel il fauldra livrer pour chastel, navire ou édiffice, et ou lieu plus aysé et moins dommageable, et escripront la place, et les chesnes ou aultres arbres, selon ce que besoing sera. Et se une place ne souffist on nombrera les arbres et seront martellés du martel du verdier, gruyer, garde ou maistre sergent ou aultres qui adviseront pour le mieulx; lesquels arbres ainsi marqués ou place pour ce livré, seront justement prisés, et depuis, le viconte ou recepveur avec le maistre des eaulx et forests les feront coupper ou prendre, et non aultres, jusques à tant qu'ils soyent employés; et par nouvelle délivrance se il est mestier aultres places ou arbres soient délivrés, marqués et seignés, et des places et arbres ainsi marqués et prins, les vicontes ou recepveurs renvoyeront les lettres aux verdiers, gruyers, gardes ou maistres sergens en laquelle garde ils seront prins, pour valoir en leurs excusations quant on visitera les forests. Et aussi de réception celuy qui sera chargé des œpvres sera tenu de bailler les lettres, en gardant toutesvoyes les poincts dessusdicts, et aultres qui sont contenus en l'ordonnance faicte en espécial pour cause desdictes œpvres.

XXXVIII. Item comme tousjours ayt esté mise différence entre les coustumiers, entendans la signification des parolles de mort boys à boys mort, en prenant boys mort pour celuy qui est sec, soit abatu, ou en estant, ou en estendant le mort boys de certain boys verd en estant, affin que plus n'en soit desbatu, l'en déclaire que ainsi doibt il estre entendu ce que dit est, et le mort boys tel et non aultre, comme il est dict et déclairé en la chartre aux Normans qui en fut faicte par le roy Loys, l'an mil trois cens et treize, l'interprétation et nomination dudict mort boys. Et aussi sera interprété et prins ès cas que s'en offrent et offreront, espécialement quant au pays de Normandie.

XXXIX. Item que la ferme de la maistrise de Rommaire pour ce qu'elle ne faict que empescher, et donne occasion de meffaire comme on a trouvé, et mesmement ou dernier fermier, est abatue, et ne sera plus baillée, le terme failly de celuy qui la tient à présent, lequel terme durant il en usera et payera. Et dès lors en avant les amendes dont ledict fermier a la moytié, et les aultres droicts, viendront en l'ordinaire, et les recepvra le viconte.

XL. Item ce qui feut deu des dismes pour cause de nos boys sera prins doresenavant sur le pris des ventes, et payé en deniers aux termes qui seront ordonnés aux marchans, à chascun terme par portion, par la main du recepveur ou viconte, non pas en boys ne en aultre manière.

XLI. Item les maistres desdictes eaues et forests, pour ce qu'ils ne puissent ignorer qu'ils ne doibvent rendre raison de l'estat desdictes eaues et forests, et des faicts et provision que chascun en droyt soy y aura faicts, et pour ceulx ils seront tenus de venir en nostre chambre des comptes à Paris, une fois en l'an tout le moins, tant pour ce que leur touche, comme pour ce que sur les comptes des vicontes et recepveurs qui s'en seront entremis, les gens de nos comptes où mestier sera puissent avoir leur relation et advis avecques eulx. Et lors apporteront leurs protocolles des ventes qui seront faictes ès forests où ils seront establis, et aussi des amendes et exploicts faicts et baillés par lesdicts maistres, et qui seront venus à leur congnoissance, que riens n'en soit recellé.

XLII. Item se par grâce ou aultre manière estoit souffert que verdiers, gruyers, gardes ou maistres sergens ou aultres officiers eussent lieutenans, ils seront chargés de tous leurs faicts, et de leursdicts lieutenans, comme se en personne ils l'avoyent faict. Comme par aultres ordonnances a esté ainsi faict, encores est il ainsi ordonné.

XLIII. Item lesdicts maistres, ne aucun d'eulx, ne pourront vendre, ne bailler, aucunes ventes des forests à aucun de son lignaige, ne à gentilhomme, ne à nostre officier, advocat, ne à clerc bénéficié.

XLIIII. Item comme par fol hardement ou par simplesse des usaigiers, ou aultres causes des officiers qui se sont entremis pour nous, aucuns coustumiers sous umbre de leur coustume de prendre en nos forests et abatre chesnes en estant qu'ils nomment d'entrée : c'est assavoir si tost comme en la racine, ou aultre part en bas ils peuvent mettre la congnée et embattre à seic pour rendre dix sols de la chartée de chesne ; par semblable manière six sols d'aultre boys qu'ils veulent nommer mort boys, comme tremble, bouleau, fresne, érable et leurs semblables pour v sols ; le fais d'ung cheval pour deux sols, le fais d'ung homme pour douze deniers, et pourtant est quitte de tel meffaict, sans ce qu'ils en ayent tiltre, ordonnance, registre ou enseignement, ne grâce que de voulenté. Pour ce que c'est évident dommaige, et que l'on a sçeu que aucunesfoys par malice et au détriment (1) pour leurs arbres faire seicher en aucunes de leurs parties, aucun maulvais (2) a par le pied de l'arbre féru de la congnée emprès terre, sur partie de la racine, et icelle couverte pour le mortifier en icelluy endroict; et moult d'aultres fraudes se font et pourroyent ensuyvir, et aucunesfoys est le dommaige de l'arbre greigneur que l'amende, et pour moult d'aultres cas; ordonné est que doresenavant nuls ne s'entremettent d'abattre tels arbres nommés d'entrée, quels qu'ils soyent; et se aucun le faict il soit tenu de rendre le dommaige à nous, et en amende convenable selon le meffaict et la coustume. Et se les arbres sont trouvés estre empirés par violence, soyent appliqués à nostre prouffict non pas des usaigiers, ausquels il sera deffendu que plus n'en usent.

XLV. Item pour ce que en Normandie et en plusieurs aultres lieux sont plusieurs forests et boys, buissons en nostre fonds et domaine, esquels nous avons tiers et danger, gruyerie, et aultres droicts, et y pevent les maistres verdiers, gruyers, gardes ou maistres sergens de nos forests faire prinse et exploicts se malefaçon treuvent; et aussi sans licence et auctorité de nous ou de nos gens ordonnez sur le faict de nos forests n'en pevent les domeniers riens vendre : ordonné est que toutesfoys que prinses et exploicts y seront faicts de nos gens, ils seront tenus de les aporter au viconte ou recepveur royal du lieu, pour estre enregistrés devers luy; et par voye semblable

(1) B. 1598 clandestinement.
(2) B. 1598 homme.

seront les ventes raportées à celuy viconte ou recepveur pour en recepvoir le tiers et dangier, gruyerie ou aultre droict, et les rendre en compte ainsi que ordonné est. Dont lesdicts maistres verdiers, gruyers, gardes ou maistres sergens rendront autant par registre de tous leurs aultres exploicts.

XLVI. Item que se lesdicts domeniers veulent vendre lesdicts boys à tiers et dangier tenus de nous, comme communément ils ayent acoustumé de sçavoir quels pris ils en povent avoir, et combien ils ayent nécessité, ou s'ils veullent vendre, ils seront tenus de déclairer et bailler par escript aux maistres quel boys ils veullent vendre, quel pris, quelle quantité, les bournes, places et coustés, le temps de couppe et de vuidange, à ce que les maistres voyent le lieu et la gecte et en sachent respondre. Lesquels maistres seront chargés des lieux visiter et de y pourveoir à nostre prouffict et que nous ne soyons fraudés.

XLVII. Item et pour ce qu'au temps passé les maistres qui ont eu la charge et le gouvernement desdictes eaues et forests se sont entremis de tenir la jurisdiction de nostre héritaige et domaine en l'absence de nostre conseil et de nostre procureur ordinaire, dont par impérice ou aultre coulpe moult de dommaiges se sont ensuyz et pourroient encor ensuyr, les maistres doresnavant ne congnoistront d'aucunes questions qui touche propriété ne le droict de la chose, mais seront meues et déterminées devant les baillifs, prévosts royaulx des lieux en leurs assises ordinaires, nostre procureur et conseil appellés en ce qui est en Normandie, et de ce qui sera en aultre pais en parlement, et ce soit faict par le conseil desdicts maistres. Toutesfoys au cas que aucunes personnes nobles ou aultres, eulx disans avoir droict de usaige quel qu'il soyt en nos boys et forests, auroyent faict ou feroyent coupper, prendre, et emporter desdicts boys ou forests pour leur usaige, pour édiffier et ardoir, ou pour vendre, et mis ou faict mettre en iceulx lieux bestiaulx sans monstrer ausdicts maistres leurs tiltres ou priviléges sur ce, mesmement depuis que lesdictes forests ont esté et seront closes et deffendues; et aussi auroyent faict ou feroyent quelconques aultres dommaiges ou maléfices touchans lesdicts boys ou forests, iceulx maistres auront de telles causes la congnoissance, pugnition, et correction, mesmement de ce qui seroyt advenu depuis que lesdictes forests auroyent esté ou seroient closes, et qui ne touchera point la propriété de nostre héritaige, suposé ores que lesdictes personnes ou malfaicteurs dient ou veulent maintenir lesdicts usaiges, couppes de boys et aultres choses à eulx apartenir à cause de leurs héritaiges.

XLVIII. Item comme ès ordonnances faictes à Vernon sur le faict de nos eaues et forests comme dict est dessus feust et seroyt contenu que nul domenier de boys, où nous prenons tiers et dangier ou aultres droicts, ne puissent vendre de cesdicts boys sans en avoir congié de nous, se le marché ne monte si petit pris qu'il ne excède dix livres tournoys en pais de Tournoys et parisis en pais de Parisis, auquel cas de si petit pris, il souffiroit avoir congié desdicts maistres et au-dessus non, selon lesdictes ordonnances, nous voullons et nous plaist pour certaines et justes causes que lesdicts maistres le facent ainsi qu'il est accoustumé d'ancienneté.

XLIX. Item pour ce que lesdicts boys et buissons sont en divers lieux, et aucuns loingtains des forests royaulx, et en diverses vicontés, dont pour cause des prinses ou exploicts sur quoy aucunes questions naistroyent, et pourroyent les subjects estre travaillés de lieu en aultre :

ordonné est que en tel cas les vicontes, prévosts ou aultre juge royal en quel viconté ou prévosté la forest sera, ou son lieutenant, en ayt la congnoissance, et y prendra prouffict se il y est pour nous, et le rendra à nous; et audict viconte et recepveur seront ceulx qui feront lesdicts exploicts tenus de faire raport, mesmement que ainsi le faiton depuis l'an mil trois cens soixante. Toutesfoys nostre intention n'est pas que lesdicts maistres soyent pour ce exclus d'en congnoistre, mais en congnoistront sur les lieux, ou au moins en lieux convenables à tenir jurisdiction, au plus aysié des parties, et où elles pourront mieulx finer de conseil; et est très grant nécessité et besoing que ils pourvoyent à bonne diligence, car nous avons entendu que plusieurs tresfonciers qui ont boys à tiers et dangier dans nostre pays de Normandie, et lesquels en pevent prendre pour leur usaige pour édiffier et ardoir, et non plus, ont partie de leursdicts boys, fieffés, baillés à cens et à rentes, ou donnés à plusieurs leurs voisins, et vendus sans congié ou licence desdicts maistres, et sans ce que nous en ayons eu nostre droict; et ainsi sont les boys usés et exploicts en nostre très grant préjudice et dommaige.

L. Item les maistres des forests feront faire livrée ès forests ou nous donnons continuellement boys d'une quantité d'arpens, telle comme ils verront que bon sera à faire selon la quantité et estat de la forest où nos dons seront livrés. Et pour ce (que) les verdiers ou maistres sergens des forests font aucunes foys ou ont faict ou temps passé moult de fraudes esdicts dons, en délivrant aucuns boys de greigneur vallue qu'ils ne debvoyent, pour les grans dons et rémunérations qu'ils en avoyent, et aultres boys de moindre vallue que ils ne deussent, combien que nous feussions plus tenus pour moult de justes causes, à eulx que à aultres : ordonné est que quant les livrées seront faictes en la manière dessusdicte, ès lieux des forests où il sera advis aux maistres d'icelles que nostre moindre dommaige et des marchans des forests y pourra estre, lesdicts maistres, ou celuy d'eulx qui fera faire ladicte livrée par le regard des bonnes gens qui se recongnoissent en ce, regardera en icelle livrée, selon le numbre des arpens qui sera contenu, quantz arpens il y aura de greigneur pris, quantz de moyen et quantz de moindre. Et les fera layer et mesurer. Et ainsi les bailleront lesdicts maistres des forests, ou celuy d'eulx qui ladicte livrée fera faire, par compte de numbre, par pris, aux verdiers, et aux maistres sergens desdictes forests, où les aultres livrées seront faictes en la manière dessusdicte. Et seront tenus lesdicts verdiers ou sergens de rendre compte desdictes livrées chascun an, en leurs gardes, auxdicts maistres des forests, comment, et à qui, et par quel commandement, où il aura livré et despendu ladicte livrée, avant que aultre livrée nouvelle soit faicte en ladicte forest. Et seront tenus lesdicts maistres, et chascun par soy qui recepveront lesdicts comptes desdicts verdiers ou sergens, aporter ou bailler lesdicts comptes en la chambre des comptes à Paris. Et pour ce que les forests de Vernon, d'Andely, du Retrait (1), de la Haye, d'Arqueu, de Sainct-Germain en Laye, de Quernelle, de Hallate et de Ubasayes (2) sont si petites et si foullées qu'elles n'y pevent dons souffrir, il est ordonné que l'on n'y fera nuls dons.

LI. Item les verdiers ou maistres sergens des forests qui ores sont, seront tenus de jurer aux maistres des forests qu'ils ne souffriront que nuls de iceulx à qui nous

(1) B. du Traict.
(2) B. 1598 Vuasmes.

donnons boys, comme dict est, en puissent vendre, donner ne permuer aucune chose du boys qui luy sera donné, ne convertir que à tel usaige comme nous luy avons donné, si comme dessus est dict. Et si lesdicts verdiers, ou maistres sergens le souffrent à faire, ils seront à amende voluntaire et si perdront leurs services. Et quant il adviendra que nous donerons aucune verderie ou maistre sergenterie à aucuns sergens, iceluy jurera devant celluy qui rendra les lettres, en propre personne, que il tiendra les ordonnances devant dictes de poinct en poinct, en la manière et à la peine dessusdicte.

LII. Item est ordonné que si nous donnons boys à aucun, si comme dict est, et celluy à qui il sera donné ne le prent et liéve dedans l'an, sa lettre qu'il aura de don sera de nulle valleur, et nous demourera le boys.

LIII. Item ordonné est que les maistres des forests, qui ores sont et pour le temps advenir seront, feront jurer les marchans qui tiennent et tiendront les ventes des forests, que ils ne acheptent ne feront achepter de nully, quelconques boys qui soyt donné de nous. Et se aucunes gens l'acheptoyent, ils le feront tantost sçavoir aux maistres des forests. Et se ainsi est que ils ne le facent en la manière dessusdicte, ils seront en amende voulentaire.

LIIII. Item ordonné est que si nous donnons au temps advenir aucuns dons en nos forests, soit de usaiges ou aultres choses, à vie ou à propre héritaige, que ils n'en pourront faire aucune chose que en la forme et en la manière que il sera contenu en leurs lettres, et sur peine de perdre leurs usaiges, ou ils seront en amendes (1) condampnés.

LV. Item ordonné est que nulle beste ne yra en taillis jusques au temps que le boys se pourra deffendre des

(1) B. 1598 en amende volontaire.

bestes, pour ce que une beste qui ne vauldra pas soixante sols ou quatre livres y peult faire dommaige de cent livres ou de plus en une année.

LVI. Item ordonné est que chascun sergent sera creu par son serment des prinses qu'il fera, où il n'escherra que amende pécuniaire, car il convient que les sergens quièrent les malfaicteurs le plus coyement qu'ils pevent; et s'ils alloyent querre tesmoing, les malfaicteurs s'en pourroyent aller avant qu'ils revinssent, et ne pevent pas tousjours mener tesmoings pour tesmoigner leurs prinses; se ainsi n'est que il y ayt menasses entre le sergent et celuy qui sera prins, telles que les maistres des forests voyent que les sergens le facent pour grever celluy.

LVII. Item ordonné est que les sergens des forests ne respondront devant nul juge pour le cas des forests, se n'est devant les maistres des forests, les gruyers ou maistres sergens. Car se on les faisoyt semondre hors, en tant comme ils demoureroyent, pourroyt l'en dommaigier les forests en boys ou en bestes.

LVIII. Item aucuns verdiers, maistres sergens ou chastellains ne pourront doresenavant avoir lieutenans, si ce n'est pour recepvoir l'argent de leur recepte, ou de leurs faicts, qui sera à nous deu pour cause desdictes forests. Et se ils font le contraire lesdicts maistres les pourront pugnyr et oster, selon ce qu'ils verront qu'il sera à faire de raison. Excepté toutesfoys ceulx qui seront demourans en nos hostels et ceulx de nos enfans.

LIX. Item que lesdicts officiers qui sont en nosdicts hostels et ceulx de nos enfans seront tenus de respondre du faict de leurs lieutenans, se il y avait aucune mesprison, tout ainsi comme si eulx mesmes avoyent faict le meffaict en leurs propres personnes.

LX. Item les verdiers, chastellains et maistres sergens

seront tenus rendre compte de leurs faicts des forests deux fois l'an par devant lesdicts maistres : c'est assavoir en Normandie cinq sepmaines ou ung moys avant Pasques, et cinq sepmaines ou ung moys avant Sainct-Michel ; et aux aultres pais semblablement avant l'Ascension et avant la Toussaints. Et lesdicts maistres d'envoyer par devers les séneschaulx, recepveurs ou vicontes pour le temps que dessus dict est, les ventes nouvelles qu'ils auront faictes, les receptes, pasnaiges, herbaiges, et exploicts des forests ordinaires qu'ils ont acoustumé de rendre par comptes des séneschaulx ou baillifs, affin que avant les termes des comptes, les baillifs et recepveurs les puissent mettre en leurs comptes. Et seront lesdicts maistres aux comptes quant les baillifs et recepveurs rendront compte du faict des eaues et forests, affin qu'ils rendent bien tout ce qu'ils doibvent rendre.

LXI. Item que les dessusdicts maistres ne acomplissent ne délivrent aucun boys de don à héritaige, à vie, à voulenté, ne à une foys, se les lettres ne sont passées par la chambre des comptes.

LXII. Item pour ce que nous avons donné à aucunes personnes la chasse d'aucunes de nos forests pour chasser à toutes bestes, lesquelles personnes ont donné et donnent à aultres leursdictes chasse en icelles, ordonné est que nul n'y pourra chasser, se ceulx à qui elles sont données n'y sont, ou leurs gens, et que ce soyt pour eulx et en leurs noms.

LXIII. Item s'il advenoyt aucuns sergens institués oultre l'ordonnance des forests où ils seront establis, ou qu'ils prennent plus grans gaiges qu'ils ne souloyent avoir, ou qu'il y eust plus de sergens qu'il ne seroyt nécessité, nous voullons qu'ils soyent ostés et les gaiges ramenés aux gaiges anciens.

LXIIII. Item pour ce que nos marchans des forests ne soyent grevés, nous voullons que quant ils yront devant les clercs des baillifs, vicontes ou recepveurs, qu'ils ne payent pour lettre de quictance ou scédulle de chascun payement que douze deniers.

LXV. Item les principaulx marchans de nos forests pourront faire mener et charier leurs ventes de boys, sans en payer péage ne travers, par tout pais.

LXVI. Item combien que les marchans qui prennent les païssons et pasnaiges de nosdictes forests ayent accoustumé avoir toutes les forfaicteures et amendes qui eschéent pour ceste cause, nous voullons que doresenavant nous ayons la moytié, et ledict marchant l'aultre, affin que nul ne s'en puisse exempter doresenavant soubs umbre de ce.

LXVII. Item que aucun verdier, maistre sergent, ne aultre sergent de forest ne puissent marchander ès poincts ne ès mettes de leurs offices, ne en leurs gardes.

LXVIII. Item que aucuns baillifs, séneschaulx, recepveurs, prévosts, vicontes ou aultres officiers quelconques ne s'entremettent doresenavant du faict des forests, fleuves, rivières, ne garennes, ne de chose qui en despende, mais se aucune chose en ont commencé, qu'ils renvoyent la cause en l'estat qu'elle est par devers les maistres de nos forests commis au pais dont ils seront, pour en juger et déterminer selon ce que raison donnera.

LXIX. Item aucuns verdiers, chastellains ou maistres sergens des forests, ne pourront faire doresenavant aucune vente, si ce n'est du commandement desdicts maistres qui y sont ordonnés ès lieux là ou ils seront. Et n'auront congnoissance de cause fors les prinses qui seront faictes par eulx et par les sergens qui seront dessoubs eulx, jusques à la valleur de soixante sols seullement; et se aucun se veult doloir desdicts chastellains, verdiers, ou maistres sergens ou aultres simples sergens, du faict desdictes forests, il en pourra appeller devant les maistres desdicts lieux qui en feront raison. Et s'il advenoyt aucun cas qui semblast que l'amende montast plus de LX sols, et que lesdicts chastellains, verdiers ou maistres sergens ne voulissent avoir mis que à LX sols, les maistres desdicts lieux vindront pour enquerre et visiter s'ils pourront mettre icelles amendes au néant, et retauxer à plus grant somme pour nostre prouffict selon que le cas le requerra.

LXX. Item. les marchans des boys et forests se pourront bien faire paier de ce que leur sera deu à cause desdicts boys par lesdicts maistres ou par quelconques aultres justiciers que bon leur semblera, où seront lesdicts boys.

LXXI. Item pour ce que ou temps passé nos prédécesseurs roys de France et nous, avons eu et pourrons avoir le temps advenir plaisir à faire avantaige, à aucuns de nos serviteurs veneurs et archiers, officiers desdictes forests, ou aultres personnes aians mansions près d'icelles forests en lieux de petite essence, et de petits édifices, nous ou nosdicts prédécesseurs avons donné, ou pourrons donner ou temps advenir, pour icelles maisons, franchise de édiffier et ardoir des boys d'icelles forests, et leurs pasturaiges pour leurs bestes, et franc pasnaige pour leurs porcs ; lesquels donatoires, ou leurs hoirs, ou aucuns d'eulx ont vendu icelles maisons aux grans seigneurs et grans riches hommes de nostre royaulme avecques icelles droicteures ; lesquels seigneurs et riches hommes ont faict de grans et nobles édiffices en iceulx lieux qui anciennement et ou temps desdicts dons estoient de petite essence et de petit coustement à tenir ; et aussi ont mis et mettent chascun jour moult grans et excessifs nombres de bestiaulx en nosdictes forests, et se trouvent souvent esdicts lieux pour l'aysement du boys qui leur convient pour leur chauffage, dont ils prennent en trop plus grant quantité sans comparaison que ne peussent faire lesdicts donatoires ou leurs héritiers, se ils tenissent encores lesdictes maisons ; dont nosdictes forests ont esté, et pourroyent estre encores plus au temps advenir dommaigées et foullées, par le faict et occasion des transports ainsi faicts desdictes maisons et franchises, lesquels transports ne sont pas à souffrir pour les causes dessusdictes, et mesmement que lesdicts dons ne furent pas faicts en celle intention : ordonné est que ceulx à qui tels dons ont esté faicts ne les pourront doresenavant transporter en aultres personnes que en leurs hoirs, et au moins en personnes qui n'en peussent plus largement user que iceulx transporteurs fissent se ils les tenissent ; et voullons et ordonnons que ceulx à qui lesdicts transports seroyent faicts de dons jà faicts desdictes franchises, soyent contens de prendre boys pour édiffier et ardoir esdictes maisons en autelle quantité comme peussent faire lesdicts donatoires, eu regard à leur estat et à leurs édiffices ; et semblablement de bestiaulx mettre en nosdictes forests comme peussent faire lesdicts donatoires et leurs hoirs, et que aultrement ne soyt souffert à user par lesdicts maistres de nos eaues et forests doresenavant. Et en oultre avons ordonné et ordonnons que se nous avons faict ou faisons doresenavant aucuns dons de telles ou pareilles franchises à aucunes personnes, pour quelconque cause ne soubs quelque forme de langaige que ce soyt, que lesdicts dons soyent entendeus pour ceulx à qui nous avons faict lesdicts dons et pour leurs hoirs seullement, et que aultrement ne leur en soyt souffert user, et en tant comme touche les transports qui ont été faicts au temps passé desdictes franchises par lesdicts donatoires ou leurs hoirs, nous y aurons advis et délibération affin d'y pourveoir et en ordonner au plustost où nous pourrons bonnement.

LXXII. Item comme les fleuves et rivières grandes et petites de nostre royaulme, par malice et par engins pourpensés des pescheurs, soyent aujourd'huy comme sans fruict, et par eulx les poyssons soyent empeschés à croistre en leur droict estat, et soyent de nulle valleur quant ils sont prins par eulx, et ne prouffictent pas à en user en leurs mains, ainçois monstrent qu'ils sont plus chiers qu'il n'est acoustumé, laquelle chose se trouve en grant dommaige tant des riches comme des povres de nostre royaulme, et à nous apartient de nostre droict royal curer et penser du bon estat et commun prouffict de nostre royaulme, il nous plaist et voullons que lesdicts maistres de nosdictes forests et eaues prennent ou facent par leurs députés prendre garde saigement sur tous ceulx où ils trouveront tous les fillez ci-dessoubs nommés et déclairés, et iceulx facent brusler et ardoir, les pescheurs et aultres appellés pour veoir la vengeance, par manière que les pescheurs ne facent doresenavant tels engins. Et se aultres engins sont trouvés en l'hostel des pescheurs, ou avecques eulx, qu'ils soyent plus dommageables pourpensés ou à pourpenser par leur malice, qu'ils soient pugnys et ars comme les aultres devant dicts. Et ceulx qui en ouvreront, ou qui les feront, seront contrainets à payer à nous LX sols, ou aultre telle amende comme lesdicts maistres regarderont et verront apartenir selon les meffaits. Et les poyssons qui seront prins, forfaicts et regettés en l'eaue s'ils sont vifs; et se ils sont morts que ils soient donnés aux povres. Et pour ce que desdicts engins lesquels nous voullons estre quis et encherchez de jour et de nuit, les noms sont mescongneus de plusieurs, et en beaucoup de lieux, nous les avons cy faicts escripre et nommer. C'est assavoir le bas rabovoir (1), le ciffre garnis, valois, amandes, le puissovoir (2), la trouble à boys, la bourresche, la chace, le marchepié, le cliquet, le rouable, samiers, faisines, fagos, nasses pellées, jonchées, lignes du long à menus ameçons, et que l'en ne bate aux arches ne aux gros aux herbes, et que vraye à chasse ne queure, et que l'on n'y adjoingne bosset (3), espis ; desquels engins nous deffendons perpétuellement à pescher. Et aussi que on ne pesche de nuit de quelconques engins en deux moys : c'est assavoir de my mars jusques à my may, car les poyssons frayent en iceluy temps, et laissent leur fray ; et les pescheurs de nuit les chassent, et destruisent toute leur fraye. Et que nul ne soit si hardy de aller à fraye de dars, ne que il preigne guerdons ne dars durant le temps. Et partout l'en pourra pescher de tous bons engins, excepté ou temps dessusdict. Et tous aultres engins qui seront faicts, desquels ils pourront pescher, nous voulons estre faicts à nostre moulle à la largeur d'ung gros tournois chascune maille, et pourront estre faicts plus larges à prendre les gros poyssons ; et de la Sainct-Remy jusques à Pasques à la largeur d'ung parisis, et que nasses ne queurent par rivières que telles ne sont que on y puisse bouter les doys jusques au gros de la main ; et ne pourront prendre barbel, carpe, tansche, ne bresme, se chascun ne vault quatre deniers, le lussel s'il ne vault huict deniers, ne anguille se chascune ne vault ung denier, ne aultre poysson de Loire ne d'aultre rivière royal, se il n'a plain dour. Et que avecques ce y pere chief et queue du moins.

LXXIII. Item quant aux quideaulx, les chausses se-

(1) B. robovoir.

(2) B. 1598 le puisoir.

(3) B. bousset. B. 1598 boucel espès.

ront du moule d'ung parisis de plat, et y pourront adjoindre boussel d'osier, du moulle que entre deux verges l'en puisse partout bouter son petit doy tant comme l'ongle se porte. Et les faisines dont l'en peschera de la Sainct-Remy jusques à Pasques seront faictes du moulle d'ung gros tournois de plat; et de tous aultres fillez dont l'en peult pescher selon les ordonnances dessusdictes semblablement, sauf la trouble de fil aultre que celle à boys, dequoy en tous temps on pourra pescher, mais qu'elle soit du moulle d'ung parisis de plat, réservé le temps de fraye.

LXXIIII. Item des jonchez l'en pourra pescher en tous temps, excepté le temps de fraye. Et quant est aux chausses de quoy l'en peult pescher par les ordonnances, elles seront faictes telles que on y puisse bouter les quatre doys en passant les quatre premières joinctes sans force.

LXXV. Item les maistres des forests dessusdictes visiteront les estangs des lieux où ils seront ordonnés, et iceulx feront mettre en estat et peupler et mettre de lieu en aultre, et les feront pescher et vendre les poyssons en lieu et en temps et saison. Et les deniers des poyssons vendus délivreront et bailleront au viconte ou recepveur en quelle recepte lesdicts estangs seront assis.

LXXVI. Et nos présentes ordonnances voulons estre criées et publiées ès lieux solennels et acoustumés à faire cris, affin que aucuns n'en puissent avoir ne prétendre dès lors en avant aucune cause d'ignorance. Toutesfoys nostre intencion est que si ès ordonnances anciennes a aucuns articles qui soyent en ces présentes contenues et à quoy ne soit desrogué par icelles, que ce demeure en sa force et vertu, et que on en puisse user et s'en ayder deuement et raisonnablement quant le cas le requerroit.

Ordonnons et mandons à nostre très chier et amé cousin le conte de Tancarville, souverain maistre et général réformateur de nosdictes eaues et forests, à nos amés et féaulx gens de nos comptes et trésoriers à Paris, et aux maistres de nos eaues, boys et forests dessusdicts, et à tous nos aultres justiciers et officiers, ou à leurs lieutenans, et à chascun d'eulx, si comme à luy apartiendra, que nosdictes ordonnances tiennent, gardent et acomplissent, et facent tenir, garder et acomplir de point en point, selon leur forme et teneur, sans aucune chose faire ou souffrir estre faict au contraire. Et affin que ce soit chose ferme et estable, nous avons faict mettre nostre seel à ces présentes, sauf en aultres choses nostre droict, et l'autruy en toutes. Donné à Paris, au moys de septembre l'an de grâce mil quatre cens et deux et de nostre règne le XXIIe, par le roy en son conseil. J. de Sanctio (1).

Collation faictes aux ordonnances royaulx par la court de l'eschiquier. Chaligant.

Collation faicte à Bourges, en la chambre des comptes au moys de febvrier l'an mil quatre cens vingts et deux, à certain cayer de parchemin, colationné par maistre Miles Chaligant aux originaulx, si comme il est par luy certifié soubs son seigne manuel.

(1) Il faut lire probablement *de Sanctis*.

CHAPITRE VII.

DU SERMENT DES BAILLIFS.

Premièrement qu'ils feront et rendront droict à toutes personnes grans et petis, privés ou estrangiers sans acception de personne, garderont les us et coustumes des lieux.

Item qu'ils garderont les droicts royaulx et les droicts du roy entièrement, et ne amenuiseront le droict d'aultruy.

Item que par eulx ne par aultre ils ne prendront dons de quelque (1) personne, soit en or ou en argent, en meuble, en héritaige, bénéfices ou aultre chose, excepté choses ordonnées à boire et à manger. Et de ce prendront attrempement selon la condition de chascun, c'est assavoir en telle quantité qu'ils puissent estre despendus en icelluy mesme jour sans faire excès ne gast. Et ne pourront donner (2) bénéfice d'église ne d'aultres à leurs femmes ou leurs enfans, frères, seurs, nepveux, niepces, cousins, conseillers ou privés, ainçois les destourneront et empescheront à leur povoir. Et s'ils les ont receus, ils les contraindront à rendre si tost comme ils en seront advertis. Et ne pourront recevoir vin sinon en barils ou en pots sans fraulde.

Item que d'aucuns de leurs justiciables, ou d'aultres qui auront aucune cause devant eulx, ils ne recepveront par

(1) A. quelconque.

(2) B. procureront don ne benefices.

eulx ne par aultres aucun prest oultre la somme de cinquante livres tournois, lesquels ils rendront dedans deux moys après ce qu'ils les auront receus, supposé que le créancier les lui voulust (1) bien plus longuement croire (2), ne aultre prest ne pourront recevoir tant que celluy soit payé.

Item qu'ils ne donneront ne envoyeront à nul du conseil du roy, ne à leurs femmes ou enfans, ne à leurs privés, ne à ceulx qui seront envoyés de par le roy en leur jurisdiction pour enquérir de leurs meffaits, fors seullement viandes ou aultres choses ordonnées pour le boire et le mangier, desquelles ils ne pourront passer que une journée.

Item ils n'auront part aux vendages (3) des bailliages, ne des prévostés, ne d'aultres rentes appartenantes au roy.

Item qu'ils ne soustiendront en leurs erreurs les prévosts ne les aultres officiers qui seront trouvés estre torcionniers, ou exacteurs, ou soupsonneux (4) de usure, ou qui mainent déshonneste vie, ains corrigeront leurs excès en bonne justice.

Item qu'ils n'achèteront, ne feront acheter, par eulx ne par aultres, aucune chose en leur bailliage, tant comme durera leur dict office ou administration, ne semblablement en aultre par frauduleuse impression. Et s'ils font le contraire, la chose ainsi achetée sera appliquée au roy.

Item que durant l'administration de leurs dicts offices ils ne feront mariage de eulx ne leurs enfans, frères, seurs, niepces, cousins, cousines, ne ne les mettront en

(1) A.B. : voulsist.
(2) B. : acroire.
(3) B. : ès vendages.
(4) B. : suspeconneux.

religion en leur acquérant (1) bénéfice d'église, ou possession, si ce n'est par grâce du roy. Exceptés ceulx qui ont offices ou administrations ès lieux dont ils sont nés et ont prins leur nourriture, ou esquels lieux ils ont maison ou héritaige, lesquels en ce cas se pourront marier et mettre leurs parens et amis en religion, et acheter terres et possessions, mais qu'ils le facent sans maulvaise convoitise et sans fraulde, et que le droict du roy ne l'autruy ne soit blécé.

Item ils ne mettront ne tiendront aucun en prison pour debte, si ce n'est pour la debte du roy, si les personnes ne sont à ce obligées.

Item ils bailleront les fermes du roy à personne souffisante selon et ainsi qu'il est acoustumé de faire.

Aultres ordonnances faictes touchant les sermens desdicts baillifs et séneschaulx.

Premièrement que bien et loyaulment feront justice aux subjects de leurs bailliages et séneschaucées, tant au povre comme au riche, sans aucun déporter. Et garderont le droict du roy sans aultruy grever à tort, et garderont ses secrets. Et les causes abrègeront à leur povoir à moins de despens et dommaiges des subjects qu'ils pourront. Et là où ils sentiront le droict du roy estrange en manière qu'ils n'y puissent mettre bon adressement, ils le feront sçavoir sans délay au roy ou à son conseil.

Item ils demourront continuellement en leurs bailliages ou séneschaucées sans avoir lieutenant, sauf en cas de nécessité là où ils pourront aller en leurs besongnes, et ès besongnes de leurs amys, par l'espace d'ung mois ou

(1) B. : enquérant.

de cinq semaines en l'an au plus, non pas à une fois, mais par parties, et en ce cas auront ung seul lieutenant.

Item ils bailleront les prévostés à personnes saiges et convenables, bien congnoissans, non nobles et bien renommées qui bien saichent faire et garder justice, nonobstant que aucune personne qui seroit moins souffisante, ou noble, en vouldroit plus donner. Et celluy qui les achètera ne pourra nulluy acompaigner ocultement ne en appert, ains il y sera tout seul.

Item chascun baillif ou séneschal fera crier et sçavoir au commencement de chascune assise, se nul se veult douloir ou plaindre du prévost ou des sergens, et il leur fera droict sans délay.

Item et pour ce que le commun est grevé et mangé, à Paris et ailleurs, de la grande multitude des sergens, ils seront tous ostés, et appellera le baillif ou séneschal six preud'hommes des plus(1) convenables, plus saiges et mieulx renommés de la chastellenie, c'est assavoir deux nobles, deux d'église et deux bourgeois, et par leurs sermens et conseil, il mettra le moindre nombre des sergens qu'il pourra en bonne manière, et en ce nombre mettra des plus convenables sergens qu'il pourra, qui bien et loyaulment se seront portés. Et donnera chascun sergent bonne seureté de bien et loyaulment servir et sergenter. Et ne s'en partiront, la dicte seureté donnée, si ce n'est par leur gré, tant comme ils se pourront bien et loyaulment porter en leurs offices, ne aucuns aultres ne pourront sergenter ne avoir commission s'ils ne sont d'iceulx sergens. Desquels sergens ainsi establis et applégés le baillif ou séneschal, ou les six preud'hommes envoyeront

(1) B. : les plus.

les noms et les surnoms en la chambre des comptes, par lettres pendans (1) sur leurs seeaulx.

Et quant aucun d'iceulx sergens mourra, le baillif en y mettra ung aultre, appellés avecques lui six preud'hommes selon la manière dessusdicte, et le nom et surnom envoyeront le baillif et les six preud'hommes par leurs lettres ouvertes (2) en ladicte chambre des comptes, comme dit est.

Item tous les baillis et séneschaulx à la fin de leurs assises, avant qu'ils se partent, tauxeront toutes les amendes gagées, et soubs leurs seeaulx bailleront au recepveur de leur bailliage toutes les sentences sans nul délay, avecques tous leurs exploicts qu'ils auront faicts en leurs assises et dehors leurs assises.

Item ils jureront et feront jurer à leurs prévosts qu'ils tiendront secret tous les exploicts, forfaictures et aultres revenus de leurs bailliages ou séneschaucées, affin que nul ne les vienne impétrer ne demander.

Item ils viendront sans nulle excusation aux comptes de leurs bailliages ou séneschaucées, en leurs personnes, aux jours qui leur seront assignés par ung escript qui leur sera baillé, s'ils n'ont essoine de corps. Et à ces comptes respondront souffisamment de toutes les enquestes et commissions qui leur seront envoyées du roy, ou des gens de parlement, ou des comptes, tant des criminelles que des civiles.

Item apporteront par inventoire les forfaictures seelées de leurs seeaux, ou des seeaux de leurs preud'hommes qui sont appellés à faire chascun inventoire.

Item ils ne pourront marier eulx ne leurs enfans aux

(1) B. : *patentes*, c'est à-dire ouvertes.

(2) B. : patentes.

personnes de leurs bailliages ou séneschaucées, ne faire illec moines ou nonnains de leurs parens (1).

Item ils visiteront et feront visiter les œuvres qui seront baillées à faire, par le conseil de ceulx qui se congnoissent en tels ouvraiges, tant par le maistre des œuvres comme par aultres saiges, qui, en ce, bien et loyaulment tesmoingneront soubs leurs seeaulx.

Item ils ne recepveront riens pour leurs gaiges ne aultrement, fors par la main du recepveur de leurs bailliages ou séneschaucées.

Item ils ne prendront dons, ne pensions, ne robes, eulx ou leurs clers, ne leurs gens, fors que vin et viandes qui se pevent et doibvent (2) par raison user et consummer en peu de jours, ne ne prendront à gaige, ne aultrement, maisons, granges ou aultres revenus d'esglise ou d'aultres personnes en leurs bailliages ou séneschaucées. Et par plus d'ung jour ne feront ès maisons d'esglise séjour à une fois aux despens des esglises.

Item que les femmes veuves et orphelins ils garderont s'ils ont à faire (3) par devant eulx, soit en assise ou ailleurs, ils avanceront leur droict et les despescheront premiers, en la meilleure manière qu'ils pourront, avant tous les aultres.

Item en Normandie les baillis retiendront et feront retenir et entretenir par les recepveurs les hostels du roy, fours, molins, chasteaulx, forteresses et aultres édifices, sans superfluité et sans faire de nouvel édifices si ce n'estoit par espécial commandement du roy, et ainsi est-il commandé à tous recepveurs.

Item forfaictures et grosses amendes, quinze deniers,

(1) B. ajoute en note : *Non servatur hodie in hoc regno Franciæ.*

(2) A. : peuvent ou doibvent,

(3) A. : s'ils ont affaire.

rachats, morte-mains et tous gros faicts et adventures de toutes séneschaucées et bailliages seront envoiés par escript chascun an une fois en la chambre des comptes.

Item que à toutes les fermes qu'ils bailleront soient prévostés, péages ou aultres, et tous les aultres marchés du roy qu'ils feront, et dont ils prendront les pleiges, tant de bois comme d'aultre choses, ils mettront et signifieront aux acheteurs et à leurs pleiges, que pour perte qu'ils y facent, ne pour dommaige qu'ils y puissent avoir pour mutation de monnoie, pour stérilité de temps, pour ost, pour chevauchée, pour tempestes, orages, pour criées et deffenses généralles ou espéciales, ils ne pourront demander au roy ne à ses gens, pour ce, ne pour aultre cause quelque qu'elle soit, ne le roy ne leur fera, aucune restitution, rémission, don ou quictance, quelque qu'elle soit.

Item lesdicts recepveurs, chascun ès mettes de sa recepte, tous les marchés et fermes du roy qui baillées devoient (1) estre à ferme, ils vendront bien, deuement et loyaulment à bonnes gens et souffisans à ce, et les bailleront par (2) membre le plus particulièrement qu'ils pourront au prouffit du seigneur. Et s'ils baillent à ferme prévostés, clergies ou tabellionnages (3), ou semblables offices, ils ne les vendront ne bailleront fors à bonnes gens souffisans à ce. Et en telles fermes ne en aultres ne recepveront à enchière aucune personne de malle renommée, d'aucun reproche ou d'ung villain cas, et non souffisans de gouverner ledict office ou marché.

Item ils vendront et bailleront lesdictes fermes et marchés, toutes faveurs, familiarités et amitiés arrière mises,

(1) A. : doibvent.

(2) A. : pour.

(3) B. : clergiers ou tabellionaiges.

ès villes et lieux publicques et solempnels, et à certain jour publié et signifié par avant souffisamment.

Item chascun recepveur aura et pourra avoir deux sergens en sa recepte, et ou cas que de plus en auront mestier, il se aideront des sergens des baillis (1) qui seront tenus de obéir à eulx.

Item que les baillis ne s'entremettront point de vendre les marchés, non contractant (2) ce qui est contenu ès marchés qui baillés leur sont sur l'instruction de leurs offices. Mais les recepveurs les vendront, si comme dessus est dict, sauf toutesfois ce que bonnement ils pourront avoir les baillis quant ils vendront lesdicts marchés et (3) par leur conseil.

Item comme plusieurs personnes prennent et requièrent avoir plusieurs rentes sur aucuns de nos prévosts et de nos baillifs (4), par les mains des prévosts, sans les descompter ausdicts prévostz, et dont nulle mention n'est faicte ès escripts de nos receptes d'icelles baillies, nous voulons que de tels dons riens ne soit paié jusques à tant que les gens de nos comptes auront veu leurs priviléges. Et se aucuns en ont jouy indeuement, qu'ils les contraignent à ce que restitution nous en soit faicte en la manière qu'il appartiendra (5). Pour quoy nous te mandons estroictement et commettons que ces ordonnances tu faces lire et publier en tes pletz et assises, et ès lieux ou il sera à faire. Et cela fait, fais de par nous jurer en la présence de tous les recepveurs de ladicte baillie que tous les

(1) A.B. : de baillifs.
(2) A. : contraictant.
(3) *Et* manque dans A.B.
(4) B. : de nos prévosts et baillifs.
(5) A. : qu'il appartient.

poincts et ordonnances dessusdictes ils tiendront et garderont fermement, sans enfraindre, en la forme et manière que dessus est spécifié et devisé, et fais ce que dit est en telle manière que tu n'en puisses estre reprins d'aucun deffault ou négligence. Donné à Paris, le xxviime jour de may, l'an mil trois cens et vingt.

Item lesdicts recepveurs ne feront aucunes receptes qu'ils ne dient de qui et de quel lieu elles viendront, et en quelle monnoie, et pour quel pris, et à qui, et de quel commandement, et le jour ; et ès lettres qu'ils donneront des receptes qu'ils feront, sera contenu quelle monnoye leur aura esté délivrée et pour quel pris, et aussi des lettres qu'ils prendront des personnes ausquelles ils feront les livrances (1).

Item que tous (2) les prouffits des monnoies desdictes receptes par quelque manière qu'ils écherront ou lèveront, par quelque manière que ce soit, sur le serment qu'ils ont au roy, ils rendront au roy chascun an, en la recepte de leurs comptes ; et toutes faulces monnoies trouvées ou prinses en leurs receptes ou pouvoir, ils apporteront ou envoiront à Paris en la chambre des comptes.

Item qu'ils ne mettront riens en la despence (3) de leurs comptes qu'il ne soit passé par le conseil secret du roy ou (4) des gens des comptes, quant aux dons de héritaige à vie, à voulenté, et dons à une fois, et (5) aux trésoriers quant à bailler et paier deniers.

(1) A.B. : délivrances.
(2) B. : de tous les prouffits.
(3) A. : chambre.
(4) A. : et.
(5) *Et* manque dans A.

Item qu'ils ne mettront une mesme chose en compte deux foys ; et ce qu'il leur aura esté rayé en l'ung de leurs comptes ils ne mettront depuis en compte, s'ils ne ont mandement (1) ou commandement nouvel passé par les susdicts (2), sur peine de paier les amendes acoustumées.

(1) B. : aultre mandement.
(2) A.B. : dessusdicts.

CHAPITRE VIII.

QUE CEULX QUI APPELLERONT ET RENONCERONT À LEUR APPEL PAIERONT LX SOLS D'AMENDE.

Charles, par la grâce de Dieu roy de France, au prévost de Paris ou à son lieutenant, salut.

Comme par la relation de plusieurs personnes dignes de foy, il soit venu à nostre congnoissance que tant en vostre prévosté et par devant vous comme aussi par devant les aultres prévosts et juges séculiers (1) demourans en ladicte prévosté, desquels les appellations viennent tout droict et sans moyen en nostre court de parlement, plusieurs parties ou leurs procureurs qui plaident et demainent leurs causes par devant vous, ou par devant les aultres juges, se sont moult efforcés ou temps passé, et de jour en jour s'efforcent par voies illicites, et indirectement, de trouver fuites, délais et cavillacions desraisonnables ès causes qu'ils ont et demainent, et par espécial en appellant frivollement, et par après renoncent à leurdict appel dedans huyt jours comme permis leur est, souffert leur a esté le temps passé, soubs couleur et à l'intencion de l'utilité du bien publicque, laquelle chose ils ont convertie et tournée à tel abus et illusion de justice, et préjudice des parties appellées (2), et aucunesfois de chascune desdictes parties, et en si grant délaiement des

(1) B. : particuliers.

(2) B. : et appellez.

causes que à peine pevent elles estre menées à fin en la vie d'icelles parties, laquelle chose comme elle soit contre droict et toute raison, au grief, dommaige et préjudice de nos subjects et contre le bien de justice nous ne voulons plus souffrir, ne estre toléré sans compétant et convenable remède de justice, pourquoy nous, qui de tout nostre cueur désirons justice estre faicte entre nos subjects, et pourveoir à l'abbréviation des causes, et obvier aux frais (1), délais et inconvéniens dessusdicts, selon ce que droict et raison le veult, par grande et meure délibération de nostre conseil, pour l'évident prouffit et utilité publicque, avons ordonné et ordonnons par ces présentes, de nostre auctorité et puissance royal, que toutes les personnes qui appelleront de cy en avant, de vous ou d'aucuns des aultres dessusdicts prévosts et juges séculiers dont les appellations viennent sans moyen en nostre court de parlement, comme dit est, et renonceront à leur dict appel dedans huyt jours après ladicte appellation faicte, soient nobles ou aultres, de quelque estat ou condition qu'ils soient, pour chascune fois qu'ils seront appellans et renonceront audict appel, qu'ils chéent en l'amende de soixante sols parisis, laquelle amende ou peine nous voulons (2) tantost ce faict estre commise, levée et exigée par ceulx à qui il appartiendra, sur celluy ou ceulx qui ainsi appelleront et renonceront à leurdict appel, comme dit est, nos aultres ordonnances et constitutions faictes sur les causes d'appel demourans en leur force et vertu quant aux aultres choses.

Si vous mandons et estroictement enjoignons que tantost et sans délay ces lettres veues, vous faciez nostre

(1) B. : faictz.

(2) B. : voulons et ordonnons.

présente ordonnance et constitution lire et publier ès villes et lieux notables de toute vostre prévosté acoustumés à ce faire, et icelles ordonnances d'icy en avant tenir et garder entièrement, par tous les subjects d'icelle prévosté, de quelque estat et condition qu'ils soyent. Et tant en faictes que vous ne puissez estre reprins d'aucune négligence ou deffault.

Donné à Paris, le xviiime jour (1) de novembre, l'an mil trois cens soixante-cinq, par le roy à la relation du conseil (2).

(1) B. : seizième jour.

(2) *Par le roy*, etc., manque dans A.B.

CHAPITRE IX.

DE LA DEFFENCE DU JEU DES DÉS, ET DU COMMANDEMENT DU JEU DE L'ARBALESTRE.

Charles, par la grâce de Dieu roy de France, etc. Au prévost de Paris ou à son lieutenant, salut. Sçavoir faisons que nous, désirans de nostre cueur le bon estat, seureté et deffence de nostre royaulme, de la chose publicque, et de tous nos subjects d'icelluy, voulans obvier à tous inconvéniens, et à tousjours induire et gouverner nos bons subjects en ce qui leur peult estre agréable et prouffitable, avons deffendu et deffendons par ces présentes tous jeus de dés, de tables, de paulme, de quilles, de pallet, de boulles, de billes et de tous aultres tels jeux qui ne chéent à exercer ne habiliter nosdicts subjects à faire et user d'armes à la deffense de nostredict royaulme, sur peine de quarante sols (1) parisis à applicquer à nous de chascune et pour chascune fois qu'ils y encherront.

Et voulons et ordonnons que nosdicts subjects apprennent et entendent à apprendre les jeus et esbatemens à leur exercer et habituer en faict de traict d'arc ou d'arbalestre ès beaulx lieux et places convenables à ce faire, et ès villes et terrouers. Et qu'ils facent et exposent des dons aux mieulx trayans, et leurs festes et joyes ainsi qu'il leur semblera.

Si donnons en mandement à tous séneschaulx, vi-

(1) A.B. : LX.

contes, baillis, prévosts et aultres officiers de nostredict royaulme, et à chascun d'eulx si comme à luy appartiendra, que nostredicte ordonnance ils facent tenir et garder sans enfraindre, et mettre à exécution de point en point selon sa forme et teneur, sur peine de encourir nostre indignation et de punir les refusans et négligens de telles peines que ce soit exemple aux aultres.

En tesmoing de ce nous avons faict mettre nostre seel à ces présentes.

Donné en nostre hostel de Saint-Pol près Paris, le troisiesme jour d'avril, l'an mil CCCLXIX, et de nostre règne le quint (1).

Et combien que autresfois vous ayons mandé que nostredicte deffense et ordonnance vous faciez cryer et publier solempnellement ès lieux acoustumés en la ville de Paris et de la prévosté d'icelle, et les feissiez tenir et garder sans enfraindre, toutesfois nous avons entendu que plusieurs laics les ont enfrainctes et enfraignent de jour en jour, dont il nous desplaist moult et non sans cause, s'il est ainsi ; pourquoy nous vous mandons et enjoignons estroictement que icelles deffenses et ordonnances facés de rechief crier et publier solennellement ès lieux, et par la manière dessusdicte, et icelles faictes tenir et garder sans enfraindre en aucune manière, et lesdicts quarante sols (2) parisis lever hastivement et sans déport sur tous ceulx qui ont faict ou feront le contraire, pour toutes les fois qu'ils y escherront, desquels quarante sols (3) nous voulons la quarte partie estre baillée aux sergens qui trouveront et prendront les transgresseurs toutesfois que le cas y escherra. De ce faire soyez soigneux et diligens

(1) A. : cinquiesme.
(2) A. : LX.
(3) A. : LX.

en façon qu'il n'y ait faulte: car il nous en desplairoit et vous en ferions griefvement punir.

Donné à Paris, le XXIIIme jour de may, l'an mil trois cens soixante-neuf, et de nostre règne le sixiesme. Ainsi signé par le roy à la relation du conseil, J. de Luz. Publié à Paris, le XXIVme jour du mois de may, l'an mil trois cens LXIX.

CHAPITRE X.

DU VILLAIN SERMENT.

Philippe, par la grâce de Dieu roy de France, au prévost de Paris, salut. Pour ce que piéça il est venu à nostre congnoissance que plusieurs de nostre royaulme et aultres conversans et habitans en iceluy, non ayans Dieu devant eulx, mais esmeus de mauvais couraige, et comme mescongnoissans leur créateur et ses œuvres, ont dit par plusieurs fois, et dient chascun jour plusieurs parolles injurieuses et blasphèmes contre (1) Dieu nostre créateur, et de la glorieuse vierge Marie, sa mère, et de tous saincts et sainctes, et jurent villain (2) serment en très grant (3) desplaisance de nous; aussi doit-il estre de tous bons chrestiens. Et combien que plusieurs foys nous vous ayons mandé et commandé moult estroictement que punition fut faicte de tous tels maulvais chrestiens ainsi mescongnoissant nostredict créateur, et en ceste matière vous ayés esté remis et négligent, et encores estes, de ladicte punition faire, dont nous vous reprenons de négligence, nous, qui de tout nostre cueur désirons que griefve punition et vengeance soit faicte de tous ceux qui ainsi font, voulons ladicte punition estre faicte en telle manière : c'est assavoir que celuy ou celle qui de Dieu ou de la vierge Marie dira mal ou jurera le villain serment sera

(1) A.B. : blasphèmes de Dieu.
(2) B. : jurent de villain.
(3) A. : très-grande.

mis pour la première fois qui (1) lui adviendra au pillori, et y demourra depuis l'heure de prime jusques à heure de nonne, et luy pourra l'on getter aux yeulx boues ou aultres ordures, sans pierres ou chose qui le blessent, et après ce demourra ung mois tout entier au pain et à l'eaue sans aultre chose.

Et pour la seconde fois, si par adventure lui advenait qu'il rencheust (2), nous voulons qu'il soit mis oudict pillori à jour de marché solemnel, et que l'on luy fende la lèvre de dessus avecques (3) ung fer chault si que les dens luy apperent (4). Et pour la tierce fois la lèvre de dessoubs (5). Et pour la quatrième fois tout la banlèvre. Et si par male eschéance (6) il lui arrivait la quinte fois, nous voulons et avons ordonné et ordonnons que si aucuns oyent dire lesdictes mauvaises parolles, et il ne le venoit (7) dire incontinent à justice, que l'en puisse lever l'amende sur luy de la somme de LX sols parisis, et s'il estoit si povre qu'il ne la peult paier pécunièrement, qu'il demeure en prison au pain et à l'eaue jusques à tant qu'il ait souffert pénitence en ladicte prison qui doive satisfaire à la valeur de ladicte amende.

Si vous mandons et enjoignons estroictement que nostre présente ordonnance vous facez crier et publier notoirement et solennellement par tous les lieux ou l'en a acoustumé de faire cris (8) en vostre prévosté et ressort.

(1) B. : qu'il.

(2) A. : qu'il y rencheust.

(3) A. : atout.

(4) A. : appercent. — B. : apparecent.

(5) B. : et pour la tierce fois tout le banlevre. Et si par male eschéance il luy advenoit la quinte fois, nous voulons et avons, etc.

(6) A. : meschéance.

(7) A. met tout au pluriel.

(8) A. : crier.

Et que aucun ne soit si hardy après ledict cry de dire ou proférer les mauvaises parolles dessus dictes ou aucunes d'icelles, et que chascun, incontinent qu'il les aura oies dire et jurer, il les révèle à justice sur les peines dessus devisées. Et tous ceulx qui après ledict cry seront trouvés faisant le contraire soient punis sans déport, et toute faveur ostée, par la manière cy-dessus déclairée. Et avecques ce le faictes assavoir à tous les haults justiciers de vostre prévosté, affin que ainsi le facent crier et publier en leurs jurisdictions, sachant que si deffault y a par vous, ne par eulx aussi, nous en prendrons telle vengeance que les aultres y prendront exemple. Si gardez qu'il n'y ait faulte.

Donné à l'hospital de Elsi (1), soubs nostre grant seel, le XXIIme jour de février, l'an mil trois cens XLVII.

Nota que ung homme disoit une fois que jurer le sanglant corps de Dieu n'est mie parolle ou il chée peine, pour ce que Nostre Seigneur sua sang, et fut sanglant en l'arbre de la croix, ne aussi la sanglante teste de Dieu, mais le sanglant poitron de Dieu. Et pour ce que celuy qui ce disoit estoit homme marchant et honneste, et de bon nom, il amenda et fut délivré parmy cent livres d'amende. Jugé par le prévost dont il appella en parlement où il fut dict bien appellé et mal jugé, mais toutesfois il donneroit XL livres à l'œuvre Nostre-Dame de Boulongne, et ce fut pour acomplir ce qu'il avoit amendé, car s'il n'eust point amendé, je croy qu'il n'eust riens paié.

Jehan Chevallon jura pareillement, et pour ce qu'il estoit renommé de jurer fort et asprement, il fut pillorié; ainsi est-il à mettre différence entre les personnes.

(1) A. : Esli.

Item du temps de messire Jehan Barnier furent prins certains preneurs de coullons qui estoient acoustumés de ce faire, et furent pilloriés, les coullons en leurs testes. Les religieux du val Nostre-Dame en poursuivirent d'aultres qui avoient prins leurs coullons à la glu, et à l'abruvoir ou à la mare, il me semble qu'ils furent absoubs par Chastellet ; ainsi est à considérer la renommée des personnes.

CHAPITRE XI.

DE LA CONGNOISSANCE DU SEEL DU CHASTELLET.

Charles, par la grâce de Dieu roy de France, au prévost de Paris ou à son lieutenant, salut. Comme de nostre droict, et de si grant ancienneté qu'il n'est mémoire du contraire, la congnoissance du seel de nostre Chastellet de Paris et des oppositions faictes contre les exécutions qui sont requises et faictes par vertu des lettres seelées dudict seel, et que toutes les dépendances à cause de ton office te appartiennent pour nous et non aultre; et nous ayons entendu que plusieurs de nos officiers et justiciers, et aultres officiers subjects (1) d'aucun de nostre lignage, et aultres seigneurs haults justiciers de nostre royaulme, esquelles jurisdictions aucunes exécutions ont esté requises et faictes par vertu dudict seel, lesquelles te ont esté refusées, et refusent à toy envoier ladicte congnoissance, à t'en rescripre quant ils en ont esté requis; et oultre s'efforcent et veulent efforcer de congnoistre desdictes oppositions, et de tenir sur ce les parties en procès par devant eulx, qui est au grant préjudice de nostre droict de la jurisdiction de la court de nostredict Chastellet, laquelle chose nous ne voulons souffrir; pour ce est-il que nous, qui voulons la congnoissance dudict seel et des appartenans d'iceluy appartenir à toy et à tes successeurs pour nous, et non à aultre, si comme il est de raison (2), te mandons et commettons par ces présentes

(1) B. : officiers et subjectz.

(2) A.B. : en celte partie.

que tous nos officiers et aultres justiciers des subjects de nostre royaulme (1), quels qu'ils soient, de nostre lignage ou aultres, qui te auront refusé ou refuseront doresenavant à renvoier la congnoissance desdictes oppositions dudict seel, et des appartenans d'iceluy, et qui auront esté ou seront en demeure, ou refusans de t'en escripre, si comme il est acoustumé, tu contraignes, ou faces contraindre vigoureusement à ce faire, sans faveur et déport, et à nous en faire amende convenable, appellé à ce nostre procureur, et les en punir par telle manière que nostre droict y soit gardé, et que ce soit exemple à tous aultres.

Si mandons, et commandons, et enjoignons estroictement par ces présentes à tous les justiciers et subjects de nostre royaulme, que à toy et à tes députés en ce faisant soit obéy diligemment.

Donné à Paris, le VIIIme jour de febvrier, l'an mil trois cens soixante-sept, et de nostre règne le quatriesme.

Nota que tous juges en pevent tenir la congnoissance et de l'opposition et exécution, se les parties procèdent devant eulx de leur voulenté, et jusques à ce que renvoy en soit requis, et pevent eulx mesmes mettre les obligations à exécution sans commission (2) du Chastellet, et ainsi le tient l'on, et ce est contenu ès ordonnances cy-devant escriptes.

(1) A.B. : que tous nos justiciers, et aultres officiers justiciers de nostre royaulme.

(2) B. : rémission.

CHAPITRE XII.

DES BORDEAULX.

Monsieur sainct Loys, jadis roy de France, entre plusieurs establissemens et constitutions qu'il fist, il ordonna que les ribauldes communes fussent boutées hors des bonnes villes par les justiciers des lieux, et si, depuis les prohibitions à elles faictes, elles estoient si hardies de retorner, qu'elles fussent prinses par lesdicts justiciers, et dépouillées jusques à la cotte ou pelicon. Et si aucun leur louoit maison, que le locateur fut tenu de paier à la justice du lieu pour ce, en nom d'amende, autant que le louaige de sa maison monteroit pour ung an (1).

(1) B. : Monsieur sainct Loys ordonna et fit édifier près le Ponceau, rue Sainct-Denys, ung lieu ou se retiroient povres filles publicques qui se vouloient de leurs péchés lubricques retraire, et les appela *Filles de Dieu*; et maintenant on n'y reçoit que bonnes filles, et sont bien rentées et ne sortent point du monastère.

CHAPITRE XIII.

DE LA GEOLLE DU CHASTELLET DE PARIS (1).

Se ung conte ou une contesse est mis en prison, chascun doit pour son geollage d'entrée et d'issue, 10 livres.

Item ung chevalier banneret ou une dame bannerette pour geollage d'entrée et d'issue, 20 sols parisis.

Item ung simple chevalier, ou simple dame, pour ce mesme doibvent chascun 5 sols.

Item ung escuier, ou damoiselle, et ung lombard ou lombarde, pour ce mesme, 12 deniers.

Item ung juif ou une juifve, pour ce mesme, 2 sols.

Item toute aultre personne doit pour ladicte cause 8 deniers.

Item chascun prisonnier qui gerra en hault près son hoste, c'est assavoir au ré-de-chaussée, ou au-dessus, payera, pour chascune nuict, 2 deniers pour place et 4 deniers pour le lict, s'il gist au lict du geollier. Mais s'il veult faire venir ung lict de sa maison, faire le pourra et ne payera que la place.

Item si le prisonnier veult gesir sur feurre ou sur natte, il ne payera que 2 deniers pour chascune nuict.

Item si ung prisonnier est mis en fosse, ou aultre basse prison, il payera pour place chascune nuict 1 denier. Et s'il veult avoir lict il le pourra avoir pour la manière que dessus.

(1) Ce chapitre manque dans A.B.; mais dans B. 1536 et 1537 il y a un chapitre beaucoup plus étendu sur ce sujet, *sup.*, p. 66.

Item le clerc du geollier aura pour chascun registre de chascun prisonnier 4 deniers, et pour chascun rabat 2 deniers.

Item le geollier est tenu de bailler aux prisonniers tout ce qu'on leur apporte, mais qu'il le visite premièrement qu'il n'y ait rien préjudiciable.

Item le geollier est tenu de quérir aux prisonniers criminels, et aultres qui n'ont de quoy vivre, pain et eaue, excepté aux prisonniers qui y sont pour debtes, auxquels les créanciers sont tenus de payer leurs despens au regard et arbitrage du juge.

Item le geollier pourra retenir les prisonniers pour le geollage et pour ses despens, en cas toutesfois qu'ils ne seront si povres qu'ils n'eussent de quoy payer, auquel cas lesdicts geolliers seroient tenus de les mettre dehors, en prenant d'eux obligations ou condemnations.

CHAPITRE XIV.

ORDONNANCES SUR LES SERMENS QUE LES ADVOCATS ET PROCUREURS DOIBVENT FAIRE (1).

Les advocats jureront que bien et loyaulment l'office de advocacerie ils exerceront.

Item que de nulle cause qui ne leur semble estre juste, et telle qu'elle se puisse de raison soustenir, ils ne se chargeront.

Item que en quelque partie de l'instance, si la cause ou matière leur semble estre injuste et contre raison, tantost ils s'en déchargeront.

Item que si ès causes dont ils seront chargés ils voient le prouffit du roy, et la court n'en est advisée, qu'ils l'en adviseront.

Item que nuls faicts ou coustumes qu'ils ne cuident estre vrayes, ils ne allégueront ne proposeront.

Item que nulles lettres inutiles, iniques, et contre le stil de la court, ils ne conseilleront à impétrer, ne impétreront.

Item que nuls articles impertinens en leur escript ils ne escripront.

Item que les causes desquelles ils seront chargés, le plustost qu'ils pourront les délivreront (2).

Item que nuls subterfuges ou délations frivolles malicieusement ne pourchasseront.

(1) B. : ADVOCATS ET PROCUREURS DU CHASTELLET DE PARIS.

(2) Manque dans A.B.

Item que selon la qualité et (1) quantité de la cause et condition de la personne, de leurs salaires modérément se payeront.

Item que de *quota parte litis* avecque leurs cliens point ne pacifieront, ne paction feront.

Item la court pour l'honnesteté du siége et de l'office d'advocacerie enjoinct aux advocats que sans faire le serment ils ne plaident, sur peine d'encourir l'indignation d'icelle.

Item qu'ils viennent le plus matin qu'ils pourront.

Item que l'audience n'empescheront.

Item que tous advocats en leurs lieux paisiblement sans aller et venir se séent (2).

Item que si en une cause y a plusieurs advocats, l'ung tant seullement la plaidoira, et les aultres se tairont.

Item que nul ne patrocine en la court du Chastellet s'il n'est juré du Chastellet (3), ou en court souveraine.

Item que nul ne face appeller à son audience s'il n'est du conseil de la cause, ou pensionaire d'icelluy qui la poursuit.

Item qu'ils ne feront aucunes collations au parquet dudict Chastellet.

Item qu'ils diront leur opinion au juge de ce qu'il leur demandera.

Item que quant l'ung dira son opinion au juge d'aucune chose, les aultres, sans empescher son propos, l'escouteront, et honneur et révérence au siége et au juge, tant en parlant (4) comme aultrement, porteront.

(1) A. : ou.

(2) B. : se syent.

(3) B. : juré de Chastellet.

(4) A. : au parlement.

Item les procureurs de la court dudict Chastellet jureront les articles qui s'ensuivent :

Item que l'office de procureur loyaulment et diligemment exerceront.

Item que de cause injuste ou maulvaise telle qu'elle ne se puisse soustenir par raison, nullement ne se chargeront.

Item que en quelque partie de l'instance du procès, ladicte cause leur semble estre maulvaise, ou contre raison, ils s'en desmettront.

Item que si ès causes dont ils seront chargés ils voient le prouffit du roy, et la court n'en est advisée, ils l'en adviseront.

Item que nuls faicts ou coustumes qu'ils ne cuydent estre vrayes, ils ne feront proposer, ne proposeront.

Item que nulles lettres iniques, ou contre raison, ou contre le stil dudict Chastellet, ils ne feront impétrer, ne impétreront.

Item que les causes dont ils seront chargés, le plus tost qu'ils pourront délivreront.

Item que nuls subterfuges, ou délations malicieusement ès causes dont ils se mesleront ne pourchasseront.

Item que nulles collacions au parquet dudict Chastellet ils ne feront.

Item que selon la qualité et (1) quantité de la cause et condition des personnes, de leurs salaires modérément se payeront.

Item que de *quota parte litis* avecques leurs cliens point ne pacifieront, ou paction feront.

Item qu'en fraulde du salaire des advocats demenans la cause jusques en diffinitive (2) point ne marchanderont.

(1) A. : ou.

(2) A. : a diffinitive.

Item la court pour l'honneur du siége et de l'office enjoint aux procureurs que sans faire serment de procureur ils n'entreprennent faict de procureur, sur peine d'encourir l'indignation d'icelle.

Item qu'ils viennent le plus matin qu'ils pourront.

Item que celluy à qui l'audience sera donnée n'empescheront en riens.

Item qu'ils se sient en leurs lieux paisiblement, sans aller et venir, et sans empescher le siége.

Item qu'ils demoureront au parquet tant comme le juge sera au siége.

Explicit prima pars hujus utilissimi tractatus primi libri (1).

(1) A.B. : Cy finist la première partie de ce présent livre. — B. 1536 : Fin du premier livre.

LIVRE II.

CHAPITRE I.

DE JUSTICE.

Justice (1) est volunté ferme et pardurable qui rend à chascun sa droicture, et qui selon droict a congnoissance des choses divines et des humaines, du droict et du tort (2).

Les commandemens de droict sont tels : Honnestement vivre, soy garder de grever autruy à tort, et rendre à ung chascun sa droicture. *Jura autem vigilantibus et non dormientibus subveniunt.*

Et jà soit ce que par les docteurs nous soient distinguées toutes manières de droict, toutesfois pour parler du commencement nous usons de droict naturel tant seullement, et de droict escript, et de droict non escript.

(1) B. : Cy commence le second livre et premièrement que c'est de justice.

(2) La très-ancienne coutume de Senlis, qui copie le *Grand coutumier*, rédige ainsi ce premier paragraphe : Justice est volonté ferme et pardurable qui rend à chacun sa droiture ; jurisprudence est congnoissance des choses divines et des humaines, et science de droict et de tort.

CHAPITRE II.

DE DROICT.

Droict naturel est celluy que la nature a mis et enseigné en (1) toute créature humaine, duquel droict toutes bestes, oiseaulx et poissons naissans tant en l'air, en la terre, comme en la mer, ont le sens et l'industrie, si comme nous pouvons en eulx appercevoir par l'oppération de la conjonction du masle et de la femelle, que nous appellons en nous par la célébration de l'église : MARIAGE, duquel l'engendrement et nourrissement des enfans vient; qui par vertu d'icelluy droict souloient franchement user de tout ce qu'il leur plaisoit, mais qu'ils n'y feissent force; mais maintenant ce droict est petitement gardé, car servitude qui contre luy fut establye luy a sa vertu substraicte, de quoy sont venues les chetivoisons, comme achets, ventes, louaiges, et autres plusieurs servaiges.

Droict escript est ce qui est baillé par escript, comme les loix et les status ou establissemens qui sont baillés au peuple, et sont les loix appellées *droict civil*, et les décrétales sont appellées *droict canon*.

Droict non escript est ce que long usaige a confermé, ou les longues coustumes qui sont confermées par l'assentement de ceulx qui en usent, et sont tenues comme droict. Et ès pays coustumiers les coustumes qui sont contraires au droict escript passent (2) et destruissent le droict, et

(1) A. : à.
(2) A.B. : gastent.

sont appellées *haineux de droict*, et quant la coustume s'acorde au droit escript, l'en le dit *droict commun* (1).

(1) L'édition de 1516 (A.) donne plus loin la rédaction suivante, mise par erreur à la suite de la définition de style : Et de tels droicts y a aucuns consonnans que le droict non escript s'accorde proprement au droict escript, et lors est appelé droict commun. Et ès cas ou le droict coustumier est proprement contraire au droict escript, sont appelés *haineux de droit*, comme seroit cas de retraict et moult d'aultres.

CHAPITRE III.

DE COUSTUME.

Coustume est ung raisonnable establissement non escript, nécessaire et profitable pour aucun humain besoing, et pour le commun proffit mis au pais, et par le prince gardé, et approuvé notoirement par le cours de XL ans.

Et est assavoir que qui propose coustume il la peult proposer privée (1) ou notoire ; la notoire chet en discrétion du juge (2) et la privée (3) se veult prouver en turbe par dix hommes dignes de foy qui l'aient aultresfois en cas pareil et entre personnes pareilles veu juger, et qui ne la prouve il n'en emporte aucun proffit (4).

Us et usaige est une chose fréquentée d'ancienneté. *Et est duplex, scilicet communis et specialis. Communis est observantia a populo seu communitate observata. Specialis vero a singulari persona, vel singulari loco, ut vendere panem in hallis parisius dicitur usus communis. Sed Stephanum legere, dicitur usus specialis. Ita similiter observantia communis est usus communitatis usitatus. Sed observantia*

(1) B. : prouvée.

(2) A.B. : de juge.

(3) B. : prouvée.

(4) B. 1536 : Nota que il ne faut prouver coustumes qui sont rédigées par escript, mais en faire extrait.

specialis dicitur a singulari persona, vel in singulari loco fieri.

Stil est usaige *in curia vel curiis regulariter observatus, circa modum et ordinem procedendi in litibus et dependentiis earumdem, et secundum stilum pars contumax die assignata sibi ad probandum primo amittit causam.*

CHAPITRE IV.

DE LA DIVISION DES CHOSES.

Aucunes choses sont qui sont communes : c'est assavoir l'air, l'eaue des grans fleuves et la mer (1). Aucunes universelles, comme les rivières, les champs (2), les chemins, et les places communes.

Aucunes choses sont qui sont publicques, comme le port et le fleuve.

Aucunes choses sont qui ne sont à aucun, comme les choses des églises qui ne doibvent estre vendues, *nisi pro redemptione captivorum*.

(1) A.B. : et de la mer.

(2) Un Ms. cité par Charondas ajoute *de commune*.

CHAPITRE V.

DES CHOSES CORPORELLES ET INCORPORELLES.

Les corporelles sont celles que l'en peult toucher et tenir, comme terre, champs, vignes, prés, maisons, robe ou argent, biens utensiles de maisons, et aultres choses qui toutes ne peuvent pas estre nombrées *quia omne illud dicitur esse corporale quod est palpabile.*

Les choses incorporelles sont servitudes imposées sur choses corporelles, comme cens, redevances (1) et aultres debvoirs, comme usufruict, rentes, usaiges, et en celles choses n'a pas vraie saisine, ou possession.

Et de la division des choses corporelles et incorporelles, en tant comme il touche les immeubles, vous trouverez plus à plain au traictié des successions qui est cy après.

Tel a droit à la chose qui ne l'a pas en la chose, et pour ce dit on : *jus ad rem et jus in re. Jus ad rem* est usufruict comme douaire, rente *et talia ; jus in re* est avoir la propriété d'icelle chose.

(1) B. : comme cens et redevances.

CHAPITRE VI.

DE SERVITUDE.

Servitude procède par trois manières, car servitude si est(1) ou de personne à personne, ou de chose à la personne, ou de la chose à la chose.

De personne à personne, comme les unes personnes sont de serve condition, et de servitude subjectes à leurs seigneurs.

De la chose à la personne, comme les choses qui doibvent cens, rentes, revenues, usufruict, et semblables, sont serves à la personne.

De la chose à la chose comme les servitudes des esgous, glacouers (2) *rusticorum prædiorum et urbanorum*, là où aucunes choses sont serves aux autres.

(1) A.B. : c'est assavoir.
(2) A.B. : esviers.

CHAPITRE VII.

DE CAUCION.

Ils sont trois manières de caucions : c'est assavoir caucion pignoratoire, caucion bourgeoise, et caucion juratoire.

CHAPITRE VIII.

DE PRESCRIPTION (1).

Prescription et usucapion n'est autre chose que de longueur de temps en héritage (2). Et est assavoir que l'en

(1) A.B. : De usucapion et prescription.

(2) A.B. rédigent ainsi tout le chapitre :

Usucapion et prescription ne sont autres choses fors justes saisines continuées par longtemps.

Usucapion est dicte en meuble à trois ans, ce qui est dict en héritaige prescription à dix ans.

Mais en l'ung et en l'aultre, il convient avoir juste tiltre de bonne foy et continuation. Car possession de malle foy ne *usucapit* ne prescrit nul temps *propter vicium malæ fidei* qui luy toult, *et hoc vult Justinianus*, Inst. *De usucap.* : unde versus

Non usucapies nisi sint tibi talia quinque
Bona fides, justus titulus, res (non) viciosa,
Quod res tradatur et tempus continuetur,
Horum si quid abest solet usucapere nullus.

Nota quod si *interruptio probetur, prescriptio non tenebit*, c. *illud*, Extra, *De probat.*

Et fault entendre que là où il dit *bona fides* qu'il entend que le possesseur croye avoir la chose par la main du vray seigneur, et alors a l'en présumption de bonne foy, qui ne prouve le contraire, *scilicet scientiam*; et *justus titulus*, il entend dire juste tiltre et vray. Car jaçoit ce qu'il ne soit mye légitime, si donne il couleur et achoison de prescrire, voire *etiam si sit erroneus dat causam prescribendi secund. canones*; et qui a tel tiltre il est assez réputé possesseur de bonne foy et acquiert prescription par continuelle possession de dix ans entre présens et non privilégiés, et vingt ans entre absens, et à ces deux convient avoir tiltre. Et à trente ans *possessio continuata est sine titulo*. Et ainsi en use l'en par coustume en la prevosté et vicomté de Paris, comme tout ce appert

dit prescription ès choses immeubles ce que l'en dit en meubles usucapion. Qui a juste tiltre et est possesseur de bonne foy d'aucun héritaige il acquiert prescription de dix ans entre présens aagés et non privilégés. Et de vingt ans entre absens, de trente ans contre le roy et XL ans contre l'église, et contre l'église de Romme a cent ans.

Héritaige ainsi possédé est acquitté et deschargé de toutes charges et mesmement de ypothecque, mais non mye de chief cens ou fons de terre en quoy l'en ne peult prescripre contre le seigneur.

Usucaption qui a iuste tiltre si acquiert à trois ans.

Possesseur de male foy ne prescript *nec usucapit* en nul temps pour le vice de male foy qu'il a.

Prescription ne cueurt point contre mineurs ; *super hoc vide quod sequitur* : Ticius tenait à juste tiltre ung héritaige par dix ans et plus. Une bonne dame vefue, tant en son nom comme ou nom de ses enfans, dont l'ung estoit moinsné, chalengea icelluy héritaige. Le possesseur s'aida de prescription. Reprouché luy fut qu'il ne s'en pouvoit aider, car le mineur conserve le droict des autres et de la mère mesme, pourtant que la chose est à eulx par indivis. Et ainsi fut-il jugé.

par le tiltre *de prescriptions* ès LXVI, LXVII et LXVIII articles du Coustumier. Et aussi il y a trente ans d'église contre église, et ce, quant à leurs actions réelles seulement. Et contre le roy XL ans par les instructions faictes sur ce, etc. Et a cent ans contre l'Eglise de Rome.

Cens et fons de terre jamais ne se prescripvent.

Possesseur de malle foy ne prescript, *nec usucapit* en nul temps pour le vice de malle foy qu'il a.

CHAPITRE IX.

DE DON.

Ils sont quatre espèces de dons. *Primo*, il y a don testamentaire, lequel entre les autres est le plus favorable.

Secundo, il y a don entre vifs qui est guerdon ou pour recompensation d'aucun qui la mérite (1).

Tertio, il y a don de nopces qui est recompensatif ou rémunératif. Et est assavoir que don d'héritaige fait pour nopces est réputé propre héritaige, et don fait après le mariage est réputé conquest. Et est a noter que par la coustume d'aucuns lieux le mary et la femme peuvent faire don esgal (2).

Quarto, il y a don fait en faveur d'estude (3). Don fait pour aller à l'escolle est réputé conquest (4).

Nota que qui donne aux enfans qui sont en la puissance de père et de la mère c'est tout au père et à la mère se le don n'est causé. Et si la cause du don cesse, si revient ledit don au père et à la mère par la coustume.

(1) A.B. ajoute : ou aucuneffois fait de simple voulenté.
(2) Manque dans A.B.
(3) A. : don pour estude.
(4) Manque dans A.B.

CHAPITRE X.

DE OBLIGATION.

Si comme le droict dit en l'institute : obligation est mère des actions, car selon raison je ne puis aucun traire en jugement se il n'est mon obligé.

Obligation procède par quatre manières : par contract, ou ainsi comme contract, par maléfice ou ainsi comme maléfice.

Obligation par contract peult advenir par parolles, par promesses, par lettres, par consentement, par vendition, par emption, par mandement, par succession, par donation, par tutelle, par cure, par dépost, par transport et par moult d'autres manières. Ainsi comme contract qui serait fait par aucun gesteur de besongne. Par maléfice comme larrecin, rapine, dommaige, et injure. Par ainsi comme maléfice, comme ce qui est fait ou dommaigé malicieusement par les suffrages d'aultruy. Et ainsi comme obligation se lye par parolles, tout ainsi se deslye et defferme par parolles.

De ces obligations sont engendrés plusieurs manières d'actions. Et principalement deux, c'est assavoir action personnelle, et action réelle. Car jasoit ce qu'ils soient plusieurs actions nommées aultrement, comme mixtes et ypothecques et autres, toutesfois elles sont ramenées et se rapportent aux deux premières dessusdictes, et doivent estre jugées de la nature d'icelles (1) et par espécial de la nature dont elles ressemblent le mieulx (2).

Action personnelle compète pour raison de meuble ou de maléfice, pourquoy personne peult estre de soy obligée à autre, si comme nous avons ès interdits (3) et ès provisions.

Action réelle compète pour raison de héritaige et de fons, et poursuivent telles actions les causes à elles pareilles; car par raison (4) de ce ne sont pas les personnes de soy obligées.

Action mixte tient et regarde de l'une et de l'autre.

Action ypothèque est requérir et demander ce que obligé luy estoit par lettres et depuis a esté vendu et aliéné.

Populaire est quant aucun mercenaire a servy aucune personne par long temps, et par plusieurs termes, et auroit esté payé du dernier terme paisiblement, et le mercenaire demandast les loyers précédens.

De toutes actions povez sçavoir la nature par la conclusion, et non par les prémisses (5).

Nota que aucuns tiennent que obligation faicte en prison royal est loisible, pourtant que l'en n'y peult alléguer force.

Si plusieurs ont presté deniers sur plusieurs obligations et à diverses années à aucun, et ils font exécuter, les

(1) B. : d'elles.

(2) B. : et doibvent être jugées de la nature d'icelles dont elles ressemblent le mieux.

(3) A. : nous avons interditz. — B. : nous avons les interditz.

(4) A.B. : pour raison.

(5) B. : Item de plusieurs aultres actions qui se peuvent intenter, fault avoir recours au tiltre *De actionibus*, au quatrième livre des Institutes, qui est un titre fort requis à tous praticiens, en toutes cours.

premières obligations n'ont point d'advantaige contre les dernières, et nul n'y a advantaige fors celluy qui se fait payer(1), et les négligens perdent ; toutesfois si le deteur n'est en cas de déconfiture (2).

(1) A.B. : se fait payer le premier.

(2) A.B. : et perdent les négligens se ce n'est en cas de desconfiture.

CHAPITRE XI.

DES SEIGNEURS ET SEIGNEURIES.

Il est assavoir (1) que seigneur peult estre dit par deux manières : car l'ung peult estre dit seigneur direct, et l'autre seigneur prouffitable ou demainer (2). Car il le tient en demaine. Et aussi seigneurie doit estre dicte par deux manières, l'une directe, et l'autre prouffitable.

Le seigneur prouffitable est celluy qui jouist du fief ou du fons, et des fruicts qui en dépendent. Et toutesfois ils sont obligés au seigneur direct, c'est assavoir en foy pour raison du fief, et en censive pour raison du fons. Et par ce aussi s'ensuit que prouffitable seigneurie est usaige ou possession de fons, avecques les levées et revenues des fruicts qui en yssent. Mais le seigneur direct est celluy à qui l'en doit la foy pour raison du fief, ou de la censive (3) ou annuelle pension pour raison du cens, et par ainsi s'ensuit que la seigneurie directe est le droict à la réception de la foy pour le fief, et du cens ou annuelle pension pour le fons.

Item la seigneurie directe peult estre entendue en deux manières, l'une par moyen, l'autre sans moyen. Celluy est dit seigneur sans moyen, duquel sans moyen l'en entre en foy, ou auquel sans aucun moyen l'en paye le cens ou annuelle pension. Mais le seigneur par moyen est

(1) B. : On doibt savoir.

(2) A.B. : demainier.

(3) B. : du fief et censive.

celluy auquel l'en paye ou doit aucun cens par moyen, ou duquel l'en est subject par moyen d'aultre seigneurie.

Exemple : ung héritaige est tenu d'aucun seigneur en fief, et celluy seigneur a la seigneurie directe sans moyen, ou celluy héritaige mesmes est tenu d'aultre seigneur en aultre fief, lequel a la seigneurie directe par moyen.

Nota que la prouffitable seigneurie se peult conjoindre à la directe par deux manières. Premièrement quant le seigneur direct qui est seigneur du fief sans moyen n'a point d'homme pour cause du fief, il peult lors applicquer à lui la seigneurie prouffitable du fief, et le seigneur direct du fons ou du fief est hault justicier au lieu auquel le fief ou les fiefs sont assis. Le fons ou le fief peult eschever (1) par double manière. Premièrement par deffault de tenant. C'est assavoir si le seigneur prouffitable est mort sans hoir, et tel héritaige ainsi venu et escheu au seigneur est dict AUBAINE.

Bastards et aultres qui n'ont maisons (2) sont dicts aubains et ne pevent décliner (3).

Car espave est chose meuble trouvée par cas d'adventure sans possesseur.

Secondement la prouffitable seigneurie se peult conjoindre à la directe par confiscation, c'est assavoir quant le seigneur prouffitable est mort et condempné pour cause de délict criminel, ou quant il est banny, excepté toutesfois en deux cas, c'est assavoir en crime de hérésie, c'est quant le seigneur prouffitable est héréticque, ou en crisme de lèse-majesté, ou quant le seigneur prouffitable a dit blasme (4) de la majesté royalle; car en iceulx cas

(1) A.B. : escheoir.
(2) B. 1598 : qui ne sont du royaulme.
(3) B. 1598 : ne se peuvent l'appliquer.
(4) B. : blasphème.

la confiscation des biens du condempné appartient au roy seullement. Ainsi est-il à entendre du seigneur direct sans moyen, car quant le seigneur moyen *non habet immediatum* il peult applicquer la (1) seigneurie moyenne *etiam si sit altus* (2) *justiciarius, et dominus immediatus : condempnatus propter sua demerita morti potest sibi applicare immediatum dominum* (3).

(1) A. : sa.

(2) A.D.E. : *alius*.

(3) B. *immediate dominium*. Charondas restitue ainsi qu'il suit le texte de ce passage, *sur un livre escrit à la main* : car quand le seigneur moyen *habet immediatum*, il peult applicquer pour sa seigneurie moyenne, *si sit altus justitiarius; ut etiam dominus immediatus, si condemnatus propter sua demerita morti habet bona in sua justitia, potest sibi applicare*, pour son immédiate seigneurie.

CHAPITRE XII.

DU NOMBRE DES BIENS.

Les ungs sont meubles, les aultres immeubles. Les biens meubles sont comme or, argent, biens utensibles (1) de maison, pain, vin et aultres choses qui sont de légier muables d'ung lieu en aultre sans destruction de édifice, ou par(2) despouillement de héritaige.

Biens immeubles sont doubles, car les ungs sont corporels et les aultres incorporels.

Les immeubles corporels sont ceulx qui ne pevent estre transportés si ce n'est par destruction de édifice ou par despouillement de héritaige. Car toute chose est appellée immeuble corporelle qui est édifice, ou partie de édifice, si comme une maison ou partie d'une maison, et toute chose qui est semée ou plantée comme blé, etc., et pourveu toutesfois qu'il ne soit mie desraciné, couppé ou cueilly. Et sont dictes ces choses corporelles pour ce que toute chose est corporelle que l'en peult palmer (3) et tenir à la main (4), comme sont les choses dessusdictes. *Et omne mobile potest dici corporale ut suprà* (5). Mais les biens immeubles et incorporels, sont servitudes perpétuelles qui sont imposées aux biens corporels, si comme cens, rentes et aultres debvoirs.

(1) B. : utensilles.
(2) A. : pour.
(3) A.B. : palper.
(4) A.B. : en la main.
(5) Manque dans A.B.

Item des biens immeubles les ungs sont féodaux et les aultres non.

Les immeubles féodaux sont ceulx pour lesquels celluy qui a la prouffitable seigneurie doibt le serment de féaulté à celluy qui a la seigneurie directe ; mais immeubles non féodaux sont ceulx pour lesquels celluy qui a la prouffitable seigneurie ne doibt point de serment de féaulté à celluy qui a la seigneurie directe. Et sont doubles, les ungs sont tenus en franc aleu et les aultres en censive.

Franc aleu c'est héritaige non féodal sur lequel aucun n'a droit de prendre annuelle pension pour fons de terre.

Item d'iceulx biens immeubles les ungs sont dicts conquests, les aultres héritaiges. Les conquests sont possessions que aulcun a acquises par tiltre d'achet, ou de don à luy faict, ou par quelconque juste tiltre aultre que de succession, ou d'eschange faict avecques la chose possédée par tiltre de succession. Mais le propre héritaige si est immeuble par luy possédé à cause de succession par prochaineté de lignaige, ou pour eschange par luy faict de la chose qu'il avoit avant possédée par succession.

CHAPITRE XIII.

DES LIGNES DIRECTE ET COLLATÉRALE.

Item il est à noter qu'il est deux lignes de consanguinité ; l'une si est dicte ligne directe ; et l'autre est dicte ligne collatéralle. La ligne directe est double, c'est assavoir ligne ascendant et ligne descendant. Ceux qui sont en ligne ascendant sont ceulx de qui nous avons prins nostre naissance par moyen ou sans moyen. Sans moyen si comme du père et (1) de la mère. Par moyen si comme de l'ayeul ou de l'ayeulle, ou du besayeul, ou de la besayeulle, et ainsi des aultres. Mais ceulx-là sont en la ligne descendant qui ont prins de nous leur naissance par moyen ou sans moyen. Sans moyen, si comme les fils et les filles. Par moyen, si comme les enfans de nos fils et de nos filles. Ceulx-là sont en ligne collatéralle qui sont prochains de lignaige, et toutesfois l'ung n'a point prins naissance de l'autre, *nec e converso*, si comme deux frères ou deux seurs ou deux cousins germains, c'est assavoir les fils des deux frères, *et sic de aliis*.

(1) B. : ou.

CHAPITRE XIV.

DU NOMBRE DES PERSONNES.

Item du nombre des personnes les ungs sont nobles, et les aultres non nobles. Les personnes nobles sont dicts nobles par deux manières, car les ungs sont nobles de nativité, les aultres sont nobles par faict et par le moyen du prince. Les nobles de nativité sont ceulx qui ont prins naissance des nobles. Les nobles par faict, sont personnes non nobles de nativité, mais ils sont anoblis par l'auctorité du prince ou par raison d'aucuns offices, comme sont les sergens d'armes, etc.

Les nobles sont personnes simplement franches, lesquelles de droict sont quittes et francs de toutes servitudes de pays comme de tailles, impositions, gabelles et aultres subsides. Car les nobles ont été esleus et ordonnés pour tenir et garder le pays en paix, et pour deffendre les subjects et la chose publicque. Et pourtant doibvent-ils reluyre en vie et en meurs par-devant tous aultres, et doibvent donner à tous exemple de tout bien et toute honnesteté. Et pour ce dict l'en communément qu'ils sont subjects au roy tant seullement, et sans aucun moyen ; et tient l'en que au roy seul appartient la congnoissance des nobles en cas de délict ; mais d'usaige et coustume plusieurs seigneurs en ont la congnoissance comme monseigneur de Montmorenci, le conte de Dompmartin (1) et plusieurs aultres. Et sont les nobles plus griefvement

(1) B. : Dammartin.

pugnis en cas de délict que les non nobles, et dict l'en communément que ung noble ne paye point d'amende moindre de LX livres (1).

Les non nobles sont dicts en deux manières, car les ungs sont franches personnes, les aultres sont de serve condition. Les non nobles sont personnes qui sont subjects aux tailles, impositions, gabelles et aultres subsides du pays, et pour raison de leur subjection sont moins pugnis en pareil délict que les nobles; si comme pour briser un arrest les non nobles doibvent pour une amende XL sols (2), et pour semblable les nobles doibvent LX livres.

Item les personnes non nobles et franches sont celles qui pevent ordonner à leur voulenté de tous leurs biens sans délinquer ou forfaire envers aucuns; ils se pevent marier à qui il leur plaist, vendre ou donner leurs biens. Mais les personnes de serve condition sont ceulx de qui les personnes sont serves, et pour ce ils ne pevent ordonner en plusieurs cas ne d'eulx ne de leurs biens sans le consentement de leur seigneur, et si ne se pevent marier ne faire testament, et s'ils trespassent sans hoirs nés ou procréés de leurs corps, leur seigneur succède à eulx. Et davantage ils ne pevent avoir tonsure sans le congé de leur seigneur, et en quelque lieu qu'ils voisent leurs personnes sont tousjours obligées selon la condition de leur servitute, s'ils ne sont manumis ou délivrés d'icelle servitute par l'auctorité de leur seigneur, ou par privilége du lieu où ils sont demourans.

Nota que la noblesse de l'homme procède en la lignée de sa femme (3) pourveu toutesfois que la femme ne soit

(1) A.B. : quarante.
(2) B. : LX.
(3) A. : de la feme.

mie de serve condition, car sers ne serves ne sont capables de noblesse, mais les franches personnes, si. Et pour ce une femme non noble pourveu qu'elle soit franche de corps, elle est faicte noble par son mari noble, et les enfants qui de eulx seront procréés; mais si la femme est serve elle ne sera mie réputée noble, et si les hoirs qui de eulx seront procréés renoncent à la succession de leur mère, ils seront nobles ; et s'ils l'apréhendent, ils seront non nobles et sers. Et pour ceste cause femme serve ne se peult marier à homme noble, si elle n'a le consentement de son seigneur, sans soy formarier, et servitute procède de la mère, *nam partus sequitur ventrem.* Et pour ce les enfans des hommes francs et de mères serves sont sers.

Toutesfois en Brie et en Champaigne, sont plusieurs sers de mortemains et de formariage et taillables à voulenté.

Mortemain, c'est-à-dire que quant ils meurent sans hoirs procréés et descendus de leurs corps, le seigneur prent tous leurs biens et succède à eulx.

Formariage est à dire que telles personnes serves ne se pevent marier avecques une personne d'aultre condition et en aultre justice sans le congé de leur seigneur.

Taillables, c'est-à-dire que le seigneur les peult tailler une fois l'an, qui est à entendre du quint de leur meuble.

Item en la conté de Champaigne ung serf ne peult faire testament de plus de cinq sols.

A Coulommiers en Brie, le curé de l'église parrochiale disoit (1) avoir droict de prendre le tiers des biens meubles de tous ses parrochiens serfs et serves ; et sont iceulx biens partis en ceste manière, c'est assavoir que le sei-

(1) A.B. : se disoit.

gneur en a les deux pars, et de la tierce partie le tiers est converti pour l'obsèque, et l'aultre tiers est au curé, et l'aultre tiers est aux marguilliers de l'église, pour ce qu'il y est enterré (1).

(1) *Pour ce qu'il y est enterré,* manque dans A.B.

CHAPITRE XV.

DE L'EXÉCUTION DES LETTRES.

Premièrement est à noter que en la ville de Paris et par toute la banlieue, tous gaigemens, obligations ou condempnations, seelées du seel du Chastellet, sont mises à exécution par les sergens à verge du Chastellet, et mesmement en la terre des haults justiciers subjects, et sans appeller eulx ne leurs officiers. Oultre la banlieue, tant en la prévosté comme en viconté et ressort, les sergens à cheval mettent à exécution les obligations et condempnations du Chastellet, mesmement en la terre des seigneurs haults justiciers, et à ce sont appellés le maire, ou sergens du lieu, se l'en les treuve, et si non les sergens du Chastellet en leurs absences font leurs exploicts. Et soit la justice du lieu appellée ou non, le sergent faict son rapport. Et hors de la prévosté et ressort, l'en requiert aux justiciers que les commissions à eulx présentées par les sergens à cheval dudict Chastellet soient par eulx exécutées, et lors les justiciers des lieux rescripvent.

Item en cas de douaire l'en procède par exécution contre celluy qui a promis le douaire.

Item le roy a l'exécution de toutes lettres esquelles personnes d'église ont en sa court obligé leur temporel.

Item nota que l'exécution ne se fait point fors sur chose notoire, et pour ce, si aucun est obligé soubs son seel, jusques à ce qu'il ait congneu son seel, l'en ne fera pas l'exécution sur luy.

Sic etiam monitio, in qua est executio, vel preparatio

executionis ecclesiasticæ, non fit nisi super notoriis, tit. de sententia excommunicationis, c. sacro approbante, etc. *in antiquis.*

Item nota *quod quando pecunia est promissa ad certos terminos, licet fuerit alterius conditionis tempore contractæ obligationis, tamen talis solvi debet, qualis currit in terminis in obligatione positis, non obstantibus ordinationibus regiis, quia illæ non comprehendunt tempus terminorum, ne contrarientur eidem. Ita fuit pronunciatum anno XXXII, ultima die decembris.*

Nota que en la viconté de Paris, et au ressort hors la banlieue, nul sergent à cheval ne peult faire exécution ou arrest soit en cas de nouvelleté ou aultre, s'il n'appelle le sergent ou maire du hault justicier par l'usaige et commune observance tenue et gardée oudict Chastellet, et en la terre (1) des haults justiciers, c'est assavoir (2) quant à ouir la complainte, et pour mettre la chose contencieuse en la main du roy après l'opposition (3), car tel exploict est de faict, et nul exploict (4) de faict ne doibt estre faict en leur terre sans les appeller. Mais l'en peult en leur terre et sans les appeller, faire adjournement simple en cas de saisine et de nouvelleté, et tous aultres adjournemens, car ce ne sont [pas] exploicts que de parolles et préparation que l'en feroit mesmes en une église. Et est assavoir que si aucun justicier avoit faict mettre par les sergens la main aux biens d'aucun sien subject pour aucun cas, et depuis (5) ung sergent du roy venait de par le roy mettre iceulx biens en la main du roy, le hault jus-

(1) A. : et non en la terre.
(2) A. : ce est vray.
(3) A. : après tel opposition.
(4) B. : et notez que nul exploit de faict ne doibt, etc.
(5) B. : et si depuis.

ticier s'en peult douloir en cas de nouvelleté contre le sergent. Et si iceluy sergent traict à garand son maistre qui est une personne privée, et qu'il prengne la garantie pour luy, il ne faict (1) à ouir, ne à recevoir à soustenir l'exploict, ne chose qui en soit faicte, car il n'est pas légitime contradicteur s'il ne dict avoir justice au lieu, et sera l'exploict mis au néant, et la justice restituée, et après si celuy qui a prinse la garantie veult aucune chose demander par action, si le face.

Nota que par usaige de court laye femme, soit mariée ou aultre, ne doict tenir prison pour quelconque cas civil quel qu'il soit, tant soit obligée de garde et commande par foy et serment ou aultrement, excepté Champaigne.

Et aussi nul homme n'est tenu prisonnier pour debte de garde et commande, supposé qu'il ait juré et accordé à non vouloir estre receu à abandonnement (2), qu'il ne soit mis hors s'il veult abandonner, ne le serment ne luy nuira jà, car aultrement il sembleroit qu'il fust obligé à mourir.

En cas d'arrest fait par vertu du privilége sur ung forain, il est tenu de eslire domicile dedans la ville ; en tous aultres cas, il suffist de eslire domicile dedans le royaulme.

Item nota que les respits que le roy donne ne se estendent pas aux debtes privillégiées, comme dépost, debtes du roy, de mineurs, de louaiges de maison, de marchandises de forain prinses en plain marché sans terme, *et similia*, si elles ne sont nommées par exprès audict respit.

Item nota que se aucun bourgeois par vertu du privilége a faict arrester les biens d'ung forain qui après face adjourner l'arrestant à venir oster l'arrest et empesche-

(1) B. 1598 : il n'est.

(2) B. : estre reçeu abandonnement, qu'il ne soit mis hors s'il ne veult abandonner.

ment, se iceluy arrestant à la première journée veult comparoir par procureur, il convient qu'il ait grâce. Et si l'arrest est faict par vertu d'une lettre obligatoire, il convient que prestement l'en face foy des lettres, ne le procureur n'aura jour d'avis (1).

Item nota que si aucun estoit tenu à ung aultre pour louaige d'une maison, ou pour vente de vin vendu en gros sans jour et terme, il est assavoir que ce sont debtes privillégées; mais si le créancier en prent obligation et donne terme, dès lors il se départ du privillége, et faict sa debte commune et ordinaire, et telle qu'elle ne soit mie paiée avant aultres debtes.

Item jà soit ce que l'en ne oblige expressément que luy et ses hoirs, toutesfois l'action personnelle n'est pas estaincte en l'hoir de l'hoir : *quia heres heredis debet esse heres testatoris*.

Item nota que si par vertu d'une obligation du Chastellet l'en prent et mect en criée et en vente mes héritaiges, et après ce je me oblige ès foires, la debte des foires sera premièrement paiée, et supposé que celle obligation des foires fust soubs le scel du Chastellet ou aultre, si ne seront mie receues les aultres debtes ou obligations à venir seullement à contribution.

Item si ung homme est obligé aux foires de Champaigne et depuis il est pendu, le hault justicier mect tantost toute sa terre en son domaine comme confisquée et acquise à luy, et après viennent les créanciers qui font crier, vendre et subhaster lesdicts héritaiges, et bailler le décret à l'acheteur, *dictum est* que telle vente est bonne, ne la confiscation de telles obligations ne vault riens. Mais le seigneur aura son droict du quint denier. Et si le

(1) Ce paragraphe manque dans A.B.

seigneur s'estoit opposé aux criées, il descherroit de son opposition. *Et in casu simili comes Autissiodorensis perdidit confiscationem unius suspensi, qui erat suus vassallus.*

Item ung homme et sa femme sont obligés à payer une debte, et chascun pour le tout ; et s'il advient que l'homme se forfasse et est justicié, et depuis la femme est poursuyvie pour icelle debte, elle dict qu'elle n'y est tenue, obstant que son mary a tout forfaict et corps et biens, et que le hault justicier a tout prins, et parmy ce, toutes debtes sont abolies, et celles qu'on luy debvoit, et aussi celles qu'il debvoit. Il a esté dit par jugement au Chastellet de Paris que ladicte femme payera, considéré que chascun pour le tout y estoit obligé.

Aucuns tiennent que l'obligation faicte (1) à payer à la voulenté d'aucun créancier n'est pas exécutoire de sa nature jusques à tant que l'en ait faict sçavoir la voulenté au debteur (2).

Se à la requeste d'aucun créancier, et après le terme passé, l'en fait exécution sur un debteur qui se oppose, et pour ce les biens du debteur sont mis en garde en ung hostel auquel ils sont ars, et tous les aultres biens d'iceluy hostel aussi par cas de fortune et pendant le plait, et depuis le debteur est condempné, *queritur* à qui sera le dommage, ou au sergent, ou au debteur ? Au debteur, car le créancier n'eust oncques la seigneurie desdicts biens, et s'il eust perdu la cause *aliud esset*.

Nota que la commission donnée à ung sergent à cheval est expirée après an et jour, et l'exploit qui par vertu d'icelle est fait est nul s'il est débatu par le stil dudit

(1) B. : qu'obligation faicte.

(2) B. ajoute : le contraire est verite.

Chastellet. Exceptées toutesfoys les commissions qui sont données aux sergens establis gardiens religieux (1).

Nota que par la coustume de la prévosté et viconté de Paris, celluy qui a baillé ses terres à ferme peut exécuter son fermier en ceste manière, c'est assavoir que luy mesmes peult arrester les gaignaiges estans en la grange, et oster la clef au fermier tantost que la septembre est passée, se à icelluy terme il doit payer ; mais qu'il n'y ait autre terme, car s'il avoit Sainct Martin ou autre terme, la coustume n'auroit pas lieu, si le fermier n'estoit soubsonneux (2).

Item nota que pour opposition que l'on face aux cryées l'en ne retarde point, mais l'adjudication, si (3).

Nota que aucun ne peult aller par voye de exécution ne d'arrest, si ce n'est en quatre cas : premièrement par lettres obligatoires ; secondement par vertu d'une sentence obtenue ; tiercement par lettres de privilléges, si comme les bourgeois de Paris sur les forains (4), ou pour louaige de maison, ou pour censive d'hostel ; quartement si ladicte debte est privillégée, si comme sont debtes du roy ; et en nuls autres cas l'en ne peult procéder par voye d'exécution, et qui le faict, il le doict amender (5).

Item en cas d'arrest ou d'exécution requise contre aucun en la ville de Paris, il fault eslire domicile, et quant ce sont choses qui se pevent garder (6), l'en doit requérir provision de justice.

Si l'arrest est faict d'un bourgeois contre ung forain

(1) A. : gardiens à religieux. — B. : gardiens et religieux.

(2) B. : suspect.

(3) A.B. : mais l'adjudication du décret seullement.

(4) B. : sur forains.

(5) B. ajoute : c'est assavoir payer despens, dommages et interêts.

(6) B. : qui ne se pevent garder.

qui veuille donner caucion des choses arrestées, il les aura, ce qu'il ne seroit mye en cas d'exécution.

Item ; se en faisant exécution contre aucun, ses biens sont vendus et délivrés à ung acheteur qui soit refusant de payer, l'en doit procéder avec luy (1) en ceste manière : *primo*, que les biens qu'il a achetez soient vendus, et des siens autres si iceulx ne sont souffisans, et si tous ses biens ne souffisoient, soit emprisonné (2).

Nota que si j'ay obligation contre aucun, elle est (3) expirée par le temps et espace de trente ans, et lors fault la personne suyvir par action jusques à dix ans après, et iceulx passés l'ypothecque sur les héritaiges est expirée (4).

Nota que contre la détention de bonne foy, ypothecque est expirée à dix ans pour la prescription (5).

Si aucun mect enchiére sur aucun héritaige vendu par exécution, et l'exécution se délaye, l'acheteur n'aura pas les fruicts, car il a eu les fruicts de son argent qu'il avoit par devers luy, mais seront les fruicts convertis en l'acquict de la terre.

Item le prévost de Paris est en saisine par vertu de sa jurisdiction ordinaire de faire ajournement (6) en cas d'ypothecque pour raison de son séel espéciallement par toute la prévosté et viconté de Paris.

Item quant aucun est obligé soubs son séel privé, et il est adjourné pour congnoistre ou nyer, il convient qu'il nye

(1) B. : contre luy.

(2) B. : car il est achepteur de justice.

(3) B. : et elle est.

(4) B. 1598 : et lors fault la personne; et l'en doibt suyvir par action jusques à dix ans l'hypothecque sur les héritaiges, et après iceulx passés elle est expirée.

(5) B. 1598 ajoute : entre présens.

(6) A.B. : adjourner.

ou qu'il confesse son séel avant qu'il soit ouy ne reçeu à proposer quelconques exceptions péremptoires ne autres, jusques à ce qu'il aura nyé ou confessé, et s'il confesse (1), il garnira la main, et puis il sera ouy. Toutesfois cela s'entend pourveu que l'obligation soit pure et non conditionnelle, et qu'en icelle ne soit aucune chose qui chée en congnoissance de cause, car autrement non.

Si aucun est obligé par lettres séellées du séel royal, il peult estre poursuivy par voye d'exécution tant comme il vit, et se il s'oppose et propose aucune juste exception, il ne sera point ouy, jusques à tant qu'il ait garny la main de la somme contenue en l'obligation ; car si ainsi n'estoit, les tricheurs proposeroient exceptions de convenances, de quittances ou autres, affin que pendant le temps qu'ils auroient à prouver leurs exceptions, ils peussent destourner et musser leurs biens (2), et ceste garnison se doit faire des biens meubles (3), se le debteur en a tant, sinon des immeubles.

Si le debteur est mort, l'en ne peult poursuyvir les héritiers par voye d'exécution, mais par action personnelle, ne l'héritier ne sera point tenu de garnir, ce que feroit le principal s'il vivoit, car il doit estre plus certain que son héritier. L'en peult aussi poursuyvir les détenteurs des héritaiges en action personnelle.

Nota que après la condampnation personnelle, l'en doit mettre les héritaiges en la main du seigneur et le signifier à partie, et l'adjourner à veoir vendre, crier et subhaster, etc., et s'il ne vient, prendre deffault; mais après la condampnation d'ypothecque *secus*, car il est dit que les héritaiges seront vendus.

(1) Manque dans B. : *et s'il confesse.*

(2) B. : les biens.

(3) A B. : de meubles.

Item contre celluy héritier l'en peult faire action personnelle et ypothecque. La personnelle est précédente l'ypothecque, et se divise la personnelle en tant de parties comme il y a de héritiers, mais l'ypothecque ne se divise point, ains peult l'en conclurre ypothécairement et totalement, tant sur l'héritaige de l'hoir comme de l'obligé, et en tant comme touche l'ypothecque, l'héritier peult bien demander garand.

Item à faire conclusion d'ypothecque contre héritiers, l'en doit dire que son intention n'est que d'estre une fois payé, et que par la satisfaction de l'ung, les autres soient délivrés.

Item et si aucun, clerc ou lay, est obligé avecques ses immeubles par lettres séellées de son propre séel qui soit séel privé à aucune aultre privée personne qui soit clerc ou lay, et le terme est passé, il loist au créancier faire convenir son debteur à congnoistre ou nier son séel, et en action personnelle et ypothecque. Et se il décline en la personnelle, et il y a aucuns héritaiges en la terre du roy dont la court ne soit pas requise, toute la congnoissance demourra devers le roy. Ainsi fut-il jugé contre Sainct Mor.

Item congnoisse son séel ou non, mais qu'il soit prouvé, l'acteur fera son exécution, ce qu'il ne feroit pas autrement, mais fauldroit qu'il suyvist (1) par voye de action.

Nota que si aucun est obligé envers plusieurs créanciers, l'un desquels fait prendre, lever et vendre par exécution ses biens, avant la perfection d'icelle exécution, et les biens estans encores entre les mains de justice, si les autres créanciers se appèrent et opposent, ils doivent estre receus à leurs oppositions, mesmement puisque l'o-

(1) A. : qui s'ensuivist.

bligation est en cas de desconfiture, et qu'il n'a autres biens pour satisfaire à iceulx créanciers. Et en ce cas doivent venir à contribucion avecques celluy qui a requise l'exécution, supposé ores que leurs dettes fussent à congnoistre, mais qu'ils le pensent (1) prouver deuement. Et n'y doit avoir celluy qui a requise ladicte exécution ne advantaige, ne prérogative ; fors tant seullement qu'il doit prendre ses despens, faits en requérant ladicte exécution, sur le pris de la vente desdicts biens avant toute œuvre, ou cas toutesfois où il n'y auroit debte privillégiée.

Item il y a différence en cas de desconfiture et cas de simple exécution : car cas de desconfiture est quant aucun n'a nuls autres biens, fors ceulx qui sont mys à l'exécution. Mais cas de simple exécution est dit quant aucuns biens restent à celluy qui est exécuté, par dessus les biens qui sont exécutés et prins. Et pour ce, en cas de desconfiture, chascun se peult tousjours opposer jusques à tant que ladicte exécution soit entièrement accomplye, et du tout parfaicte, et l'argent baillé en la bourse du créancier, *sive sit creditor cirographarius sive non.*

Item en cas de desconfiture les arriéraiges des rentes sont tellement privilégiés qu'ils sont premièrement payés, *quia jus in re et super rem acquisitum est ;* ce qui est vray selon aucuns quant aux biens immeubles, mais quant aux biens meubles *secus*, car sur iceulx les créditeurs viennent par *prorata* (2).

Item si une femme se oblige, et puis elle se marie, l'obligation ne sera pas exécutoire, car tous ses biens sont au mary, mais demourra en action.

Se aucun est obligé par lettres du Chastellet, il fault

(1) B. 1598 : pussent.

(2) B : viennent *pro rata.*

prendre une commission exécutoire et par vertu d'icelle, et en deffault de meubles, prendre ses héritaiges, et mettre en la main du roy, et puis faire mettre ung denier à Dieu en la main d'ung sergent, et les faire crier en la chastellenie, et aussi au Chastellet; quant les criées sont passées, le juge de la chastellenie en fait rescription au prévost de Paris, et puis l'en fait illec rappeller les opposans, et illec l'en adjuge le décret pour raison de séel duquel le prévost a la congnoissance. Et si par commission de la chambre des comptes, et pour le faict d'icelle l'en vendroit mes héritaiges, ils congnoisseroient (1) des causes d'oppositions, mais après ils renvoieroient (2) en Chastellet le procès pour adjuger le décret, pour ce qu'ils n'ont pas jurisdiction ordinaire.

Item par le stil de Chastellet ung porteur de lettres ne peult faire ung autre porteur, mais après litiscontestation, luy comme porteur peult constituer procureur.

Si aucune personne impètre deffaut contre sa partie, par vertu d'icelluy deffault l'arrest sera osté de sa personne, mais il n'obtiendra pas dommaige et intérest se il n'a quatre deffaulx.

(1) A.B. : ils cognoisteront.
(2) A.B. : ils renvoyront.

CHAPITRE XVI.

DE REIVENDICATION (1).

Nota que en cas de reivendication, ou l'en faict demande d'héritaige, ou demande de meuble. Se l'en faict demande d'héritaige, le possident ne doit point estre desapoincté (2) de sa possession au commencement, ne pendant le plait. Mais si on reivendique ou fait demande de meuble, en ce cas le demandeur, dès le commencement du plaid, peult par la justice du lieu faire mettre la chose en la main du roy, et icelle faire arrester (3) de la possession d'icelluy qui l'a, et par la main de justice la faire mettre en main séquestre et seure, jusques à ce qu'il soit venu en jugement, mais lors le deffendeur qui se voit despouillé de sa possession peult requérir qu'il soit restitué, et lors, s'il est solvable, sa requeste luy sera accomplye, mais le juge luy interdira la mutation de la forme et l'aliénation de la chose sur grosses peines et à perdre la cause. Et se il n'est solvable et resséant, l'en ne luy accomplira pas sa requeste se il ne baille caucion de la rapporter et remettre en main de justice toutesfois qu'il en sera requis, *et interdicendo*, etc.

Item se aulcún intente force ravissable ou violente de meubles qu'il dit luy avoir esté faicte, la récréance doit estre faicte à l'acteur, sans congnoissance de cause et

(1) B. : *De rei vindicatione.*

(2) B. : désapoincté de la possession.

(3) A. : et icelle arrester.

avant litiscontestation, *scilicet in causa principali*, et est espécialement pour le privilége du despouillement, car ainsi comme l'en congnoist d'icelluy despouillement devant toutes choses, après ce, et devant toutes aultres choses, la recréance doit estre faicte au despouillé. Et la raison si est, que la nature d'icelle violence donne présumption contre le deffendeur ; et aussi doyt l'en reffraindre le couraige des plus puissans quand ils veulent ouvrer de force contre les plus foibles qui n'y peuent (1) résister. Et pour ce, en telles violences, on doict procéder extraordinairement, car qui ordinairement y procéderoit, on bailleroit la recréance au délinquant pour ce que l'en a acoustume de la bailler au dernier saisi, qui seroit doubler l'inconvénient.

Item en cas de despouillement l'en ne peult faire litiscontestation affin de recréance qui ne le conviengne faire (2) au principal, si (3) sont-ils joincts ensemble. Mais ès aultres causes *secus*, *ut interdicto uti possidetis et aliis*.

(1) B. : ou qui n'y pevent.

(2) B. : qu'il ne le conveigne faire au principal, tellement sont joincts ensemble.

(3) A.B. : tellement sont-ils.

CHAPITRE XVII.

DE LA DIFFÉRENCE DES COMMISSIONS.

Il y a différence entre la commission que le juge (1) envoye à son officier, et une commission réquisitoire, et ung *rogat*, car la commission que ung juge envoye à son sergent ou aultre subject est ung commandement qui est faict du souverain ou greigneur au mendre ou plus bas. Et est faict en telles parolles (2) : *mandons et commandons*, et ne peult l'en refuser sans offence (3). Mais une commission réquisitoire est une péticion, ou demande, ou requeste que ung juge faict à ung aultre juge, à cause de sa jurisdicion ordinaire ou déléguée, d'aulcune chose qui luy est nécessaire, et doit estre faicte en telles parolles : *Prions et requérons en ayde de droit et de coustume*, l'en est tenu obéyr (4), *verbi gratia*, se aucun demouroyt en la jurisdiction de l'abbé et convent de Saincte-Genevievfve et avoit héritaige assis en la jurisdiction de Sainct-Martin des Champs, duquel héritaige l'en voulsist contendre, il conviendroit faire adjourner par supplication le subject de l'abbé et convent de Saincte-Genevievfve devant le baillif de Sainct-Martin des Champs.

Item ainsi est-il des lars (5) qui sont en la foire le jeudi absolut, car la congnoissance des lars et des amendes qui

(1) B. : qu'un juge.
(2) B. : en semblables paroles.
(3) A. : sans offencer.
(4) B. : l'en est tenu y obéir.
(5) A.B. : du débat des lars.

en despendent appartiennent à l'évesque de Paris ou à son baillif pour luy, et les délinquens jà soyt ce qu'ils soyent demourans hors de sa jurisdicion si sont-ils pugnis par luy.

Mais *rogat* est un droict pétitoire que ung officier, évesque ou aultre juge d'église envoye à ung aultre pour faire adjourner à respondre par devant le diocésain le subject d'ung aultre diocèse, pour raison du contract commencé ou diocèse et avec le diocésain du requérant. Et est faict en telles parolles : *In juris subsidium requirimus et rogamus*, et celluy à qui telle lettre s'adresse le peult bien sans offence reffuser.

CHAPITRE XVIII.

DE LA DIVISION DES MEUBLES ET HÉRITAIGES.

Il est assavoir que par les coustumes d'aulcuns lieux, tout ce qui est du pressoir qui n'est enclavé (1) en terre (2), maison sur le sueil (3), boys coppé, toutes manières de conquest, sont tous réputés pour meubles. Et tout ce qui est du pressoir (4) tenant en terre, grans vaisseaulx à vin que l'en ne pourroit mettre hors sans despecier, boys à coupper tant soit le parement menu, tout ce qui tient à cloux et à chevilles, grans pierres tenans encores aux pierres des murs qui sont yssus de l'héritaige d'aulcun par exécution (5), tout ce est héritaige.

Fruicts pendans à racine, poissons d'estangs, et grans engins (6) à gecter pierres, de ceulx est doubte ; mais aux coustumes vous tenez.

Item quant est du poisson de l'estang sans autre retenue (7), il est réputé héritaige ; mais quant il est en ung saulvoir (8), *vel alio continente*, ou près de l'estang (9) en fossé, supposé qu'il soit nourry de l'eaue de l'estang ou qu'elle y queure, il est réputé meuble, car la nature de

(1) A. : encloué.
(2) B. : en terre ou en mur.
(3) *Maison sur le seuil*, manque dans B
(4) A. : au pressoir.
(5) B. : par démolition.
(6) B. : des grands engins.
(7) A. : sans aultre retenir.
(8) B. . salouer.
(9) B. : ou après l'estang

l'estang est d'avoir poisson ; *ideo cum est ibidem, dicitur esse hereditas, cum extra, dicitur bonum mobile.*

Aussi blé soyé en champ, ou boys couppé, ou fruict abatu, supposé qu'ils soient ès lieux dont ils sont venus, sont réputés meubles (1), *quia quicquid seritur, plantatur, vel edificatur solo, solo cedit, id est reputatur hereditas, sicut et ipsa terra; et ideo immediate quod destructum est edificium, vel seminatum collectum, vel plantatum est scissum, vel erradicatum, naturam mobilium adipiscuntur,* etc.

(1) B. ajoute : *secus*, quand ils ne sont couppés.

CHAPITRE XIX.

DES CAS DE NOUVELLETÉ.

Pour aparfondir ceste matière de nouvelleté qui communément est en cours et en usaige, et pour sçavoir dont elle despend, il est à considérer qu'elle despend et naist de saisine, et saisine de possession. Ils sont trois espèces de possessions suffisant à saisine ; c'est assavoir : possession acquise par occupation, possession acquise par succession, possession acquise par tradition de fait.

Item ad (1) ce que occupation suffise pour acquérir possession, trois choses sont nécessaires, c'est assavoir que la chose ne soit mye occupée par force, ne clandestinement, ne par prière, mais paisiblement, publicquement, et non à tiltre de louaige ne de prest. Et quicon-ques a une chose par an et par jour ainsi tenue et occupée, il acquiert saisine d'icelle, tellement que si depuis ce il appert aucuns opposans ou empeschans, icelluy possident peult dedans l'an et jour après l'opposition faicte, ou empeschement mys en ou pour ladicte chose, intenter libelle d'interdit de possession que l'en appelle vulgairement de nouvel trouble et empeschement de saisine. Mais en tiltre de succession, le hoir se peult dire, incontinent après la mort de son prédécesseur, en possession et saisine des biens du trespassé dont il se dit hoir, *quia saisina deffuncti descendit in vivum;* et se momentairement, et avant l'an et le jour de saisine, ils se apparent aucuns

1. B. : a ce que.

opposans ou empeschans, icelluy peult contre eux intenter ledit libelle et soy ayder de la saisine à cause de la saisine de son prédécesseur et devancier. Aussi fait celluy qui possède la chose par tradition de fait ; c'est assavoir quant le seigneur foncier luy en baille la saisine à cause de vendition, eschange, don, aliénation ou aultre tiltre, *quia facti traditio saisinam generat et inducit.*

Des libelles en cas de possession, les ungs sont pour cause d'acquérir saisine, les autres pour cause de recouvrer saisine, comme cas de simple saisine ; et selon ce que iceulx libelles sont, les maximes, les moyens et les conclusions sont diverses ; car au libelle de acquérir saisine et au libelle de recouvrer saisine, il est requis et nécessaire de alléguer et monstrer tiltre, par lequel le demandeur se dit avoir droit en la possession acquérir ou recouvrer. Mais au libelle de possession retenir il n'est point nécessaire, car la possession usée et continuée par an et jour, paisiblement, publicquement et propriétairement, non mye par force, clandestinement, ne par prière, par celluy qui intente le libelle ou par ceulx dont il a cause, soit successeur ou acheteur, ou en quelque autre manière occupant, induit saisine sans autre tiltre, et ne fault dire sinon posséder.

En toutes saisines le possesseur est de meilleure condition ; car jà soit ce qu'il soit moins fondé selon droit, ou qu'il n'ait que possession encores telle quelle, toutesfois se le demandeur son adversaire ne prouve son droit, la saisine sera adjugée au possesseur. Jà soit ce que le droit de possession et saisine n'aient point de différence expresse, toutesfois par coustume ils ont telle différence que comme à juste cause, et à injuste cause, possession se peult acquérir par occupper seullement, mais se acquiert momentairement, et par icelle possession continuée, *non vi*, *non clam*, *nec precario*, etc., la saisine est acquise par an et jour. Et pour ce, par la coustume, saisine est réputée juste de soy, *propter temporis adminiculum*, mais possession non, *quia temporis adminiculum non requirit*. Et emporte ceste saisine grant effet, car si je me allègue saisi par an et jour, se mon adversaire ne allègue saisine contraire, l'en présumera pour moy et non pour luy, tellement que pendant le plait, la chose ne sera point mise en la main du roy, mais demourra à mon prouffit. Et ainsi vous povez veoir que saisine comprent et dénote possession, et naist saisine de possession *et non e contrario*.

Item le cas de saisine, *juris presumptione*, est appellé possession juste, mais le cas de nouvelleté peult estre dit saisine usurpée ou happée, pour ce que en huyt ou quinze jours ou plus, l'en peult happer une saisine et faire ung exploict sur quoy la complainte se assiet.

Nota que par la coustume de la prévosté de Paris nulle saisine n'est acquise à aucun, ne de droit, ne de fait, par aucun faict ou contract entre vifs, jusques à ce que la saisine (1) soit faicte en la main du seigneur temporel : ne le bail des lettres de vendition ou accensement, ne la retenue de l'usufruict n'y fait riens selon la coustume, jusques à ce que par le seigneur temporel l'en ait eu la saisine. Mais aucun peult bien faire dessaisine et soy dessaisir par lettres, ou par instrumens, ou devant tesmoings. Toutesfois en accensement selon la coustume il n'est de nécessité (2) de aller au seigneur pour avoir la saisine, *et sic non valet*. Car il ne prent saisine qui ne veult.

En testament il est par autre manière, car le testateur est en tel estat que il ne se peult dessaisir. Et pour ce il

(1) A. : dessaisine.

(2) A. : il n'est point de nécessite.

se dessaisit ès mains de ses exécuteurs par la tradition de son testament. Et quant aux meubles et conquests, ceste saisine vault sans autre appréhension de fait, et non mye quant aux héritaiges, *et est casus specialis*.

Item la coustume qui dit *le mort* (1) *saisit le vif* est à entendre en ligne directe, et en ligne collatéralle, *saisina juris tantummodo et non facti*, par la manière qui s'ensuyt. C'est assavoir que si notoirement il appert de la ligne, et du lignaige, le successeur en est tout saisi de droit ainsi comme dit est, et ne luy est nécessaire de aller ne au seigneur, ne au juge, ne à autre, mais de son auctorité se peult de fait ensaisiner, et à luy est nécessaire ceste appréhension de fait, avant qu'il se puisse dire avoir entière saisine, *ut in* l. *cum heredes*. C. *de acquirenda possessione*.

Et si c'est un fief noble, saisine de droict ne aultre n'est acquise sans foy, car le seigneur direct est avant saisy que l'héritier; mais par faire hommaige et par relief, le seigneur direct doit saisir l'héritier. Et la raison si est, car le seigneur féodal à la seigneurie directe à laquelle la prouffitable est adoncques conjoincte et annexée par la mort du vassal.

Et semble encores selon la commune oppinion, que, à plus proprement parler, l'en peult dire que par la mort du vassal le fief chiet et gist par telle manière qu'il ne peult estre possédé ne par le seigneur, ne par l'héritier, fors quant (2) il est relevé par le seigneur direct, et de ce relief que le seigneur faict à l'héritier en le prenant et laissant en sa foy (3), il a le droit qui est appellé *relief*, que

(1) B. : qui dit que : *le mort*, etc.

(2) A. : fors avant-il.

(3) A. : que le seigneur fait l'héritier en le prenant et laissant à la foy, il a le droict, etc.

l'en dit aucunes fois *rachat*, qui vault la revenue d'ung an, si comme il est dit au chapitre *De rachapt;* et tant longuement que le relief demourera à faire, le seigneur fera les fruicts siens par défaulte de homme.

Item en cas de fief ne iroit jamais le fief (1) à l'héritier par la mort de son prédécesseur tant seulement, mais l'en peult bien dire que le droit luy compète par la mort en telle manière que, l'hommaige faict, il se peut de son auctorité ensaisiner sans danger, et autrement il seroit pugny à l'arbitrage de son seigneur féodal.

Item celluy qui allègue saisine en chose dont toute présomption est contre luy, ou qui de droit commun ne peult cheoir en sa personne, il convient qu'il allègue tiltre. De chose qui touche délict ne se peult aucun dire en saisine, etc., et ne fait à ouir, ne par usaige, ne par coustume.

Item la saisine que l'usufructier a en la chose ne prouffite en aucune manière à son héritier contre le propriétaire, ne de droit, ne par coustume ; ainsi fut-il jugé en parlement contre Raoul le Tuillier (2) l'an XXVIII.

Item nulle cause de saisine n'a lieu fors en cas de possession, et non mye en cas de propriété.

Nota qu'il y a deux voies pour intenter le cas ou le libelle (3) de nouvelleté, l'une par manière de complainte comme dit est, l'autre par ung simple adjournement, et y a plusieurs différences et avantaiges de procéder entre l'une manière et l'autre ; car *tum primo* (4), par manière de complainte l'opposition faicte, la chose contencieuse

(1) A.B. : Item en cas de fief la saisine ne yroit jamais a l'héritier.

(2) A. : le Tillier. — B. : Raoulin le Tuyllier.

(3) B. : le cas ou libelle.

(4) A. : *cum primo*.

est mise en la main du roy pour le débat des parties, mais par l'autre manière non.

Item si par manière d'adjournement la chose est commencée, le procureur du deffendeur aura advis, et puis veue, mais par la complainte non, car l'opposition faicte sur le lieu vault veue. Et pour ce que par l'autre voie, c'est assavoir par manière de complaincte, l'opposition faicte sur le lieu vault veue, en quelque estat (1) de la cause que l'une des parties défaille, elle pert sa cause, car ils sont acertenés de la cause du lieu (2).

Item *cautum est :* que, en cas de nouvelleté, au commencement du procès, on requière que, comme l'en ait certains tesmoings vieulx et valétudinaires, *sexagenarios, vel longa absentia abfuturos*, servans à la cause, lesquels par viellesse pendant le procès pouroient mourir, qu'ils soient examinés à futur, et ce fait, l'en peult mettre la coppie de leurs dépositions pour informer le juge, affin de recréance. Par une interruption, si le demandeur est dedens l'an, et il refonde les despens, il peult recommencer son procès, ce qui est vray au cas qui s'ensuit (3), c'est assavoir quant on contend d'une chose en cas de saisine et de nouvelleté par devant aucun juge, par devant lequel les journées ne se continuent mye comme elles font au Chastellet ; mais est le stil du juge que à chascune journée assignée, chascune partie prent (4) nouvelle assignation, ou autrement le demandeur fait interruption. Or est-il ainsi que à la journée assignée ne le demandeur ne le deffendeur ne preuvent riens l'un contre l'autre, ainsi est le procès interrumpu. Le demandeur qui est encores

(1) A. : et en quelque estat.

(2) B. : de la cause et du lieu.

(3) B. : recommencer son procès par le cas qui s'ensuyt.

(4) B. : pregne.

dedans l'an recommence nouvel procès ; le deffendeur excipe en disant qu'il ne fait à ouyr, ne à recepvoir, ne icelluy deffendeur n'est tenu de procéder jusques à ce qu'il soit premièrement absoubs de l'instance jà piecà commencée contre luy en ce cas, et laquelle ledict demandeur a interrumpue, et que icelluy demandeur ait refondé (1) les despens, *et ita observatur*.

Item contre celluy qui a possédé par an et par jour, l'en ne doict pas intenter le cas de nouvelleté ; mais l'en peult bien faire convenir par la voie ordinaire sur la simple saisine, et en ce cas il y aura (2) délay de conseil, vue et garant, ce qu'il n'auroit pas en cas de nouvelleté, comme dessus est dict.

Item l'abbesse de Foresmontier (3) est en saisine de justicier ses hommes mesmement ès terres des haults justiciers, et son gardien est le prévost de Paris.

Item le cas de saisine et de nouvelleté est en ce cas réputé pour personnel (4) qui ni convient (5) garder aucune sollempnité à faire les adjournemens fors de jour à aultre, ne aussi entre les nobles quant à comparoir (6) sur le lieu. Mais après l'opposition la cause d'icelle est sceue, et en ce cas, et aussi en cas d'exécution (7) de lettres obligatoires ne fault que unes lettres pour adjourner les pers de France, et les adjournent les baillifs royaulx.

Item comme la nouvelleté soit annuelle de soy, la lettre ou commission de justice doit estre impétrée dedens l'an de nouvelleté ; et s'il est dit que en cas d'opposition la

(1) A. : refondu.

(2) B. : il aura.

(3) A. : Forestmontier.

(4) A. : personne. — B. : par personnelle.

(5) A. : et n'y convient garder. — B. : qu'il n'y convient.

(6) B. : quant à non paroir.

(7) B. : est sceue, et en ce cas d'exécution de lettres, etc.

partie opposant soit adjournée à certain terme, si l'exécution d'icelle lettre n'est commencée dedens icelluy terme préfix, pour faire l'adjournement, il suffit d'exécuter icelles lettres dedans l'an. Et en ce cas la commission doit estre impétrée dedens l'an, *cum novitas sit annalis,* autrement elle est expirée. Mais le cas de simple saisine peult bien estre intenté après l'an jusques à dix ans (1).

Item en ce cas de nouvelleté on se doit complaindre dedans l'an, et si aucun pou de temps est passé oultre l'an, l'en a bien reliefvement du roy, *ut non obstante anno elapso ipse possit conquerere in casu novitatis, quod solet concedi justa de causa, alias non.*

Item jà soit ce qu'il conviengne alléguer nouvelleté dedens l'an, ce n'est fors affin que la chose contencieuse soit mise en la main du roy, car simple saisine poult estre intentée après l'an et le jour jusques à dix ans, comme dit est.

Parolles de menasses ne souffisent point pour soy complaindre en cas de nouvelleté, ainsi comme l'en dit que sauvegarde n'est mye enfrainete par parolles, mais de faict, aussi faut-il que de fait l'empeschement soit mis, autrement la complaincte ne vault riens ; ne la complaincte ne se estent (2) pas aux empeschemens advenir ; car si les empeschemens venoient depuis, il conviendroit faire aultre complaincte de nouvelleté, *per* l. *non potest* ff. *de judic. et quia ea que de novo emergunt*, etc.

Item jà soit ce que l'en die que pour meuble l'en ne puisse pas intenter le cas de nouvelleté, toutesfois si faict bien en deux cas : *primo*, en cas d'une succession

(1) B. ajoute : la coustume est au tiltre des *Actions personnelles et ypothèques*, en l'art. LXXIII.

(2) B. : ne sesse pas, ou : ne cesse pas.

universelle, combien que l'en ne feist pas à recevoir à demander par nouvelleté une pinte ou une robe, toutesfois l'en fait bien à recevoir à demander universellement la succession, supposé qu'il n'y ait que meuble. *Secundo*, se tu prens en ma justice un pourceau, ou aultre meuble en justiciant, te me troubles en ma justice, à raison de quoy l'action de nouvelleté me compète, mais se je me fonde seulement *super re mobili, non competeret interdictum uti possidetis*.

Item le seigneur qui voit troubler la justice de son vassal peult intenter complaincte de nouvelleté, et user d'icelle, non mye pour la possession naturelle, *id est* prouffitable, que a son dit vassal, mais pour la possession civile, *id est* directe, en laquelle il se voit troublé. Encores semble-il plus que, supposé que l'un d'iceulx intentast ladite complaincte, que tous deux en puissent user. Se aucun me trouble en ma saisine, à la requeste d'une autre personne, je doy faire adjourner l'ung et l'autre.

Item le vassal peult (1) contre son seigneur et la court d'icelluy seigneur intenter le cas de saisine et de nouvelleté.

Si la partie impétrant n'exécute pas bien ne deuement sa complaincte, il est meilleur à la partie adverse qu'elle ne se oppose point, mais face adjourner icelle partie complaignant en cas de nouvelleté, car se icelle partie s'opposoit (2), il conviendroit qu'elle fist rétablissement avant toute œuvre (3); se elle se complainct, *secus*. Et c'est la différence qui est entre complaincte et opposition.

Nota que de la nature de nouvelleté a esté parlé en la

(1) A.B. : ne peut.
(2) A. : s'oppose.
(3) A.B. : heure

rubrice de *uti possidetis* quant aux immeubles, et en la rubrice de *utrubi* quant aux meubles.

Nota que ès adjournemens qui se font sur cas de saisine et de nouvelleté, ne fault garder aucunes solempnités entre les personnes non nobles, non plus que ès cas personnels, mais ès personnes nobles fault garder la solempnité de leur noblesse, c'est assavoir huict jours francs quant à l'adjourné (1), qui se faict à dire la cause de son opposition (2) au premier adjournement non.

Nota que tous juges, chascun en sa jurisdiction, peult bien congnoistre des cas de nouvelleté, mais se aucun juge royal en (a) la prévencion, il n'en doict point faire de renvoy, mais lui demourera la congnoissance.

L'examinateur, huissier ou sergent, qui est exécuteur du mandement ou complaincte en cas de saisine et de nouvelleté, doict faire appeller les parties par-devant luy sur le lieu, et la complainte faicte par le complaingnant, si l'aultre partie en parlant se confesse dessaisie, ou confesse avoir mis l'empeschement, et (3) ne propose avoir aucun droict en la chose, ou qu'elle nie avoir mis l'empeschement, ou qu'elle ne se oppose point, l'exécuteur resaisit la complainte (4), et en restablissant ostera l'empeschement, et assignera jour à veoir confermer son exploict, ne depuis la partie ne sera receue à opposition, et (5) se icelle partie dit que ce qu'elle a faict, ce a esté en usant de son droict, et qu'elle contende posséder ladicte chose, alors pour raison du débat ladicte chose sera

(1) A.B. : à l'adjournement.
(2) B. 1598 : mais.
(3) A. : ou.
(4) A. : dessaisira le complaignant. — B. : resaisira le complaignant.
(5) A.B. : car.

mise en la main du roy. *Et istud fit ne partes veniant ad arma, vel viam facti.*

Item et si la partie contre qui la complainte se faict ne compare point, supposé que ce soit la première contumace, et que plus n'en n'y ait, si sera la partie ressaisie et l'empeschement osté selon le stille de parlement ; mais que la partie face sa complainte et sa requeste (1), jà soit ce communément les commissions (2) ne le facent pas, mais à la requeste de la partie comparant adjournent la partie défaillant à veoir adjuger le prouffit du deffault, et vraiement c'est le plus seur de ainsi le faire, car l'en ne scet comment (3) la partie pourra purger sa contumace, car si faire le peult l'en le doict ouir, et la contumace purgée, procéder comme de raison. Et si la partie complaignant n'emportait que deffault, et par sa négligence s'en passast à tant sans faire aultre requeste, par vertu d'icelluy deffault, la partie est décheue du tout de ce qu'elle pourroit avoir dit au lieu, et de tout ce qu'elle pourroit dire contre l'exploict, et de sa nouvelleté.

Item et si la partie qui a intenté la complainte deffault devant le commissaire, ainsi comme la partie devant dicte, elle pert sa possession par une seule contumace, aussi cetuy desfaillant doict perdre le prouffit et tout l'effaict (4) de ses lettres. Et si celuy contre qui la complainte est faicte ne peult purger sa contumace en quoy il a esté mis devant le commissaire, la main du roy, et tout empeschement sera osté, et la saisine paisible sera adjugée à la partie qui a impétré la complainte, et ainsi a il esté jugé par plusieurs fois.

(1) A. : à sa requeste.
(2) A.B. : les commissaires.
(3) B. : comme.
(4) B. : le faict.

Jehanne de Limoges, mère de Jennin de Limoges, alla de vie à trespas, Perrin Lhermite se feist tenir et garder en possession et saisine des biens d'icelle mère. Jennin se opposa. Ledict Lhermite disait qu'il estoit nepveu et pour plus prochain, Jennin se disoit fils légitime, si non légitime au moins estoit né en mariage, et pourtant (1) estoit plus prochain. Et conduirent leurs procès en cas de saisine et de nouvelleté, et après plusieurs assignacions faictes furent apointés à bailler à ung mardi. Pendant le temps ils trouvèrent l'un l'autre et s'entrebatirent, et fut ledict Jennin en prison avant, et au temps de bailler, et bien six sepmaines après, sans riens changer, ne aultrement continuer leur procès. A la fin du temps Jennin fut eslargi, et au plus prochain mardi d'après son eslargissement feist appeller Lhermite qui ne cuidoit riens avoir affaire à ce jour, et fut mis en deffault. Il est dit par opinion que ce deffault est de telle vertu que Lhermite a faict interruption, et reffondera tous les despens, mais considéré que Lhermite estoit dedens l'an il pourroit recommencer. *Sed queritur* se l'an fut passé, considéré que la main du roy qui a tousjours esté en la chose contencieuse conserve le droict du possesseur, se icelluy temps seroit compté tellement qu'il ne peult recommencer (2). Et la raison pourquoy pour le premier deffault l'en pert sa cause de nouvelleté, c'est pour ce que c'est petit dommaige et lequel peult estre réparé par la question de propriété.

Si le complaignant compare, et l'opposant deffault en

(1) B. : et par tant.

(2) Cette phrase manque dans A. Elle est remplacée dans B. par la phrase suivante : et se le deffault estoit prins après litiscontestation, la cause est tellement perdue et périe que jamais on ne la peut recouvrer, jaçoit ce que l'en fut dedans l'an.

jugement depuis que jour leur aura esté assigné, et la chose mise en la main du roy, ou cas aussi où le deffaillant n'aura envoié exonieur ou excuseur (1), le complaignant comparant sera mis en possession de la chose contentieuse sans aucun délay, et en sa saisine sera deffendu, sauf à la partie la question de la propriété.

Item si la partie opposant compare et l'autre non, *et sic per primam contumaciam punitur ut suprà.*

Item si en cas de nouvelleté la partie adjournée en parlement ne compare, mais est en deffault, assavoir si la partie complaingnant doict *eo ipso* emporter le prouffit de son deffault, ou se il est nécessaire de faire adjourner la partie deffaillante à veoir adjuger le prouffit d'icelluy deffault? Responce : de ce a aucune fois esté grande altercation en parlement, et contre les opinions des advocats a esté deffini et enregistré que le prouffit du deffault est tel, que la partie deffaillant est décheue de son opposition et des causes d'icelles, l'empeschement sera osté, et la partie comparant mise en saisine sans aultre évocation, si ainsi n'est que la partie deffaillant face tantost appeller sa partie pour veoir purger icelluy deffault, auquel cas elle sera ouye.

Item en cas de saisine et de nouvelleté ung deffault faict perdre la saisine au deffaillant, et incontinent sera faict la judication (2) sans aultre adjournement, et par vertu d'icelle contumace la partie comparant sera mise en possession et saisine de la chose contencieuse qui par avant estoit en la main du roy. Et n'est mie grant merveille que pour la première contumace l'en pert sa cause en ce cas, car, comme dit est, c'est bien petit préjudice

(1) A.B. : exonier ou excuser.
(2) A. : l'adjudication.

qui peult estre réparé en la question de la propriété. Et se la partie appelle d'ung(1) commissaire, assavoir se ladicte appellation est vallable (2). Il semble que non, car l'appellant sadicte contre le grevant (3), c'est assavoir le commissaire ou le juge, et le regarde et non pas la partie (4). Et pour ce il me semble que l'appellation n'est pas force de opposition. Toutesfois l'exécuteur ne doict pour ce laisser à exécuter son mandement. Se la partie devant qui la complainte est faicte respond : *Je me garderay de mesprendre*, ses parolles vallent-elles opposition? Aucuns dient que non, mais consentement; les aultres dient le contraire et quelles vaillent contredict. Le premier est plus véritable. A ce que opposition vaille et soit souffisamment faicte, il est nécessaire soy opposer de parolles, supposé que de faict non. Ainsi fut-il jugé pour l'archevesque de Rains.

Se aucun se plaint de la moitié, ou du tiers, ou du quart d'aucun héritaige par indivis, tout sera mis en la main du roy; mais les parties ouyes, le juge ordonnera que de ce où il n'est point mis d'empeschement la partie lèvera les fruicts (5).

Item quant aucun trouble est faict de nouvel sur aucune saisine, et la partie opposant ne requiert point que la chose contencieuse soit mise en la main du roy, la partie à qui l'opposition est faicte jouira cependant de la possession, et ce luy portera tel prouffit que pendant le temps il lèvera les fruicts, et si sera réputé possesseur pendant le temps et aultrement non, èt aussi si iceluy même op-

(1) A.B. : du.
(2) B. : assavoir se ladicte appellation vault opposition.
(3) A.B. : car l'appellation s'adresse contre le grévant.
(4) B. : Mais l'opposition regarde et s'adresse droictement contre la partie.
(5) B. : et jouyra.

posant deffault; car incontinent pour le prouffit d'iceluy deffault il aura la vraye possession, sans ce qu'il luy soit nécessaire de faire adjourner la partie pour veoir adjuger le prouffit d'icelluy deffault.

Item la chose ne doict point estre mise en la main du roy qui ne dit : *tu me troubles induement et de nouvel.*

Item nota que la main du roy ou du souverain mise par nouvelleté faict tousjours durer la nouvelleté.

Item en cas de nouvelleté se depuis ce que la chose est mise en la main du roy la partie faict aucun attentat, l'en la doibt faire adjourner sur l'attentat, et requérir qu'elle soit condempnée à réparer et amender au roy ; ainsi est-il en cas d'appel; mais où il n'y a appel, ou main mise, l'en ne peult dire attentat.

Se aucun par ignorance attente, il est excusé d'estre condempné de l'amende et non mie du restablissement (1).

Se aucun est adjourné en cas de saisine et de nouvelleté, et sa partie ne dict en saisine en sa demande (2) et oublie à dire ce mot : *de nouvel*, la partie n'est tenue de respondre, car le complaignant n'ensuit point la forme de la complainte (3) ne de son adjournement, et aura congé et despens, et sera la main levée, et demourera saisi, considéré qu'il n'est pas adjourné en cas de simple saisine.

En cas de nouvelleté si en la complainte aucuns empeschemens sont déclarés sur le lieu [et l'en déclaire aultres] (4), et en jugement l'en vouloit aultrement déclarer, à ce la partie n'est ouye (5); mais que les faicts d'empes-

(1) A. : il est excusé de l'amende et non, etc.

(2) A.B. : et sa partie en faisant sa demande oublie à dire ce mot.

(3) A. : de sa complaincte.

(4) Manque dans A.B.

(5) A. : à ce la partie est ouye.

chement soient despendant l'un de l'aultre ou d'une nature, *ita judicatum fuit.*

Item nota que si aucun seigneur hault justicier se deult et complaint de la nouvelleté faicte à son subject (1), qui toutesfois ne soit mie son homme de corps, il ne sera point ouy si le subject n'est présent, et qu'il se complaingne de la nouvelleté.

Nota que si le subject se plaint de son seigneur sans moien en la court souveraine (2), et le seigneur requiert estre renvoyé en sa court, il le sera, car aultrement le subject aurait trop grant avantaige de destruire la jurisdiction de son seigneur, mais le seigneur se peult bien plaindre de son subject s'il le perturbe, ce qui est vray si la court souveraine ne voit aucune faulte notable ou aultre grande cause contre le seigneur pourquoy le subject peult estre trop blessé, car lors la court souveraine en pourroit retenir la congnoissance, mais que la cause fust bien clère et bien apparant.

Nota que le vassal ne sera point ouy à soy complaindre audict cas, se *primo* il n'est entré en la foy d'iceluy seigneur, car encore n'est-il pas son homme.

Item se le seigneur se veult plaindre de celuy qui est son subject par moyen, il sera ouy, et non mie renvoyé pour ce que ce seroit inconvénient que le seigneur fust contraint à plaider devant son subject.

Quant aucun débat de nouvelleté est meu entre ung subject et le roy, adonc la chose est mise en la main du roy comme souveraine, mais il ne nuyt point, car lors ung preud'homme est esleu qui gouverne la chose au nom de l'ung et de l'aultre.

(1) A.B. : par son subget.

(2) B. : en sa court souveraine.

Nota que il semble bien que ung subject se puisse complaindre en cas de nouvelleté contre le roy, par ce que dessus est dict.

Item quant deux pairs de France contendent de nouvelleté, adonc la chose demeure en la main du souverain, et quant la cause est finie, le souverain restitue tout.

Item s'aucun s'oppose en cas de saisine et de nouvelleté, en soy opposant exprime et déclaire cause certaine d'opposition, et lors s'arreste, il est forclos et exclus de toutes aultres exceptions quelsconques, dilatoires, péremptoires ou aultres, mais s'il s'oppose à toutes fins, il peult proposer déclinatoires, dilatoires et toutes aultres.

Celluy qui se plaint en cas de nouvelleté se doict garder de dire qu'il soit dessaisi ou despouillé de sa saisine, car il ne pourroit pas intenter la nouvelleté s'il ne possédoit ou contendoit posséder.

Item en ce cas celluy qui s'oppose se doibt dire saisy, aultrement il ne seroit mye légitime contradicteur.

En cas de saisine et de nouvelleté, chascun est demandeur et deffendeur, et l'ung contredisant à l'aultre en toutes choses, ne celluy n'est mye légitime contradicteur qui content son adversaire posséder, mais convient que luy mesme se dye possesseur.

En cas de saisine et de nouvelleté chascun est demandeur, car il convient que chascun se dye saisy et empesché, mais toutesfois celuy qui se faict tenir et garder, ou qui a faict la complainte est proprement demandeur original, et luy fault grâce et à l'aultre non.

Item quant entre aucuns est plaid sur aucune saisine, et en plaidant sur icelle saisine aucun d'iceulx (1) entremelle avec chose qui touche propriété, il ne luy nuyt

(1) B. : aucun d'eulx.

point ce qu'il a entremellé avec la saisine, puisque principalement il n'estoit débat entre eulx ne procès fors en cas de saisine. Et ne nuyt point ce que l'en dict par usaige et stille de court laye, que quant aucun en son libelle, en ses deffenses ou articles, touche ou propose aucune chose appartenant à la propriété, il tient son adversaire pour saisi, car cela est bien vray quant les parties plaident seullement en cas de nouvelleté(1), et ne font aucune mencion de possession ne de saisine, *secus vero si tangat utrumque ut in casu premisso*, et de ceste oppinion fut messire Heudes de Sens. Et ainsi fut-il jugé en Chastellet en la cause de Geoffroy le Breton contre Raoul de Passy.

Item qui intente libelle sur trouble ou sur l'interdict *uti possidetis* il ne doibt pas conclure à restitution, mais que l'empeschement soit osté, et *hoc potest colligi ex doctrina Inno. in C. bone memorie, de appella. in ant.*

Pierre l'Apostre vendit son héritaige à maistre Hugues de Guignant(2), qui s'en mist en saisine et possession; le closier qui avoit encores quatre ans à tenir la terre, s'en complaignit en cas de saisine et de nouvelleté; il lui fut argué qu'il ne faisoit à ouyr, ne à recevoir, pour tant qu'il n'avoit pas *jus in re*, mais *jus ad rem;* ne à tiltre de prest ne de louaige l'en ne peult acquérir saisine ne soy dire saisi. L'en fist response qu'il faisoit à recevoir à requérir l'usaige, mesmement quant il avoit à longues années et qu'ils passoient trois ans, ne il ne le(3) faict pas pour intervertir la possession, ne mettre au néant la saisine, mais pour l'usaige seullement, *quare*, etc.

En cas de nouvelleté, il fault faire restablissement de tout ce que celluy qui doibt restablir aura levé toute l'an-

(1) A.B. : de propriété.

(2) B. : de Guingant.

(3) B. : ne les fait pas.

née, car, comme dit est, il fault qu'on se complaingne dedans l'an.

Aucuns habitans *nomine habitantium* font leur procureur, et plaident en cas de nouvelleté, et requièrent restablissement d'aucuns biens prins sur aucuns des particuliers d'iceulx; puis que iceulx particuliers en leurs noms ne se sont dolus, et qu'il n'y a adjournement ne aultre chose qui soit faict en leurs noms privés, lesdicts habitans n'auront point de restablissement de faict, mais par signe, et ainsi fut-il jugé pour le prieur de Joigny contre les habitans de Joigny.

Devant toutes choses restablissement est à faire réallement et de faict se l'en peult, et sinon en estimation et par signe selon la différence des cas, si comme il est dit cy-devant.

Ceste règle fault en cas où la complainte est pour raison d'aucuns grans édifices et de grans coustumes (1), car lors l'en ne doibt abatre que ung petit et par signe; mais si la nouvelleté est meue pour raison d'édifice destruit, *secus;* car devant toutes choses restablissement doibt estre faict, et réédifié ce que l'en a de nouvel desmoly. *Ratio diversitatis potest esse per* l.ij, C. *De edific. priva.*

A ceulx qui refusent à faire ce restablissement l'en leur doibt assigner jour de l'avoir faict sur peine de perdre sa cause (2).

Se aucun estant en la saulvegarde du roy se complaint en cas de nouvelleté d'aucuns biens, la partie peult conclure restablissement, et le procureur du roy à restitution, affin de la réintégration d'icelle saulvegarde. Qui au commencement du plaid ne requiert la récréance jà

(1) B. : coustemens.

(2) B. : la cause.

plus ne sera oy, ne ne luy sera faicte. En ceste matière, après litiscontestation faicte en cause, la récréance doibt estre faicte et adjugée à celuy qui a pour luy le droict commun (1), et qui a intention mieulx fondée, et duquel le cas est le plus favorable, comme celluy qui traicteroit de franchise, qui a plus cler droict, et qui monstre tiltre et derniers exploicts, et qui monstre son droict plus clèrement et plus évidemment, et qui dernier est trouvé saisi, pourveu toutesfois qu'il se soit opposé (2) aux exploicts de sa partie, car en ce cas de nouvelleté, les derniers exploicts devant la nouvelleté commencée valent mieulx quant ils sont prouvés. En simple saisine les plus vieulx exploicts *ceteris paribus sunt preferendi*.

Nota quod ubi quis intentat (3) *vim ablativam vel violenciam* (4) *mobilium sibi factam, recredentia facienda est actori sine causæ cognitione, et ante litis contestationem, et est speciale propter privilegium causæ spoliationis. Nam sicut ante omnia de ea cognoscitur, ita et ante omnia recredencia facienda est. Et est ratio potissima, quia cum regulariter recredencia fieri debeat illi qui ultimo invenitur possidere, et spoliatus se dicendo spoliatum confiteretur adversarium saisitum, et sic semper fieret illi de quo est querella tamquam de spoliatore, quod in dubio non est faciendum.*

Item in causa spoliationis non potest fieri litiscontestatio ad finem recredenciæ quin fieri oporteret super principali, quia in ea non potest esse recredencia nata post causam principalem, cum simul ei jungatur si bene advertes, sed in aliis causis secus, ut in interdicto uti possidetis et aliis.

(1) A. : qui a pour luy droict commun.

(2) B. : qu'il soit opposé.

(3) B. : *quis intendat.*

(4) B. : *violentem.*

La récréance doit estre faicte à celluy qui dernier est trouvé saisi et qui monstre son droict par tiltre ou autrement plus clerement et plus évidemment comme dessus est dit.

Quant entre deux seigneurs est débat d'aucune haulte justice en cas de nouvelleté, l'en ne doit faire (1) récréance ne à l'ung ne à l'autre, mais y doit le juge mettre ung commissaire qui par main souveraine le gouvernera (2).

Item si l'en prent les gaiges d'aucune personne franche qui est justiciable d'aucun seigneur temporel pour aucun droit (3) que l'en luy demande, si le seigneur temporel pour son droit s'oppose, et la personne franche ne s'oppose point à la prinse faicte, l'en ne fera point de recréance au seigneur temporel, puisque la personne franche ne le requiert pas, mais si telle personne, soit homme ou femme, est homme de corps, *secus*.

En cas de nouvelleté n'a aucune provision, si ce n'est en une succession universelle, ou en droit spirituel. Aussi (4) fut-il dit pour le chapitre de Sens.

Item sur cas de nouvelleté l'on n'a pas jour d'avis, mais bien en cas de simple saisine.

Item en ceste cause, puis que le débat et la chose contentieuse est mise en la main du roy pour l'opposition de la partie. la partie opposant n'a advis ne jour de conseil, ne jour de veue, pour ce qu'elle doit estre adcertenée à quoy elle s'est opposée, et pour ce que l'exploict a esté fait en sa présence et sur le lieu, et autrement la partie auroit veue.

(1) A. : l'en ne doibt point faire.
(2) A. : la gouvernera.
(3) B. : pour droict.
(4) A.B. : ainsi.

Aussi ne peult la partie qui a fait la nouvelleté avoir garand puis qu'elle veult contendre que de droit et de sa chose qu'elle a eue d'aucun elle a ouvré (1), *secus si nomine alieno*. Ainsi fut-il dit contre le connestable de France qui demandoit à garand le roy de Navarre ; toutesfois communément en Chastellet l'en donne garand (2).

Aussi en cas d'ipothecque supposé encores que l'en s'opposast (3) contre les héritiers, et supposé que la partie n'eust point de garand, si est ce délay accoustumé à donner (4).

Item en cas de simple saisine il y a plusieurs exploictz, jà soit ce qu'ils soient anciens, toutesfois ils vallent mieulx, mais en cas de nouvelleté les nouveaulx vallent mieulx.

Item en cas de nouvelleté les derniers exploicts dedans l'an de nouvelleté commencée (5) vallent mieulx quant ils sont prouvés. Et en cas de simple saisine, les plus anciens exploicts valent mieulx, supposé encores que sa partie prouvast aussi largement en nombre de tesmoings, en suffisance de personnes et nombre d'exploicts.

Qui succumbe en la nouvelleté il peult intenter libelle sur simple saisine, car il n'a pas pour ce perdu la saisine simplement, mais il en est reculé ou débouté en tant que touche ceste qualité de nouvelleté seullement. Exemple : ung homme blanc se fera noir, mais pour ce ne pert il pas la substance d'homme simplement, mais il pert celle qualité de blancheur. Aussi celluy qui a suc-

(1) A.B. : elle est adjournée.

(2) B. ajoute : mais qui soit ydoine et suffisant, autrement partie troublant demeure en cause.

(3) A. : que l'en s'adresse. — B. : que l'en s'adressast.

(4) B. ajoute : qu'en dict délay en lieu de garand.

(5) A. : commençant.

cumbé n'a perdu que celle qualité, et peult intenter saisine simplement, laquelle il n'a pas perdue ; toutesfois c'est à entendre quant la possession de la chose contencieuse est du commencement mise en la main du roy, jà soit ce que aucuns dient que la main mise ne y réserve riens (1) et que autant en seroit-il si la main n'y estoit point mise, car ils dient que par an et jour, saisine n'est pas acquise simplement, mais la qualité de la nouvelleté seullement. Et selon aucuns autres, il acquiert la saisine simplement et entièrement.

Messire Symon de Bucy qui premièrement trouva et mist sus les cas de nouvelleté ne vouloit mye que l'en mist ès actes donnés oudit cas ces mots : *sauf la question de la propriété ;* car il tenoit que l'en pourroit intenter le cas de simple saisine ainsi comme le commencement de cest article le soustient. Toutesfois on n'a point veu que aucun bon advocat se soit osé bouter en ce doubte (2).

Item quant il est contend par raison d'aucun exploit de saisine comme justicier larrons, jà soit ce que de la partie du complaignant soient prouvés plusieurs autres exploits, si ne luy prouffiteront ils point fors que à la saisine de l'exploict contencieux, et sera ainsi donnée la sentence : *Nous adjugeons à tel la saisine quant aux articles contencieux*, et la raison si est, car autant comme ils sont de exploits, autant sont ils de espèces de saisine, et l'une espèce ne induit point l'autre, etc.

Item en la prévosté de Paris qui déchiet de nouvelleté, il ne paie aucune amende, *secus in aliis actis.*

Nota que tous cas de saisine et de nouvelleté sont de fait. Et pour ce le roy par prévention en a la congnois-

(1) B. : n'y sert de riens.

(2) B. : bouter en doubte.

sance et n'en feroit point de renvoy au hault justicier, ne à l'official mesmes, supposé que la cause fut spirituelle. Aucunes fois a esté plait et procès de saisine et de nouvelleté entre certains marguilliers et leur curé pour cause du repositoire du corps Nostre Seigneur ; mais il fut dict par le parlement que la congnoissance en demourroit au roy.

Tout ainsi en fut-il dit entre les marguilliers de Sainct-Leu-Saint-Gille de Paris pour ung poille qui avoit été osté de dessus ung corps.

Item entre ung évesque et une abesse, car à luy appartenoit de instituer ung curé, et sur ce intentèrent libelle de nouvelleté. Dit fut comme dessus. De certaines offrandes et oblations fut dit comme dessus ; et furent receues par ung sergent comme par la main du roy.

Et la cause pour quoy la jurisdiction temporelle a ceste congnoissance peult estre pour ce que, comme dit est, la possession est de fait, et la cause de la nouvelleté ne décide pas la cause de la propriété, à laquelle l'en pourroit (1) retourner à la court spirituelle.

Mais (2) il y a aucuns cas de saisine, comme de avoir messe en aucun lieu, d'avoir procession, baptesme d'enfant, enterrage de corps, *et similia*, qui ne peuent pas estre mis en la main du roy pour le débat des parties, ne gouvernés par la main du roy. Et pour ce l'en pourroit arguer que ce cas ne seroit pas formément cas de saisine et nouvelleté, par ainsi le juge lay n'en deveroit congnoistre. Response : En parlement et en Chastellet l'en congnoist des possessions et saisines des bénéfices pource qu'elles sont de fait ; ne il n'est pas nécessaire mesmes en cas de nouvelleté que la main du roy soit tousjours

(1) B. : à laquelle pourroit.
(2) A. : s'il y a.

apposée en la chose contencieuse; mais il souffist dire avoir esté et estre (par temps souffisant à avoir acquis saisine) saisi de la chose contencieuse, et par les ans et exploix derniers, et y avoir ésté troublé de nouvel, car ces deux moiens souffisent à intenter le libelle de nouvelleté. Et par ces deux moiens libelle est tout entier, et a tous ses membres.

Item main mise verballement et intellectuellement vault autant aulx choses incorporelles comme main réelle et corporelle ès choses corporelles, pour quoy se peult (1) estre dit estre (2) cas de nouvelleté et en peut le juge lai congnoistre.

Contre arrest de parlement, ou autres sentences, fait on bien à recevoir en cas de saisine et de nouvelleté après an et jour; car durant icelluy temps l'en peult bien avoir acquis saisine nouvelle.

Puisque ung exploit est suranné, l'en ne s'en peult aider en cas de saisine et de nouvelleté.

Si le roy tient aucune chose en sa main comme souverain, il ne peult pas pour ce acquérir saisine, etc.

Item se aucun se fait tenir générallement en possession d'aucune succession universelle, et aucun aultre en tienne et possède singulièrement une partie par an et jour, il acquiert telle possession que ceste garde générallc ne se estendra pas à ceste singularité, et ceste singularité ou particularité n'est expressément contenue en l'exploit, jà soit ce que l'en dic que la main du roy mise en la chose contencieuse conferme et garde la possession, c'est à entendre chose contencieuse singulière ou générallc et expresse (3) tant seulement.

(1) A. : pourquoy ce peult, etc.

(2) *Estre* manque dans B.

(3) A. : en expresse.

CHAPITRE XX.

EXCEPTIONS SUR CAS DE NOUVELLETÉ.

Si affin que la partie complaignant ne face à recevoir à intenter libelle de nouvelleté, la partie propose que le cas dont le complaignant se deult est fait et advenu il y a ung an passé, et qu'il le veuille prouver, l'exception est recepvable ce semble, car autrement la partie excipant seroit endomaigée en deux choses selon le stil de parlement; *primo*, que la chose qui (1) tient en sa main seroit mise en la main du roy, comme souveraine, pour raison de nouvelleté; *secundo*, que l'en procèderoit plus hastivement ès cas de nouvelleté que ès aultres ordinaires, lesquels se demainent comme ceulx esquels l'on baille libelle par escript; l'on a veue, garand, jour de conseil, et aultres délais. On doit aider et subvenir (2) à celluy qui est despouillé, ou dessaisi, et en tel cas nulle exception n'a lieu fors de dire : *il m'avoit despouillé par avant*. Et affin que les plaits soient plus abrégés, la court en tel cas ne reçoit autre exception.

Item il (3) ne se peult mye dire dessaisi, car il (4) ne fut oncques saisi.

Item qui adjuge à aucun la saisine, l'en doit réserver le droit de la propriété. Et qui veult intenter action sur icelluy droit, il convient impétrer son adjournement dedens

(1) B. 1598 : qu'il.

(2) A. : on doibt aider à subvenir.

(3) A.B. : celuy.

(4) A.B. : qui.

l'an, ou autrement il est descheu du droit qu'il avoit en la chose, par sa négligence.

Item il est une autre exception, c'est assavoir quant aucun fait demande sur saisine par manière de nouvelleté, et la chose litigieuse et contencieuse (1) est mise en la main du roy par le juge par devant lequel l'action est intentée, *reus* (2) peult exciper en disant qu'il n'est tenu de procéder par devant luy jusques à tant que sa main que il a mise soit levée. Ainsi fut-il dit en une cause d'appellation faicte par devant le bailli d'Orléans entre l'abbé de Sainct-Benoist sur Loire contre le seigneur de Lignières.

(1) B. : et la chose contencieuse.
(2) B. : ains peut, etc.

CHAPITRE XXI.

DES AMORTISSEMENS.

Amortissement est congé, ou octroy, que fait aucun hault justicier à personne ou gens d'église, de tenir aucun héritaige en leur main à perpétuité, sans ce que par icelluy hault justicier, ne par autre aiant cause de luy, ils puissent doresnavant estre contrains à le mettre hors de leurs mains. Et par ce appert que c'est héritage amorti, car c'est héritage duquel ledit octroy est donné. Pour quoy fut amortissement trouvé pour ce que gens d'église achetoient voluntiers, et jamais ne revendoient; et ainsi s'ils pouvoient acheter à volunté, et sans congé du seigneur hault justicier, comme aultres personnes séculières, riens ne leur eschapperoit qu'ils n'achetassent.

Queritur si aucun seigneur peult estre contraint par raison à amortir oultre son gré aucun héritage? *Respondetur quod non*, mais aucunesfois par contraincte du prince le hault justicier y est contrainct de faict, comme les religieux de Saincte-Genevíefve de Paris furent par le pape contrains d'amortir la place où les carmes de Paris ont leur maison et église (1).

Item selon raison, usaige, et coustume notoire, gens d'église ne pevent tenir aucuns héritages assis en la haulte justice d'aucun hault justicier contre la volunté dudit hault justicier, se lesdits héritages ne sont suffisanment amortis par icelluy hault justicier. Et si de faict lesdicts

(1) B. : le lieu ou sont assis les Carmes, fondés par sainct Loys.

gens d'église les tenoient et occupoient, ledit seigneur leur peult faire commandement que lesdicts héritages ils mettent hors de leurs mains, dedens an et jour, et est tel commandement loisible et raisonnable, et y sont lesdits gens d'église tenus obéir ; et si dedans ledit an et jour ils ne mettent lesdits héritages hors de leurs mains, ou ne procurent devers ledit seigneur amortissement d'iceulx héritages, lesdits héritages sont acquis au seigneur hault justicier, et les peult appliquer par devers soy, et de faict les convertir à son domaine comme siens, selon raison, coustume, et usaige notoire. Et pour ce appert que les religieux ne pevent contre le hault justicier, pour détention ou occupacion qu'ils aient de l'héritage, acquérir saisine, ne le forclore, qu'il ne leur puisse faire ledit commandement toutesfois qu'il luy plaira, au moins jusques à temps de prescription. Et aussi appert que le temps principal ausdits religieux ne commence pas du jour qu'il leur est vendu ou donné, par lais ou autrement, mais du jour dudit commandement.

Nota que pour cet amortissement aucun droit de héritage (1) comme écus, rentes, ou autres servitutes, en quoy ledit héritage fut chargé avant l'amortissement, ne se mue ne est anullé par ledit amortissement.

Queritur si ledit amortissement peult estre fait par autre seigneur que par le hault justicier, ou ledit commandement de mettre hors, etc., comme seroit par le seigneur foncier ou bas ou moien, etc.? *Respondetur* que veu ledit commandement de mettre hors, etc., et la coustume en cas d'amortissement, tant au seigneur foncier comme au bas et (2) moien justicier, et par eulx peult estre faict ledit commandement, et à eulx appartient aussi

(1) A. : des charges.
(2) B. : ou.

bien qu'au hault justicier. Et s'il est ainsi que le hault justicier les amortisse, si demourra le droit desdits autres seigneurs sauf. Et fault qu'il soit par chascun amorti ou mis hors des mains desdits gens d'église dedens l'an et le jour dudit commandement, ou il sera acquis au seigneur qui aura fait ledit commandement. Et pour ce que les religieux voulentiers achètent des séculiers héritaiges assis en la terre du roy, et mouvant nu à nu de luy par telle manière qu'ils sont ou seront amortis jusques au roy. Mais se ils sont ès terres et (1) personnes ou (2) gens d'esglise ont toute justice, il fault et souffit que l'amortissement soit fait par lesdictes personnes d'esglise (3).

Queritur coram quo debet fieri talis denunciatio? Respondetur distinguendo: ou lesdictes gens d'esglise sont demourans en la jurisdiction dudit seigneur, ou non. *Si primo, tunc* ledict seigneur les fera adjourner par devant luy, ou par devant son juge et en sa court, et là le seigneur ou son (4) procureur fera sa dénunciation en telles parolles ou semblables en substance : *tels religieux ou collège ont acheté tels héritaiges en la jurisdiction et seigneurie de tel seigneur, pour ce iceluy seigneur leur dénunce que dedans an et jour ils mettent ledict héritaige hors de leur main ou iceluy amortissent par devers luy, en protestant que si de ce faire sont refusans ou négligens, de assigner ledict héritaige et l'appliquer par devers luy et en*

(1) A.B. : où.

(2) A.B. : et.

(3) Charondas met ici en note : Mon ancien practicien, qui descrit la forme de demander par la personne ecclésiastique l'admortissement au seigneur en telle manière : *Sire ce nous a esté donné en aumosne, et s'il vous plaist nous le tenons : et s'il ne vous plaist nous l'osterons de nostre main se vous voulez, dedans le terme advenant*, dict que si le seigneur admortit il ne peult plus rien demander d'ores à l'advenir.

(4) A. : le.

son demaine ou au moins de en requérir (1) *et avoir tel prouffict comme de raison et que la coustume peult souffrir.* Et s'ils ne font ce que dit est, l'an et jour passé, ledit seigneur peult assigner audit héritaige et faire iceulx religieux convenir en sa court, et illec par luy ou son procureur conclure contre eulx qu'il soit dit et à droit iceux religieux avoir esté négligens de faire ce que dit est. Et aussi qu'il soit déclaré icelluy seigneur avoir droit oudit héritaige, et icelluy à luy estre adjugé comme à luy acquis (2), et lesdits religieux condempnés à les luy délaisser et ès dépens, etc., par la coustume dessusdicte et autres moiens nécessaires. Si *secundo* : il les peult faire adjourner par devant leur juge ordinaire (3) et là faire ce que dit est. Et doit ledit seigneur prendre ladicte dénunciation par escript, et la responce desdicts gens d'esglise.

Queritur si le seigneur foncier et le seigneur hault justicier font en ung mesme jour la dénunciation, l'an et le jour passé, à qui sera l'héritaige acquis? *Respondetur :* au seigneur foncier; car le hault justicier ne peult réclamer droict audict héritaige, si ce n'est en deffault de tenant, ou pour cas de confiscation. Mais le seigneur foncier y a son fons, ses ventes, ou son quint denier et ses saisines toutesfois qu'il est vendu ou aliéné. Mais bien se gardent les seigneurs; car se l'ung fait sa dénunciation, soit hault justicier ou foncier, il acquiert toute la chose sans ce que les aultres justiciers ou seigneurs puissent plus rien demander au droict de la chose, etc.

(1) B. : d'enquérir.
(2) B. : audict héritaige et icelluy à luy acquis.
(3) B. : le juge ordinaire.

CHAPITRE XXII.

CRIÉES DE MAISONS ET HÉRITAIGES.

Criées de maisons ou héritaiges sont faicts (1) par deux manières. Les unes par vertu des condempnations ou obligations, et les aultres par vertu du privillége donné aux bourgeois et habitans de Paris, sur le faict des maisons ruineuses.

De celles qui sont faictes par vertu des obligations, il fault avoir commission, et que le sergent voise sur l'héritaige, la justice du lieu appellée, se c'est en prévosté et viconté et ressort, et là, en la présence de plusieurs, il doit mettre (2) l'héritaige en la main du roy, et icelle mainmise signifier au propriétaire, et icelluy adjourner à veoir vendre en quelque haulte justice qu'il demeure, et sans l'appeller, et de ce faire rapport en la chambre, et icelluy rapporter en l'auditoire au clerc des criées qui l'enregistrera, et fera les criées par quatre quatorzaines.

Item si l'exécution se faict par vertu de condempnation, tout se fait semblablement, toutesfois il est aucune condempnation ypothecque (3) en laquelle sont tels mots : *Nous disons ledict héritaige à luy estre obligé et ypothecqué et luy adjugeons pour estre vendu, crié et subhasté pour ladicte somme*, et en ce cas ne fault point adjourner le propriétaire à veoir vendre, mais seullement luy signifier la main-

(1) B. : faictes.

(2) A.B. : mettre et saisir ledict héritaige.

(3) B. 1598 : d'hypothecque.

mise pour estre criée ; et au rapport fault dire que à icelle mainmise il ne s'opposa (1) point.

Des criées qui sont faictes par vertu des priviléges donnés aux bourgeois sur le faict des maisons ruyneuses : tantost que une maison est tellement vuyde que le censier ne y trouve que gaigner pour sa rente et arrérages, il peult envoyer deux sergens sur le lieu, et en la présence de plusieurs voisins à ce pour tesmoings appellés, il doibt faire *voce preconia* (2) appeller et admonester tous propriétaires censiers ou aultres quelsconques ayant droict en et sur iceluy lieu, qu'ils arrestent (3) et mettent le lieu en tel estat, etc., selon la forme du privilége. Et doibt estre faict tel adjournement à XL jours ou plus devant l'adjournement de l'évocation, car les évocations doibvent estre faictes par trois quarantaines qui durent ung an, l'une évocation est à la huitaine de la Penthecoste qui est le jour de la Trinité et le lendemain. L'aultre évocation est le lendemain de la Toussainctz qui est le jour des Mors et le lendemain. La tierce est à la huitaine de Noël et au lendemain. Et qui à ces criées ne s'oppose point, il pert son droict (4).

(1) B. 1508 : s'oppose.

(2) B. : *voce præconis*.

(3) A B. : qu'ils payent et mettent, etc.

(4) Charondas met ici en note : « Mon vieil practicien, qui est plus ancien que Philippes de Beaumanoir, fait mention de ce privilege octroyé par le roy Philippes aux bourgeois de Paris. »

CHAPITRE XXIII.

DE SAISINE EN CENSIVE.

De saisine en censive *secundum consuetudinem Franciæ* en vente d'héritaige, ou de cens, ou de rentes à perpétuité sur maisons ou (1) héritaiges, il y a distinction, car, ou c'est censive ou fief. Et pour ce parlons premièrement de la censive : car oudict cas de vente si c'est en censive il chiet saisine au seigneur foncier. Et fault que le vendeur, ou son procureur aiant pouvoir à ce, aille dedans les huyt jours à compter du jour de la vente (2) par devers le seigneur foncier, et dire; si c'est le maistre, *id est* le vendeur principal, il dira ces mots : *Sire, j'ay vendu à tel, tel héritaige, ou tel cens, ou rente, sur tel héritaige mouvant de vous en censive pour tel pris, si m'en dessaisi en votre main* (3), *et vueil et vous requiers que ledict acheteur ensaisiniez*. Et se c'est le procureur, il doit dire au seigneur : *Monseigneur, tel mon maistre a vendu à tel, tel héritaige*, etc. *Je suis procureur pour en faire la dessaisine, si comme il appert par la lettre de la vendue, ou par ceste procuration, si m'en dessaisi au nom de luy et comme son procureur, et audict nom vueil et acorde et vous requier que vous l'ensaisinez*. Et en signe de dessaisissement (4), doibt bailler audict seigneur ung festu, *vel aliud*, soit maistre

(1) A. : et.

(2) A.B. : de la vente dudict héritaige, ou tel cens, ou rente, par devers, etc.

(3) B. : main, et en vostre présence.

(4) A. : dessaisinement.

ou procureur (1). Et adoncques l'acheteur doibt requérir audict seigneur dedens ledict temps de la saisine en disant : *Monseigneur, je vous requier que vous me ensaisissiez* (2). Et est assavoir que le seigneur ne l'ensaisira (3) point s'il ne veult, jusques à tant qu'il voye les lettres de la vente, lesquelles il pourra retenir, jusques à ce qu'il soit payé de ses ventes et saisines.

Nota que en censive selon l'usaige de Paris et communément l'acheteur doibt les ventes et la saisine au seigneur foncier, c'est assavoir pour chascune livre des ventes vingt deniers, et pour saisine, tant soit le marché grant ou petit, l'en ne paye pour tout le marché fors XII deniers (4).

Ce fait, le seigneur doibt bailler la saisine à l'acheteur, et dire : *Je vous saisis ou mets en saisine de tel héritaige, sauf mon droict et l'autruy en toutes choses.*

Et en doibt prendre lettres de saisine, séellées du séel dudict seigneur, ou de son baillif ou député, annexées par les lettres de ladicte vente (5). Et si l'acheteur ne

(1) Cette phrase manque dans B. (La cérémonie symbolique était sans doute tombée en désuétude.)

(2) A.B. : ensaisinez.

(3) A.B. : ensaisinera.

(4) A B. : c'est assavoir de XII deniers ung denier, qui est pour chascun franc seize deniers parisis; et pour saisine, tant soit le marché grant ou petit, l'en en paie pour tout le marché fors douze deniers parisis, excepté en la chastellenie, prévosté ou viconté de Corbeil ; et aussi en la chastellenie et prévosté de Tournant ; excepté aussi que le procureur du roy nostre sire audict Chastellet, dict et maintient que de tout temps et d'ancienneté ledict seigneur a jouy de V sols parisis par chascune saisine, pareillement aussi monseigneur l'évesque de Paris, et monseigneur l'abbé de Sainct-Magloire. Ce faict, le seigneur, etc.

(5) A.B. : et on a de coustume de mettre aux dos des lettres de vendition la saisine. Si ainsi est que ledict vendeur se vueille faire ensaisiner, car, par la coustume de ladicte prévosté : *il ne prent saisine qui ne veult ;* et adoncques ledict seigneur ne recoit que ses ventes. Et si l'achepteur ne vient re-

vient en la saisine par devers le seigneur foncier ou son député dedans les huyt jours à compter du jour de la vente, il doibt pour l'amende LX sols parisis de la monnoye du pays, comme de ventes recelées, et n'en doibt plus pour amende, et demourra il à entrer en saisine ung an, voire deux, voire trois ou quatre selon la coustume de Paris. Mais selon la coustume de Champaigne, s'il n'y vient prendre saisine dedans les huyt jours, il doibt VI sols VI deniers pour la négligence, et s'il demeure ung an, il doibt LX sols d'amende comme pour ventes recelées (1).

Sed quid si le vendeur est refusant de s'en aller dessaisir? *Respondetur* que l'acheteur doibt aller dedens les huyt jours dire au seigneur : *Monseigneur, j'ay acheté en vostre censive puis huyt jours telle rente ; mon vendeur est refusant de s'en venir dessaisir, si vous supplie que m'en tenez en souffrance* (2) *jusques à tel jour, pendant lequel jour je le feray convenir et contraindre à s'en dessaisir.*

Adonc ou il y a lettres ou non. *Si primo*, ou elles sont séellées du séel privilégé, ou non. *Si primo*, il doibt estre convenu pardevant le juge à qui le seel attribue jurisdiction, comme le séel du Chastellet de Paris attribue la jurisdiction au prévost de Paris des (3) personnes demourans soubs aultres haults (4) justiciers. Mais si le seel n'est

quérir par devers le seigneur foncier, ou son député, dedans les huit jours à compter du jour de la vendition et payer les ventes, il doibt pour l'amende LX sols parisis de la monnoye du pays, pour ventes recelées, et n'en doibt plus pour amende, et ne prendra saisine sinon quant bon lui semblera. Mais selon la coustume de Champaigne...

(1) A.B. : toutesfoys ès aultres pays de ce royaulme y a LX sols parisis par faulte de prendre saisine dedans la huitaine.

(2) A. : suffisance.

(3) A. : aux.

(4) *Haults* manque dans B.

point privilégé, ou s'il n'y a point de lettres pardevant son juge ordinaire où il est couchant et levant, il doibt tendre affin qu'il soit condempné et contraint à soy dessaisir selon la nature du contract, et ès despens.

Quid se l'acheteur ne va point vers ledict seigneur foncier dedans ledict temps acoustumé, mais faict accord avec le vendeur par quoy le marché demeure nul? *Respondetur* que en ce cas de censive si tost que le contract de la vente est faict et accordé véritablement et simplement, supposé qu'il n'y ait lettre ne obligation, le droict des ventes est acquis au seigneur, supposé qu'ils se désistassent (1) du marché, ou feissent accord par quoy il devint nul. Et peult avoir le seigneur triple voye de soy faire payer de ses ventes. Premièrement, il peult faire action et demande pour cause des ventes contre l'acheteur, et le faire convenir pardevant son juge ordinaire en la jurisdiction duquel il est couchant et levant, *ratione contractus*, ou, s'il lui plaist, il le peult faire convenir devant soy par voye de supplication *quia causæ quæ oriuntur ratione feudi sicut emendæ et saisinæ coram domino feudi ventilari debent*. Et doibt estre faicte la supplication au juge en la jurisdiction duquel l'acheteur est couchant et levant par le seigneur censier, ou son juge qui en congnoistra sur sondict fons ou en sa court s'il en a point (2) ou au lieu auquel il a acoustumé congnoistre de ce, ou (3) de semblable. Tiercement, il peult arrester et mettre le gason de l'héritaige en sa main pour ses ventes non payées, ou le droict de la rente, et icelle main mise faire signifier au domicile du propriétaire de la chose, soit héritaige ou rente, par ses gens s'il est son hoste, ou par

(1) A. : desaisissent.
(2) A.B. : s'aucune en a au lieu.
(3) B. : et.

supplication, etc., ou se c'est maison, il peult mettre l'huis hors des gons, jusques à tant qu'il soit payé des ventes. Et si l'en atempte au contraire, on paye LX sols d'amende au seigneur, c'est assavoir s'il en liève aucune chose, ou empire iceluy lieu.

Quid si le seigneur est refusant de recevoir ledict acheteur en saisine ou en souffrance? *Respondetur* que pendant lesdicts huit jours pour l'amende eschever, en la présence de plusieurs bonnes gens, qui de ce seront tesmoings se besoing est, l'acheteur doibt sommer ledict seigneur, et luy requerre qu'il le mette en saisine de la chose achetée, et s'il le reffuse, il le doibt faire adjourner pardevant le juge royal, et requerre qu'il soit condempné à le mettre en saisine de la chose achetée, ou dire cause pourquoy il le reffuse. Et au cas qu'il en seroit reffusant, qu'il fut mis et receu par le roy en la deffaulte du seigneur foncier, et cela luy sera faict, *quia illud est juris. Sed queritur quod præjudicium habebit dominus feudi, eo quod respuit tradere saisinam et quæ de facto traditur per regem? Respondetur, quod inde non solvet nisi dampna et expensas actorum et procuratorum* (1) *in obtinendo saisinam, et rex habebit saisinam, sed non vendas* (2). Mais qui diroit au seigneur foncier : *Sire, j'ay acheté telle chose en votre censive, le vendeur s'en est dessaisi, je vous offre vos ventes et tout ce que je vous en puis devoir, si vous requiers que vous me mettez en saisine, et je dis que vous le devez faire et vous en requiers droict,* adonc s'il disoit qu'il n'en feroit point de droict, l'acheteur iroit à la court souveraine comme dict est, et là feroit sa demande en cas de droict dényé, etc., *et sic punitur dominus feudi*, selon la peine appartenant

(1) A B : *expensas emptoris in procuratione obtinendi saisinam.*
(2) B. : *ventas.*

en déniant et deffaillant de droict, *de qua dicetur inferius* (1).

(1) Charondas met ici en note : Bouteillier et mon vieil practicien estiment que si le vest et dévest n'est faict actuellement devant le seigneur, ains auparavant les parties se repentent et défont leur marché, audict cas il ne peult demander aucun droict ne prouffit à cause de sa seigneurie.

CHAPITRE XXIV.

DE CHAMPART.

Nota que par les usaiges et coustumes des terres tenues à champart, le seigneur à qui est deu le champart ne doibt avoir los ne ventes des terres qui lui doibvent champart quant elles sont vendues, se icelluy seigneur n'est chief seigneur, c'est-à-dire seigneur foncier, mais les aura le chief seigneur foncier, et ou cas qu'il n'y auroit aultre chief seigneur, c'est-à-dire seigneur foncier, celluy à qui le champart est deu auroit les lods et ventes.

Item *nota* que par la coustume, il ne fault point aller devant (1) le seigneur foncier pour avoir la saisine d'ung héritaige baillé à cens, c'est assavoir prins à cense.

Item en pur eschange n'a aucunes ventes, mais que l'eschange soit faict but à but sans aucune soulte. Mais s'aucun vent son héritaige à aucun aultre, cent l(ivres) par telle condition que dedens deux ans le vendeur la pourra ravoir pour le pris, et s'en dessaisit, et l'acheteur en est saisi, et en sont ventes et saisines payées au seigneur; or advient que dedans le temps accordé ledict vendeur recouvre son héritaige; le seigneur foncier en demande nouvelles ventes et saisines, *queritur quid juris?* Je croys qu'il n'en paira nuls, et si suis d'accord que le premier acheteur les deust payer; mais s'il eust esté saige, il eust mis en ses lettres, que si le vendeur la rachetoit, qu'il luy rendît les ventes quant il reprendroit son héri-

(1) A.B. : devers.

taige. *Sed queritur*, qui rendra à l'acheteur ses ventes et saisines qu'il paya (1)?

Item queritur, quant il aura racheté son héritaige, prendra il nouvelle saisine du seigneur (2)?

Item *nota* que par l'usaige et coustume de la prévosté et viconté de Paris, se aucun vent son héritaige par condition qu'il doibt acquiter l'héritaige des ventes et saisines, en ce cas, le seigneur ne doibt pas prendre ventes de toute la somme, mais de tant qu'il en demeure au vendeur pour mettre en sa bource, car depuis que les ventes sont comprinses dedans la somme totale dont le seigneur vouldroit avoir ventes, il sembleroit que ledict seigneur voulsist avoir ventes de ventes. Et par ce mesme compte, par la coustume des fiefs, quant celluy qui a vendu aucune chose en fief a faict son marché qu'il doibt avoir la somme franche (3), l'acheteur doibt au seigneur quint et requint qui est compte pareil.

Nota que si aucun doibt champart, et son varlet, ou son charretier par oubliance amène le champart à l'hostel, son maistre doit fermer sa porte ou sa grange contre son charretier affin de eschiver l'amende, et au surplus prendre congié de son seigneur de ce qui en est à faire.

Item *nota* que les bourgeois et habitans de Paris ne sont point tenus payer amende à cause de cens non paiés, à cause de leurs héritaiges assis en la ville et banlieue de Paris, se ils ne sont à ce expressément obligés. Et est à

(1) A.B. : il est respondu cy-devant.

(2) A.B. : Réponse : Ouy, car la vente a eu son cours. A Paris, pour rachapt de rentes constituées à pris d'argent l'en ne paye aucunes ventes. Et à ceste cause fault veoir le procès-verbal de messeigneurs de la court, faict en l'an mil cccccx, et sur ce le LIX article dessusdict pour ce que tels contrats sont contrats qui se ressoulent.

(3) B. : sa somme franche.

noter que les maisons doibvent fons de terre qui est menu cens ; mais les seigneurs n'en payent point d'amende (1).

(1) Manque dans A.B. — Charondas met ici en note : Ç'a esté une ancienne coustume de bailler les terres à champart, et plusieurs vieux practiciens et entre aultres Bouteillier, et le mien escript à la main et diverses coustumes, en font mention.

CHAPITRE XXV.

DE SAISINE EN FIEF.

Quant (1) fief est vendu, selon la coustume de France, aussi (2) comme ventes sont deues au seigneur pour chose vendue en censive, aussi est deu au seigneur le quint denier de la vente de l'héritaige, ou chose mouvant en fief de luy. Et n'est, selon la coustume de Paris, point de temps limité dedans lequel l'acheteur ou le vendeur soient tenus de aller par devers le seigneur, car tant comme le seigneur a homme il ne peult assigner à l'héritaige, ne n'a droict de quint denier jusques à tant que le vendeur s'en aille dessaisir, et que l'acheteur en soit saisi. Et peult l'acheteur suivir le vendeur devant son juge ordinaire, affin qu'il s'en dessaisisse, et se il en est refusant, et le seigneur ne baille pas la saisine à l'acheteur se il ne lui plaist, jusques à tant qu'il soit payé de son quint denier, et se il met en sa foy, et s'en saisisse avant qu'il soit payé du quint denier, il peult assigner au fief, ou procéder affin d'estre payé par l'une des voies que dictes sont au chapitre de saisine en censive, *reddendo singula singulis*. Et sont les parolles du vendeur telles en substance : *Sire, j'ay vendu tel héritaige, mouvant en fief de vous, à tel, pour tel pris, si m'en dessaisi*, etc., *ut supra*. Et l'acheteur doibt dire à genoulx : *Monseigneur, je deviens*

(1) A. : adonc, quant fief, etc.
(2) A B. : ainsi.

vostre homme de tant, et de tel héritaige mouvant en fief de vous, ou de tel fief qui vient de vous, assis en tel lieu, lequel j'ay acheté de tel, tel pris, et vous promets foy, loyaulté, et service, selon ce que le fief le requiert. Adonc le seigneur doibt dire : *Je vous y reçois*, et en signe de ce prendre les mains à l'acheteur entre les siennes et le baiser en la bouche (1).

Nota que ung baillif ne peult aucun recepvoir en la foy du roy, mais une fois luy peult il donner souffrance et non plus, si ce n'estoit à femmes grosses ou pucelles, et encores à celle seule fois doibt il donner temps.

Nota que le seigneur après le dessaisissement (2) du vendeur peult retenir l'héritaige pour tel pris comme l'acheteur l'avoit acheté et de son droict (3), mais s'il ne le veult retenir, et il refuse à recepvoir l'acheteur en foy et hommaige, il y peult pourveoir par la manière dicte au chapitre *de vente d'héritaige mouvant en censive*, c'est assavoir le faire convenir devant le juge royal, etc.

Nota que quant aucun seigneur met aucun acheteur en sa foy et hommaige d'aucun fief, il luy doibt enjoindre que dedans certain temps, *cujus assignatio stat in arbitrio domini*, il apporte son dénombrement, c'est assavoir lettres d'aveu par lesquelles il avoue tenir telles choses et telles de tel seigneur, et luy a promis foy et loyaulté et service, etc. Et est assavoir que le terme commun d'apporter iceluy adveu est limité à XL jours, et le peult le

(1) A.B. ajoutent : aujourd'hui, par la coustume de ladicte prévosté, par faulte de devoirs non faicts et non payés, le seigneur peult mettre en sa main le fief mouvant de luy, et iceluy exploite en pure perte, et faict ledict seigneur les fruicts siens, comme pour ce appert par le premier article desdictes coustumes.

(2) A. : dessaisinement. — B. : délaissement.

(3) B. : et à son droict.

seigneur prolonger s'il luy plaist, mais apéticier non, se la partie le débat ou se ne consent. Et qui n'y vient *infra tempus*, il peult faire le fief arrester par ses gens, et mettre en sa main. Au dénommement (1) doibvent estre tous les héritaiges ou rentes féodaux dénommés, et esclarcis, et s'il en laisse aucuns à esclarcir et dénommer (2), par fraude ou aultrement, ils sont acquis au seigneur (3).

Item ainsi comme dessus est dict, qui n'aporte le dénombrement au seigneur *infra tempus sibi concessum*, adonc le seigneur le peult arrester, et si l'acheteur en liève depuis aucune chose, il attente contre la main du seigneur, et brise son arrest, et le doibt amender de LX sols, et réparer et réintégrer le lieu réaulement (4) et de faict de ce qu'il en a levé (5) s'il est en nature de chose, et si non de la value, avant qu'il soit receu à dire contre l'arrest.

Et trouvent aucuns, par coustume toute notoire en cas de fief, que qui brise l'arrest au seigneur du fief puisqu'il est hault justicier, et que la chose soit sur le pied, doibt demande (6) LX livres et *restituetur;* se la chose est coppée et ameublie doibt LX sols et *restituetur*. Et est assavoir que en tous cas d'arrest brisé, mesmement ou ung non noble ne debvroit fors LX sols, ung noble doibt LX livres.

Sed queritur devant qui le seigneur fera il traire l'achetour ou retraieur (7), affin d'amender son arrest brisé et

(1) A.B. : dénombrement.

(2) A. : dénoncer.

(3) A.B. : qui ne mettroit au dénombrement cette cause : et se plus en y a plus en advoue à tenir. De hac declaratione seu specificatione, vide Bald. in C., *Si de feud. fuerit controversia inter dominum et agnat.* in usibus feud. § *Vasallus*, vers. v.

(4) B. 1598 : royaulemant.

(5) B. : de ce qu'il en lève.

(6) B. : demander — A. : d'amende.

(7) B. : retraier.

réparer le lieu? *Respondetur quod vel in curia sua si moretur in jurisdictione sua, et si non in curia sua, per viam supplicationis, vel in curia domini in cujus jurisdictione ipse habet domicilium.*

Queritur : est l'on tenu paier les ventes du quint denier au seigneur avant qu'il baille la saisine à l'acheteur ou retraieur? *Respondetur quod ventæ et saysinæ sunt jura debita ratione rerum immobilium quæ in alios dominos transferuntur.* Et pour ce que la chose en est ainsi chargée, quant le vendeur en est dessaisi en la main du seigneur, icelluy seigneur s'il ne veult n'en saisira pas l'acheteur jusques à tant qu'il soit paié de ses ventes ou quint denier, ou qu'il en ait respondant, et pour ce, il ne loist (1) à l'acheteur qui de droict commun ne doibt pas paier le quint denier, mais doibt le vendeur retenir le quint denier de la vente pour s'en acquiter (2) devers le seigneur.

Nota que par la coustume des fiefs quant le vendeur a sommé féaulté (3), l'acheteur doibt au seigneur quint et requint du pris (4).

Nota que tant que le seigneur tient le fief en sa main par dessaisine d'aucun, tant que son quint denier l'en ait paié (5), il peult lever et recepvoir les prouffis venant dudict fief meurement et en saison; mais ainsi n'est-il pas des ventes en censive, car nul ne peult faire les fruicts de l'héritaige mouvant en censive siens, mais s'en faict

(1) A.B. : et par ce loisit-il à l'acheteur.

(2) A. : pour en acquitter.

(3) B. : somme franche.

(4) B. *Verbi gratia,* se l'héritaige est vendu cent sols, l'acheteur doibt au seigneur vingt sols pour le quint denier. Et si doibt le requint desdicts vingt sols qui monte à quatre sols.

(5) A.B. : luy en soit paié.

paier par la manière dessusdicte au chappitre *de saisine d'héritaige vendu en censive*.

Nota qu'il a esté tenu en turbe que se aucun homme donne ou vent aucune chose réalle à ung aultre sans soy dessaisir par l'usaige et coustume de court laye, se celluy qui a vendu ou donné jouist tousjours de l'héritage, après sa mort la saisine va à ses hoirs : mais se celluy à qui l'en a vendu ou donné appréhende la saisine de fait et jouist par an et jour, en ce cas la saisine ne va pas aux hoirs, etc., pour ce qu'il n'en est pas mort saisi et vestu, se ce n'estoit fief, car en fief aucun ne peult acquérir saisine sans foy.

Item par raison et par la coustume des nobles, ung mineur noble ne se peult obliger ne contracter verbalement (1).

Item si le seigneur foncier pert son cens par la ruine de la maison sur laquelle il prent, il ne peult pas prendre icelle maison sur laquelle il le prent ne il ne peult pas appliquer icelle maison à son pourfit (2) pour la faire massonner ; mais il peult bien requérir au hault justicier que à sa requeste il la face crier.

Item par la coustume de la prévosté et viconté de Paris, quiconques a terres à champart (3), il est tenu de les cultiver et labourer, et est assavoir que si celuy à qui sont les terres tenues à champart est sommé du seigneur à qui le champart est deu de faire labourer icelles terres, et par trois années après icelle sommation celuy de qui la terre est tenue (4), est négligent de la faire labourer, par ladite coustume des terres tenues à champars, icelles ter-

(1) A. B. : vallablement.

(2) B. : il ne peult pas prendre icelle maison, ne appliquer en son prouffit pour la faire massonner.

(3) A. : terres et champart.

(4) A.B. : celuy à qui la terre est, est négligent.

res sont acquises au seigneur de (1) qui est le champart.

Item il y a différence de tenir fief avecques demaine, et tenir fief sans demaine. Car tenir fief et demaine est tenir la directe seigneurie et la prouffitable ensemble; *verbi gratia :* madame de Bourbon tenoit piéça la propriété d'ung moulin estant à Praelles (2) avec la directe seigneurie, mais elle renonça à icelluy moulin en tant comme touchoit la propriété, ou proffitable seigneurie pour la nécessité des réparations qu'il y convenoit faire et aussi qu'il estoit trop chargé de censives, et retint à elle la seigneurie directe, et l'ung des censiers qui y prenoit le gregneur cens et de l'acord des aultres censiers devint propriétaire.

Item, l'en peut bien charger son fief de droit incorporel sans ce que le seigneur le puisse refuser raisonnablement, en payant le devoir dudit seigneur, excepté en fief où il y a baronnie qui ne se démembre point (3).

Item par la coustume de France en cas de fief noble, masle n'est aagé pour fief tenir s'il n'a passé XV ans, et la fille XIV, mais par impétration le roy leur fait bien pardon d'aage (4).

Item par la coustume l'en ne peult vendre rente perpétuelle sur ung fief se le seigneur de qui le fief est tenu ne si (5) consent, mais à vie, si.

(1) A.B. : à qui.

(2) B. : Préelles.

(3) Charondas met ici en note : Mon ancien practicien escript à la main dict qu'on peult mettre à rente partie de son fief, et non plus que le tiers, et en retenant la foy pour le tout; et qu'en partage de fief entre héritiers il se peult bien diviser : mais par l'establissement du roy Philippes chascun tiendra immédiatement du seigneur comme auparavant il tenoit : et toutesfois qu'en duchez, comtez et haultes baronnies, on ne souffre aucun esclichement.

(4) A. : le roy leur faict bien bon aage. — B. : leur faict bien don d'âge.

(5) B. 1598 : ne s'y consent.

Item nul ne peult avoir torel bannier s'il n'est hault justicier.

Item par la coustume des molins banniers, quiconcques a molin bannier il peult prendre le cheval et le blé de celuy qui va hors de son moulin bannier, et est à luy acquis, et le peult prendre sur quelque terre de hault justicier sans mesprendre; mais en signe qu'il n'a point de haulte justice au lieu, il fera restitution par signe.

Item par la coustume des pressoirs banniers de quelconques vignes bannières, dont le marc soit aporté à son pressoir bannier, jamais le marc n'en peult estre remporté sans le consentement du seigneur, mais d'aultres vignes, si.

Item ung seigneur féodal qui n'a pas haulte justice ne peult arrester sur le mouvant de luy seigle, blé ne autre grain qui soit en racine, se ce n'est pour le fons, car pour sa rente ou redevance il ne peult prendre les meubles de son vassal, ne sur iceulx user de voie d'arrest, se ils ne luy sont obligés; mais le hault justicier le peult bien faire par la coustume des fiefs.

Item si de plusieurs frères et seurs qui ont plusieurs fiefs, et n'ont ne père ne mère, l'aisné meurt et les autres frères et seurs sont pupilles et meindres d'aage, ils partiront teste à teste tant fils comme filles, et si les fils maisnés sont aagés, ils auront le fief de leur aisné frère sans ce que les seurs y aient riens.

Nota que en fief filles ne succèdent point en ligne collatérale (1).

Item par la coustume des fiefs, si tost que ung vassal est mort, le seigneur peult assigner au fief, mais il ne

(1) A.B : Ce nota est approuvé par le XVIe article de la coustume de Paris au tiltre de *Matière féodale*.

peult rien lever jusques à XL jours après la mort du vassal.

Item se aucun a fief soubs lequel a quatre ou cinq fiefs qui soient à celluy fief arrière fiefs, et il advient que ceulx qui tiennent meurent, et les hoirs ou ayans cause ne viennent faire leur devoir, il est au seigneur de mettre la main à iceulx fiefs, et de les tenir autant sans vassal comme iceulx l'auront tenu sans seigneur.

Item par la coustume des fiefs, se une dame noble est demourée vefve, et a aucuns enfans nés et procréés en la bénédiction de mariage (1) et elle vent aucun héritage qui soit propre à elle venu et descendu de père et de mère, se les enfans n'y sont appellés et consentans la vendition est nulle (2).

Nota que au royaulme de France ne souloit avoir que trois baronnies, c'est assavoir : Bourbon, Coucy et Beaujeu. Toutesfois Montpellier est baronnie et fut par acquisition qu'elle vint au roy, et veullent dire aucuns que tout homme qui a haulte justice en ressort se peult nommer baron.

Nota que quant aucun seigneur, subject du roy, reffuse à aucun son vassal de le mettre en sa foy, il peult impétrer unes lettres de justice par laquelle il est mandé au juge royal, comme au baillif, que à la requeste du complaignant il commande au seigneur qu'il le reçoive, et se icelluy seigneur s'oppose, que ledit bailly l'adjourne, etc.

Item à la journée si le seigneur requiert la cause luy estre renvoiée, il n'y sera point ouy, car le vassal ne plaidera pas devant luy qui n'est pas son seigneur, jusques qu'il l'ait mis en sa foy.

(1) A.B. : en loyal mariage.
(2) A.B. : supposé que ce fust pour la nécessité de son vivre.

Item si le seigneur déchiet de son opposition pour ce qu'il n'aura pas cause souffisante, et qu'il soit dit qu'il recepvra le vassal en sa foy, et il dit qu'il le recepvra sur le lieu dont le fief est mouvant, il n'y sera point ouy, mais le recepvra en parlement. Toutesfois se ung vassal requiert que ung seigneur le mette en sa foy, et ung autre s'oppose disant que le fief luy appartient, et le seigneur leur offre à les ouyr et faire droit en sa court, se depuis eulx, ou l'ung d'eulx, impètre la lettre que dessus, et le seigneur s'oppose et au jour requiert renvoy, il aura en ce cas.

Item par la coustume générale du royaulme de France, un estrangier qui ne peult jouir de la coustume par laquelle le mort saysit le vif son héritier, ne peult estre en possession du fons fors par la main du seigneur, et par le recepvoir en sa foy et hommage, ne aultrement ne se peult dire contre son seigneur saysi, jà soit ce que des aultres il soit aultrement, car le successeur tel qui peult jouir de la coustume dicte *uti proximior ab intestato* peult entrer en la possession, mesmement avant qu'il entre en la foy et hommaige du seigneur. Et s'il n'y entre avant quarante jours, assavoir mon s'il entrera en la foy ou non, et s'il n'y vient point, si n'aura il nulle peine; mais après le temps peult le seigneur assigner sa main au fief par deffaut d'homme, et de là en avant fera les fruicts siens : mais quant le vassal viendra offrir son devoir au seigneur, combien qu'il ait longuement demouré, et mesmement après dix ans, il est tenu de le recepvoir et lui restituer son fief.

Item et si le vassal tient son fief (1) sans seigneur, et avant qu'il soit receu par le seigneur en sa foy, ne qu'il

(1) B. : le fief.

se soit offert, si le seigneur veult, il tiendra autant le fief à tout homme comme le vassal l'aura tenu sans seigneur, et cependant fera les fruicts siens, ne ne sera point tenu de le recepvoir en sa foy, ne n'y pourra estre contrainct par le souverain.

Le mineur n'entre point en foy, mais le gardien ou gouverneur.

La coustume par laquelle le mort saysit le vif son héritier n'a pas lieu *in successionibus ex testamento, sed ab intestato*, si non que l'héritier fust l'ung et l'autre. Si plusieurs contendent d'une succession tenue en fief de divers seigneurs dont le roy en est l'ung qui a le plus petit et le moindre fief (1), tout le débat sera devant luy en sa court pour raison de sa noblesse (2).

Jennin d'Estampes aquesta ung fief, et puis mourut sans héritier. Bernard, son frère, le voulut avoir tout seul disant qu'à luy seul appartenoit, ses deux seurs disant le contraire. Dict fut par oppinion que en ligne collatéralle filles ne succèdent point en fief puisqu'il y a masle.

Se il advient que à seurs et à frères par succession eschéent un chastel, ville, moulins, prés et aultres terres, en toutes lesquelles et chascune par soy (3), soit haulte, basse et moyenne justice, et par le partaige faict viennent à la seur les prés, à l'ung des frères le moulin, à l'aisné doibt venir le chastel par la coustume des fiefs gardée en succession et frérage, chascun des enfans sera hault justicier en sa terre et tiendra son fief et sa justice du seigneur de qui leur père ou leur mère tenoient, et non pas du frère, car ils feroient arrière-fief au seigneur de ce qui

(1) A. : dont le roy est en ung qui est le plus petit.

(2) B. : *Et quia est majus tribunal.*

(3) B. : et chascune et au par soy.

seroit en plain fief. Et pour ceste coustume sont tant de haults justiciers, et en ce cas la saisine demeure tousjours à celluy qui est en foy s'il n'abusoit (1).

Par la coustume de la viconté de Paris, se aucun meurt qui laisse deux enfans et non plus, l'aisné aura le principal manoir (2) et ung arpent de jardin et les deux parts de tous les aultres fiefs, et l'aultre en aura la tierce partie seullement, et se le principal manoir dont il porte le nom est désert et ung aultre tout neuf, où leur prédécesseur a faict son domicille, il sera au chois du successeur héritier. Et s'il laisse plusieurs enfans, l'aisné aura le maistre manoir.

Item se je donne à ma fille ung fief en mariage, comme par don de nopces, son mary devra rachapt, pour ce que en ce cas il a le bail de sa femme, mais s'il mouroit, sa femme ne debvroit point de rachapt, car elle succède de son droict; mais si elle se mouroit, son mary de rechief devroit rachapt. Toutesfois en aucuns lieux les marys de femmes pucelles, et qui oncques ne furent mariées, ne doibvent point de relief ou rachapt du premier mariage, mais du second, si.

Ung homme tient plusieurs pièces de terres, vignes, prés, maisons, et jardins tout à une seulle foy et hommaige, il baille la maison et deux arpens de prés à cens,

(1) *S'il n'abusoit* manque dans A.B.

(2) A.B. : avec le jardin selon la closture tenu en fief; et s'il n'y a point de jardin, ung arpent de terre, ou le vol d'un chappon tenu en fief au joingnant de ladicte maison avec les deux tiers de tous les aultres fiefs, et l'aultre en aura la tierce partie seulement ; et se le principal manoir dont il porte le nom est désert, et ung aultre tout neuf où leur prédécesseur a faict son domicile, il sera au choix du successeur héritier. Et s'il laisse plusieurs enfans excédant le nombre de deux, l'aisné aura le maistre manoir avec la moytié de tous les aultres héritaiges tenus en fief, et tous les aultres enfans ensemble l'aultre moytie et résidu.

il requiert le congé du seigneur sur ce, lequel seigneur dénie disant qu'il ne donnera pas congé de desmembrer son fief pour en mettre une partie en villenaige. Dict est par opinion qu'il le doibt faire ; car il est bien vraysemblable que le vassal qui a la seigneurie prouffitable et est demenier du fief, faict ce dict marché pour son prouffit et pour faire sa condition meilleure, et que se le cens ne valloit mieulx qu'il ne bailleroit pas la chose ; et pourtant si l'on n'y sent aultre fraulde, le seigneur luy en doibt donner congié, mais aussi bien aura il la seigneurie directe oudict cens, et sera le cens tenu de luy en fief si comme la maison estoit et les deux arpens de prés.

Le vassal pert son fief quant par maltalent il met la main sur son seigneur à tort, se il s'arme contre luy, se sans son congié il pesche en ses estangs, ou chasse en sa garenne, se il fortrait sa femme, ou fille pucelle (1).

(1) B. : ou faict quelque aultre félonnie envers son seigneur, comme est en droict escript. — B. 1598 : forfaict.

CHAPITRE XXVI.

DE FEUDIS.

In casu ubi aliquis subjectus regi recusat aliquem recipere in fidem suam et homagium pro aliquo feudo quod ab eo movetur, consuevit littera justiciæ, etiam in requestis hospicii, concedi sub hac forma : Philippus, *etc.*, baillivo tali, *etc.* Salutem : Talis nobis conquerendo monstravit quod cum tale feudum a tali movere dicatur quod dictus conquerens ad ipsum pertinere dicit, ac tamen dictus talis, conquerentem predictum in fidem suam et homagium pro dicto feudo recipere recusavit indebite et injuste, quo circa auctoritate presentium tibi mandamus et precipimus quatenus ad requestam dicti conquerentis ad domicilium dicti talis, vel alibi, ubi expedire videbis, accedens ut ejus presentia haberi possit ad videndum requestam quam dictus conquerens dicto tali facere intendit super premissis, dictoque tali ex parte nostra precipias ut ipsum conquerentem pro dicto feudo in fidem suam et homagium recipiat. Si vero dictus talis ad premissa se opponat, dicens se habere justam causam et rationem propter quas premissa facere non teneatur, adjornes ipsum ad diem baillivatus tui proximi parlamenti coram gentibus nostris dictum parlamentum tenentibus, causas dictas propositurum, et alias cum dicto tali super premissum processurum, ut fuerit rationis, cum intimatione quod nisi dicta die comparuerit, dictum conquerentem ad fidem nostram et homagium pro dicto feudo recipimus dictasque gentes nostras, *etc.* Datum, *etc.*

Item nota quod si partes in parlamento venerint, et dictus dominus petat causam ipsam sibi remitti, non fiet remissio, et ratio est, quia dictus conquerens non tenetur coram illo pro dicto feudo litigare donec per illum fuerit in fidem et homagium receptus.

Item si petat remitti sub baillivo sub quo dictum feudum est, non fiet remissio, sed oportet quod in parlamento causas predictas proponat et alleget, et ibidem terminabitur causa. Et est ratio quia ballivus non potest eum recipere in fidem regis, *etc.*

Item cognito per curiam quod causæ per eum propositæ sunt insufficientes, et quod his non obstantibus illum debet recipere in fidem et homagium pro dicto feudo, et post cognitionem conquerens petat se recipi, et dominus petat quod vassallus vadat ad locum unde dictum feudum movetur, ibique paratus se recipere offerret (1) pro dicto feudo, ad premissa non fiet remissio, sed in parlamento tenetur illum recipere. Et quod est dictum verum est, nisi in casu ubi ex tunc, cum dominus fuit requisitus per conquerentem super premissis, alius contra ejus requestam se opposuerit dicens quod alium non debet recipere, sed se potius, pro dicto feudo, tanquam potius jus habentem. Si enim dominus obtulisset se facturum jus partibus, licet post requiratur in presentia commissoris regis et sibi assignatus fuerit dies in parlamento, nichilominus fiet ei remissio.

Nota quod baillivus non potest aliquem recipere in fidem regis, *mais il peult bien donner souffrance une fois seulement et non plus, si ce n'estoit à femmes grosses ou pucelles, et encore à celle seullefois doibt-il baptiser le temps, et donner injunction que dedans icelluy, etc. Toutesfois le*

(1) B. 1598 : ibique paratus sit recipere si se offeret pro dicto feudo.

recepveur de Paris les reçoit pour le roy et leur en baille lettres.

Item hoc verum nisi in casu ubi post primam requestam factam domino forte in presentia commissarii regis, dum secunda fieret alius se opponeret, quod licet dominus obtulerit se partibus jus facere, et nichilominus ad parlamentum adjornatus fuerit, et petat remissionem, non auditur, sed utraque in parlamento decidetur propter suspicionem ne dominus dictam oppinionem falso supposuerit (1).

Item de consuetudine generali aliquis non est sufficiens ad tenendum terram in feudis, nisi habeat xx annos completos et xxi attigerit in masculis : in femellis vero nisi habeant xiv annos et xv attigerint, et interim non intrabunt in fidem vel homagium alicujus, sed ille qui habet ballivum (2) et eorum gubernationem interim faciet fructus suos in patria consuetudinaria ; sed in patria juris scripti non nisi sit pater, vel avunculus qui eos habeant in potestate.

Item consuetudo *mortuus saisit vivum* intelligenda est de bonis quæ deffunctus tempore mortis possidebat ; in aliis autem secus. Et consuetudo predicta habet locum inter dominos et servos, quia servus mortuus saisit dominum vivum.

Item si dominus mortuus plura feuda possidebat a diversis dominis moventia, inter quos rex est unus, tota causa pro aliis feudis ventilabitur in parlamento licet modicum sit feudum quod a rege teneri debet (3).

Item cum aliquis se offert regi pro intrando fidem et homagium pro aliquo feudo, et alius ejus requestæ se

(1) A. : opposuerit.
(2) B. 1398 : baillium.
(3) B. 1398 : teneatur

opponit offerendo, *etc.*, et partes super premissis remissæ fuerunt ad parlamentum ad certum diem, et unus ipsorum per procuratorem se presentavit fundatum generaliter ad litigandum, absque hoc quod potestas specialiter esset ei commissa ut possit petere dictam curiam declarare dominum suum recipi debere pro dicto feudo in fide et homagio regis, sufficit dicta fundatio dum tamen dominus sit præsens dum litigatur, alias non sufficeret.

Item ubi plures contendunt ratione successionis alicujus qui recipi debebat in fidem et homagium pro feudo quod defunctus tenebat, et per diversa testamenta veniunt, puta quidam ex testamento patris, et alii ex testamento filii ultimo deffuncti, et qui per testamentum filii contendat, et dicat se saisitum de dictis feudis, et ipsa feuda tenuisse per aliquod tempus, et dicat sese per gentes regias impediri, et per manum regiam ibidem appositam petat eam exindè amoveri, et se reduci in statu pristino, quo facto petat se reduci ad fidem et homagium, *etc.* Et pars alia dicat nullam statum saisinam (1) habuisse post mortem deffuncti, quod nondum fuerat lapsus annus.

Item quod non receptus fuit pro premissis ad fidem et homagium, manus predicta exindè non renovabitur (2), nec reponetur in statu predicto, sed partibus injungetur per curiam quod utraque proponat quod voluerit ad finem, quod ad fidem et homagium recipi debeat, *etc.*

Item ubi vassallus alicujus intrat fidem et homagium regis pro feudo quod sub alio domino detineri debeat, licet postea in parlamento pronuncietur illum debere reddere fidem et homagium domino suo immediato, tamen dominus non poterit illum insequi propter hoc ad finem

(1) B. 1598 : nullum statum saisinæ.

(2) B. 1598 : removebitur.

quod privari debeat feudo; nec est dicendum aliquod jus quæsitum ex hoc; nec vassallus prejudicium ignorationis incurat (1) secus si alium quam regem advouasset (2) in dominum.

Item advouatio (3) facta regi de aliquo feudo dat saisinam regi.

Item ubi manus regia fuit apposita in feudo alicujus ex aliqua causa, dominus immediatus non potest impediri assignare feudo suo propter defectum hominis vel alia justa de causa justiciare feudum pretextu dictæ manus. Tamen propter honorem superioritatis non debet facere sine licencia regis, que de facili obtineatur. Et ideo cum baillivus apposuit manum regis propter quasdam emendas regi debitas in feudo quod ab episcopo Noviomensi movebatur, et dictus episcopus assignasset manum ad illum propter defectum hominis, per arrestum dictum fui quod non restituetur episcopo dictum feudum, donec satisfecerit regi de dicta emenda.

(1) A.B. : nec vasallo prejudicatum.
(2) A. : advocasset.
(3) A. : advocatio.

CHAPITRE XXVII.

DES COUSTUMES DES FIEFS.

Un chevalier et une dame ont plusieurs enfans, fils et filles, le chevalier et la dame meurent, comment se porteront leurs fiefs? Response. Le fils aîné emportera l'hostel lequel mieulx luy plaira, soit par père, ou par mère, avec un arpent de jardin tenant audict hostel, hors part. Et quant est du surplus de tous les fiefs, il emportera la moitié, et emportera la fille comme le fils, et iront tous au seigneur ou seigneurs de qui leurs dicts fiefs seront tenus, et entreront tous en foy et fera chascun ung hommaige à son seigneur. Et ne rachateront point ne les fils ne les filles, pour ce qu'il leur vient en descendant de droite ligne (1).

Le chevalier a deux enfans masles, il se meurt, com-

(1) A.B. ajoutent : et à ce concorde la coustume de la prévosté de Paris, insérée ès VIII, IX, X articles. Excepté que le fils aisné, par la coustume, a en chascune succession, tant de père que de mère, ung hostel tenu en fief, tel qu'il veult choisir pour manoir principal.

De jure feuda non percipiuntur mero jure hereditario, scilicet potius ex quadam principali providentia, arg. l. *Si arrogato*, § 2, *Sed an lugubri* secundum glo. ff., *De adoption. Sed hodie in regno Franciæ sunt redacta ad instar patrimoniorum quoad jus succedendi, vendendi, transferendi ac dandi, ut notat* Jo Faber Inst. de Empt. et vend. in ppio. vers. item facit pro hoc, et idem Bal. in c. 1, circ. finem in pe. q. et ibi Andr. Barba. in addit. de success. feud. et Jason. in l. de quibus, col. XVIII, vers. Quando ultra non ff. de legi. *Preterea consuetudines feudorum quæ prohibent alienationes feudorum, non sunt allegandæ in regno Franciæ*, secundum Pet. Jaco. tit. de success. feu. col. VIII, vers. modo. in summa super feudis.

ment se partiront ses fiefs? Response : l'aisné en aura les deux pars, et l'aultre la tierce partie, soit fils ou fille.

Le chevalier meurt et a plusieurs enfans soubs aagés, la dame demeure en vie, qui aura le gouvernement des enfans soubs aagés? Response : leur mère en aura la garde devant tous, et ne rachatera point, mais il conviendra que dedens XL jours après la mort du chevalier, elle se tire par devers les seigneurs et qu'elle leur offre la bouche et les mains, tant pour son héritaige, comme pour son douaire, et aussi comme aiant la garde de ses enfans, et le seigneur la doibt recepvoir sans prouffit.

Item et si ceste dame se remarie, *queritur* se son mary rachetera et quelle chose il rachetera? *Respondetur :* il rachetera l'héritaige de la dame tout entièrement, et tout le douaire qu'elle tient de son premier mary, et l'héritaige aux enfans dont elle a la garde ; et doibt aller aux seigneurs, et doibt offrir la bouche et les mains dedens XL jours, après ce qu'il aura la dame espousée. Et si leur doibt offrir pour le rachapt une somme d'argent, ou le pris que la terre sera prisée par bonnes gens, ou le revenu de l'année (1), et le marc d'argent où il chet avec l'année, ne l'année ne commence jusques à ce que le marc d'argent soit payé ; mais tout ce que le seigneur en pourra leuer depuis qu'il a la dame espousée, puisqu'il aura laissé passer les XL jours, ce sera au seigneur en pure perte pour le vassal. Le seigneur prent et choisit l'année, le marc d'argent luy est payé dès lors qu'il choisist l'année.

(1) A B rédigent ainsi la fin de l'alinéa : ou la revenue d'une année, et ce, tout au choix et élection dudict seigneur féodal ; et si le seigneur féodal prend et choisist pour son droict de relief la revenue de l'année du fief mouvant de luy, le vassal est tenu luy communiquer le papier des recèptes, ou luy en extraire la déclaration sur iceulx papiers aux despens du seigneur. Et si la dame avoit faict labourer, etc.

¶ La dame avoit faict labourer les terres qui sont de ce fief et sont en blé. *Queritur* comment prendra le seigneur l'année? *Respondetur :* le seigneur prendra si luy plaist les terres toutes semées au point qu'elles sont, mais il sera tenu de rendre et paier à son vassal frais et semences (1) tant seulement. Et si les terres estoient baillées à ung fermier qui les eust labourées, le seigneur aura trois chois contre le fermier s'il luy plaist. C'est assavoir qu'il pourra prendre la gaigne en luy rendant frais et semences (2), c'est le premier chois; le second chois si est que il peult partir au fermier aux champs à la jarbe ; le tiers chois si est qu'il peult prendre la moisson au temps et terme que le fermier le doibt.

En ce fief a plusieurs bois de grant aage, et aussi il y a plusieurs viviers et rivières prests à pescher, quant le seigneur a prins et choisi l'année, peult il à part (3) les bois copper et pescher les eaues ou point que ils (4) sont quant il choisist? Response : Certes non ; il n'y peult riens prendre fors seulement le revenu et la value d'une année : c'est assavoir que les eaues et les bois seront prisés combien ils pevent valoir de crue pour une année, et aussi combien les eaues pevent valoir une année seulement.

Quels gens sont-ce qui ont garde et qui ont bail? Response : Père et mère, aieul, aieulle ont garde des enfans soubs aage. Frères et seurs, oncles et nepveux, cousins et parens de ce costé ont bail. Et toutefois le père, la mère, l'ayeul, l'ayeule qui ont la garde de leurs enfans et des enffans de leurs enffans ne rachaptent point (5),

(1) A. : fruicts et semences.
(2) A.B. : feurs et semences.
(3) A.B. : peut-il après les bois, etc.
(4) A.B. : au point là où ils sont.
(5) B. : qui ont la garde ne rachepteront point.

mais frères et parens de lignage collatéral ausquels le bail appartient rachaptent(1) le bail d'une année, si comme il est dict au quatrième chapitre cy-dessus. Et leur convient faire toutes les solempnités qui sont contenus audit quatrième chapitre (2).

Le chevalier se meurt et la dame aussi ; ils laissent plusieurs enffans soubs aagés, qui aura la garde et le bail desdicts enfans, ou l'aieul des enfans ou leur oncle? Response : L'aieul des enfans aura la garde, et aussi aura il la garde du costé de par la mère, comme il aura la garde de son costé, pour ce que tous les meubles et les revenues des enfans sont au gardien ; mais il est tenu de les acquiter et de paier toutes leurs debtes, et de les nourrir et de paier les charges de leurs héritaiges, de soustenir leurs maisons, et vignes, et de les rendre en aussi bon estat comme elles estoient au commencement de la garde, de faire garder et bien gouverner leur justice, et de les rendre sans empeschement. Et pour la coulpe du gardien il est tenu de les oster à ses cousts et despens.

Le chevalier et la dame sont mors et ont laissé ung enfant ou plusieurs soubs aage ; ils n'ont aucuns amis ne parens qui veulent entrer au bail, ne racheter leur fief ; le seigneur met le fief en sa main par défault d'homme, et toutesfois le chevalier et la dame s'obligèrent, avant qu'ils mourussent, à une leur fille qu'ils avoient faicte nonnain, et lui donnèrent xx livres de rente, et l'assignèrent sur leur fief ; assavoir si le seigneur qui tient le fief en sa main par défaulte de homme sera tenu de paier ladicte rente à la nonnain? Response : certes non, car le

(1) B. : rachepteront.

(2) Cette phrase manque dans B.

seigneur n'est tenu de riens respondre à nully dudict fief jusques à ce qu'il en ait l'homme(1).

Se l'enfant est povre et qu'il n'ait de quoy vivre, sera le seigneur de riens tenu de luy aider à vivre (2)? Response : certes non(3).

Se le seigneur a en son fief bois ou eaues les fera il coupper ou pescher? Response : certes ouy, et prendra et lèvera tout ce qu'il pourra trouver ou prendre audit fief sans riens rendre au vassal quant il viendra en aage.

Le chevalier espousa une femme, et le jour qu'il l'espousa elle tenoit de son héritaige propre cent livres de rente ; durant leur mariage ils eurent un fils qui eut nom Robert. Et avecques durant leur mariage ils achetèrent deux cens livres de rente. Le chevalier mourut, la femme se remaria et print ung gentilhomme ; et de ce second mariage elle eut ung fils nommé Guillaume ; et durant ce second mariage ils acquestèrent mil livres de rente, et si avoient pour deux mil livres de meubles. Or advint que la damoiselle mourut et laissa les deux enfans de ses deux maris dessusdicts, c'est assavoir Robert et Guillaume ; comment partiront-ils leurs biens? Premièrement l'héritaige de la dame, les conquests et les meubles du premier mary, et les conquests et les meubles du second mary, et aussi certains héritaiges en fief qui luy sont venus de son frère, toutes ces deux escheoites depuis que son premier mary l'espousa? Response : Robert le premier fils emportera franchement tous

(1) A.B. : homme.

(2) B. : sera tenu le seigneur de luy aider à vivre?

(3) A.B. : mais ledict seigneur sera tenu de luy bailler souffrance se ledict mineur le requiert, ou à son tuteur s'il en a, et partant ne fera ledict seigneur les fruicts siens. Laquelle souffrance durera jusques à ce que ledict mineur soit aagé pour faire la foy et l'hommage.

les cent livres de rente que ladicte damoyselle, jadis leur mère, tenoit de son propre héritaige au jour que son premier mary, père de Robert, l'espousa, et les aura franchement, ne Guillaume le second fils n'y prendra riens, et si aura les fiefs qui sont escheus (1) à ladicte dame sa mère par la succession du père et mère de ladicte dame, mais Guillaume le second fils aura la part de la mère de Robert et de Guillaume, des conquests qu'elle feist (2) en la compaignie de son premier mary, et si aura pareillement toute la part à la dame sa mère des conquests qu'elle a faits en la compaignie du second mary son père, et si aura tous les fiefs qui luy sont venus de son frère (3). Et si aura tous les meubles que ladicte dame avoit au jour de son trespas ; et les debtes et le testament de la dame seront paiés par les deux enfans, et en paira chascun selon ce qu'il portera de meubles et de héritaige, c'est assavoir *pro rata*.

Le chevalier a une fille et non plus, le père meurt, la fille est aagée, elle entre en la foy de son seigneur, assavoir si elle rachetera? Response : certes non, car par la coustume, soit fils, soit fille, il ne rachetera chose qui luy viengne de père ou de mère, d'aieul ou d'aieulle, car c'est directe ligne en descendant. Et si elle se marie, et son mary la trouve en foy, rachepтera-il? Response : ouy il racheptera tout l'héritaige de la damoyselle, car prenons qu'elle ait ung frère, et qu'elle soit en foy quant elle se marie ; assavoir se son mary rachaptera? Certes ouy, pour ce que par la coustume puisque le seigneur change vassal il y chiet (4) rachapt, si ce n'est de père, fils, d'aieul ou d'aieulle.

(1) B. : qui seront escheus.

(2) B. : qu'elle a faict.

(3) B. aj. : c'est assavoir du frere de ladicte dame sa mere.

(4) A.B. : il y a.

Le chevalier et sa femme sont mors, et laissent plusieurs enfans dont il y a une fille aagée, et les aultres enfans sont soubs aage; qui aura le gouvernement de ces enfans? Response : certes la fille qui est aagée entrera en la foy du seigneur de qui le fief est tenu pour la totalle foy, comme soy disant héritière de son père et de sa mère seulement pour le tout, ne le seigneur ne la peult contraindre à soy porter comme ayant le bail de ses frères ou seurs; mais il conviendra que le seigneur la reçoive de la totalité des fiefs sans prouffit. Et à l'heure mesmes que les enfans viendront en aage, la fille leur baillera leur part, et entreront en la foy de leur seigneur sans rachapt.

Le chevalier et sa femme achètent deux fiefs, l'ung mouvant de l'abbé de Sainct-Denis et l'aultre mouvant du prieur de Sainct-Martin des Champs, le chevalier meurt sans hoir de son corps, mais il a ung frère qui partit avec la dame, et partissent ces deux fiefs en telle manière, que le frère a l'ung des fiefs et la dame l'aultre, et demeurent tous entiers, assavoir s'il y a rachapt? Response : certes ouy, chascun rachaptera la moitié des fiefs et seront prisés à ce.

Le chevalier a ung fils et une fille, il marie sa fille; assavoir se son mary rachaptera ce que le père et la mère luy donnent? Response : non, puisqu'elle a ung frère elle ne racheptera point, car le frère la garde une fois de rachapt par la coustume des nobles.

A ceste fille dessusdicte vient et eschiet par la mort de son père ung fief après ce qu'elle est mariée; assavoir se son mary racheptera ce que ainsi luy sera escheu, car vous sçavez comme dit est que le frère la garantit une fois? Response : le mari ne racheptera point, jà soit ce que le frère l'ait aultrefois gardée de rachepter, voire ce qui luy fut donné en mariage.

Or vous sçavez que, par la coustume des nobles, de ce qui eschiet de père ou de mère, d'aieul ou d'aieulle, il n'y a point de rachapt pour ce qu'il vient de droicte ligne en descendant, et toutesfois que ce cas y eschera à femme soit mariée ou non, et elle aura frère, il la gardera de rachepter puisqu'il viendra de père ou de mère, d'aieul ou d'aieulle, de droicte ligne en descendant. Or vous voyez que ce fief luy vient de directe ligne en laquelle ne chiet point de rachapt, et pour cela peult le frère garder toutes les fois que le cas luy eschet. Et se elle n'a point de frère, que fera-elle? voiez ce qui est esclairci au XXIIIe article cy-après escript.

Le chevalier meurt; après sa mort, celuy qui doibt estre son héritier entre en ses fiefs et lieux, et en faict les prouffis siens deux ans ou trois ans sans entrer en la foy et hommaige du seigneur de qui les fiefs sont tenus et mouvans au desceu dudict seigneur ; or advient que le seigneur s'aperçoit qu'il n'a point d'homme de ce fief, si le mect ou faict mettre en sa main, et deffend à ycelluy qui ne si voie(1) en aucune manière, que doict faire le seigneur? Response : le seigneur peult lever toutes les levées et les fruicts qui ystront du fief, et yceulx appliquer à son prouffit sans riens rendre à celluy à qui le fief doit estre. Et (si) le vassal vient par devers le seigneur, et luy faict les offres que l'en doict faire à son seigneur, que dira le seigneur? Il dira : *Vous avez levé mon fief qui me appartenoit, non pas à vous, car lors vous n'y aviez rien jusques à ce que vous eussiez fait vostre debvoir devers moi, car encore si ce n'est par moy, vous n'y pouvés rien prétendre ; et pour ce que vous l'avez tenu sans seigneur depuis la mort de celluy dont vous dictes avoir cause, je l'ay tenu*

(1) A.B. : qu'il n'y aille.

sans homme; ne à chose que vous requérez, ne à offres que vous maintenant me faictes, je ne vous escouteray aucunement, jusques à tant que je l'aye autant tenu sans homme comme vous l'avez tenu sans seigneur, ou que vous n'en ayez rendu tout ce que vous en avez levé durant le temps que vous n'y aviez point de droict (1).

Le chevalier et la dame ont deux enfans, le chevalier meurt, et par ainsi la dame a la garde; or, est-il ainsi que la dame a ung frère, et aussi le chevalier trépassé a ung frère, et avient que la dame meurt et les enfans meurent aussi, qui aura les biens de la dame, ou le frère du seigneur, ou le frère de la dame, pour ce qu'elle eust tous les meubles après le trépas du chevalier? Response : le frère à la dame les aura, parce qu'il vient de son costé (2).

Ung chevalier a conquesté cent livres de rente : et n'a nuls hoirs de son corps, mais il a deux frères et quatre seurs, et puis meurt, comme se partiront les héritaiges de père et de mère et ses conquestz? Response : les deux frères emporteront tout l'héritaige en fief, tant du propre comme des conquestz, et les seurs n'y prendront riens, car par la coustume nulle fille ne hérite en ligne collatéralle quant aux fiefs puisqu'il y a masle aussi prochain comme elle. Et de ceste succession autant emporte le jeune comme le vieulx ou l'aisné (3).

Item la dame noble et vivant noblement peult renoncer

(1) A.B. : à ce s'accorde la coustume de la prévosté de Paris ou tiltre de succession en l'art. CXXXI.

(2) A.B. : cecy est observé en ladicte prévosté de Paris, comme tout ce appert par le XVIe article desdictes coustumes au tiltre, *De feud.*, et par les CXLVI^e^ et CXLVIII^e^ articles desdictes coustumes.

(3) A.B. : car, en ligne collatérale ils partissent et devisent également entre eux par testes, et non par lignes, les biens et succession dudict défunt, tant meubles que héritaiges non tenus et mouvants en fief, et n'y a l'aisné aucune prérogative.

aux meubles et aux debtes en acceptant son douaire, lequel elle aura franchement; mais garde soy qu'elle ne preigne aucuns biens tant soit petit (1).

Le seigneur a quatre filles, puis meurt, comment se partiront les fiefs? Response: autant en aura l'une comme l'autre, et ne rachepteront point pour ce qu'elles succèdent en droicte ligne.

Ung gentilhomme nommé Robert tient ung fief de son seigneur, et en ce fief a ung autre fief qui en meult, qui est arrière fief audict seigneur; or, il advient que Robert achate ce fief qui est tenu en fief de luy mesmes, *quid juris?* Response: il conviendra que Robert le mette hors de sa main, tellement qu'il en ait homme comme devant, et qu'il soit tenu du seigneur en arrière fief de qui le plain fief est tenu, et que ledict Robert en soit homme comme devant, ou sinon il conviendra que ledict Robert le tiengne en plain fief de son seigneur de qui le maistre fief est tenu, et que baillé en soit adveu (2) comme propre fief, et par ainsi le pourra tenir ledict Robert et non autrement.

Ung homme noble a une fille seullement et n'a plus d'enfans, il marie sa fille, et après meurt, assavoir si le mary rachatera la succession du père quant aux fiefs? Response: ouy, car il est estrange personne, et si n'a la damoiselle point de frère qui la puisse garantir de ra-

(1) A B.: car qui prend les meubles il est tenu de payer les debtes, obsèques et funérailles du décédé (*).

(2) B.: et baille en son adveu.

(*) A.B. ajoutent: et ainsi en use l'en à Paris, comme tout ce apert par les cxv[e] et cxxxi[e] articles de leur coustumier, tilt. *De succession*, et tilt. *De communaulté de biens*, et confirmé par arrest le xxie jour de juillet cinq cents et deux, « inter magistum Robertum Desportes, defunctæ Guillemette Desportes ejus amitæ seu avunculæ, dum viveret defuncti Petri Fromont uxoris, per beneficium inventarii heredem, actorem ex una parte, et Johannem de Thumery scutiferum, defuncti Petri Fromont heredem, defensorem ex altera. »

chapt. *Sed quero* si la damoiselle demeure orpheline de père et de mère, et n'est, ne fut oncques mariée, et si convient qu'elle entre en foy des fiefs qui lui sont venus et escheus tant de père comme de mère, rachatera elle? Response : ouy, pour ce qu'elle n'a point de frère qui la puisse garantir de rachater; mais si elle eust ung frère grant ou petit, il la garderoit une fois seullement de rachater. Et si elle se marie après ces choses faictes, rachaptera point son mary? Response : ouy, pourtant (1) qu'il est estrange personne (2).

Ung chevalier se marie, qui a son père et sa mère en vie, toutesfois sa femme a de luy ung enfant; advient que la mère du chevalier meurt durant le mariage dudict chevalier et de sa femme; et après ce, la femme dudict chevalier meurt, et sur ce, ledict chevalier se remarie à une autre dame, et a celle dame ung fils de ce second mariage, et après ce, le père d'icelluy chevalier meurt, *queritur* se le premier enfant emportera douaire en l'escheoite du père et de la mère de son père, et comment les deux escheoites seront parties entre les deux enfans? Response, le premier enfant emportera douaire de la suc-

(1) A. : pour ce qu'il.

(2) B. Additio : Cecy est déclairé et prouvé au cxxxvi[e] article du coustumier de Paris, tilt. *Du douaire, quia de consuetudine statim quod mulier cubuit cum viro suo, licet non fuerit cognita, lucratur doerium suum. Concordat text. Pœna adulterii est mors*, l. quamvis C. de adulter. et vid. text. *in primis maritum genitalis tori vindicem esse oportet, et nota quod maritus accusans uxorem de adulterio non tenetur se inscribere, et quando maritus lucratur dotem*, l. si quis C. ad leg. de adulteriis. *Alia est pœna ut in auth.* Liceat matri vel aviæ § quia vero quædam in l. denique cum l. cum ratio ff. de ritu nupt. et *Bar. Socin. in consil. CCXXIII, vol. II Bal. et Moder.* in l. non tantum C. de legat. *Et e contra illud perdit per adulterium ut* l. ex consensu, C. de repud. *et Petrus. de Ferra. in forma libelli quo uxor agit ad dotem, in verbo* Uxor. *col.* 1, *versiculo* Fallit, *et Abbas in c. fin.* de rebus eccles. et *in c. penul. in fin.* de sepulturis.

cession de sa grant mère, pour ce que sa propre mère vivoit au temps de sa grant mère ou aïeul (1). Car par la coustume des nobles, ce qui eschiet à homme noble, luy estant en mariage, soit de père ou de par mère, d'aïeul ou d'aïeulle, descendant en ligne directe, la femme en est aussi bien douée, comme se son mary en fust en saisine au jour de ses nopces, et quant il l'espousa (2). Et par ladicte coustume c'est l'héritaige du premier enfant. Et l'aultre moitié d'icelles escheoites se partira selon la coustume du pays, c'est assavoir que l'escheoite du grant père ou aïeul, qui a esté mort depuis que la première dame fut morte, et que l'aultre femme de son fils a eu ung enfant de son dict fils, icelle escheoite de l'aïeul se partira par la voye devant dicte; car c'est douaire à la seconde femme, et propre héritaige au second enfant, ny le premier enfant n'y prendra fors par la manière que dit est.

Ung noble, ou non noble, vend son fief, et est le marché faict et accordé entre luy et l'acheteur; or, il advient que l'acheteur et le vendeur sont d'acord que le marché soit deffaict, et reprent le vendeur son fief, *queritur* si le seigneur de qui le fief est tenu y aura point de quint denier? Response, non, car par la coustume des fiefs tout homme qui tient en fief, peult son fief vendre et eschanger, et le peult reprendre et tenir comme devant jusques au desmettre de la foy, car le seigneur de qui il est tenu n'y peult riens demander jusques au desmettre de la foy, mais qu'il n'y ait point de fraulde contre le seigneur.

Ung noble, ou non noble, et sa femme acquestent ung fief, et le tiennent longuement en leur main; or, il advient que l'homme et sa femme sont mors; l'homme a

(1) B.: et aïeul. — B. 1598 : ou ayeulle.

(2) B.: quant il espousa.

ung frère et la femme n'a nuls parens, ne personne qui se puisse dire de son lignage ; comment sera ce fief party? Response, le frère emportera la moitié du fief, et le seigneur de qui il est tenu aura l'aultre moitié, ou cas qu'il sera (1) hault justicier sur ledict fief ; et s'il ne l'estoit, le hault justicier le pourra tenir ung an sans en faire prouffit au seigneur de qui il seroit tenu ; mais il conviendroit que le hault justicier le mist hors de sa main dedans an et jour, et qu'il en baillast homme à celluy de qui il seroit tenu, affin qu'il en eust le quint denier de la vendue (2).

Ung noble homme, ou non noble, tient ung fief ; advient qu'il se meurt, et laisse ung enfant fille soubs aage ; le trespassé a une seur aagée qui est à marier, laquelle a le bail de cest enfant ; *queritur* se icelle seur rachatera le bail de sa niepce, fille de son frère? Response, ouy ; car toutes personnes qui prennent bail rachateront. Et si celle seur se marie, luy tenant ce bail, *queritur* si son mary rachatera ce bail? Response, ouy ; car il est estrange personne. Et si ce mary se meurt luy estant en ce bail, et cependant l'enfant demeure tousjours soubs aagé, *queritur* si ladicte femme qui est tante de ladicte fille, comme dit est, rachatera ce bail pour ce qu'il luy revient par la mort de son mary? Response, ouy (3).

(1) B. : ou cas qu'il soit.

(2) B. : de la vente.

(3) A.B. : Et ce veult et accorde la coustume de Paris, *Titulo de materia feudorum*, insérée au XXIIe et XXIIIe articles dudict coustumier, mesmement quant tel baillistre fait les fruicts siens, et aussi que en ligne collatérale en toute mutation est deu relief ou rachat ; et *ibi notatur*. Toutesfois à Paris l'on ne use plus de bail, mais on a recours au droict commun coutumier comme tout ce est noté au XCIXe et CIe art. dudict coustumier de *garde noble et garde bourgeoise*, et pourtant que si elle ne feroit les fruicts siens qu'elle ne debveroit nul relief.

Et si ladicte femme durant la minorité dudict enfant se remarioit à plusieurs (1), *queritur* si tous ses dicts marys rachateroient ? Response, ouy, aussi bien le dernier comme le premier.

Ung gentilhomme et sa femme sont mors, et ont des enfans soubs aagés, l'homme a son père en vie qui est grant père desdicts mineurs, et la femme a ung frère en vie, *queritur* qui aura le gouvernement de leurs dicts enfans soubs aagés? Response, le grant père aux enfans en aura la garde, et aussi bien du costé de la mère comme du père, pour ce que tous les meubles aux enfans appartiennent au grant père devant tous, et si ne rachatera point. Et s'il advenoit qu'il n'y eust point de grant père, et qu'il y eust oncle d'un costé et d'aultre, ou aultres personnes plus loingtaines du lignaige, qui aurait le gouvernement des dessusdicts enfants? Response, l'oncle de par le père.

Une fille non aagée qui a fief se marie à ung enfant non aagé, *queritur* si le bénéfice du mariage attribue aage? Response, non; puisque son mary n'est aagé, mais si elle ou luy fussent aagés il souffiroit (2).

Item le seigneur féodal les peult bien tenir pour aagés, mais ce sera en (3) son préjudice seullement et non mye au préjudice du gardien du bail.

(1) B. : plusieurs foys.

(2) A.B. : In præpositura tamen parisiensi observatur contrarium, car par ladicte coustume homme et femme conjoints par mariage ensemble sont réputés usans de leurs droicts, art. CXVII, tit. De communauté de biens. *An autem valeat hæc consuetudo, videte Cy.* in l. copulandis C. de nuptiis *ubi dicit quod minor reputatur major quoad matrimonium carnale vel spirituale, et Bar. in lege* si maritus § legis Jul. ff. de adult. *Et quomodo intelligatur hæc consuetudo*, vide Berthol. Socin., in consi. XXXII, col. III, versiculo et quod facit l. 1.

(3) B. : à son.

Item se le mary fut aagé, il tiendroit et auroit le bail des aultres.

Item ceste fille mariée ne doibt ne rachapt ne finance, ne aultre chose fors que la bouche et les mains, soit aagée ou non aagée, car le masle son frère, aagé ou non aagé (1), l'affranchist une fois en la bénédiction de son premier mariage.

Item aussi dit-on que en ligne directe nul ne doibt rachapt par la coustume générale du royaulme de France.

Selon raison, usaige et coustume notoire et commune observance, rentes, héritaiges, et possessions mouvans et tenus en censive ne chéent, ne ne doibvent en bail, et si ne peult ne ne doibt le baillif faire les fruicts siens, mais convient que de toutes ces choses tenues en censive compte soit faict, et rendu aux mineurs quant ils seront devenus en aage, ou à ceulx qui auront cause d'eulx. Excepté que en la ville et banlieue de Paris, le père ou la mère, aïeul ou aïeulle, ayant garde des enfans mineurs font les fruicts leurs, par le bénéfice de la garde, des choses mouvans en censive, et n'en sont tenus rendre compte.

En la ville et prévosté de Paris enfans, estant en garde ou en bail [ne doibvent faire ne leurs gardiens pour eulx aucun prouffit à leur seigneur (2)], mais doibvent estre receus à la terre franchement, ne ne sont tenus payer aucune chose à leur seigneur, et ne doibvent fors la révérence et obéissance de foy (3), de bouche et de mains (4).

(1) B. : car le masle son frère de commun l'affranchist.

(2) Ce membre de phrase manque dans A.B.

(3) B. : fors la révérence de foy.

(4) A.B. ajoutent : mais le gardien ou baillistre pour les héritaiges féodaux appartenans à iceulx mineurs, car ils payeront droict de relief en tant qu'ils

Le vassal peult bien obliger son fief, aussi bien comme ses aultres héritaiges mouvans en censive, et vault l'obligation, et par vertu d'icelle le créancier les pourroit bien faire vendre par criées et subhastation, tout ainsi comme il pourroit faire crier et subhaster les héritaiges et possessions de l'obligé mouvans en censive, ne n'y a point de différence en tant qu'il regarde l'obligé, et la personne de l'obligé ou de ses ayans cause. [Et si aucune différence y avoit, ce seroit au regard du seigneur féodataire, et en cas qu'il ne vouldroit point son fief estre démembré ne chargé de nouvelle charge et non aultrement (1)]; car le corps du fief peult estre entièrement vendu quant il est obligé deuement et suffisamment, en payant au seigneur féodataire de qui il est mouvant tous ses devoirs raisonnables.

Quant aucun seigneur féodataire reçoit en sa foy son vassal plainement et paisiblement sans aucune réservation, il ne peult ne ne doibt depuis lors en avant faire mettre aucun empeschement oudict fief de son vassal, mais le doibt garder et faire tenir en possession d'icelluy ainsi comme il l'y a mis, sans donner empeschement pour raison du temps passé, toutesfois que depuis la réception de la foy et hommage, ou souffrance, il n'y (2) entretiengne aucune cause raisonnable (3).

Se aucun vassal à qui le fief est propre héritaige, ou acquest, et qui est légitime ou loyal demenier et posses-

font les fruicts leurs, et à ce accorde le xxxiie article de la coustume de Paris, insérée ou tiltre de *Matière féodale*.

(1) Ce membre de phrase manque dans A.B.

(2) A.B. : il ne luy.

(3) A.B. : A la coustume de Paris, insérée au xive article dudict coustumier, depuis que le seigneur a chevy à son vassal, ou baillé souffrance du fief tenu et mouvant de luy, tel seigneur féodal ne peut plus retenir ledict fief pour unir à sa table.

seur, va de vie à trespassement, son hoir, et fut son propre fils, n'en est pas saisi, ne en possession et saisine, ne s'en (1) peult dire par le droict commun ne par la coustume que *le mort saisist le vif son hoir*, ne le fils de son demaine ne s'en peult dire possesseur au regard du seigneur, jusques à ce qu'il en ait fait foy et hommage de bouche et de mains au seigneur de qui il meut, ou qu'il en soit par le seigneur mis en souffrance, qui vault foy tant comme elle dure, et jusques à ce que le seigneur en ait homme en foy et hommage ou en souffrance. Aultrement c'est propre demaine du seigneur du fief, et en est saisi et vestu, et en peult faire et faict les fruicts siens, et luy appartiennent de plain droict, spécialement après les quarante jours passés, selon et par la coustume notoire des fiefs au pays de France, à tout le moins en la prévosté et viconté de Paris (2).

Si le demenier qui est possesseur du fief va de vie à trespas, et il a hoirs collatéraulx à qui la succession ou eschoite soit deue ou appartienne, il ne peult faire les fruicts siens, ne n'est possesseur ne demenier jusques à ce qu'il ait payé au seigneur une finance appellée rachapt. Et est la coustume toute notoire que l'hoir du costé collatéral se doibt traire devers le seigneur du fief, et luy requérir qu'il le reçoive en sa foy et hommaige, et luy doibt offrir une somme d'argent, ou l'année du fief, ou l'estimation de bonnes gens, et le marc d'argent ou il chiet. Et se ledict héritier estoit négligent de ce faire

(1) B. : ne n'en peult dire.

(2) A.B. : en ladicte prévosté de Paris, le seigneur ne peult faire après le trespas de son vassal, jusques à quarante jours passés. Et est approuvé par le quatrième article dudict coustumier. *Istud feudum secundum dom. Specu. tit. De feudis*, § quoniam, vers. XXVII, *vocatur feudum decretale, eo quod vasallus tenetur infra XL dies prestare sacramentum fidelitatis.*

cent ans, le seigneur tiendra tousjours le fief comme son demaine, et en fera les fruicts siens, sans ce que par longue espace de temps qu'il la tiengne il tourne en aucune manière au prouffit d'iceluy héritier collatéral négligent, mais devra tousjours ledict rachapt, ne ne jouyra jusques à ce qu'il ait faict lesdictes offres, desquelles il choisira le mieulx qu'il luy plaira (1), et s'il choisit l'argent, il n'est tenu de recevoir ledict héritier jusques à ce qu'il soit payé, et tousjours jouyra des fruicts et du fief.

Se aucun vassal tient en foy et hommaige aucun héritaige et possession, et d'iceulx il baille son dénombrement à celuy de qui ils sont tenus et mouvans en fief, et depuis ce il vient à la congnoissance d'icelluy que oudict fief a ou plus ou moins qu'il ne baille par son dénombrement, il luy loist plus plaine déclaration de ce qui est de nouvel venu à sa congnoissance, ou cas toutesfois que le vassal ne le feroit ou qu'il ne l'auroit faict frauldulensement et au préjudice du seigneur.

Item ung seigneur peult mettre en sa main ung fief (2) tenu et mouvant de luy, toutes et quantesfois qu'il n'a (3) homme, et faire les prouffits, revenus et esmolumens siens (4), ou cas que dedans XL jours après la mort de son vassal, l'hoir n'auroit faict son devoir devers luy qui est le seigneur féodataire (5).

Se ung enfant noble demeure moindre d'aage après le trespassement de son père ou de sa mère, le survivant peult prendre la garde d'iceluy s'il luy plaist, et à cause d'icelle garde, si le survivant la prent, tous les biens

(1) A.B. : le mieulx qu'il pourra.

(2) A.B. : le fief.

(3) B. : qu'il n'aura.

(4) B. : et faire les fruicts et revenus siens.

(5) B. : feudataire.

meubles dudict enfant mineur noble et durant sa minorité sont et appartiennent oudict survivant son père ou sa mère. Et aussi feroient ils (1) à ung aultre qui luy appartiendroit en ligne collatérale pendant le bail dudict enfant, s'il n'y avoit aultre parent en droicte ligne. Et lesdicts enfans venus en aage parfait ne pevent demander ne les meubles ne les debtes qui avoient esté (2) deues à leur père ou mère, ne n'en auront aucune action à l'encontre des créanciers, vivant leur gardien. Et aussi ne seroient tenus lesdicts créanciers de leur en respondre en aucune manière sans aultre tiltre ou aultre qualité. Parmy ce toutesfois que ledict gardien ou baillisseur (3) est tenu de soustenir le mineur d'aage en bon et souffisant estat, selon sa personne, et le rendre quitte de toutes debtes, et ses héritaiges et possessions tenir, soustenir et délaisser en bon et souffisant estat (4).

Queritur : ung homme qui tient ung fief, vend à ung aultre dix livres de rente à perpétuité sans le congé ou consentement du seigneur féodataire, icelluy acheteur peult il acquerre saisine sans foy? Response : ouy, au regard de luy et du vendeur, et au préjudice du vendeur et de ses successeurs, et non pas du seigneur féodataire.

(1) B. : seroient-ils.
(2) B. : qui estoient.
(3) B. : bailleur.
(4) A.B. ajoutent : et que ladicte garde soit acceptée en jugement.

CHAPITRE XXVIII.

DU SERMENT DE FIDÉLITÉ DES PRÉLATS.

Le serment de fidélité que les prélats doibvent faire.

Le prélat ayant l'estolle au col met la main dextre sur le livre et la senestre sur le pis, et le chambellan qui là est, luy dit tels mots : *Monseigneur, vous jurez sur les sainctes Evangilles et aultres sainctes parolles qui sont cy escriptes, et par les ordres que vous avez receus, que vous serez féal et loyal au roy de France nostre souverain seigneur qui cy est, et à ses successeurs roys de France ; son corps et de ses enfans, son honneur, son héritaige, son estat et ses meubles garderez contre toutes personnes qui pourront vivre ou mourir ; et se il vous dit son conseil vous le tiendrez secret, et s'il vous demande le vostre, vous luy donnerez* (1) *bon et loyal, et ainsi vous le jurez.* Et il doibt dire *ouy*, et puis baiser le livre.

(1) A. : vous lui serez.

CHAPITRE XXIX.

DU SERMENT DES AUBAINS.

Tu jures que d'icy en avant tu me porteras foy et loyaulté comme à ton seigneur, et que tu te maintiendras comme homme de telle (1) *condition, comme tu es, que tu me payeras mes debtes bien et loyaulment toutesfoys que payer les deveras, ne ne pourchasseras chose pourquoy je perde l'obeissance de toy, ne de tes hoirs, ne ne partiras de ma court, ce n'estoit pas par défault de droict ou de mauvais jugement, et en tous cas tu advoues ma court pour toy et pour tes hoirs.*

(1) A. : en telle condition.

CHAPITRE XXX.

DU RACHAPT DES FIÉFS.

Rachapt se faict tant seulement en fief, et est assavoir que quiconques rachapte, il doibt le marc d'argent au seigneur de qui il rachapte, et luy doibt faire trois offres alternativement ensemble, desquelles le seigneur est tenu de prendre l'une, en disant : *Je deviens vostre homme de tel fief, et pour ce rachapt vous offre les fruicts de la première année, ou la valeur d'iceulx fruicts ou le dict des prodegens*(1). *Nam pro aliquo istorum quictari debet.*

Nota que selon l'usaige et coustume de la prévosté et vicomté de Paris, en succession de fief n'a point de rachapt, quant il va en ligne directe, comme du père au fils, ou du fils au père, ou à l'aïeul ; mais quant il va en ligne collatéral, il y a rachat, comme du frère à la seur, ou du fils à l'oncle ou au cousin germain, etc.

Item quant femme ayant fief se marie, son mary doibt rachapt des fiefs qu'elle tient(2).

Item jà soit ce que par la coustume des fiefs aucuns tiennent que par la mort d'aucun en ligne collatéral, le seigneur doive avoir les fruicts de la première année s'il veult, ce n'est à entendre fors les fruicts que la terre rendroit et vauldroit franchement, rabatu le labouraige que le dict héritaige auroit cousté à labourer, si comme aucuns saiges tiennent qui disent que si la terre estoit

(1) B. : des prudegens.

(2) A.B. : approuvé par le xxve article du Coustumier de Paris, au tiltre de *Matière feodale*.

emblavée (1) quant le seigneur y assigneroit, et que le labouraige eust esté faict par le vassal mort à ses propres chevaulx, il seroit au chois du seigneur de prendre l'année sans rabatre le labouraige ; et se le vassal mort avoit baillé sa terre à ferme aux moisons, le seigneur n'auroit fors la moison (2); et se iceluy vassal avoit faict labourer à ses deniers, le labouraige luy seroit sauf.

Item si ung noble ou bourgeois est en foy et homaige d'aucun héritaige qui soit de sa femme, et il trespasse, après le trespassement d'icelluy, sa femme peult jouyr d'icelluy héritaige comme du sien, sans avoir (3) en foy vers son seigneur, ne le seigneur ne peult pour cause de ce assigner au fief, car en ce cas la dame n'en est en riens tenue envers luy, considéré qu'elle ne succède pas en droict d'autruy, car c'est son propre héritaige. Mais si c'estoit une personne estrange, le seigneur le tiendroit autant sans vassal, comme le vassal l'auroit tenu sans seigneur, ou restitueroit ce qu'il auroit levé.

Item se aucun avoit espousé une damoiselle noble et mourut avant ce qu'il fut entré en foy, et depuis ce telle (4) se mariast ailleurs, son dernier mary ne seroit mie tenu de racheter, pourtant que le premier n'en fut oncques en foy.

Item si ung homme marie une sienne fille à laquelle il donne partie de son fief, son gendre doibt rachapt par la coustume.

Item filles étant en bail ou en garde, le frère les franchist une fois.

Item garde ne doibt ne rachapt, ne finance (5).

(1) B. : emblayée.

(2) A.B. : la moisson

(3) B. 1598 : aller.

(4) A. : celle se remariast. — B. 1598 : ce elle.

(5) A.B. : Item garde doibt rachapt et finance en tant que touche les fiefs dont il fait les fruits siens.

Item si de plusieurs enfans tant masles que femelles, nul n'est aagé fors une pucelle, elle peult entrer en la foy de son seigneur pour le tout sans avoir bail, et se portera héritière pour le tout, ne le seigneur ne la pourra refuser, et ne devra aucun rachapt. A mesure que les enfans deviendront aagés, ils se pourront porter pour héritiers, et entrer en foy de leur portion, sans nulle finance par la coustume.

Item en cas de fief, ung parastre aura bien la garde des enfans de sa femme, mais il rachaptera.

Item en autre cas de succession comme de vendition d'achapt ou d'eschange, etc., rachapt n'a point de lieu ne quint denier; mais il y a tant seullement desmettement et mettement de foy selon la coustume de la prévosté et viconté de Paris(1).

Item en aucuns aultres lieux l'en rachapte de toutes mains comme d'achapt, d'eschange, de don, de quelconques aultres aliénations, et pour ce l'on dict oudict pays comme à Gonesse et ailleurs(2), que l'en y rachapte de toutes mains, c'est assavoir quant le fief aliène (3).

Queritur : quant aucun fief doibt quint denier, doibt-il rachapt? Response : selon la coustume de France, non; car le quint denier est le droict que le seigneur a en cas de emption et vendition des fiefs, et esquels aucunesfois il est de coustume de donner ung marc d'argent, ou

(1) A B. rédigent ainsi le paragraphe : Item à la coustume de la ville, prévosté et viconté de Paris, quand ung fief change main (aultrement que par vendition), c'est assavoir par mort, eschange, succession, ou aultrement, il y eschet droict de relief, fors que en succession, ou donation en avancement d'hoirie en ligne directe, là où il n'est deu seullement que la bouche et les mains.

(2) A.B. : et ès fiefs qui relèvent et se gouvernent selon la coustume de Vexin-le-François.

(3) Ce dernier membre de phrase manque dans A.B.

joyaulx, ou roussin, ou moins, selon la coustume du fief. Mais rachapt est le droict que le seigneur à en cas de succession de fief comme dict est. Et où l'on rachapte de toutes mains, en emption et vendition dès (1) le rachapt *modo predicto et quocumque casu.*

Nota que en ligne directe ne chiet point de rachapt, mais toutesfois par défaulte d'homme le seigneur liève les fruicts.

(1) B. 1598 : doit.

CHAPITRE XXXI.

DES DROITS DES CENSIERS (1).

Toutesfois et quantes que aucuns censiers ou rentiers ont droit de prendre et recepvoir chacun an sur aucune maison ou héritaige, aucun droit de cens, ou rentes, ou aultre redevance, desquels le droit de l'un est premier et précédent, le droit de l'autre dernier et subséquent, et que aucuns arrérages en sont deus au premier censier, le droit dernier est obligé pour le premier, tellement que celui qui a le dernier droit est tenu de garnir le lieu suffisamment en telle manière que le premier en puisse trouver à gaiger pour sa rente, pour le temps passé, présent et advenir, et pour les arrérages. Et se ledit dernier censier en est refusant ou contredisant, tout son droit doit estre adjugé au premier censier, luy condempné à luy délaisser, et ès despens faicts pour cause de son reffus et contredict.

Nota que la rente dernière n'est pas adjugée au prouffit du premier censier, mais au prouffit et deschairge du lieu, ne le premier censier n'en enrichira jamais. *Imo* sera la rente confuse en la chose, et de tant comme le lieu sera déchargé il vauldra mieulx.

La coustume d'entre les censiers et les propriétaires est telle, que quant aucun est propriétaire d'une maison, et sur icelle aucuns arrérages sont deus à aucun censier ou rentier pour cause de son cens ou rente, celui proprié-

(1) A. B. ajoutent : et hypothecques, prieurés et postérieurités. — B. 1536 : priorités et postériorités, et de leur conservation, et de l'action de quitter ou garnir.

taire est tenu de garnir la maison ou lieu, et icelle mettre en tel estat que ledit censier ou rentier y puisse trouver à prendre et gaiger pour sa rente ou cens, tant pour le temps présent comme pour l'advenir et pour ses arrérages, ou sinon tout le droit que ledit propriétaire a en ladicte maison doibt estre adjugé audict censier ou rentier, et luy estre condempné et à la luy délaisser, et rendre (1) les arrérages qui luy sont deus jusques à présent, et qui escherront pendant le plait, et ès despens faits et à faire pour occasion de ce, la tauxacion d'iceulx réservée par devers le juge (2).

Nota que pour faire ladicte garnison, temps de XL jours doit estre préfix par le juge à celluy qui est condempné à garnir.

Nota que cet usaige n'a lieu fors en la ville et faulxbourgs de Paris, et ce est par privillège.

En cas de garnir *et de quint a movet fortis* (3) preuve à faire ; car il fault prouver (4) que son droit soit premier, et si le deffendeur est si subtil qu'il ne mette point ses lettres en forme de preuve, le demandeur auroit fort à prouver qu'il fust premier (5).

L'en tient par usaige et coustume que si le deffendeur nyoit simplement la demande du demandeur affin de gar-

(1) A. : et luy est condampné à délaisser ou luy rendre. — B. : condampné à délaisser ou luy rendre.

(2) A.B. : et ainsi appert que quant le dernier censier renonce à son droict, il ne paie nuls arrérages. Et quand le premier y renonce, il les paye.

(3) A.B. : ou de quitter preuve est à faire.

(4) A B. : car il convient au demandeur prouver par lettres ou par tesmoings.

(5) A.B. ajoutent : il semble que cette action de garnir ou de quitter, et action d'hypothecque soient semblables; car tout ainsi que les quatre quatorzaines des criées que l'en faict par vertu de la condempnacion hypothecque montent à six sepmaines, aussi a l'en, en cas de garnir ou de quitter, quarante jours qui montent à six sepmaines.

nir ou de quitter, il ne seroit mie reçeu (1) s'il ne contendoit son droit estre le premier (2), aultrement la requeste du demandeur luy seroit octroiée. Et pourtant se le demandeur est saige, après ce que le deffendeur aura allégué son droit (3) estre premier, icelluy demandeur le doit prendre par escript, affin de luy monstrer qu'il est acteur, et l'a mis en procès comme acteur, et est pour obvier à la cautelle contenue en l'article précédent.

Item par la coustume si aucun propriétaire veult renoncer à la propriété de sa maison, il convient qu'il face appeler tous les censiers et leur bailler les clefs avec tous leurs arrérages (4), et sachez que s'il fault à faire tous appeller les censiers et de les tantost paier, et s'il retenoit du droit de l'un six deniers, voire une obole, cela lui porteroit tel préjudice qu'il demeure tousjours propriétaire et ne luy vault sa renonciacion, mais luy pevent tous lesdits censiers demander tous leurs arrérages depuis escheus.

Item si je prens rente sur une maison, et aucuns arrérages m'en sont deus, incontinent que je la trouve vuide, je la puis faire mettre en criée (5) ne n'y fault jà attendre an et jour, jà soit ce que aucuns le dient ; mais ils entendent mal, car (6) l'en peult bien dire que les criées durent

(1) A.B. : il ne seroit mie légitime contredicteur, ne ne seroit receu.

(2) A. : estre premier.

(3) A. : en son droict.

(4) A.B. ajoutent : et le terme commencé, et par ce il est descharge et deslié du droict propriétaire, et tous les héritaiges sont deschargés de l'obligation ypothecque, supposé qu'il l'eut prinse à cens, et sachez que s'il fault de les faire tous appeller et de les payer, et il retenoit des droicts, etc.

(5) A.B. : vuide, je puis faire apprêhender les censiers, ou le propriétaire lequel je vouldray, afin de garnir ou de quitter, ou je puis faire mettre en criées la maison, et n'y fault jà, etc.

(6) A.B. : mais.

an et jour et si convient qu'elle soit toujours vuide, car si pendant les criées elle estoit remplie et il me fust signifié, je seroie (1) tenu de cesser mes criées et pourroie aller gaiger (2).

Toutesfois ce que dit est est à entendre en la ville et faulxbourgs de Paris où le privillége s'estend ; car aultre part se arrérages sont deus, il fault appeller le propriétaire se il est présent, et se il est absent, que par lettres du roy, *voce præconia* par les carrefours, et à l'yssue de la paroisse, puis requérir un curateur, et avoir condempnacion contre luy, et par vertu d'icelle condempnacion, faire crier ledit héritage (3).

Ung homme qui a deux maisons, vent sur l'une XL sols de rente, et oblige tout ce qu'il a à fournir et faire valoir, et depuis vent l'aultre maison à ung aultre, la rente est bien paiée ; mais l'acheteur de la rente qui regarde que les XL sols de rente ne sont pas assis sur ladicte maison aliénée spéciallement, mais bien générallement (4). Mais il voit que celuy qui a acheté ladicte maison acquiert prescription, *queritur* comment il y peult remédier ? Response : il doit faire adjourner celui qui a acheté l'aultre maison, et luy dénoncer que comme il ait acheté de tel telle rente à prendre sur telle maison, et luy ait obligé générallement,

(1) A. : que je seroye.

(2) A. : gaigner.

(3) A.B. ajoutent : ou s'il veult, et s'il a lettres de sa rente, il doibt prendre commission, narrant ses lettres, et la somme des arréraiges deubs, concluant que l'exécution soit faicte sur l'obligé, et en cas d'opposition la main garnie que l'opposant soit adjourné, et se l'obligé est mort, faire adjourner les héritiers en action personnelle et ypothecque, et affin de garnir ou de quitter, et se il n'a lettres, propose saisine sur nouvelleté, s'il n'a esté payé dedans an, ou promis à payer, sinon en cas de simple saisine.

(4) A.B. rédigent ainsi : que les XL sols de rente ne sont pas bien assis sur ce qui luy est principallement et spéciallement obligé, mais bien générallement ; il voit que celuy, etc.

et depuis il ait acheté de celuy vendeur telle aultre maison qui généralement luy est obligée comme dit est, qu'il fait protestation que temps ne coure pas contre luy par lequel il puisse acquérir prescription, sachans (1) que sitost qu'il ne pourra estre paié sur la maison à luy obligée spécialement, il luy fera demander par vertu de la générale obligacion. Et doit prendre cette dénunciacion (2) par escript et l'attacher avecques les lettres de vendicion de ladicte rente, et doit veiller et garder que les dix ans ne passent qu'il n'en ait une, et de dix ans en dix ans se le temps pendant il venoit aultre possesseur (3).

Nota que si ung censier est condempné à garnir envers ung aultre censier, celuy qui est condempné peult garnir par provision de justice en la main du commissaire, sans qu'il soit tenu de mettre la maison en estat, en protestant que pour garnison que il face ce n'est pas pour accepter la propriété, mais pour conserver son droict de censive, mais que la garnison soit signifiée à la partie dedans les XL jours. Et cela est fait à très bonne cautelle, car s'ils garnissoient sans aultre protestacion, ils deviendroient propriétaires et ne pourroient jamais convaincre les censiers qui sont après eulx (4). Mais durant ceste solempnité et ceste protestacion, ils pevent bien convaincre et destruire les censives qui sont après eulx, et puis estre propriétaires se ils veulent, et eulx mettre en saisine par le seigneur foncier.

Nota que en ce cas de garnir ou de quitter fault de trois choses l'une, c'est assavoir que le demandeur puisse prouver sa possession d'avoir esté paié depuis ung an, et

(1) A.B.: sachez.

(2) A. : prendre dénonciation.

(3) A.B. : il ne venoit aultres divers possesseurs.

(4) A.B. : qui sont devant eulx.

que la maison sur laquelle la rente est prinse soit vuide, la vuidenge luy conserve sa possession (1), ou que l'en luy ait promis paier les arrérages qu'il demande, car la promesse aussi luy conserve sa possession (2).

(1) A.B. : et que la vuidange luy conserve sa possession.

(2) Charondas met ici en note : J'en ay dict cy dessus (des Rentes) ce que j'en avois observé en un vieil practicien que j'ay escrit à la main, lequel adjouste que de là vient le guerpissement, qui est de deux sortes, à savoir ou quand ne se trouve personne qui réclame la maison, et qu'elle est du tout vuide et abandonnée, ou quand celuy qui l'occupe pour demaine ou pour rente, le quicte au premier censier ou autres qui ont cens ou rente. En peu de termes je comprends ce que mon dict practicien en escrit, et que j'ay traicté au second livre des Pandectes.

CHAPITRE XXXII.

DE DOUAIRE.

Nota que *inter virum et uxorem non valet conventio seu pactio facta, excepto de alimentis prestandis a viro uxori durante matrimonio ut judicatum fuit contra uxorem Beraldi* (1) *de Marobo.*

Item debita et credita sunt communia inter virum et uxorem et conquestus facti durante matrimonio.

Item nota secundum consuetudinem parisiensem quod uxori vivæ nihil legare possum, vel in morte donare. Possumus tamen invicem facere donationem mutuam omnium bonorum, quæquidem donatio valet et tenet (2).

Nota quod si vir vendat propriam hereditatem, et emat aliam, illa empta dicitur et censetur esse conquestus nisi vir emendo caverit expresse coram judice competenti, quod emit talem hereditatem ut sibi et pro suis heredibus teneat locum primæ hereditatis et alias non empturus. Et si sic fecerit erit hereditas sua, non autem conquestus reputatur (3).

+ *Item maritus non potest constituere dotem durante matrimonio, nec in morte sua, sed oportet quod constituat ante matrimonium contractum. Et si aliquid mulieri promiserit in contractu matrimonii, si maritus moriatur antequam dos mulieri fuerit assignata, debet assignari super bonis ipsius mariti, nec reputabitur esse debitum inter eos. Tamen per consuetudinem generalem mulier dicitur esse dotata tacite*

(1) A. : Baldi de Marabo. — B. : Belardi Marobo.

(2) A.B. : non extantibus liberis, alias non.

(3) Cet alinéa manque dans A.B.

in dimidia parte omnium bonorum immobilium, quæ maritus habebat tempore contracti matrimonii, ubi dos alia inter eos non fuit expressa; et de mobilibus omnibus et conquestibus, quæ tempore mortis inveniuntur, jure suo mulier per consuetudinem medietatem habet.

Item mulier per consuetudinem est dotata in medietate omnium bonorum quæ habet maritus tempore contracti matrimonii, et in medietate eorum que sibi obveniunt postea, etc., successione directa, secus ex transversali, nisi in mobilibus.

Item nota que le douaire de la mère est propre héritage aux enfans qui naissent d'icelluy mariage, en telle manière que en leur préjudice le père ou la mère ne les pevent vendre, aliéner, ne estranger sans le consentement desdicts enfans, eulx estans en aage, si ce n'est par auctorité de justice et par povreté jurée.

Item dicunt quidam quod si mulier peccavit in legem matrimonii perdit dotem si probetur, quod est verum, si propter hoc fuerit separata judicio ecclesie, alias non (1).

Item maritus faciens legata per modum legatorum, solus ea solvit, et mulier nihil solvet, nam portionem mulieris in nullo diminuunt legata hujus modi, et e converso.

Item nota cautum esse quod ubi maritus et mulier faciunt donationem mutuam et equalem, morte confirmatur, et si habeant liberos in potestate, hoc fieri debet de consensu eorumdem; licet tamen sine consensu liberorum valere posset, etc. (2).

Item (3) *nota quod de consuetudine maritus est procurator legitimus et necessarius uxoris suæ.* Mais le propre héri-

(1) B. : hodie fit separatio bonorum per judicem laicum, et non per judicem ecclesiæ.

(2) A.B. : sed non in præpositura Parisiensi ut dictum fuit.

(3) B. : Item maritus est necessarius procurator suæ uxoris. Item nota, etc.

tage de sa femme ne peust il vendre, ne charger de charge perpétuelle sans le consentement d'elle, ou qu'il ait procuration expresse de sa femme. *Tamen ipso mortuo, mulier potest prosequi justiciam quam maritus inchoavit, invito etiam adversario, nec oportet de hoc fieri adjornamentum.*

Deux conjoincts ensemble par mariaige firent don mutuel, la femme au lit de la mort la conferma, et oultre ordonna que après le décès de son mary tout fust donné et ausmoné pour Dieu par les exécuteurs de son dit mary, lequel dès maintenant elle establit et ordonna à ce, et partant fut estainte la caucion qu'il eust convenu donner audit mary sur ce.

Ad hoc quod donatio mutua inter virum et uxorem valeat, oportet quod sit æqualis et quod utroque sano stante sit facta.

Item quod stantibus ipsis in bono proposito, et quod non vi nec metu facta sit, alias non valet. Panorm., in cap. primo, quod metus causa.

Item nota que femme mariée ne peult estre en jugement sans auctorité de son mary ; mais se le mary est absent par longtemps, le juge, en la faveur de la femme, la peult bien auctoriser, *supplendo* (1).

Si on fait action de injure contre une femme mariée, et son mary prend la deffence, ou se adjoinct au procès, l'on peult conclure à amende honnorable et prouffitable, sinon à prison tant seullement (2).

Se une femme vefve est en procès et elle se marie, il convient faire adjourner son mary à reprendre (3) les erremens.

(1) B. : *supplendo vices mariti.*

(2) B. ajoute : ou somme pécuniaire.

(3) A. : à prendre.

Item se deux conjoincts par mariaige acquièrent ung héritaige qui soit chargé d'aulcune rente, laquelle iceulx deux conjoincts acquièrent, elle est confuse tant comme le mariaige durera ; mais après la mort d'icelluy à qui l'héritaige estoit, le survivant prendra la moitié de la rente acquise durant icelluy mariaige, car il sortit sa (1) première nature, et le mary durant le premier mariaige ne l'eust peu exiger. Car celluy mesmes le devoit, et ainsi estoit debteur et créancier, et maintenant le debteur et le créancier sont devises personnes (2) et le peult bien exiger l'ung de l'autre (3).

Une femme, au traicté de son mariaige, fut douée de xx livres de rente ; après ce, son mary mourut sans avoir de luy aucuns enfans, et depuis se remarie, les héritiers du premier mary viennent composer à elle et à son mary de son douaire et luy en font x livres de rente à toujours : assavoir si c'est héritaige ou conquest? Plusieurs saiges dient conquest (4), *et ita est.*

Se femme vefve requiert son douaire luy estre assis, elle ne doit avoir aucuns arrérages fors ceulx qui écherront pendant le procès, ou cas encore qu'elle l'auroit requis, et aussi qu'elle l'obtint (5).

(1) A.B. : la.

(2) A.B. : divisées personnes.

(3) A.B. : Cecy est approuvé par la coustume de Paris, insérée au CXIX[e] article dudict coustumier, tiltre de *Communaulté de biens.*

(4) A.B. : dient que c'est conquest.

(5) A. : et à ce s'accorde le texte de la coustume de Paris, insérée au CXLIII[e] article dudict coustumier, tiltre *Du douaire.* — B. : et courrent les arrérages depuis qu'il est demandé en jugement.

CHAPITRE XXXIII.

DE FRANC ALLEU.

Franc-alleu est un héritaige tellement franc, que il ne doit point de fons de terre, ne d'icelluy n'est aulcun seigneur foncier, et ne doit vest ne desvest, ne ventes ne saisine, ne aultre servitude à quelque seigneur ; mais quant est à justice, il est bien subject à la justice ou jurisdiccion d'aulcun.

CHAPITRE XXXIV.

DES RETRAICTS LIGNAGIERS.

Usage, stil, coustume, est notoire (1) et commune observance du royaulme de France, et mesmement de la prévosté et viconté de Paris sont tels et tous notoires, que quant aucune personne a propre héritaige à luy venu et descendu par succession ou escheoite d'aulcun, et telle personne le vent à aultre personne tout estrange de luy, et du costé et ligne dont l'héritaige luy est escheu vient ung aultre dedens l'an et le jour à commencer du jour de la vendue ou dessaisine, et fait adjourner l'acheteur de la vente principalle (2) pour l'avoir par retraict en luy rendant son argent, remplir sa bource et luy rendre ses loyaulx mises et coustemens, selon la coustume du pays et la nature du lieu où ledit héritaige est assis, telle demande est recevable, et luy doict ledit héritaige estre adjugé à l'avoir par retraict, et l'acheteur condempné à luy délaisser et ès despens s'il en est refusant (3).

(1) *Est notoire* manque dans B.

(2) A.B. rédigent ainsi l'alinéa :... estrange de luy; et il soit ainsi que dedans l'an et jour de la vente, de la saisine et infeudation baillée, aucune personne du lignaige du vendeur, du costé et ligne dont ledict héritaige luy est eschu et advenu, face adjourner l'achepteur et détempteur dudict héritaige, en cas de retraict ou par retraict, à certain et compétent jour, auquel présent ledict adjourné ou son procureur, il requerre ledict héritaige suffisamment luy estre adjugé par retraict, offrant la bourse et les deniers, c'est à savoir en rendant à l'achepteur le pris de la vente principal, mises et loyaulx coustemens, selon la coustume, etc.

(3) A.B. : à ce consonnent les CLXXII-CLXXV^e articles de la coustume de Paris, insérée au tiltre de *Retraict*.

Et debet sic articulare suam demandam sive libellum : « Je dis que tel fut vray seigneur et possesseur de certain « héritaige tenu de tel seigneur » (et fault déclairer *locum et loci afines et in qua censiva* (1) dont vue et déclaration sera faicte se mestier est), « et en mourut saisi et vestu. « Après ce, je dis que par la mort et succession d'icelluy « ledit héritaige vint et escheut audit vendeur. Et dis « encores que je suis du lignaige dudit vendeur, du costé « et ligne dont ledit héritaige est venu et escheu, » et *declaratur consanguinitas in porrectione libelli quia non est necesse declarare litigando, licet non noceat.* « Et ledit ache- « teur en est tout estrange, et si suis venu dedans l'an et « jour de la vente, ou au moins dedans l'an et jour de « la saisine baillée à l'acheteur, et dedans iceulx l'ay fait « adjourner en cas d'héritaige et de retraict. Et après « je dis que, au temps dudit adjournement, ledit ache- « teur estoit détenteur et possesseur dudit héritaige au « tiltre dessus dit et encores est, si par fraulde ne l'a « délaissé à tenir, et ainsi appert que à moy appartient, et « viens à temps à demander et avoir ledict héritaige par « retraict. Si conclus contre luy qu'il soit déclairé de « vous, sire juge, moy avoir droict audit héritaige, et que « vous le me adjugez en rendant audit acheteur l'argent « de la vente principalle et ses loyaulx mises et couste- « mens, lesquels je seroye tenu, par la coustume du pays « où ce adviendroit, et selon la nature du lieu, de luy « rendre. Et que vous icelluy acheteur condempnez à le « moy délaisser et à s'en dessaisir, et aux despens si il « confesse les choses dessusdictes estre vrayes, et s'il les « nye, je offre à prouver tant qu'il devra souffire à mon « intention avoir. » Et adoncques avant que l'advocat soit

(1) V.B. : declairer le lieu, la place, les tenans et aboutissans dont vue, etc.

advoué, il ou le procureur du retraieur doit mettre de l'argent en sa main et dire : « Je offre bource et deniers, « et à parfaire souffisamment. »

Expositio primæ oblationis (1). « Je offre à remplir la « bource de l'acheteur, de autant qu'il l'a vuydée pour « ledit rachapt selon la coustume du pays. » *Expositio secundæ oblationis.* « Je offre à luy rendre l'argent de la « vente principalle et les loyaulx mises et coustemens. Et « en signe de ce, je offre l'argent de la vente principalle « réalement et de faict, et à parfaire suffisamment, » et doit estre faicte ladite offre à chascune journée de la cause, soit en estant ou en continuant, ou délivrée, car aultrement le demandeur perdroit sa cause. Et pour ce, les bons procureurs le mettent en leurs mémoires *per hæc verba vel similia.* « Et aujourd'huy offrit ledit tel au nom que des« sus s'il est procureur, bourse et denier et à parfaire « suffisamment. »

Nota que selon le stil de Chastellet, cinq choses sont requises à ung retrait lignager. *Primo,* qu'il soit venu à tiltre de succession au vendeur. *Secundo, requiritur quod sit res immobilis, sive sit res corporea ut hereditas, sive incorporea, ut census, sive redditus vel alia servitus, et cum hoc, quod sit perpetua. Ideo excluduntur res mobiles, res venditæ ad vitam unius, vel duorum et similia. Tertio,* il est requis que l'acheteur soit tout estrange du lignage du vendeur, du costé et ligne dont il est venu, car s'il en estoit, tant fut de loing, aultre plus prochain d'icelle mesme ligne, ne d'aultre, ne seroit pas receu à la retraire *secundum stilum præpositurræ parisiensis. Quarto requiritur,* que le retraieur soit du lignage du vendeur du costé, etc. *Quinto requiritur,* que l'adjournement du retraieur ait esté

(1) B. : *obligationis.*

fait dedans l'an et le jour de la vente, ou de la saisine de la féaulté, hommage ou souffrance, si c'est chose féodale baillée à l'acheteur.

Item il souffit que l'ajournement soit signifié dedans l'an, et jà soit ce que la journée escheut dehors l'an, *non nocet.*

Nota que deux cas sont esquels on peult retraire après l'an et le jour. Le premier se l'acheteur se déportoit d'entrer en la saisine du seigneur dont l'héritaige est mouvant, car tant comme il se déportera d'entrer en saisine par devers le seigneur foncier réalement et de faict, l'on le peult retraire, et par ainsi l'an et le jour se commence au jour de la saisine reçeue ; aussi tant comme il n'en aura point de saisine si le vendeur le revent à ung aultre qui en soit mis en saisine, la seconde vente tiendra, mais l'aultre aura recours de ses dommaiges et intérests contre le vendeur.

Le second est si deux conjoincts par mariage ont enfans, et lesdicts conjoincts achètent aucun héritaige ou droict incorporel qui soit venu à tiltre de succession à l'oncle de leurs enfans, ou à leur tante, soit de par père ou de par mère, ou aultre, duquel lignaige leur père ou leur mère soit en ligne, dont icelluy héritaige leur est escheu, lesdicts conjoincts vivans jouyront dudict achapt comme de leur conquest. Mais se l'ung desdicts conjoincts qui appartenoit de lignaige au vendeur du costé et ligne dont ledict héritaige luy estoit escheu, trespassoit, la moitié du trespassé leur descendroit comme à hoir de l'ung, et l'aultre moitié demeureroit au sourvivant (1) et s'il la vendoit à ung qui ne fust pas du costé et ligne dont l'héritaige seroit tenu, iceulx enfans dedans l'an et le jour

(1) A. : *au souverain,* par une erreur manifeste.

du trespassement(1) le pourroient avoir par retraict. Exemple : ma femme et sa seur ont eu ung arpent de terre par succession de leur père, moy et ma femme avons ung enfant ou plusieurs, et acheptons le demy arpent de la seur de ma femme. Après ma femme trespassée, quant nous l'avons tenu xx ou xxx ans, ou plus ou moins, mes enfans dedans l'an et le jour d'icelluy trespassement auront ma portion d'icelluy demy arpent par retraict s'ils veulent, pour ce qu'il n'est pas venu de lignaige du père, mais de la mère ; et pour ce aussi que la communaulté du père et de la mère estoit finée par la mort (2).

Nota que selon la coustume de la prévosté et vicomté de Paris quiconques retraict, il doibt telles saisines et ventes au seigneur comme devoit le premier achepteur(3), et aussi il en doibt entrer en saisine par devers le seigneur foncier.

(1) A.B. : à commencer du jour du trespassement.

(2) A.B. ajoutent : car par quelque manière que aucune chose soit descendue à aucun, du lignaige et du costé dont il est lignaigier soit pour cause d'achapt, par don, eschange ou aultrement, en ce cas ce ne luy est point réputé son conquest, tellement qu'il doibve choir en retraict, mais est réputé en ce cas pour héritaige tenu en ligne, et aussi peult estre remué et transporté de l'ung en l'aultre du lignaige, et jusques à ce qu'il soit transporté hors de la ligne et du côté, il n'y peult choir retraict. »

(3) A.B. : le premier achepteur, si ainsi est que ledict achepteur ne les ait payées au seigneur. Car si ledict achepteur les a payées, adoncques n'en doibt point le retrayant, attendu que cela est déduit et comprins ès loyaulx coustemens qu'il convient payer audict achepteur et non audict seigneur.

Le contenu en ce présent article est aujourd'huy practiqué selon que contenu est au CLXXXV[e] article du coustumier de Paris, tiltre de *Mor. retr. lign.*, en matière féodale et non en roture ; par ledict coustumier, quand le seigneur a prins et retenu par puissance de fief, le fief mouvant de luy, tel seigneur est subject au retraict, et partant avant que recepvoir le retraiant à homme, il a cause de demander le quint et requint, se requint y a, sauf au retraiant son recours contre le vendeur, se la vente n'avait esté faicte francs deniers.

Sed queritur si le retraieur est tenu de rendre les ventes et saisines que l'achepteur a payés au seigneur ou non? Response : ou le retraieur est cousin germain, ou au-dessus, c'est-à-dire plus prochain, comme frère, belle tante, oncle du fils, *et similes*, et tel retraieur ne doibt pas rendre ses ventes et saisines que l'achepteur a payés au seigneur. Et s'il n'est pas cousin germain, mais au dessoubs comme remué de germain, ou plus loing, il doibt rendre à l'achepteur les ventes et saisines qu'il a payés au seigneur. Mais assavoir se ledict rachapteur sera tenu de payer de rechief au seigneur les ventes? *Respondetur quod sic, quia censetur nova venditio. Ita dicit dominus Boerius in loco prœallegato, fol.* 91, *col. iiij, in principio* §. *Item quœritur* qui rendra à l'achepteur les ventes et saisines qu'il a payés au seigneur, quant le cousin germain ou plus prochain retraira? *Respondetur* qu'il aura son recours contre le vendeur par action, s'il demande au vendeur ou le somme souffisamment en jugement, durant la dilation de garand, et de proposer ses bonnes raisons de prendre la garantie du procès, ou de luy enseigner bonnes raisons pour soy aider contre le retraieur, par protestation que se, par deffault dudict vendeur et de sa garantie, il déchoit de la cause, ou soustenoit aucuns dommaiges ou despens, d'avoir son recours contre luy tant du principal que des despens ou dommaiges. Et ladicte dénonciation, ensemble la responce dudict vendeur, ou de son procureur s'il n'y est en personne, doibt l'achepteur prendre par escript, et s'il n'y a vendeur ne procureur pour luy, il le doibt faire appeller en deffault, et luy doibt dénoncer en son absence, et prendre la dénonciation par escript.

Nota que plusieurs provisions sont faictes pour obvier au retraict lignager. *Primo* que l'achepteur mette ou face mettre en la convention du marché ou lettres que le vendeur s'oblige à la somme du quint denier s'il est retraict, laquelle peine l'en adjuge de jour en jour aux achepteurs contre les vendeurs, se ils font la dénonciation dessusdicte, avecques les despens, dommaiges et intérests.

Secundo, l'en faict aucunes fois que l'en ait la chose par aultre contract que par achat, comme par don ou eschange, comme se je achetoye aucun héritaige, et j'eusse doubte du retraict, je diroie à mon vendeur qu'il me féist lettres de don, ou eschange but à but, sans soulte, à aucun mon héritaige, lequel héritaige ung mien amy rachepteroit arrière de luy, et le me revendroit *quia in alio contractu quam venditionis non habet locum retractus*. Exemple : Guillaume d'Aunoy vendit Filloy (1) à Henry de la Neufville, et furent les lettres d'eschange faictes contre Eaue-Bonne, et puis ledict Guillaume vendit Eaue-Bonne à Ginoit le Breton qui la laissa audict Henry. Si sont deux fraudes : l'une des ventes du seigneur, car en eschange n'a pas lieu retraict ; l'aultre le droict du retraieur, *pari forma*.

Tertio une cautelle loisible ; c'est assavoir quant (2) l'acheteur, affin que ce qu'il achète lui demeure, quant (3) qu'il soit adjourné en cas de héritaige et de retraict, il vend l'héritaige dont il se doubte qu'il n'y soit retraict, à personne telle que ce seroit chose impossible ou fort dommaigeable au retraieur de le faire adjourner avant l'an et jour, ou de plaidier contre luy.

Quartement je feroye faire lettres que la chose seroit vendue à vie d'une ou de deux personnes, quant à l'usu-

(1) A.B. : alloy.
(2) A.B. : que.
(3) A.B. : avant que.

fruict, et lettres à moy quant à la vendue de la propriété.

Item se ung homme veult acheter héritaige en censive, et il se doubte du retraict, il peult charger l'héritaige oultre la charge qu'il devoit, tant et si petit comme il veult, et prendre à ce pris ledict héritaige à cens, et, après ce faire, icelle charge et cens acheter par ung sien amy, jusques à la somme que ledict héritaige pourroit valoir en achat (1). Et ainsi qui vouldra retraire, il retraira la vente, et demourera l'héritaige, et aura l'en assez d'argent pour petit de rente. *Sed queritur :* j'ay une pièce de mon propre héritaige, laquelle je eschange à aultre personne pour une aultre pièce, assavoir mon si elle est retraiable? *Respondetur :* qu'elle est de la propre nature, et aussi réputée propre héritaige comme la première, *quia simplex permutatio conditionem non mutat, seu* (2) *naturam rei*. Et si j'achetoie l'héritaige que je luy avoie baillé par (3) eschange, il seroit conquest, nonobstant que devant il m'eust esté propre héritaige.

Sed queritur : si pendant l'an que ung héritaige est traiable (4), l'acheteur met réparations ès maisons, et sème les terres, *et sic de aliis*, telles réparations seront elles rendues par l'acheteur? *Respondetur :* que selon la coustume de Paris, si aucunes réparations sont faictes pour l'utilité du demourant en aucune maison, et sans nécessité que icelle maison en ait, *pro suo esse*, telles réparations ne sont pas rendues à l'acheteur par le retraieur. Aultres réparations sont faictes pour la nécessité du lieu et *pro esse rei*, et telles réparations seront rendues par le retraieur

(1) A. : à achapt.
(2) A. : sed.
(3) A. : pour.
(4) A.B. : retraiable.

à l'acheteur, et sont réputées loyaulx mises et coustemens.

Et quant est des semences, si tu n'as levé avant que le retraict soit faict, ils sont réputés pour héritaige, et ainsi se l'héritaige est adjugé au retraicur, s'il veult, il aura la levée par rendant à l'acheteur les loyaulx mises et coustemens de la semence et du labourage de la terre. *Et idem est dicendum* des vignes comme des aultres terres; et si le fruict est meur, ou le blé, il sera cueilli au coust de la chose, et sera faict (1) par main souveraine.

Sed queritur : si je descouvre une maison, ou couppe ung pommier *anno retractus pendente, an tenear restituere? Respondetur quod sic, per regulam* qui dit que toutesfois que l'an du retraict est pendant, et auquel la chose vendue est retraiable, si l'acheteur emporte aucune chose qui est réputée pour héritaige, ou s'il couppe ou abast, ou le prent en aultre temps qu'il n'est acoustumé à prendre, il est tenu de la restablir ou de la value, ou de la remettre au premier estat, car encores il n'est pas *firmatus in dominio rei sibi venditæ. Exemplum :* Estang est héritaige, et aussi le poisson qui est dedans sans retinacle, saulvoir, ou aultre retenue, qui est semblablement héritaige, et se pesche communément de trois ans en trois ans, *si mihi vendatur in tertio anno, scilicet in anno in quo est piscandum, supposito quod possit retrahi, possum ipsum sine offensa ante adjornamentum facere piscari, non autem in primo, vel in secundo anno.* Et si de faict je le fais, *ego teneor restituere, aut valorem ipsorum piscium solvere.* Aussi arbre portant fruict, comme pommier, ou poirier, je puis faire coupper *anno retractus pendente.* Mais aulne, marsaux et aultres arbres *quæ non habent tempus scissionis*

(1) A. : faicte.

determinatum je puis faire coupper *ante adjournamentum;* mais osier et saux francs se couppent de trois ans en trois ans, *in illis annus incisionis*(1) *attenditur.* Aussi *silva cedua septimo anno.*

Nota quant poisson est en estang sans aultre retenue, il est réputé héritaige, mais quant il est en saulvoir, *vel in alio continente,* ou près de l'estang en quelque fosse, supposé qu'il soit nourry de l'eau de l'estang ou qu'elle y coure, il est réputé meuble, car la nature de l'estang est de avoir poisson, *ideoque dicitur esse hereditas.* Aussi blé soié en champ, ou bois couppé, ou fruict abbatu, supposé qu'ils soient ès lieux dont ils sont venus, sont réputés meubles, *quia quicquid plantatur, seritur, vel ædificatur solo cedit, id est, quicquid seritur reputatur hereditas, sicut et terra. Et ideo cito quod destructum est ædificium, vel seminatum est collectum, vel plantatum est scisum, vel erradicatum, statim naturam mobilium adipiscitur.*

Item, anno retractus pendente, emptor rei retrahibilis eam vendidit alteri, queritur contra quem illorum emptorum aget retrahere volens, aut contra primum, aut contra secundum. Respondetur : en supposant que action de héritaige se faict contre le détenteur d'iceluy, et pour ce je distingue, ou le premier acheteur l'a vendu avant l'adjournement du retraict, ou non. Si *primo*, l'action se fera contre l'acheteur second par ladicte supposition. *Si autem post dictum adjornamentum,* action se fera contre l'acheteur premier ; car puis que question d'aucun héritaige est meue et commencée contre aulcun détenteur d'icelluy, ledict détenteur ne le peult vendre ne aliéner durant la question d'icelluy, ne faire chose qui soit préjudiciable au procès ; et si de faict il faict, il attempte contre le plait, et

(1) A. : inscisionis.

le doibt amender et réparer, *quia hoc faciendo cadit in vicium litigii*, et partant ladicte vendition ne tiendra ne vauldra.

Item le retraieur ne doibt pas eslire voie de saisine et de nouvelleté, se le premier acheteur a vendu à ung aultre la chose contentieuse; mais doibt faire adjourner l'acheteur et le vendeur, pour ouyr une requeste qu'il entend faire à l'encontre d'eux tendant affin que le contract soit mis au néant, comme la chose au temps du contract devant et après fut litigieuse, *quia res litigiosa vendi vel alienari non potest in prejudicium litis aut litigantium, imo venditor vicium litigii committit, et sic annulabitur;* et sera condempné en l'amende et ès despens, et sera réservé au second acheteur de faire demande contre le premier pour l'argent qu'il avait payé de la vente et de ses dommaiges et intérests (1).

Queritur se le seigneur peult retenir le fief que son vassal a vendu pour tel pris comme l'acheteur en a donné, et si tel fief ainsi retenu par ledict seigneur est point retraiable? Response : la chose pour quoy retraict fut trouvé, est affin que les héritaiges se tiennent et demeurent ès lignes directes dont ils sont venus. Et pour ce, si l'acheteur est en la ligne directe dont l'héritaige est venu au vendeur, le seigneur ne le peult retenir (2) comme dit est de telle nature et aussi retraiable de luy comme de l'acheteur (3).

Queritur : j'ay mon propre héritaige changé à la mai-

(1) A. : qu'il avoit payé et de la vente et de ses despens et intérêts.

(2) B. 1598 : et est, comme dit est.

(3) B. : jure divino retractus habetur *Levitici* xxv cap. et *Hierem.* xxxii. Eme tibi agrum meum qui est in Anatoth, tibi enim competit ex propinquitate emptio, ubi divus Hier. dixit : Non erat licitum possessionem transire de tribu nec de familia in aliam familiam.

son de Guillaume, et luy ay soulu xx livres, *gratia hujus;* assavoir si, en ce cas d'eschange où il y a soulte, retraict a point lieu? *Respondetur :* que, en tant qu'il y a soulte, retraict y chiet (1), selon la portion de la soulte, se il luy plaist; car en tant comme il touche la soulte, c'est nature de vente. Et si la partie et portion qui pourroit estre recouverte (2) pour la soulte estoit inutille, il est acoustumé entre tels eschangeur et retraieur de faire telle composition que la soulte est aprisée (3), et convertie en certaine rente que le retraieur prendra chascun an sur ladicte maison, et s'il en vouloit vendre sa part ou eschanger, ou aultrement en composer, faire le pourroit.

Queritur : si le retraieur de fief doibt second quint denier au seigneur, car il n'est aucune doubte que il doibt rendre à l'acheteur le quint denier que l'acheteur a payé premièrement au seigneur. *Respondetur : quod non debet secundum quintum denarium reddere, vel solvere domino.*

Nota que acheteur ou retraieur ne doibt ventes, ne saisines ne aultres servitudes, au seigneur dont l'héritaige meut en arrière fief, tant comme celuy dont le fief meut soit présent et en vie ; et après la mort de luy ses hoirs doibvent aller audict seigneur dont il meut en arrière fief, et non pas le demenier, car les hoirs du seigneur dont il meut en fief sont tenus de garantir et deffendre le fief au demenier contre le seigneur dont il meut en arrière fief, et de en faire oster sa main s'il y a mise, à leurs coustz et despens.

Nota que la coustume de Champaigne et de plusieurs aultres pays est telle, que si le cousin remué de germain, ou aultres du lignaige du vendeur en la ligne dont l'hé-

(1) A. : y echet.
(2) B. 1598 : par.
(3) A.B. : appréciée.

ritaige luy est venu, avoit achaté d'icelluy ung héritaige retraiable, le cousin germain, ou le frère, ou aultre plus prochain du vendeur en la ligne, etc., le pourra avoir par retraict dedans l'an et jour de la vente, en payant l'argent de la vente principale, et les loyaulx mises et coustemens.

Item et en eschange, selon la coustume dudict lieu, peult estre faict retraict ou cas tant seullement que celluy qui veult retraire trouve façon d'avoir la chose eschangée, et la baille pour l'héritaige retraiable à l'eschangeur qui le tient, et dont l'en veult retraire.

Queritur : si l'eschangeur la vent à ung aultre prochain, l'aura il pour l'eschange(1)? *Respondetur :* qu'il ne le aura pas par retraict, se le contract de la vendue a esté faict devant l'adjournement en cas de retraict. *Sed si post, contractus est nullus, imo vendens committit vicium litigii, ut supra dictum est.*

Queritur : quant aucun du lignaige la retraict, ung aultre plus prochain d'icelle lignée en ladicte ligne l'aura il par retraict? *Respondetur :* ou l'an et le jour de la vente et non mie du retraict sont passés ou non. Si non, il vient assez à temps à le retraire, et l'aura par retraict, *si infra illud tempus faciat adjornamentum, vel alia in illa causa necessaria;* mais s'ils sont passés, ou il feist son adjournement *infra dictum tempus, et sic habebit, vel non, et sic non habebit.*

Item audict pays l'en ne paye vente, ne saisine, au seigneur, mais communément celluy qui veult retraire va par devers l'acheteur et luy dict : « Je te prie, tiens moy « pour hoir de telle chose que tu as achatée de tel mon « cousin, lequel m'appartient à avoir par retraict, et je

(1) B. : pour eschange.

« te payeray ce que tu en as payé, et les mises et cous- « temens, » et adoncques se l'acheteur dict : « Il me « plaist, » ils pevent compter ensemble et l'acheteur doibt bailler au retraicur les lettres de la vente. Et si le retraieur est advisé, il doibt amener l'acheteur devant le juge, ou devant le tabellion pour confesser cela, et en prendre acte, ou lettres annexées parmy la lettre de la vente, et si l'acheteur ne le veult bailler par amiable composition, l'aultre s'il veult le faict convenir, et faict tant qu'il l'ait par adjudication.

Queritur : l'ung des trois frères retraict, les aultres pevent ils icelluy droict réclamer en retraict chascun pour sa portion. *Respondetur :* se ils viennent ensemble, chascun aura sa portion dudict retraict. Et se chascun vient à part, le premier aura tout le retraict, car, selon l'usaige dudict pays, qui veult retraire doibt maintenir et prouver (1) qu'il soit prochain, et n'y suffit *eamdem vel æqualem proximitatem allegare.*

Nota que si aulcune personne faict adjourner ung aultre en cas de retraict lignager, et à icelle journée ou aultre ensuivant icelle partie demanderesse deffault, il pert la cause de retraict, ne n'y peult jamais recouvrer, supposé qu'il soit encores dedans l'an et jour, et qu'il vueille refonder les despens et poursuivre par nouvel adjournement, et ainsi (2) le tient l'en par usaige, stil et coustume, pourveu toutesfois que le deffault soit prins après la demande faicte.

Nota quod si quis ædificaverit in solo quod sibi obvenit ex successione, illud ædificium dicitur esse hereditagium, quia solo cedit.

Nota que le possesseur de bonne foy fait les fruicts siens,

(1) A.B. : approuver.
(2) B. : aussi.

Quid sit faciendum in die adjudicationis retractus, quant aulcun héritaige est adjugé par retraict, et par la bourse et les deniers, soit par fin de procès ou de consentement de partie. Responce : le retraieur doit, le jour de l'adjudication, avant le soleil couchant, payer et rendre à l'acheteur tout l'argent de la vente principalle, et des loyaulx mises et coustemens, c'est assavoir ventes, saisines, etc. Et si l'acheteur est refusant de prendre l'argent, ou pour discord de monnoye, ou pour discord de pris, ou aultrement de sa volonté, le retraieur sera tenu de consigner en main de justice, et icelle consignation signifier suffisamment audit acheteur, c'est assavoir par devers le juge qui l'adjudication aura faicte, ou par devers son lieutenant ou aultre commis d'icelluy juge, comme examinateurs ou aultres, en consignant tout l'argent de la vente principalle, et des loyaulx coustemens faicts par ledict acheteur, c'est assavoir tout ledict argent en espèces d'icelle monnoye comme ledict acheteur en paya, qui trouver la pourra, ou aultrement monnoye mettable, ayant cours et non deffendue, et telle qu'il puisse estre condempné et contrainct à la prendre. Et s'il advenoit qu'il ne feist ledict paiement, ou ladicte consignation et signification ledict jour, il perdroit sa cause, ou s'il consignoit ung denier moins, voire une poictevine, que lesdictes ventes et mises ne montent, ou s'il faisoit ladicte consignation toute, ou aulcune partie d'icelle, en monnoye non ayant cours ou deffendue, ou si ladicte consignation il ne signifioit ce dict jour à la personne de l'acheteur, de son procureur, ou à son domicille, présens certains sergens, examinateurs ou aultres personnes publiques qui les pourroit (1) recouvrer, ou en la présence de bonnes gens

(1) B. 1598 : pourroient.

qui en portassent tesmoignage se mestier en estoit, ou aultrement, le retraieur perdroit sa cause et l'acheteur la gaigneroit. Et en cas de discord de la valeur de la monnoye, le commissaire va par devers ung changeur pour icelle monnoye bailler selon le pris du marc d'argent. Et ainsi appert que le retraieur doit consigner avant sur le plus que moins, car le surplus est rendu au retraieur, et s'il y avoit une poictevine moins, le retraieur perdroit sa cause de retraict.

Questio. Jennin et Tévenin sont frères, ausquels à tiltre de succession vient de par leur père ung arpent de terre en commun, qui depuis est divisé en deux parts, c'est assavoir en deux demy arpens, desquels chascun des dessus dicts a pour sa partie (1) demy arpent, ledict Tévenin eschange son demy arpent à personne toute estrange de la ligne dont l'héritaige luy est venu, à ung marc d'argent, une robe ou aultre meuble, *queritur* si le demy arpent, qui de sa nature estoit retraiable audict Jennin, luy est fait non retraiable à cause dudict eschange. *Respondetur :* que audict eschange chiet retraict, car avant que eschange empesche retraict, il fault que les choses eschangées soient *ejusdem qualitatis respectu immobilitatis, et quod una rerum permutatarum sit ita bene immobilis sicut alia; modo in casu proposito sic non est; quia dimidium arpentum terræ est quid immobile, sed talentum argenti, vel tunica sunt bona mobilia, quemadmodum pecunia numerata, et ideo sicut pecunia in retractu per modum permutationis data non impedit retractum, ita nec dicta mobilia, quia sunt ejusdem qualitatis respectu mobilitatis, modo de similibus ad similia idem est judicium, et maxime in presenti casu, sicut communiter observatur; et dictus*

(1) B. : pour sa part.

contractus non est proprie permutatio, quia proprie fit in rebus ejusdem qualitatis respectu mobilitatis aut immobilitatis, sed magis dicitur emptio quædam. Similiter si talis permutatio mobilis ad immobilem, vel e converso, impediret retractum, jam daretur occasio removendi omnis contractus, quod esset absurdum, et patet consequentia, quia in acquisitione immobilium, quibus quis valet removere retractum, faceret (1) *contractum suæ acquisitionis per verba permutationis, etc.*

Deux cas sont en chascun desquels chiet retraict en conquest. L'ung toutesfois que aucune personne acheteresse ou conquesteresse d'aulcun héritaige est du lignage de la personne de qui elle a icelluy héritaige acheté, du costé et ligne dont ledict héritaige est venu à icelluy vendeur. Tel achapt en conquest n'empesche point que ledict héritaige ne soit retraiable dedens an et jour depuis la vendue faicte d'icelluy héritaige à personne toute estrange de la ligne dont icelluy héritaige vient audict premier vendeur.

Exemple : deux frères, c'est assavoir A et B, ont à tiltre de succession de leur père ou mère ung arpent de terre, lequel ils ont divisé en deux parties, c'est assavoir en deux demy arpens, desquels chascun desdicts frères en a ung, et depuis A vent à B son demy arpent, lequel demy arpent par ledict achapt luy est fait conquest, et puis ledict B acheteur vent à une personne toute estrange de la ligne dont ledict héritaige est venu à son dict frère ; audict cas, icelluy frère qui premièrement l'avoit vendu à son dict frère, si aulcun aultre frère n'y avoit, le pourra avoir par retraict, nonobstant qu'il l'eust vendu et qu'il fust conquest à son frère par la coustume; et est la cause

(1) B. 1598 : debet facere

telle, car retraict fust premièrement introduit en la faveur du lignaige, affin que les héritaiges demeurassent ès lignes dont ils sont venus et pour l'honneur dudict lignage. Or, est-il ainsi que, par la première vendition faicte de A à B, ledict demy arpent ne se départit point de la ligne dont il estoit venu ; mais en la seconde vente de B à estrange personne il s'en départit, et pour ce, en la faveur des lignages et retraicts, ledict demy arpent est retraiable pour ladicte aliénation de ligne.

L'aultre si est, que si aulcun acheste aulcun héritaige qui chée en retraict, et lequel héritaige lui soit retraict par personne habile à ce, et qui trois ans ou quatre, ou plus, après icelluy retraict tienne et possède icelluy héritaige, comme son héritaige et son conquest, et après le vend à personne tout estrange du costé et ligne dont ledict héritaige est venu, en ce cas et par la coustume de France il y chiet retraict, nonobstant qu'il y ait une coustume disant que en conquest n'y gist point de retraict, car icelle est générallle, et ceste cy spécialle (1) qui desrogue à la générallo, pourveu toutesfois que au commencement ledict héritaige fust et ait esté retraict dedens temps deu.

Item, l'aultre si est, se ung homme marié acheste héritaige au lignage de sa femme, se ils ont enfans, et iceulx mariés jouyssent d'icelluy achapt comme de leur conquest, si dix ou douze ans après ce qu'ils auront jouy d'icelluy héritaige, ils le vendent à personne estrange, les enfans le pourront retraire, et est la raison, car la communaulté du mariaige conserve le droict de la ligne, et ne s'en estoit point parti jusques à ceste seconde vendition.

(1) A. : espécialle qui desroge.

CY S'ENSUIT PLUSIEURS NOTABLES CAS TOUCHANT FAIT DE RETRAICT.

Et primo en héritaige qui est vendu par subhastation chiet (1) bien retraict.

Item se aulcun eschange se faict entre aulcune personne de leurs propres héritaiges, et il y a soulte, en tant comme il touche la soulte des deniers il y a retraict, et pour ce il est le plus seur que celluy qui soult achète à part le pire de l'héritaige la somme qui est à souldre, affin que si l'en luy retraict qu'il ait d'icelle pire plus que tout ne luy couste.

Item si aulcun achète aulcune rente sur aulcun héritaige, et depuis il achète la propriété d'icelluy héritaige, et il vient aulcun de la ligne dont il est yssu ledict héritaige qui le vueille avoir par retraict, il payera tous les deux pris des deux marchés.

Item si aulcun achète six muys de blé, ou grain de mousturage sur ung moulin, par telle condition que si par cas de fortune le moulin apetissoit, le vendeur oblige tous ses biens à fournir la faulte, et depuis ce le moulin empire, et partant icelluy vendeur assiet audict acheteur deux muys de grain à prendre sur certains héritaiges pour la faulte d'icelluy moulin, lesquels deux muys icelluy acheteur prend et reçoit par certaine espace de temps, et après ce achète dudict vendeur la propriété d'icelluy héritaige qui, oultre la charge desdicts deux muys, luy couste IV livres parisis, en ceste vente a tel péril ou dommaige pour ledict acheteur, que si ledict héritaige est venu audict vendeur par tiltre de succession et l'ung des prochains le veult retraire, il l'aura pour le pris de l'ar-

(1) A. : eschiet.

gent, pour ce que par la coustume nul ne peult estre censier et propriétaire, et parmy ce lesdicts deux muys à héritaige sont de demy confus Et pourtant, pour eschever ledict retraict, l'en pourroit avoir la moitié de l'héritaige pour les deux muys à perpétuité, et à ung aultre jour l'aultre moitié de l'héritaige pour lesdictes IV livres parisis, et par ainsi audict retraict ne auroit point de déception pour l'acheteur.

Item se aulcun achète un fief, et pourtant qu'il se doubte du retraict, il veult que le marché soit faict par manière d'eschange, disant qu'il achètera l'eschange la somme que vault le fief, et sur ce se font lettres (1), c'est assavoir de l'eschange en ung jour, et de la vente de l'eschange huyt jours après, si icelluy à qui est demouré le fief par eschange se traict par devers le seigneur féodal et luy offre la main et la bouche comme d'eschange, et affaire (2) comme d'eschange ce qu'il appartient? Respond le seigneur que puisque la chose qui a esté eschangée a esté vendue dedans l'an, par la coustume notoire des fiefs, le vassal en doict le quint au seigneur, et mesmement qu'il y a fraulde, c'est assavoir quant l'autre seigneur n'en a point d'amende (3). Les coustumiers dient que puisqu'il appert de la fraulde, et ce que l'aultre seigneur n'en a eu aulcun prouffit, le seigneur féodal n'est tenu de recevoir le vassal si ce n'est par finance du quint et par retraict, et si l'aultre seigneur s'en apperçoit encores en aura il prouffit.

Le vendent à une personne toute estrange, les enfans le pourront retraire (4).

(1) B. : et sur ce sont lettres.

(2) B. 1598 : offre à faire.

(3) A.B. : a point demande.

(4) Cette phrase manque dans A.B.

Item aulcuns sont qui chevissent au seigneur quant ils ont achesté aulcun héritaige, et ne s'en font point ensaisiner pour la cautelle du retraict; ains demeure la désaisine en la main du seigneur jusques après l'an passé, pour faire exception que les retraieurs ne facent à recepvoir.

Item ung homme povre ne peult retraire s'il transporte son droict à aultruy, ou si on luy baille à cautelle l'argent pour retraire, *non valet quod agit, quia hoc faciendo committit in legem retractus ; et ideo ex sua malicia non debet reportare commodum*, car on scet bien qu'il ne retraict pas du sien, ne pour luy, mais pour aultre, et des deniers d'aultruy, *igitur, etc.*

Qui n'est habile à succéder ne peult venir à retraict. Exemple : si ung homme et une femme durant leur mariaige acquièrent IV livres de rente, et ils ont un enfant, lequel après leur trespas vend lesdites IV livres de rente, il advient que ung des cousins germains veult avoir ladicte rente par retraict, dit et reproché luy est qu'il n'en peult avoir que la moitié pour ce qu'il n'est que du costé du père ; et pour ce que c'est conquest l'aultre moitié estoit de par la mère ; car s'ils fussent décédés sans hoirs de leurs corps, les héritiers eussent eu leur part chascun pour son costé, et ainsi en a esté jugé.

Item se ung demandeur en cas de retraict deffault de monstrer la bourse en aulcun estat de la cause, il déchoit du retraict par l'usaige de court laye, nonobstant qu'il fust dedens l'an et qu'il eust encores assez de temps, et qu'il s'aidast par voye d'interruption.

Item ung homme acheta d'ung aultre homme ung héritaige, et feist faire le plus secrètement qu'il peult les lettres de la vente au nom (1) duquel estoit ainsi comme in-

(1) B. 1598 : de tel duquel.

possible, ou trop dommageable chose, de le trouver pour le faire adjourner en cas de retraict, et à cela ne se print pas bien garde le vendeur et ne s'en sceut adviser ses amys qui dedens l'an feirent adjourner l'acheteur en cas de retraict non advertis dudict maléfice (1), icelluy acheteur eut à la journée ung procureur qui print advis, puis veue, puis absence, puis estat, et toutes les aultres fuites et délais qu'il peult, et tant que cependant l'an et le jour se passèrent, et quant il fut pressé de respondre, il désavoua ledict héritaige estre sien, ne oncques riens n'y eut, et ainsi fut le retraict expiré.

Item ung aultre acheta ung héritaige pour ung sien amy et ne le nomma point, mais feist passer les lettres par le vendeur, en disant aux notaires qu'il rapporteroit le nom de l'acheteur, et que quant il rapporteroit le nom de l'acheteur que ledict nom qu'il rapporteroit seroit mis ès lettres, et ainsi fut passé ; et ainsi qui l'eust voulu retraire l'en n'eust sceu qui adjourner, car le vendeur mesmes ne sçavoit le nom.

Se aulcun vend aulcune rente perpétuelle en et sur ses héritaiges et possessions, combien qu'il ne vende mie lesdicts héritaiges et possessions, toutesfois telle vente est et doit estre tenue, réputée et censée estre vente et aliénation de l'héritaige, puisque l'héritaige est chargé de ladicte rente ainsi vendue à tousjours, et par exprès il y choit (2) retraict, et le peult retraire et avoir par cause de retraict l'un des lignagers et amys charnels dudict vendeur du costé et ligne dont lesdicts héritaiges sont venus ; mais que icelluy retraiant viengne et face adjourner l'acheteur ou ayant cause de luy deuement et souffisamment de-

(1) B. : malice.
(2) B. : il y chiet.

dens le temps introduit en tel cas, c'est assavoir dedens l'an et le jour de la saisine et désaisine, si c'est chose en saisine (1) et si c'est chose féodale dedens l'an de la foy, en souffisance (2), en remplissant toutesfoys la bourse du principal et des loyaulx coustemens.

(1) B. : et de saisine, si c'est en saisine.
(2) B. : ou souffrance.

CHAPITRE XXXV.

DE PRIVILÉGE.

Nota quod allegans privilegium tenetur ipsum exhibere. Item in privilegio nihil dicitur concedi nisi id quod forma verborum continet.

Par deux manières, l'on peult perdre tout bénéfice de privilége, c'est assavoir par non user du privilége, et par abuser du privilége ; et tous priviléges sont à tenir estroitement, pour ce qu'ils sont contre droict commun.

CHAPITRE XXXVI.

DE PROPRIÉTÉ.

Nota que, en cas de pétitoire, il fault confesser sa partie adverse estre en possession et saisine.

Item qui plaideroit simplement sur la possession, et il succomboit, il pourroit après ce intenter le libelle (1) sur la propriété.

Item le cas pétitoire et de propriété est le dernier libelle et qui porte en soy tout le droict de la chose, car ès aultres libelles l'en ne pert fors possession et saisine, et demeure tousjours la question saulve sur la propriété par laquelle l'on pert ou gaigne le droict de la chose comme dit est.

Selon le stille de parlement, en cas de propriété la demande est trois fois baillée par escript, l'une demeure devers la court, les deux aultres sont séellés soubs le sel du roy et en (a) chascune partie une.

En cas de propriété, le mineur n'est tenu de plaider ne en la cause que son prédécesseur aura commencée, ne aultrement, mais dormira la cause sans préjudice jusques à tant qu'il ait aage souffisant, et se il procède, tout le procès que l'en fera avec luy sera dict nul s'il est débatu. Ainsi fut-il dict en parlement l'an XXVII (2), pour messire Charles Ebroias contre l'abbé de Sainct-Denis (3).

(1) B. : les libelles.

(2) B. 1598 : l'an CCCXXVII.

(3) B. : mais les fault pourveoir de tuteur ou curateur, *et maxime* de tuteur quand la cause est réel et despend de réalité.

Aussi si ung mineur vouloit mouvoir question de propriété, le deffendeur seroit ouy à luy reprocher son aage, affin de non recepvoir, car se il n'avoit pardon d'aage ou que la court l'auctorisast, le procès seroit illusoire et pourroit l'on perdre et riens gaigner.

Item en cas de héritaige et de propriété sur le patrimoine du roy, aucun ne peult estre juge ne s'en entremettre, ne en congnoistre, fors la court de parlement, se ce n'est par commission ou mandement espécial, et tout ce qui seroit faict aultrement seroit réputé pour nul. Mais sur possessions et saisines les séneschaulx et baillifs pevent congnoistre, si comme pieça en fut faicte ordonnance par la court de parlement.

Item ès cas réels le deffendeur a trois dilations, c'est assavoir conseil, veue et garand ; mais après la dilation de veue le deffendeur est contrainct de respondre se il ne dict avoir garand. Et ainsi est-il après garand contrainct de respondre ; et lors il peult proposer dilatoires, mais déclinatoires non, car par l'assignation de garand il a jà approuvé le juge, car par la veue il povoit congnoistre soubs quel juge la chose estoit assise, et incontinent après la veue il povoit décliner si bon luy sembloit.

Ès causes de héritaiges et aultres réelles (1), l'en faict publication d'enqueste faicte par le commissaire de parlement, mais si les parties ont à ce renoncé, ou conclud en cause, et depuis aucunes d'icelles parties requièrent publication, icelle partie n'est point ouye. Ainsi fut-il dict pour l'évesque de Laon.

Item quant il est plait, ou procès, entre aucuns, en cas de reivendication, et l'une des parties aliène ou vend le droict qu'il a en la chose vendiquée, jà soit ce que lors sa

(1) B. : et ès aultres réelles

partie luy reproche *vitium litigii*, affin que icelluy qu'elle avoit soit perdu et acquis à icelle partie, et que par ce elle ait gaigné sa cause, toutesfois se lors icelle partie ne l'a proposé, mais consente ce parfaire, et que icelle parfaicte soit receue pour juger, et que par le commissaire elle soit renvoyée à la court, et lors ladicte partie qui a, comme dict est, donné le consentement veult maintenant débatre que l'enqueste ne soit receue et jugée. Ainsi fut-il dict l'an (1) xxv pour les hoirs maistre Pierre Carthulart (2), contre une appellée la Haraulde.

(1) B. 1598 : l'an 325.
(2) D. : Caribault.

CHAPITRE XXXVII.

DU DROICT DES PROPRIÉTAIRES.

Nota que debte deue, à cause de louaige, est tellement privilégiée que sur les biens trouvés au louage, les arrérages d'icelluy sont premièrement payés. Et est à noter, que se aucun vuide sa maison de nuyt ou aultrement clandestinement, c'est assavoir la maison qu'il tient à louage, et le propriétaire le faict appeller, il peult conclure contre luy qu'il soit contrainct à raporter des biens, affin que propriétairement y puisse gaiger pour son louaige. Et si les a emportés (1) de plain jour à la veue de chascun, il peult conclure qu'il soit condampné à payer le louaige, et à garnir la maison de biens meubles et exploictables pour les termes venus et advenir.

Nota que par vertu d'un deffault prins en cas de péril, les jurés sont commis à aller veoir le péril, et en faire leur rapport.

Item le chief seigneur ne peult faire convenir (2) les propriétaires en action personnelle pour cause de son fons non payé, ne les censiers aussi, affin de garnir ou de quicter, mais mettre l'huis au travers.

Item se ung bourgeois en vertu (3) de privilége faict crier une maison, ung aultre bourgeois s'y oppose, et esclarcist son droict à ung tiers bourgeois, ou habitant par vertu dudict privillége, fait crier icelle maison de rechief

(1) B. : apportez.
(2) B. : ne peult convenir.
(3) B. : par vertu.

ausquelles secondes criées celuy bourgeois qui aux premières se opposa, ne s'oppose point, cuidant que sa première opposition luy conserve son droict aussi bien sur les secondes criées comme sur les premières, dict est que veu le privillége son opposition vauldra aux premières, et non quant aux secondes.

Item se aucun a quelque héritaige à luy venu par succession, et il le baille à cens ou à rente perpétuelle, ce cens ou celle rente luy sont héritaige, et sortissent la nature d'icelluy premier héritaige. Et par vertu du privillége donné aux bourgeois, et pour les arréraiges qui luy sont deus, il fait crier icelluy héritaige, et il luy soit adjugé, encores icelluy luy sera héritaige, jà soit ce que sa vie durant le cens sera confus en la propriété, pour ce qu'il ne pourroit mie exiger le cens sur luy mesmes, mais après sa mort, les héritiers auront le cens comme leur propre héritaige, et ce qu'il leur a esté adjugé sera réputé conquest, pour ce qu'il est venu à cause des arrérages qui sont réputés personnels. Toutesfois se à aucun estoient deus arrérages, et il n'eust avant ce le droict réel, il ne pourroit pas faire crier l'héritaige, *quia pro jure reali tantum decreti traditio fit.*

Se une maison ou aultre héritaige qui doibt rente, est divisée à plusieurs propriétaires sans le consentement des censiers, ce partaige ne portera point préjudice aux censiers qu'ils ne puissent sur chascune partie, quelque petite qu'elle soit, prendre leur rente comme par avant, car les propriétaires sont tenus de payer les arrérages réelles, et en pevent estre personnellement poursuivis par les enfans (1).

(1) B. 1598 : poursuivis leurs héritiers.

CHAPITRE XXXVIII.

DES VEUES ET ESGOUS DES MAISONS.

En cas de veues, esgous, et glaçouers(1), prescription n'a point de lieu, tellement que par long usaige que aucun en ait sur la maison ou héritaige d'autruy à Paris, c'est assavoir en la ville, faux bourgs et banlieue, et au préjudice d'icelluy, en quelque manière que ce soit; car par l'ordonnance et par la coustume de Paris, aucun droict de servitute ne peult estre acquis sans tiltre espécial faisant mention comme il a la dicte servitute.

Ils sont deux manières de murs; les ungs sont moitoiens et parçonniers, et les aultres non, mais proprement sont à certaine personne.

L'usaige, coustume et commune observance de la ville de Paris sont tels, que aucune personne ayant mur joingnant sans moyen à aucun héritaige ou maison, ne peult en icelluy mur avoir fenestres, lumières ou veues sur iceluy héritaige ou maison, au préjudice d'iceluy à qui est ladicte maison ou héritaige, et s'ils ne sont au rez de terre à neuf pieds de hault quant au premier estage, et quant aulx aultres estages au rez de chascun plancher de sept pieds de hault, et tout à fer et à voirre dormant. Et si de faict aucun l'avoit mis plus bas en aultre manière, il seroit tenu et contraint s'il en estoit suffisamment requis, ou poursuivi pardevant juge compétent, de les estoupper à ses despens, de plastre ou mur, ou de les met-

(1) B. : glassouiers.

tre en ladicte hautesse et manière, nonobstant quelque laps de temps par lequel il eust aultrement tenu, si non qu'il eust tiltre espécial.

Item se aucun veult faire quelque édifice en une place, jardin ou terre vuide que il a, joignant sans moyen au mur de la maison d'aucune aultre personne qui n'est pas moytoien, il peult faire adjourner icelle personne et requérir qu'elle soit condempnée et contraincte à luy vendre la moytié d'icelluy mur, et à luy délaisser par juste pris pour édifier dessus; et ainsi luy doibt estre faict. Et se les parties ne pevent estre d'accord du pris, le juge envoira les maçons jurés avec aucun commissaire qui les y mènera, ou sans aucun commissaire ils iront au lieu et priseront tout ledict mur à la toise, ou aultrement, selon que bon leur semblera, et en feront rapport à justice, et en payant la moitié du pris total, il aura la moitié dudict mur.

Item chascun des personniers du mur moitoien peult icelluy mur percer tout oultre, et bouter tout oultre jusques au rez de la partie et costé du mur qui est par devers son personnier, solives ou aultres colonnes, ou merrien nécessaire pour faire ses planchiers et aisemens (1) prouffitables pour sa maison, et après ce, faire (2) lesdicts trous estoupper deuement et conformément selon l'existence du lieu et du mur, à ses cousts et despens d'ung costé et d'aultre. Mais s'il y met gros marrien (3), comme poultre, ou aussi gros ou plus, ou telle buche que le mur en pourroit empirer, il y doibt faire pillier de pierre de taille mouvant de terre souffisant pour le soustenir. Et

(1) B. : et aultres aysemens.
(2) B. : fera.
(3) B. : merrien.

s'il ne meult de terre si doibt il fonder sur fondement, ou mur de pierre de taille.

Item et se aucun veult faire cheminée, astre, chauffettes ou chauffeton (1) à l'encontre du mur moitoien, il y doibt faire contremur de tuilleaux ou de plastre, de demy pied d'espesseur, et en certaine quantité de hault, et selon la mesure en tel cas acoustumé entre les maçons, affin que par le halle ou chaleur du feu le mur ne soit empiré.

Item qui faict estable contre mur moitoien, il doibt faire contre-mur de demy pied d'espesseur, ou au moins de l'espesseur acoustumée entre les maçons, et doibt estre depuis terre jusques au rez de la mangeoire pour le fiens qui pourriroit ledict mur.

Item qui faict glacouers (2), c'est assavoir aisance, contre ung mur moitoien, ou autruy mur sans moien, il doibt faire contremur d'un pied d'espès, ou de l'espesseur acoustumée entre les maçons, pour ce que aultrement la merde et le pissat pourriroit ledict mur.

Item se ung homme a place, jardin, ou aultre lieu vuide joingnant sans moien au mur d'autruy ou au mur moitoien, et il y veult faire la terre labourer, cultiver et remuer, il fault qu'il y face contremur de certaine espesseur, affin que le fondement dudict mur ne se esvase par deffaulte de fermeté de terre joignant.

Item, et généralement quiconques veult mettre terre entassée contre ung mur moien, ou d'aultre personne sans moien, il doibt faire contremur de l'espesseur acoustumée pour la terre qui corrompt le mur.

Item en mur moitoien l'ung des personniers (3) sans

(1) B. : chauffecon. — B. 1598 : chaufferettes ou chauffecon.

(2) B. : glassouiers.

(3) B. : l'une des personnes.

l'accord et consentement de l'aultre ne peult faire fenestres ou troux (1) pour veue et lumière, en quelconque haultesse ou manière que ce soit, à voirre dormant ou aultrement.

Item *nota* que si aucun a tiltre de avoir sur son voisin certaines veues, et ne dict point de quelle grandeur, ne de quelle longueur, et le mur devient ruineux, par quoy il le conviengne abatre, il est bon de demander une provision à justice, c'est assavoir que avant que le mur soit abatu, certains jurés ou commis voient la longueur, la largeur et assiète des fenestres, affin que lorsque l'on les fera sur le nouveau mur, il n'y ait point de débat.

Item que en ung mur moitoien entre deux voisins l'ung ne peult avoir advantaige ne servitude quelsconques au préjudice de l'autre, sans juste et exprès tiltre, soit en cheminée ou en chauffedos, ou en fenestres, ou glaçouers, et privées, ou aultrement que ce soit, ne ne peult rompre ledict mur hault ne bas pour faire fenestres, ne bouter les bouts de ses solives dedans, se il n'y mettoit à ses despens chaîne de pierre de taille, corbeaux et saillies de fust, qui porteroient et soustiendroient les bouts d'icelles solives, mais convient que ledict mur soit et demoure tout entier tant comme il est moitoien.

Et supposé que l'ung des voisins ait souffert l'aultre par aucun temps, quel que soit, qu'il ait audict mur moitoien faict aucune chose, et mesmement qu'il l'ait percé, et qu'il ait faict en icelluy chauffedos ou cheminée, fenestre, ou quelque chose qui puisse tourner à charge ou servitute, il les peult faire oster et retraire, et réparer le mur, et mettre en l'estat, toutes les fois qu'il luy plaist, et est tenu l'aultre voisin d'oster, retraire et réparer à ses pro-

(1) B. : tour.

pres cousts et despens toutes telles charges et servitutes, sitost qu'il en est sommé et requis de sondict voisin, nonobstant quelque laps de temps, et ne peult en tel cas avoir cours prescription, s'il n'y a juste tiltre ou consentement de partie. Et ainsi est tenu et gardé en la ville et banlieue de Paris.

Item entre le four d'ung boulengier, et le mur moitoien doibt avoir demy pié de ruelle espesse (1) ou contremur qui le vaille, pour eschever au péril de la chaleur du feu, ne longue tollérance ou souffrance n'y acquiert prescription, tellement que si le voisin en faisoit poursuite souffisante, celuy à qui seroit le four seroit contraint de remettre et retraire son dict four selon la coustume, laquelle a lieu aussi bien ès choses apparentes comme latentes.

Item ung propriétaire de plusieurs maisons entretenans qui les a acquestées et assemblées en la ville de Paris, de plusieurs et divers propriétaires, chargées envers divers censiers de plusieurs et diverses charges, vend, donne, ou par aucun aultre tiltre met hors de ses mains l'une desdictes maisons avec toutes ses veues, esgous et appartenances, qu'elle pourroit ou devroit avoir raisonnablement selon les usaiges de la ville de Paris. Icelles parolles générales ne pevent, ne ne doivent, ne ne sont réputées à tiltre juste ne vallable pour avoir servitude, sur les aultres maisons qui demeurent au bailleur, de veue, des esgoux et des glaçouers, ne de semblables choses et contre les coustumes, mais doibvent estre tousjours ramenées aux usaiges et coustumes (2) de la ville de Paris, s'il n'est spécialement, expressément et nommément dict et déclairé en faisant le bail de ladicte maison, ou depuis,

(1) B. : de ruelle d'espace.

(2) B. : aux usaiges et gens et coustumes.

que lesdictes servitudes doivent demourer en l'estat qu'elles sont au temps du bail, et les convient expressément nommer et déclairer, et mettre au contract au bail (1) qu'elles doivent ainsi demourer perpétuellement, et (2) aultrement elles ne pevent ne doivent ainsi demourer au préjudice de celluy qui a baillé la maison générallement, comme il avoit prinse avec ses veues, esgous et semblables mots généraulx qui ne obligent point, ne ne donnent tiltre juste ne vallable.

(1) B. : du bail.
(2) B. : ou.

CHAPITRE XXXIX.

DES CAS DE PÉRIL ET DU RAPPORT DES JURÉS.

En cas de péril le complaignant doibt faire adjourner le propriétaire de l'hostel où est le péril, ou se il n'y a propriétaire face adjourner les censiers, et en tel cas ne fault jà avoir regard que ce soit à jour ordinaire ou non ordinaire, au matin ou après disner. Les parties comparans, le complaignant doibt faire sa complaincte, et requérir que les jurés soient envoyés pour visiter. Et si l'adjourné est défaillant, par vertu du premier deffault, les jurés seront envoyés. Car en la fin d'icelluy deffault l'en dira ainsi, *par vertu duquel deffault, nous avons ordonné et ordonnons que les maçons et charpentiers jurés du roy nostre sire en la ville de Paris, en l'office de maçonnerie et charpenterie, yroient veoir et visiter les lieux dont ledict tel est plaintif* (1), *lesquels jurés après ce qu'ils auront veu et visité lesdicts lieux, nous rapporteront suffisamment ce que trouvé y auront. Donné comme dessus.*

Rapport : *Du commandement de monseigneur le prévost de Paris ou de son lieutenant, et à la requeste de Pierre Dupré, bourgeois de Paris, sont allés tels maçons, charpentiers, etc., en une maison séant, etc., en laquelle demeure tel, etc., pour veoir telle chose dont ledict Guillaume estoit plaintif en cas de péril, et ont bien veu icelle maison d'une part et d'aultre, et diligemment visité si comme il appar-*

(1) B. 1598 : se plaint.

tient ledict mur, etc. Et rapportent qu'il est nécessaire que ledict mur soit abatu et reffaict, etc., et que ce soit faict tantost et sans délay, pour greigneur péril eschever. Aucunes fois l'en dict et dient, que ledict mur depuis le coing de taille par devers le jardin dudict Guillaume, jusques à une enclaveure qui y est, et du fons du solier tout contremont jusques à la couverture est trop maulvais et périlleux, si convient de nécessité qu'il soit abatu et reffaict aux cousts et despens dudict Guillaume, et desdicts censiers, parmy ce que ledict Guillaume en payera parisis (1) jusques en hault ou ladicte place est hébergée, pour ce que ledict héberge charge sur ledict mur, à l'encontre desdicts censiers qui en payeront tournois (2) et au-dessus, c'est assavoir ledict héritaige. Et que ces choses soyent faictes tantost et sans délay pour oster le péril qui y est, et pour greigneur eschever, et tout ce rapportent, etc.

A tous, etc. Sçavoir faisons, que tel an et tel jour furent présens par devant nous en jugement, tel pour luy d'une part, et tel et en son nom d'aultre part, en l'absence desquelles parties, et après la requeste huy et autrefois faicte de par ledict Guillaume contre ledict Pierre, affin que par le rapport des maçons et charpentiers jurés, etc., faict de nostre commandement et à la requeste dudict Guillaume parmy la coppie desquelles ces présentes lettres sont annexées, fut entériné et acomply selon la forme et teneur, nous ordonnasmes et ordonnons que ledict rapport sera entériné. Et pour ce faire, commettons tel examinateur oudict Chastellet, et condempnons ledict tel à ce souffrir estre faict aux despens dudict tel, la tauxation par de-

(1) *Parisis* manque dans B.

(2) B. : cent sols tournois.

vers nous réservée. En tesmoing, etc., faict l'an et jour dessusdict.

A huitaine à aller avant sur et après le rapport des jurés qui cependant seront menés sur ledict lieu par tel à ce commis, etc.

CHAPITRE XL.

DE SUCCESSION (1).

En pays de droict escript, qui veult faire testament, de nécessité il fault cinq ou six tesmoings; en pays coustumier deux ou trois tesmoings suffisent, et sans tesmoing aulcun testament ne vault riens, non mie testament escript de la propre main du testateur, s'il n'est chevalier, et qu'il soit en cas périlleux comme au conflict de la guerre.

Item si le testateur n'a aulcuns héritiers, il peult donner en son testament tous ses biens meubles et héritaiges, et s'il y a héritier, si peult il faire testament de la moitié de tous ses meubles et conquests, et donner le quint de ses héritaiges. En sa santé, il peult tout donner ou vendre.

Se aulcun laiz est faict à aulcune personne, l'en luy doict faire exhibition du testament, *quia sua interest*, et si les héritiers ou exécuteurs le refusent, le juge doit mander au tabellion qui a faict ledict testament qu'il apporte la minute, et à ce faire les contraindre tous.

Item se mon père meurt, je puis requérir l'inventoire, pour veoir et sçavoir son estat, par protestation que pour cause de ce je n'entends pas me porter pour héritier: et si je congnois par ledict inventoire que son vaillant ne soit mie si grant comme je doubte que ses debtes sont grans, pour ce ne m'est pas nécessaire de renoncer à sa succession, mais encores quant les créanciers me feront adjourner pour sçavoir si je me porteray pour héritier ou

(1) B. : De succession, testament et exécution d'iceluy.

non, après leur requeste faicte devant le juge, je auray quarante jours pour adviser si c'est mon prouffit ou mon dommaige ; mais si j'en avoye riens prins, tant fut petit, je ne seroye plus reçeu à renoncer, *etiam* en rendant ce que j'en auroye prins et levé, ne protestation que j'eusse faict en le prenant ne me pourroit relever, ne excuser.

Item, en France, nul ne peult estre héritier et légataire ; mais si l'on luy a faict aulcun lais, il peult choisir lequel il luy plaist, ou prendre le lais, ou accepter du tout l'héritaige.

Item contre exécuteurs qui se sont boutés ès biens sans faire inventoire, pevent les héritiers conclure qu'ils soient creus de la valeur des biens, considéré leur convoitise.

Item ung homme qui a deux enfans meurt, sa femme, qui est leur mère, ne veult pas accepter la garde, *queritur* comment ils seront nourris ? *Respondetur :* sur la part qu'ils ont de leur père, ne ne payera riens la mère de leur nourriture ; mais je croy bien que si la partie de leur père estoit despendue, ou qu'ils n'eussent riens, la mère seroit tenue de les nourrir.

Nota que si deux personnes conjoints ensemble par mariaige, le survivant tient et possède les biens an et jour après le trespassement du premier mort, sans faire inventoire avant partaige et division, les héritiers pevent demander communaulté de biens avec le survivant, de tout tant qu'il a lesdicts an et jour passés, excepté son propre héritaige et ce qu'il avoit conquesté avant qu'il se mariast.

Item se iceulx héritiers viennent avant l'an et le jour passés, et ils se apercoivent et ont présomption véhémente qu'il n'y ait (1) frauduleux deffault au vaillant dudict

(1) B. : qu'il y ait.

deffunct, ils seront creus du vaillant se ils sont de bonne renommée, avec ung peu d'autre renommée commune.

Item que si ung homme se marie, et de ce premier mariaige ait enfans, et après sa femme meurt, se depuis secondement il se marie à une aultre femme sans faire inventoire, partaige ou division à ses dicts enfans, par l'usaige et coustume de la ville de Paris, tout leur demeure commun et de tout sera fait trois parties dont le père aura l'une, les enfans l'aultre et la seconde femme l'aultre, supposé qu'elle ait peu ou assez apporté ; car à elle doict estre imputé ce qu'elle s'y est boutée sans avoir faict faire inventoire des biens de son mari, et partaige à ses fillastres, car chacune desdictes parties se pevent dire saisis de sa dicte tierce portion par la coustume, etc.

Et est assavoir que les conquests, qui d'iceulx biens seroient faicts, seroient d'icelle même nature.

Item si le père mouroit, iceulx héritiers auront de rechef la moitié de la tierce partie d'icelluy père, et non plus ; si dient aucuns (1), toutesfois au cas qu'il mourroit avant ce que iceulx héritiers s'apparussent pour requérir l'inventoire estre faulx ; mais feront deux chiefs, l'ung de leur père, et l'aultre de leur mère.

Item et si de ce second mariaige la femme avoit enfans de son premier mary, aussi bien comme ledict mary de sa première femme, par la coustume l'en feroit de leurs biens trois parties dont le mary et la femme dessusdicte auront chascun une partie, et chascun desdicts enfans l'aultre tierce partie.

Item en tous les cas dessusdicts, les héritiers dedans l'an pevent se dire saisis ; mais se l'an et jour est avant passé, il convient que par voie d'action ils requièrent l'in-

(1) B. : ce dient aulcuns.

ventoire estre fait, et leur donnera bien le juge arrest sur les biens du trespassé pour eschever les démissemens (1) desdicts biens.

Nota quod saisina feudi nunquam transit ad heredem per mortem solam, potissime in immobilibus, quia istud est impossibile, sed bene jus competit ei per mortem, ita quod facto hommagio, quantum ad feudum, vel obligationem domino censuali, quantum ad census, potest heres propria auctoritate se insesinare sine periculo. Alias autem, non facto hommagio, puniretur auctoritate domini sui feudalis vel censuarii (2).

Item comme dict est, l'en peult bien dedens l'an et le jour, par voie de saisine, faire arrester les biens du deffunct affin de faire inventoire, et icelluy faire aux despens des biens s'il n'estoit auparavant fait. Et quant l'inventoire est faicte, l'en peult bien adviser et eslire de soy porter pour héritier, ou s'en délaisser qui veult (3).

Et aussi comme dict est dessus, jà soit ce que après l'an et le jour passés l'en ne puisse mie venir par voye de saisine pour ce qu'elle est jà expirée, toutesfois, l'en peult bien avoir arrest sur les biens dudict deffunct, affin de eschever aux fraudes des malicieux, et après par voye d'action requérir l'inventoire et le surplus.

Aulcuns mariés ont trois enfans, et après ce la femme meurt, et par la coustume le douaire d'icelle est le propre héritaige aux enfans nés d'icelluy mariaige, supposé ores qu'ils renonçassent à la succession de leur mère, mais le père en a l'usaige toute sa vie ; advient que icelluy survivant se remarie à une aultre femme dont il a deux enfans et après meurt, et aussi meurt tantost après luy l'ung

(1) B. 1598 : dépérissemens.

(2) B. ajoute : De hoc dictum est superius, titulo *De feudis*.

(3) B. : ut supra dictum est.

des enfans du premier mariaige, et pour ce les deux enfans du second mariaige veulent hériter et avoir la succession de leur dict frère de père ; l'aultre dit que non, car celluy est venu de par sa mère. *Queritur*, etc. Dit a esté qu'ils succèderont, considéré que c'est de l'héritaige du père, car supposé que ce estoit douaire à la mère, il revenoit par la coustume héritaige aux enffans de ce mariaige ; toutesfois, quant tout est accompli, il n'a pas vertu de douaire ne de l'héritaige, mais retourne à sa première nature ; car se le frère mort eust eu ung frère seullement de par sa mère, s'il n'eust-il eu riens en la succession. Et se icelluy frère mort eust vendu en son vivant icelluy héritaige, son frère de par mère n'eust peu venir à retraict lignager, pour ce qu'il ne luy estoit riens du costé dont ledict héritaige luy est venu (1).

Trois cousins germains sont dont l'ung meurt, l'ung des aultres dit que quant aux meubles toute la succession luy appartient *quia propinquiori ;* car il estoit cousin du trespassé de père et de mère, et l'aultre n'estoit fors que de par le père, *queritur quid interest?* Les usaiges et coustumes dient que le cousin du père et de la mère aura les deux pars, et l'aultre la tierce partie quant aux meubles.

En ligne collatérale, le plus prochain héritier doit succéder quant aux meubles, supposé que aultrement soit (2) héritaiges (3).

(1) B. : Cecy est prouvé par la coustume de la prévosté et vicomté de Paris, insérée au CLIII[e] article dudict coustumier, tiltre *De succession en ligne collatérale*, in fine, quant aux meubles et conquests immeubles de frère décédé.

(2) B. : soyent.

(3) B. : A Paris, en ligne collatérale tous héritiers d'aucuns deffuncts partissent également entre eux par testes, non par lignes, les biens et successions tant meubles que héritaiges non tenus en fief, et tout ce appert par le CXLVI[e] article dudict coustumier, tiltre *De succession en ligne collatérale*.

Nota que le père, aieul ou aieulle, héritent et sont plus prochains que les frères du trespassé quant aux meubles et conquests, et les frères et seurs héritent quant aux héritaiges du costé et ligne desquels ils trouvent (1) au trespassé ; mais, en toutes choses, l'aieul ou l'aieulle héritent pardevant cousins germains.

Nota que si aulcuns mariés font aulcuns conquests, ils pevent testamentairement, en leur décès ou avant, ordonner, et aussi de leurs meubles.

Et pour ce que par tradition du testament la saisine est acquise aux exécuteurs, doubteuse chose est de requérir iceulx biens par voye de saisine, quant aux héritiers qui ne seront yssus et descendus du trespassé. Et plus en tant comme il touche les conquests immeubles, car quant aux meubles ils ne se pevent tenir saisis, car deux personnes chascune pour le tout ne peult estre tenue saisie d'une chose universelle. Et comme dessus est dit, les exécuteurs en ont la première saisine.

Aulcun ne peult estre héritier et légataire comme dict est dessus.

Item par l'usaige, coustume et commune observance du royaulme de France et de droict commun, il loist aux héritiers du trespassé de requérir contre les exécuteurs avoir le testament dudict deffunct pour l'acomplir, et l'auront en baillant caution.

Nota que contre ung héritier l'en peult bien faire action personnelle et hypothèque, la personnelle précède l'hypothèque, et se devise la personnelle en tant de parties comme il y a de héritiers, et l'hypothèque ne se devise point, mais peult l'en conclure hypothécairement et totalement, tant sur l'héritaige de l'hoir comme sur l'obliga-

(1) Charendas met ici en note : en mon livre escript à la main y a *touchent*.

tion (1). Et en tant comme il touche l'hypothèque, l'héritier peult bien demander garant.

Item nota que à faire conclusion d'hypothèque contre ung héritier, l'on doit dire que son intention n'est fors d'estre une fois paié, et que par satisfaccion de l'ung *alii erunt liberati* (2).

Item par la coustume de France, mineurs ou leurs gardiens tuteurs, ne sont tenus d'aller avant contre demandé de propriété qui leur soit faicte, jusques à tant qu'ils soient aagés de vingt ans, et aient touché le XXI. Et par icelle mesme coustume, si au temps de son devancier procès en estoit commencé et ils feussent à proche (3) à le reprendre, ils n'y seroient tenuz, *et si procederetur, non valeret, quia nec volentes nec inviti possunt nec agendo nec defendendo procedere, ut supra dictum est.*

Item que par la coustume notoire de la prévosté et viconté de Paris, lais ou don qui n'est point causé laissé ou donné (4) à aulcun enfant estant en la puissance du père, est propre acquest aux père et mère en la garde desquels il est, voire encore s'il y a cause, et ladicte cause cesse.

Item religieux quelsconques ne succèdent point, soit par dispense du pape ou aultrement, excepté les hospitaliers, qui aucunement en furent dispensés du roy et du pape. Et parmi ce pevent aussi bien succéder comme ceulx qui sont au siècle, et après leur décès tout s'en va à leurs amis.

Nota que de droict escript, et par l'usaige et coustume notoire, tuteurs et curateurs ne pevent vendre ne aliéner, accenser ne aultrement charger l'héritaige des mineurs

(1) B. : *ut dictum est supra.*
(2) Cet alinéa manque dans B.
(3) B. : apprehendés le reprendre.
(4) B. : cause laissée ou donnée.

durant leur (1) tuition et curatelle, si ce n'est par l'opinion des amis charnels du mineur, et par décret et (2) auctorité du juge.

Item tuteurs et curateurs d'enfans mineurs ne doivent avoir aulcun salaire pour leur peine et travail, ne aulcune journée de chose qu'ils facent en la ville où ils demeurent; mais si pour le prouffit particulier desdicts enfans ils alloient hors du pays, ils auroient salaire compétent, et aussi en rendant leur compte ils auront despens raisonnables selon leur estat, pour ce qu'il ne s'en charge qui ne veult, sinon que le testateur leur donne aulcune chose.

Nota que par usaige et coustume se deux conjoincts (3), ou deux affins, demeurent ensemble par an et jour sans faire division ou protestation, ils acquièrent l'ung avec l'aultre communaulté quant aux meubles et conquests. Et pour ce, si deux conjoincts ont ung fils, et après l'ung d'iceulx conjoincts va de vie à trespas, et depuis ce icelluy fils demeure avec le survivant, sans faire inventoire, partage, ne division, tout ce que le survivant a conquesté, il reviendra à communaulté avec le fils. Mais prenons que le seurvivant se remarie en tel estat, *statim matrimonio contracto,* tous les trois sont communs en biens, tellement que se icelluy seurvivant ainsi remarié meurt, l'enfant fera deux testes, et le dernier seurvivant marié (4) l'une.

Tous les conquests que enfans demourans soubs la puissance de leur père et mère, c'est assavoir avecques eulx et sans émancipation, font, sont auxdicts père et mère.

Item ung lais ou don qui est fait à mon enfant estant en

(1) B. : la tuition.

(2) B. : ou.

(3) B. : si deux conjoints. — B. 1598 : deux conjoints demeurans.

(4) B. : mary.

ma puissance, vient à mon prouffit au cas toutesfois que le don ou lais ne seroit causé, comme de dire *pour apprendre à l'escole ou pour le marier,* etc. Et encores se la cause cessoit, ledict lais ou don reviendroit à moy par la coustume de la prévosté de Paris.

Aulcun ne peut estre héritier et légataire, ne père, ne mère à leur fin ne pevent faire aulcuns de leurs enfans de meilleure condition l'ung que l'aultre, non mie faire don ou lais en la personne à laquelle l'ung des enfans pourroit plustost succéder que l'aultre, ou de qui ledict lais ou don pourroit plustost redonder à l'ung que à l'aultre.

CHAPITRE XLI.

DE GARDE ET BAIL.

Nota que ce qui est appellé garde entre le père ou la mère, aicul ou aieulle, qui sont en ligne directe envers leurs enfans, est appellé bail entre ceulx qui sont en la ligne collatéralle envers iceulx enfans, comme frères, oncles et filles. Et est la différence entre garde et bail, car le nom se change pour cause de la ligne des personnes.

Item par l'usaige et coustume notoire, gardée et observée en la ville et banlieue de Paris, le seurvivant de deux conjoints par mariaige, tant soient ils gens de poste, a la garde de leurs enfans, et faict les fruicts siens de leurs héritaiges se il leur plaist en les nourrissant, tout ainsi comme il est acoustumé entre les nobles, et pour raison de la noblesse dessus dicte, et à cause d'icelle noblesse tous bourgeois de ladicte ville sont en la sauvegarde du roy.

Item aussi en ladicte ville et banlieue, le seurvivant a la garde des biens meubles de leurs enfans après l'inventoire faict et sans bailler caution, *maxime*, quant celuy seurvivant est de bon nom et non dissipeur, *et possidens immobilia sufficientia ad restitutionem*, *alias non*, car aultrement lesdicts meubles ne sont pas à eulx, comme ils sont aux nobles, ne pour garder, ne aultrement, et se la mère qui avoit survescu et qui durant son veufvage avoit eu la garde se remarioit, il conviendroit que son mary baillast caution de la somme desdicts biens meubles restituer, pour ce qu'il est tout estrange.

Item ce que dit est est à entendre jusques à tant que lesdicts enfans soient aagés et usans de leur droict et hors de minorité, qui, en tant que touche les fils possédans héritaiges tenus en fiefs, il fault vingt ans, et si tost qu'ils ont attouché le XXI; et les possédans héritaiges tenus en censives après XIV ans, et si tost qu'ils ont attouché le XV. Toutesfois, à mineurs, le roy fait bien pardon de aage, *ut dictum est supra.*

Item et aussi ladicte coustume d'avoir la garde dessusdicte (1) n'a pas lieu hors la banlieue, mais convient que *tanquam verus tutor filio querat et conservet.*

Item comme dict est, ung enfant est aagé *quoad contractus* à XIV ans passés, pourveu qu'il ait attouché le XV. *Hoc intelligitur in patria consuetudinaria, sed in patria juris scripti, in pluribus locis* XVIII *anni sunt necessarii.*

Item toutes gens de poste, aultres que père et mère, rendent compte tant des meubles, comme des usufruicts de villenage par eulx receus; et pour ce que *tacite* le premier jour après XIV ans passés l'enfant est aagé, et peult requérir à ses tuteurs avoir compte, par l'usaige et coustume, et l'aura, appellez toutesfois ses amis par devant ung commissaire, et doresnavant aura l'administracion de ses biens s'il est réputé saige, avec un curateur que le juge luy donnera. Et s'il n'est réputé saige, il ne l'aura pas.

Item nota qu'il y a grande différence entre la garde des enfans nobles et la garde des enfans de poste; car celuy qui a la garde des nobles, il faict les meubles et les fruicts siens, et pour ce il convient que tel noble qui prent la garde la rende toute franche et quitte de toutes debtes, et les deust il paier du sien propre, mais la garde de

(1) B. : des dessusdicts.

poste, non. *Primo* pour le nom de noblesse. *Secundo* pour ce que les aultres ne font pas les fruicts siens. Toutesfois aucuns tiennent que soient nobles ou non nobles, se pour et à cause de la garde ils treuvent fiefs, ils doivent rendre la garde franche, pour ce qu'il ne s'en charge qui ne veult.

Et pour ce que celuy qui a la garde de par le père, doibt faire les meubles et les debtes siens, c'est assavoir quant celluy qui est en bail se porte pour héritier du père, car s'il s'estoit seullement porté héritier de la mère, ceulx à qui seroit escheu le bail de l'héritaige n'auroient riens ès meubles, pour ce qu'ils viendroient de par la mère.

Ainsi est dict par la coustume de la prévosté de Paris, au tiltre de la *Matière féodale* en l'article iij.

Nota que les enfans estans en bail ou en garde, le frère les affranchist une foys.

Item garde ne doibt rachapt ne finance ; mais si suppose que le bail chée entre frères et seurs.

Item l'en dict communément que la femme noble a élection de prendre tous les meubles, et payer toutes les debtes, ou de renoncer aux meubles pour estre quitte des debtes.

De l'homme noble il n'est mie ainsi. Toutesfois plusieurs saiges dient que jà soit ce que la femme noble soit quitte de debtes en renonçant aux meubles, si n'est-il pas à son chois de prendre tous les meubles en payant les debteurs, si ce n'estoit du consentement des héritiers. Exemple de la femme qui fust maistre Jehan de Vernon.

Et la raison pourquoy privillége de renonciation leur fust donné, ce fut pour ce que le mestier des hommes nobles est d'aller ès guerres et voiages d'oultre mer ; et à ce se obligent, et aucunesfois y meurent, et leurs femmes ne pevent pas de légier estre acertenées de leurs obligations faictes à cause de leurs voyages, de leurs rençons et de leurs plegeries qui sont pour leurs compaignies, et aultrement. Et pour ce ont le privillége de renonciation. Et ont d'usaige si comme le corps est en terre mis, de gecter leurs bourses sur la fosse, et de non (1) retourner à l'hostel ou les meubles sont, mais vont gésir aultre part, et ne doibvent emporter que leur commun habit sans aultre chose, et parmy ce elles et leurs héritiers sont quittes à tousjours des debtes, mais se il y a fraulde tant soit petite, la renonciation ne vault riens (2).

Ainsi a esté dict nouvellement par les coustumes générales de la prévosté de Paris, au tiltre de *garde noble* en l'article XCIX.

Item se ung enfant noble demeure moindre d'aage après le trespassement de son père ou de sa mère, le survivant peult prendre la garde noble d'icelluy se il lui plaist. Et à cause d'icelle garde ainsi par luy prinse, tous les biens meubles dudict enfant noble, et durant son mineur aage, sont et appartiennent audict survivant son père ou sa mère, et aussi seroient ils à ung aultre qui luy appartiendroit en ligne collatéralle qui prendroit le bail dudict enfant, se il n'avoit ne père ne mère, ne aultre parent en droicte ligne. Et ne pourroient lesdicts enfans venus à parfaict aage demander les meubles ne les debtes deues à leur père ou à leur mère, et ne auront action

(1) B. : ne.

(2) Charondas met ici en note (page 227) : Et certainement tel privilége de renoncer par la femme survivante à la communauté, n'estoit anciennement octroié qu'à la noble : ce que confirme aussi Bouteillier ; à quoy s'accorde mon ancien practicien, qui en rend une semblable raison que nostre autheur, sans parler particulièrement des voyages d'outre-mer, à savoir que les nobles plus amateurs d'honneur que de richesses font souvent des debtes au desceu de leurs femmes, pour aller aux guerres pour le service du roy et bien du royaume, et y acquérir gloire.

envers les debteurs, vivans leurs gardiens et baillifs d'iceulx, et ne seroient lesdicts debteurs tenus de leur en respondre en aucune manière sans aultre tiltre ou aultre qualité. Et parmy ce le gardien ou baillif est tenu de soubstenir le mineur d'aage en bon et souffisant estat selon sa personne, et le rendre quitte, et ses possessions et héritaiges et (1) délaisser en bon et souffisant estat.

Nota que l'hoir du demandeur peult reprendre les erremens de son prédécesseur, toutesfois qu'il luy plaist, sans faire adjourner sa partie.

Mais l'hoir du deffendeur faut-il adjourner à reprendre ou délaisser les erremens de son prédécesseur, et qui le feroit adjourner simplement sans dire *à reprendre*, ce ne vauldroit riens (2).

(1) B. 1598 supprime *et*.

(2) B. : de hujusmodi adjornamento ad resumendum processum, vide dominum Masuerium in titulo *De contumacia*, fol. XIII, col. 2.

CHAPITRE XLII.

DES MINEURS, TUTEURS, CURATEURS OU BAILLISSEURS.

Celuy est dict moindre de ans jusques à ce qu'il ait passé vingt ans ès choses féodalles, et ne peult estre en jugement ne de son gré, ne aultrement, ne en demandant, ne en deffendant. Ne tuteurs, ne baillisseurs ne pevent demener en jugement cause de propriété, ne cause dépendant de propriété, si comme les fruicts d'aucune chose seroient demandés pour raison de aucune adjudication ou demande. Mais la pure personnelle est séparée de la propriété, et ainsi fut-il dict pour le seigneur Doffemont contre les hoirs du seigneur de Neelle l'an XVII. Car ledict seigneur Doffemont feist adjourner les hoirs du seigneur de Neelle à reprendre les erremens en la cause meue entre luy et ledict seigneur; ceulx qui avoient le bail desdicts héritaiges demandèrent advis qui leur fut octroié à certain jour, auquel il fut dict qu'ils ne devoient point entrer en la cause, ne reprendre les erremens qui estoient sur cause réelle, laquelle ils ne pourroient demener; mais la cause et les erremens doivent dormir jusques à ce que les héritiers fussent de loyal aage. Au contraire estoit dict que l'action estoit personnelle *scilicet ex testamento;* car, comme disoit ledict Doffemont, messire Jehan de Flandres avoit ordonné en son testament le sire de Neelle son exécuteur, et avoit ordonné, que payés ses debtes et lais, il restituast à sa fille, femme dudict Doffemont, tout le remenant de ses meubles et conquests; disoit aussi que le sire de Neelle pouvoit bien avoir payé ces choses des fruicts et revenus de la terre depuis le temps qu'il estoit couru, et s'il ne l'avoit faict il luy devoit estre imputé, pour quoy il requéroit que il fust condempné à bailler les conquests, et les fruicts, s'il confessoit et se il nyoit, etc., que comme ceulx qui avoient le bail reccusassent reprendre, les héritiers doncques décheoient et estoient descheuz des deffenses que leur avoit proposées sur ce, et ainsi sa demande luy devoit estre adjugée. Les baillisseurs de rechief disoient que la cause estoit réelle et ne la povoient demener, si comme devant. Le seigneur Doffemont disoit, au contraire : que supposé que la cause fust réelle, ils devoient reprendre, et après la responce (1) requérir que la cause demourast en suspens, et comme ils ne l'eussent faict, ils n'y povoient jamais venir à temps, ne n'y devoient doresnavant estre receus, et par ce la requeste du sire Doffemont ne devoit point estre retardée, mais luy devoit estre faicte. Les baillisseurs disoient au contraire, et qu'ils y viendroient et povoient venir à temps, et devant et après, etc. Dit fut que pour ce que quant aux conquests, et les fruicts qui estoient de la sequelle de la cause, ladicte cause estoit réelle, les erremens de la cause dormiroient nonobstant le propos contraire, et pour ce que quant aux meubles elle estoit personnelle, à ceste cause les baillisseurs la povoient demener, et en estoit à eulx le péril, et par tant la requeste du seigneur Doffemont sera faicte quant aux meubles.

En cecy sont à noter trois choses du stille de la court de parlement.

Primo que cause réelle ne peult estre intentée contre baillisseurs au nom des mineurs, ne pour eulx, ne la sequelle de la cause.

(1) B. : après le reprinse.

Secundo que la pure personnelle peut estre intentée par eulx et pour eulx, et en ce cas le péril de la cause leur appartient.

Tertio que jà soit ce que les baillisseurs au nom des enfants reffusent à prendre les erremens, néantmoins, après ledict reffus, ils pevent requérir que les erremens soient mis en suspens, et semblablement le pourront-ils requérir s'ils avoient reprins iceulx erremens.

Et moy qui escripts ce présent livre, suis aucunement esbahy pourquoy les baillisseurs qui de leur droict ont les meubles des terres sans en rendre compte ne restituer, ne les pevent demener; mais je ymagine que s'ils les perdoient, prescription pourroit courir contre les mineurs, car quant ils viendroient nouvellement à leur gouvernement, ils prendroient les choses ainsi comme ils les trouveroient, et ainsi passeroit le temps contre eulx, car ils n'en seroient mie advisés comme pevent estre enfans qui sont entre mains de tuteurs qui fault qu'ils rendent compte et monstrent l'estat de leurs besongnes.

Aultre exemple : maistre Guillaume de Mefflo avoit intenté une action contre les héritiers de Pierre Cartulat, ou contre leurs tuteurs, et monstroit deux sentences données contre luy pour lesdicts mineurs, desquelles il se disoit avoir appellé, et disoit lesdictes sentences nulles (1) pourtant qu'il disoit que ledict tuteur n'avoit point esté fondé, et si avoit mené la cause. Item pour ce que la cause estoit réelle, le tuteur ne la pourroit avoir démenée. De la partie dudict tuteur estoit proposé que quant au premier point il venoit trop tard, car devant le premier juge, ou devant le second qui avoit donné lesdictes sentences, il le povoit avoir dict, et il n'en avoit point parlé,

(1) B. 1598 : estre nulles.

ainsi ne faisoit à ouyr, ne au second point aussi, car les sentences données pour mineurs doibvent tenir, jà soit ce qu'elles soient démenées par personnes illégitimes. Dict fut que nonobstant le propos, les sentences données pour mineurs tiendroient, et les procès faicts sur iceulx durant leur minorité, jà soit ce qu'ils soient faicts par personnes illégitimes, et toutesfois si la sentence fut donnée contre eulx, elle ne tiendroit mye, *imo* elle seroit nulle.

Item, à l'exception de la fondation non proposée devant le premier et second juge, ne sera plus donnée aucune faculté.

Item les causes des mineurs et semblables personnes, si comme des vefves, de leur gré sont ouyes et retenues en la court de parlement, ne n'en est faicte aucune rémission s'il ne leur plaist.

Se aucun gardien ou baillisseur est adjourné en action personnelle et ypothecque, pour cause de l'obligation du Chastellet, pour ce que icelluy baillisseur ou gardien quant il est condempné payer l'action (1) personnelle du sien (2), il peult décliner, mais en l'ypothecque, non.

(1) B. : payer en l'action.

(2) B. 1598 : il doit payer du sien.

CHAPITRE XLIII.

DE DONNER PROVISION.

Se femme demande son douaire, et elle demande provision pendant le plait, elle l'aura tant pour ses alimens comme pour la nécessité de sa cause, ainsi fut-il dit pour la dame de Belleville.

Item ainsi est-il ès cas qui sont favorables, car si ung exécuteur contend pour cause d'une exécution de testament d'aucun contre celui qui détient et occupe ses biens, l'en luy fera provision pour la prosécution de sa cause.

Item se le fils contend de la succession de son père contre ung aultre possident(1), l'en luy fera provision pour ses alimens et pour la prosécution de la cause.

Sed queritur quelle quantité sera tauxée? Response : quant tels acteurs contendent de l'héritaige, et afferment icelle toute leur appartenir, l'on a acoustumé de leur faire (2) provision de la quarte partie des revenus, les possesseurs jurés et interroguez sur ce. *Ita fuit dictum pro Beatrice et Jacobo ejus fratre contra Raymundum ejus fratrem.*

Aucuns dient que telles provisions doibvent estre (3) requises incontinent la demande ouverte par l'acteur, ou au moins faire protestation [que] au cas que la cause prendrait long traict ou délay sur la demande, et que depuis l'on n'est point ouy. Mais j'ay veu le contraire obtenir, et

(1) B. : possesseur, on luy, etc.
(2) B. : bailler.
(3) A.B. : ont esté.

après litiscontestation, et après appellation en la cause principale. *Ita fuit dictum pro domicella Richarda de Senteris contra Raymondum de Antello, anno XXVII.*

Item se les héritiers (1) collatéraulx demandent la succession de leur prédécesseur collatéral, comme frères ou aultres, et demandent provision pendant la cause, il ne leur sera pas fait. *Ita fuit dictum pro domicella Martha de Hoste contra Johannem de Castellano.* Et la raison si est, car l'héritaige est mieulx deue aux descendans que aulx collatéraulx, car les enfans sont réputés comme seigneurs et maistres, mesmement vivans leurs pères. Et pour ce est-il que les collatéraulx ne sont point ouys à complaincte de inofficieux testament, si comme les aultres, fors quant les personnes viles sont instituées héritiers par leurs dicts collatéraulx.

Nota que femme vefve ne acquiert arrérages en son douaire fors depuis le temps qu'elle demande assiete de son dict douaire. Et encores elle n'aura iceulx arrérages si elle ne les requiert (2), et qu'elle y obtiengne (3).

(1) B. : seigneurs.
(2) B. : acquiert.
(3) B. : *ut supra dictum est.*

CHAPITRE XLIV.

DES DÉLICTS (1).

Sciendum est quod in actionibus injuriarum solet peti emenda honorabilis et profitabilis, honorabilis supra locum ubi commissa est injuria, et profitabilis centum librarum, vel CC, vel quantum discretioni curiæ videbitur. Et aliquando petitur honorabilis emenda fieri alibi, puta si de universitate parisiensi vel aliquo collegio petuntur fieri coram rectore universitatis, ipsa congregata, etc.

Item nota quod in causa delicti et excessus, partes adjornantur personaliter, et debent respondere personaliter articulis contra eos datis.

Item nota quod nullus debet incarcerari nisi cum captus est in præsente delicto, vel cum pars conqueritur, vel cum informatione facta contra eum reperitur culpabilis, et tunc si sit tale delictum in quo cadat confiscatio bonorum dicunt capi bona ejus per inventarium, et reservari per manum regiam sumptibus ipsius, alias non.

Item vidi semel in tali causa : quidam burgensis Bituricensis, vocatus Guillelmus Regis, propter delictum factum a filiis suis fuit incarceratus, et bona ipsius capta, qui semper petiit ut jus et ratio fieret sibi ; quidam nepos ipsius prior conventualis, procurator ipsius, impetravit literas a duce Bituricensi ut ipse burgensis tractaretur et audiretur in suis deffensionibus presentatis senescalco (2), ipse respondit quod nichil faceret, ratione cujus fuit ad

(1) B. : des délicts et crimes.

(2) B. : seneschallo. — B. 1598 : *coram* senescallo.

curiam parlamenti appellatum, et conclusiones fuerunt tales : primo quod avunculus ante omnia adducatur tamquam exemptus in curia (1).

Item quod senescallus ibidem et alii remanerent, et incarcerarentur donec venisset.

Item quod omnia bona ipsius capta per senescallum in manu regia reponerentur realiter et de facto per ipsos.

Item quod periculum delicti reportaretur per medicos et magistros (2).

Item quod sibi provisio fieret de cccc libris super bonis ipsius.

Item quod in causa ibidem remaneret, et interdiceretur cognitio gentibus domini ducis quoad burgensem et ejus uxorem, quæ omnes fuerunt sibi factæ, et bonus prior gavisus est.

Item in quodam alio casu vidi concludere contra abutentem justicia, et iniquitates operantem, sicut senescallus (alias marescallus) domini ducis Bituricensis, quia istum Guillelmum burgensem pro delicto perpetrato a filiis suis, ipso inscio, fecit capi, incarcerari, et bona sua capi absque parte prosequente vel informatione præcedente, et fecit ipsum questionari, nec voluit ipsum audire in suis defensionibus, et propter hoc appellatum fuit, ut dictum est; non obstante appellatione gentes domini attemptaverunt; conclusum fuit per procuratorem regis : primo pro parte dicti Guillelmi quod judicaretur bene appellatum et male judicatum.

Item quod omnia bona sua restituerentur saltem confessata per marescallum, et de valore aliorum crederetur per juramentum dicti Guillelmi, et quod ipse cum om-

(1) B. 1598 : *in curiam.*

(2) B. : per medicos, magistros cyrurgicos, et tonsores juratos.

nibus filiis et uxore ponerentur in salvagarda regia cum omnibus bonis suis, et cum salvo conductu curiæ.

Item quod ipse et uxor ipsius, et omnes ex eo descendentes, usque ad terciam et quartam progeniem essent exempti a jurisdictione domini ducis, et quod immediate essent subjecti regi, et quod condempnarentur officiarii in emenda honorabili supra locum, et in curia secundum distanciam curie, et in emenda pecuniaria v millium librarum, in omnibus expensis, dampnis, et interesse, etc., et tunc per procuratorem regis fuit conclusum quod ipsi officiarii privarentur beneficio obtinendo, vel obtento, vel officio publico, et in emenda honorabili et profitabili ut dictum est.

Item contra ducem qui ballivum non potest desavouare, conclusum fuit quod ipse perderet jurisdictionem senescalliæ vel saltem villæ Bituricensis, et quod ipse burgensis et descendentes ab eo essent exempti ut dictum est. Et petitum fuit quod licet condempnari (1) officiarii in emenda pecuniaria in solidum, et carcerem teneri (2) donec esset satisfactum de predictis, quia non erat crimen capitale, et sic non cadebat confiscatio periculo reportato.

Item quod omnia attemptata meliori modo quo possunt reparentur ut decet.

Item quod deliberaretur tanquam innocens, et officiarii in propria persona responderent ut decet. Et operatur ista responsio quia advocati eorum non possunt aliquid addere, seu eorum dicta colorare et declarare; et istæ conclusiones fuerunt factæ per burgensem existentem in curia, primo (3) ipso in carcere existente.

Item nota quod in casu delicti, sive excessus, cum pe-

(1) B. : quod essent condempnati.

(2) B. : tenerent.

(3) B. 1598 : *senescallo ipso.*

titur condemnatio emendæ pecuniariæ; concluditur contra quemlibet in solidum, et carcerem teneri, donec fuerit satisfactum, et cum per procuratorem regis petitur emenda, advocatus partis debet petere quod solvatur (1) per regem.

Item ubi aliqua villa non obedit regi petitur abradi.

Item ubi in baronia alicujus domini fit aliquid de novo ipse potest demolire illud ; destructio autem antiquorum edificiorum ad regem pertinet et non ad alium ; ergo si aliquis habeat castrum antiquum in baronia alicujus domini non posset demolire. Hoc est verum nisi castrum antiquum ad aream redactum fuerit, quia tunc ibi operans videtur de novo facere, quare, etc.

Item in quocumque casu, nisi casus criminalis sit, et factum evidens et apparens, potest quis appellare, et faciens aliquid post appellationem attemptare dicitur.

Item vidi semel concludere contra patrem duorum filiorum guerram facientium in manu regis, et hoc propter bonum pacis, quia aliud remedium non inveniebatur, et satis consonat rationi, quia presumitur quod filii obediant patri, etc., et quod pater hoc facere posset.

Item criminalis causa civili prejudicat.

Item clericus tonsuratus non facit emendam honorabilem.

Item maritus propter crimen capitale omnia bona sua et conquestus forefacit.

Item in casu injuriarum sive delicti, sive excessus contra aliquem baillivum alicujus domini, ita potest concludi si in sede sua injuriatus fuisset : primo ad emendam honorabilem supra locum et in curia faciendam, et quod petatur imago quedam fieri in signum perpetuæ memoriæ.

(1) B. 1598 : *absolvatur*.

Et si aliquis vulneratus fuerit, et impotens extiterit, concludetur contra injuriantem ut compellatur et condempnetur ad assignandum illi injuriato redditus pro vita sua. Et ista conclusio videtur consonans juri.

Item nota quod accusatus de crimine capitali non potest esse procurator regis.

Item nota quod si vassallus advouat dominum regem, supposito quod non sit dominus, propter hoc non perdit feudum, secus si alium dominum advouaret.

Item nota quod in presenti delicto posset capi a clientibus domini, alias non habeat jurisdictionem supra ipsum.

Item in aliis committentibus delicta in aliqua jurisdictione a gentibus domini illius juridictionis posset capi etiam in alia jurisdictione non vocata justicia loci, licet in executione litterarum facienda secus fiat, quia in eis exequendis vocatur justicia loci, etc.

Item consuetudo est etiam quod si aliquis dominus habet passagium, vel aliquod jus propter quod transiens ultra faciat contra jus domini, forte non solvendo vel alias in garennam suam fugiendo(1), potest capi per dominum vel officiarium suum, etiam in aliena jurisdictione, absque vocando justiciam loci. In executione tamen facienda per officiarium eiusdem domini, in jurisdictione alterius domini in domo alicujus subjecti non deberet hoc facere absque vocando justiciam loci. Ita servatur.

In Castelletto non fit publicatio testium in causa criminali. In civili secus. Hoc posset habere locum cum procederetur extraordinarie, sed in ordinaria videretur debere fieri publicatio. Contrarium tamen servatur, ut dicitur, in aliis curiis.

(1) B. : fugando.

CHAPITRE XLV.

DE CEULX QUI PEVENT ESTRE (1) EN JUGEMENT.

Primo dicendum est quod quicumque potest, dum tamen legitimæ ætatis existat, alias cum tutoris vel curatoris auctoritate in actione personali, in reali tamen secus, ut dictum est supra.

Monachus tamen nec pro se, nec pro alio, sine licencia abbatis potest esse. Abbas tamen, vel prior conventualis pro se, et pro alio cum procurant (2), posset, secus si non esset conventualis, quia tunc ut in monachis dicendum est.

Item excommunicati in curia non repelluntur ab agendo.

Item habitantes nomine habitantium alicujus loci non habentes corpus nec communitatem, non possunt aliquid ordinare, nec procurare in judicio, nec constituere procuratorem sine consensu domini, et si constituerent de consensu domini requiritur quod major et sanior pars consentiat, alias non valeret. In aliis autem corpus et communitatem habentibus, secus. Pro tanto (3) dico secus, quia licet prepositus mercatorum non habeat cognitionem nisi de hiis quæ supra aquam aguntur, ipse tamen cum eschevinis parisiensibus posset libertate usus et franchisiis ville parisiensis in judicio deducere (4).

(1) B. 1598 : ESTER.
(2) B. 1598 : *procuratore.*
(3) B. 1598 : *pro Parisiis.*
(4) B. 1598 : *in judicium ducere.*

Item si aliquid debeatur alicui officiario solvendo tamen per manum decani et capituli, capitulum potest actionem intentare, alias non.

Item pone : Ecclesia sancti Mederici subjecta est capitulo Nostræ Dominæ, num quid potest agere in curia ista virtute privillegiorum quod habet, quia alibi non possunt litigare ? dicendum est quod sic.

CHAPITRE XLVI.

DES ASSEUREMENS(1).

Se aucun demande asseurement d'un aultre qui soit lay, l'en le contrainct à donner asseurement. Et s'il est clerc, il est mené par ung huissier devant l'official, et illecques il est contrainct à le donner.

Item le seigneur est contrainct de le donner à son vassal, jà soit ce qu'il semble que le serment de féaulté l'en doibve excuser.

Item semblablement le seigneur à son homme de corps.

Item sur asseurement exception (2) rejectée aucun ne peult décliner fors au cas qui s'ensuit : c'est assavoir se aucun faict adjourner ung aultre en cas d'asseurement, et son seigneur et luy requièrent le renvoy en sa court, il aura (3), mais cependant la court fera asseurement à celluy qui l'aura requis, jusques à ce qu'ils soient venus en la court dudict seigneur à certain jour qui leur sera préfix par la court de parlement ; ainsi fut-il dit par le seigneur de Secillis contre l'abbé de Sainct-Audemer au Bois, l'an XXVIII.

Se aucun fiert ung aultre pendant l'adjournement en cas d'asseurement, pour ce il n'a pas déservi mort, jà soit ce que aucuns ainsi le tiennent, mais il est cheu en amende voluntaire, car il n'a pas encores juré l'asseurement.

(1) B. : S'ensuit des asseuremens.
(2) B. 1598 : toute exception.
(3) B. : il l'aura

Se aucun demande en la court de parlement asseurement d'un clerc marié, jà soit ce qu'il soit en habit et possession de cléricature, toutesfois, il y demourra jusques à ce qu'il ait donné, car le donner n'est mie criminel. Exemple : le clerc civil qui est bénéficié l'en registre, mais l'enfreindre est criminel. Je fay doubte se les aultres juges royaulx ont ceste auctorité sur les clercs dessusdicts.

EXPLICIT SECUNDUS LIBER.

LIVRE III.

CHAPITRE I.

DE L'OFFICE DES PROCUREURS.

Procureur doibt savoir s'il a partie souffisamment fondée soit demandeur ou deffendeur. Et s'il est demandeur, il doibt regarder que le procureur de son deffendeur soit souffisamment fondé de procuration faicte soubs séel auctentique.

Et est assavoir que ung seigneur ne peult estre en jugement par procureur fondé de procuration faicte soubs son séel, s'il n'a chastellenie et ressort. Mais personnes d'église ou de religion pevent bien constituer procureur se ils ont chapitre, c'est assavoir soubs les seaulx de l'abbé et du convent ensemble et non aultrement.

Et aussi peult bien ung prieur conventuel qui a administration constituer ung procureur soubs son séel.

Ung prieur est dict conventuel quant il a avecques luy trois ou quatre frères qui chantent toutes les heures à note, comme grand messe, matines.

De ce collége, il convient que la procuration soit passée en plain chapitre, et ne souffiroit pas qu'elle fust passée soubs le seel du doyen, ou d'aucun aultre officier dudict chapitre pour l'estat commun de l'esglise. Et aussi ne seroit-il de l'abbé, sans le consentement du couvent.

Et s'il est deffendeur, il doibt regarder que celuy du demandeur soit souffisamment fondé de procuration et de grâce entre les personnes privillégiées. Et ne dure (1), ladicte grâce, du jour de sa date, que ung an, et convient qu'elle soit renouvellée, et pour ce, il est bon au procureur dudict deffendeur de prendre copie d'icelle grâce par la main de la court, affin de la reproucher au demandeur à la première assignation après l'an d'icelle grâce passé, car si par tollérance ou inadvertance du procureur du deffendeur, le procureur du demandeur avoit aucune journée avecques luy, et qu'il laissast courir l'an de la grâce de ladicte demande (2), sans monstrer la copie d'icelle grâce expirée, et sans luy en faire reprouche, en ce cas icelluy demandeur est paisiblement relevé nonobstant que icelle grâce soit expirée d'un an. Et pour ce, qui en veult faire reprouche, il convient promptement monstrer la copie d'icelle grâce expirée, aultrement il n'y faict à recepvoir à icelluy débat de fondacion de grâce.

Item de ceste reigle sont exemps gens d'esglise, de religion, colléges, villes, communes (3), qui pour le faict de la ville ou communaulté d'icelle vouldroient constituer procureur, car à telles gens ne fault grâce.

Item il appartient au procureur du deffendeur sçavoir si son maistre est adjourné ou non, et convient qu'il soit adjourné à personne (4) ou domicille, aultrement, il ne souffirait pas, fors en cas d'arrest.

Item s'il a esté adjourné dedens la justice ou dehors, et

(1) B. : et ne durera.
(2) B. : d'iceluy demandeur.
(3) B. : communautés.
(4) B. : en personne.

doibt quérir toutes les fuictes et délais qu'il peult, car *rei est fugere*, si comme il est contenu au chapitre des exceptions.

Item si la demande conclut à point, et qui fut le sergent, la forme de l'adjournement, et quant ce fut.

Item il doibt visiter diligemment ses mémoires pour sçavoir s'il y trouvera point d'interruption ou aultre avantaige.

Tout peult ung procureur achever ce que l'aultre aura commencé; toutefois, il convient qu'il soit porteur de la procuration, car ainsi il est contenu en icelle.

Item procureur doibt estre loyal et diligent, car quant il jure, il jure exercer loyaulment faict de procureur, et soutenir bonnes causes et loyalles et non aultres, et qu'ils prendront sallaires justes, garderont l'honneur de la court et des juges, et porteront révérence aux juges et aux advocats, et garderont les ordonnances de la court sans enfraindre.

Item avant que les procureurs se chargent d'aucune cause, ils doibvent examiner bien estroictement leurs maistres sur tout le secret de la cause, et puis prendre du conseil selon la cause. Et doibt premièrement avoir sceu que la cause puisse bien estre prouvée, et de tout son faict avoir ung mémoire, et en bailler à son advocat ung aultre.

Il doibt aussi examiner sa procuration affin qu'elle soit bonne, et ses actes avant qu'il s'en aide, car après, il n'y pourroit recouvrer.

Item quand on plaide pour luy, il doibt avoir son entendement aux parolles de son advocat, affin qu'il ne die chose qui puisse porter préjudice, et qu'il ne laisse riens qui puisse (1) prouffiter à sa dicte cause.

(1) B. 1598 : qui ne puisse.

Et quant on plaide contre luy, il doibt avoir tout son entendement aux parolles de l'advocat de sa partie, et plumeter toute la substance du plaidoier pour en avoir mémoire affin de y respondre, et repliquier, ou pour y prendre avantaige, se il y chiet.

Item il doibt diligemment faire enregistrer et lever les actes, et iceulx lire et estudier souvent, et se les parties sont appointées à bailler, il doibt bailler tous ses actes et mémoires à son advocat pour faire ses escriptures, et retenir autant de ses mémoires, afin qu'elles ne puissent estre perdues. Et quant les escriptures sont faictes, il les doibt lire devant son maistre pour sçavoir si sondict maistre y vouldroit plus riens adjouster, et se son advocat auroit riens oublié de son plaidoié, et aussi pour l'advertir qu'il tiengne ses tesmoings en amour, et sache bien où il les trouvera quant il en sera besoing.

Item et si les parties ont été appointées à bailler et aller avant, le procureur doibt diligemment prendre la coppie des faicts de sa partie adverse pour faire à iceulx respondre et répliquer par son advocat.

Item quant il aura veu les responses et argumens de sa partie, il doibt estudier et congnoistre sur quoy et en quoy chéent les contrariétés des faicts des parties, et en doibt parler à son maistre en vérité et sur sa conscience, et le faire jurer, et après celuy tout instruit peult respondre aulx articles.

Item quant il cherra en jugement interlocutoire ou diffinitif, il doibt prendre tout son procès, et en doibt faire collation au procès qui est à la court, et veoir qu'il en ait autant pareil et semblable, et par especial les responses mot à mot, et des tesmoings autant, et montrer sondit procès à son advocat pour sçavoir s'il a bonne cause ou non, et pour faire ses raisons de droit s'ils y chéent, et selon ce que son advocat luy dira doibt poursuyvir la court pour faire juger sondit procès selon la teneur de l'appointement, lequel doibt estre cousu et attaché au commencement des premières escriptures.

Item nota que en procuration vallable pour faire vente de héritaige, cinq points sont nécessaires : *Primo* de vendre, et fault dire quoy ; *secundo* de saisine ; *tertio* de recepvoir les deniers ; *quarto* de faire bonne obligation ; *quinto* des renonciations.

Et se femme mariée fait son mary procureur, si est il nécessaire qu'elle luy donne ceste mesme auctorité.

Procureur ne doibt point estre receu en fait ni en office de procureur s'il n'est aagé de vingt ans.

Item tuteurs et curateurs sont receus aux besongnes de ceux qui sont en leurs gardes, mais ils n'y peuent establir autre procureur devant plait entamé.

Procureur ne peult décliner s'il n'est contenu en sa procuration, car décliner est ung cas espécial.

Item ung procureur ne peult plus que ce que son seigneur luy donne de auctorité, ne la condition de son maistre faire pire sans son sçeu, ne transaction, ne don, ne aultre aliénation, saus son espécial commandement.

Nota que si aucun a passé aucune procuration, de laquelle son procureur s'est aidé et fondé en jugement, et sa partie en a prins coppie, et cependant et durant le plait il vend aucuns de ses héritaiges, et depuis il pert sa cause, la coppie de sa procuration fait que les héritaiges ainsi vendus estoient obligés et ypothéqués au plait.

Item après litiscontestation, le procureur est tellement fait seigneur en la cause que si l'une des parties demeure hors du pays et soit deffaillant, l'en peult faire adjourner son procureur comme procureur de tel, et le appeler tel et tel son procureur en son deffault.

Item supposé que deux procureurs soient mis en une assignation de oüyr droit en définitive, pendant le temps de l'assignation l'ung des maistres meurt, le droit vient contre le trespassé, son procureur présent : assavoir se la sentence vauldra? En parlement elle vault, car là on n'a point de regard si les parties sont absentes ou présentes pour ce que l'en n'en peult (1) appeller; mais il semble que ès aultres cours l'en ne puisse procéder jusques à tant que l'en aye faict adjourner les héritiers pour reprendre ou délaisser, car la sentence qui seroit donnée contre le mort seroit nulle. Et luy mort la puissance de son procureur est expirée, ainsi la sentence serait donnée avecques nully (2).

Nota que le défendeur doit premièrement débatre la procuration, si débat y chiet, après l'adjournement, avant qu'il décline par protestation que, chose qu'il die, il ne veult ne entend sortir sa jurisdiction, mais proteste décliner et après doibt décliner, et qui n'auroit point de déclinatoire et avant qu'il débatist l'adjournement il proposoit dilatoires ou péremptoires, taisiblement il accorderoit l'adjournement estre vallable par la prépostération seullement de la procuration et tendant affin que la partie soit dicte moins que suffisamment fondée, et que par vertu de la procuration elle ne puisse occuper pour tel, et que parce j'ay congié, je dy, etc.

(1) B. : l'en ne peult.
(2) B. : et est le stille de Chastellet.

CHAPITRE II.

DES ADVOCATS.

Advocat doibt avoir port et manière, viaire lie, riant et attrempé, estre humble et humain, toutesfois en gardant l'auctorité de son estat, refraindre le mouvement et chaleur de son couraige, qu'il ne s'esmeuve à ire, mesmement quand les parties l'esmeuvent et eschauffent par discordantes ou desraisonnables parolles. Et doit instruire ses parties qu'elles ne le chargent de oisivetés, et qu'elles attendent et quièrent espace, temps, lieu et heure convenable quant elles vouldront parler à luy. Il ne doibt mie trop déclairer son intention à ses cliens. Et doibt les causes des mieulx payans mettre devant les besongnes des moins payans.

Advocati tamen pro pauperibus et personis miserabilibus debent gratis et sine salario patrocinari, arg. l. *nulli*, § primo, C., *de epis. et cle.* etc., l. *tam dementis* et ibi glo., C., *de episc. audientia*, etc., XII questione, II capitulo *charitatem.*

Toutesfois il doibt garder l'honneur de ses amys, et des seigneurs et personnes d'auctorité, et doibt avoir en son cueur bien attaché toutes les principaulx points de sa matière, et la division par membres, affin qu'il luy en souviengne mieulx, et que plus bel et plus ordonnéement il la puisse rapporter. Et que en plaidant, sa partie soit près de luy pour luy rementevoir ce qu'il délaisseroit, et se doibt garder de dire chose par quoy sa partie le puisse mettre en nouvel accessoire.

Advocat doibt hardiement et diligemment (1) les causes de son client garder et nourrir, et s'il est acteur, de se pourveoir de ce que à acteur appartient, et s'il est deffendeur, de ce qui à deffendeur appartient, principalement se son client est en riens empesché, soit en corps ou en biens, requérir que premièrement la main en soit levée, car selon aucun pays : qui entre en procès empesché, empesché le convient poursuyvre.

Item et il doibt prendre garde s'il est acteur original ou insteur, car s'il est acteur original combien qu'il ait encontre luy insteur, si doibt il estre tousjours précédent et préambule en la cause, et tousjours mouvoir et recorder premier.

Item doibt prendre garde si sa partie proposera chose où il puisse prendre prouffit, et respondre par espécial chascun des faits proposés par partie adverse, ou au moins en général comme nyés (2), ou autrement vauldroient pour confessés.

Item que sa partie adverse ne puisse riens emploier ne adjoindre depuis le plait entamé en la principale cause, ne icelluy augmenter par bouche ne par escript, se par adventure n'advenoit de nouvel.

Item doibt veoir que la partie adverse ne recorde riens à son dommaige, car s'il si consentoit il se passeroit.

Item nota que si l'adjournement ne se consone ou conforme à la demande, le deffendeur doit demander *comparuit* et congié : c'est assavoir *comparuit* sur l'adjournement qu'il a fait, lequel (3) il ne poursuit point, et congié sur la demande que le demandeur faict, sur laquelle il n'a point d'adjournement, et dire que ainsi le doibt dire le juge et le droit.

(1) B. : diligentement.

(2) B. 1598 : nier.

(3) B. : sur lequel.

Item il doibt proposer tous les moyens qu'il sçaura servans à sa matière affin que s'il fault à prouver (1) les ungs, qu'il preuve les autres, et que de tant sa cause soit avancée.

Item se partie ne vouloit respondre, qu'il s'efforçast par parolles atayneuses (2) de le faire tresbucher en response.

Item que de tant comme l'advocat est plus saige, et plus de coustume, se garde du péril de prouver.

Item l'advocat doibt prendre garde que sa partie ne casse sa protestation s'il l'avoit faicte en ses prémisses, comme si l'en protestoit : *se je touche propriété ce n'est fors pour conforter ma saisine*, et en la conclusion l'en touchoit la propriété, ainsi seroit ladicte protestation cassée.

Item s'il est acteur il doibt recorder sa demande, et s'il est deffendeur, il doibt prendre garde à la postérité de la demande recordée par l'acteur, qu'elle soit comme devant, et s'il y a deffault ou augmentation si la doibt incontinent reproucher ; et se le demandeur ne vouloit recorder, le deffendeur peult dire : *Ne me demande riens, donne-moy congé.*

Item il doibt à chascune journée veoir le mémoire pour sçavoir s'il y trouveroit aucune chose au prouffit de la cause.

Item doibt l'acteur curieusement prendre ses actes, car à l'acteur appartient tousjours enseigner de la journée.

Item doibt tousjours estre en aguet, si la partie (3) diroit chose qui luy fust prouffitable, et incontinent luy reproucher.

Item doibt tousjours mettre peine que sa partie adverse

(1) B. : s'il défault de approuver.

(2) B. : atoyneuses. — A. : ataigneuses.

(3) A. si sa partie.

ait la preuve par devers luy, car forte chose est de prouver.

Item que avant qu'il se couche en droict, se preigne garde que toutes ses coustumes tant notoires comme privées soient bien prouvées, et le juge informé, et tout son procès mis par bonne ordonnance, selon le stil du lieu, car après il n'y viendroit à temps.

De office d'advocat sont privés et déboutés ceux qui sont sours, et aussi les aveugles, pour cause de Brutus qui aucunes fois plaidoit le dos tourné aux juges, ou derrière le juge.

Item femmes pour Calfurnia, furieux, infâmes, condempnés de crime capital, clercs, religieux, les clercs ès causes de sang, clercs de justice, notaires, sergens, juges, assesseurs, commissaires et moult d'aultres.

Nota que se aucun advocat se fait advouer avant ce qu'il requière despens, ou s'il les oublie à escripre par le temps que la cause dure, il n'en aura nuls.

Item s'il oublioit à offrir à prouver ses faicts, il n'y seroit jamais ouy ne receu.

Se une demande personnelle est faicte par aucun à l'encontre d'ung aultre, en la présence du procureur du deffendeur, il doibt premièrement regarder se il a partie suffisamment fondée, et s'il y a faulte il le doibt débatre, affin qu'il ne soit tenu de procéder, et en face protestation de autrement procéder, et proposer et monstrer la cause pourquoy c'est, car c'est la première exception, puisque l'en a juge compétent.

Item et tout ainsi par semblable voie si ung demandeur fait appeller son deffendeur, s'il y a débat de fondacion de procureur du deffendeur, il le peult et doit débatre et reprocher, affin d'avoir deffault pour s'en aider en temps deu par protestation en assignant la cause vallable, et soy arrester à tant.

Item et quant les parties sont deuement fondées sans aucun débat, le deffendeur doibt veoir et examiner l'adjournement, et s'il y a faulte aucune qui ne soit reccepvable et vallable, il la doibt proposer, affin que par vertu d'icelle il ne soit aucunement tenu de procéder ne aller avant, et comme non vallable ou moins suffisant, ledict adjournement soit mis au néant, et la partie demanderesse condempnée ès despens et dommaiges, et rende (1) cause d'icelluy débat.

Item si l'adjournement est bon et souffisant, le deffendeur doibt visiter et regarder s'il est follement trait, ou s'il a plus cher plaidier devant le seigneur dont il est hoste, ou s'il est selon le cas personne privillégiée non sortissant sa jurisdiction. Et doibt et peult icelluy deffendeur proposer ses raisons déclinatoires, selon ce qu'il les a, et rendre cause souffisante par protestation, etc., et est le tiers débat et exception.

Nota, selon l'usaige de court laye il y a grande différence entre délibération et advis. Car jour d'avis est prins par le deffendeur au commencement de la cause. Mais délibération est prinse par le demandeur quant, sur le jour d'advis, le deffendeur propose aucunes exceptions ou deffenses, sur lesquelles le procureur du deffendeur a à parler à son maistre, *ut in pagina sequente videbitur*.

(1) B. : rendre.

CHAPITRE III.

MANIÈRE DE PROCÉDER EN CAS DE HÉRITAIGE ET DE PROPRIÉTÉ.

Le deffendeur comparant en personne, ou par procureur, aura advis de quarante jours [qui furent adjournés en lieu des contumaux (1)] et puis aura veue.

Dilation d'advis n'est donnée que une fois, c'est assavoir au commencement de la cause, et dilation d'absence une fois, en quelque estat que la cause soit, et que l'en le veult requérir, mais dilation de délibération peult estre prinse toutes et quantes fois que l'on propose nouvelles exceptions, raisons ou deffenses dont il est nécessité de parler à son maistre.

Item nota que quant l'on prent estat ou à venir procéder, l'en peult bien débatre l'adjournement et décliner au jour (2).

Item quant ung deffendeur prent advis ou délibération, sur la demande du demandeur, il ne peult plus débatre la fondation, car en acceptant l'assignation il approuve la fondation, et se part le deffendeur lié d'assignation avec le procureur du demandeur, et ne peult depuis débatre l'adjournement, mais il peult bien décliner, et qui prent estat par adjournement souffisamment faict (3);

(1) Manque dans B.

(2) B. ajoute : délay de absence n'est que à huitaine, et fusse à cent lieues, et ne se donne point en exception de sentence.

(3) A.B. : et qui prend estat par adjournement accepté, il seroit envelopé, et ne pourroit plus débattre la fondation ne l'adjournement, mais il pourroit bien décliner ; et qui prend estat par adjournement souffisamment faict, aussi, etc.

aussi peult-il décliner, et après avoir advis, et depuis proposer dilatoires et péremptoires par ordre. Et aussi qui prent jour *à venir deffendre comme de raison*, l'on ne peult débatre l'adjournement, mais il peult bien décliner. Mais qui diroit simplement *à venir deffendre* sans dire *comme de raison*, l'en ne peult débatre l'adjournement ne décliner.

Item qui prent à venir deffendre péremptoirement, il ne peult proposer (1) déclinatoires ne dilatoires.

Estat simple ne change riens.

Et qui après une interruption prendroit ung estat simplement, il ne renouvelleroit pas la cause, mais qui diroit *estat sur jour de garand*, ou qui sommeroit aultre vray estat de cause, son procès seroit renouvellé.

Estat ne mue riens, ne change en la cause, qui ne diroit *estat par adjournement souffisamment faict*, et lors on ne pourra plus débatre l'adjournement. Et qui diroit *estat par adjournement* sans dire *souffisamment faict,* encores pourra l'en débatre l'adjournement.

Item. A venir procéder ne peult l'en débatre l'adjournement, et décliner à venir deffendre, s'il n'y a *comme de raison*, et ne peult l'en débatre l'adjournement ne décliner, mais convient proposer dilatoires ou péremptoires, et là où il y auroit *comme de raison*, il pourroit décliner.

Le procureur du deffendeur doibt prendre coppie de la grâce du demandeur, affin que tantost que la grâce est faillie qu'il le puisse reprocher au demandeur; s'il prenoit estat ou delay avec luy l'an passé, en toute la cause il ne luy en fauldroit point, et durast-elle vingt ans, mais si tout freschement après l'an passé le deffendeur fait fonder le demandeur, et il ne aide que du mémorial,

(1) B. : poser.

il convient qu'il procède s'il ne monstroit cause, laquelle doit venir de son costé, et pour ce convient-il qu'il monstre la coppie, ou autrement il procèdera.

Item, comme dit est, qui propose ses exceptions, il approuve l'adjournement, et pourtant le commencement du deffendeur si est de débatre la procuration et la grâce du demandeur, se débat y chiet. Et après doibt débatre l'adjournement par protestation et retenue de autrement deffendre, décliner et prendre ses aultres délais, et après doibt proposer ses exceptions par ordre, c'est assavoir les déclinatoires premièrement, les dilatoires secondement, et les péremptoires au dernier, et demander droict sur chascune, et dire que pour l'une il ne se départ point de l'aultre. Et est bien à noter que qui proposeroit premièrement ses exceptions péremptoires, il se feroit préjudice pour la prépostération (1), car il ne seroit receu à proposer déclinatoires, si ce n'estoit qu'il eust premièrement protesté que icelles péremptoires il eust proposées et proposoit (2) à fin de dilatoires ; mais des exceptions qui sont d'une qualité tendant à une fin, comme à fin de déclinatoire, ou les aultres à fin de dilatoire, etc., il peult bien proposer plusieurs ensemble, et dire *se ce ne me vault, je veulx et entens que ceste me vaille, et c'est sans moy* (3) *départir des premières, saulve ma protestation d'aller avant,* etc.

Et pour ce que l'en ne verroit (4) que une fois en court laie tendant à une fin, et si y peult avoir grant pourfit (5) à proposer plusieurs exceptions ensemble, car si l'advo-

(1) B. : protestation.
(2) B. : proposeroit.
(3) B. : et est sans moyen.
(4) A. : venroit. — B. : viendroit.
(5) A.B. : prouffit.

cat de la partie oublioit à respondre à aucunes, par la coustume notoire elles vauldroient pour confessées ; mais aussi pour eschever au péril que ceste coustume donne, l'advocat de la partie, quant il se doubte qu'il n'ait oublié à respondre à aucunes d'icelles coustumes, il doit dire telles parolles : *Et si la partie adverse avoit proposé aucune chose recevable à quoy je n'ay respondu, je luy mets en ny.* Et encores dient aucuns que l'en peult proposer déclinatoires et péremptoires ensemble, *sic dicendo : Ceste action est personnelle, et je suis clerc, si n'y dois respondre, et si pour personnelle n'estoit réputée, je dis qu'il m'en a fait quittance, et partant à tort il m'a poursuivy, et proteste d'aller avant comme je devray.* Mais cela ne doibt advenir, sinon quant on doubte que l'action ne soit mie pure personnelle, car si elle estoit pure personnelle, il ne conviendroit fors seullement décliner, ou quant l'en n'a pas bonne cause. Et si peult l'en bien proposer plusieurs exceptions ensemble, c'est assavoir que l'adjournement est moins que suffisant, car je suis noble, et l'adjournement est trop brief, mesmement en action personnelle. Item, je suis clerc. Item, la cause est spirituelle. Item, l'adjournement est fait hors de votre jurisdiction, si ne suis tenu d'aller avant par protestation d'aller avant mon droit, avant toute œuvre offre prouver.

Au commencement de procès pevent les parties comparoir par procureur. Et est assavoir que le demandeur ne peult pas estre en jugement par procureur fondé de procuration sans grâce s'il ne plaisoit au deffendeur ; mais si le deffendeur le reçoit sans grâce, il ne le peult plus reprocher, si n'est plus tenu d'en avoir en toute la cause, ains procéderoit sans avoir aultre fondation, par le stil.

Item qui se fait avouer avant qu'il requière despens, il n'en aura nuls, combien que la cause durast. Item s'il oublioit à les demander, et escripre en ses escriptures (1).

Item s'il oublioit à offrir à prouver ses faits, il n'y seroit plus reçeu.

Nota : qui veult décliner, fault à ce avoir mandement espécial.

Item le procureur du deffendeur (2) doit moult diligemment veoir comment et à quoy faire il est adjourné, et si la demande du demandeur se conforme à l'adjournement ou non, et doit moult esplucher la fondation du demandeur, et veoir si la procuration contient tous ses membres, *et judicatum solvi*, et si elle est point vicieuse en nom, ou en surnom (3), ou en date, en rasure, ou aultrement et la grâce aussi. Et si son maistre est noble, doit prendre garde qu'il soit adjourné dehors huitaine, si le cas est tel que le demandeur puisse comparoir par procureur, et toutes les autres faultes (4) et délais, et s'il n'y peult riens puiser doit demander advis, et il l'aura, puisque la demande passe vingt sols, ce que le maistre n'auroit pas s'il estoit présent, si ce n'estoit d'aucun fait, comme d'ung an ou de plus, ou que ce fust du fait d'autruy.

Item le procureur du deffendeur doibt faire incorporer dedans son mémorial d'avis la demande du demandeur, affin que sur certain il en puisse parler à son maistre.

Item nota que si aucun noble est adjourné en cas personnel, il doibt avoir huit jours francs entre le jour qu'il est adjourné et le jour de l'assignation, aultrement il aura congié et condempnation de despens. Toutesfois, si la

(1) B. : *ut suprà dictum est*.

(2) B. : le procureur ou deffendeur.

(3) B. : ou nom, ou surnom.

(4) A.B. : fuytes et délais.

partie jure qu'il ne sçavoit pas qu'il fust noble et il soit vraysemblable, il ne payera aucuns despens (1).

Nota que si aucun demandeur veult prendre le serment du deffendeur pour toutes preuves, il est tenu de donner serment, se aussi il ne se mect en son serment de ses deffenses.

Item il est assavoir que le procureur du deffendeur ne doibt pas avoir jour d'avis en cas d'opposition, c'est assavoir quant icelluy deffendeur en sa personne, ou son procureur, se sont opposés contre aucune exécution faicte sur icelluy deffendeur, ou ses biens, par ledict demandeur.

Item aussi le procureur du deffendeur n'aura pas avis (2) en cas de nouvelleté quant l'opposition a esté faicte sur le lieu, et icelluy (3) lieu est bien esclarcy.

Item et aussi le procureur d'icelluy deffendeur n'aura pas jour d'avis en cas de criées faictes par vertu du privillége aux bourgeois, en la ville de Paris seullement.

Item après ce que ledict procureur aura eu jour d'avis simplement à icelle première journée, ledict maistre aura jour d'avis secondement à la seconde journée, puisque ce sera du fait d'autruy, ou après ung an, comme dessus est dit.

Jour de conseil puisque la chose passe cinq sols, *alibi* jour pour absence de son conseil, n'en est donné seullement que une fois en toute la cause, en quelque estat qu'elle fust. Et est assavoir que aucun ne peult avoir pour absence de conseil sur une action à veoir tauxer despens, puisque luy ou son maistre l'auroit eu en la cause princi-

(1) B. 1598 : il ne payera nullement aucuns despens.
(2) A.B. : jour d'advis.
(3) B. 1598 : et en icelluy lieu.

pale. Car ceste cy n'est fors accessoire et despendant des autres, comme dessus a esté dict.

Item aussi, si le cas est réel sur propriété, icelluy procureur aura jour d'avis à quarante jours qui sont donnés en lieu des contumaces que l'on souloit avoir par trois quatorzaines (1).

Item quant le procureur aura prins jour d'avis que le juge lui aura donné, il en doibt prendre mémorial qui face mention de la demande, affin qu'il en puisse sur certain parler à son maître, soit en cas personnel ou de héritaige, et aussi affin que le demandeur ne le puisse pas nyer, ne faire autre demande que celle sur laquelle icelluy procureur (2) aura prins ledict jour d'avis.

Item et après ledict jour d'avis qui prins est en la cause, le procureur doibt demander à avoir veue du lieu dont l'en contend (3), soit en cas de ypothecque et personnelle, ou en cas d'interdict de possession ; puisqu'il est content du droit personnel (4) ou incorporel, excepté en cas d'opposition et de nouvelleté, puisque l'opposition auroit été faicte sur le lieu contencieux (5), car l'opposition faicte en tel cas, par le stil de Chastellet, vault veue. Et aussi n'auroit pas ledict procureur veue en cas général et universel, comme se l'on vouloit intenter contre aucun héritier aucune action personnelle et ypothecque, ne semblablement en cas de succession. Et si le cas est pur personnel (6), le deffendeur n'aura point de veue.

Item que au jour de retour de plait il doit faire témoi-

(1) B. : quarantaines.
(2) A.B. : le procureur.
(3) B. : du lieu dont le contend.
(4) A.B. : corporel.
(5) B. : les lieux contentieux.
(6) A.B. : si le cas est personnel.

gner sa veue, et si elle est mal faicte, il la doit débatre, et si elle est déuement faicte, il doit prendre journée et avoir garand, ou à proposer ses bonnes raisons, et le doibt demander si long que son maistre ou luy puisse faire appeller et sommer son garand en jugement, pour luy (1) garantir et deffendre à l'encontre de sa partie adverse.

Et est à assavoir que à icelluy jour de retour de plait après veue, le deffendeur peult décliner ; aussi fait-il au jour du garand, ou de proposer ses bonnes raisons, esquelles raisons il doit proposer sa déclinatoire avant, ou il décherroit de toutes les autres exceptions, car l'en tient par stil de Chastellet que audit jour de garant, ou de proposer ses bonnes raisons, le deffendeur doit proposer toutes ses exceptions, soient déclinatoires, dilatoires ou péremptoires, ne protestation ne l'en relèveroit pas.

Item si c'est en action de ypotheeque contre ung détenteur de bonne foy, et qui ne soit héritier de l'obligé, ou en cas de retraict, le deffendeur peut sommer pendant l'assignation de veue et de retour de plait, sans demander garant, s'il luy plaist souffrir comme contrainct à adjudication (2) sans ce qu'il soit tenu ès despens, et s'il passe garant, il doibt les despens, et s'il est héritier il ne s'en peult excuser, si ce n'est en cas de criées de maisons faictes par vertu du privillége, et s'il ne passe garant il ne doit nuls despens supposé qu'il succumbe, et la raison si est qu'il a tiltre de bonne foy et est en possession d'avoir droit sur la chose criée.

Item comme dessus est dit, si l'héritaige dont veue aura esté faicte est séant en la jurisdiction d'ung aultre seigneur que le roy ou son prévost, avant que tu plaides, si

(1) B. : le garantir.

(2) B. 1598 : souffrir comme contrainct l'adjudication.

tu veus décliner, faire le peux, et ne demanderas pas lors journée de garant avoir, mais diras ainsi : *Sire juge, l'héritaige dont contens et procès est meu, et dont veue m'a esté faicte, est séant en la jurisdiction de tel seigneur, je l'advoue à tenir de luy, et vecy* (1) *son procureur ou son sergent qui en requiert la court estre renvoyée par-devant son maistre.* Et garde bien quant tu déclineras que tu soyes garny de procureur, de sergent, et d'aultre personne qui ait puissance à ce requérir, car se tu ne l'as, la court ne fera pas renvoy du souverain.

Item et si la court est renvoiée du souverain par-devant le seigneur dont l'héritaige vient, tu dois prendre journée à aller (2) procéder devant luy sur le retour de jour de plait après veue faicte (3).

Item et quant tu seras par-devant icelluy seigneur venu pour deffendre le cas, tu doibs faire répéter au demandeur sa demande, et quant il l'aura faicte, lors tu demanderas journée à avoir ton garant, ou proposer tes bonnes raisons.

Item que pendant la journée que tu auras acceptée à avoir ton garant en cause de héritaige (4), tu dois faire adjourner ton garant par-devant son juge, ou par-devant le prévost de Paris, se tu y plaides, et il est en sa jurisdiction demourant, et diras ainsi devant son juge : *Guillaume, ou ceulx dont vous avez cause, vous me vendistes tel héritaige, et promistes garantir. Robert dit icelluy héritaige estre sien et à luy appartenir, et m'en tient en court au Chastellet*, etc. *Et sommes tant allés avant, que j'ay jour à lundy prochain à amener mon garant, ou proposer mes*

(1) B. : voicy.
(2) B. : journée d'aller.
(3) B. : après la veue faicte.
(4) B. : en cas d'héritaige.

bonnes raisons ; je vous dénonce et somme que vous viengnez audit jour prendre sur vous le fait et la charge du plait, ou si vous avez aucunes raisons pour deffendre la cause si me les baillez pour respondre à votre péril, mesmement que la cause est saine et entière, et si ce non, je fais protestation que si par deffault de vous et de votre garantie, je pers aucune chose, de le recouvrer (1) *sur vous et vos biens, en temps et lieu deus.*

Item de icelle dénonciation et de la response que partie y fera, prenez en lettres. Item et se icelle partie garantisseresse ne venoit point, ains fut défaillant, faictes-la appeller souffisamment et mettre en deffault, et faictes votre dénonciation en son absence et la faictes incorporer en votre deffault.

Item et au jour de garant on doit dire : *Sire, j'ay faict une dénonciation, à tel en telle court*, etc. *Je requiers qu'il me soit appellé*, et s'il n'y est, garde que tu ayes deffault ains que tu plaides, et attache la dénonciation et ton deffault ensemble, affin de t'en aider en temps et lieu contre luy. Et si ton garant vient pour toy garantir, lors tu feras en sa présence récitation de ta demande, et aura ce garant veue si tu ne l'avoyes eue ; mais il ne l'auroit mie s'il n'acceptoit ladicte garantie premièrement, car par adventure, la veue faicte, pourroit reculer.

Item et si votre garant enseigne aucunes raisons à proposer, proposez-les telles qu'il vous dira, avecques celles que vous aurez à ladicte journée de garant.

Nota, que quant tu auras si avant procédé que tu auras à prouver, tu feras appeller la partie qui te aura baillé lesdictes raisons, pour administrer tesmoings, pour les prouver et mettre en ton procès [la dilation] (2) et le

(1) B. : de la recouvrer.

(2) *La dilation* manque dans A.B.

deffault se tu l'emportes contre luy pour t'en aider, et aussi le fais adjourner au jour de la sentence rendre, et se tu l'oubliois, il te le pourroit bien imputer, par quoy tu y pourrois avoir dommage, laquelle chose il ne conviendroit point faire quant le garant respondroit seulement : *je me garderay de mesprendre*, sans aultre chose déclarer.

Item en cas personnel, puisque ung procureur a prins jour d'avis à parler à son maistre sur aucune demande personnelle, il doit premièrement proposer ses déclinatoires et puis ses dilatoires, et après ses péremptoires comme luy et les aultres. Et de ce trouverez-vous au commencement des exceptions cy-après.

Item se icelluy procureur deffent par déclinatoires, dilatoires ou péremptoires, et le demandeur propose raisons au contraire, les parties doivent prendre journée à bailler par escript leur plaidoyé, et aller avant sur ce qui (1) baillé a esté, ou avoir droit s'ils y sont apoinctés, sur ce que les parties bailleront par mémoire à tel jour, etc.

Item que au jour que l'on a à aller avant sur ce qui baillé a esté, l'on doit bailler ses réplications, se faictes sont, et prendre journée à ouyr droit où il chiet, sur ce qui baillé aura esté ce jour et autre fois, d'une part et d'autre.

Item et ne fault pas oublier au mémoire qui en sera faict metre de ouyr droit, et que en ce qui (2) baillé aura esté ce jour, il y a point de fait nouveau proposé de l'une des parties sans l'autre, et (3) respondent ou répliquent, acordé est qui (4) soit regetté.

(1) B. : sur ce que baillé a esté.

(2) B. : en ce que.

(3) B. 1598 : et s'il y en a sans qu'elles y respondent,

(4) B. : qu'il soit.

Item nota que à fin de principal peult l'en avoir, et prendre deux aultres assignations de bailler. La première si est à bailler, et jurer, et dire les vérités : et, en ce cas, il convient que les parties escripvent tout à une fois, car par leur consentement elles se forcloent (1) de répliques. La seconde de raporter la requeste (2) à tel jour, qui cependant sera faicte par tel (3) commissaire sur ce donné, sur ce que les parties bailleront par cestuy (4) devers la court dedans tel jour ou le lendemain, et convient que les parties facent leur debvoir en cas de bailler et respondre, sur peine de perdre leur cause, et convient que leurs deux assignations soient déclarées ès mémoires, ou aultrement elles ne vauldroient riens ; et n'est pas à oublier que combien que l'en prengne à la première assignation à bailler, jurer et dire les vérités, les parties ne respondront point à ce jour aux vérités, mais auront de rechief à aller avant sur et après les vérités, etc. Et en ce cas a heure préfixe à bailler ; mais en l'autre assignation qui ne feroit son debvoir, il perdroit sa cause et aussi qu'il dit au mémoire en dedens tel jour il n'y a point de heure préfixe. Et pour ce *tota dies cedit*, c'est assavoir jusques à minuit dudit jour assigné, qui est réputé pour jour naturel qui emporte vingt-quatre heures.

Et le jour artificiel est appellé entre le point du jour et jour faillant, *quia infra illud tempus operarii operantur de suis artibus mecanicis.*

Et pour procéder sont les premiers appoinctemens de bailler premier, seconde fois (5) quant les parties auront

(1) A. : forclouent. — B. : forcloyent.

(2) A.B. : raporter l'enqueste.

(3) B. : le commissaire.

(4) A.B. n'a point le mot *cestuy*.

(5) B. 1598 : première et seconde fois.

baillé *ut dictum est*, et qu'elles auront accepté le jour à ouyr droit, où il chiet, il sera mis au mémoire qui s'ensuit, c'est assavoir que cependant feront les parties collation et viendront pour ouyr droit, s'il leur plaist, ou dedans tel jour.

Item que au jour que tu auras accepté à ouyr droit où il chiet, si le procès n'est veu, il te fault prendre jour à ouyr (1) droit comme devant, en toutes les cours laies de la prévosté de Paris, excepté en parlement, et pardevant le prévost de Paris, ou son lieutenant, ou auditoire. Car en ces deux lieux s'il advient que le procès ne soit pas veu pour juger, il ne fault pas prendre jour à ouyr droit, comme devant, pource que les journées se continuent d'elles-mesmes et d'office, en tout cas où il y a à ouyr droit sur procès baillé par escript, jusques à tant que l'en donne sentence et que icelluy procès soit jugé.

Item que par le stille dudict Chastellet est encore une aultre manière de procéder pour abréger les procès, qui est telle, que quant aucunes des parties a proposé aucuns faicts qui ne semblent pas estre recepvables, l'on les doibt appointer en ceste manière : c'est assavoir à ouyr droit à tel jour sur ce que les parties bailleront par escript devers la Court par telle manière de mémoire dedans, etc., ou les appointer à icelluy jour comme raison donnera. Tu ne dois oublier à bailler par mémoire, car si tu y faulx, supposé ores que le droit deust venir pour toy, saches qu'il viendra contre toy. Et ainsi on en use communément et notoirement.

Item, et si par le jugement tu es reçeu, tu procéderas comme devant.

(1) A. : et ouyr.

Item, et si le procès est jugé par les manières dessus-dictes, et les faicts sont reçeus à prouver, tu prendras et demanderas journée se tu veulx fuyr à aller avant, sur et après l'interlocutoire prononcé, ou se tu veulx aller avant, sur et après les vérités qui cependant seront dictes pardevant le commissaire, etc. Et le prendras si long que entre deux tu puisses avoir l'interlocutoire par escript, pour toy adviser à quels faicts prouver toy et ta partie avez esté reçeus.

Item aussi le doibs faire s'il n'est ainsi que toy et ta partie adverse n'en avez appellé, auquel cas il convient poursuivir son appel, ou dedans le temps acoustumé le laisser, ou y renoncer en la Court du souverain.

Item que à la journée que tu auras eue par devers toy l'interlocutoire, se tu vois qu'il y ait erreur ou aucune chose obscurément esclaircie, tu dois requérir au juge qu'il y (1) soit esclarci et corrigé, et le te doibt faire, et de ce faire prendras journée.

Item avant que tu respondes, tu doibs faire protestacion que se tu respons à aulcuns articles du faict de ta partie qui soient doubtes (2), impertinens, captieux, négatifs, qui n'aient esté reçeus par l'interlocutoire, ou tels que tenu n'y soie respondre, qu'ils ne facent ou tournent au préjudice à toy, ne à la cause de ton maistre se tu es procureur, pour ce que souvent advient que en une raison sont proposés plusieurs faicts dont il convient de nécessité que les ungs soient premièrement prouvés ou déterminés avant que en ce puisses ou doye aller avant en la cause principalle. Et pour ce tu n'es tenu respondre sinon aux faicts qui sont reçeus par l'interlocutoire.

Item et se en respondant aux articles tu fais aulcun

(1) Y manque dans A.B.
(2) A.B. : doubles.

doubte, tu dois prendre journée de respondre aux doubtes, et gardes que à icelle journée que tu prendras tu y respondes, car aultrement ils vaudroient pour confessés (1) à la partie adverse.

Nota, que si ta partie n'a respondu clerement et entendiblement tu luy doibs reproucher, et requérir qu'elle esclarcisse le trouble, et quant les parties ont respondu aux articles pour dire : *je le croy* ou dire *je ne le croy mie*, tu doibs prendre journée à prouver premier faicts (2).

Item à la journée que as à prouver premier faicts (3), se tu as aucuns témoings, tu les doibs faire jurer, et se ta partie en faict aucuns jurer, tu doibs prendre par escript leurs noms et surnoms.

Item que au jour de prouver seconde fois, tu doibs faire adjourner tous les témoings dont tu te entens aider en la cause, car aultrement tu n'y viendrois jamais à temps et doibs avoir le sergent prest pour tesmoigner son adjournement, ou se ils sont clercs, avoir lettres de leur ordinaire.

Nota que si en jugement l'on trouve tesmoings présens non adjournés, l'en les peult faire jurer.

Item et si à celle seconde production les tesmoings ne viennent, fais les appeler et mettre en deffault, affin d'avoir aultre délay pour les faire adjourner une aultre fois. Toutesfois si ta partie ne vouloit acorder à publier les tesmoings qui auroient esté semons, tant à la première production comme icelle fois et journée, sauf les contredits (4). Garde toutefois qu'il te soit sauvé à dire contre les

(1) A. : pour confesser.
(2) B. 1598 : première fois.
(3) B. 1598 : première fois.
(4) B. 1598 : ce sera sauf les contredits.

tesmoings qui jureront contre ton maistre, car si lors il ne te estoit sauvé, tu n'y viendrois jamais à temps.

Nota que en ce jour il fault mettre ses lettres en forme de preuve, car, en court laie, l'en n'a que trois productions, deux qui sont de ordonnance, et l'aultre quant l'on faict foy d'avoir faict adjourner ses tesmoings, et l'en n'en a peu finer.

Item quant aucuns ont bonnes raisons enseignées, et depuis procède tant que jour de (1) seconde production luy est assignée, et il doibt dénoncer à icelluy qui lesdictes raisons luy a enseiguées, qu'il lui administre tesmoings, etc., à la première production il ne le fault pas, car il diroit qu'il se garderoit de mesprendre. Mais se à cette seconde production n'estoit faict, et il perdoit sa cause, *garandus non tenetur* (2), *et loco et tempore* lui reprocheroit.

Nota que si aucun procureur a occupé en une cause, et toutesfois il n'a pas fait contestation, il peult bien estre produit en tesmoignage de la partie contre qui il a occupé, et en ce cas il peult bien estre contrainct à tesmoigner ou déposer. Mais toutesfois il n'est pas tenu de révéler le secret de la cause de celuy pour qui il occupe (3), mais s'il avoit faict litiscontestation en la cause, et respondu aux articles, *nequaquam compelli potuit, ne aperiatur via prævaricandi.*

Item et doibs prendre ta journée de publier si longue que cependant tu puisses avoir tous les tesmoings pour les examiner et mettre en forme de preuve.

Item quant les tesmoings sont examinés et tenus pour publiés, tu doibs prendre à dire contre les tesmoings

(1) B. : que pour ce second, etc.
(2) B. 1598 : teneretur.
(3) A.B. : il a occupé.

lettres et instruments, et prendre journée si longue, que cependant tu puisses avoir coppie de leurs dépositions et lettres pour faire tes contredicts.

Nota quod secundum stillum Castelleti si summa petitionis non excedit xx *solidos, ibi non cadit dies ad contradicendum testes.*

Item que au jour qu'il (1) est assigné à dire, tu doibs bailler faicts de contredicts, et ta partie adverse aussi, et se aucun faict de contredit n'est baillé ne d'une partie ne d'aultre, si preignes journée à ouyr droict en diffinitive, et cependant faire collation.

Item et si faicts de contredicts sont baillés, si prens journée à aller avant sur les faicts de contredits des parties, ou de l'une des parties.

Item pendant le jour d'aller avant, tu doibs prendre coppie du faict des contredits pour faire salvations à l'encontre pour bailler à icelluy jour, et s'il y eschiet interlocutoire, si prens jour à ouyr droit où il chiet sur les reproches et salvations.

Item quant interlocutoire sera prononcée, si prens jour à aller avant selon la teneur de l'interlocutoire, et après ce jour à jurer les vérités, et aller avant sur les reproches et salvations.

Item et après ce, à prouver première et seconde fois et non plus, excepté que en tesmoings amenés sur reprouches n'a aucun contredit. C'est vérité, sinon que ce fut sur corruption, faulceté et infamie dampnable, et pour ce sont les parties appelées à veoir jurer, et pevent dire les reprouches.

Item et ce fait l'en doit prendre jour à ouyr droict en diffinitive sur le procès faict entre les parties, et cepen-

(1) A. : au jour qui est assigné.

dant faire collation du procès et bailler pour droit qui vouldra (1).

Item et si tu sens que tu aies bon droict, et l'en juge contre toy, si dis : *de ceste sentence comme nulle, et se aucune estoit; comme de faulce et de maulvaise sentence, je appelle pardevant tel*, et te fault nommer celluy qui est souverain juge du juge qui contre toy a donné ceste sentence, et si tu fais doubte dudit supérieur : *j'en appelle pardevant celluy où droict me maine.*

Item et si tu veulx appeller pardevant le prévost de Paris d'aucun juge qui soit son subject, si fais faire ton adjournement, quant tu as appellé en cas d'appel dedans les huyt jours, et convient adjourner le juge qui aura donné la sentence contre toy hors huytaine, et dedans quinzaine, et ta partie adverse aussi à ce mesme jour, ou aultrement ta partie aura congié et despens.

Item et si tu as appellé par devant nos seigneurs de parlement, il te convient faire ton adjournement dedans les trois mois après le jour que tu auras appellé, et se tu veulx renoncer à ton appel il convient que ce soit dedans les huyt jours (2).

Item, et si tu as eu garand en la cause, et il t'a enseigné raison et administré témoings, etc., au jour de ouyr droict, tu le doibs faire adjourner pour ouyr le jugement, et se le jugement vient contre toy, luy dénoncer et offrir d'en appeller à son péril se il cuyde que bien soit.

Nota quod si aliquis in principali causa habuit dilationem propter absentiam, cum vocatur ad judicium ad videndum taxandi (3) *expensas, illa dilatio, si petat, est sibi*

(1) A.B. : du procès bailler pour ouyr droict qui vouldra.

(2) B. ajoute : ou avoir lettres pour acquiescer

(3) A.B. : taxare.

denegranda ex quo eam in principali causa habuit, et ista non est nisi accessoria et dependens.

Se aucun appelle de son seigneur en court de baronnie de dénie (1) ou deffault de droict pardevant le prévost de Paris, ou aultre juge souverain, se l'appel est bon, et il est dit du souverain avoir esté bien appellé, et le baron eut deffailli ou dénié à faire droict à son subject, icelluy subject sera tant comme il vivra exempt de la jurisdiction dudit baron, et si demourra en sa terre s'il lui plaist. Et si l'appel est dit torcionnier, le subject sera renvoié au souverain en la court du baron pour amender son mauvais appel, et pour l'amende tous ses biens meubles sont acquis au seigneur, ou en prendre telle amende comme il luy plaira sur lesdits biens meubles.

Si ung homme marié est allé hors du pays, et luy estant dehors il est adjourné pardevant son juge, sa femme le peult exonier, et dire que son mary ne scet riens de l'adjournement et doibt demander la première quatorzaine, et après la deuxième, et après la troisième, et d'abondant la quatriesme au cas que son mary ne viendroit cependant, par le stille et coustume notoire.

(1) B. : de dénier.

CHAPITRE IV.

DES ADJOURNEMENTS.

Le commencement de plaider est semondre et adjourner sa partie adverse. *Nam omnium actionum instituendarum principium ab ea parte incipit quæ est de in jus vocando ut, § Omnium. Instit. de pœna temere litigantium.*

Nota que jà soit ce que les nobles doibvent estre adjournés hors huitaine, toutesfois cela fault en cas de péril, et en cas d'arrest faict sur aucuns biens, *quæ servando servari non possunt.*

Item en cas de propriété, soit en fief, soit en villenage, il convient que l'adjournement soit faict hors huitaine.

Quiconque est adjourné pardevant aucun juge en court laye, il doit tesmoigner comment et à quoy faire il est adjourné et contre qui, car adjournemens sont faicts en plusieurs manières et en divers cas, et selon ce que l'adjournement est faict, le demandeur doibt faire sa demande ou requeste, car le deffendeur n'est tenu de respondre fors et sur ce qui aura esté adjourné, si comme vous trouverez au commencement des dilatoires.

Des adjournemens, l'ung est général ; c'est assavoir respondre par aucun contre ung aultre à tout ce qu'il luy vouldra demander et contre luy requerre, et ne se extend icelluy général adjournement fors en cas de meubles et de chastel rendans (1).

Item de ceulx qui ne sont pas généraulx premièrement en cas de injure et villennie.

(1) B. : de meubles ou debtes civilles. — B. 1598 : ou cateuls rendans.

Item en cas d'asseurement.

Item en cas de tesmoignage.

Item à veoir vendre gaiges (1).

Item pour veoir adjuger le prouffit d'ung deffault ou de plusieurs deffaulx.

Item pour veoir adjuger le prouffit d'un *comparuit*.

Item à veoir mettre un arrest au néant (2).

Item à ouyr et deffendre une requeste, s'aucun entend à faire en jugement contre aucun aultre (3).

Item pour veoir mettre ung ou plusieurs deffaulx au néant (4).

Item pour veoir jurer tesmoings.

Item pour veoir tauxer despens.

Item pour veoir entériner certaines lettres royaulx.

Item pour congnoistre, ou nyer son seing (5).

Item pour ouyr et deffendre une dénonciation (6).

Item pour respondre à office.

Item pour veoir la délivrance d'un prisonnier.

Item à trois briefs jours sur peine de bannissement.

Item en cas de héritaige et de propriété.

Item sur nouvel trouble et empeschement de saisine.

Item pour garnir ou quitter aucune maison ou héritaige pour les arréraiges qui en sont deus aux censiers.

Item en cas de héritaige et de retraict (7).

Item en cas de partaige et division de héritaiges.

Item en action de ypothecque.

(1) B. : à veoir faire les ventes des gaiges.

(2) B. : à néant.

(3) Style du Chast. : Item de veoir deffendre une requeste que aucun entent à faire oultre aultres en jugement.

(4) B. : en néant.

(5) Style du Chast. : son seing ou séel.

(6) B. : une donation. — Style du Chast. : une convocation.

(7) Style du Chast. : Item en cas de retraict d'héritaige.

Item en cas de héritaige et de péril.

Item en cas de garantie de héritaige.

Item en cas de recouvrer saisine (1).

Item en cas d'appel ou d'amendement que aucun a faict, ou d'amende d'aucune sentence.

Item pour monstrer la poursuite d'iceulx appeaulx ou amendemens.

Item d'iceulx adjournemens les ungs sont faicts contre personnes singulières. A ce que tels adjournements soient vallables au commencement de la cause, il fault qu'il soit faict par personne ayant pouvoir à ce, au principal domicile de la personne que l'en adjourne, auquel domicile icelle personne est communément couchant et levant, buvant et mangeant, et auquel sa femme non séparée est demourant, tenant et gouvernant leur mesnage ; *nec obstat* si pour quelque aultre cause son mary face aillieurs sa résidence. Exemple : un homme, bourgeois de Paris, est garde de la monnoie de Rouen, et faict à Rouen sa résidence pour cause de son office, et sa femme de luy non séparée tient et gouverne son mesnage à Paris ; il souffit adjourner l'homme en l'hostel où sa femme demeure, *quia communiter dicitur quod uxor facit domicilium.*

Item l'adjournement doibt estre faict à certain et compétent jour et notablement, et de ceulx qui sont faicts contre pluralité de personnes, ou c'est contre collége ou c'est contre communaulté de ville. Si c'est contre collége comme l'abbé et convent de Sainct-Victor, le doyen et chapitre de Paris, les maistres et escoliers de Sainct-Thomas du Louvre, les maistres, frères et seurs de l'Hostel-Dieu de Paris, le prieur et convent de Sainct-Martin

(1) B. : Et qui veult veoir plus amplement lesdicts adjournemens, et comment il les fault faire, ait recours au stille de Chastellet nouvellement imprimé.

des Champs. Et en tels lieux se font les adjournemens en la manière qui s'ensuit : c'est assavoir que le sergent va dedans les abbaies, maisons Dieu, priorés, ou aultres colléges, et là fait commandement au prieur, soubs-prieur, ou aultre trouvé du collége que ils s'assemblent, et facent chapitre au lieu acoustumé pour ouyr certain ajournement qu'il leur entend faire. Et s'ils sont assemblés en leur dit chappitre, ou au lieu acoustumé, si adjourne lesdits abbé et convent, ou maistre, ou escoliers, etc., et aux personnes des assemblées, les noms et surnoms desquels de VI ou de VII il face mention expresse en son rapport par espécial, et puis y mettre la clause générale : *et de plusieurs autres par devant le prévost de Paris*, etc., *contre tel bourgeois pour respondre à tout ce qu'il leur sçaura demander* (1) *et contre eulx requerre en action, ypothecque, ou aultre chose faire, selon le cas.* Et s'ils refusent à eulx assembler, néanmoins sache les noms et surnoms, desquels il fera expresse mencion en son rapport auquel sera faicte mencion dudit refus ; et oultre aille *in capitulo* luy-mesmes et sonne la campanelle (2), s'il y peult attaindre, et là aux personnes de ceulx qui s'assembleront face ledit ajournement, et si l'en luy refuse à y entrer pour sonner la cloche, si s'en efforce au plus qu'il pourra et requière à grant instance que l'en luy ouvre ledit lieu pour la sonner ; du refus des refusans et des diligences qu'il a faictes de y aller, et comment il n'a peu ce faire, en face mention en son rapport. Et néanmoins face son adjournement à ceulx qu'il trouvera, soient du collége ou des familiers d'iceulx ou des présens se aucun en y a (3).

(1) B. : sçaura demander.

(2) B. ajoute : ou tymbre.

(3) B. ajoute : ou au portier de l'abbaye, et fault prendre tesmoins ou recors, *alias non creditur servienti.*

Et si c'est contre la communaulté de ville, il y a distinction : ou l'en veult adjourner le prévost et eschevin, ou le maire et pers, ou le maire et eschevin, et en ceulx-cy il souffit les ajourner au lieu commun où ils font leurs consultations et tiennent leurs plaits, comme au parlouer aux bourgeois s'ils sont tous présens, et les absens soient adjournés à leurs domiciles, *quia tantum valet adjornamentum factum in domicilio sicut in illo loco communi*, et soient les noms mis au rapport.

Et si c'estoit contre habitants il fault que chascun soit adjourné en sa maison ou domicile, ou à leurs bouches s'ils y sont trouvés ; et convient que chascun soit expressément nommé au rapport.

Se une personne a plusieurs domicilles, et on le veult souffisamment appeller, il fault qu'il soit souffisamment cité au lieu où il est résidant (1) jà soit ce que l'on contende d'aucun sien héritaige appartenant à aucun aultre sien hostel, lequel est en aultre chastellenie.

Se aucun n'est mie souffisamment adjourné comme en domicile ou aultrement, et il soit trouvé au palais, ou ailleurs, pour ce n'y peult il estre adjourné, *sed habet jus revocandi* domum (2) *quamvis alius habeat mandatum regium*. Ceste reigle fault quant le contract est commencé (3) à Paris, ou en aultre cité.

Item en cas d'asseurement fault aussi ladicte reigle, car toutes exceptions récusées et rejetées, il fault adjourner au domicile.

Item semblablement en cas criminel, supposé que l'en procède ou de office ou par dénonciation. Ainsi fut-il dit contre les conseulx et bourgeois de Nerbonne, qui jà soit

(1) B. ajoute : et tient sa famille.

(2) Ce mot manque dans A.B.

(3) B. 1598 : convenancé.

ce qu'ils ne feussent pas poursuivis de leur faict ne de leurs temps, mais du faict de l'université et d'aucuns singuliers, toutesfois la court voulut et ordonna qu'ils respondissent, mais l'en leur préfixa temps de leur adviser sur les choses dessus dictes.

Item *fallit etiam* en cas de gaige de battaille quant aucun est trouvé à Paris, et il est appellé de gaige, car lors il est contrainct de respondre. Mais l'en luy donne délay pour veoir ses amis.

Item fallit etiam quant aux officiers royaux quand ils sont adjournés pour excès, qu'ils ont commis au faict de leurs offices; car adonques peuent-ils estre adjournés à Paris, et poursuyvis iceulx officiers quelques qu'ils soient; et sont contraincts de respondre en leur propre personne et par leur bouche. Et après leurs responces, leurs advocats peuent bien leur dict modifier et mieulx colorer.

Item se aucun veult mouvoir cause de propriété contre le roy, il est de nécessité qu'il face adjourner le procureur du roy (pour procéder) en parlement, ne il ne souffiroit pas adjourner le procureur du roy estant au pais ordonné, car l'adjournement seroit insouffisant et de nulle valeur.

Item ung moindre d'ans ne doibt point estre adjourné et n'est tenu de procéder sans l'auctorité de son tuteur ou curateur, *alias adjornamentum non valeret*.

CHAPITRE V.

DE ADJOURNER LES HÉRITIERS DU TRESPASSÉ A REPRENDRE OU DÉLAISSER EN QUELQUE ESTAT QUE LA CAUSE SOIT.

Si le deffendeur est mort, le demandeur doibt faire adjourner les héritiers ou successeurs à prendre ou délaisser.

Item en parlement jà soit ce que le successeur se présente, si l'acteur requiert que l'en procède oultre, le deffendeur peult exciper et dire : *Tu ne m'as point fait adjourner et si as eu assez temps, je demande congié. Et non est dubium* qu'il ne l'aie. *Ita dictum fuit in causa proprietatis contra Enguerrandum de Ungula pro hospitali sancti Johannis, et in causa possessionis pro eodem hospitali contra comitem de Ponthieu, anno vicesimo septimo.*

Item si l'en adjourne le successeur ou héritier simplement à procéder au plait commencé avec son prédécesseur sans dire : *à reprendre ou délaisser les erremens*, il peult exciper et dire : *Tu m'as faict adjourner simplement et tu me debvois faire adjourner pour reprendre ou délaisser et procéder en avant*, etc., *parquoy je suis moins que souffisamment ajourné, et ne suis tenu de procéder, si demande congié ;* et il est certain qu'il l'aura (1).

Si le demandeur a fait adjourner les héritiers et successeurs du deffendeur, *actore mortuo*, si le deffendeur faisoit adjourner les héritiers du demandeur à procéder, etc., aucuns dient qu'il souffiroit, jà soit ce que l'adjournement espécial seroit plus seur (2).

(1) A.B. : *hoc verum ; sed ego dubito.*

(2) Cet alinéa manque dans A.B.

Item tout ainsi que je dis des héritiers, tout ainsi je dis de la succession en quelque aultre chose ; car ainsi bien comme l'en plaide contre ung pur séculier, aussi bien plaide l'on contre ung prélat de patrimoine propre, ou de patrimoine d'église ; mesmes en action personnelle a lieu ce que dit est.

Item si le deffendeur est mort, sa femme pour sa part a la moitié des biens meubles et conquests, et aussi elle est tenue pour la moitié des debtes. Et pour ce, en cas qui est personnel, comme de contract, *vel quasi*, ou delict, *vel quasi*, pourveu que litiscontestation soit faicte, elle peult estre adjournée comme dessus.

Item si le demandeur est mort, le deffendeur ne doibt faire adjourner ses héritiers ou successeurs, car il perdroit s'il les faisoit adjourner, si comme en cas d'appel et en cas de nouvelleté, et s'il le faisoit, jà soit ce que les héritiers fussent autrement négligens d'avoir impétré leur adjournement, toutesfois ils seroient reçeus par la diligence sur ce faicte. Et pour ce si le successeur du demandeur disoit au deffendeur : *Tu ne m'as pas faict adjourner à respondre*, et cetera, le deffendeur répliqueroit : *Je ne l'ay pas faict, car toi-mesmes m'as faict adjourner à ce, et pourtant je me fusse en vain travaillé*, et de cet accord fut le conseil pour le prieur de Montigny.

Item par le stille qui aujourd'huy est gardé, quant le demandeur est mort, les hoirs sans estre adjournés reprennent le procès. Et avant toutes choses, dès le premier jour que les héritiers du deffendeur sont adjournés à reprendre, etc., ils peuent demander que l'en leur monstre les erremens, et iceulx veus, peuent incontinent reprendre s'ils veulent, ou demander jour d'avis, et l'auront, et à icelluy jour d'advis peuent de rechief demander les erremens, et convient qu'ils les voient à ce jour non obstant que autresfois ils les aient veus, et ils les verront avant qu'ils soient tenus de procéder. Ainsi fut-il prononcé en parlement l'an xxvii.

Item et se ils sont plusieurs deffendeurs en une cause connexe et qui ne se puisse diviser, et l'ung meurt, les héritiers ou successeurs seroient réadjournés. Ainsi fut-il prononcé contre le duc de Bourgogne pour le prieur de Montigny et le procureur du roy, pour ce que le prieur n'avoit point esté réadjourné après la mort de son prédécesseur, et si l'héritier ou successeur du mort prent advis, la cause des aultres frères jusques au jour d'advis sera connexe, et supposé que du commencement elle ne le fut pas. Ainsi fut-il dit l'an xxvii (1) contre la contesse d'Artois pour les hoirs de Nicolas de Passy, bourgeois de Paris.

Item ce que dit est que les successeurs du deffendeur seront adjournés, et supposé qu'ils soient mineurs et en bail d'aucun et ceulx qui ont le bail aussi, car la cause personnelle ils pevent démener, mais la réelle non, si comme il est ci-après desduit.

Item se une femme vefve est en procès et elle se marie, il convient faire adjourner son mary.

(1) B. : xxviii.

CHAPITRE VI.

AUSQUELS PROCUREURS IL CONVIENT AVOIR GRACE ET AUSQUELS NON.

Au procureur du demandeur en pays coustumier fault grâce, mais si sa partie prent assignation avec luy sans avoir grâce, il ne luy fault plus de grâce en toute ladicte cause.

Item elle est ainsi appelée *grâce* pour ce que si le demandeur est bonne personne, et sa demande loyalle (1), il y doibt voulentiers estre en personne, mais si la demande est ung petit tricheresse, ledict demandeur auroit vergogne que l'en apperçut sa maulvaistié et son faulx serment. Et pour ce le roy à telles gens leur faict grâce d'avoir procureur, et pourtant on voit souvent que les procureurs sont plus chargés des causes des tricheurs que d'aultres gens.

L'aultre raison si est que le juge est mieulx honoré, et plus paré de la présence des nobles et vaillants hommes que des personnes des procureurs.

Item le deffendeur doit prendre coppie de la grâce affin que par la date il voye quant ladicte date sera faillie, affin de le reprocher au procureur du demandeur, car à luy est à prouver quant elle est faillie.

Item celuy qui appelle ou demande l'amendement d'ung jugement donné, supposé que en la cause principalle il feust deffendeur, si est-il demandeur en la cause d'appel, et luy fault grâce.

(1) A.B. : et a demande royalle.

Item en cas de saisine et de nouvelleté chascun est demandeur; toutesfois celui qui s'est fait tenir ou garder et qui a fait la complainte est demandeur originel, et luy fault grâce, et à l'aultre non, si comme l'en suppose, car l'aultre n'est que insteur, et à aucun qui soit insteur ne fault point de grâce. Exemple, ung deffendeur prent ung *comparuit* et fait adjourner le demandeur à veoir juger le prouffit de celluy *comparuit*, en ce cas il est insteur, et ne luy fault point de grâce. Mais si le demandeur avoit prins un deffault, et feist adjourner le deffendeur à veoir juger, etc., il seroit insteur et demandeur originel, et luy conviendroit avoir grâce.

Item et si aucun ne se opposoit à ung exploit sur luy faict, et sur les biens, mais après il feist adjourner celuy qui auroit faict l'exploit, et celuy à la requeste duquel il auroit esté faict, pour eulx cesser, ou pour le voir recepvoir à opposition, celluy est demandeur originel, et luy fault grâce.

Item à ung bourgeois qui a faict ung arrest par vertu du privillége, et qui est adjourné à veoir oster icelluy arrest, le procureur d'icelluy arrestant prent advis ou absence, il ne lui fault point de grâce, mais sitost que il soubstiendra l'arrest il se monstre demandeur originel, et pour ce il luy fault grâce.

Item se ung arrest est faict par vertu de lettres obligatoires, il fault promptement faire foy des lettres, ne le procureur n'aura pas advis sur ce.

A celluy qui demande despens estre tauxés, s'il a esté procureur en la cause et la sentence donnée avec luy, il ne lui fault point de grâce.

A ung porteur de lettres il ne luy fault point de grâce, pour ce que l'obligation est faicte à luy-mesmes.

A baillifs, vicontes et autres officiers royaulx ès noms

de leurs offices, à tuteurs et curateurs et exécuteurs de testamens ne fault point de grâce.

Item aux gens de religion, comme à ung prieur conventuel, et au-dessus comme évesques, prélats, chapitres, colléges, villes et communes, pour le faict de la ville, ou de la communaulté d'icelle, ou université, aux barons qui veulent comparoir par procureur, comme acteurs en pays coustumier, ne fault point de grâce.

A prieur non conventuel ne fault point de grâce (1).

(1) A.B. disent, au contraire : Mais bien en fault à simple prieur non conventuel.

CHAPITRE VII.

DES EXOINES.

Se ung homme marié est allé dehors du pays, et luy estant hors, il est adjourné par devant son juge, sa femme le peult aller exonier et dire que son mary ne scet riens de l'adjournement, et doibt demander la première quatorzaine, la seconde, la tierce, et d'abondant la quarte, ou cas que son mary ne viendroit cependant, par le stil et commune observance.

Des aultres exoines sont ceulx qui s'ensuivent, c'est assavoir : maladie de son père, de sa mère, de son fils, de son oncle, mesmement en péril de mort. Femme enceinte preste d'enfanter, ou qui gist. Eaues de fleuves ou de rivières, tempestes, adjournement trop brief, pont brisé quant l'en n'y passe point, doubte de son ennemy, détenue de son souverain non mye à son pourchats, qui se marie, qui est du premier service d'ung trespasse de son héritier.

Nota quod ubi aliquis venit exoniare aliquem, si afferat litteras vel certa insignia, tunc auditur nec datur deffectus contra exoniatum. Et si ipse non afferat litteras, vel insignia, datur deffectus, sed bene ponetur in deffectu predicto quod talis venerat ad exoniandum, sed non attulit litteras nec insignia aliqua; alias ponitur sauf l'essoine (1).

Item et quant l'essoiné sera guéry, il doibt faire adjourner l'aultre à veoir purger son essoine le plus tost qu'il pourra, car s'il laissoit passer les huyt jours après icelluy

(1) A.B. : *alias ponitur salva exonia.*

essoine guéry, le deffault seroit vallable. *Istud est notorium.*

Item le messaiger ne sera point ouy, s'il ne dit qu'il soit envoyé pour ceste cause, et le juge le doibt faire jurer que l'essoine soit vraye comme il le dit (1).

(1) B. : comme il est dit. — Charondas met en note : Mon vieil praticien fait quelque différence entre contremand et exoine, quand il dit : « Tes vilains ne puet contremander la semonce que tu li fais, mais s'il a essoine il le te doit nonchier, et tu dois la semonce atemprer selonc son essoine. » Il en use après souvent en ces termes : « Son jour contremander, son plait contremander.

CHAPITRE VIII.

DES EXCEPTIONS.

Primo l'en peult décliner ung juge, quand il est trop favorable à aucun, par faict évident et prouvable.

Item l'en peult proposer exception de inhabilité.

Item que la partie n'est mie légitime contradicteur.

Item quant la partie est en appel en aultre jurisdiction subjecte (1), car après ce ne la pourroit mie le juge approcher.

Item quant le juge excède les mettes de sa commission.

Qui propose ses exceptions, il approuve l'adjournement, et ne le peult plus débatre.

Les exceptions se doibvent proposer l'une après l'aultre, et demander droit sur chascune, et dire que pour l'une l'en ne se départ point de l'aultre.

Des exceptions l'en doibt premièrement débatre la procuration, et la grâce, si débat y eschiet. En après est à débatre l'adjournement, par protestation et retenue de aultrement deffendre, décliner, et prendre ses aultres délais, et en après proposer ses déclinatoires, secondement les dilatoires, et tiercement les péremptoires. Car qui propose (2) premièrement les exceptions péremptoires, il se feroit préjudice pour la prépostération, ne il ne seroit plus reçeu à proposer les dilatoires, si ce n'estoit qu'il eust protesté que icelles péremptoires il eust proposées à fin de dilatoires.

(1) A. : en appel à. — B. : en la jurisdiction subjecte.

(2) B. : proposeroit.

Et pour esclarcir que c'est que exception dilatoire, exception dilatoire est celle par quoy le deffendeur monstre qu'il n'est tenu de respondre à la demande du demandeur par devant le juge par devant lequel il est adjourné, et ceste exception est préallable des aultres, comme dit est.

Et est assavoir que ceste exception naist par trois manières, l'une par raison de la cause dont l'en faict demande, l'aultre pour raison du lieu, et la tierce pour raison des personnes.

Pour raison de la cause dont l'en faict demande, c'est assavoir quant la cause est spirituelle, comme qui demanderoit offrandes ou aultres choses deues à l'Église, ou si on intentoit cause de mariage, le deffendeur n'est tenu de y respondre, ne le juge lay n'en peult, ne doibt congnoistre.

L'aultre pour raison du lieu, comme qui diroit le lieu où je demeure, ou le lieu dont l'en content estre hors de vos fins et limites.

La tierce pour cause des personnes, qui se peult entendre par deux aultres manières : l'une pour cause de la personne du juge, c'est assavoir quant il est favorable par évidence prouvable, comme par lignaige, par affinité ou aultrement, ou quant il est hayneux de hayne injurieuse, ou quant la cause est au prouffit de luy. L'aultre pour cause des personnes privillégiées, comme si ung prestre, ou ung clerc non marié, estoient convenus devant un juge lay sur aucun cas personnel, non privilégié, ils n'y seroient point tenus respondre, et le juge ne devroit point tenir court, ne congnoissance de ladicte cause ; ou si ung clerc marié qui seroit en habit de clerc et possèderoit tonsure, *maxime in criminalibus*, il ne seroit point tenu de respondre fors de dire seullement : *je suis clerc.*

L'aultre pour cause des personnes laies qui se peult(1) entendre par trois manières. L'une, quant l'ung décline la jurisdiction du juge souverain. L'aultre, quant l'en décline la jurisdiction du juge subject. La tierce, quant l'en décline la jurisdiction du juge voisin ou esgal.

Du juge souverain, si comme si aucun subject de Saincte-Geneviefve estoit adjourné par devant le prévost de Paris ; car jà soit ce qu'il soit resortissant par devant ledict prévost de Paris, et que par ce moien ledict prévost soit son juge par moien, toutesfois iceluy prévost n'est pas son juge sans moien, et en ce cas le demandeur ne paie nuls despens au déclinant, car le juge souverain est juge présumptif en la jurisdiction du juge subject; comme si aucun subject et justiciable du roy sans moien estoit adjourné par devant le maire de Saincte-Geneviefve, et en tel cas le demandeur paie despens au déclinant, car le juge subject n'est pas présumptif en la jurisdiction, et pour ce est la partie follement convenue.

Du juge voisin, comme si ung subject de la jurisdiction du baillif de Gonesse, ou du baillif de Rouen est adjourné devant le prévost de Paris qui n'est son juge, ne par moien ne sans moien, par ressort ou aultrement, ou se ung des subjects de Sainct-Martin des Champs estoit adjourné par devant le maire de Sainct-Magloire, et en ce cas le demandeur est tenu de paier despens au déclinant, car il est follement convenu, comme dit est dessus.

Assavoir(2) que la jurisdiction est appellée souveraine, en l'auditoire de laquelle l'en appelle, ou doibt appeller de droict commun, de la moindre, plus basse, ou subjecte jurisdiction.

(1) B. : pevent entendre en trois manieres

(2) B. : Il est assavoir.

Et la jurisdiction subjecte est celle de l'auctorité de laquelle l'en appelle à la souveraine, et devant le juge plus hault, *non autem è converso*.

Pour quoy dict-il cy dessus : de droict commun? Pour ce que jà soit ce que de droict commun aucunes jurisdictions aient esté et deussent estre subjectes d'aucun juge qui a esté leur souverain, et devant lequel ils aient eu ressort au temps passé, et deussent encores ressortir, toutesfois elles en sont exemptes par l'auctorité et grâce du prince; si comme la jurisdiction de Sainct-Denis en France, qui de droict commun est subjecte du prévost de Paris, a esté exemptée par le roy, et est subjecte sans moien à la court de parlement, quant au ressort.

Et est assavoir que les sergens de la jurisdiction souveraine pevent faire tout office de sergent ès mettes de la jurisdiction subjecte, et iceulx subjects sont tenus de comparoir devant le juge souverain, mais ils pevent décliner et requérir estre envoyés(1) devant leur juge, si ce n'est en cas de nouvelleté, par la prévention ou par *committimus*. Et à requérir ledict renvoy fault qu'ils aient leur juge, ou leur seigneur, ou procureur qui ait espécial mandement pour requérir le renvoy; et le juge souverain n'est mie tenu de renvoier la cause jusques à ce qu'il soit acertené si le déclinant est demourant en la jurisdiction de celuy qui requiert avoir le renvoy ou non. Et si le déclinant avoit faict faulx adveu, il payeroit soixante sols, et le seigneur ou le procureur qui après son renvoy sans mauvaise malice l'auroit requis ne paieroit riens, car il auroit eu cause; toutesfois s'il est renvoyé ou non renvoyé, il ne peult pas impugner ne débatre l'adjournement, car le juge souverain est juge présumptif en toute sa juris-

(1) B. : renvoyés à leur juge.

diction, tant ordinaire et à luy subject sans moien, comme à luy subject par moien. Et si débat naist sur le déclinatoire (1), la cause du débat sera ventillée devant icelluy juge souverain. Et les sergens de la jurisdiction subjecte ne pevent mie faire office de sergent en la jurisdiction souveraine voisine, ou esgalle. Et s'ils le font, les adjournés ne sont tenus de y comparoir, s'il ne leur plaist. Et si on prenoit deffault contre eulx, si ne seroit-il pas exécutoire. Et si les adjournés veullent comparoir, il pevent impugner l'adjournement comme faict par celuy qui n'auroit puissance de le faire en jurisdiction estrange, ne là n'estoit-il pas sergent, mais personne privée. Et aussi ils pevent décliner et tendre affin qu'il soit dict eulx avoir esté follement convenus, et alléguer ordonnances royaulx, usage, stil et coustume notoire. Mais il ne fault jà qu'ils requièrent renvoy, ne qu'il aient personne pour leur seigneur qui devant tel juge les requière, car l'en ne renvoye pas du subject au souverain (2) *et non e converso*.

Nota que en pays coustumier, se le justiciable d'aucune justice subjecte est adjourné devant le souverain et il décline, il ne sera pas renvoyé se deux choses ne concurrent ensemble, c'est assavoir que le subject et le seigneur requièrent le renvoy ; car se le seigneur seul le requiert, il ne sera mie renvoié en action personnelle; en action réelle si sera, car jà soit ce que la personne qui est franche se submette à aultre jurisdiction, toutesfois n'y peult-il pas submettre son héritaige.

Item en court séculière, ung clerc ne sera point ouy ne reçeu à décliner en cas de louage de maison. Nota se

(1) B. : sur le dilatoire.

(2) B. : mais *e converso* l'en appelle bien du subgect au souverain *et non e converso*.

aucun clerc se oblige soubs séel privé avec ses biens meubles et héritaiges, le créancier le faict adjourner pour congnoistre ou nyer son signe ou séel, et en action ypothecque se il décline, et il a aucuns héritaiges en la terre du roy, ou en aultre dont la court ne soit requise, toute la congnoissance demourera au roy; car puis que le roy a une partie en la cause, elle attraict l'aultre partie à luy; et aussi en la personnelle et ypothecque n'a que une deffence, et d'une action naist l'aultre, et pour ce le juge ne renvoyra point ce dont l'en a respondu devant luy. Ainsi fut-il dict contre Sainct-Mor et contre Malarice.

Item Michel Payen déclina en ung cas de exécution faicte pour louage de maison, Sainct-Marri le requist; Chaton jugea que considéré que c'estoit cas hastif, la congnoissance en demoureroit en Chastellet, et en congnoistroit par main souveraine; mais l'en bailleroit lectres à Sainct-Marri que ce seroit sans préjudice de leur jurisdiction. Michel en appella, et jà soit ce que Sainct-Marri n'en appelast point, si fust-il dict amplement bien appellé et mal jugé. (Le contraire est escript au chappitre de l'appelant (1).)

Item se aucun subject estoit requis au souverain, le juge souverain le refuse, le seigneur et le subject en appellent en parlement; le subject se présente, le seigneur non; le subject sera réputé non appellant sans amende, et n'en (2) sera point faict de renvoy, car ce faict principalement concerne (3) le profit du seigneur, et non du subject, et donques s'il ne le requiert, ains est contu-

(1) Charondas met ici en note : Cette clause n'est dans mon livre escrit à la main.

(2) B. : et ne.

(3) A. : conferme. — B. : conserve le prévost.

max(1), à luy soit imputé(2), car quant au subject, aussi bien trouveroit-il justice en une court comme en l'aultre, ainsi le renvoy le regarde trop petit(3).

Item se aucun censier prent gaige, et faict adjourner sa partie pour voir vendre, l'action est personnelle, et se la maison où l'en a gaige est en la haulte justice d'aucun, et il requiert la court, elle s'en ira (4), mais s'il y avoit opposition qui feust(5) la nouvelleté, la cause demoureroit pour la prévention.

(1) A. : il est. — B. : et est.
(2) B. : il luy sera imputé.
(3) B. : trop peu.
(4) B. 1598 : elle luy sera faicte.
(5) B. : fist.

CHAPITRE IX.

DES DILATOIRES.

Les dilatoires sont à proposer après, qui pevent estre entendues en deux manières : l'une pour raison des personnes, comme quant les personnes ne sont habiles à faire demande, si comme ung moyne cloistrier, ung prieur conventuel, ung pupille, ung procureur moins que souffisamment fondé, *et similes*, et peult l'en tendre affin que ils ne facent à ouyr ou recepvoir ; l'autre pour raison du cas, pour ce que les adjournements sont trop briefs, ou aultrement moins souffisamment faicts, ou faicts en aultre justice, ou de sergent qui n'a pas puissance sur la personne, ou quant il n'est faict aux nobles hors huytaine, ou en cas de héritaige, ou quant il est faict privément, et la demande sur cas spécial, comme asseurement, *et talia*, car il ne souffit pas de dire : *je t'ay faict adjourner à tout ce que je le sçauray*, si ce n'est en cas de meuble ou de chastel, ou par adventure l'adjournement est faict en cas spécial, mais la demande est faicte diversement, ou quant l'adjournement deffault de relation de sergent.

Nota des aultres débats d'adjournement faict contre communaulté de ville, colléges et chappitres.

Nota que fins de non recevoir sont fins dilatoires, et est assavoir qu'ils sont aucunes dilatoires qui aucunes fois pevent estre mises pour péremptoires, et peult dire le deffendeur ainsi : *Et se dict estoit que le faict de ma partie adverse fust recevable, et que mes exceptions ne me prouffitassent, et l'intencion à quoy je les ay proposées, je les em-*

ploie pour péremptoires. Et aussi sont-ils aucunes péremptoires qui pevent estre emploiées pour dilatoires.

Exception péremptoire n'est mie à proposer en lieu de dilatoire, si ce n'est en trois cas : c'est assavoir se aucun venoit contre chose jugée par sentence, finée par prescription, ou remise par transaction. Et peult estre entendu compromis juré et baillé souffisamment quitance, et toutes aultres choses qui donnent fin ; et ces choses empeschent litiscontestation.

Nota que les fins de non recepvoir sont dilatoires, comme qui mouveroit une action de retraict, l'an et le jour passé.

Item débat d'adjournement, débat de fondation, et estre follement convenu que vous n'en tenez compte, ne congnoissance, et je ne soye tenu de respondre, ne procéder par devant vous ; et à ce ne fault point de procureur qui requière la court, puis que l'en ne requiert renvoy (1), et que l'en ne requiert fors estre dict moy avoir esté follement convenu : mais qui requerroit renvoy, *secus ;* après le débat de l'adjournement doibt avoir la partie débat se la demande conclud à point, et directement à la fin qu'elle doibt avoir, ou doibt tendre, et si elle est personnelle, ou icelle, ou aultre (2) pour destruire et pour empirer ses baras.

Item si le procureur a moins de vingt ans, car selon droict il ne peult estre en parlement qui a moins d'aage.

Item et si la procuration ne tient *pro et contra judicatum solvi,* si elle est faulce ès noms, ou à la date, si elle ne contient le mandement espécial dont est contens entre les parties.

(1) B. : l'en ne requiert point de renvoy.

(2) A. : ou icelle autre.

Item qu'elle soit narrative pour personne qui est en tutelle ou en curatelle, ou furieux, serf, femme sans l'auctorité de son mari, et toute aultre personne qui n'est capable d'estre en jugement.

Item pour advocat privé d'advocacerie, ou qui a sceu le secret de la cause, ou de partie, ou qui par marché avoit prouffit en la cause, qui d'un cas suit en deux cours, ou qui s'en seroit autresfois délaissé, qui suit de peine ou de despens avant le principal, pour demande de terme non advenu.

Item qui n'a souffisamment sommé son garant (1),

Cloistrier ne se peult obliger sans l'auctorité de son prélat.

Pupille ne se peult obliger.

Item filiusfamilias ne se peult obliger, ne le père n'en sera point tenu de luy donner auctorité, mais aura recours à l'exception du macédonien qui ne souffre pas que le père soit contrainct pour la debte du fils, mais le créditeur peult bien attendre que le mineur viengne en aage et à faculté de biens.

Item, il ne souffit pas proposer vendication d'une chose qui ne propose délivrance de la chose vendue.

Item pour novation.

Item pour terme non advenu.

Item terme oultre trente ans en action personnelle.

Item quant les lettres sont soupeçonneuses (2), comme cancellées ou raturées.

Item quant l'obligé est mort, les lettres ne sont plus exécutoires ne contre ses biens ne de ses héritiers, mais le tout gist en action.

(1) B. : le garand.

(2) A. : suspectionneuses.

Item d'une femme vefve qui se obligeroit, et puis se remariroit, car lors les biens sont au mari.

L'en tient que le séel secret du roy et des aultres seigneurs ne sont pas autentiques quant à l'obligation, car ils ne sont ordonnés que pour lettres closes.

Item femme ne tiennent pas prison pour debte privée excepté Champaigne (1).

Item qui obligeroit ce qui n'est pas sien.

Item pour séel non autentique, non mescongneu.

La dernière exception qu'on deibt proposer, c'est l'exception péremptoire et principale, et peult l'en conclurre afin de demourer quicte, et délivre et absouls, et monstrer cause pourquoy. Toutesfois ces deux dernières fins de non recepvoir et de principal se pevent ensemble proposer, et requérir premièrement droict estre faict sur la dilatoire.

Item l'en peult dire que les péremptoires sont de deux manières, c'est assavoir péremptoire de procès et péremptoire de cause.

Péremptoire de procès ou de instance sont préalables des aultres, pour ce qu'elles s'entendent et se démonstrent (2) estre dilatoires, et pevent estre proposées avec les dilatoires. Et sont appellées péremptoires pour ce qu'elles périment la cause et l'instance de la cause, comme qui diroit : *Tu me demandes dix sols, et je propose que tu m'en as donné terme jusques à tel temps advenir;* telle exception périme l'instance, et n'emporte pas absolution de demande qui diroit : ceste action est telle que le juge lay n'en peult congnoistre, car elle est spirituelle; *talis exceptio perimit instanciam.*

(1) B. : excepté de Champaigne.

(2) B. : et se monstrent.

Péremptoire est alléguer paiement ou quictance ou transaction, ou aultre chose qui le vaille, ou ny ; et quant après ce, la demande n'est point prouvée, telle péremptoire emporte absolution de demande et condempnation de despens.

Nota que si le demandeur est adjourné en action personnelle, et il propose exception d'avoir terme de paiement ou aultre semblable, taisiblement il confesse le deu, et pour ce il convient qu'il nantisse et emplisse la main jusques à la somme de la debte, supposé encores qu'il offrit à prouver ceste exception, car les créanciers pourroient faire telles exceptions pour avoir délays, affin deslongner la vente et destruction de leurs biens selon le stil de parlement (1) qui ne se présente. Ceste exception, qui est dilatoire, emporte vertu de péremptoire, et est la première à proposer en la court, car le deffendeur qui propose deffenses ou aucunes dilatoires, taisiblement il répute le demandeur pour adjourné et présenté, et depuis ne luy peult plus reproucher.

Item selon le stil de la court, partie peult bien procéder soubs protestation que si son adversaire n'est souffisamment fondé, que après ce il le puisse débatre. Et après ce que la partie monstre la procuration, elle le peult débatre, et non plus procéder jusques à ce que le débat soit terminé.

Et ceste exception de non estre fondé peult estre proposée en l'aide et de sa (2) protestation précédente, avant litiscontestacion ou après.

Item l'en peult proposer exception de grâce quant l'acteur n'est présent, mais son procureur, en disant : *Il n'a point de grâce*, *quare*, etc.

(1) B. 1598 : contre celuy qui ne se présente.

(2) B. : et de la protestation.

Toutesfois, si c'est en pais coustumier, et ès personnes des pais coustumiers, car si c'estoit en pais de droit escript, *secus*. Et la raison pourquoy ung demandeur ne peult plaider par procureur fondé de procuration sans grâce si est telle, car si l'acteur est présent et il a bonne cause, il est à présumer qu'il est hardy et a grant couraige (1) de y estre, pour ouyr quelles deffenses seront proposées au contraire, et s'il a maulvaise cause, il a honte et vergongne de y estre. Et pour ce, le roy luy fait grâce de passer ceste honte par aultre qui par adventure a assez longue conscience.

Item il y a autre rayson, car les siéges de justice sont de tant plus honnorés comme il y a plus de honnestes personnes présens et en personne; c'est assavoir quant les parties principalles y sont, comme contes, barons et aultres grans seigneurs.

Item aussi, pour leur présence, leurs causes peuvent estre plus briefvement terminées.

Item si en parlement a ung demandeur qui est du pais de droit escript, il ne lui fault point de grâce à poursuivir le prouffit d'ung deffault (2).

Au procureur du demandeur, ne fault point de grâce, après litiscontestacion faicte en la cause.

(1) B. : à bon couraige.
(2) B. : du deffault.

CHAPITRE X.

DES DEFFAULX.

Nota quod in casu executionis, ubi intervenit oppositio, et datur dies ad dicendum causas oppositionis, si petitor deficiat, executio adnichilabitur, non tamen dicetur torcionniere (1). *Per assignationem secus, quia tunc dicetur* torcionniere *si deffensor ut supra* (2).

Des deffaulx en cas de nouvelleté trouverez-vous cy-devant.

Quiconques deffault en cas d'appel, ou d'amendement par semonce faicte sur ce, il pert sa cause d'appel ou d'amendement, soit demandeur ou deffendeur. Et doibt la demande estre adjugée sans autre évocation, et aura lettres que le jugement sera mis à exécution. Et saichez que celluy qui appelle ou demande l'amendement, en fut deffenseur en la cause principalle.

Item si ung deffendeur envoye un procureur qui prengne jour d'avis de parler à son maistre sur la demande contre luy faicte à certain jour, auquel il soit tenu pour deffaillant, par vertu d'icelluy deffault il pert déclinatoires et dilatoires par la coustume notoire.

Item s'il prent à deffendre, et il prent à venir procéder, *secus ;* car, en ce cas, il ne pert fors déclinatoires, au secend deffault dilatoires, et au tiers deffault péremptoires, et n'a que litiscontestation ; c'est à entendre en cas civil ; et en cas criminel l'en procéderoit à ban, et tel est le stil de

(1) B. : torcionnaire.

(2) B. 1598 : si l'opposant obtient *ut suprà.*

parlement. Au Chastellet, aucuns deffaulx ne sont préjudiciaulx au commencement de cause, ne trois, ne quatre, pourveu que le deffaillant viengne avant la prononciation du jugement, car lors il n'y cherroit que despens.

Le deffendeur prent à deffendre, et à ce jour deffault, *quid juris?* Chaton dit que le deffaillant pert sa déclinatoire, dilatoire et péremptoire, et déchiet de l'instance; mais pour ce ne sera pas la cause perdue ne la demande aussi, car, se litiscontestation luy est saulve, Delsi (1) et tous les autres concordamment disent que le deffaillant pert déclinatoires et non plus.

Item s'il avoit prins à deffendre : *comme de raison*, ce mot n'y feroit ne froit ne chault.

Item dient que jour d'avis de délibération et deffendre portent ung mesmes prouffit.

Item se aucun a délibération sur les faits proposés par sa partie adverse, et la partie qui a icelle délibération, deffault, les faits de la partie comparant valent pour confessés, et se l'autre partie est mise en deffault, elle est décheue de ses faits proposés, si comme l'en prent exemple en cas de exécution et d'opposition. C'est vérité quant on a à réplicquer ou dupliquer, autrement non.

Nota que si aucun fait adjourner ung autre par-devant aucun juge, et le demandeur deffault devant litiscontestation, le deffendeur obtiendra *comparuit*, pour lequel veoir juger il fera appeller le demandeur, ou, s'il veult, il en pourra faire exception ; c'est assavoir qu'il ne soit tenu de procéder plus tost ne jusques à ce qu'il soit paié de ses despens dudit *comparuit*.

Item quiconques deffault au jour assigné à répondre à

(1) Delsi manque dans B.

aucune demande autresfois faicte contre luy, il pert sa cause, soit demandeur ou deffendeur.

Item quiconques deffault au jour assigné pour bailler ses faicts plaidoyés d'une part et d'autre, si c'est le demandeur, il pert entièrement sa cause; et si c'est le deffendeur, il est débouté de ses deffenses, et yra l'en en avant sur le faict du demandeur tant seullement.

Item quiconques deffault au jour assigné à aller avant sur ce que baillé a esté devers la court, si c'est le demandeur, il pert sa cause; et si c'est le deffendeur, il sera adjourné à veoir juger le prouffit d'ung deffault, et pour aller avant en la cause; et à celle journée prendront pour aller avant sur ce que le demandeur aura baillé tant seullement; car, par vertu d'icelluy deffault, le deffendeur est débouté de tous ses faits, se aucuns en avoit.

Item qui deffault à jurer et dire les vérités sur aucune demande ou deffence de jour assigné, il pert sa cause, soit demandeur ou deffendeur.

Item quiconques respond à aucuns articles et fait aucunes doubtes, et depuis prent jour assigné à respondre aux doubtes qu'il a fait, se à ce jour il deffault à ce faire, les articles doubteux vallent pour confessés à la partie adverse.

Item quiconques deffault au jour assigné à prouver pour première fois, soit demandeur ou deffendeur, il pert sa cause.

Se plusieurs tesmoings sont adjournés à bouche au jour de première production, se ils ne jurent, vostre diligence ne vous portera aucun prouffit sur icelle production, ne sur la seconde aussi.

Item se les deux parties ont à prouver seconde fois, et si le demandeur est comparant et le deffendeur deffaillant, icelluy deffendeur déchiet de ses contredits des tesmoings que sa partie aura fait adjourner à ce jour de seconde production, et avec ce déchiet forclos de sa seconde production, et ne seront aucuns tesmoings pour luy ouys fors ceulx qui sont jurés en la première production.

Et si le demandeur deffault à ce faire, il est à la volunté du deffendeur, par vertu de son deffault, d'aler avant en la cause, sur la preuve des tesmoings que le demandeur aura faict jurer; et se icelluy demandeur n'en a fait aucuns jurer, ledit deffendeur peult requérir estre absoubs de l'instance, et ledit demandeur condempné en ses despens. Et si les parties n'amainent tesmoings, ils sont décheus de ceste seconde production et n'en auront plus s'ils ne faisoient foy qu'ils les eussent fait adjourner; mais, en ce cas, ils auront la tierce.

Item quant le demandeur deffault au jour assigné sur aucune demande ou procès fait par luy contre sa partie adverse en quelque estat que ce soit, il fait interruption de son procès, et peult le deffendeur requérir estre absoubs de l'instance, et icelluy demandeur estre condempné en ses despens.

Item par usaige, stil et coustume, en toutes causes quelconques, et en quelque partie de la cause que ce soit, que le demandeur se départ de jugement sans avoir jour, il a interrompu son procès, et semble qu'il laisse son procès et relinqui (1) son plait, et qu'il s'en soit départi comme mat et recreu, et pour ce il déchiet de son instance et non pas de la cause.

Item quiconques deffault au jour assigné à publier tesmoings d'une partie et d'autre, celluy qui deffault déchiet et pert ses contredits qui saulvés luy estoient par avant, et ne pourra riens dire contre les tesmoings du comparant,

(1) Manque dans B.

c'est assavoir ceulx qui sont lors examinés, et le comparant ne pert riens, mais peult dire contre les tesmoings du deffaillant; et néantmoins s'il luy plaist avoir autre journée de faire examiner avant ledict deffault impétré, il le doit avoir.

Item quiconques deffault au jour assigné à dire contre tesmoings, ou qui riens n'y dit ou baille, il déchiet de ses contredits.

Item se au jour assigné à bailler par escript, l'une partie compare en jugement et baille ses contredits, et impétre deffault contre sa partie adverse, les faits des contredits qu'il aura baillés luy vauldront pour confessés par vertu du deffault.

Item qui deffault au jour assigné à aller avant sur faits de contredits qui ont été baillés devers la court d'une partie et d'autre, il déchiet de ses salvations.

Item [qui] deffault à ouyr droit où il chiet sur reproches, le deffaillant pert sa cause, car il déchiet du droit où il s'estoit mis, et sera le droit pour le comparant, supposé que contre luy deust avoir esté; et seront les faits du comparant receus à prouver, et les faits de sa partie adverse se le comparant a requis à ouyr droit sur ce par escript.

Item qui fault à jurer et dire les vérités sur reproches receus, sur interlocutoire ou aultrement, il déchiet du faict des contredits qu'il a proposés, et au comparant le faict de ses contredits luy sont confessés par vertu du deffault.

Item qui deffault au jour assigné à prouver première fois sur preuves, le défaillant déchiet de sa preuve, et au comparant valent pour confessées les preuves qu'il auroit à prouver.

Item qui deffault au jour assigné à prouver seconde

fois sur les reprouves (1), il déchiet de la seconde preuve, et n'aura aucuns tesmoings fors ceulx qui auront juré en sa première production sur repreuves (2).

Item qui deffault au jour assigné à faire foy de tesmoings, que l'en dit avoir esté semons, il déchiet des tesmoings dont il debvoit faire foy, et n'en aura nuls.

Item qui deffault au jour assigné à publier sur repreuves, n'aura le défaillant aucuns tesmoings qui luy soient vallables, fors ceulx qu'il avoit faict examiner avant le deffault. Et doit celuy qui impètre le deffault requérir, et par vertu d'icelluy deffault estre appoincté (3) à ouyr droit en diffinitive s'il est demandeur. Et s'il est deffendeur comparant, il doit sçavoir que le demandeur deffaillant fait interruption de procès.

Item qui deffault à ouyr droit où il chiet, le droit est donné contre l'absent par vertu du deffault (le droit souffisant requis) (4) ; toutesfois, se l'interlocutoire ne contient en soy substance de diffinitive, il semble que taisiblement et présumptivement le deffaillant se départ de ses raisons et de tout l'effet d'icelles, consentant de ressortir la jurisdiction laquelle il décline, selon raison, usage et coustume de court laye.

Item qui en court souveraine deffaut, tant en soit-il exempt par privillége, il doibt estre condempné comme contumax, pourveu que la demande soit incorporée au premier deffault, car il est tenu de comparoir et de alléguer son privilége.

(1) B. : repreuves.

(2) B. : reproches.

(3) B. : ... le deffault, par vertu d'icelluy deffault requérir estre appointé.

(4) Manque dans B.

Item si en la court souveraine est adjourné, *hoc probato*, il ne doit point deffault en (1) la court du baron.

Item qui au commencement du procès deffault trois foys, il chiet en prouffit de juge. Et lors il doit estre adjourné la quarte foys, o intimacion *quod sive venerit, sive non,* etc. Et lors prent encore deffault, mais ce sera le sien tenant; et si à celle quatrième foys ne se comparoit, il doit estre condempné par contumace, *quod est verum,* si la demande affermée est comprinse au premier deffault, et que les adjournemens soient faicts au domicille, ou aultrement valablement, et l'un à la bouche.

Item qui de prouffit de deffault se veult aider en jugement, il doit esclaircir quel prouffit du jour et à quoy le jour estoit, et dedens an et jour, ou aultrement il ne vault riens.

Item il n'est si forte contumace comme celle qui est impétrée en la présence de partie, car elle est despiteuse au juge. Qui deffault après jour de veue, en quelque estat que la cause soit, avant diffinitive sur nouveau trouble de possession, il pert sa saisine et en aucuns lieux toute la cause.

Se ung prisonnier pour cas civil fait adjourner sa partie à veoir sa délivrance, et il obtient ung deffault, il sera délivré de prison, mais il ne obtiendra pas dommage ne despens, s'il n'a quatre deffaulx.

In casu taxationis expensarum, et in casu venditionis pignorum ad videndum illa vendi, in litteris obligatoriis et in sententia, unus deffectus sufficit; in aliis vero casibus duo requiruntur.

Nota que selon le stil de Chastellet, se aucun est obligé en certaine somme de blé, vin, bois ou telles choses à

(1) B. : à.

paier à certains termes jà passés, et il est exécuté et adjourné à veoir priser et vendre, etc., se il deffault, par vertu d'icelluy premier deffault le blé sera aprisé (1) au plus grant pris, et l'exécution parfaicte, sans le faire appeller sur le prouffit dudit deffault, et ses biens qui en faisant ladicte exécution furent prins, seront vendus, et des siens, autres, se iceulx ne suffisoient. Et s'il s'estoit opposé à l'exécution, si est-il décheu par icelluy premier deffault. Et néantmoins sera le blé ou autre chose appréciée au *quanti plurimi* (2).

Se aucun advocat demande le prouffit d'ung deffault, et il demande autre prouffit que celuy qu'il doit avoir selon le stil de la court où il est, il pert le prouffit qu'il doibt avoir, puisqu'il a demandé ledit prouffit simplement sans aucune protestation ; car il ne peult avoir le prouffit qu'il demande, car le stil y répugne, et il ne doibt pas avoir autre prouffit, car il ne l'a pas demandé. Et pour ce, les saiges advocats dient en la fin de leur requeste : *ou tel autre prouffit comme je dois avoir, selon le stil de la court.*

Nota quant aucun a jour de retour de plait après veue, et il est mis en deffault, il pert déclinatoire et dilatoire, et avecques ce pert qu'il ne pourra jamais la veue contredire. Et se le procureur ou advocat, comme convoiteux, requéroit ou demandast despens, ils les auroient, mais aussi leur maistre n'en emporteroit autre prouffit, quant celluy qui aura esté mis en deffault et auroit paié les despens reviendroit au premier estat et pourroit proposer déclinatoire et dilatoire : aultrement il auroit d'ung sac deux moultures, c'est assavoir argent et prouffit en cause, ce qui n'est pas raison.

(1) B. : aprecié.

(2) B. ajoute : qu'il a valu *a tempore more solutionis*.

Nota se aucun deffault et prouffit n'est pas demandé dedens l'an, l'on n'y vient plus à temps, selon le stil.

Qui a jour de garant et il deffault, il pert son garant et non plus ; mais s'il avoit à amener son garant ou à proposer ses raisons, et il fut mis en deffault, il perdroit sa cause.

Nota que se ung deffault est impétré contre un demandeur, en tel estat de cause que par vertu d'icelluy deffault le deffendeur comparant puisse avoir gaigné sa cause, et sa partie estre condempnée en ses despens, nonobstant le demandeur qui a esté en deffault, comme dit est, fait de nouvel la propre demande qu'il faisoit premièrement. Respond le deffendeur qu'il ne fait à recevoir, ne n'est tenu de respondre, veu le deffault qui est de telle vertu qu'il emporte prouffit de querelle, et sur ce si le fait adjourner. Respond le demandeur que à requérir le prouffit dudit deffault il n'a ne jour ne terme, et pour chose qu'il die ne doit estre entendu fors à fin de dilatoire, ne ne porte préjudice au demandeur fors de interruption, laquelle il confesse, en requérant que en refondant les despens, lesquels il offre de fait, la partie soit condempnée à respondre à la demande. Dit a esté qu'il respondra ; mais le deffendeur aura recours contre son procureur, qui moins que souffisamment a mené ceste cause. Car quant il eust obtenu son deffault, il deust avoir fait adjourner le demandeur à veoir juger le prouffit d'icelluy, et au jour avoir requis qu'il eust gaigné sa cause, ou, en proposant sa fin (1) dilatoire, faire protestation d'autrefois requérir plus grant et plus large prouffit de son deffault, et que ce ne luy portast préjudice, ou avoir prins advis, absence ou autre délay, pendant lequel il eust fait faire son adjournement et requis son prouffit.

(1) B. : la fin délatoire.

CHAPITRE XI.

DES DEFFAULX EN CAS RÉEL.

Nota que en cas de propriété ou en cas possessoire autre que de nouvelleté, avant que la possession soit adjugée, trois deffaulx sont nécessaires, selon le stil de parlement. Et convient que, au second ou tiers adjournement, soient exprimés tels mots : *à veoir juger le prouffit de tant de deffaulx et procéder*, etc., *ou le premier ou le second deffault*, autrement le demandeur (1) n'auroit aucun prouffit fors que le deffendeur seroit condempné ès despens seullement. Et ainsi est-il par l'ordonnance du roy ; mais par trois contumaces le deffendeur pert sa possession, et est baillée au demandeur.

Item de dire que trois deffaulx soient nécessaires en cas de propriété, selon le stil de parlement, cela est faux.

Se le deffendeur deffault après jour de veue, et le demandeur compare et demande deffault, il aura, et ce deffault luy donnera la possession ; et est cecy gardé et observé tant par la coustume, comme aussi par la commune observance du royaulme de France, tenue et gardée en pais coustumier.

Item si le demandeur est contumax, par deux contumaces il sera condempné ès despens, dommages et intérests, et par la tierce il perdra sa cause, *licet contra jus*, et est à entendre avant litiscontestation ; et tantost après trois contumaces, peult estre adjugé propriété ou possession, et non par moins, si ce n'est en cas de nouvelleté,

(1) B. : et le demandeur.

et par chascun le défaillant pert ses dilatoires. Se ung demandeur deffault, il fait interruption et pert son instance, s'il ne s'est faict exoiner (1) d'exoine raisonnable et recepvable ; et si tost qu'il est venu en convalescence, ou a tout le moins dedens les huit jours après, il doit faire appeller son adversaire pour veoir juger son exoine et mettre au néant icelluy deffault. Aultre chose est du deffendeur quant il deffault, et si se fait exoiner, car lors il n'est pas tenu de faire appeller son adversaire pour vérifier et mettre le deffault au néant. *Imo* il peult attendre que le demandeur le face adjourner, et lors peult monstrer son exoine.

Nota quod deffectus in casu oppositionis facit amittere saisinam supra deficientem, in parlamento tantum.

Item in causa appellationis, deffectus appellantis facit sententiam primam demandari executioni, et deffectus appellati sententiam informari. Sed tamen videtur ante istum profectum, fieri adjornamentum super profectu vel defectus, vel congedii. De ista materia dicitur infra, de appellatione, circa principium et finem.

Item in Castelleto quadruplex deffectus cum demanda inserta in primo deffectu valet, et facit finem causæ, quia demanda habetur pro confessata.

Item habet reus contra actorem congedium, sicut actor contra reum defectum, et ita dicitur adjornamentum pro defectu congedium in reo, sicut actori super deffectu.

Item virtute deffectuum factorum in Castelleto, post prandium non fit aliqua condempnatio contra aliquem, licet si fieret ante prandium quatuor deffectus valerent demandam confessatam, si demanda esset inserta in primo deffectu.

(1) B. : exonier.

Nota quod ubi pars appellat, presentat se contra judicem, et non contra partem, tamen sufficit ex quo judex adjornatus est deffensurus judicatum suum, et ita vidi judicari pro Rebeschaux contra Michaelem Miette, anno Domini millesimo CCCXXVII.

Item nota quod ubi aliquis venit exoniare alium, si afferat litteras exoniæ, vel certa insignia, tunc auditur, nec datur defectus contra exoniatum; et si ipse non afferat litteras vel insignia, datur defectus; sed bene ponitur in prædicto defectu quod talis venerat ad exoniandum eum, sed non actualiter litteras vel insignia attulit, alias ponitur in defectu, sauf l'exoine.

Item nota quod in Castelleto, in casu oppositionis solus defectus facit amittere dilatorias et declinatorias duntaxat, licet fallat in arresto. Sed in parlamento defectus facit amittere saisinam simpliciter, ut supra in principio.

Item cavendum est, quod ubi appellans capit defectum non importat nisi defectum solum, et facit adjornari super profectu defectus, qui est talis ut supra vidimus eodem titulo. Sed ubi appellatus capit congedium potest tradere cedulam dicti profectus quem requirit, et habebit illum profectum in suo congedio, quia appellatus pro se jam habet unam sentenciam, sed appellans non.

Item defectus non datur contra partem cui est procurator regius adjunctus.

Item nota quod ab officiario regio non appellatur a denegatione juris, sed bene ab eo querela ad requestas vel parlamentum defertur.

Sed si est aliquis alius judex quam officiarius regius, bene appellatur tanquam a defectu judicis in casu in quo denegat totaliter dicere et facere justiciam.

Item defectus juris est quando judex denegat expresse facere justiciam, et statim cum denegaverit quoquomodo expresse justiciam, locus est appellationi et defectui juris, non ab officiario regio, sed ab alio judice.

Item si interpellatus per quatuor vices justitiam reddere noluerit et abstinuerit ad reddendum jus; et intelligendus est sufficienter interpellari, si infra quindenam, et extra octavas, interpellatur, alias non; sed si antequam omnes vices interpellationis transiverint, assignet diem certum ad reddendum jus petitum, si pars requirens jus consenserit, tunc omnes interpellationes sunt adnichillatæ et purgatæ quasi tacite renunciaverit interpellationibus suis. Et quamdiu apparet, et apparere potest de consensu partis, in dicta assignatione facta, non potest ponere vel dicere judicem esse in deffectu juris reddendi. Et ideo tutum est parti, nullum cappiat memoriale de tali assignatione in qua minime consensit, et quod non obstante tali assignatione, semper faciat suas debitas interpellationes, donec adimpleverit quartam, ut premissum est supra.

Item nota quod ubi aliquis est adjornatus super causa criminali, expressa in adjornamento, si ponatur in defectu ad diem ad quem adjornatus est, stillus est talis quod curia debet mandare baillivo vel justiciario loci, quod capiatur adjornatus et incarceretur, si pars hoc requirat, et assignetur sibi dies ad videndum judicari profectum defectus. Et si pars hoc non petierit, et curiæ constaret de dicto defectu, tamen curia consuevit facere relaxamentum carceris sub pœna, et assignare diem ad sequens parlamentum, et forte defectus est talis quod reus cadet a deffensionibus suis, licet ad hoc plures sint opiniones.

Item nota ubi alicui est mandatum per regem, quod recipiat aliquem vasallum in fidem suam, et si super hoc opponat, quod adjornetur ad parlamentum, dicturus causam, quare minime vult eum recipere in fidem suam; si ad diem adjornamenti ponatur in defectu, ipse cadit ab omni ra-

tione quam posset dicere quare non deberet eum recipere. Et ita fuit pronunciatum pro viccomite Melduni contra commitem Petragorum, anno Domini mille CCCXXXII.

Se en cas de nouvelleté, et après la complaincte faicte, la chose contencieuse est mise en la main du roy, et jour assigné aux parties, et au jour la partie opposant ne compare, ne envoye excusation, elle sera mise en deffault; et par vertu d'icelluy deffault, et sans autre délay ou solempnité, la chose qui estoit mise en la main du roy sera mise en la main du complaignant, et en sa saisine sera deffendu, saulve la question de la propriété à la partie adverse, si comme il est contenu au chappitre de *nouvelleté*, etc.

Item se la partie opposant (1) et l'autre non. Et ainsi sont-ils punis pour la première contumace, car petit dure ceste punition, et porte petit préjudice qui peult estre réparé par la question de la propriété.

(1) B. : si la partie est présente et l'autre non. Aussi bien sont-ils pugnis pour la premiere contumace, car petit, etc.

CHAPITRE XII.

DES DEFFAULX SUR L'APPELLATION.

Se la partie appellant compare, et la partie appellée non, l'en la doit réadjourner à veoir juger le prouffit du deffault. Et si la partie appellée compare, et la partie appellant non, lors pour ce qu'elle a obtenu, la première sentence sera mise à exécution; car puisque l'appellant ne compare ne envoye pour soy excuser, il est à présumer pour le juge et que l'appellant ne la vueille ou saiche impugner. Et le prouffit du deffault est que, viengne la partie ou non, l'en prononcera bien appellé et mal jugé, se la contumace n'est purgée par juste cause et excusations vrayes, ausquelles il doit estre ouy; car en vain seroit-il adjourné, s'il n'estoit ouy.

Et se le non comparant avoit envoyé excuseur, et après ce il faisoit adjourner son adversaire à veoir purger ledit deffault, il seroit en ce ouy. Mais il conviendroit que son procureur eust procuration et puissance de excuser son exoine de procureur. Toutesfois, c'est à entendre en contumace prinse avant litiscontestation, car après litiscontestation je doubte que autrement ne fut dit.

Item se plusieurs ont une cause d'appel toute conjoincte et annexée, et les ungs se présentent en parlement et les autres non, les non présentés ne seront pas relevés par les présentés.

CHAPITRE XIII.

DES CAUSES QUI SONT EXTRAORDINAIRES DESQUELLES L'EN PEULT CONGNOISTRE MESMEMENT ÈS VACACIONS D'AOUST ET DE VENDANGES, ET EN TOUTES SAISONS NON PLAIDOIABLES.

Et premièrement de tous cas qui désirent célérité, comme sont les cas de péril.

Item des cas d'arrests faicts sur biens qui ne se pevent garder, *et quæ servando servari non possunt*, ou d'arrest fait en icelluy mesme temps.

Item de injures dictes en icelluy temps.

Item les causes des forains et de plusieurs autres qui sont favorables, comme sont ceulx qui afferment qu'ils s'en veulent partir, et ne demeurent pour aultre cause.

Item les causes des marchans de bétail, car pour telle debte l'en tient prison.

CHAPITRE XIV.

DE CE QUE LE DEMANDEUR A A FAIRE FOY DE CE QU'IL PROPOSE AVANT QUE LE DEFFENDEUR RESPONDE.

Se aucun en plaidant faict mention d'aucuns actes de la court ou de lettres royaulx, il est tenu de les exhiber avant que partie responde ; mais des lettres, ou instrumens dont il se vouldra aider en forme de preuve, ne sera il point tenu de les exhiber, ne en faire exhibition jusques à tant qu'il les produira. Ainsi fut-il dit pour l'appellation de la duchesse d'Acquitaine contre le duc, l'an mil cccxxiii.

Item se aucun se dit saisi d'une chose qui, de droit commun, ne peult cheoir en sa personne, et il allègue tiltre ou privillége, incontinent il le doit monstrer avant que partie luy responde, *maxime* si c'est contre son souverain ; mais si c'est contre son voisin contre lequel il se dit avoir aucune saisine, comme si les habitans qui de droit commun ne sont capables de jurisdiction se disoient avoir saisine d'aucune jurisdiction contre leur aultre voisin; ainsi fut-il dit ou dit an xxiii contre la ville de Tournay, pour le doyen dudit lieu.

Item plus se aucun pour fonder saisine telle que dit est, allègue tiltre qui soit contre droit commun et avec ce qu'il ait privillége, incontinent il doit enseigner du tiltre du privillége avant que partie luy responde. Et est la raison, car jà soit que de prime face aucun ne soit tenu de monstrer et exhiber le tiltre de sa possession s'il ne veult, toutesfois, où le demandeur allègue tiltre, il est tenu de en enseigner, *presertim* quant c'est contre droit commun.

Ainsi fut-il dit pour messire Jéhan de Cerchemont, chancellier de France, contre les maire et jurés de Saint-Quentin en Vermandois, en cas de nouvelleté, et pour ce l'advocat faillit qui tel tiltre allégua.

Se aucune partie se aide d'aucuns actes de la court, et l'aultre partie n'en demande lors copie, jà depuis ne l'aura, se la partie ne les met en forme de preuve, et lorsqu'il aura la coppie des tesmoings.

Item des aultres lettres par lesquelles l'en requiert exécution en cas de ypotheeque, ou aultrement, vous n'en aurez nulles, ne orrez lire.

Item se en plaidant, aucun se vante d'aucuns actes de la court, il est tenu de en faire foy incontinent, se il ne jure que ils ne soient pas en sa puissance, auquel cas l'en luy donnera journée de les apporter quant aux aucuns, aux aultres non.

Item se aucun faict adjourner ung aultre à veoir tauxer despens, se la partie requiert veoir la sentence, il est de nécessité que le demandeur luy monstre promptement, ne il n'aura aultre refuge, *nisi refugium miserorum,* qui est absence s'il ne l'a eue au procès. Et la raison est, car il suppose que l'en donne délay aux aultres actes, comme à obligations, commissions, *et hujusmodi*, c'est pour ce que de nécessité il convient les bailler aux sergens pour les mettre à exécution, qui les retiegnent, et ne les rendent pas tousjours à jour nommé ; mais pour faire ung adjournement à veoir tauxer, il ne convient pas bailler la sentence, et pour ce si le procureur ne l'a veue, lui doibt estre imputé.

CHAPITRE XV.

DE VEUE.

Premièrement les parties doibvent estre d'accord au lieu et heure pour assembler du commissaire devant lequel la veue se fera. Veue doit estre faicte aux quatre angles de l'héritaige, de bout en bout, de long en long, à l'œil et au doigt, et doibt l'adversaire estre appellé à ce, et doibt le sergent ou aultre qui représente la justice estre présent, et luy doibt l'en monstrer les quatre bournes et les quatre quignetz de chacune part, et dire au commissaire : *Je fais veue à ma partie adverse de ceste présente pièce de terre, etc., si comme elle se comporte* (et doibt nommer le terrouer, et le nom de la pièce, ou des pièces), *en la présence de vous sergent, et vous requiers que le me tesmoignez*, etc. Et si c'estoit une maison, il doibt entrer dedens, et aller en hault et en bas, et si entrer n'y povoit, toucher aux jambes , et environner icelle maison, si comme l'en peult mieulx, et dire si comme dessus, et faire d'ung coustel (1) à chacune jambe d'icelle maison, devant et derrière, une croix. Et si tu fais veue d'aucun héritaige qui soit tenu en fief, tu le feras comme dessus, et diras que ce sont les héritaiges dont est contention, et que tu as advoué à tenir en fief de tel et de tel, etc.

Item qui deffault après jour de veue en quelque estat que ce soit (2) la cause avant diffinitive sur nouvel trouble,

(1) B. : cousté.

(2) B. : en quelque estat que soit.

il pert sa saisine, et en aucun lieu toute sa cause, car les stilles ne sont pas pareils.

Item qui après veue prent garand, il ne peult plus de là en avant décliner, car la veue luy monstre quel juge il doibt avoir et advouer, mais s'il veult décliner *immediate* après la veue, faire (1) le peult. Se la partie ou le commissaire ne vient point au jour, lieu et heure assignée, le deffendeur face sa diligence, et en preigne instrument publicque, ou lettres soubs le séel de deux ou troys tesmoings, et le porte à la court pour avoir aultre délay. Et se le demandeur et le commissaire sont diligens, le demandeur doibt faire sa veue en la présence du commissaire; et de ladicte contumace, de l'attente qu'ils ont faicte au lieu et heure de la veue, et de tout, ledict commissaire face raport.

(1) B. : après la veue faicte.

CHAPITRE XVI.

DE GARAND.

Nota quod vocatus ad garandiam rei immobilis, potest bene petere diem visionis sive veutæ illius rei garantisandæ, et ita vidi judicari pro domino de Montemorenciano contra abbatem sancti Dyonisii. Et debet esse quidam serviens ad visionem faciendam et referendam (1).

Item nota quod ubi aliquis accepit diem garandiæ simpliciter, nisi protestetur se defensurum causam in casu ubi garandus nequiret in se suscipere defensionem causæ, ut ille qui adducit garandum non poterit amodo deffendere causam, et ideo tutum est accipere diem ad adducendum garandum vel ad proponendum suas rationes, sicut consuevit fieri in Castelleto.

Item nota quod in causa maleficii non admittitur aliquis ad adducendum garandum.

Item nota quod in parlamento dies garandi durat per tria parlamenta, et oportet nominare garandum et in Castelleto non est necesse eum nominare.

Item ubi aliquis vult habere garandum, sive ratione rei mobilis sive immobilis conveniatur, et tunc petere potest garandum, scilicet illum, per quem, vel a quo dicit se habere jus in aliqua re, mediante aliquo titulo singulari, ut patet in emptore et venditore, et similibus qui advocant garandos suos donatores, venditores et similes. Sed ubi aliquis convenitur ratione alicujus facti personalis ex persona descendentis (2), *tunc aut suo nomine facit, licet ad voluntatem*

(1) B. : *referendum.*

(2) B. : *descendentibus.*

alterius, et tunc non potest petere nec habere garandum, ut patet in fidejussore vel constituente. Aut facit nomine alterius et non nomine suo, et tunc aut est delictum nomine suo factum vel quasi, et tunc debet habere garandum si petatur, ut patet in serviente alterius domini, qui nomine domini sui fecit explectum justiciæ; si super hoc conveniatur, potest super hoc vocare dominum suum in garandum, et ita videmus quotidie in servientibus Castelleti qui vocant quotidie commissionem suam vel prepositum in garandum.

Item nota quod ubi aliquis ratione rei alicujus advouat aliquem in dominum, ille advouatus est in saisina habendi curam advouandi sui ratione illius rei.

Item quant à aucun qui est convenu sont aucunes bonnes raisons enseignées par celui qui est appellé a garand, et depuis il procède tant que jour et seconde production luy est assignée, il doibt dénoncer à celuy qui lesdictes raisons luy a enseignées qu'il luy administre tesmoings, etc.

Et ne le doibt pas faire à la première production, pour ce qu'il se vouldroit acquiter en disant qu'il se gardera mesprendre *et quod ultra non tenetur*. Mais à la seconde production fault qu'il réponde absolument et qu'il face son debvoir, ou aultrement sa négligence luy pourroit estre réputée en reprouche *tempore et loco, etc.*

Nota que celuy qui est attraict à garand peult débatre l'adjournement faict contre celuy qui l'a atraict. Et ainsi a-il été jugé en parlement, et je croy bien que aussi il peult débatre, comme feroit celuy au lieu duquel il y entre (1). Mais il ne peult pas demander aultre veue, se le garand est condempné en la demande du deffendeur, *et*

(1) B. 1598 : il entre.

eo ipso il sera condempné en l'intérest de celuy qui possédoit la chose dont estoit débat, se le garand ne veult prendre la garantie [ou se il se laisse mectre en deffault ycelui qui l'atraict à garand (1)], car il n'a plus besoing de procéder s'il ne veult, *sed ei competit actio de evictione contra garandum.*

Item se celui qui est attraict à garand demande advis, conseil ou veue, pour ce ne prent-il pas la garantie, et s'il ne compare, mais envoye procuration, il ne sera mie réputé pour fondé, si en sa procuration ne sont tels mots : *donnons et octroions audict procureur plain especial pouvoir et auctorité de faire adveu ou désaveu sur garantie;* ainsi fut-il piéça ordonné en parlement.

Item en délict n'a nul garand, fust maistre ou père, ou aultre qui voulsist bien estre garand, car à eulx en tel cas nul n'est tenu de obéir à garand ; mais ung sergent à ung juge, *secus*, comme dessus est dict.

Si ante litem contestatam garand ne veult prendre la garantie, celuy qui l'attraict doibt protester des intérests et dommaiges.

Se aucuns hommes jugeans en court se dient non sages pour juger aucunes causes, et partant aient cause et matière de les renvoier au souverain pour juger, il les jugera et renvoira au juge pour les prononcer ; et si l'en appelle, et ils en sont traicts à cause, ils pevent appeller leur souverain à garand.

Nota que garand est celuy qui est tenu de l'éviction, et (2) pourtant ceste dilation n'est point demandée, fors ès actions réelles, *vel in rem scriptas*, *sive mixtas*, etc.

(1) Manque dans B.

(2) Manque dans B.

CHAPITRE XVII.

POUR ANNULLER UNG DÉCRET.

Primo si le debteur est moindre d'ans.

Item s'il a meubles souffisans, l'en ne doibt pas faire crier ses héritaiges, ou subhaster.

Item on ne doibt point faire subhaster héritaiges oultre la somme deue.

Item si l'en a commencé à faire exécution sur aucuns biens, l'en ne doibt point faire nouvelle exécution, et laisser celle qui est jà encommencée.

Item contre celuy qui n'est point obligé, l'en ne doibt point procéder par voie d'exécution, supposé encore qu'il soit héritier de l'obligé.

Item si le pris de la vente de l'héritaige est petit oultre la moitié de juste pris, mesmement quant il y a chose ou l'en puisse noter aucune fraulde.

Item s'il y a erreur évident ès subhastations ou ès décrets.

Item si le décret ne contient expressément toutes ses sollennités essenciales, c'est assavoir quatre subhastations faictes de quinzaine en quinzaine, à quel jour et à quel lieu, et que les subhastations soient certifiées au debteur.

Toutesfois toutes ces raisons sont excluses quant le debteur est aagé, et ne s'est point opposé.

CHAPITRE XVIII.

REPROCHES QUI SONT RECEUES SELON LE STIL DE PARLEMENT.

Primo, quant le tesmoing est taillable de hault et de bas, ou à la voulenté, et estoit devant, et au temps de son tesmoignage, de celluy qui le produit. Et est à noter qu'il ne souffiroit pas de dire serf seullement, qui ne diroit le surplus.

Item quant il est de morte main ou de formariage de celluy qui le produit, et estoit au temps de sa production faicte en ceste cause.

Item qu'il est moyne ou convers de l'église, et estoit ou temps de son tesmoignage.

Item quant il est chanoine de l'église qui le produit et estoit ou temps, etc.

Item qu'il a esté du conseil de la cause par avant et ou temps de son tesmoignage : *nec est necesse aliter dicere de tempore*.

Item qu'il est ennemy capital et estoit, ou temps de son tesmoignage, de celluy contre qui il est produit, et est nécessaire de dire *capital*, car aultrement inimitié n'est à recepvoir, et dient aucuns qu'il fault dire la cause de l'inimitié.

Item qu'il est domesticque et familier, et estoit ou temps de son tesmoignage.

Item qu'il y prent prouffit, et enrichiroit se icelluy qui le produit gaignait sa cause, *nec est necesse dicere de tempore*.

Item qu'il est parjure et condempné de parjure et estoit ou temps, etc.; aucuns dient qu'il est nécessaire de dire *par juge compétent*.

Item qu'il est condempné de larcin, et estoit ou temps de son tesmoignage.

Item qu'il est banni pour larcin, et estoit ou temps, etc.

Item qu'il avoit brisé la prison de tel son juge qui le détenoit pour crime de larcin.

Item qu'il estoit fol ou ydiot ou temps de son tesmoignage.

Item que au temps de son tesmoignage il estoit des hereses, etc.

Item qu'il estoit moins aagé de quatorze ans.

Aultres reprouches sont plusieurs qui toutes ne pevent pas estre escriptes.

Corrompus par dons.

Qui volentairement deppose sans estre requis.

Celuy qui a faict menaces (1).

Femmes et enfans en la cause du père.

Qui est du conseil.

Qui ne dépose de voir et de ouyr, ou avoir esté présent.

Quant le tesmoing ne rend point cause de sa déposition.

Quant il s'efforce habondamment et plus qu'on ne luy demande.

Item que singuliers contraincts et variables (2).

Et est assavoir que les reprouches dessus dictes doibvent estre mises en bonne forme, aultrement elles ne seroient pas recevables. Et se reçeus estoient en mauvaise

(1) B. : qui a faictes menasses.

(2) B. : Item que singulières contraires et variables. Et ainsi est observé par l'ordonnance du feu roy Loys douzième, faicte au mois d'apvril, l'an mil cinq cents et douze, art. XXXVII.

forme, et elles feussent prouvées en bonne, si vauldroient elles. Et est assavoir que aucunesfois les reprouches sont proposées avant que les tesmoings soient jurés, et ainsi est-il en parlement où (1) on souffriroit pas de faire protestacion de les reproucher après la déposition, se les parties ne le consentoient (2), et le juge ne leur réservast (3) qu'ils le peussent reproucher jusques en fin de cause.

Nota que les commissaires de parlement jà soit ce qu'ils soient commissaires jugeans, ou commissaires refférendaires, ils ont acoustumé de contraindre les tesmoings à venir par devant eulx par prinse de leurs biens et emprisonnement de leurs corps.

Item par le stil de la court ne sont pas reçeus les reprouches qui s'ensuivent. C'est assavoir que les tesmoings estoient excommuniés, taverniers, luxurieux, et viles et déshonnestes personnes, et les semblables.

Item l'en ne reçoit point aussi les reprouches qui s'ensuivent : c'est que le tesmoing est et estoit ou temps de son tesmoignage larron, homicide, meurtrier, et enforceur de femmes, ou entaché d'aucun aultre crime, ou infâme, si l'en ne dict qu'il a esté condempné, et encores dient aucuns et que ce a esté par juge compétent.

Item peu de reprouches sont contre lettres et instrumens trouvés par formulaires, ne l'en n'en trouve point de forme. Toutefois sont proposés reprouches par le stil de la court contre lettres et instrumens ; exemple : quant l'instrument est tabellionné ou faict par ung notaire impérial, car à tels tabellions l'en ne doibt pas

(1) A.B. : et où on ne suffiroit pas de faire protestation de ses reproches.
(2) A. : et se les parties consentoient.
(3) A.B. : et le juge leur réservast.

croyre, et ne font point de foy en parlement selon le stil de la court.

Item quant c'est la coppie d'un instrument et non l'original, car selon le stil de la court l'en ne croit pas à la coppie(1), ne elle ne faict aucune foy, se la partie s'oppose, sinon que la collation fut faicte à l'original par la court ou par les commissaires de la cause que les tesmoings ont ouys, et encores que ce fust *parte vocata.*

Item l'en ne croit point à lettres séellées des seaulx de la court de l'official.

Item se aucun attraict à tesmoignage contre moy aucun aultre qui plaide à moy en cas criminel, je le puis contredire.

Item se aucun est condempné de crime, il ne doibt point estre reçeu à tesmoignage, car il est desvoyé de sa pensée, ou de son sens.

Item les mal renommés ne sont pas trop à croire.

Item il est deffendu que le juge, les advocats ou leurs exécuteurs, ne soient tesmoings en la cause où ils sont, ou ont esté juges, etc.

Item le père ne peult tesmoigner pour ses enfans, ne les enfans pour le père, fors en trois cas, c'est assavoir en ung testament, ou à prouver lignaige et affinité.

Item celluy qui me doibt garantir aucune chose je puis bien attraire à tesmoignage ou cas de la saisine, mais non pas ou cas de la propriété.

(1) A.B. : l'en ne croit pas la coppie.

CHAPITRE XIX.

DU JUGEMENT DES HOMMES.

Nota quod ubi judicatur per homines regis (1), *si propter eorum malum judicium emenda committatur, homines solvere debent pro se, sicut debent habere pro se ab alio qui appellavit, quando bene judicatum fuit per eos.*

Nota que ung procureur ne peult estre procureur d'assise, pour conseiller la court, sinon pour ung vassal, *quia alias posset inconveniens tale sequi :* que ung procureur pourroit estre pour tous les vassaulx, et aussi la court pourroit défaillir de conseil.

(1) Charondas met ici en note : « En mon livre escrit à la main y a *per homines legis*, qui sont hommes de loy, à sçavoir de corps de ville qui ont loy et dition ; ainsi parle mon vieil Practicien, et adjouste que les hommes de fief qui s'y accordent en sont du nombre. »

CHAPITRE XX.

DES CAS DES PERS DE FRANCE.

Ceulx qui appellent des pers de France, ou de leurs hommes, sont à renvoier à (1) la court de parlement.

Se le subject du per fait adjourner le per en parlement, en aultre cause que en cause d'appellation, si la cause ne touche partie, et le per requiert que la cause luy soit renvoyée, il sera ouy.

Les pers de France ne sont tenus de plaider fors en parlement. Et s'ils sont adjournés par devant ung baillif, ou ung séneschal, ils pevent exciper, car ils ne sont point subjects, ne de son ressort.

Quant l'en peult faire adjourner en cas d'appel ung per de France, le roy par ses lettres adjourne le per, et mande au baillif qu'il luy présente ou face présenter ses lettres.

Item pour ce que en cas d'appel est aucunes fois nécessaire à l'appellant d'avoir remède plus brief que de le venir quérir en la court de parlement, en ce cas chascun per est réputé du ressort du baillif, car à la requeste de l'appellant chascun baillif peult faire deffense au per que luy, ne ses adhérens, ne attempte contre l'appellation, et signifier au per que iceulx appellans sont en la garde du roy, et leur peult donner espécial gardien, et en cela ils sont réputés subjects des baillifs et non aultrement.

Item si le per de France procède volontairement devant le baillif ou séneschal, le procès tient. Exemple : Simon Vie attraict en cause madame d'Artois devant le baillif de

(1) B. : en la court.

Vermandoïs, et fut le procès encommencé et l'enqueste faicte, et depuis impétra lettres de justice adressans au baillif, par vertu desquelles la dame d'Artois fut appelée devant le baillif ; ausquelles lettres elle se opposa ; pour laquelle opposition le baillif envoya lesdictes parties en parlement, auquel ledict Simon requist son enqueste estre receue et jugée. Madame d'Artois, arguant au contraire, disoit que l'enqueste ne devoit estre receue, car elle estoit nulle comme faicte devant juge incompétent, mesmement qu'elle estoit per de France, et à cause de ce, elle n'estoit tenue d'aller plaider ne procéder fors en parlement. De la partie dudict Simon fut dict que si sa raison procédoit, cela seroit seulement ou cas qu'elle eust décliné. Mais elle avoit voluntairement procédé. Dict fut que, considéré qu'elle avoit voluntairement procédé, l'enqueste seroit receue. Et pour ce que par l'enqueste fut trouvé qu'elle avoit esté faicte, sans ce que l'en eust faict litiscontestation en la cause (1), icelle enqueste fut annullée. Faict l'an mil cccxxxv.

Item jà soit ce que les pers de France ne soient subjects des baillifs, ou séneschaulx, toutesfois en cas de saisine et de nouvelleté, ou aultres où il chiet opposition, la requeste de la partie ouye, et la complaincte contre le per, si le per ne s'oppose ou excipe, le baillif ou commissaire pourra oster l'empeschement, ou aultrement accomplir la requeste du complaignant contre le per. Et ainsi fut il dict contre l'évesque de Laon pour ung sien homme.

Nota que en ce sont les pers de France plus nobles, car ils ont leurs grands jours ausquels l'en appelle de devant leurs baillifs ou séneschaulx en parlement. Et nul aultre du royaulme ne les a, fors les religieux de Sainct

(1) B. . *quod raro fit.*

Denys qui l'ont par privillége; ne les subjects des baillifs. Car les baillifs pevent adjourner les pers par devant eulx pour ouyr les parties complaignans desdicts pers de France en cas de saisine et de nouvelleté, et en cas d'opposition, adjourner iceulx pers, si comme il est contenu au chapitre des adjournemens. Et se le per ne s'oppose ou excipe (1), le baillif ou commissaire pourra oster l'empeschement, ou aultrement acomplir la requeste du complaignant.

Item en cas d'appel, le roy adjourne et mande au baillif qu'il présente les lettres, et qu'il face deffence au per qu'il n'attempte contre l'appel, et qu'il luy intime les appellans estre en la sauvegarde du roy, et qu'il leur donne gardien, et la court punit ceulx qui celle sauvegarde enfraignent. Et en cela sont les pers de France du ressort des baillifs et séneschaulx.

Item en exécution de lettres obligatoires ne fault que unes lettres pour adjourner les pers de France; et les adjournent les baillifs en exécutant les adjournemens où fault exécuter; et de leur commandement par leurs commissions ou sergens en la manière dessusdicte, etc.

(1) A. : exhibe.

CHAPITRE XXI.

DES LIBELLES.

Libelle personnel sur injures.

Il est assavoir que des injures verbales, si elles ne sont dictes en jugement, ou si elles ne sont atroces, le roy n'en prent point d'amende, mais les évesques et les jurisdictions subjectes.

Item pour injures dictes en l'absence d'aulcun, action en naist, quant elles sont atroces. Toutesfois l'action en est expirée par an, à compter du jour que l'injure est venue à la cognoissance de celuy contre qui elle a esté dicte. Et est assavoir que injure simple est abolie par boire et manger ensemble, et aussi par an et jour.

Item de injure du faict est personnelle (1) et toute action personnelle est expirée par le laps de xxx ans.

Item de plusieurs injures faictes et dictes en ung moment ne naist fors une action.

(1) Manque dans B.

CHAPITRE XXII.

DEFFENCE SUR CE.

La partie adverse me dict : *sic et sic,* et partant apert qu'il donna (1) commencement, et fut cause mouvante.

Item ce ne fut pas de courage esmeu, mais ce fut amoureusement, et par esbatement, ou par hastiveté.

Item vilennie dicte en l'absence d'aulcun n'emporte point d'amende.

Item mon maistre est rural, *qui non novit jura*, et vous savez que *rusticitati parcendum est.*

Item l'an et le jour passé ne fait l'injure à recepvoir (2).

Item s'il ont beu et mengé ensemble depuis; mais ceste fin doibt aller devant le principal.

Item a l'adition pour les respondre (3) : *je le sens preud'homme et loyal, ne n'ay pas volunté d'en soutenir aulcune chose.*

Item, et posé que je le disse, ce ne fut oncques contre luy, et ne l'adressay pas à luy, si semble mieulx que sans cause et pour moy adommager veult attribuer telles parolles à ma personne, et aussy je luy nie, etc., et requiers absolution et despens.

(1) B. : qui donna.

(2) A.B. : ne faict l'injure recevoir.

(3) B. : Item l'addition pour respondre. — A. : Item a l'addition pour respondre.

CHAPITRE XXIII.

RÉPLICATION.

Il est semblant de vérité (1) que telles parolles obscures qui rendent l'homme souspessonneux, le diffamment, et les parolles en touchant à une seule personne sans faire mencion d'aultre, ne pevent resortir, ne redonder fors à la personne de celluy à qui l'en tance, ne celle parolle ne redonde et ne regarde et n'a relation fors à luy, considéré la manière du parler, *quare*, *etc*.

(1) A.B. : Il semble que telles paroles obscures ne rendent l'homme soupçonneux, et ne le diffament, mais les paroles en touchant à une seule personne, etc.

CHAPITRE XXIV.

SUR PAIN ET SUR VIN.

Aultre libelle personnel.

La partie adverse me doibt cent sols pour vente, bail et délivrance de pain et de vin, par moy ou mes gens à luy baillés, ou à son commandement, et dont il a eu le faict pour aggréable, et par compte faict sur ce entre luy et moy. Et ces cent sols m'a promis et enconvenencé payer à ma volunté, etc. Je l'en ay depuys par plusieurs foys sommé et requis d'en estre paié, dont il a esté et est reffusant, délayant, et en demeure. Et pour ce l'ay faict adjourner, et convenir par devant vous, par quoy je requiers contre luy que s'il congnoist et confesse que ainsi soit, qu'il soit par vous condempné et contrainct à me rendre et paier lesdicts cent sols. Et s'il le nye, j'en offre (1) à reprouver, tant qu'il souffira à mon intention avoir, et qu'il soit condempné ès despens.

(1) A.B. : je offre a prouver.

CHAPITRE XXV.

SIC FORMATUR LIBELLUS PRO RE INCORPORALI.

Dico quod cum essem in possessione, vel quasi, juris recipiendi unum caponem singulis annis a Titio qui cessavit a solutione per duos annos, unde peto quod solvat caponem in futurum, et ad meam possessionem me restituat.

Dico contra Titium et assero quod talem fundum suum subjecit superficiei domus meæ, et quod imposuit ibidem superficiem sic et sic, unde peto ipsum Titium per sententiam prohiberi ut me de cetero non perturbet, et ad hoc propono interdictum de superficiebus.

CHAPITRE XXVI.

DE ITINERE ACTUQUE PRIVATO SIC FORMATUR LIBELLUS.

Dico contra Titium quod ego sum usus jure servitutis contra ipsum per XXX *annos, itinere actuque, per fundum suum talem, ad eundum ad talem fundum meum, nec vi, nec clam, nec precario, unde cum ipse Titius me impediat et prohibeat uti dictis itinere actuque privato* (1), *peto ipsum per sentenciam vestram prohiberi, et ut desistat, etc.*

(1) B. : *et prohibeat aquam ducere.*

CHAPITRE XXVII.

DE AQUA QUOTIDIANA ET ÆSTIVA.

Dico contra Titium, quod ego jure servitutis hoc anno duxi aquam per talem locum non vi, non clam, nec precario, unde cum ipse me prohibeat aquam ducere, ideo peto ipsum per sentenciam prohiberi, et ut me ducere aquam permittat modo consueto.

Dico contra Titium quod ego precario sibi concessi talem rem meam mobilem vel immobilem, unde cum eam restituere michi contradicat peto ipsum condempnari, etc., et ad hoc propono interdictum de precario.

Dico contra Titium quod ipse habet arborem portantem (1) *in ædibus suis, quæ nocet domui meæ in fundamentis, hoc modo; unde cum ipse eam arborem subscindere contradicat, super hoc a me monitus, peto ipsum sententialiter condempnari ut arborem subscindat, aut me subscindere permitat; et ad hoc propono interdictum de arboribus cædendis. Vel sic dico quod ipse habet arborem in agro suo quæ nocet agro meo, unde cum peterem ut ipse per* XV *pedes a terra cohercere arborem deberet, super hoc monitus contradicat, peto, etc., ut supra.*

Dico contra Titium quod tales fructus arboris meæ ceciderunt in fundum suum, quos colligere me prohibet requisitus ut me permitteret eos colligere in fundo suo, unde peto ipsum condempnari, etc., et ad hoc propono interdictum de glande legenda.

Dico contra Titium quod ipse detinet talem hominem

(1) B. : *potentem.* — B. 1598 : *impendentem.*

liberum invitum, et injuste, unde peto ipsum Titium per senteuciam modo condempnari, et condempnatum compelli ut ipsum hominem modo in jure, sive in publico, exhibeat ut sit michi facultas eum videndi et tangendi, et ad hoc propono interdictum de libero homine exhibendo.

Dico contra Titium quod ego locavi fundum meum, vel domum meam talem sibi pro x, *pro quibus* x *tales res michi obligavit; unde cum ipse Titius vel alius, si ad alium pervenerint, tales res possideat, vel detineat, peto ipsum condempnari per sentenciam ut possessionem talium rerum predictarum michi restituat, et ad hoc propono interdictum de Salviano interdicto.*

Nota en quel cas l'en doibt requérir provision, *vide superius in capitulo quod de hoc loquitur.*

CHAPITRE XXVIII.

DE FORMER AUTRES LIBELLES (1).

Nota se aucun faict aucune demande en jugement, il la doibt faire certaine, puisque c'est de son faict ; mais si c'est le faict d'autruy, comme d'enfans mineurs, il peult dire : *Je vous demande, tout rabatu ce que vous monstrerez avoir payé et satisfaict.*

Item qui propose payement ne faict à recevoir s'il ne dit combien, à qui, et quant, affin que le demandeur y puisse respondre, car par adventure celluy à qui il dira le payement avoir esté faict, n'avoit pas puissance de le recevoir. Toutesfois, de l'obligation du père, le fils ou héritier ne seroit pas tenu de ainsi le déclairer, *quia in locum alterius succedit.*

Titius conclud ainsi disant : *je requiers tel et tel estre condempné envers moy en telle somme*, et après ce la cause est délaiée par aucun temps pour les exceptions dilatoires, ou aultrement. A la fin, le deffendeur requiert que le demandeur répète sa demande, et en la répétant il augmente, ou charge (2) en disant : *je requiers envers moy estre condempné tel et tel, et chascun d'eulx pour le tout*, ou *chascun d'eulx en tant comme il luy touche*, ou autre chose pourquoy le deffendeur dit qu'il n'est tenu de donner responce, nonobstant la mutation de la demande. La raison si est, car il semble que le demandeur n'a accumulé fors ce qu'il povoit de droict, *cum lis non-*

(1) A. et B. ne font pas ici un nouveau chapitre.

(2) B. 1598 : change.

dum sit contestata, ou pour ce que ce qu'il avoit dict premièrement en général, maintenant il le déclaire. *Ita fuit dictum pro domino de Monteforti contra comitem Dunensem.*

Aucun pour aucune injure par luy commise est condempné en aucune somme à payer au roy et à partie, et est dict qu'il tiendra prison, et pour la debte du roy, et pour partie (1). Et néantmoins, quant il a paié au roy, il est délivré, et quant la partie se complainct qu'il ne l'a paiée, il est dict qu'il ne fait mie à recepvoir contre icelluy prisonnier délivré, mais contre ceulx qui l'ont délivré sans son consentement; mais il seroit bien (2) à recepvoir sur les despens, mais sur le principal, non.

La court ou le roy n'a mie acoustumé de octroier lettres par lesquelles l'en puisse aucun faire convenir pour déception d'oultre moitié de juste pris ès choses meubles, et telle est la coustume de France. Ne semblablement pour héritaiges ou choses vendues à vie, mais à perpétuité, *sic*. Toutesfois, se le prince en vouloit faire grace et reliefvement, l'en pourroit intenter action de déception d'oultre moitié de juste pris en meubles, mesmement pour le marché rescinder, ou ramener à juste pris.

(1) B. : et de la partie.
(2) B. : il feroit bien.

CHAPITRE XXIX.

DEMANDE DE CONDITION INDEUE.

« Je devoie à Martin xx livres tournois pour telle cause, dont j'ay baillé par ignorance xxv livres, vous sçavez que droict veult, et aussi raison et bonne foy s'y accordent, que nul oultre raison et sans cause ne tiengne autruy chastel (1), pourquoy je conclus contre luy, s'il le congnoist, que par vous soit condempné et contrainct à moy rendre v livres, qui excédoient ladicte somme de xx livres en quoy j'estoie tenu envers luy, et je luy ay baillé par ignorance comme dict est, et s'il le nye je offre, etc. »

(1) A. : à autrui chastel.

CHAPITRE XXX.

DE ACTION MIXTE.

« La partie adverse et moy, avons ensemble et par indivis deux arpens de terre, lesquels nous sont venus et escheus, etc., ou lesquels nous achetasmes conjoinctement, et les avons tousjours faict labourer et cultiver ensemble. Je l'ay plusieurs fois sommé et requis que nous faisons (1) partaige et division, et bourner iceulx deux arpens, affin que chascun saiche sa part et portion pour en disposer et faire à son plaisir et volunté, et de ce faire il a esté et est reffusant et contredisant : pour ce l'ay faict adjourner par devant vous. Si requiers que s'il congnoist estre ainsi, que en sa présence vous donnez advision pour partir, diviser et bourner icelluy héritaige, affin que de ma singulière partie je puisse enseigner, et d'icelle singulièrement et particulièrement joyr, et s'il le nye, etc., et despens, etc. »

(1) B. : que nous facions.

CHAPITRE XXXI.

DES ACTIONS RÉELLES.

Nota que toutes actions réelles, ou elles sont sur nouvel trouble de saisine, ou sur vieulx empeschemens, ou elles sont propriétaires. Et pour ce, nous parlerons premièrement de celles qui sont sur nouvel trouble. Les aucuns l'appellent : *cas de nouvelleté*, les autres : *interditz de possession retenir*. Et les aultres : *nouvel trouble et empeschement de saisine*.

CHAPITRE XXXII.

SAISINE, ET NOUVELLETÉ DE SAISINE. ET PREMIÈREMENT DE LA COMMISSION SUR CE REQUISE.

Charles (1), par la grace de Dieu, roy de France, etc., au baillif de Vermendois ou à son lieutenant, salut. Complains se sont à nous les religieux abbé et convent de Sainct Pharon de Meaulx, Adam Duplessis, et Jehanne sa femme, demourans à Meaulx, en la haulte, moyenne et basse justice desdicts religieux, tant en leurs noms que comme aux noms de leurs enfans, dont ils ont la garde et mainburnie, que comme iceulx conjoincts soient et aient esté tous les jours de leur vie franches personnes et de franche liberté, et en saisine et possession de si long temps qu'il souffit à bonne possession et saisine avoir acquise d'estre francs, et exemps de toutes tailles serviles et aultres impositions quelsconques envers les maire et eschevins, jurés et adjoincts de la commune de Meaulx, sans ce que ils les aient peu imposer à leurs tailles sur iceulx, ne tenir jurisdiction de eulx, et se aucun empeschement leur ont fait ou aucune d'iceulx, si s'en sont du tout délaissés et déportés lesdicts maire et eschevins.

Et avec ce, jà pieçà fut acordé par aucuns de nos gens de nostre parlement entre lesdicts religieux d'une part, et lesdicts maire et eschevins d'aultre part, qu'ils ne pevent tailler aucuns habitans de ladicte justice desdicts religieux à Meaulx, s'ils ne sont leurs bourgeois, ou leurs bourgeoises, et en possession et saisine d'eulx tailler, néant-

(1) A.B. : Françoys.

moins lesdicts maire et eschevins, ou certaine personne par eulx commis et dont ils ont eu le fait pour aggréable, sur le point qu'ils seurent qu'il n'y avoit aucune personne en l'hostel desdicts conjoincts, sans appeler la justice du lieu ne autres, sont entrés oudict hostel, et ont prins et levés plusieurs biens jusques à la value de quarante livres, ou environ, sans cause raisonnable, en troublant et empeschant iceulx supplians en leursdictes saisines et possessions, à tort, indeuement et de nouvel, si comme ils dient. Pourquoy, ces choses considérées, vous mandons que si, appellez ceulx qui pour ce seront à appeller, il vous appert qu'il soit ainsi, ostez lesdicts troubles et empeschemens, et avecques ce tenez et gardez lesdicts supplians en leursdictes possessions et saisines, franchises et libertés dessusdictes, et faictes tenir et garder, et d'icelles faictes jouyr et user paisiblement, en contraignant à ce lesdicts maire et eschevins et tous autres à qui il appartient. Et se aucuns d'eulx se veult opposer au contraire, et débat naist sur ce, ledict débat avec la chose contentieuse prins et mis en nostre main comme en main souveraine, et les biens resaisis avant tout œuvre réaulment et de faict, faictes ausdictes parties bon et brief droict, et acomplissement de justice, tant sur le principal comme sur la recréance, nonobstant quellesconques lettres, etc. Donné, etc.

CHAPITRE XXXIII.

AUTRE FORME.

Charles (1), etc., à tel huyssier ou sergent salut. Complaint s'est à nous Pierre d'Anjou que, comme il soit en possession et saisine paisible, et ait esté par luy ou par ses prédécesseurs, par tel et si long temps qu'il n'est mémoire du contraire, ou à tout le moins qu'il doit souffire à bonne possession et saisine avoir acquise et retenir de telle chose, etc., néantmoins Robert du Molin (2) a faict telle chose par luy ou par aultre pour luy, et dont il a eu le faict pour agréable, en troublant icelluy exposant en sa dicte possession et saisine, à tort et sans cause, indeuement et de nouvel, si comme il dict, pourquoy nous te mandons et commettons que se, appelés les parties sur le lieu, il te appert estre ainsi, tu tiengnes et gardes ledict Pierre en sadicte possession et saisine, en ostant ledict empeschement qui par ledict Robert luy a esté mis. Et se le dict Robert ou aultres se veulent opposer au contraire, lesdicts empeschemens ou nouvelletés premièrement ostés, et la chose remise. Et si, par manière de restitution et restablissement à son premier estat, réallement et de faict, le débat et la chose contencieuse prinse et mise en nostre main comme souveraine, donnez et assignez jour ausdictes parties par devant, etc., au jour de leur bailliage de nostre prochain parlement, pour aller avant, etc., en certifiant nous ou nostre court de tout exploict souffisamment donné, etc.

(1) B. : Françoys, par la grâce de Dieu, roy de France.
(2) B. : du Moulin.

CHAPITRE XXXIV.

PAREIL IN LATINO.

Carolus (1) *Francorum rex, etc. Habitatores Insulæ in Flandria nobis conquerendo exponi fecerunt, quod licet ipsi, eorumque predecessores, sint et fuerint ab antiquo tempore, cujus contrarii memoria non extitit, in possessione et saisina libertatis, et immunes non solvendi vectigal, seu pedagium, dum illos contingit facere transitum cum suis mercantiis per totam terram carissimæ consanguineæ nostræ Comitissæ Atrebatensis, extra locum de Bapaumes, talem burgensem dictæ villæ extra districtum dicti loci qui cum ejus mercaturis transiverit, per terram dictæ Commitissæ occasione pedagii pignoraverunt, ipsosque in eorum possessione impediendo et perturbando indebite, et de novo, sicut dicunt. Quare vobis mandamus, et precipimus quatenus, si, vocatis et vocandis, summarie et de plano vobis constiterit de premissis, impedimentum et novitatem hujus modi amoveri, et dicta pignora dicto burgensi restitui, et omnia in contrarium acta ad statum pristinum et debitum reduci, nobis, et dictis supplicantibus pro premissis emendam condignam prestari faciatis indilate. Si vero interveniat oppositio, etc. Datum, etc.*

(1) B. : *Franciscus.*

CHAPITRE XXXV.

AUTRE FORME.

A tous ceulx qui ces présentes lettres verront, etc., Jehan Bruier, etc., sçavoir faisons que à la requeste du Chesne (1), ou nom et comme procureur de tel et de tel, tuteurs et curateurs des enfans feu tel, nous avons commis et député, commettons et députons tel examinateur, etc., pour faire adjourner par devant luy sur le lieu les parties que lesdicts procureurs ou tuteurs luy requerront, et contre lesquels lesdicts procureurs ou tuteurs audict nom entendent à faire complaincte en cas de saisine et de nouvelleté, si comme ils dient, de ouyr ladicte complaincte, et, selon icelle et les réponses de partie, faire et ordonner au surplus estre faict selon ce qui sera à faire de raison, en nous certifiant et rapportant souffisamment ce que faict en aura. Mandons à tous nos subjects, requérons tous aultres que à nostredict commis en ce faisant obéissent diligemment. En témoing de ce, nous avons faict mettre à ces lettres le séel, etc.

(1) B. : du Chesneau au nom.

CHAPITRE XXXVI.

RAPPORT QUE L'EXAMINATEUR FAICT SUR CE, OU (1) SANS COMMISSION PAR COMMANDEMENT DE BOUCHE PEULT LEDICT EXAMINATEUR OUYR LA COMPLAINTE.

A noble homme et saige, Jehan Bernier (2), prévost de Paris, Jehan de Tuilliers, examinateur, etc., honneur et révérence, etc. Chier sire, plaise vous sçavoir que par vertu de la commission de laquelle la teneur s'ensuit, *vel sic*, que tel an et tel jour, du commandement de tel, tenant vostre siége, à moy faict de bouche en jugement, et à la requeste de Robert (3), je feis adjourner par tel sergent à verge du roy nostre sire ou Chastellet de Paris, audict jour, à heure de vespres, Thomas en son hostel à Paris, à la personne de sa femme, à comparoir par devant moy, comme par devant vostre commissaire en ceste partie, en et sur une court ou place séant à Paris, en la rue des Poulis, tenant, d'une part, à une maison qui est à tel, et, d'aultre part, à une maison qui est à tel, aboutissant, etc., contre ledict Robert pour ouyr une certaine requeste et complainte que ledict Robert entendoit faire contre ledict Thomas en cas de nouvelleté, pour raison de certaine huisserie qui de toute ancienneté avoit esté close et estoupée de plastre, laquelle estoit en un mur qui est entre telle maison, et telle place, laquelle ledict Thomas avoit de nouvel faict ouvrir et destouper, si comme ledict

(1) A.: fait sur ses commissions, ou par commandement, etc. — *Ou* manque dans B.

(2) B. : Jehan de Touteville, chevalier prévost.

(3) B. : de G.

Bernier (1) disoit. Auquel jour et heure de vespres je me transportay en ladicte court ou place, en laquelle je trouvay ledict Bernier (2) qui d'icelle se disoit et dit estre en possession et saisine, et illec à ladicte heure se comparut devant moy ledict Thomas, contre lequel ledict Bernier (3), par son conseil de luy tout avoué, proposa, dist et maintinst qu'il, tant (4) par luy que par ses gens et prédécesseurs dont il avoit cause, estoit et avoit esté seul et pour le tout (5) en bonne et souffisante possession et saisine, et à juste tiltre se mestier estoit, de ladicte court ou place, si comme elle se comportoit, et en possession et saisine d'avoir et tenir icelle court close et fermée par devers ledict Thomas, et mesmement ladicte huisserie estoupée de plastre et de massonnerie, et sans ce que, par icelle ne aultrement, ledict Thomas ne peult ne doibt aller ne venir en ladicte court, et que icelle possession et saisine il avoit gardée et continuée tant par luy comme par ses gens et prédécesseurs dont il avoit cause, par ung, deulx, trois, quatre, cinq, six, dix, vingt et trente ans ou plus, et par les moyennes et dernières années, et par tel et si long temps qu'il souffit et doibt souffire à bonne possession et saisine avoir acquise au veu et sceu dudict Thomas et de tous aultres qui l'auront voulu veoir et sçavoir, et sans aucun débat, contredict, ou empeschement quelsconques qui eust esté, feust mis, fors celuy de présent (6). Et supposé que aucun y eust esté mis, si en auroit-il esté osté au prouffit dudict B. (7) ou de sesdicts

(1) B. : G.
(2) B. : ledict G.
(3) B. : ledict G.
(4) B. : maintint que il à tant par luy.
(5) B. : pour le tout de soy dire en bonne, etc.
(6) B. : qui eust esté fust mis hors, et celluy de present.
(7) B. : G.

dovanciers ; et que luy estant en ladicte possession et saisine, ledict T. puis naguères, et particulièrement (1) puis ung an en ça, avoit destoupé ou faict destouper ladicte huisserie, qui d'ancienneté avoit esté tenue estoupée et close de mur, en l'absence et au desceu dudict B., contre son gré et volunté ; laquelle chose ledict T. avoit faicte ou faict faire en troublant ou empeschant ledict B. en sadicte possession et saisine, à tort, sans cause, indeuement et de nouvel, en luy faisant nouvelleté indeue, et en son grant grief, préjudice et dommaige, si comme ledict B. disoit.

Et par ce me requéroit et requist que, comme il fust prest de prouver, et me informer des choses dessus dictes, et icelles avoir esté faictes depuis ung an en ça par ledict T., que je feisse commandement et de par le roy nostre dict seigneur, et de par vous, audit T., que doresnavant il se cessast de plus troubler et empescher ledict B. en sadicte possession et saisine, et oultre, que tout ce qu'il auroit faict il réparast et remist au premier estat et deu, et que à ce faire je le contraignisse aux cousts et despens d'icelluy T., et néantmoins que je teinsse et gardasse ledict B. en possession et saisine où je le trouveray estre de ladicte place ou court, et ou cas que ledict T. se voudroit opposer, que je ne le receusse à opposition plus tost ou jusques à ce que ladicte nouvelleté fust ostée réallement et de faict, en disant que faire le debvois, et m'en requéroit droict en tant comme faire le povois, et offroit à prouver des choses dessus dictes, se ledict T. le nyoit, ce qui luy en souffiroit à son intencion avoir, en faisant protestation par ledict B. que quelque chose qu'il deist, il ne le disoit ne entendoit dire

(1) Manque dans B.

quant à présent fors afin de saisine, et pour conforter icelle, et non pas pour mectre en question le droict et propriété de la chose, protestant ainsi de requérir toutes aultres provisions et apartenances propriétaires au cas, pour raison de ladicte nouvelleté.

Après laquelle requeste ou complaincte ainsi faicte par ledict B. (1) comme dit est, et que il me fut apparu, tant par informacion par moy sur ce faicte comme par l'inspection du lieu, que de nouvel et puis ung an en ça ladicte huysserie avoit esté ouverte et destoupée [et la mauvaise couverture abatue et ostée (2)], j'ay fait commandement de par le roy nostre sire, et de par vous audict T. que ladicte huysserie il clouist et estoupast, ou la feist clorre et estouper en la forme et manière qu'elle avoit esté anciennement, en rappellant et ostant le trouble et empeschement qu'il avoit faict audict B., et en remectant la chose au premier estat et deu, en luy (3) faisant commandement de par le roy et de par vous, en tenant et gardant ledict B. en sa dicte possession et saisine, que il se cessast (4) doresnavant de plus troubler ou empescher ledict B. en ladicte possession et saisine.

Lequel T. me dist et respondit : que à tout mon exploict, et à ce que je faisoye, il se opposoit à toutes fins, et fust reffusant d'oster la nouvelleté, et pour ce je, en sa deffaulte, feis ladicte huysserie estouper en la forme et manière qu'elle avoit esté par devant.

Par tel moyen, en ostant ladicte nouvelleté, je assignay jour audict T. contre ledict B. par devant vous au Chas-

(1) A. : G.
(2) Manque dans A. B.
(3) B. : et luy.
(4) B. : qu'il cessât.

tellet de Paris, à tel jour, pour aller avant audict débat ou opposition, et respondre à tout ce qu'il luy voudroit ou sçauroit demander pour cause de ce, en cas de nouvelleté, si comme de raison seroit. Et ce que dessus est dict vous certiffie estre vray par ceste ma relation, laquelle, en tesmoing de ce, j'ay séelée de mon séel, duquel je use en mon office. Ce fust faict l'an et le jour dessus dicts.

CHAPITRE XXXVII.

SUR NOUVELLETÉ QUI SE DOUBTE ESTRE EMPESCHÉE.

Aultre forme. A tel sergent ou commissaire, salut. Comme tel nous ait donné à entendre que tant par luy comme ses prédécesseurs et devanciers dont il a cause, il ait esté et soit paisible, seul et pour le tout, en bonne possession et saisine à bon et juste tiltre, si comme il dit, de certains héritaiges séans et assis, etc., ou terrouer, etc., qui est ès fins et mettes de ma jurisdiction, et d'iceulx héritaiges il a, tant par luy comme ses prédécesseurs, jouy et usé comme vray seigneur, propriétaire et possesseur, de si longtemps qu'il n'est mémoire du contraire, et qu'il souffist à bonne possession et saisine avoir acquise et retenir, néanmoins par aucunes vraies conjectures et présumptions qu'il a, il se doubte d'estre prochainement empesché et destourbé en sa dicte possession et saisine; pour ce est il que nous, à sa requeste, te mandons et commectons que tu te transportes en et sur les héritaiges et biens meubles dont tu seras requis par ledict tel, et icelluy tu maintiengnes et gardes en la possession et saisine en laquelle tu le trouveras estre, et ses prédécesseurs avoir esté, en signifiant ton exploict à tous ceulx dont tu seras de par luy requis, et en leur deffendant, de par le roy nostre sire, que ledict tel ils ne troublent ou empeschent en aucune manière en sa dicte possession et saisine, mais d'icelle le laissent et souffrent user et jouyr paisiblement sans contredict: et se aucun s'oppose au contraire, le débat et la chose contencieuse mise en la main du roy comme souveraine. Considéré que à nous pour le roy appartient en cas de prévention la congnoissance en cas de saisine et de nouvelleté, adjournez les opposans ou empeschans à certain et compétent jour par devant nous contre ledict tel, pour aller avant en sa dicte opposition, et pour respondre à luy sur ce que dict est, en cas de saisine et de nouvelleté, et pour procéder en oultre comme de raison en nous certifiant, etc., mandons, etc.

CHAPITRE XXXVIII.

COMME DESSUS SUR SUCCESSION.

Vel sic, comme par la coustume générallc du royaulme de France, par laquelle le *mort saisist le vif*, Robert le Brun soit en possession et saisine des biens meubles et héritaiges du feu Jehan du Quenel (1), duquel il est nepveu et héritier plus prochain, néanmoins, etc., *ut prius*.

(1) B. : Duque.

CHAPITRE XXXIX.

EXÉCUTION SUR CE.

Après et par vertu de ceste commission, la partie maine le commissaire sur plusieurs pièces desdicts héritaiges et en l'hostel ou sont les meubles(1) et là, en la présence de plusieurs personnes, se faict tenir et garder en la possession et saisine, telle qu'il la trouve, etc., et deffend à tous que aucun ne l'empesche, etc.

Et après s'en vient à quatre lieues d'ilec, en l'hostel Thibault Dupré, et signifie à sa femme en son absence ledict exploict et la charge de le faire sçavoir à son mari. Et après ce, icelluy mari faict adjourner celluy qui ainsi s'est faict tenir et garder, pour le veoir recepvoir à opposition et pour procéder, etc. Et ainsi sont formés les procès en cas de saisine et de nouvelleté.

(1) B. : les meubles et la maison.

CHAPITRE XL.

LIBELLE SUR NOUVEL TROUBLE DE MAIN MORTE.

Monseigneur tel est en possession et saisine, etc., de tailler et exploicter annuellement ses hommes et femmes de condition et de mainmorte, et de s'en payer de eulx et de leurs debteurs et créanciers (1), ne quelsconques terres qu'ils s'enfuyent, demourent, ou se transportent, en possession de prendre et emporter, lever et tourner par devers luy, et s'appliquer leurs eschoites, et faire les mains mortes toutes les fois que les cas y sont escheus et advenus: et générallement de faire ès dictes personnes et de leurs biens toutes manières d'exploicts de servage acoustumés de faire ès personnes de la condition dont ils sont (2) ceste saisine et la garde, etc., luy ainsi estant en ceste saisine seul, et pour le tout. Advenu est de nouvel que ung sien homme de corps, etc., lequel a nom, etc., et lequel longtemps a saisi en ces (3) parties, et lequel nonobstant ce à chascun (an) paie ses debtes et sa taille sans contredict audict chevalier, ou à son commandement, recongnoissant estre son homme et de la condition devant dicte, à la parfin est allé de vie à trespas sans hoyr de luy descendu ne procréé de sa chair; par la mort et décès duquel toute l'eschoite appartient, et doibt appartenir, de droict commun, audict chevallier, pour cas de main morte, luy estant en ceste saisine, etc., tels sei-

(1) A.B. : de eulx et de leurs biens et créanciers (créances?).

(2) B. : dont ils font. — B, 1598 : dont ils ont.

(3) B. : ses.

gneurs se sont entremis de inventorier les biens d'icelluy tel, et néantmoins aient lesdicts biens prins, levés et emportés, assigné et mis leurs mains audicts héritaiges au préjudice, etc., en le troublant de nouvel, etc., si conclud, etc.

CHAPITRE XLI.

ALITER, SUR NOUVEL TROUBLE DE SERVAGE.

Je suis en saisine à juste tiltre, à déclairer se besoing est, de tailler et exploicter hault et bas, à voulunté de seigneur, tel homme, mon homme de corps, de serve condition et de main morte, de faire à la personne de luy et de ses biens toutes manières d'exploicts de servage acoustumés à ceulx qui sont de la condition dont il est; ceste saisine j'ay gardée et continuée, etc. Et moy ainsi estant en ceste possession et saisine, seul et pour le tout, j'ay aprouché ledict tel pour tailler et lever ma taille en continuant ma saisine; il n'a voulu comparoir, ou a esté refusant et contredisant de me paier ma taille depuys ung an, etc., en me troublant sans cause indeuement et de nouvel; si requiers qu'il soit contrainct et condampné à cesser du trouble, etc., et amender le contredict et la nouvelleté, et que je soye tenu et gardé, etc.

CHAPITRE XLII.

DEFFENSE SUR CE (1).

Je propose faicts contraires, car je suis en possession et saisine de moy tenir et porter franchement comme homme franc et de franche condition. Je suis homme du roy, et tel me advoue, car ma mère fut franche, et je dois suyvir et sortir la nature du ventre. Puis la mort de ma mère, j'ay par l'espace de x ans et plus esté justiciable du roy au veu et sceu, etc.; et pour ce j'ay prescrit, et vous sçavez que longue saisine de franchise ne doibt estre rapellée ne brisée selon droict; se j'ay payé, ce a esté par doubte ou par force, ou par puissance ou pour aultre cause.

Item je ne doy procéder sans le procureur du roy. Et droict de prescription ne se acquiert point contre le roy en cas de subjection.

Item j'ay privillége ou tiltre de franchise.

Item je me suis départi par deffault de droict ou de mauvais jugement.

(1) B. ajoute : Du serf, ou homme de serve condition.

CHAPITRE XLIII.

DEMANDE SUR NOUVEL TROUBLE, ET EST LA COMMUNE ET PLUS EN USAIGE.

Je tends affin que par vous je soye tenu et gardé en possession et saisine paisiblement de telle chose, le nouvel trouble et empeschement que y a mis à tort et sans cause raisonnable R., etc., et que par vous mon opposition faicte à son exploict soit dicte bonne et vallable, et que ce que par restablissement, et pour le débat des parties, a esté mis en la main du roy comme souveraine, soit mis en la main de Pierre comme de partie. Et se la chose prenoit délay, que recréance soit faicte audict Pierre de la chose contencieuse, et que ledict R. soit condempné en la demande et ès despens, protestans de non dire fors affin de saisine, etc.

Articles. *Primo*, dict le dict Pierre qu'il a esté et est en possession et saisine des choses dessus dictes, par luy ou ses prédécesseurs, par tel et si longtemps qu'il n'est mémoire du contraire, et qu'il souffist à bonne possession et saisine avoir acquis et retenir.

Item publicquement et notoirement.

Item ceste saisine est gardée et continuée tant par luy que par ses prédécesseurs par ung an, par deux, par trois, par quatre, par cinq, par dix, douze, vingt, etc., par trente ans ou plus, et par tel et si long temps qu'il n'est mémoire du contraire, comme dict est, ou au moins par temps souffisant à saisine acquérir et retenir.

Item par les moyennes dernières années au veu et sçeu de tous, et par espécial dudict R.

Item toutesfois et quantes que le cas y est escheu, etc.

Item ledict Pierre a jouy et usé de ce, sans ce que empeschement luy ait esté mis; et si mis y avoit esté, il a esté osté au prouffit dudict Pierre.

Item se partie adverse en a aucunesfois usé, ce a esté clandestinement, et sans qu'il soit venu à la congnoissance dudict Pierre.

Item que ledict Pierre estant en possession et saisine dessus dicte, ledict Pierre a faict telle chose ou cas où il deffend. *Post modum ponatur per articulos, et sigillatim, narratio totius impedimenti.*

Item si a il fait à tort en me troublant de nouvel.

CHAPITRE XLIV.

DE PROPRIÉTÉ.

Aucuns l'appellent libelle sur action réelle ; cas de propriété est, car cas de héritaige et de propriété est pour recouvrer saisine, et fault que l'adjournement soit faict hors huytaine.

CHAPITRE XLV.

SUR USAIGE.

Tel, mon père, au temps qu'il vivoit, a tousjours esté en bonne possession et saisine de tailler et exploicter tel comme son homme de corps, etc., et par tel et si long temps que droict de saisine luy a esté acquis, et par droict de saisine a acquis le droict de sa propriété, et de ce il mourut saisi et vestu ; et moy à qui tout le droict de mondict père est advenu et descendu tant en saisine comme en propriété, comme à fils et hoir plus prochain, ay approché ledict pour tailler comme mon homme de corps, lequel m'a dényé mon droict de deux années qui montent à vingt (1) livres, et m'a désavoué, et advoue de nouvel adveu tel. Et vous sçavez que par constitution royalle, et aussi droict s'y accorde, tel nouveaulx adveus sont de nulle valeur et doibvent estre mis au néant, et cecy est tout véritable, etc. Si conclus que le nouvel adveu soit mis au néant, et qu'il soit par vous condempné à mon obéissance, affin que je le puisse tailler et exploicter comme de raison, et que je puisse jouyr comme de mon homme de la condition devant dicte, et qu'il me soit baillé et renvoyé comme mon homme pour adresser et amender la désobéissance s'il le nye, etc.

Aliter. Par-devant vous dict et propose révérend père en Dieu tel évesque, ou nom et à cause de son évesché, que tel, et telle sa femme, et par espécial ladicte telle ou temps qu'elle vivoit, estoient homme et femme taillables

(1) B. : unze.

et exploictables hault et bas de morte main, et justiciers en action personnelle dudict évesque. Et pour tels se portèrent toute leur vie, et en tel adveu moururent et dévièrent, et eulx, et ceulx qui de eulx et de leurs devanciers descendirent. Et de ce jouyrent et usèrent par tel et si long temps qu'il n'est mémoire du contraire, ce qu'il souffist à droict de possession et de propriété acquerre et retenir [lesdicts évesques qui furent pour le temps de lors et après le décès de ladicte telle (1)], les gens de tel évesque qui pour le temps estoit présent, et eurent à cause de morte main les biens du mort, du décès de ladicte telle.

Item que desdicts tels et telles durant le mariage d'iceulx fut né et procréé ung tel, leur fils.

Item que selon droict et la coustume notoire, espécialement du lieu auquel ledict tel leur fils fut né, les enfans ensuyvent la condition du père et de la mère, et espécialement de la mère, et parmy considéré ce que dit est, tel leur fils sera et est homme de l'évesque, de telle condition comme estoient son père et sa mère, et par espécial sadicte mère.

Item que ledict tel, leur fils, s'est porté pour homme de la condition dessus dicte de l'évesque tel, par long temps, et icelluy taillé, comme son homme de la condition dessus dicte, a ledict évesque, par luy et par ses devanciers évesques de tel lieu, jouy et usé paisiblement par long temps et tel qu'il souffist à saisine et propriété avoir acquis, néantmoins il s'est advoué, etc., homme, etc. Pourquoy conclud ledict évesque, ou nom que dessus, qu'il soit déclairé ledict tel estre son homme de la condition dessus dicte, et que ledict tel soit contrainct et con-

(1) Manque dans A.B.

dempné, se mestier est, à payer ses tailles, et aultres debtes de servitutes (1) à luy imposées, et que pendant le plait luy pourroient et devroient estre imposées. Et que ledict tel soit renvoyé devant ledict évesque pour icelluy justicier toutes les fois que raison sera, et que ledict tel soit condempné ès despens dudict évesque. Et offre ledict évesque ou nom que dessus prouver des choses dessus dictes, tant qu'il souffira et devra souffire pour parvenir à son intention, et proteste de adjouster ou diminuer, corriger et suppléer à sa dicte demande, sauf à luy tout bénéfice de droict qui en ceste cause luy pourroit aider et prouffiter.

(1) B. : de serviteurs. — A. : debtes de servitudes à luy mises et imposées.

CHAPITRE XLVI.

COMME DESSUS, POUR LE SEIGNEUR CONTRE LE PROCUREUR DU ROY.

Aliter. Par-devant, etc., dict et propose tel chevalier, seigneur de tel lieu, et telle sa femme, contre le procureur du roy, en tant comme il leur peult toucher, que ils sont, et ont esté, eulx et leurs devanciers, seigneurs Darties(1), en possession et saisine, et ont jouy, usé, et exploité paisiblement, de tel et si long temps qu'il n'est mémoire du contraire, ou qui souffit à droict de propriété et de seigneurie acquérir et retenir, de prendre et tenir comme leurs hommes de corps, bastards nés de leurs(2) femmes de corps en leur justice haulte, moyenne et basse.

Item dient lesdicts tels, que tel fut né en leur haulte justice, etc., et fut fils d'aucune certaine femme non mariée, seule et desliée de mariage, femme de corps taillable hault et bas desdicts mariés et de leurs devanciers, et sont et ont esté lesdicts mariés, tant par eulx comme par leurs prédécesseurs, en saisine et possession paisible de tout temps, et de tel qu'il souffit à droict de saisine et de propriété avoir acquis et retenir, de povoir la mère du tel, comme femme taillable de corps, hault et bas, lever et tailler, et aultres charges et servitutes sur icelle, son père et sa mère, et ceulx dont elle est descendue, et ceulx de sa ligne imposer, et les femmes desdicts mariés et leurs devanciers de telle condition, comme dit est. Et se advoua ladicte mère dudict tel tout le temps de sa vie sans reclain,

(1) A.B. 1598 : seigneurs parties.

(2) A.B. : de la femme de corps.

et tels se advouèrent et sont advoués les prochains cousins dudict tel de par sa dicte mère, et en iceluy adveu les tiennent et maintiennent lesdicts mariés, et parmy ce, selon droict et raison, considéré les choses dessus dictes, les ordonnances royaulx par lesquelles il est ordonné que les bastards nés en la haulte justice d'aucun hault justicier, et de la femme de corps desdicts mariés de telle condition comme sa dicte (1) mère estoit ou temps qu'elle vivoit, sont taillables desdicts haults justiciers.

Et néantmoins les gens du roy à Troyes en Champaigne se efforcèrent de tenir ledict tel comme homme du roy et en adveu du roy, et soubs ombre de ce, ledict tel a refusé et encore refuse à payer ausdicts mariés les tailles et aultres charges de servitutes à luy imposées par lesdicts mariés ou leurs gens. Et aussi les gens du roy à Troyes ont empesché lesdicts mariés à lever lesdictes tailles imposées audict tel homme, en occupant celluy qui est homme desdicts mariés contre raison ; pourquoy concluent lesdicts mariés contre le procureur du roy qu'il soit éclarcy ledict tel estre leur homme de corps de semblable condition de sa dicte mère, et que les gens du roy soient contraincts à laisser lesdicts mariés jouyr dudict tel comme de leur homme de corps de la condition dessus dicte. Et que l'adveu auquel les gens du roy s'efforcent tenir ledict tel, soit prononcé nul, au moins mis au néant, et que les gens du roy soient condempnés et contraincts à rendre ausdicts mariés ce qu'ils ont levé et lèveront pendant le procès dudict tel, etc. (2).

(1) B. : ladicte.

(2) Charondas met ici en note : Mon ancien practicien escrit qu'ils (les serfs) pouvoient estre vindiqués par leurs seigneurs, et qu'il n'y avoit que les vilains, qu'il distingue des serfs, qui se pouvoient mettre en la bourgeoisie du roy.

CHAPITRE XLVII.

TOUCHANT DROICT DE PROPRIÉTÉ SUR UNE VIGNE.

Affin que par vous, par vostre sentence diffinitive, jugement et par droict, soit dict, jugé, sentencié et prononcé pour et au prouffit de tel, etc., demandeur en ceste cause contre Jaher et sa femme deffendeurs, une pièce de terre contenant demy arpent ou environ, séant au terrouer d'Arcueil (1), au lieu dict les Lornières, tenant d'une part à tel et d'autre part à tel, aboutissant, etc., estre deue et appartenir audict tel pour cause de héritaige et de propriété, pour les causes et par les moyens qui cy-après sont déclairés, et leur soit adjugié comme leur chose, et à eulx appartenant. Et lesdicts tels, condempnés à la leur délaisser, pour en jouyr et user comme de leur chose, avec les fruicts que ledict héritaige a valu depuis huyt ans en çà, et ès despens, etc. Nonobstant chose proposée de par lesdictes parties, et dont ils seront déboutés comme de propos non vallable, par vostre sentence diffinitive et par droict, dient et proposent, etc.

Primo, Regnault tinst et posséda ledict héritaige à juste tiltre, et par l'espace de quarante ans et plus.

Item environ tel temps iceluy Regnault le vendit audict T. qui d'iceluy entra en saisine, et luy fut baillée par le seigneur foncier, et depuis l'a tenu et possède à ce tiltre, et par ces moyens qui sont justes et raisonnables, et de bonne foy, paisiblement, au veu et sçeu, etc. Ainsi, appert qu'il est bien fondé en ceste partie, et peult estre

(1) B. : d'Argueil.

que pour cause des ennemis, ou aultre cause, si c'est par simplesse, ou se c'est par ignorance, ou se c'est par ce qu'il a esté occupé en quelque aultre pays pour aultres grosses besongnes, ou pour telle maladie, ou pour telle escheoite, etc., il n'y a pas conversé ne repairé par aucun temps, etc., jà soit ce que le fons de terre ait esté paié en son nom, etc., ledict Regnault malicieusement s'est bouté audict héritaige, et s'en est ensaisiné et s'efforce de le tenir, et de faict détient, en prenant et levant les fruicts, proufitz et revenus, contre raison. Et pour ce qu'il a esté refusant de luy restituer, il a faict adjourner, si conclud comme dessus et offre à prouver, etc.

CHAPITRE XLVIII.

POUR LE DEFFENDEUR.

Affin qu'il soit dict, sentencié et prononcé au prouffit de tel deffendeur contre tel, non avoir cause, raison, ne action de faire la demande pétitoire qu'il faict à l'encontre dudict deffendeur, et que d'icelle demande iceluy deffendeur demeure quicte, délivré et absoulz, en prononçant, se mestier est, à toutes fins et conclusions contraires des fins et conclusions d'iceluy demandeur, et soit iceluy demandeur condampné ès despens, etc., nonobstant quelsconques causes et raisons dont il soit et sera par vous débouté, etc. Et pour obtenir aux dessus dictes conclusions, dict et propose ledict deffendeur, etc., *primo*, que ledict T. a faict une demande, etc.

Item que ung appellé Guillot, etc., posséda par long temps iceluy demy-arpent, et depuis le vendit à iceluy, et lequel à ce tiltre le possède, etc.

Item et à la vérité ledict demandeur n'y eust oncques riens, etc.

CHAPITRE XLIX.

PROPRIÉTÉ SUR UNG OFFICE DE SERGENT.

Affin que par vous soit dict, sentencié, et prononcé pour et au prouffit de T., demandeur en ceste cause, contre J., etc., deffendeur d'aultre part, que l'office de sergenterie des eaues et forests jà piéçà vacant par la mort de feu Robert, etc., et donné par le roy audict T., soit dict estre deue et debvoir apartenir à iceluy T., comme sa propre chose luy soit adjugée, et que en icelle, comme de sa chose, il sera et soit maintenu et gardé, et ledict deffendeur l'en avoit troublé et empesché indeuement et contre raison. Et pour ce le trouble et empeschement qu'il luy a mis ou s'est efforcé mectre sera et soit osté, et à luy par vous sur ce silence perpétuelle estre imposée, et avec ce condempné aux despens, dommages et intérests, etc.

Primo, il est vérité que tel estoit sergent et à tel temps alla de vie à trespas, et lors le roy nostre sire, qui est souverain empereur en son royaulme, et à qui les offices sont à donner, donna iceluy office audict T., qui l'a tenue et possédée à ce tiltre, qui est juste et ainsi est possesseur de bonne foy, ledict Jehan l'a empesché, etc.

CHAPITRE L.

SUR PROPRIÉTÉ D'ESTRE DESPOUILLÉ ET SUR SUCCESSION.

La partie tient ung arpent de vigne qui luy compète et appartient par le moyen et à cause de la succession de tel feu mon père, qui d'icelluy arpent mourut saisi et vestu, tenant et prenant, etc., au veu et sceu, etc., et duquel tout le droict de la succession me vient et escheut si tost qu'il fut allé de vie à trespassement, et en fus saisi comme son héritier plus prochain par la coustume générallo du royaulme de France toute notoire par laquelle le mort saisist le vif son plus prochain héritier. Et à ce tiltre, qui est juste et de bonne foy, je en fus vray seigneur possesseur et propriétaire (1), et s'il le congnoist je requiers qu'il soit condempné à moy délaisser ledict héritaige, et qu'il soit dict à moy appartenir comme vray seigneur possesseur et propriétaire, et soit aussi condempné à moy rendre et payer tant pour les fruicts qu'il a cueillis depuis tel temps, etc., et ès despens de ceste présente cause. Et s'il le nie, etc.

(1) A. : j'en fuz vray possesseur, et s'il, etc.

CHAPITRE LI.

SUR PROPRIÉTÉ D'ESTRE DESPOUILLÉ.

Je, à tel tiltre, etc., ay tenu, jouy et possédé une maison séant en tel lieu, tenant, etc., par l'espace de deux, trois, quatre, cinq, dix ans ou plus. Et nonobstant, ma partie adverse, sans cause raisonnable, a prins et occupé la possession et saisine d'icelle maison indeuement et à tort, en mon absence et à mon desceu, contre ma volonté ; si requiers que, ce confessé, vous disiez et à droict ladicte maison à moy appartenir, et condempnez ma partie à s'en partir et désister, et me laisser icelle maison pour en jouyr et user comme de la chose mienne, et en payer telle somme pour le loyer d'icelle depuis tel temps en çà qu'il l'a occupée, et ès despens, etc. Et s'il le nye, etc.

CHAPITRE LII.

AULTRE FASSON (1) SUR PROPRIÉTÉ.

Affin qu'il soit dict et sentencié par droict la saisine et propriété des maisons et rentes, qui jadis furent à feu maistre Pierre Jabin, appartenir et devoir demourer aux abbesses et religieuses de Nostre-Dame de Ponthoise, estans de fondation royalle, à cause de seur Jehanne la Bellette, seur de ladicte abbaye, et icelles maisons et rentes appartenir de plain droict ausdictes religieuses à la cause dessus dicte, ou au moins pour telle portion comme à ladicte seur Jehanne peult ou doibt appartenir si elle estoit au siècle. Et que Philippe de Vitri, lequel ausdictes religieuses mect empeschement ès choses dessus dictes, soit condempné et contrainct à cesser, et que ledict empeschement et trouble qu'il y met soit du tout osté, et avec ce soit condempné et contrainct à payer telle somme ausdictes religieuses pour le revenu et yssue des fruicts d'icelles rentes et maisons, qu'il a tenu et occupé contre raison et à tort depuis tel temps jusques à tel temps, et que lesdicts héritaiges vauldront pendant ce procès, et ès despens, etc. Dict et propose le procureur, etc.

Primo, que des rentes et maisons contencieuses ledict maistre Pierre Jabin mourut saisi et vestu, tenant et possédant.

Item que, après sa mort, ladicte seur Jehanne demoura sa plus prochaine du lignaige, et habille à soy porter pour héritière, qui s'apparut.

(1) B. : façon.

Item elle est franche personne, et jà soit ce qu'elle soit professe, toutesfois le pape Urbain a donné à ladicte abbesse et convent grâce et privillége que lesdictes religieuses peussent recevoir et tenir toutes possessions, tant de meubles comme des immeubles, et les habilita à recevoir toutes successions, excepté ès choses de fief.

Item les biens dessus dicts ne sont tenus que en censive, et par ce que dict est, appartiennent lesdictes rentes et maisons ausdictes abbesse et convent par le moyen et cause de ladicte seur Jehanne, tant en saisine comme en propriété, et tout ainsi comme si elle feust demourée au siècle.

A ceste cause le procureur d'icelles religieuses appréhenda la possession de faict en la présence de justice à ce appellée, et l'a tenu paisiblement jusques à ce que ledict Philippe y a mis ledict empeschement; et ne vault ce que ledict Philippe dict que, par la coustume générale du royaume de France, toutes personnes professes en religion sont forcloses *eo ipso*, et privées de toutes successions, car ladicte coustume n'est pas telle, et la nyent lesdictes religieuses, et si seroit à entendre ès églises non privillégiées au contraire, et non pas en icelles, *quare*, etc.

Et à ce qu'il dict que le pape n'a nulle puissance de ordonner des héritaiges séans au royaulme de France, *ymo* le roy seul, etc.; respondent que le pape n'en ordonne point en ce faisant, mais il donne seulement habilité aux personnes, ou les faict habiles à accepter la succession, et tollit et oste l'empesehement que la religion ou profession y pourroit mettre. Ainsi demeurent les choses en disposition de droict commun et à leur nature.

Item à ce qu'il dict qu'elles n'ont point usé de leur privilége, c'est ung négatif, car elles en ont usé quant le cas y est escheu.

Nota que en ce cas pétitoire il fault confesser sa partie adverse estre possesseur, etc.

Item qui plaideroit simplement sur la possession et il succumboit, il pourroit après ce intenter libelle sur la propriété.

Item le cas pétitoire et de propriété est le dernier libelle qui emporte en soi tout le droict de la chose, car ès aultres libelles l'en ne pert fors le possessoire et saisine, et demoure tousjours saulve la question de la propriété, par laquelle l'en pert ou gaigne le droict de la chose, comme dit est.

Selon le stil de parlement, en cas de propriété, la demande est baillée par trois foys par escript; l'une demeure devers la Court, les deux aultres sont séelées soubs le séel du roy, et en a chascune partie l'une.

En cas de propriété, ung mineur n'est tenu de plaider ne en la cause que son prédécesseur avoit commencée ne aultre, mais demourera la cause sans préjudice jusques à tant qu'il ait aage souffisant; et s'il procède, tout le procès que l'en fera avec luy sera dict nul s'il est débatu. Ainsi fut-il dict ou parlement l'an mil ccc.xxvii, pour messire Charles Ebroias contre l'abbé de Sainct-Denis. Et aussi s'il vouloit mouvoir question de propriété, le deffendeur seroit receu à reprocher son aage affin de nonrecevoir, car s'il n'avoit pardon d'aage, ou que la Court l'auctorisast, le procès seroit illusoire, et pourroit l'on perdre et riens gaigner.

Item en cas d'héritaige et de propriété sur le patrimoine du roy, aucun ne peult estre juge, ne s'en entremettre, ne congnoistre, fors la court de parlement, si ce n'est par commission ou mandement espécial, et tout ce qui seroit faict aultrement seroit réputé nul ; mais sur possession et saisine les séneschaulx et baillifs pevent congnoistre, si comme pieça en fut faict ordonnance par la court de parlement.

Item en cas réel, le deffendeur a trois dilations, c'est assavoir de confesser, de veue, de garand. Mais après la dilation de veue le deffendeur est contrainct respondre, s'il ne dict avoir garand, et ainsi après garand est contrainct de respondre, et lors il peult proposer dilatoires, mais déclinatoires non, car par l'assignation de garand il a jà approuvé la court, car par la veue (1) il povoit congnoistre sur quel juge la chose estoit assise, et incontinent après la veue il povoit décliner. Ès causes de héritaige et ès aultres réelles, l'en faict publication d'enqueste faicte par les commissaires du parlement ; mais si les parties ont à ce renoncé, ou conclud en cause, et depuis aucun d'icelles parties requiert publicacion, icelle partie n'est point ouye. Ainsi fut-il dict pour l'évesque de Laon.

Item quant il aliène ou vent le droict de la chose reivendiquée, jasoit ce que lors sa partie luy puisse reprocher *vitium litigii*, affin que icelluy droict qu'elle avoit soit perdu et acquis à icelle partie, et que, par ce moyen, elle ait gaigné sa cause, toutesfois si lors icelles parties ne le proposent, mais consentent que l'enqueste se parface, et que icelle parfaicte soit reçeue pour juger, et par les commissaires elle est renvoyée à la Court, et lors ladicte partie qui a, comme dit est, donné le consentement, veult maintenir et débatre que l'enqueste ne soit point reçeue, et à celle fin propose *vitium litigii*, il

(1) B. 1598 : car qui l'a vue.

ne sera point ouy, mais l'enqueste reçeue et jugiée. Ainsi fut-il dit l'an mil cccxxv, pour les hoirs Mai Carcullac (1) contre une appellée la Horande (2).

(1) A. : Mat. Carcullac. — B. : Carcula.

(2) A. : La Harande. — B. : Horlande.

CHAPITRE LIII.

DE REIVENDICATION.

Ce sont les causes et raisons que T., demandeur, entend à prouver par-devant vous, tel juge, à l'encontre de J., deffendeur, affin qu'il soit dict par vous et à droict que ung sac de toille, lequel a esté trouvé en la puissance et seigneurie dudict J., et lequel par certain sergent du roy nostre sire, à la requeste dudict T., a esté mis en la main du roy nostredict seigneur, comme en main de justice, sera par icelle main rendu, baillé et délivré réaulment et de faict audict T. comme le sien propre, et à luy appartenant; et par ce mesme jugement vous direz, et sera par vous dict, jugé et prononcé que ledict J. n'a droict, cause, raison, ne moyen de empescher, délayer ou contredire que icelluy sac ne soit baillé et mis à plaine délivrance audict Thomas, et que à ce faire ou souffrir estre faict, soit par vous condempné et contrainct, et ès despens que icelluy T. a eus, faicts et soufferts, et qu'il fera, souffrera, et soustiendra en ceste présente cause, la tauxation réservée, etc. Dict et propose ce qui s'ensuyt.

Et *primo* que en tel temps il acheta de tel ledict sac, et depuis en a jouy et usé, et possesse (1) paisiblement et publiquement sans contredict au veu et sceu, etc. Et sans ce que depuis icelluy temps, il feist ou ait faict chose quelconque par quoy il en deust perdre la possession et saisine (2).

(1) B. : possédé.

(2) B. : En la prévosté de Paris, aucun n'est recevable, au moins a tort

Item il est vray que environ tel temps, il se advisa de la perte de sondict sac, et meist peine de enquérir et adviser où il le pourroit trouver, et en cerchant et quérant il le trouva, et a trouvé tel jour en la puissance et seigneurie dudict J., lequel sans tiltre et raison le tenoit et occupoit au préjudice, etc. Pourquoy il s'est traict par devers vous, et vous a ces choses exposées. Et pour ce vous luy baillastes et avez baillé ung sergent, lequel à sa requeste et à la conservation de son droict l'a mis en la main du roy, et adjourna la partie en cas de reivendication.

Pour le deffendeur affin que l'arrest et main-mise que J. a faict soient dicts torcionniers comme tels, etc., que la main soit levée à son prouffit, luy restitué et absouls de l'impéticion (1), et la partie condempnée ès despens et dommaiges.

de soy complaindre, ni intenter cas de nouvelleté pour une chose mobiliaire. *Et ita probatur per* le LXVe article dudict Coustumier.

(1) A : impétration.

CHAPITRE LIV.

LIBELLE CONTRE UNG CONDUCTEUR QUI A VUYDÉ SES BIENS CLANDESTINEMENT.

Affin que par vous, T. soit condempné à restituer, remettre et restablir les biens dont cy-après sera faicte mencion, lesquels il a prins, levés, et transportés clandestinement hors d'une maison ou louaige qui est à J., séant, etc., en laquelle icelluy T. a demouré à tiltre de louaige par l'espace de trois ans, pour le pris de dix livres par an, et dont il est tenu de reste du pris en la somme de vingt sols parisis envers ledict Jehan. Et laquelle maison il a vuydée et desgarnie en l'absence et sans le sceu d'icelluy J., et sans luy faire satisfaction, tellement que à présent ledict J. n'y trouve que gaiger, jasoit ce que lesdicts biens feussent affectés audict J. pour raison dudict louaige ; ou à tout le moins condempné de remettre, restituer et restablir d'iceulx biens jusques à la vallue de ladicte debte, avecques la restitucion d'un huis, deux gons, ung varroul et aultres dommaiges que iceluy T. ou ses gens ont faict audict hostel, et dont mencion sera faicte cy-dessoubs. Et avecques ce, que lesdicts biens ainsi restitués seront vendus et exploités pour ladicte somme. Et ledict T. soit aussi par vous condempné en telle somme et despens.

CHAPITRE LV.

LITISCONTESTATION.

Contre T. et la demande par luy faicte de la somme de dix livres parisis, qu'il dict luy estre deue par J. pour certaine cause, en laquelle icelluy T. requiert ledict J. estre condempné, dict et propose, et autrefois a dict, proposé et maintenu en jugement par-devant tel juge ledict J., les causes, faicts et raisons que cy-après s'ensuivent.

Affin que par vous ou vostre sentence diffinitive, et par droict, il soit dict ledict T. non avoir droict, cause ne action de faire ladicte demande, mais que d'icelle ledict J. demoure quicte, délivre et absouls à pur et à plain, et ledict T. condempné ès despens d'icelluy J., faicts et à faire en la poursuyte de ceste cause, la tauxation d'iceulx par devers vous réservée.

Et *primo* dict ledict J., que la demande faicte et formée par ledict T. n'est pas vraye, ains le nye et met en ny ledict J., en tant et pourtant que de droict et de coustume elle seroit à recevoir (1).

Item dict ledict J., qu'il ne sera jà sceu ne trouvé qu'il fut oncques tenu envers ledict T.

Item dict oultre par supposition, et sans riens confesser, que s'il fust oncques en aucune manière tenu envers ledict T., si en auroit-il, et a faict paiement, tellement qu'il en est demouré quicte, délivre et absouls. Et l'en a ledict T. quicté et quicte, et ainsi l'a congneu et confessé ledict

(1) B. : elle feroit à recepvoir.

T., et par ainsi appert qu'il a tort d'avoir faict ladicte demande.

Item que les choses dessusdictes sont vraies, notoires et manifestes, et en est voix et commune renommée au pais et partout, et les a ledict T. congneues et confessées estre vraies, ou la plus grant partie d'icelles, de ce qui gist en faict et preuve d'estre, offre le dessusdict J. à prouver ce qui luy souffira à son intencion avoir, et mectre tous les faicts contraires préjudiciables aux siens en ny, et ausquels il n'auroit souffisamment respondu, et tenu y seroit de respondre.

CHAPITRE LVI.

SUR UNE EXÉCUTION DE LA PARTIE DU DEMANDEUR.

Affin que par vostre sentence et jugement soit dict par T. contre J. estre tenu, et sera condempné et contrainct à rendre et paier à icelluy T. xx sols, en quoy il luy est obligé par lettres séelées, etc., et que l'exécution sur luy encommencée se fera et parfera nonobstant son opposition de laquelle il sera débouté, et sera icelle mise au néant, et condempné ès despens.

Sur ce, de la partie du deffendeur contre T., et contre une exécution par luy requise en et sur les biens de J., pour la somme de xx sols en quoy ledict J. estoit obligé, et contre la demande ou requeste que icelluy T. a faict et s'efforce de poursuivre contre ledict J., pardevant vous et contre tout le propos d'icelluy T., que l'exécution par luy requise sera dicte torcionnière et torcionnéement requise, et l'opposition faicte, au contraire, bonne, juste et vallable, et par conséquent l'exécution mise au néant, les lettres obligatoires dont ledict T. se vante estre rendues franches et quictes, et comme vaines et cassées, baillées audict J., et icelluy T. non avoir droict, cause ne action de avoir faict la demande qu'il faict, et si cause, etc., que ledict J. en demoure quicte, délivre et absouls, et soit icelluy T. condempné par la prise et exploictation de son temporel, ès despens, dommaiges et intérests d'icelluy J. faicts, etc., et à faire en la poursuite de ceste cause, dict et propose.

Contredicts contre T. et contre certains tesmoings qu'il a produit et faict examiner en une cause meue et pendant pardevant vous, sire juge, etc., contre J., etc. Dict et propose ledict J. par escript, etc., ce que cy-après s'ensuit, à celle fin qu'il soit dict par vous, vostre sentence, jugement et par droit, ledict T. avoir moins que souffisamment prouvé son intention par lesdicts tesmoings, mais que à iceulx foy aucune ne soit et ne doibt estre adjoustée, mesmement en tant comme il touche tels et tels tesmoings produits par icelluy T., et que iceulx tesmoings soient rejectés, et mis hors du procès, comme non vallables, en condempnant icelluy T. ès despens d'icelluy J., faicts et à faire en la poursuite de ceste cause, la tauxation d'iceulx par devers vous réservée.

Primo dict ledict Jehan qu'il luy fust et a esté sauvé et réservé qu'il peult et puisse reproucher, et contredire les tesmoings dudict T., aussi bien après la publication d'iceulx comme faict eust par avant s'il eust voulu.

Item en ensuyvant lequel apoinctement, ledict Jehan contredict et reprouche tels et tels, leurs dicts et dépositions, et dict Jehan que à iceulx ne à leurs dépositions (1) foy aucune ne doit estre adjoustée, mais icelles rejectées et mises hors du procès comme non vallables, pour ce que au temps qu'ils jurèrent et déposèrent en ceste cause, avant et depuis, ils estoient et encores sont du conseil, confort et aide dudict Thomas en ceste cause.

Item lesdicts tels et tels ont faict commencer ce présent procès entre lesdictes parties, ont quis et administré tesmoings audict T. qui ont esté examinés, et pour telle riote icelluy, etc., a conceu hayne contre ledict J., et luy a dict plusieurs injures, et luy promist qu'il le greveroit et dommaigeroit du corps et du chastel, et que sa partie gaigneroit contre luy se à Dieu plaisoit.

(1) B. : déception.

Item et apert bien que c'est leur faict, car ils ont plusieurs fois dict : se à Dieu plaisoit ledict T. gaigneroit.

Item que tous les tesmoings dudict T. sont singuliers, variables et discordables si comme par la déposition d'iceulx vous aperra.

Item que les choses dessusdictes sont vraies, etc., de ce qui chiet en faict, etc.

CHAPITRE LVII.

SALVACION.

Affin que par sentence, jugement ou ordonnance de vous, sire juge, etc., soit dict et à droict, pour et à l'intencion de T. contre J., c'est assavoir que icelluy J. ne faict à ouyr, ne à recepvoir à contredire, ne à reproucher tels et tels tesmoings, *imo* qu'il soit et doibt estre débouté du tout. Et supposé que à recepvoir fust, au moins qu'il n'a pas cause, et iceulx tesmoings (1) leurs dicts et dépositions demoureront oudict procès, comme bons et vallables, et se mestier est qu'il soit dict de vous et à droict, que ledict a mieulx et plus souffisamment prouvé son intencion à la fin ou aux fins ausquelles il tend par ses escriptures principales, qui sont devers la court, que n'a ledict J., et que nonobstant le propos d'icelluy, vous procéderez et irez avant à juger ledict procès en diffinitive en condempnant ledict J. ès despens, etc.

Primo à ce que propose ledict T. qui luy a esté sauvé et réservé, etc., dict ledict J. que cela est à entendre des contredicts et reprouches recepvables, et non pas des contredicts tels comme ledict J. les a proposés, qui sont frivolles, non recepvables et de nulle valleur, si comme il appert.

Item à ce qu'il dict que tel et tel, etc., ont esté et sont du conseil, etc., respond ledict que le contraire est vérité, sauve la grace du proposant, et n'y a aucune doubte que

(1) B. : à recepvoir fut, que non, que néantmoins ceulx tesmoings, leurs dicts.

tel et tel sont sans comparaison plus amis dudict J. qu'ils ne sont d'icelluy T., et non sans cause, car ils sont d'un mestier, et si sont compères et ont espousé les parens l'un de l'aultre, ils demeurent en ung mesme lieu, etc., cet, par conséquent, ledict J. ne faict à recepvoir à contredire ou reproucher iceulx tesmoings, leurs dicts et dépositions, *imo* ils doibvent demourer oudict procès comme bons et vallables selon toute raison.

Item à ce qu'il dict telle chose et telle, etc., certainement tout le contraire est vérité par telle cause et par telle, etc. Si appert que il ne faict à recepvoir.

Item et à ce qu'il dict que les tesmoings sont variables et discordables, etc., dict qu'ils sont concordables et en aucune manière ne sont variables, ne en leur tesmoignage n'a variacion, trouble, obscurité ne aultre deffault, quelque chose que (1) ledict J. die, dont il ne faict à recepvoir.

Item les choses dessus dictes sont vrayes, etc. Si conclud comme dessus et offre à prouver, etc., et nye tous les faicts contraires qui luy pourroient porter préjudice, etc.

(1) B. : quelconque que ledict, etc.

CHAPITRE LVIII.

RAISONS DE DROICT.

Pour vous mouvoir et advertir, sire juge tel, ou vous, Messieurs, qui jugerez ce présent procès, meu et encommencé entre tel demandeur d'une part et tel deffendeur d'aultre part, dict et propose par manière de raison de droict tant seulement ledict tel (1), etc., les causes et raisons cy-après déclarées, affin quo par vous soit déclaré et dict icelluy tel, moins que souffisamment avoir prouvé ses faicts et moyens par luy maintenus et proposés à l'encontre dudict tel, etc. Et, par conséquent, que d'iceulx et de tout le propos dudict tel, icelluy tel sera et demourera quicte, délivre et absouls, à pur et à plain, et ledict tel condempné ès despens faicts et à faire, etc.

Primo dict ledict tel que selon raison, à quoy coustume, stil, et usaige de court laie ne sont pas contraires mais s'y accordent, se aucun procède en jugement contre ung aultre, et mesmement ung demandeur contre ung deffendeur, et maintient ou propose aucun faict en sa demande faisant icelluy faict, et le principal moyen de sa demande, et tel que sans icelluy souffisamment prouvé et vérifié ne peult ou doibt obtenir à sa demande contre son deffendeur, ouquel cas il en doit demourer quicte, délivre et absouls à pur et à plain, et mesmement de toute la demande dudict demandeur, et icelluy demandeur condempné en ses despens, etc.

Item et si sçavés, sire juge, que de raison escripte à

(1) Ledict tel manque dans B.

quoy coustume, stil et usaige mouvant de court laye ne sont pas contraires mais s'y accordent, que ung faict proposé en jugement qui est nyé de la partie contre laquelle il a esté proposé, ne est ou l'en doibt (1) estre tenu pour souffisamment prouvé, se par deux tesmoings, lesquels soient non contredicts et tous concordables en une mesme déposition, n'est souffisamment tesmoingnée estre vraye, sans variacion aucune, ou si variacion ou discordance y est tellement que bonnement ensemble ne se pevent joindre, ne consonner, telle preuve n'est pas vallable, ou aucune ne peult, ou doibt estre dicte telle qu'elle souffise ou doibve souffire, au prouffit de la partie prouvant pour obtenir à sa cause, mais ne luy vault ou doibt valoir en aucune manière au prouffit d'icelle, et ainsi en use l'en, etc. Or dict ledict tel, etc., que sa partie a maintenu tel faict nyé, il atraict, etc.

(1) B 1598 : ne est ou ne doit.

CHAPITRE LIX.

RAPPORT D'UNE COMMISSION D'UN COMMISSAIRE QUI A FAICT FAIRE UNE OUVERTURE D'UNE MAISON, ET L'A TROUVÉE VUYDE; ET POUR CE QUE LE PROPRIÉTAIRE OU CENSIER AVOIT ESTÉ CONDEMPNÉ A GARNIR, LEDICT COMMISSAIRE A RECEU LA GARNISON.

Noble homme et saige mon tres-chier seigneur monseigneur Jehan Bernier (1), conseiller du roy nostre sire, garde de la prévosté de Paris, tel, examinateur de par le roy nostredict seigneur oudict Chastellet, honneur, et révérence avec toute obéissance.

Chier seigneur, plaise vous sçavoir que par vertu du commandement à moy faict de bouche tel jour, pour (2) honorable homme et saige, monseigneur maistre Pierre de Gran, vostre lieutenant, et à la requeste de Gilles Dièmes, procureur de Bertrand Dupré, le xve jour de ce présent moys de janvier, l'an mil ccc.xlv, je, commissaire dessus nommé, me transportay avec ledict Gilles en la rue de Quinquempoit, en une maison à deux pignons séans (3) sur ladicte rue, tenant d'une part à tel, et d'aultre part à tel, aboutissant par derrière à tel, laquelle maison estoit close et vuyde, et n'y demouroit aucune personne, et pour ce, je feis faire ouverture d'icelle maison, pour veoir en icelle faire la garnison dont cy-dessoubs sera faict mencion. Et ce faict, ledict procureur, ou nom que dessus, dict que ledict B.

(1) B. : Jehan de Touteville, chevalier.
(2) B. : par.
(3) *Séans* manque dans B.

avoit esté condempné par sentence dudict Chastellet envers tel et tel à garnir ladicte maison souffisamment pour cent sols parisis de rente, et pour deux années d'arrérages escheus avant le commencement du procès, et pour ceulx qui depuis sont escheus. Et pour ce, en obéissant à ladicte sentence comme censier, que (1) ledict B estoit de ladicte maison, si comme il disoit, et non pas en intencion de soy faire ne porter pour propriétaire d'icelle maison, et sans préjudice garnissoit et garnit icelle maison ausdicts tel et tel, et en icelle mist telle chose. A laquelle garnison ainsi faicte et à tout ce que dessus est dict, fut présent Pierre A L'espée, procureur desdicts tel et tel, lequel ou nom que dict est, en continuant sa saisine, et usant de son droict, print en icelle maison ladicte garnison pour plusieurs arrérages qu'il disoit ausdicts tel et tel ses maistres estre deus pour et à cause de ladicte rente, laquelle garnison il emporta et feist protestation de non accepter icelle, et de l'impugner et réprouver se mestier estoit, en temps et en lieu. Et ledict Gilles, procureur dudict B., feist protestacions contraires, et à ce faire et dire furent présens tels et tels, en tesmoing desquelles choses, etc.

(1) B. : qui ledict B. estoit.

CHAPITRE LX.

DE ACTION MIXTE.

Ceste action qui s'ensuit est mixte, car elle est personnelle et ypothecque, pour estre payé des rentes et arrérages faicts par le censier contre le propriétaire.

Affin que par vous, vostre sentence diffinitive, jugement, et à droict Thévenin le Verdois, tuteur et curateur de Jehan, fils de feu Guillaume Labbé, ou nom de tuteur et curateur dudict, etc., soit condemné et contraint à rendre à Oudin Erembourc vingt sols parisis de droicts, de cens ou rentes, doresnavant, tant comme ledict mineur sera tenant et propriétaire d'un arpent de terre dont cy-après sera faicte mention, et à rendre audict Oudin quatre années et demye d'arrérages de ladicte rente, qui deus estoient au commencement de ce procès, lequel commencea au moys de mars l'an mil cccxxiij, montant à la somme de quatre livres dix sols parisis, et les arrérages qui depuis sont escheus, et qui escherront pendant le procès. Et néantmoins qu'il soit par vous dict et déclairé pour ledict Oudin, et contre ledict tuteur, que icelluy Oudin a droict de gaiger (1), et de obligation ypothecque en et sur ledict arpent de terre pour lesdicts vingt sols de rente ou cens; et que icelluy arpent luy soit par vous adjugé pour prendre et percevoir ladicte rente doresnavant perpétuellement, et pour lesdicts arrérages escheus et qui escherront doresnavant pendant le procès, et pour icelluy vendre et

(1) B. 1598 : de gage et.

exploiter à la charge de ladicte rente pour lesdicts arrérages escheus et à escheoir ; et que ledict tuteur soit par vous contrainct et condempné, se mestier est, à le délaisser pour ce faire, et souffrir estre faict, et ès despens, etc.; nonobstant chose proposée dont il soit débouté comme de propos non vallable par vostre sentence, etc. Et pour obtenir à ces fins, etc.

(Se aucun vent cent livres de rentes sur tout ce qu'il a vaillant, et il deffault de paiement, l'en peult conclure contre luy qu'il soit contrainct à paier et à asseoir la rente et les arrérages qui sont escheus et les arrérages qui escherront pendant le procès, etc.) (1).

Primo dict icelluy Oudin contre ledict curateur que en l'an mil CCC.L.IIIJ (2), et par avant, Guillaume Fournier estoit tenant et propriétaire d'un arpent de terre séant en tel lieu, et d'une maison séant en tel lieu.

Item en ce temps, ledict Guillaume, possédant icelle maison et terre, vendit icelle et transporta à tous jours mais, perpétuellement, et promist garantir, etc., audict Oudin, sa femme et leurs hoirs, etc., xx sols de crois de rente, ou cens, à Paris, chascun an une fois, à quatre termes, à prendre par ledict Oudin, sa femme ou ses hoirs, sur ledict arpent et sur ladicte maison, et sur les apartenances et dépendances, et chascun d'eulx et au mieulx apparant, et iceulx et chascun d'eulx obligea et ypothéca pour ladicte rente, parmy certain pris et somme qu'il en eust, et dont il se tint pour bien paié. Et avec ce promist iceulx vingt sols parisis de rente fournir et faire valoir, et estre solvables et paiables sur tous ses aultres

(1) Cet alinéa est une glose qui s'est sans doute glissée dans le texte. Charondas dit : cette clause n'est en mon livre escrit à la main.

(2) Il doit y avoir erreur dans ce chiffre.

biens quelsconques, et de ses hoirs, lesquels quant à ce il submist (1) à vostre jurisdiction.

Item que d'icelle rente il a esté tousjours paié par ledict feu Guillaume et les aultres propriétaires, détenteurs ou conducteurs, jusques au temps qui sera dict cy-dessoubs.

Or, il dit que dudict arpent de terre, chargé comme dessus, ledict Jehan, mineur d'aage dont ledict Thévenin est tuteur et curateur, a esté et est détenteur propriétaire, et que selon raison, stil et coustume, et commune observance notoirement gardée en la court de céans, se aucun est propriétaire ou détenteur d'aucun héritaige qui soit chargé d'aucune rente ou crois de cens envers aucun censier, il est tenu et chargé de iceulx cens ou rentes paier et acquiter aux censiers ou rentiers ausquels ils sont deubs, et en peult estre semons personnellement par lesdicts censiers, et ainsi le tient l'en communément. Or tient ledict Oudin oudict nom, car ledict mineur est tenant et propriétaire dudict héritaige chargé de ladicte rente, et par conséquent luy, ou sondict tuteur et curateur, est tenu de icelle rente paier et acquiter tant comme il en sera propriétaire, avec les arrérages, et peult estre suyvi personnellement tant selon raison, comme par l'usaige et coustume.

Item que de ladicte rente quatre années et demie estoient deues au commencement du procès et sont encores, lequel procès commencea en tel temps, lesquels valent quatre livres dix sols, et lesquels ledict tuteur est tenu de paier avec les arrérages depuis escheus, et qui escherront pendant icelluy avec ladicte rente doresnavant. Et néantmoins il vous est tout cler que ledict Oudin a droict

(1) B. : il submist tout à vostre jurisdiction.

de gaige et de obligation de ypothèque en et sur ledict arpent de terre pour lesdicts vingt sols de rente et arrérages escheus et à eschoir, et ainsi il vous appert qu'il a bonne cause et action personnelle et ypothecque contre ledict mineur et sondict tuteur, c'est assavoir personnelle à ce qu'il soit condempné à paier la rente et arrérages tant comme il sera propriétaire de ladicte terre; et ypothecque affin qu'il soit dict et déclairé icelle terre estre obligée et ypothecquée audict Oudin pour ladicte rente et pour lesdicts arrérages, et que icelluy arpent luy soit adjugé pour icelluy vendre et exploicter à la charge de ladicte rente et pour lesdicts arrérages, et le détenteur condampné à luy délaisser pour ce faire et souffrir estre faict, tant selon raison, comme par lesdicts usaiges et coustumes.

Item pour ce que ledict tuteur a esté en deffault, et en demoure de paier icelle rente et les arrérages, ledict Oudin l'a faict adjourner concluant comme dessus. Et a eu veue, et puis garant, et depuis ma demande il a proposé aucuns faicts frivolles, c'est assavoir que le mineur n'a que la moitié en l'arpent de terre, et qui l'a (1) tenue franche et quicte, et l'a prescript; à quoy ledict Oudin respond et dict que pour la moytié il peult intenter action personnelle et ypothecque, jasoit ce pourtant que le mineur à la vérité tiengne tout.

Item quant à la prescription, il fault avoir juste tiltre et il ne le monstre point; affin qu'il soit dict ledict Oudin non avoir droict, cause ne action de faire la demande qu'il faict, et que ledict tuteur en demeure quicte, délivre et absouls, et icelluy condempné en ses despens.

(1) B. 1598 : et qu'il l'a.

CHAPITRE LXI.

LIBELLE SUR GAIGERIE DE RENTE.

Nota que si je prens rente sur une maison et elle vient vuyde, je doy faire adjourner le propriétaire à veoir faire et requérir que ung sergent ou commissaire nous soit député pour faire ouverture et veoir l'estat des biens qui y sont, et de tout faire rapport [et si je trouve de quoy, je doy gaiger et faire adjourner à veoir vendre (1).] Et si je ne trouve de quoy, je le puis faire adjourner affin de garnir ou de quicter. Et contre luy ferai le libelle qui ensuyt. Et est assavoir que si je obtiens à mes conclusions, je le puys doresnavant faire gaiger en aultre maison s'il y demouroit tant comme il en sera propriétaire.

Affin que par vostre sentence, jugement, et que par droict T. soit condempné et contrainct à garnir des biens meubles exploictables la maison de tel, en tel lieu, envers J., et icelle mectre ou faire mectre en tel point et estat que ledict J. y puisse trouver doresnavant à prendre et gaiger pour xv livres de cens ou de rente qu'il a droict de prendre sur ladicte maison, et pour le terme de la Sainct-Jehan, etc., et pour tous les aultres termes, qui depuis sont escheus et qui escherront pendant le procès, et doresnavant pour le temps advenir, tant et si longuement comme il sera tenant et propriétaire d'icelle maison, et que, pour ce faire, temps lui soit préfix et donné par vous, et assigné, et ou cas que ce ne feroit qu'il soit condempné et contrainct

(1) Manque dans B.

à quicter tout le droict qu'il a et peult avoir en ladicte maison, si que tout icelluy droict soit adjugé audict J., et néantmoins supposé que icelluy T. garnisse ou quicte, que nonobstant ce, il soit par vous condemné et contrainct à rendre et paier audict J. lesdicts arrérages escheus et qui escherront jusques au temps de la garnison ou quictance, et avec ce, que ledict T. soit condempné ès despens, etc.

Primo, J. est en possession et saisine, et a droict à juste tiltre de prendre et recepvoir chascun an aux quatre termes, etc., quinze livres parisis de rente sur une maison assise en tel lieu, et de laquelle maison veue a esté faicte audict T. qu'il a eu agréable, ou au moins ne l'a point débatue.

Item en saisine et possession d'en estre continuellement paié par les propriétaires et conducteurs.

Item en possession et saisine de povoir gaiger toutesfois que aucuns arrérages luy sont deus, et à trouver la maison ouverte et garnie.

Item ceste saisine a gardée et continuée, etc. (1).

Item ledict J. estant en sadicte saisine, icelle maison est demourée vuyde, et en tel point qu'il n'y a trouvé que gaiger pour sa rente et arrérages depuis tel temps jusques à présent, et luy en est deu tant, etc.

Item que de ladicte maison et appartenance, ledict T. a esté durant le temps et est encores tenant et propriétaire. et la tient à ladicte charge, et cecy a congneu par plusieurs foys en vostre présence. Et par conséquent, puis que ledict J. est en possession et saisine de prendre ladicte rente et que arrérages luy en sont deus, et que ladicte maison est vuyde, non garnie et non habitée, et en tel estat que ledict J. n'y peult trouver que gaiger,

(1) B. : a esté gardée, etc.

ledict T. qui en est tenant et propriétaire, est tenu de la garnir tellement, que ledict J. y puisse trouver à gaiger pour sa rente et arrérages, ou quicter tout le droict qu'il a et peult avoir en ladicte maison. Et garni ou quicté (1), il est tenu de paier les arrérages qui depuis la Sainct-Jehan sont escheus, et qui (2) escherront jusques à la garnison ou quictance, tant selon raison et droict, comme par le stil et coustume de la ville de Paris (3), qui sont tels, que si une maison assise à Paris (4), sur laquelle aucuns censiers sont en saisine de prendre rente, demeure vuyde, et en tel point qu'il n'y puisse trouver à gaiger pour icelle, ou pour les arrérages, il leur loist faire convenir le propriétaire de icelle maison affin de garnir ou de quicter ; et est tenu le propriétaire d'icelle garnir de biens meubles exploictables, et mectre ladicte maison en tel estat que lesdicts censiers ou aultres y puissent trouver à gaiger, tant pour leurs dictes rentes comme pour leurs arrérages, ou quicter et renoncer au droict qu'il y peult avoir, et, pour ce faire, leur doibt estre temps préfix de quarante jours ; et garnisse ou quicte, il est tenu de paier les arrérages qui escherront jusques à la garnison ou quictance, et ainsi le tient l'en *communiter ;* or est-il ainsi ou cas de présent, etc.

Item ledict J. a plusieurs fois sommé ledict T. qu'il voulsist garnir ou quicter, etc.

Pour le deffendeur contre la demande à luy faicte en jugement par-devant vous contre T., affin de garnir ou de quicter une maison assise en tel lieu, de laquelle veue a esté faicte et tout le procès d'icelluy J., dict et propose

(1) B. : garni et quitté. — B. 1598 : garnisse ou quitte.

(2) B. : et aussi qui escherront.

(3) B. : par le stil, coustume et ordonnances de la ville.

(4) B. : à la ville de Paris.

ledict T., affin que ledict J. n'ait cause ne action de avoir faict ladicte demande, et que d'icelle ledict T. soit quicte, absouls et délivre, et icelluy J. condempné par la prinse et exploictation de son temporel et ès despens dudict T., etc.

Primo, la demande il la nye, et supposé, sans riens confesser, que icelluy J. eust par aucun temps droict de rente, si a esté et est ledict T. en bonne et souffisante possession et saisine d'avoir et tenir ladicte maison ouverte, habitée et souffisamment garnie de biens meubles exploictables, francs et quictes de ladicte rente, et ceste possession et saisine il l'a gardée et continuée par ung, deulx, trois ans. Et que présumption et laps de temps seroit congneu contre ledict demandeur, et parmi ce (1), ledict J. poursuit ledict T. torcionnièrement.

Item que les choses dessusdictes sont vrayes, etc. (2).

(1) B. : par tant ce ledict J., etc.

(2) B. : vrayes, etc., et escriptes.

CHAPITRE LXII.

LIBELLE D'UN CENSIER CONTRE UNG QUI A ESTÉ PROPRIÉTAIRE.

Dict et propose par escript, comme aultresfois a faict de bouche en jugement, par-devant vous, sire juge, etc., Jehan Jouen, notaire du roy nostre sire, contre Pierre Fetemont, les faits et raisons qui s'ensuyvent à la fin ou aux fins cy-dessoubs devisés et escripts.

Et premièrement dict ledict J. Jouen ou son procureur pour luy que selon raison, et par usaige et coustume notoire, et commune observance gardée et tenue en la prévosté et viconté de Paris, et mesmement en tel lieu, etc., ung chascun propriétaire et tenant d'aucun héritaige, soit maison ou aultre, est contrainct et tenu de acquicter et paier les rentes et charges réelles que on y prent, et y sont deues, ou à leur commandement, au nom de eulx et pour eulx, et aussi les arrérages venus et escheus de ladicte rente et charge réelle, par et pour le temps qu'il y auroit esté et seroit propriétaire et détenteur dudict héritaige, et ainsi en use l'en communément et notoirement en ladicte ville, etc., et ailleurs se mestier estoit de dire. Ce présupposé, qui est vray, dict ledict Jehan Jouen qu'il est en saisine et possession de prendre, avoir et procurer, aux quatre termes en l'an généralement à Paris acoustumés, dix livres parisis de crois de cens ou de rente, en et sur une maison assise à Paris hors la porte Sainct-Anthoine, en la grant rue (1), à l'opposite de l'église Saincte-Katherine du Val des Escoliers, tenant d'une part

(1) B. : assise à Paris en la grand'rue Sainct-Antoyne.

à la maison maistre Jehan Dalmart, et d'aultre part à une maison, laquelle, pour cause de la forteresse des murs de Paris, fut abbatue, laquelle fut à feu maistre Jehan Mabit, aboutissant par derrière à l'hostel de l'évesque de Meaulx, en la censive des religieux de Sainct-Eloy de Paris.

Item en sa saisine et possession d'en estre [payé] par chascun an, ausdicts termes, par les détenteurs et propriétaires d'iceluy, ou des habitans en icelle, et de prendre ou faire prendre gaiger en icelle maison toutes et quantesfois qu'il luy a pleu, et que aucuns arrérages luy en estoient deubs, et il trouvoit l'hostel ouvert et garni, et d'iceulx gaiges faire vendre de par le roy nostre sire, et l'argent qui en viendroit seroit tourné et converti en son proufflt, en solution et paiement des arrérages qui luy en estoient lors deubs.

Item et que de tant que ledict Jehan Jouen comme ses prédécesseurs et devanciers, desquels il a la cause, ont icelle saisine gardée et continuée par moult longtemps (1) et par tel temps qu'il n'est mémoire du contraire, au veu et sceu de tous ceulx qui l'ont voulu veoir et sçavoir.

Item et se mestier est de dire audict Jehan Jouen, il a tenu et possédé ladicte rente de dix livres en et sur ladicte maison cy-dessus déclarée, c'est assavoir que au traicté de mariage de luy et de sa femme elle luy avoit esté donnée, cédée et transportée de par tel, auquel elle estoit.

Item et laquelle maison icelluy maistre Jehan avoit par avant à tiltre d'achapt d'un appellé Michel de la Fontaine, marchand de vins, et bourgeois de Paris, lequel maistre Jehan à icelluy tiltre, qui est tiltre de bonne foy, en avoit jouy et usé paisiblement, et avant ce qu'il l'eust donnée,

(1) B : par moult de temps

cédée et transportée audict Jehan, ne à sa femme, au traictié de leurdict mariage.

Item et que ladicte rente, ou crois de cens, ainsi tenus et possédés dudict Jehan Jouen comme dict est, luy en sont encores deubs d'arrérages et demourent à paier huit livres sept sols parisis, c'est assavoir vingt sols d'un terme, et pour le terme de Nouel (1), qui fust l'an mil ccc.lxiij, et cent sols pour le terme de Pasques et Sainct-Jehan mil ccc.lxv lors en suivant, et que de ladicte maison dessus déclairée avoit esté, et fust par longtemps au proufit d'un aultre.

Item et laquelle maison il vendit, céda et transporta à certaine personne à déclairer quant mestier sera, et de ce en est voyx et commune renommée.

Item mesmement icelluy Pierre Fetemont fust tenant et propriétaire de ladicte maison, ou temps et par le temps desdicts arrérages escheus, et desquels ledict Jehan Jouen luy faict demande, c'est assavoir pour ledict temps, et icelluy qui fust l'an mil ccc.lxiij et lxv lors ensuivant.

Item et par ainsi tant selon raison comme par les usaiges et coustumes dessus allégués, est ledict Fetemont tenu de acquicter et paier lesdicts arrérages audict Jehan Jouen à luy deubs à cause de ladicte (2) rente, ou crois de cens, pour ledict temps escheu, auquel et pour lequel il estoit propriétaire et tenant de ladicte maison, comme dict est dessus.

Item et que ledict Jehan Jouen s'est traict par-devant ledict Fetemont, et l'a par plusieurs et diverses fois sommé et requis que desdicts arrérages à luy deubs comme dict

(1) B. : Noël.
(2) B. : sadicte.

est, et pour la cause dessusdicte, il luy voulsist faire gré, satisfaction et paiement, lequel Fetemont en a esté, et encores est, refusant, négligent, et en demeure, à tort et sans cause, et nonobstant qu'il ait dict par plusieurs fois que si feroit-il, et que à ce faire il sache bien luy estre tenu, et que promis et enconvenancé l'ait audict Jehan Jouen par plusieurs fois et en plusieurs lieux.

Item, et que pour cause dudict refus, a ledict Jehan Jouen faict semondre et convenir par-devant vous en tel lieu, etc., ledict Pierre Fetemont, et contre luy a faict demande et requeste d'iceulx arrérages à luy deubs, comme dict est, pour la cause dessus dicte et pour (1) les moyens dessus dicts, en requérant que en iceulx arrérages icelluy Fetemont fust par vous condempné, et ès despens de la cause, sur iceulx votre tauxation réservée, sur laquelle demande ledict Fetemont ou son procureur pour luy prinst à deffendre péremptoirement à certaine journée.

Item et à laquelle journée, ou aultre continuant et deppendant d'icelle, le procureur dudict Fetemont nya à plain ladicte demande ainsi faicte comme dict est, et de par ledict Jehan Jouen pour toute deffense, et en faisant litiscontestacion en la cause.

Item et que pour ce furent lesdictes parties de vous appoinctées à bailler de par ledict Jehan Jouen sadicte demande ou requeste par escript devers la court niée dudict Fetemont jurer, et à dire la vérité sur icelles pardevant tel, etc., de vous, sire juge, à ce commis, de par ledict Fetemont sa litiscontestacion s'il luy plaist, si comme se peult et pourra apparoir, se mestier est, etc.

Item dict ledict Jehan Jouen ou sondict procureur, que,

(1) B. : et par les moyens.

veu et considéré ce que dessus est dict, il a bonne et juste poursuite contre ledit Fetemont de sesdicts arrérages, dont il lui faict demande, et ledict Fetemont a mauvaise cause en deffendant, pourquoy, *et cætera.*

Item et mesmement que les choses dessus dictes sont vraies et notoires, et d'icelles est bruit, voyx et renommée à Paris et ailleurs, et les a ledict Fetemont, ou la plus part d'icelles, congneues et confessées souffisamment en jugement et dehors par plusieurs en vostre présence. Pour ce est-il que vous requiert, sire juge, ledict Jehan Jouen ou sondict procureur, que si ledict Fetemont congnoist et confesse les choses dessus dictes estre vraies, que par vostre sentence diffinitive et par droict ledict Fetemont soit condempné et contrainct à luy rendre et paier lesdictes six livres viij sols parisis à luy deubs d'arrérages à cause de ladicte rente, pour lesdicts termes cy-dessus déclairés comme dict est, et pour la cause que dessus, et ès despens de la cause faicts et soustenus de par iceluy Jehan Jouen, et qu'il aura et soustiendra pour cause d'icelle, sur iceulx vostre tauxation réservée. Et ainsi le vous requiert et vous en demande droict; et des choses dessus dictes qui ont besoing de preuve, il en offre à prouver ou informer tant et si avant qu'il souffira, et debvra souffire à son intencion avoir, en nyant, se mestier estoit, tous faicts et propos dudict Fetemont, se aucuns en avoit proposé ou maintenu au contraire, qui fussent contraires et préjudiciables, pour tant que nuire et grever luy pevent à son intencion.

CHAPITRE LXIII.

DEMANDE D'ARRERAGES.

Je suis en saisine tant par moy comme par ceulx de qui j'ay cause, de prendre et avoir en et sur la maison de ma partie adverse cent sols de rente à paier aux quatre termes en l'an, à Paris acoustumés, de si longtemps qu'il doibt souffire à bonne saisine avoir acquise, et qui n'est mémoire du contraire ; néantmoins tant d'arrérages me sont deubs. Se ma partie confesse que ainsi soit, je requiers qu'elle soit condempnée à moy paier iceulx arrérages, et si elle nye, etc., et à condemnation de despens.

CHAPITRE LXIV.

LIBELLE POSSESSOIRE.

Je suis en possession, tant par moy comme par mes prédécesseurs dont j'ay cause, de prendre, etc., en et sur la maison de ma partie adverse cent sols de rente à tels termes. En saisine de y gaiger, et faire le pertinent qui a vraie saisine peult apartenir, j'ay ceste saisine continuée par les moiennes et dernières années, et en continuant icelle j'ay esté au lieu pour moy faire paier de tels termes qui m'estoient et sont deubs d'arrérages. J'ay gaigé et faict adjourner ma partie pour veoir vendre ses gaiges, si requiers que des gaiges qui pris sont, avec des aultres s'ils ne souffisent, soient vendus jusque à plaine satisfaction. Et se peult faire cedict libelle devant ung auditeur (1).

Nota que si à la gaigerie la partie se oppose, l'en le doibt dire, et oultre peult dire le demandeur ainsi : et ou cas que le deffendeur vouldroit soustenir ou déclairer son opinion pour intervertir ma possession, je fais mon libelle pertinent en cas de saisine et de nouvelleté, car avec ce que j'ay dict que ma partie s'est opposée contre ma possession et saisine en moy empeschant et troublant depuis ung an en ça, à tort, contre raison, indeuement et de nouvel, si requiers estre tenu et gardé en madicte possession et saisine, que le trouble, nouvelleté et empeschement qu'il m'a faict soient ostés à mon prouffit, et qu'il

(1) B. : pourveu qu'il n'excède la somme de vingt livres d'arrérages, car ledict auditeur n'en pourroit congnoistre.

soit condempné doresnavant de ne moy plus empescher, son opposition dicte torcionnière et comme telle mise au néant, et par conséquent que les gaiges qui ont esté prins soient vendus jusques à plaine satisfaction de mes arrérages, et, ou cas que la chose prendroit long traict ou délay, je requiers la recréance, etc.

Nota que après litiscontestation l'en a regard pour donner la recréance à icelluy qui monstreroit tel tiltre, ou qui a plus favorable matière, ou qui traicte de franchise.

CHAPITRE LXV.

POUR RETRAIRE VEUES SUR L'HÉRITAIGE D'AULTRUY.

Pour Philippe Melote contre Geoffroy Gaigneron, affin qu'il soit dict pour ledict Philippe que certaines veues, fenestres, lumières et pertuys estans assis en ung mur qui est entre les deux maisons desdict (1) parties, assavoir l'une au cloistre Saincte-Oportune, et l'aultre en la rue de Cordouennerie, tenant et aboutissant à icelle, et lesquels ledict G. s'efforce d'avoir, tenir et occuper audict mur sur la court dudict Philippe, et en son préjudice, seront ostés et retraictes, et avec ce estoupées de tous points, aux cousts et despens dudict G., ou au moins qu'ils seront mises à certaine haulteur à fer et à voirre dormant, selon les us et coustumes de la ville de Paris, et selon la teneur de certain raport des jurés maçons et charpentiers à vous faict, et ès despens, etc.

Premièrement ledict Philippe tient, possède et est en saisine et possession, et a droict tant par luy comme par ceulx dont il a cause, d'avoir une maison, court, cuisine et estables avec toutes ses apartenances, assise au cloistre Saincte-Oportune, aboutissant de toutes pars à la maison dudict G., et de la tenir franche et quicte de toutes servitudes de veues et aultres choses quelsconques.

Item nonobstant ce, ledict G. a faict faire, construire et édifier, et s'efforce tenir et occuper plusieurs veues, fenestres, lumières ou pertuys aians regard sur la court et

(1) B. : desdictes.

maison dudict Philippe, dont icelluy G. n'a droict ne aucun tiltre, ce qu'il ne peult, mesmement que selon raison, ou au moins par l'usaige, coustume et commune observance de la ville de Paris, nul ne peult avoir voue, etc.

Item ledict Philippe a plusieurs fois sommé et requis ledict G. qu'il voulsist retraire ses veues, ou au moins les mettre aux us et coustumes de la ville de Paris, dont il a esté refusant. Et pour ce l'a faict adjourner par-devant vous en cas de héritaige et de péril, et contre luy a faict sa demande, tendant aux fins que dessus est escript, après laquelle et ses reprouches ouys, et aucun délay qu'il print en ceste cause, vous ordonnastes que les jurés iroient sur le lieu, et de ce qu'ils trouveroient en feroient leur raport, lequel icelluy Philippe a requis estre enteriné. Sur quoy ledict G. a faict proposer aucuns faicts non véritables, et sur leurs faicts les avez appoinctées (1) à bailler, etc.

Deffenses pour G. affin qu'il soit dict pour luy et contre ledict Philippe, que icelluy Philippe n'a cause de faire la demande et conclusion qu'il faict en requérant certain raport estre enteriné, et que d'icelle demande ledict Geoffroy demeure quicte, délivre et absouls, et soit condempné en ses despens, etc.,

Premièrement, ledict Philippe a faict adjourner iceluy G. en cas de héritaige et de péril, à cause de certaines veues qui sont en la maison dudict G., qui ont regart en la maison d'iceluy Philippe ; si requéroit que les jurés maçons et charpentiers y feussent envoyés pour faire leur raport, si comme il est acoustumé.

Item que les jurés y sont allés et ont faict leur raport, lequel a esté publié, et a esté requis par ledict Philippe

(1) B. : appointés

qu'il soit enteriné, si dict ledict G. que sa maison fust jà pieçà à Gilles d'Orléans et à Nicolle, sa femme, et en l'estat qu'elle est la tindrent leur (1) vies durans, au veu et sceu dudict Philippe, et après leur mort la tindrent et occupèrent les tuteurs des enfants d'iceulx Gilles et Nicolle, en l'estat que dessus, et lesquels la vendirent à icelluy Philippe, et y mist le juge son décret en la forme acoustumée.

Item par ce que dict est il a acquis prescription et si a tiltre, et se l'en vouloit dire que prescription n'eust point de lieu en tel cas, est à entendre ès choses latentes et non pas ès choses apparentes, comme fenestres, etc. Et mesmement selon droict escript en toutes manières de servitutes, prescription a lieu et nous traictons de matière de servitute (2), *quare*, etc.

(1) B. : leurs vies durans.

(2) A. : de servitude.

CHAPITRE LXVI.

REPLICATIONS.

Premièrement dict ledict Philippe que sa matière est favorable; car il traicte de liberté et de franchise, et sa partie traicte de servitute, *igitur*.

Item à ce que G. dict que la maison fust à Gilles d'Orléans, et depuis à son fils, qui en cest estat les tindrent par l'espace de quinze ans, respond ledict Philippe : Comme nous ne sommes pas en matière de possession, ne là où il le conviengne discuter de possession, ne de saisine, ne de prescription, car tout ce n'y vault riens. Mais nous sommes en cas négatoires où le droict de la chose, c'est assavoir des veues, est demouré (1), et faict arguer le tiltre.

Item et si ledict G. vouloit dire en replicant que la maison dudict Philippe et la sienne eussent jà pieçà esté tout à une personne qui ainsi les eust adonnées et depuis baillées ou vendues en cest estat, dict Philippe que ce faict n'est point réplicatif et chet en deffence principalle, et, par conséquent, ne luy doibt valoir en replicant, ne vous n'y debvez avoir esgard, ne vous y arrester en diffinitive selon raison, usaige, stil et coustume.

(1) B. 1598 : est demené.

CHAPITRE LXVII.

LIBELLE POUR METTRE UNE OU PLUSIEURS OPPOSITIONS AU NÉANT, FAICTES CONTRE CERTAINES CRIÉES.

Affin que l'opposition faicte par Jehan de Rueil, contre le prieur des frères et seurs de Saint-Ladre lez Paris, par vertu du privillége donné aux bourgeois sur le faict des maisons vuydes, vagues, ruineuses et inhabitables de la ville de Paris et des faubourgs, soit dicte nulle, et se aucune estoit qu'elle est torcionnière et de nulle vertu, et que se elle se povoit soustenir, que ledict Jehan soit condempné à garnir la maison et la mettre en si bon estat que lesdicts religieux y puissent trouver à prendre et gaiger pour leur crois de cens ou rente, et pour les arrérages deubs du temps passé, et qui seront deubs le temps advenir, et que, pour ce faire, temps luy soit donné et préfix de quarante jours, ou si non que le droict qu'il a sur ladicte maison soit adjugé auxdicts religieux, et que à ce requerre ils facent à recepvoir, et que ledict Jehan ne face à recepvoir à icelle opposition vouloir conduire ne à requérir chose qu'il ait requise, mais en soit débouté et condempné ès despens.

Primo dient lesdicts religieux que, tant par eulx comme par leurs prédécesseurs, dont ils ont cause, ils sont en possession et saisine à bon et juste tiltre de prendre vingt deniers de chief cens de rente en fons de terre sur une maison séant à Sainct-Laurens lez Paris, qui jadis fust à Jaquet le masson, tenant, etc., de y gaiger, de vendre les gaiges et de mettre l'huis hors des gons en signe de fons de terre, et de faire toute manière d'exploict tant en censive comme en seigneurie foncière, ceste saisine et possession non gardée et non continuée, etc., la maison est demourée vuyde et vague, et, pour ce, lesdicts religieux, par vertu dudict privillége, la ont fait crier, ausquelles criées Jehan de Rueil s'est opposé pour soixante sols de rente, et pour neuf années d'arrérages que ladicte maison luy doibt. Lesdicts religieux ont faict lever le décret et faict adjourner ledict Jehan de Rueil pour soustenir ou délaisser sadicte opposition, et pour respondre, procéder et aller avant, etc., et se mestier est, en cas d'héritaige, affin de garnir ou de quicter au jour lesdicts religieux feirent leur demande contre ledict Jehan de Rueil, en proposant les faicts dessusdicts, et disant oultre que son opposition estoit torcionnière, et comme telle devoit estre anichilée et mise au néant, et devoit ledict Jehan estre condempné ès despens. Et supposé que l'opposition se peult soustenir, si doibt-il estre condempné à garnir, car selon raison escripte, et par usaige, se aucun héritaige est chargé d'aucun cens, celluy qui a le premier droict est de meilleure condition, car les aultres droicts subséquens doibvent estre, et sont subjects et obligés pour luy faire valoir son cens, et doibvent tellement garnir l'héritaige, que le premier puisse prendre la rente et les arrérages, c'est assavoir quant l'héritaige est devenu vuyde, ou sinon tous lesdicts droicts doresnavant doibvent estre adjugés et acquis à icelluy qui a le premier droict, et ainsi en use l'en communément et notoirement.

Or dient lesdicts religieux que leur droict est le premier, etc., après laquelle le procureur dudict Jehan de Rueil, confessant le droict d'icelluy Jehan estre le dernier, print et requist temps de garnir, dont lesdicts religieux demandèrent avoir acte, laquelle leur feust octroiée ; et après ce, proposèrent que supposé que Jehan de Rueil eust eu ou temps passé aucun droict de rente sur ladicte maison, si l'auroit-il perdu par sa négligence et coulpe, car pieçà ung aultre censier appellé Pierre Jabin avoit faict crier pour sa rente icelle maison qui estoit vuyde, ausquelles criées ledict Jehan de Rueil et sa mère pour six livres de rente achetés d'une personne, et tout d'une nature, s'estoient opposés, et après les criées faictes avoit esté adjourné pour esclarcyr que icelles criées avoient faictes pour et à cause desdictes six livres, c'est assavoir pour chascune soixante sols de rente. Et pour ce que en jugement il fut trouvé que ledict Pierre avoit premier droict, et ledict Jehan de Rueil et sa mère dernier, ils furent dès lors condempnés à garnir et mettre la maison en souffisant estat, et leur fust donné temps préfix de quarante jours, ou sinon le juge dès lors adjugea audict cas à icelluy Pierre tout le droict que ledict Jehan de Rueil et sa mère avoient sur ladicte maison, et passa le jugement en vertu et force de chose jugée; et que nonobstant ladicte sentence, ledict temps de quarante jours est passé deux ans a, sans ce que ledict Jehan et sa mère aient garni, ne mis ladicte maison en souffisant estat, mais est toujours depuis icelluy temps ladicte maison demourée vuyde. Et pour ce, lesdicts religieux l'ont faict crier, et si lesdicts Jehan et sa mère s'y sont opposés, vous voiés par ce que dict est que c'est à tort, car s'ils y ont droict, si l'ont-ils perdu, par ce que dessus est dict et déclaré, par quoy, etc.

CHAPITRE LXVIII.

REPLICATIONS A FAICTS CONTRAIRES.

Dict que supposé que aucuns censiers ayans ung droict pareil soient condempnés à garnir, il n'est pas nécessaire que tous garnissent; mais il souffit que l'ung garnisse, et par la garnison de l'ung les aultres sont délivrés. Or, il dict que son père et sa mère achetèrent d'une personne six livres de rente sur ladicte maison; après la mort de son père il eut soixante sols, et sa mère soixante sols. Et estoient d'une mesme condition. Luy et sa mère furent condempnés envers Pierre Jabin à garnir; la mère a garni ou au moins paié tellement, que, au temps de la dernière criée desdicts religieux, aucuns arrérages n'estoient deubs audict Pierre Jabin, lequel ne s'est point opposé à icelles dernières criées dudict Jehan de Rucil, et par ainsi a perdu son droict. Dict aussi que qui garnit ou paye, il souffit, sans mettre la maison en estat, ne pour ce ne pert-il pas son droict s'il n'y avoit nouvelle compulsion ou condempnation.

Nota que en cas de garnir ou de quicter, fault de trois choses l'une, c'est assavoir que le demandeur puisse prouver sa possession d'avoir esté paié depuis ung an, ou que la maison sur quoy la rente est prinse soit vuyde, car la vuydenge luy confirme sa possession, ou que l'on luy ait promis paier les arrérages qu'il a demandé, car la promesse luy conserve sa possession et sa saisine (1).

(1) B. : sa possession et saisine.

CHAPITRE LXIX.

INTENDIT SUR REPLICATIONS.

Au confort et aide des escriptures baillées en vostre Court, sire juge, etc., de la partie de D. contre J., et pour respondre et répliquer de par ledict J. aux escriptures baillées contre luy de par ledict D., dict et propose icelluy J. ce qui s'ensuyt, sans soy départir de ses premières fins et conclusions, mais pour obtenir à icelles, et à toutes aultres contraires des conclusions dudict D., demande (1) sur une action ypothèque. Tel pour certaine cause se obligea pieçà envers moy en la somme de cinquante livres, lesquelles il me promist paier, etc. Et pour ce faire obligea tous ses biens meubles et immeubles, présens et advenir, si comme il appert par lettres séclées du Chastellet de Paris, et en icelluy temps ou depuis, il estoit et a esté détenteur et possesseur de certains héritaiges séans, etc., lesquels me furent ou ont esté généralement ou par espécial obligés et engaigés pour ladicte somme devant dicte, et la partie adverse tient à présent et possède iceulx héritaiges, si comme il est venu en ma congnoissance. Si requiers que se il congnoist que ainsi soit, que par vous soit dict et déclairé moy avoir droict de gaige et de obligation ypothèque, en et sur iceulx héritaiges, et qu'il soit condempné à délaisser et dégarnir iceulx à moy adjugés, pour et affin qu'ils soient criés, subhastés et vendus, et les deniers qui d'iceulx istront convertis et employés en l'aquict de ma debte, etc.

(1) B. 1598 : demandeur.

Ceste demande faicte, le procureur de la partie aura advis, puis veue, et lors, se les héritaiges sont tenus d'auncuns seigneurs, le sergent viendra qui dira : Sire, les héritaiges dont veue a esté faicte mesmement de monseigneur tel, j'en requiers la Court; et fault qu'il ait son povoir de requérir ou point, et quant tu seras renvoié, tu prendras garand et procéderas oultre, selon la forme continuée (1) au chapistre précédent, etc.

(1) B. : contenue.

CHAPITRE LXX.

BAILLÉ PAR MÉMOIRE.

Réparations à fins contraires (1).

Affin que par vous, sire juge, tel, etc., et contre V., ledict V. soit condempné et contrainct à rendre et paier à B., demandeur en ceste cause, telle somme, etc., et que sur ladicte demande, V. est tenu de respondre, procéder et aller avant par-devant vous, et que à faire ladicte demande, ledict B. est et fust (2) bien à ouyr et à recepvoir, et soit ouy et receu comme partie habile et légitime, nonobstans chose proposée au contraire, de par ledict V., dont il soit débouté comme de propos non recevable, ou au moins non valable, et à toutes fins et conclusions contraires des fins et conclusions de V., sa partie adverse, et que ledict V. soit condempné ès despens, dommages et intérests, etc., dict et propose, etc. Aucunesfois le demandeur dict, et se ledict V. aucun faict propose qui de droict feist à recepvoir, ou que ledict B. n'eust souffisamment respondu, et par droict il soit tenu de respondre, affin que sa dicte demande feist à recepvoir tant seullement quant à présent, et non à aultre, il le mect en ny, comme il luy pourroit estre préjudiciable et contraire au sien.

(1) Manque dans B.

(2) B. : est et faict.

CHAPITRE LXXI.

LIBELLE EN CAS DE USURE.

Premièrement soit proposé une maxime des droicts divins, et de la constitution de la loy, par lesquels il est deffendu à tous chrestiens l'usure, et puis narrer en la majeur la puissance du seigneur en la jurisdiction duquel l'usurier est demourant, et puis dire tels mots : soubs la protestation que pour chose que le demandeur die, son intencion n'est pas de vouloir injurier la partie adverse, mais seullement en tant qu'il pourra servir à sa cause, et pour icelle conforter et aider ; que ces choses présupposées qui sont vraies, clères, et notoires et manifestes, il est vray que tel comme faulx et desloyal chrestien, apostat et scismatique, depuis dix ans en çà a usé et use encores de jour en jour de mauvais contracts, faulx, illicites et usuraires, avec plusieurs et diverses personnes, *specificando facta mediocria, declarando contractus, et facta contractuum de quibus liquebit per instructionem informationis, et nominationem personarum, cum acumulatione falsorum contractuum; et his finitis*, le demandeur peult conclure qu'il soit dict et esclarci, que toutes les lettres obligatoires dudict tel soient mises, baillées et délivrées en la main du hault justicier, comme à celuy appartenant, et la punition soit des contrats contenus en icelles lettres obligatoires, si elles sont en nature, estre acquis et confisqués envers ledict seigneur, et ou cas qu'elles ne seroient en nature, soit dict et à droict que ledict seigneur puisse et doie contraindre, lever et exiger sur les biens meubles, conquests et héritaiges dudict tel jusques à la somme que le pur sort d'iceulx contracts peult monter et valoir, et les usures (1) qui en dépendent estre distribués par la main dudict seigneur à ceulx sur qui lesdicts contracts ont esté faicts ou aillieurs, selon la discrétion dudict seigneur, ou cas toutesfois que icelles personnes, leurs hoirs ou ayans cause seroient mors, ou seroient transportés en lieu si loingtain que l'en n'en pourroit ouyr aucunes nouvelles. Et pour ce que ledict tel pour tappir et couvrir ses mauvais et faulx contracts, usuraires et illicites, ledict tel se soit aucunes fois entremis et entremect encores de faire et continuer ung petit de desloyalle marchandise, que selon droict escript doibt perdre tout le bien qui à luy peult estre pour lesdicts faulx contracts, ledict demandeur tend affin qu'il soit dict et prononcé que toute ladicte marchandise soit acquise et confisquée envers ledict seigneur, et que à iceluy tel soit interdict et deffendu sur paine de la hart, ou au moins d'estre banni à tousjours perpétuellement de la terre dudict hault justicier, qu'il ne soit si hardi de soy entremettre du faict de marchandise quelconque, et en soit privé, forclos et débouté à tousjours perpétuellement comme dict est.

Item qu'il soit aussi condempné et contrainct à faire audict seigneur les amendes honorables qui cy-après s'ensuivent : c'est assavoir pour ce qu'il a transgressé le commandement de Dieu nostre créateur, en enfraingnant la loy qu'il nous a baillée, par lesdicts faulx contracts usuraires qu'il a faicts et perpétrés, il soit condempné à estre mis et tourné au pillori par trois festes solempnelles ou dimanches, depuis l'heure de prime sonnant, nue teste tout estant, et ait vestu seullement sa chemise et une

(1) B. : vivres.

cotte simple, et lors estre mis hors dudict pillori et mené en la procession en icelluy estat par deux des sergens d'icelluy seigneur, tenant en sa main ung cierge de trois livres pesant, lequel il sera tenu offrir au grant austel de l'église, et ce faict, qu'il soit ramené devant le juge dessusdict, et en jugement requérir qu'il soit condempné à redresser et amender lesdicts cas usuraires et d'amende prouffitable, et pour icelle rendre et paier audict seigneur telle somme, etc., ou soit, etc., et qu'il soit et demoure prisonnier jusques à ce qu'il en ait fait satisfaction, se toutes ces choses sont congneues et confessées; et si elles sont nyées, etc., ledict procureur en offre prouver et monstrer, et enseigner tant qu'il luy souffira pour son intention avoir, etc.

Et orra comment la partie deffenderesse se deffendra, et sur ses deffenses pourra ledict prendre délibération ou dupliquer, s'il est instruit, et prendre jour pour ce (1) auquel il fera récitation de son premier plaidoié, et aussi des deffenses du deffendeur auquel il respondra, et en la fin de son plaidoié dira ces mots : *et se à aucuns des faicts de ma partie adverse je n'avoye souffisamment respondu, ou si j'avoye oublié à respondre, je les nye et mets en ny*, et au surplus sera procédé par la manière cy-dessus escripte, c'est assavoir ou chapitre *de la manière de procéder*, etc. Et ferez bien vostre fin de libelle en la manière que ès aultres libelles cy-dessus escripts, et plus à plain déclairés (2).

(1) B. : sur ce.
(2) B 1508 : est plus à plein déclaré. — B. ajoute : L'an mil cinq cens xxxv, par arrest de la court de parlement ont esté pugniz plusieurs bourgeoys, marchans de Paris exerceant usures, et les facteurs en grosses amendes, tant envers le roy nostre sire, que envers les parties, et dommages-intérests, et à tenir prison, portant torches allumées depuis la Conciergerie jusqu'à Nostre-

Dame de Paris, l'église du Sépulcre et autres églises, et les aucuns tournez au pillory.

« Propterea quæro an tutor qui exegit usuras pupilli nomine eas tenetur « restituere finito officio tutelæ, et an possim eas repetere a tutore, quia pro « alio pœnitere non potuit ; de hoc vide c. *sicut*, XLVI distinct. ubi bonus « text. cum gloss. Et an liceat facere eleemosynam de fœnore et usuris. Et « nota quod Lucanus poeta invehit in usurarios cum dixit :

« Huic usura vorax, avidumque in tempore fœnus. »

CHAPITRE LXXII.

DES APPELLATIONS.

Et premièrement s'ensuivent aucunes translations prinses sur les ordonnances royaulx tenues en parlement et ordonnances royaulx faictes de par le roy, l'an M CCC XXXIII, où est faicte mention que si aucun appellant ne impêtre son adjournement dedens trois mois à compter du jour de la prononciation de la sentence dont il appelle, son appellation est déserte et sera la sentence mise à exécution par le juge par qui elle aura esté donnée, et néantmoins en l'amende.

Item et s'il impêtre et exécute son adjournement dedens le temps et il succombe, il doibt l'amende.

S'ENSUIVENT AULTRES ORDONNANCES ROYAULX TOUCHANT LES MATIÈRES D'APPELLATIONS.

Se les parties se sont présentées aux jours des présentations de leur bailliage, il souffist, jà soit ce qu'il y ait deffault en la qualité de la présentation.

Item quia in parlamento les causes seront expédiées selon l'ordonnance des présentations, supposé que l'en appelle avant la présentation du deffendeur, *vel e converso*.

Item si les appelans ne obtiennent, ou ils ne auront renoncé en la main du juge, duquel ils auront appelé, ou député ad ce, dedens les huit jours après leur appellation, ils paieront 60 livres parisis d'amende et fera le juge exécuter (1).

Item cum secundum predictam ordinationem, si les appellans n'ont mie trois mois entiers devant le commencement du parlement, et ils ont temps souffisant pour impétrer et exécuter leur adjournement en cause d'appel, laquelle souffisance cherra en arbitrage de la court, se ils ne impètrent et exécutent leur adjournement ils seront réputés négligens. Et ce est ordonné quant au bailliage de Vermendois; et quant aux aultres bailliages les parties doibvent impétrer leur adjournement devant le commencement du parlement et le pevent faire exécuter le parlement séant.

Nota que si la partie appellant vouloit délaier, et pour ce impétrast son adjournement à l'autre prochain parlement advenir, pour ce qu'il n'y avoit pas trois mois depuis l'appellacion jusques à cestui parlement, la partie qui auroit obtenu jugement pour luy auroit impétracion du roy que sa partie appellant seroit adjournée à ce prochain parlement à poursuivir, ou délaisser sondict appel.

Item, cum transactis temporibus, s'aucun appelle d'aucun per, ou aultre seigneur temporel, il souffit faire adjourner le juge au lieu auquel la sentence a esté donnée, ou la dé-

(1) B. : ils paieront l'amende à la coustume du pays, et fera le juge exécuter la sentence ledict temps passé, et fera seullement adjourner celluy qui n'aura renoncé devant ladicte VIIIe, à la requeste du procureur du roy, pour le voir déclarer estre encouru en l'amende.

Et à ce s'accorde l'ordonnance du roy Charles septième, au XVIIIe article de ses ordonnances, faictes et publiées en l'an mil CCCCLIV. Toutefois au Chastellet de Paris a stille que la partie face adjourner la partie appelant pour veoir sa dicte appellation de servitude (?). Ce néantmoins je garderoye l'ordonnance, car par ladicte ordonnance, le roy, ledict temps expiré, déclaire ladicte appellation déserte, ainsi n'y fault point de déclaration.

négation faicte, ou aux personnes des habitans dudit lieu, ou aux voisins se l'en trouvoit aucun, ou en la personne du juge, ou de son lieutenant, en leurs domicilles, ou aultre part dedens la chastellenie du lieu, si d'aventure ils sont trouvés, et en leur absence ausdicts lieux, et en leur maison, ne il ne convient jà adjourner les sergens en leurs personnes, ne à leurs domicilles.

Et les lettres de adjourner les parties doivent estre présentées aux juges, ou au lieu là où la sentence fut donnée, ou la dénégacion faicte.

Item cum sæpe contingat, se on adjourne ung chappitre, et le tymbre ne soit point sonné, néanmoins l'adjournement vault, puis que l'une des parties compare (1) et se présente (2).

Item ès eschevins, consuls, et hommes jugeans de quelque court que ce soit.

Item quia sæpe per malivolos, l'en ne doit point au nom du procureur du roy sans son sceu impétrer lettres, affin que l'en procède par voye de informacion, ne aultrement contre aulcun ; et qui le fera, il sera tenu de la demande et paiera les despens et dommages à la partie, et au roy en soixante livres d'amende. Et se aucuns de nos officiers ou subjets sont prins, information faicte par vertu des lettres de nous esmanées, ou de nostre voulenté et science, ou octroiées de nostre court, ou à la requeste de nostre procureur général, ou de son certain commandement, nous voulons que avant qu'ils soient mis en prison, qu'ils soient admenés à leurs juges, et les faits

(1) B. : se compare.

(2) B. : Toutesvoyes, je garderoye l'ordonnance faicte par le roy Philippes le Bel, en l'an mil trois cens quarante-quatre, *titulo, De modo adjornandi abbates, conventus, communitates et scabinos.*

dont ils seront trouvés chargés par informacion proposés contre eulx, soient oys en leurs deffenses, affin que le juge leur puisse faire la raison.

Et se si prestement l'en ne peult avoir copie du juge, que les prisonniers soient tenus honnestement et seurement jusque à ce qu'ils soient amenés au juge et ouys en leur deffence. Par ce toutefois n'est mie nostre intention de diminuer en riens la puissance des juges ordinaires, avec ce que nous establissons que nos procureurs ne mettent aucun en procès sans avoir information précédente et commandement du juge compétent (1).

Item il n'est loisible à aucun faire aucun adjourner par-devant les maistres des requestes de nostre hôtel, si ce n'est de nostre expresse voulunté, ou si ce n'est pour raison du don d'aucun office, cause *mere* personnelle, ou quant aucun aultre vouldra demander aucune chose en action pure personnelle à aucun de nos familiers domestiques, ou (2) en ce qui touchera son office (3).

Tous les familiers de nostre hostel, nous voulons estre renvoyés devant leurs juges ordinaires en toutes autres causes en demandant et en deffendant.

Item nous voulons et commandons ainsi que avons plusieurs fois commandé aux gens de nostre parlement que à lettres que nous donnons au dommage de partie, ils ne obéissent, mais icelles prononcent nulles, iniques, et

(1) B. : ordonnance contre le procureur du roy.

Aujourd'hui, par l'ordonnance faicte par le roy Loys XII, au LXIIe article de ses ordonnances, il est deffendu au procureur du roy nostre sire, de ne adjourner ou faire ajourner à sa requeste aucun, sinon qu'il y ait décret de juge, ne sans avoir le conseil des advocats du roy. *Et ad hoc concordat textus in* l. 2, C., *Si adversus fiscum,* et l. ult. *De advoc. fisci.*

(2) B. : et en.

(3) B. : et ad ce pareillement s'accorde l'ordonnance faicte par ledict Philippes le Bel, tit. *De informationibus secretis.*

subreptices, et les anullent, ou se il leur semble qu'il soit expédient selon la nature de la cause et de la forme de la lettre, nous rescripvent, et advisent nostre conscience de ce que nous avons à faire raisonnablement.

Item, en cas de propriété, pour tous délays l'en n'aura que ung délay au prochain parlement lors advenir.

Item les baillifs doivent demourer tous les jours de leur bailliage sans partir, si ce n'est par le congié de la court, aultrement ils sont privables de leurs offices.

Item les advocats ne doivent point estre présens à juger (1) les causes qu'ils auront conseillées, et est mandé aux juges qu'ils s'en donnent garde.

Item qui impétrera lettres contre nos arrests de parlement, il paiera soixante livres; s'il ne l'a impétré que, de nostre grace espécial, il ait eu de nous congé de proposer erreur sur certaine forme contenue en l'article.

Item nota que combien que par l'usaige de court laie l'en ne puisse pas licitement appeller que de deux choses : c'est assavoir de dénie de justice ou de droit, ou de faulx jugement, toutesfois par ledict usaige l'en peult appeler de grief avec le faulx jugement, et qui appelleroit tant seulement il ne souffiroit pas.

Quero, fault il de nécessité avant que aucun appelle de dénie de justice que le juge luy ayt dit parolles qui sentent reffus ou dénie de justice, ou si l'on peult prendre son taire pour reffus? Responce : Soit veu sur ce au chapitre *des deffaulx* en la fin.

Item en pais coustumier, qui veult appeller, il est nécessaire qu'il appelle en jugement, ou au moins avant que le juge se liève et départe de son siége, aultrement il ne sera point receu comme appellant.

(1) B. : à veoir juger.

Item si le juge prononce aucune sentence qui d'elle-mesme soit nulle, et la partie contre qui la sentence est donnée n'en appelle, icelle partie ne pourra faire poursuite sur la nullité d'icelle sentence, puisqu'elle n'en aura appellé (1).

Cecy fault en trois cas qui s'ensuivent. Exemple, quant l'en traicte de anuller une sentence qui a esté donnée par le juge non compétent, jasoit ce que incontinent il n'en fust appellé.

Item quant la sentence est nulle pour ce que trop hastivement, à trop briefve journée, et sans garder la demeure acoustumée l'en a donné la sentence.

Tertio, quant il y a erreurs exprimées en la sentence, lesquels pevent apparoir par les exemples qui s'ensuivent.

Les hoirs Robert de Couronnes, jadis bourgeois de Paris, proposèrent en parlement que en une cause pécuniaire le prévost de Paris, par vertu de quatre deffaulx, avoit prononcé une sentence contre eulx, et contre Jehan de Sainets, laquelle il disoit estre nulle, ou au moins faulce, *primo*, pour ce que les adjournemens avoient esté faicts hors Paris six lieues, et en lieu là où les hoirs n'habitoient point, mais habitoient à Paris, ne les adjournemens n'estoient pas venus à leur congnoissance, et que par la coustume générale du royaulme de France et aussi par le stil de la Court, les adjournemens doivent avoir esté faicts à personne ou à domicille, mesmement que l'action estoit personnelle. Item que l'un desdicts héritiers estoit adoncques clerc et encores est, et par ainsi le prévost n'estoit point son juge, ne sa sentence ne debvoit tenir.

(1) B. : mais obtient lettres royaulx au cas exprès pour estre relevé de place.

Item que à la quarte journée ils comparurent, et le demandeur non, et ce appert par mémoire du Chastellet, et aussi par le stil de Chastellet le procès estoit interrompu, et sur iceluy doresnavant l'en ne povoit donner sentence, et pourtant, par les raisons des susdicts, ils avoient (1) esté appelés à la prononciation d'icelle sentence; mais avant que l'en fist exécution sur eulx, ils allèrent devers le prévost, et luy requirent que par les causes dessusdictes il annulast sa sentence ; et il leur respondit que sa sentence tiendroit, et par vertu d'icelle seroit faicte exécution, dont ils appelèrent.

Ledit Jehan, affin de non estre receu qu'il fust dit bien jugé et mal appellé, proposa, *primo* que les adjournemens avoient esté faicts à la personne des héritiers, et ce apparoissoit par la relation du sergent. Item la sentence estoit donnée par vertu de quatre deffaulx. Item ils n'avoient incontinent appellé, mais ung an après ladicte sentence. Item il nye que aucun d'eulx fust clerc, en replicant que la coustume par laquelle les nullités des sentences ne pevent estre retraictes quant l'en ne appelle du juge séant, et l'en a povoir, c'est quant la sentence que l'en veult retraicter comme nulle est donnée de juge compétent, et non mie de juge incompétent comme ou cas de présent. Item aussy quant la sentence donnée est sans erreur ou vice, et en c'est erreur manifeste, je dis que le prévost a erré, car il fault en sa sentence, et suppose que la partie ait impétré quatre deffaulx ensuyvans et continuels et sans interruption, ce qui est faulx.

Dit fut par la Court que les héritiers seroient receus comme appellans, et veu le mémoire impétré de par les

(1) B. : ils n'avoient

héritiers, il fut dit le procès estre interrompu, et veu le procès, il apparut à la Court que les adjournemens avoient esté faicts trop soudainement, le premier au mardi, le second au mercredi, le tiers au jeudi, le quart au samedi prouchain ensuivant. Et pour ce fust dit bien appellé et mal jugé en parlement l'an MCCCXXV.

Toutesfois il a esté tenu par oppinion ou Chastellet que si ung homme impètre trois deffaulx, et au quatriesme sa partie prent estat de délibération, ou aultre assignation, en laquelle il ne soit point faict mencion du prouffit des trois deffaulx précédens, et sur et après icelle assignation la partie deffault la quatriesme fois, ce quatriesme deffault conclud et clost la contumace.

Item pour ce qu'il est parlé cy-devant de nullité, il est assavoir que une sentence peult estre dicte nulle quant le juge donne sentence plus large ou aultre que les conclusions de la partie ne sont, et par plusieurs aultres manières contenues cy-après.

Item le juge de qui on appelle ne peult mye de son auctorité et sans mandement de la Court adjourner les parties en parlement, et si il le faict, jà soit ce que la partie se compare, si n'est-elle pas tenue de procéder comme adjournée.

Item supposé que dedans trois moys après la sentence donnée la partie appelant ne face son intimacion à la partie appellée, se pour aucune juste cause, et exoine, il a esté delaié qu'il ne l'ait peu faire, il aura bien relief du roy, et se par icelluy jour (1) assigne à aultre bailliage, il vault.

Item et se aucun a estably ung autre procureur qui ait occupé en sa cause, et avecques lequel la sentence a

(1) A.B. : par icelluy relief jour.

esté donnée, et il n'en a point appellé, le maistre n'en peult plus appeler. Mais si le procureur n'a point occupé en la cause, si tost comme le jugement est venu à la congnoissance du maistre, il en peult appeller ; *ita dictum fuit in quadam causa.*

Nota que, en Chastellet, qui poursuit son cas d'amendement, soit en jugement diffinitif ou autre, la partie aura despens, pour ce qu'elle n'en sera pas acertenée, mais le juge n'en n'aura point d'amende pour ce qu'il est acertené de la renonciation.

Item en amendement de demande sur tauxation de despens n'a point d'amende. Mais qui en appelleroit de juge à aultre, comme d'un maire à ung baillif, il en paieroit amende, mais d'un auditeur au prévost, non, car c'est une mesme court.

Nota que en cas d'amendement où l'en ne paie point d'amende pour avoir mal demandé l'amendement, l'en adjourne le juge et la partie, et ne deffend l'en point au juge qu'il n'attempte, car celluy qui a demandé l'amendement ne contend fors de la cause, et en cas d'amendement demandé devant juge devant lequel l'on paie amende, l'en adjourne le juge, et intime et deffend l'en à la partie qu'elle n'attempte.

Se l'appellant qui demande l'amendement ne poursuit ne ne renonce dedans huyt jours, celuy qui a eu jugement pour lui le doit faire adjourner pour monstrer la poursuyte qu'il a faicte sur son amendement d'amende.

Se l'appellant deffault deux fois, le jugement sera mis à exécution. Se il compare, et il ne monstre poursuyte, le demandeur le doit prendre par escript et exécuter son jugement.

Se aucun appelle d'aucun juge subject ressortissant en

Chastellet (1) comme de Saint-Martin, Saint-Magloire, et dedans le temps deu (2) il renonce, pour ce ne peult mye le juge congnoistre de la cause, s'il n'y a renvoy de Chastellet, pour ce que si le juge subject estoit hault justicier, et il estoit dit mal jugé, le roy auroit soixante livres qui seroient estaints par la renonciation.

Et fault faire jurer la partie que sans fraude icelle renonciation est faite et sans induction et composition aucune.

Celluy qui appelle des juges royaulx n'est point exempt de la jurisdiction d'icelluy de qui il appelle, fors de la cause pour laquelle il appelle, *et hoc observat curia parlamenti*. Mais qui appelle des juges subjects en pais coustumier, il est exempt du juge, *pendente appellatione*, en toutes les causes tant en demandant comme en deffendant (3).

Quant l'en appelle des pers de France, ou de leurs juges, soit en pais coustumier ou de droit escript, l'appellant est exempt de la jurisdiction du per et de tous ses subjets en toutes ses causes, tant en demandant comme en deffendant, comme dessus est dit.

En la duché d'Acquitaine, qui appelle, il est exempt de toutes causes et cas, tant comme l'appel durera.

Se d'aucune sentence donnée par hommes jugeans en aucune court, il est appellé en parlement, et dit mal jugié, chacun desdicts hommes doit au roy dix livres pour

(1) A. : comme du Temple, Sainct-Martin.

(2) B. : qui est de quinzaine.

(3) B. : ce vient sans raison et ne se peult soustenir, car par ce moyen aultres subjects ne le pourroient faire quereller par devant son juge, soubs umbre que seroit au délay d'aultre cause que celle qu'on luy demanderoit, comme d'argent presté, ou despence de bouche, ou de prest, mais bien en causes dont est apparu.

amende, et s'il est prononcé mal appellé et bien jugé, l'appellant est tenu à chacun des hommes en dix livres d'amende.

Se plusieurs consors ont appellé, et il est dit mal appellé, ils ne doibvent fors une amende de soixante livres.

Se plusieurs sont condempnés pour excès, ou délicts, ou ung procureur pour eulx appelle en parlement et il est dit mal appellé, chacun d'eulx doit soixante livres pour l'amende (1).

Item nota que si trois personnes plaident contre ung, lequel a obtenu jugement pour luy, et ils en appellent et font adjourner leurs parties (2), à la journée leur est reprouché et dit que il n'en y a que ung adjourné, et il y a trois appeaulx et trois causes, et parce le deffendeur n'a ne jour ne terme, car ils n'ont pas poursuivi, *dictum fuit in parlamento*, que ce sont troys appeaulx non parfaicts, et pour ce l'amende est de neuf vingts livres *pro rege*.

Nota, que se aucun a eu jugement pour luy dont sa partie ait appellé, et le juge soit informé, la partie qui aura obtenu en la cause principale ne sera pas condempnée ès despens de la cause d'appel, car le jugement qu'il eut (3) pour luy l'en excuse.

Se aucun a eu une, deux ou plusieurs sentences pour luy, et après en ait une contre luy, dont il a appellé, et en parlement son appellacion est dicte mauvaise, il sera condempné ès dépens, et aussi en l'amende, car pour la raison devant dicte aussi comme il fut excusé des dépens pour ce qu'il avait à poursuivir (4) le jugement qui avoit esté donné pour luy, par celles mesmes raisons il avoit à

(1) B. : pour amende.

(2) B. : les parties.

(3) B. : qu'il a eu.

(4) B. : a poursuivy.

doubter (1) ou délaisser le jugement qui avoit esté donné derrain contre luy. Ne les premières sentences ou moiens, se moiens sont, ne l'excusent point, car la derraine (2) dont il a appellé luy enseigne qu'il avoit tort, et donnèrent commencement de croire qu'il n'auroit pas bonne cause.

Item se il est dit bien jugé pour aucune partie du procès, et mal jugé pour l'autre partie d'icelluy procès, l'en a acoustumé de faire compensation des despens de la cause d'appel, et aussi de la cause principale. Mais ceste manière de parler n'est pas raisonnable, car jà soit ce que l'en doie faire compensation des despens en la cause principale, toutesfois il n'est mie ainsi des despens de la cause d'appel, comme l'appellé n'en soit tenu en aucune manière, car se partout il estoit prononcé mal jugé, si ne payeroit-il nuls dépens, dont doit l'en dire ainsi en relevant l'appellant des despens faicts en la cause d'appel et pour cause.

Item en ce cas il est relevé de la demande. En la fin d'aoust M CCC LXXXVII, ung cousturier clerc non marié fut mis en prison, et d'un certain appoinctement appella de monseigneur le prévost de Paris, et après il fut requis. Le prévost ne le povoit rendre pour cause de l'appellacion, car il n'estoit plus son subject, et les huit jours passés il voulut renoncer. Le prévost fist doubte de le recevoir. Les conseillers de Chastellet dirent que sans aucun admonestement ou induction, et en jugement, l'en le povoit (3) recevoir en son préjudice, mais il debvera soixante livres en laquelle charge il sera baillé à l'évesque avec ses biens meubles. Et pour ce encores que le prévost faisoit doubte que luy mesmes ne deust pas recevoir

(1) B. : à débouter.

(2) B. : la dernière.

(3) B. : l'en ne le pouvait.

ceste renonciation en la faveur de son juge, Maistre Martin Doublet alla sçavoir en parlement, et raporta que le prévost le povoit bien recepvoir.

Nota, que il y a différence entre ung jugement qui est dit nul, et un jugement qui est dit faulx. Car le jugement qui est dit nul est celuy qui est prononcé par non jugé (1), qui est assis sur ce que proprement n'est pas requis. Et celuy qui est faulx et mauvais est celuy qui est assis sur ce que l'en requiert, mais le jugement n'est pas bon.

Se de la sentence donnée par les hommes d'aucun per de France, ou d'eulx l'on appelle en la court de France, mais que iceulx hommes n'aient aultres hommes dessus eulx en la court du per, l'appellant est exempt de luy et d'iceulx hommes en toutes causes et querelles, jà soit ce que la cause ne touche point les pers, mais autres privées personnes. Ainsi fut-il dit en parlement l'an mil ccc xxv pour madame Darthois contre messire Loys de Luchen. Mais se ceulx de qui l'en auroit appellé avoient aultres hommes par dessus eulx en la court du per, l'appellant n'est point exempt fors de la jurisdiction de ceulx de qui il auroit appellé. Quant aulcun est exempt de la jurisdiction d'aulcun per de France par appellation faicte d'aucune cause, et sur l'autre cause il procède devant luy, taisiblement il renonce, et ne sera exempt fors de la cause pour laquelle il aura appellé. Ainsi fust il dit pour ladicte contesse contre messire Loys. Toutesfoys c'est à entendre quant la partie est présente, qui advoue le procureur ou advocat qui procède en la cause, comme dict est, ou se la partie ne le désavoue.

Item qui, comme dit est, est exempt, la court baille

(1) B. : mon juge.

ung preudhomme qui est gardien et juge en toutes ses causes pendant son appellation.

Item il est assavoir que de grief irréparable quel qu'il soit, prononcé par manière de sentence, soit interlocutoire ou diffinitive, l'en peult appeler en pais coustumier.

Item si de dénégation de droict ou deffault de justice l'en appelle des juges royaulx, soit en pais de droict escript ou coustumier, l'appellation n'est point receue à ce que l'en octroie adjournement.

Item, par la coustume généralle du royaulme de France, le subject se peult départir de la court de son seigneur, et en estre exempt par l'une des appellations dessus dictes, mesmement pour dénégation de droict et deffault de droict ou de justice, mais qu'il die ces mots : *le mé le dictes vous et par droict*. S'il dit *ouy*, le subject doit dire : *j'en appelle*, aultrement non. Et non mie de juge (1) comme dessus a esté dit.

(1) B. : de juge royal.

CHAPITRE LXXIII.

A QUOY PROPOSER DE NOUVEAU L'APPELLANT PEULT ESTRE OUY.

Se l'appellant du pais coustumier veult proposer aucune chose hors le procès (1) faict sur le principal, par quoy il veulle dire la sentence faulse ou nulle, il sera ouy sur ce.

Item, se devant le juge de l'appellation, et auquel l'en appella premièrement, les causes pourquoy le premier jugement povoit estre mauvais ou faulx, par l'appellant ne furent point proposées, et pour ce ait esté ledict jugement confirmé, et d'icelluy jugement (2) il ait esté appellé à ceste présente court, et [en] icelle cause l'en veuille maintenir propositions nouvelles, *non audietur*, ou cas toutesfois où l'appellant, ou son procureur, aura esté présent devant le premier juge de l'appellation, et où les parties sont de pais coustumier; et se ils sont de pais de droict escript, *secus*.

Item, se la partie appellante a séelé ou fait séeler le procès devant le juge de qui il a appellé, et il veult par dessus aucune chose proposer, il n'y sera point ouy, ou s'il veult dire que l'en l'ait contrainct à le séeller; et cecy est gardé ès juges (3) qui ne paient point d'amende.

Item au procès qui est fait par le juge de qui l'en a appellé et qui paye amende, comme les hommes du roy jugeans en aucune court, car ceulx là doibvent amende

(1) B. : hors du procès.

(2) A.B. : par iceluy jugement.

(3) B. : aux juges.

si ce n'est (1) de pais coustumier, se partie le contredict l'en n'y adjouste point de foy, mais est réputé pour soupeçonneux mesmement et qui est fait devant l'appellation, qui est chose merveilleuse. Et la raison si est, car le juge doit faire son jugement bon, et pour ce est-il adjourné pour le deffendre. Car pour ce que l'en a paié amende (2) s'il est dit bien jugé, il est réputé son fait. Mais le contraire est ès appellations faictes ès pais de droit escript, car en icelluy pais, ne pour bien jugé, ne pour mal jugé, l'en ne paie point d'amende.

Item en pais de droit escript, l'appellant qui aura mal appellé en parlement ne doit point d'amende.

En pais coustumier, celluy qui a mal appellé en parlement doibt soixante livres d'amende.

Item les juges en pais de droit escript ou coustumier, qui sont juges royaulx, pour avoir mal jugé, ne doibvent point d'amende, si ce ne sont les hommes du roy jugeans en aucune court comme dessus est dit, car ceux-là doivent amende, et aussi les juges aultres que royaulx. Et s'il est prononcé *bien jugé*, et les appellans sont d'autres bailliages que royaux, ils doibvent au seigneur soixante sols.

Item quant en une appellation donnée de pais coustumier, la court de parlement prononce en partie *bien jugé* et en partie *mal jugé*, l'appellant ne doit aucune amende.

Se aucun appellant ne impètre son adjournement, ou s'il l'impètre et il ne l'exécute, il doit l'amende se il n'y a renoncé dedans les huyt jours.

Se le subject d'aucun seigneur temporel qui a haulte et basse justice et soubs lequel icelluy subject est cou-

(1) B. : si c'est de pais coustumier.

(2) B. : l'en en paie amende.

chant et levant, est adjourné devant aucun juge royal, et l'adjourné avec son seigneur requiert avoir renvoy, et le juge prononce qu'il ne le renvoira point, dont le seigneur et le subject appellent en parlement, et impètrent et exécutent leur adjournement, et au jour des présentations le subject se présente, et le seigneur, non, le subject seul ne sera point réputé appellant (1), et ne paiera point d'amende, et la cause principalle demourera en la court ou deffault du seigneur non comparant. Ainsi fut-il dit en parlement, l'an mil ccc xxv, pour les bouchers d'Orléans.

(1) B. : réputé pour appellant.

CHAPITRE LXXIV.

LA MANIÈRE DE PROPOSER APPELLATION.

Quant aucun advocat a à plaidoyer une cause d'appel, laquelle il peult secourir et ayder par aucune coustume, pour ce que par adventure le jugement a esté donné contre aucune coustume du pays, il doit dire ainsi : « A celle fin que la sentence donnée et prononcée par tel soit dicte estre nulle, et si elle est aucune, qu'elle soit faulce et mauvaise, et que telle soit prononcée par le jugement de la court, etc., je présuppose premièrement aucunes coustumes, lesquelles ma partie m'a donné à entendre estre notoires au pais où le procès a esté fait et la sentence donnée qui sont telles, » et lors les doit dire bien à trait et ordonnéement, et après ce, dire ainsi : « Les choses présupposées, je viens à ma cause et à mon fait qui est tel, » et lors doit réciter le procès *seriatim;* et, le procès récité, doit dire les raisons pourquoy il dit la sentence estre nulle, et puis les autres raisons pourquoy, si elle est aucune, elle est faulse, mauvaise et inique ou injuste, « et ce que j'ay proposé est vray, et dis que par vous doit estre ladite sentence déclarée nulle, et se aucune estoit, etc. Et par conséquent bien appellé et mal jugé. Et se amende y eschiet, soit adjugé au roy, et soit condempné ès despens, etc. Et se il le nye, etc. » Et s'il est appellé en deffaut de droit, ou pour aucun grief, il doit dire ainsi : « Affin qu'il soit dit et prononcé tel seigneur avoir grevé injustement et indeuement, et avoir fait grief et injure à tel son subject qui par plusieurs fois et intervalles l'a sommé et requis de luy faire raison : et qu'il soit dit icelluy seigneur avoir failli en droit, et que par vous soit dit ledit seigneur avoir perdu la féaulté que son dit vassal luy debvoit. Et aussi la seigneurie qu'il avoit sur sondit vassal soit perdue et acquise au roy ; et que icelluy vassal soit exempt à tousjoursmais d'icelluy seigneur et de sa jurisdiction, et que icelluy vassal soit condempné à entrer en la foy du roy et en son hommage, et le seigneur condempné à ce souffrir estre fait, et à (1) rappeller le grief et en telles amendes pour les griefs et injures, et ès despens faits et à faire en ceste cause, etc. » Et puis doit proposer son fait et dire lesquelles injures incontinent ledit tel rappella en son courage et encores rappelle, et ne les voulsist avoir souffertes, etc., comme en conclusion de injures *ut supra*, et aussi prendre la conclusion d'injures.

Quant en cas d'appel de deffault de droit il est prononcé le seigneur avoir deffailly en droit, et pour ce le subject avoir bien appellé, le seigneur doit être privé de l'hommage que debvoit le subject, et du fief pour lequel il luy estoit tenu, et de la subjection (2), et tout ce doit estre appliqué au roy. Ainsi fut-il dit par l'arrest de la court de parlement contre la contesse d'Arthois.

Item quant il est prononcé contre l'appellant, le seigneur gaigne le fief ou ce qui est en sa jurisdiction, et qu'il possède en sa subjection.

Queritur comment (3) se varie ainsi ce droit, car si le vassal a bien appellé, le roi gaigne ; si le vassal a mal appellé, le seigneur gaigne, et le vassal pert ; ainsi, en quel-

(1) B. : et rappeller le grief.

(2) B. : il luy estoit tenu de la subjection.

(3) B. : comme.

que façon que ce soit, il peult perdre et riens gaigner, et par équalité, il sembleroit que ainsi comme son seigneur a ce qu'il pert, aussi ce que son seigneur perdroit en ceste cause deveroit venir au vassal. Response : Le subject n'a pas confiscation ès biens de son seigneur, *sed e contra*.

CHAPITRE LXXV.

LA MANIÈRE DE PROPOSER ET DE CONCLURE POUR L'APPELLÉ.

Tu peus prendre advis sur ce que j'ay dit pour l'appellant cy-devant, car il ne fault que faire conclusions contraires.

Se ung subject de monsieur de la Rivière, à cause de son chastel de Rochefort, est adjourné en action personnelle devant le baillif de Chartres, et icelluy subject est requis souffisamment, et le baillif refuse à le recepvoir, dont il soit appellé, et en parlement les parties proposent faicts sur lesquels il conviengne faire enqueste, pendant le temps de l'enqueste, la court congnoistra de la cause principalle comme souveraine, affin qu'elle ne dorme, et se l'en demandoit pourquoy doncques enquiert l'en des faicts contraires dessus dits quant la court retient la congnoissance de la cause principalle? Response : pour l'amende. Et s'il est prononcé contre l'appellant, il ne doit pas nuyre au seigneur en aultre cas.

Item en cas d'appel, les parties de pais coustumier ne pevent continuer leurs causes sans le consentement du procureur du roy ou de la court, et se ils le font, ils chéent en l'amende. Ainsi fut-il dit en parlement contre Raoul de Clermont pour ung chevalier appellé messire Tristan de la Couldraye.

FINIS TERTII LIBRI.

LIVRE IV.

CHAPITRE I.

DE L'OFFICE DU JUGE.

L'office du juge a deux regards, l'ung du siége ordinaire des causes civilles, qui sont démenées ordinairement ; l'autre des causes criminelles, qui ordinairement et extraordinairement pevent estre démenées. Et est assavoir que des causes civiles et ordinaires, le juge a à démener au pais de France, selon la forme dessus dicte, gardant les usaiges et stilles des cours où l'en est. Car en ung seul pais peult l'en avoir divers usaiges, divers stilles, et diverses coustumes. Et y a mesmes coustumes localles qui sont en ung petit lieu enclavé entre plusieurs aultres que au pais environ là où coutume n'a point de lieu, et sera toute contraire à ce petit lieu. Et toutesfois, il faut avoir regard, et garder en jugeant les coustumes proposées et prouvées selon les lieux dont l'en plaide. Et est assavoir que quant aux faicts et coustumes contraires qui sont proposées et receues, au juge de son office appartient à enquérir la vérité, jà soit ce que en France, et par espécial en Chastellet à Paris, le prévost du lieu a seize examinateurs que leur droit office est (1) d'enquérir

(1) B. : qui de leur droict office, et d'enquerir.

des faicts sur lesquels ils sont commis par le prévost, ainsi comme dit est cy-dessus au commencement du premier livre. Mais ce ne fut (1) ordonné fors pour ce qu'il y a trop grande affluence de causes audit Chastellet. Mais ès autres lieux où il y a moins de causes, le juge, s'il luy plaist, peult commettre des advocats, des tabellions, ou aultres saiges hommes, pour faire les enquestes, ou luymesmes les peult faire s'il luy plaist. Et qui que le face, il doit faire jurer les tesmoings sollempnellement, quelque grant prélat ou seigneur qu'il soit, soit femme grosse preste d'enfanter, ou aultre grande personne. Et doit avoir regard se en jurant, ou déposant, les tesmoings pallissent ou rougissent, varient, tremblent, ou parlent obscurément ou incertainement, et doit saigement et cautement sentir se ils sont amis, affins, ou du lignage, se la cause leur touche, ou regarde, s'ils pevent avoir aucun prouffit, s'ils en ont eu don ou promesse, et s'ils sont haineux à la partie. Et de ce qu'il appartient à l'examinateur, il en doit faire rapport au juge.

Item se tout le fait est (2) comprins en brefves articles, et les articles dépendent l'un de l'autre, et l'examinateur voit que le tesmoing ait si long sentement qu'il puisse bien (3) comprendre toute sa sentence, il peult au tesmoing demander qu'il scet du fait, et si les articles sont doubles, ou subtillement posés (4), ou qu'il y ait plusieurs faicts, l'examinateur doit examiner sur chascun point, et diviser l'article, et l'esclarcir et faire entendre aux tesmoings, et descouvrir la subtillité tellement que le tes-

(1) B. : et fut ce ordonné pour ce que.
(2) B. : estoit.
(3) B. : *bien* manque.
(4) B. : proposés.

moing die : *tout est vérité* (1) *quant qu'il y a en ceste article*, s'il ne rend bonne cause et bonne raison par quoy il a prouvé (2) qu'il sache ce qu'il dit.

(1) B. : et ne souffist pas que le tesmoing die : tout est vérité.

(2) B. : par quoy il appert.

CHAPITRE II.

PLUSIEURS SONT (1) DEMANDES OU INTERROGATIONS DES TESMOINGS (2).

La première si est se par ouyr, par veoir, par créance, ou par introduction, il scet ce qu'il deppose?

La seconde, quel an, quel moys, quel jour, quelle heure?

La tierce, en quel lieu?

La quarte, les présens?

Item, s'il estoit là venu d'aventure, ou amené de certain propos?

A la première, se Jehannin scet respondre (3) qu'il scet bien que Robert presta à Tibault cent livres, *et etiam roga* (4) quant, et quel jour, et en quel lieu?

Item qui fut présent?

Item en quelle monnoye, d'or ou d'argent? et si respond d'argent, *interroga* si se furent grans blancs, ou tournois, si la monnoye fut nombrée ou pesée? S'il dit nombrée, *interroga* qui la nombra, et sur quoy, et en quelle partie de la maison. *Interroga* se le nombreur (5) la mist en bourse, en sac ou en laiette?

(1) B. : font.

(2) B. : de ce a ordonnance que les commissaires et enquesteurs sont tenus ouyr les dépositions des tesmoings en personne, et iceulx interroguer sur les points de leur dire. Et fut faicte ladicte ordonnance par le feu roy Loys XII, en l'an XCIX, comme tout ce apert par les XIIIe, XIVe et XVe articles desdictes ordonnances.

(3) B. : se Jehan respond.

(4) B. : *etiam interroga* quant.

(5) B. : si le nombre.

Item si l'emporta, ou bailla à aultruy, ou qu'il en feist, *et sic deinceps?*

Et si le tesmoing disoit qu'il sceust pour ouyr dire, *roga* (1) de qui il a ouy, d'un ou de plusieurs ? Et si le tesmoing disoit qu'il le sceust par créance ou par induction (2), *roga* (3) *ut prius* de degré en degré, car l'on doit le plus profuudement que l'en peult enquérir pour avoir plus clérement ou la présumption, ou la vérité.

Item, et si le tesmoing déposoit de renommée, *roga* (4) en quel pais, et en quel lieu ceste renommée court, entre quelles personnes ; et s'ils (5) sont dignes de foy ; et doit l'examinateur escrire tout au long la déposition des tesmoings sans riens abréger, ne escrire par brevet la substance ; il peult bien ordonner, mais il ne doit pas escrire *tel dit comme tel*, car ce vice est moult réprouvable.

(1) B. : *interroga.*
(2) B. : indignation.
(3) B. : *interroga ut prius.*
(4) B. : *interroga.*
(5) B. : et si sont.

CHAPITRE III.

SEQUUNTUR REPROBATIONES TESTIUM SECUNDUM STILLUM CURIE PARLAMENTI (1).

Primo quod testis est taillabilis de alto et basso et erat tempore lati testimonii ipsius producentis.

Item quod est de manu mortua producentis et erat tempore lati testimonii.

Item quod est de universitate et communitate ipsius universitatis que ipsum producit in testem et erat tempore lati testimonii.

Item quod est monachus monasterii vel conversus et erat tempore lati testimonii in hac causa.

Item quod est canonicus ecclesie ipsius producentis et erat tempore lati testimonii in hac causa.

Item quod fuit de consilio in hac causa ante et tempore lati testimonii.

Item quod contribuit in hac causa.

Item quod habet emolumentum vel sperat habere si producens obtineret in causa.

Item quod est inimicus capitalis et erat tempore lati testimonii ipsius contra quem producitur in hac causa.

Item quod est domesticus et familiaris et erat tempore lati testimonii.

Item quod est perjurus, de perjurio damnatus seu convictus, et erat tempore lati testimonii.

Item quod est de furto condempnatus vel convictus, et erat tempore lati testimonii.

(1) Ce chapitre manque dans B.

Item quod est bannitus pro furto et erat tempore lati testimonii.

Item quod fregit carcerem talis sui judicis competentis in quo detentus erat pro furto quod eidem imponebatur, et dictum carcerem fregerat tempore lati testimonii.

Item quod testis erat ydiota tempore lati testimonii, etc.

Et predicte reprobationes sub forma debita debent poni, alias non admitterentur per curiam.

CHAPITRE IV.

DES JUGES ARBITRES (1).

Les juges arbitres doivent en la manière que dit est ensuivre voie de droit.

Arbitres pevent congnoistre sommairement et de plain, ordre de droit gardé.

Amiables compositeurs sont ceulx qui aussi comme de l'assentement des parties mettent tous les discors en clère concordance pour le bien des parties.

Item il est à noter que de toutes causes l'on peult bien compromettre, excepté de faict de corps, de cas criminel et de mariage, et de toute autre cause spirituelle, et de servage, car telles grosses causes se veulent démener par plus solempnels juges.

Nota qu'il ne souffit pas de compromettre en général de toutes choses de tout le temps passé, se par espécial n'est nommé et exprimé par parolles ou par escript de quelles choses.

Qui de arbitres se sent grevé, il peult demander amendement de bon homme, et le doit nommer, et devant luy proposer son grief, et luy souffisamment semons avant toute œuvre ; et qui y deffault, il pert la cause au moins de par celuy qui a demandé l'amendement.

Item l'en peult compromettre de composition, et renoncer à tout amendement ou appellation.

Item dit d'arbitres ne infame aucun.

(1) B. : arbitraires.

D'arbitrage sont privés sers, et sours, et est bon que tout homme qui prent en soy arbitrage prengne auctorité de juge.

Item se par compromis faict et passé, arbitres sont prins entre deux parties, et dure leur povoir certain temps dedens lequel ils ne facent pas bonne diligence au gré d'une d'icelles parties, icelle partie peult faire adjourner devant le juge ordinaire les arbitres et la partie pour procéder ou renoncer.

CHAPITRE V.

DES CAS QUI PEVENT TOUCHER LE ROY ET L'ÉVESQUE ET PRIMO DE LA TOLLÉRANCE.

Ce sont les points et articles qui ont esté advisés entre le roy et l'évesque de Paris estre tollérez tant qu'il plaira au roy.

Premièrement, quant au faict des prinses des clercs, l'en peult bien tollérer, tant comme il plaira au roy nostre sire, que l'évesque par luy et par ses gens aians (1) povoir et puissance de prendre ses clercs non mariés, ou vivans cléricallement, en cas de présent meffait, et ce par mandement ou commission expresse de luy, ou de son official quant le cas le requerra.

Item quant au fait des inventoires, l'on peult bien tollérer qu'il face inventoire des biens de ses mors, et des biens meubles des clercs qui seront en vie, qu'il tiendra prisonniers pour crime dont la confiscation luy pourroit appartenir, appellée toutesfois avec luy la justice du roy, ou cas où il ne feroit faire iceulx inventoires en sa haulte justice temporelle.

Nota que des clercs qui se forfont, supposé qu'ils soient mariés, l'évesque a les meubles, et les haults justiciers les héritaiges.

Nota que si les sergens de l'official prenoient aucun prisonnier en la présence des gens du roy, ou sans commission, ils seroient emprisonnés, et l'amenderoient au juge lay. Mesmes leurs bannis ne pevent-ils prendre,

(1) B. 1598 : ayent.

mais le juge lay les prendroit bien à leur requeste, mais que la lettre réquisitoire de l'official contiengne qu'il soit informé du cas. Et encores se les justiciers lais veulent veoir les informacions, ils les doivent veoir. Et aucuns trouvent que les juges lais ne doivent adjouster foy à leurs informacions, non plus que l'official adjousteroit foy aux siennes, mais luy peult (1) reffuser la prinse jusques à ce que l'official l'ait informé (2) du cas ; et cecy est assés bien noté es registres cy après déclarés, au paragraphe *Colezat fut emprisonné.*

Nota que l'an mil trois cens LXXIX, les sergeans de l'official de Paris prindrent sur petit pont deux hommes lais et les menoient ès prisons de l'évesque, le procureur du roy feist metre les sergeans en Chastellet, et illec furent détenus jusques à ce que ils eurent restitué sur petit pont publiquement, en plain jour, lesdits deux prisonniers, en la main de la justice laie.

Se le maistre des hérèses requiert au juge lay qu'il prengne aucun pour ce qu'il a mesprins contre la foy, si comme il dit, le juge lay n'y doit pas obéyr se l'official ne rescript avec luy ; mais tous deux pevent rescripre *per verbum mandamus*. Et est le juge lay tenu de y obéir, mais que ce soit pour respondre sur la foy, *alias non*. Et encores il ne rendra pas les prisonniers se il ne voit les informations.

Sed queritur se le maistre des hérèses laisse illec le prisonnier sans monstrer les informations ne le poursuyvre? *Responsio*, le prisonnier les fera tous deux adjourner par-devant le juge lay pour veoir sa délivrance, et par quatre contumaces sera délivré (3).

(1) B. : et luy pevent.

(2) B. : les ait.

(3) B. ajoute : c'est-à-dire quatre deffaulx.

Item quant messire Jehan de Villiers, prestre, fut prins, l'évesque feist faire inventoire de ses biens par ung promoteur. Le prévost de Paris s'en plaignit en parlement, et, eulx ouys, l'évesque fut condempné à mettre tout au néant. Car faire inventoire est exploit de haulte justice; ne l'évesque ne doit pas faire inventoire en la justice du roy sans appeler les officiers du roy, qui d'icelluy inventoire doivent retenir la copie pour restitution, si elle y eschiet. Et pour ce l'évesque feist refaire l'inventoire par maistre Guillaume Porel, procureur du roy. Et furent les sergeans de l'évesque laissés en la garnison pour garde d'iceulx biens.

Maistre Guillauume Convoiteux fut emprisonné pour larcin, et pour ce qu'il estoit clerc, il fut rendu à l'official; luy examiné et fait litiscontestation en cause, il brisa la prison. Le prévost de Paris feist faire inventoire de ses biens; mais l'official les deult avoir s'il les demandoit, car les biens ensuyvent le corps quant aux meubles, *secus* des héritaiges. Et semble que l'official ne povoit faire ledict inventoire par la composition cy-dessus escripte.

L'official et ses promoteurs pevent de bouche requérir leurs prisonniers; mais se leurs sergeans y viennent, il convient qu'ils aportent lettres réquisitoires, et aux promoteurs l'on dict bien le cas de l'emprisonnement, mais aux sergeans non; toutesfois par eulx on l'escript à l'official.

Le chappitre de l'esglise de Chartres a ses appariteurs qui font ses adjournemens ès causes temporelles, et iceulx mesmes ès causes spirituelles, et les adjournent quant ils viennent en chappitre, là où tout est spirituel. Dict est par oppinion des conseillers qu'ils ne pevent mettre les causes temporelles en spiritualité au préjudice du roy, car qui en appelleroit, le ressort iroit à Romme, qui debvroit venir en parlement.

Item l'en leur doit commander qu'ils aient appariteurs pour chascune jurisdiction, affin que quant les bonnes gens sont adjournés, si soient advisés par l'appariteur en quelle jurisdiction ils ont à respondre.

Si ung homme *animo indurato* se laisse en excommuniement par an, l'official dict qu'il le peult convenir sur crime de hérésie, toutesfois, puisque l'excommuniement est pour cause de debte, ce n'est mie si propre hérésie que l'en doibve poursuivre, etc. (1).

Se ung homme par deffault de paier est excommunié, et il mect tous ses biens en la main de l'esglise, supposé que tous sesdicts biens ne montent mie à la somme qu'il doit, si sera-il absoubs (2).

Colisat fut emprisonné pour ce que, *animo indurato*, il avoit par plus de dix ans soustenu sentence d'excommuniement. Le maistre des hérèses le voulut avoir. Il fut dict par oppinion sur les carreaux que ce n'estoit mie hérésie. Et à ce propos furent quises en parlement unes lettres qui jadis avoient esté portées contenant ceste forme :

(1) B. ajoute : *Quia excommunicatio non imponitur pro debitis levibus, sed tantum pro crimine gravissimo*. Textus est in. c. *Nullus*, XI, quest. 1. Toutesvoyes y a ordonnance faicte par sainct Loys, par laquelle il mande à tous baillifs et juges de son royaume, de prendre tous et chascuns les biens, tant meubles que immeubles desdicts excommuniés sans en faire aucune distinction, ne d'en rendre aucune chose sans ce qu'ils soient absoubz, ne que ledict seigneur ne soit ouy sur ce.

(2) B. ajoute : ou en faisant cession de biens, *quæ in patria consuetudinaria non infamat*, l. *Debitores*. C. *Ex quib. caus. jus. irrogat.*, *etc. Oldradus*, extra, *De solut. Sed cessio in jure facta infamat quod posteriora denudantur et tres ictus culo nudo in quolibet quadrivio contra petram faciunt, tuba publice sonante*, et puis ces mots : tel en présent fait cession et abandonne à ses créanciers tous ses biens, et puis les officiers le laissent aller à sa volonté.

Carolus, etc., baillivis necnon præpositis ceterisque justiciariis nostris, aut eorum loca tenentium ad quem, seu ad quos presentes litteræ pervenerint, salutem. Ex parte dilecti et fidelis consiliarii nostri Episcopi, etc., nobis et nostri parlamenti curiæ fuit expositum quod in dicto suo episcopatu est tanta multitudo personarum excommunicatarum et aggravatarum auctoritate, etc. Quare aliqui dictas sententias per decem annos, aliqui per vigenti, et ceteri plus et alii minus quasi in profundum malorum descendentes sustinuerunt, et sustinent animo indurato, quare multorum, propter accessum temerarium dictarum personarum ad ecclesias, quæ communione fidelium sunt exclusæ, mentes bonorum catholicorum et divina officia perturbantur, et multa alia scandalla in dicta ecclesia generantur, quamvis personæ memoratæ sint adeo locupletes et bonis abundantes, quod bene possent, si vellent, se acquitare erga suos creditores, ad quorum instantiam dictis sententiis sunt ligati, de offensisque per ipsos commissis satisfacere et absolutionis beneficium procurare neglexerunt, dando ceteris perniciosum exemplum, et omnipotentis dei et sanctæ ecclesiæ scandallum et offensam non modicam ac suarum periculum animarum, nec non contemptum fidei ac creditorum et dicti episcopi prejudicium et jacturam. Super quibus nos et nostram dictam curiam de remedio provideri dictus episcopus instantissime supplicavit, nostri brachii secularis auxilium implorando. Quibus autem volentes ob Dei reverenciam, et sanctæ Matris ecclesiæ, eorum maleficiis obviare, vobis et vestrum cuilibet prout ad eum pertinuerit mandamus, quatenus ad requestam dicti episcopi, seu gentium suarum, omnes et singulas personas quas per ipsius episcopi curiæ ecclesiasticæ informationes, vel alias, debite constiterit vobis dictas sententias per annum, vel amplius, sustinuisse, per captiones, alienationes, vel venditiones bonorum suorum quorumcumque, et aliis viis et remediis oportunis si et prout fuerit rationis ad procurandum se absolvi a dictis sententiis, et ad redeundum ad gremium sancte Matris ecclesie, ac se reconciliandum tanquam boni christiani altissimo creatori compellant, seu compelli faciant, proviso quod pro dictis absolutionibus predictis personis impendendum non exigatur ab eis ultra modum et, nisi quantum inspecta qualitate personarum moderate consuevit exigi ab antiquo, taliter quod non possitis negligencia reprehendi litteris subjectis(1), *etc. Datum, etc.*

Item jurisdictio temporalis per spiritualem non habet, nec debet impediri, et si contra fiat presens curia consuevit compellere spiritualem ad removenda talia impedimenta per captionem suæ temporalitatis. Ita dictum fuit per arrestum curie parlamenti anno millesimo CCCXXVI contra archiepiscopum Remensem pro majoribus ipsius villæ.

Item episcopus vel prelatus contra laicum qui alicui intra jurisdictionem suam spiritualem, et intra locum ubi causa excercetur, aliquas quantumcumque (2) *graves commiserit injurias, non potest procedere ad ejus captionem personæ, vel arrestum, nisi mortem vel aliud crimen detestabile commisisset, et si aliter procedat contra illum, compelletur per captionem suæ temporalitatis ad revocandum omnia que in premissis fecit, sed monendo vel excommunicando potest contra illum procedere, ut dictum fuit contra archiepiscopum Remensem et ejus officialem pro majoribus et juratis dictæ villæ.*

Maistre Jehan Turcan a aultrefoys adjourné de mainmise l'official de l'archidiacre de Paris, séant en son siége. Et le prévost commanda à aller prendre dedens l'hostel

(1) B. : litteris subrepticiis.

(2) Quantumcumque manque dans B.

de l'archidiacre ung homme criminel. Et tous les conseillers sont d'accord que en la court de l'évesque et de l'archidiacre ne en leurs hostels n'a point de immunité, et partant l'en peult prendre partout.

Nota que quant ung évesque trespasse, le roy peult faire tout mettre en sa main le temporel, et iceluy faire gouverner comme en régale, car les exploits de sa justice, et tous les aultres revenus temporels sont au roy, jusques à ce qu'il y ait évesque. Toutesfois tous éveschés ne sont pas tenus en régale. Pendant le temps de la régale, le roy peult donner tous offices et bénéfices exceptés cures. Et si le pape et le roy donnoient en ung mesme temps ung bénéfice, le don du roy précéderoit ; et s'il en estoit débat, la cause seroit ventilée en la Court de parlement et non ailleurs.

Nota que en cas de régale l'en ne prescript point contre le roy, c'est assavoir que si aucun tient ung bénéfice à mauvais tiltre, et luy ou aultre par permutation, ou comme vaccant, mais que l'évesché ait esté une fois en régale, cependant, sitost que le roy sera adverti de ceste faulte, supposé que lors il ne soit pas temps de régale, toutesfois le roy donnera ledict bénéfice comme vaccant en régale, et du débat la Court de parlement aura la congnoissance.

Nota que esglise métropollitane, c'est celle où il y a archevesque.

Eglise cathédrale est celle où il y a évesque.

Eglise collégiale est celle où il y a collége simple comme chanoines.

Item si ung prestre meurt, ses biens pevent estre mis en la main du roy par la justice laye, comme vaccans, mais si tost comme il apperra des exécuteurs ou héritiers, la main sera levée en tant comme il touche la somme du testament.

Toutesfois ung prestre mourut en la rue Saincte-Geneviefve, et avoit son exécuteur ung aultre prestre qui print tous ses biens; le maire n'en feist aultre chose. Le prévost de Paris, qui est souverain pour le roy, feist mettre icelluy exécuteur en prison, et, pour ce qu'il refusoit rendre lesdits biens, il feist vendre des propres biens d'icelluy exécuteur jusques à la somme des biens du trespassé qu'il avoit prins, pour ce que iceulx biens povoient appartenir au roy par deffault de héritier, mesmement en la haulte justice de Saincte-Geneviefve, en leur négligence. L'exécuteur monstra le testament du trespassé qui disoit *residuum bonorum*, etc., ainsi fut tout délivré.

Et si le prestre estoit serf, le seigneur de qui il seroit serf pourroit demander ses biens (1).

L'official ne peult faire inhibition, ne deffense quelconque au prévost de Paris, ne de bouche, ne par escript, et s'il le fait, l'exécuteur sera mis en prison.

L'on ne peult mettre ceps en la jurisdiction royalle pour grief que le juge face, ne mettre ceps en jurisdiction subjecte se le juge n'est avant sommé, et encores aura le roy la congnoissance en son parlement se le cep sera bien mis ou non.

Se l'official congnoissoit du libelle réel, la partie demanderesse l'amenderoit, et l'official aussi.

L'official n'auroit mie la congnoissance de la reivendication que ung chanoine feroit contre ung aultre de son cheval mesmes, pour ce que l'action ne regarde point la personne, mais la chose seulement. Mais si l'un disoit que

(1) B. ajoute : se le prestre n'avoit prescript durant le temps de sa prestrise au veu et sceu de son seigneur.

l'autre l'eust emblé, cela regarderoit la personne, et en ce cas, le juge d'église en debvroit avoir la congnoissance. C'est voir, quant l'en ne conclud point contre la personne qu'elle soit condempnée à le bailler, rendre et délivrer, etc., et que l'en conclud qu'il soit dit le cheval estre et apartenir au demandeur, et que l'en ne fait quelconque conclusion contre la personne. Et toutesfois encores trouvent aucuns que en meuble ne peult l'en faire conclusion qui soit pure et réelle.

Nota quod realis dicitur a re quæ petitur.

Nota que naguères le séel de l'official de Noyon fut mis en la main du roy, et gouverné par icelle comme temporel.

Se par prévention le roy a la congnoissance du compte d'un testament, le maistre du testament (1) n'y a plus que congnoistre.

E jà soit ce que les notaires de Chastellet reçoivent les testamens, et aussi les notaires de l'official, toutesfois ce ne attribue mie jurisdiction, ne n'est mie dit prévention, mais quant les exécuteurs viennent en jugement, et requièrent ung commissaire pour ce faire, jà soit ce que lors icelluy commissaire n'y entende mie, toutesfois, se par aucun temps après, le maistre des testamens faisoit adjourner lesdits exécuteurs pour compter, et le commissaire portoit sa commission devant ledit maistre des testamens, tantost qu'il verroit que la date de la commission précéderoit la date de la citation, il ne s'en oseroit plus entremettre. Toutesfois de présent, par leur cautelle, jasoit ce que l'en leur porte la commission de la court laye, ils dient aux exécuteurs qu'ils ont entendu que le trespassé a laissé à faire chanter messes perpétuellement, et pour

(1) B. : des testamens.

ce leur fault veoir le testament. Toutesfois la justice laye ne le doit souffrir monstrer, car cela leur donneroit entrée de veoir tous les testamens.

Nota que maistre Jehan Pastourel fut commis, de par le roy, juge de plusieurs robeurs de garennes qui avoient desrobé la garenne de Saint-Cloud. Aucuns estoient clercs, et furent requis par les sergeans auxquels maistre Jehan les vouloit rendre, mais qu'ils promissent de les ramener pour respondre sur le fait du roy toutesfois que ledit maistre Jehan les manderoit. Les sergeans lui refusèrent. Sur celle condition, ledit maistre manda maistre Jacques de Tournay, lors promoteur de la court de l'official, qui les prinst sur ladicte condition.

Le prévost de Paris est en possession et saisine que si par les gens et officiers royaulx aucun clerc larron est prins, saisi d'aucun larrecin, lequel il confesse pardevant le prévost avoir emblé à Robert, etc., ledit prévost rendra ledit larrecin audit Robert, mais que ledit larrecin soit trouvé en son espèce, et poursuivi par le perdant, jà soit ce que le larron soit clerc, et sera rendu à l'évesque. Et n'y fait ce que l'en dit que les biens ensuivent les corps, car c'est à entendre les biens du larron, et non mie les aultres.

L'official de Chartres dit : que depuis que les clercs larrons sont requis, et les biens emblés, le juge lay ne les doit rendre.

En juillet mil cccxxxvii plusieurs clercs furent emprisonnés pour port d'armes ; l'official les requist ; le prévost les voulut bien bailler, mais que l'en les luy ramenast pour respondre sur le port d'armes, et aussi sur certaines sauvegardes enfraintes. L'official ne les daigna prendre sur celle condition, mais dit qu'il les auroit simplement, et pour ce que le prévost ne les luy voulut bailler sans condition, icelluy official le feist admonester en son hostel. Le prévost s'en plaignist en parlement; le temporel de l'évesque fut par le parlement mis en la main du roy, et mis gouverneurs. Ce fait, le conseil du roy et de l'évesque traictèrent que premièrement la monition (1) seroit rappellée et mise au néant, et que doresnavant l'official prendroit tous ses clercs sur telle condition que le prévost les requerroit (2), que l'official les renvoieroit au prévost par les sergeans du prévost; car, comme les advocats et gens du roy disoient, autrement perdroit le roy son droit. Et fut ce acordé et passé par parlement, et en ce gaigna l'évesque; car qui eust plaidoié la cause, l'évesque eust paié une grosse amende pour cause de la monition, si comme le Conseil disoit.

Quant l'official de Paris juge ung homme pour bigamie, ses sergeans le meinnent jusques à la rue Saint-Pierre-aux-Bœufs, et illec le laissent aller, et pour ce quant le procureur du roy le répète, et en est en procès, au jour assigné à ouyr droit, il doit être garni de sergeans qui, par la rue Saint-Pierre-aux-Bœufs, seraient embuchés, affin que quant les sergeans de l'official le laissent aller comme bigame, que les sergeans du roy le reprennent.

Item le hault justicier a la pugnition de bougrerie, et la doit la justice temporelle faire ardoir. Toutesfois, si l'official l'avoit avant prins, le prisonnier est tenu de respondre du péché par-devant luy en tant comme il touche à l'ame, et après est sa confession recordée devant le peuple par aucun évesque, et puis dit ces mots : *Et par ce que la punition ne nous appartient point plus avant, nous le laissons et prions à la justice laie que sa vie luy soit saulvée.*

(1) B. : l'admonition.

(2) B. : et que tantost que le prévost les requerroit que l'official, etc.

CHAPITRE VI.

DES CLERCS NON MARIÉS.

Premièrement par la tollérance cy-dessus escripte, clercs non mariés bénéficiés, ou vivans cléricallement, peuvent estre prins par l'évesque ou par ses gens en cas de présent meffait, et où les gens du roy n'y seroient, autrement non (1), si ce n'estoit par commission.

Item se ung clerc non marié habite avec une fille, et depuis il la prent par mariage, jà soit ce qu'elle n'ait eu autre mari, il est bigame. Et s'il est trouvé en tonsure, prins sur délict, et il est pour ce débat, l'évesque aura la détention de sa personne et la congnoissance du débat.

Nota du capitaine du Manguy (2) qui ne fut point rendu ; mais fut rez par arrest de parlement pour ce qu'il avoit espousé une femme qui avoit eu par avant d'un aultre deux enfants, et ce estoit tout notoire, et le sçavoit bien ledit capitaine, et pour ce quant le cas est notoire, l'évesque ne le doit point avoir. Et encore fut ledit capitaine rez par jugement, la moitié à la pierre de marbre, et l'autre moitié en Chastelet.

Item s'il espouse une pucelle qui, depuis, pesche en la loy de mariage, et lui sachant la prent, *eo ipso*, il est bigame, mais, comme dessus est dit, l'évesque aura la détention de sa personne, et aussi du débat, s'il est prins tonsuré, *alias non*.

Item se ung clerc non marié fiance une femme diffamée

(1) B. : autrement présens non.
(2) A.B : de Marigni.

d'autre, et après gist avec elle depuis sans autre sollennité d'espousailles, il sera réputé bigame.

Item pour ce que Jennin le Mire fut souspeçonné d'un efforcement, il fut prisonnier sur l'official, et pour ce que ses amis se doubtoient que l'official ne le haist, sa mère mesme feist proposer qu'il estoit bastard, et que furtivement et luy taisant de ce, avoit impétré le privillége de la tonsure. Après ce, le procureur du roy le requist avoir comme lay, et pour ce qu'il avoit esté possident, l'évesque en eust la congnoissance ; mais le conseil feist doubte comme l'official, qui est prestre, en povoit congnoistre, car il semble que obstant (1) le cas qui estoit criminel, l'official ne l'oseroit prononcer lay s'il l'estoit, ne le rendre. Il fut dit par opinion des conseillers qu'il en pourroit congnoistre par la décrétale (2), et fut dit que l'advocat du roy qui estoit prestre le povoit répéter comme lay, mais il fut advisé que la mère avoit mal fait d'avoir monstré la lettre de couronne, et que ce faisoit contre elle, mais deust avoir nyé qu'il eust oncques esté clerc ou eu couronne. Nonobstant tout ce, il fut par l'official jugé clerc.

La raison pourquoy l'official prestre ne peult (3) déterminer, si est pour ce qu'il n'est pas nécessaire qu'il le prononce lay, mais souffit qu'il die : *je ne le trouve pas estre clerc*, et dit seullement ces mots : *permittimus te abire*.

Item ung clerc tonsuré et non marié fut prins pour quelque crime. L'official le requist, et pour ce qu'il aimoit mieulx demourer justiciable de la justice laye que de l'Église, il se feist raire sur le peigne, et signifier au juge qu'il avoit fiancé une femme diffamée, et qu'il avoit geu

(1) B. : nonobstant.
(2) B. : par décrétalle.
(3) B. : en peult.

avecques elle depuis les fiansailles, et ainsi l'aferma et jura affin que le juge lay délaiast à le rendre.

Nota quod pro locagio domus, nullus potest declinare forum.

Item ung clerc non marié peult bien estre tauxé en l'amende par le juge lay, mais ce sera à prendre sur son temporel, car il n'en tiendra pas prison; mais sera rendu s'il est requis. Mais s'il est de mestier, et l'amende procède de délict, l'en deffendra à tous ceulx du mestier que nul ne le mette en besongne jusques à ce qu'il ait paié ladicte amende (1).

Item ung juge lay peult condempner ung clerc non marié à faire amende honorable, et s'il ne veult acomplir le jugement, le juge lay le peult contraindre par la prinse de son temporel.

Item ung clerc non marié et non tonsuré fut prisonnier, luy accusé respondit au cas sans soy advouer ne sommer qu'il fut clerc. Il fut eslargi à certain jour auquel il vint tonsuré, et allégua son privillége, et pour ce que luy estant prisonnier du roy, et en perturbant la jurisdicion royalle, il avoit changé son estat, il fut condempné à estre res et en l'amende; mais après ce, si l'évesque le veult avoir, il le peult bien demander comme clerc, et le poursuivir par procès ordinaire ; mais il demourra cependant prisonnier du juge lay pour ce qu'il n'est pas possident (2), jà soit ce que le procès sera et soit fait avec le procureur du roy par-devant l'official, et se à la fin il est trouvé clerc, il sera rendu à l'official pour respondre sur le simple délict de l'emprisonnement. Mais si le cas de l'emprisonnement est cas privillégié, comme sauvegarde enfreinte,

(1) B. ajoute : *Hodie non observatur, nec vidi observare,* de faire lesdictes deffences.

(2) B. : possident tonsure.

il respondra du cas, et l'amendera au juge lay, et s'il le contredit, il sera rendu à l'official par caution *interdicendo ei*, etc., et qu'il le rameine à ses journées pour respondre à la sauvegarde; ainsi il paiera deux amendes au juge lay (1).

Item si ung clerc avoit prins une couronne abusive, et depuis fut mis en prison laie, pour ce qu'il possidoit, il seroit rendu à l'official par protestation de le répéter, et le répétera le procureur du roy devant l'official.

Item, et s'il estoit premièrement prins par les sergeans de l'official, et mis en ses prisons, le procureur du roy s'y viendroit opposer à ce que l'official n'eust congnoissance de la personne d'icelluy, en offrant à prouver qu'il seroit lay, et que sa couronne seroit abusive, et le requerroit à avoir comme devant.

Item si ung Lombard oultre-montain non marié, tonsuré, veult jouyr du privillége de clerc, il est de nécessité de monstrer le tiltre propriétaire de sa tonsure, et ne souffit pas monstrer sa couronne, ou jurer ou prouver *vidimus*. Et s'il est prisonnier, il ne sera point rendu aultrement, car le roy est en possession d'en avoir la congnoissance s'il ne monstroit l'original. Toutesfois il seroit rendu pour crime de hérésie, et aussi seroit un pur lay (2).

(1) B. ajoute : car c'est cas privilégié : ce ne le peult délivrer sans appeller les gens du roy.

(2) B. ajoute : Sed quis dicatur hereticus eo ipso quod errat in fide et paratus est se corrigere, vide, C., *Nec licuit*, XVII, distinct. Et an clericus multum criminosus qui potest corrigi per judicem ecclesiasticum sit tradendus curiæ seculari. Et an relapsis in hæresim imponatur pœna cum perpetua moratione, ut vitam agant in perpetua pœnitentia, cum pane tristitiæ et aqua doloris, sed quando sunt relapsi debent tradi curiæ seculari, et sunt subjecti, cum quibus vide C., *Accusantes de heresi, de heres.*, lib. VI, et ibi glos. et hoc multum fuit practicatum Parisius anno millesimo XXX, XXXIII, XXXIV et XXXV.

Et s'il monstroit tiltre pourquoy le débat chée, l'official en congnoistra.

Item si ung clerc non marié fiert ung lay, l'official seul sera son juge ; idem s'il est marié et il a habit et possession, mais s'il ne l'a, *secus*.

Item si ung lay fiert ung clerc, le lay l'amendera au juge lay, et néantmoins il pourra estre poursuivi par-devant l'évesque.

Item l'official se plaignist à monseigneur le chancelier de ce que le prévost de Paris, en faisant nectoier les rues, faisoit gaiger les clercs pour faire oster les nettoieures et ordures de devant eux, ce qu'il ne povoit faire. Monseigneur le chancelier luy respondit que ce devoit il tollérer, pour ce que c'estoit pour le bien publicque.

Item ung clerc tonsuré et non marié estoit adjourné par-devant l'auditeur, la demande faicte, il respondit qu'il n'estoit tenu de procéder, car il estoit clerc. L'auditeur luy demanda comment il avoit nom ; il respondit qu'il n'en diroit riens. L'auditeur l'envoya en prison, dont l'official se plaignit à mondit seigneur le chancellier. Le chancellier luy respondit que l'auditeur avoit bien fait, pour cause du reffus.

Item Jourdain le charron acheta d'un larron clerc non marié aucuns biens meubles, et les receut, et en paia quatre francs. Tantost après ce, lesdits biens furent poursuivis et trouvés en la possession dudit Jourdain, qui veilla et travailla tant qu'il trouva celluy qui lesdits biens luy avoit vendus, et le print ; et pour ce qu'il estoit clerc non marié, il fut ordonné par le prévost qu'il seroit rendu à l'official, et fut commandé audit Jourdain de par le roy qu'il rendist lesdits biens. Il se opposa, disant qu'il n'y estoit tenu, s'il ne ravoit son argent, mesmement que le prisonnier avoit été trouvé garny de grant finance, montant ladicte somme et plus. Il fut délibéré par le conseil que le prisonnier seroit examiné par le prévost avant qu'il fust rendu de fait à l'official, pour sçavoir partout son argent (1), et s'il avoit du propre argent, que ledit Jourdain luy avoit baillé pour paiement desdits biens meubles, et ce qu'il en confesseroit serait baillé audit Jourdain par la justice du roy, et non plus; et pour le surplus, ledit Jourdain le poursuiveroit par-devant ledit official s'il vouloit, et seroient les biens que le prisonnier confesseroit avoir dérobés, rendus à ceulx qui les poursuiveroient par les gens du roy.

Item plusieurs escoliers venoient d'Orléans tous armés, ils eurent débat au Bourg-la-Roine, et se combatirent et furent prins, et pour ce qu'ils estoient clercs, ils furent rendus à l'official, lequel voulut avoir les harnois et armures comme meubles. Le prévost dit que à luy apartenoit comme armeures. Monseigneur le chancellier dit que, considéré que lesdits escoliers estoient passans, ce ne debvoit estre réputé pour port d'armes, mesme se ung compaignon porte un cousteau, ou aultre baston pour contenance, ce n'est point port d'armes. Mais s'il y avoit assemblée seullement de deux personnes, et ils sont ensemble en intention de grever et blesser autruy, ils ne pevent avoir quelconques bastons ou instrumens à faire mal, qu'il ne soit réputé armure.

Item ung clerc marié ou non marié peult bien faire adjourner ung lay à luy respondre en action personnelle pardevant le juge lay, ou le juge d'église, lequel luy plaist, et peult choisir lequel juge il luy plaira, sans ce qu'il soit en l'amende envers aucun pour cause de ce. Et ainsi est il de deux lais. Mais si ung lay fait adjourner ung clerc par

(1) A.B. : pour sçavoir combien partout son argent il avoit du propre argent.

devant le juge temporel, puisqu'il n'est marié, s'il décline, le juge lay n'en congnoistra point, si ce n'estoit cause privilégiée, mais aussi ne le renvoira il point, car il ne conclud point affin d'estre renvoyé, mais affin de non procéder, et que le juge n'en doit tenir court ne congnoissance; car l'adjournement est nul, et fait par personne à ce non aiant povoir (1). Et si pourra estre que en ce dernier cas le lay sera adjourné d'office, pour ce qu'il a fait adjourner le clerc devant le juge lay, et se le lay afferme qu'il ne scavoit mie qu'il fust clerc, il ne l'amendera point, mais s'il confesse qu'il sçavoit bien, il amendera, ou s'il est trouvé qu'il s'en soit vanté, ou qu'il le sceust.

Item ung clerc non marié ne tiendra point prison pour les despens du greffe, *verum est*, mais il paiera geolage, *ut supra dictum est*.

Se ung homme non marié et non tonsuré est prins pour crime, et il dit qu'il est clerc et offre prouver, le juge lay n'y peult plus toucher, mais le doit le juge faire parler au promoteur pour enquérir de luy qui sont ses tesmoings, et où sont ses lettres de tonsure, pour faire son procès, pendant lequel temps il demourera prisonnier du juge lay, puisqu'il ne possède point de tonsure.

Se aucun est prins prisonnier pour l'un des trois cas privillégiés, c'est assavoir pour faulce monnoye, pour falsification de sceaulx, et pour crime de lèse-majesté, et il est clerc, il sera rendu à l'official, et luy sera deffendu qu'il ne l'examine point sans appeller les gens du roy, et y (2) seront appellés pour ouyr le cas, et sçavoir remédier au futur péril. Et ainsi fut-il dit de Roland Santueil, et d'un faulx monnoier qui estoit changeur de Paris, appelé

(1) A.B. : non ayant puissance.
(2) B. : et ils seront, etc.

Tancart (1), et de plusieurs aultres, mais les gens de l'official dient qu'ils n'y doivent souffrir fors les conseillers clercs, et *qui sunt in sacris ordinibus constituti.*

Les prélats et aultres clercs ne doivent et n'ont acoustumé estre condempnés, mais l'en doit dire en leur sentence que leur temporalité sera tenue en la main du roy jusques à ce qu'ils aient payé au roy tant pour amende, c'est à entendre ès cas èsquels ils pevent estre convenus non obstant leur privillége.

Nota que si pour aucun attemptat, et par informacion précédente, aucun clerc est convenu d'office, et on doubte que la partie ne se advoue clerc, et que l'évesque ne face deffence au juge, on doit mettre la main à son temporel, et, quant il requerra que la main soit levée, dire la cause.

Item se ung clerc non marié enfraint une sauvegarde, et il est prisonnier de la justice laye, il sera rendu pour le délict simple, par tel convenant, que l'official l'envoiera à ses journées devant le juge royal pour respondre sur la sauvegarde enfrainte.

Le prévost de Paris me dist l'an mil troy cens quatre-vingt et deulx, en avril, qu'il tenoit ung clerc non marié qui estoit houlier, et souspeçonneux d'autre crime; il en avoit parlé au conseil du roy et à messeigneurs de parlement, qui estoient d'oppinion qu'il fût tiré (2) en la gehine (3), nonobstant sa couronne.

Item si ung clerc tue ung homme, puis il se marie à une femme vefve, et il est prins, il sera rendu à l'official pour ce que le cas advint luy estant clerc.

Nota que supposé encores qu'il eust esté appelé aux droits de l'évesque, et faicte toute la poursuite que on

(1) B. : Cancart.
(2) B. : qu'il le feist tirer.
(3) B. : gehaine.

pourroit faire contre luy, toutesvoies se l'évesque luy avoit pardonné le cas, luy estant clerc, la juridiction temporelle n'y aurait que veoir.

[Ceste dernière est doubteuse à moy, car l'évesque ne leur pourroit pardonner, car il n'a (1) pas *merum et mixtum imperium*, comme le roy a sur les lais, car l'évesque n'est fors juge ordinaire, mais le saint-père qui est par-dessus peult pardonner.]

Quiconque exerce aucune négociation, de quelque dignité qu'il use, ou privillége, il doit respondre devant le juge lay de ladicte négociation, ainsi que tient Pierre de Belleperche et Cyne, qui dient que ung clerc en sa marchandise respondra devant la justice laie.

Le privillége des clercs s'extend seullement à ceulx qui servent continuellement à l'esglise, toutes autres choses laissées, si, comme dit la loy, *generaliter*, *C. de epis. et clericis*. Et dit la loi que pour ce qu'il a délaissé toutes autres choses, luy est ce privillége octroié, et contre tous ceux qui ne le font peult l'en dire que *cessante causa cessat effectus*.

Item les privilléges donnés aux églises ne se extendent pas aux hérèses, comme dit la loy première *C. De hereticis et mathematicis*.

Item se ung clerc non marié qui soit homme (2) de mestier et qui est obligé par lettres du Chastellet à tenir son corps en prison, si sera-il rendu à l'official. Mais se l'argent luy estoit baillé pour sa marchandise, ou pour emploier en denrées de son mestier, ou que au cas eust aucun délict, l'en deffenderoit (3) aux ouvriers de son

(1) B. : parce qu'il n'a pas.

(2) B. : supposé qu'il soit homme de mestier, est obligé.

(3) B. : l'en deffendra.

mestier, que aucun ne le mist en besongne jusques à ce qu'il ait paié.

Item et jà soit ce que ung clerc non marié ne soit point tenu de respondre en action personnelle devant ung juge lay, toutesfois, en action réelle, il sera tenu de respondre par la prinse de son temporel; et affin que le jugement ne soit illusoire, pour ce que l'en ne le pourroit exécuter sur sa personne, ne sur ses biens meubles, l'en souloit requérir qu'on luy interdisse l'aliénation de son temporel sur certaine paine.

Item tous les jongleurs (1), bateleurs, et joueurs de cordes et aultres (2) jeus diffamés.

Item escorcheurs, bouchers (3), couratiers, fauconniers, clercs de taverne, et moult d'autres sont personnes diffamées, et ne doivent point jouir du privillége de clerc, soient mariés ou non.

(1) B. : tous jongleux.

(2) B. : et de tous aultres,

(3) *Bouchers* manque dans B.

CHAPITRE VII.

DES CLERCS MARIÉS (1).

(2) Les clercs mariés portans habit et tonsure, poursuivis pour crime, excès, ou délicts, civilement ou criminellement, sont subjects de l'Esglise, et s'ils n'ont l'un et l'autre, c'est assavoir habit et tonsure, ils sont subjects du juge lay en toutes poursuites civilles, qui ne naissent de délict.

Item les clercs mariés qui prennent leurs tonsures pour être francs de tailles et exempts de la juridiction, paieront les tailles et respondront à la justice laie, si comme dit le chapitre *ex parte*, *De clericis conjugatis*.

Item per C. Johannes, *eodem titulo*, les clercs mariés ne pevent estre contraincts à porter tonsure pour ce que porter leur peult donner privillége (3). Et dit le texte que ung clerc qui se entremelle de négociation séculière fait honte à l'Église, ainsi que note la glose de Bernard.

Et aussi dit ledit chapitre *Johannes* et le chapitre *Ex parte* que les clercs mariés n'ont aucun privillége en leurs biens ou négoces, ne les clers non mariés en leur mar-

(1) A. : Des clercs non mariez.

(2) B. : Ung clerc marié (*) tiendra prison pour deniers du domaine ou des fermes royaulx, mais pour aultres debtes royaulx, comme amende, il ne tiendra point prison, ne aussi pour despens faits en prison, et pour le geollage, mais le geollier en aura une congnoissance [du brevet, si comme dict l'ordonnance (**)].

(3) A.B. : le porter ne leur peult donner privillége.

(*) A. : non marié.

(**) Manque dans A.

chandise, après ce qu'ils ont esté trois fois admonestés de laisser leur marchandise. Et est à noter que si l'Église ne faict son devoir de admonester les clers non mariés, ce soit imputé à l'Église et aux clers.

Se ung homme et sa femme sont cités devant l'official en cas de divorce ou division, et l'un d'eulx se doubte que l'autre ne vuide, vende, ou muce aucuns de ses biens, il peult venir à la justice laye et aporter la citation faicte audit cas de division, et requérir que jusques à ce quo droit et justice les ait départis, que leurs biens soient arrestés ; et ainsi le fera la justice. Et quant ils auront eu jugement, jà soit ce que le jugement soit fait par l'official, et qu'il semble qu'il doie exécuter sondit jugement luy mesmes, toutesfois ne fera-il mie l'inventoire, ne le partaige, mais le fera ung examinateur. Et se le promoteur veult estre présent pour estre acertené que le jugement de l'official soit acomply, il y pourra estre, mais l'examinateur ne l'attendra, ne appellera. Et supposé qu'il y soit, si parlera l'examinateur tout seul en faisant ladite inventoire.

Et pour ce qu'il a esté aucunesfois débat (1) à la chancellerie, présent le conseil du roy et de l'évesque, il fut délibéré et conclud que, après la séparation faicte, la justice laye fera le partage et division, sans y estre aucun pour l'official. Car l'official ne pourroit congnoistre des héritaiges qui sont à partir entre eulx, mesmement que aucunesfois iceulx héritaiges sont indivisibles et fault mectre les meubles contre tels héritaiges.

Item s'il estoit débat de une huche, ou coffre ouvrir entre clers, l'official n'y pourroit contraindre les parties, car il n'a aucun exploit de fait ; toutesfois l'en doit moult

(1) A. : débatu.

avoir regard comment le roy en use et aussi comme l'official en use (1).

Le jeu des dés est deffendu par le roy, mais si les clers mariés jouent, le juge lay les peult prendre, mais ils seront rendus; et s'ils baillent plaige de l'amende, leur plaige paiera, supposé que le principal n'eust pas paié.

Maistre Jehan Curiat, clerc marié, qui estoit des seigneurs des enquestes, plaidoit au Chastellet au moys de janvier mil ccc. IIIIxx et VII à l'encontre d'un povre homme en action hypotèque. Il produit unes lettres qui luy fust reproché estre faulse, et pour ce il fut arresté prisonnier audit Chastellet; mais, pour la révérence du parlement dont il estoit, le prévost alla dénoncer ceste faulceté devers nos seigneurs de parlement, qui en retindrent la congnoissance. L'official de Paris le requist à avoir, pour ce qu'il possédoit tonsure. Il eust le corps, mais l'en luy interdict la cognoissance du faict, sur laquelle deffense procès fut meu, car l'official disoit qu'il estoit fondé de droit commun et que de tout cas les clercs estoient ses justiciables. Le procureur du roy disoit qu'il y avoit (2) mesprins et offense ès lestres séelées du séel royal, et tout le plait et procès estoit en juridiction royalle, et que de congnoisire de ce le roy estoit en possession et saisine, et ainsi avoit-il esté autrefoys dit. [Jehan saisine (3) pour une faulceté.] Après plusieurs argumens proposés d'une partie et d'aultre, il fut dit par le parlement qu'il respondroit d'icelle faulceté et respondit (4).

Item ung clerc marié, marchant usurier, fut trouvé et accusé de ce devant le juge lay. L'official le requist disant

(1) A.B. ajoutent : et soy conformer sur ce.

(2) A. : qu'il avoit.

(3) A. : Jehan Sainse.

(4) A.B. : ce qu'il n'eust faict, s'il eust este clerc non marié.

que c'estoit délict, et qu'il estoit en habit et tonsure. Contre l'official fut argué qu'il estoit marié, et marchant, et ladicte usure despendoit du faict de sa marchandise, parquoy le juge lay en povoit et debvoit congnoistre.

Item l'action estoit civile.

Item c'estoit contraict dont les juges lais doibvent avoir la congnoissance.

Item c'estoit contre les prohibitions royaulx, *quare*, etc.

Item c'estoit fait populaire et qui regardoit le peuple dont le juge lay devait avoir la congnoissance. Mesmes en respondroit ung clerc non marié, car homme, de quelque dignité qu'il soit, qui s'entremet d'aucune négociacion, doit respondre devant le juge lay de ladite négociacion, par la loy *per iniquum C. de jurisdict. omn. jud.*, et ainsi le tient Pierre de Belleperche et Cyne après luy ; et plusieurs aultres sont de ceste opinion. Le Coq et plusieurs aultres sont de contraire opinion. Mais ils dient que si l'usurier venoit en jugement que n'eust *utrumque, scilicet habitum et tonsuram*, qu'il respondroit devant le juge lay. Mais quelque estat ou habit qu'il eust en faisant l'adjournement, fut de lay ou de clerc, ce n'y faict riens, et ne doit avoir regard fors à l'habit en quoy il vient en jugement.

Aux parolles que Gillet le Fournier me dist, ce n'estoit mie chose pourquoy il me (1) deust estre rude, car c'est délict, mais s'il les eust dictes en jugement, *secus* (2).

Item ung clerc marié dira à aucun juge injures non atroces hors jugement, *queritur* s'il sera rendu à l'official ou non ? Responce : Ouy ; mais se c'estoit en jugement, non.

(1) A. : il ne deust estre rendu.

(2) Manque dans B.

Nota que ung crime de lèse-majesté est bien commis par parolles, si comme il apparut par maistre Raoul Primont (1), advocat jadis de Sainct-Denis; toutesfoys il fut rendu à l'official de l'évesque de Paris, qui le pugnit.

Item se ung clerc marié ne porte tonsure, ou qu'il porte habit méparti, ou rouge, il est justiciable à la justice temporelle, ou cas que l'habit se monstre publiquement, comme en chaperon (2), mantel, surcot, et *hujusmodi*, mais s'il porte couvertement, non; car il démonstre que il le couvre en signifiant (3) ce qu'il ne veult pas qui luy porte préjudice, ne à sa tonsure ou couronne.

Item ung homme marié clerc qui a vestu ung gippon blanc, et endroit les manches, au long des fermailles de devant, a ung ourlet de cuir, ou d'autre drap, et d'autre couleur, ce ne sera point réputé habit lay, si comme le plus des saiges et les plus notables le tiennent; *alii tenent contrarium*.

Item s'il a bouton d'autre drap. Item d'orfray. Item de bordures, tant en chapperon comme en cotte, car cela est plus fait par joliveté que pour monstrer couraige de vouloir estre lay.

Item d'un paletoc (4) de drap estrange qui seroit mis par povreté, car ce qui est faict par joliveté, ou par povreté, ne toult (5) point le privillége.

Item ung clerc marié non tonsuré est eslargi disant que pour le cas pour lequel il est eslargi, il n'entendoit point à soy ayder de sa tonsure, et pour ce ne doit point estre

(1) B. : Pimont.

(2) A.B.: comme au chaperon.

(3) A.B. : en signifiance que il ne veult pas qu'il luy porte préjudice.

(4) A. : paletot.

(5) A. : ne tollist.

res. Monsieur le chancelier dit que l'eslargi est tousjours prisonnier, et ne peult changer son estat, ne pour cela ne pour aultre chose, et sera res s'il s'est fait tonsurer.

Item quant Jehan, le huissier (1), fut emprisonné, il estoit clerc marié, si le vouloit (2) avoir l'évesque. Messieurs de parlement luy respondirent que s'il vouloit, l'en luy bailleroit à la charge de L. francs qu'il devoit au roy, parmy ce que s'il ne le gardoit bien et se il luy eschapoit, son temporel en respondroit, mais s'il vouloit, il seroit comme son prisonnier au palais en la garde et au péril du roy, et ainsi le voulut pour eschever le péril.

Item se ung clerc marié refuse à respondre à la court laye en cas d'asseurement, il sera envoyé ès prisons du juge lay, et là sera jusques à ce qu'il ait donné l'asseurement; mais s'il est clerc non marié, *secus*, selon l'oppinion de monsieur le chancelier. Soit veü à ce propos au chappitre *d'asseurement*.

Item que ung clerc marié estant prisonnier pour debte, quelqu'elle soit, qui n'est point de délict, ne sera point renvoyé à l'official, se il s'est obligé et submis à la jurisdiction temporelle, mais s'il porte habit et tonsure et il est prisonnier pour délict, il sera rendu.

Item que ung clerc marié possédant couronne et tonsure de clerc peult décliner *in casibus injuriarum et etiam in omnibus delictis, in aliis autem non.*

Item si quis ducat in uxorem illam quæ fuit ab alio cognita, reputabitur clericus. Sed si super hoc oriatur questio, cognitio declinatoria ventilabitur coram officiali, ut supra allegatum est.

(1) A. : luissier.
(2) B. : le voulut.

Perrin (1), clerc de la geolle du Chastellet de Paris, espousa la fille Alexandre, après ce que son premier mary fut mort. Et pour ce que les amis de la fille luy dirent qu'elle estoit encore pucelle, et que telle la trouvera, il se refraingnit de toucher à elle, mais feist adjourner le procureur de Sainct-Magloire, en la terre duquel il demouroit, et aussi le procureur du roy, par-devant l'official, pour ouyr une certaine requeste qu'il entendoit faire contre eulx et chascun d'eux, sur le privillége de sa tonsure, *si sua crediderint interesse*, et à la journée feist sa requeste que, comme sa femme, non obstant qu'elle eust été aultrefois mariée, feust encore pucelle, si comme il offroit prouver, tant par témoings, comme par l'inspection de son corps, lequel il vouloit exhiber, que le privillége de sa tonsure lui feust sauvé et réservé. Le procureur du roy demanda advis pour en parler au procureur général du roy, et au conseil de parlement, auquel jour d'avis, il se constitua partie et nya les faicts du mary, lequel mary exhiba sa femme pour visiter, et fut visitée par les jurés du roy et aussi de l'évesque, par la visitation desquels, veu leur rapport, fut dit par jugement que ladicte femme estoit pucelle et non corrompue de homme, et pour ceste cause en jugement se désista le procureur du roy de tout son procès par luy encommencé contre ledit mary, et luy demeura sa requeste acomplie par jugement l'an mil ccc quatre xx et vii.

En la ville de Sainct-Denis ung homme fiança une femme, et depuis la maintint ung an. A la fin, elle voulut, comme raison estoit, qu'il l'espousast, ce qu'il ne vouloit. Par quoi elle le feist citer devant l'official de Paris, par-devant lequel il nya que jamais l'eust fiancée, et pour ce

(1) A.B.: Périn Desfrenes.

elle se maria à ung clerc qui pour ceste cause perdit sa tonsure. Quant ils eurent esté longtemps ensemble, le premier la feist citer devant l'official et dist qu'il avoit fiancé et habité avec elle avant que le second l'espousast, et ainsi le premier mariage estoit acompli et le second estoit nul. Par jugement le premier eut sa femme et le second fut dit nul, et porta le second mary sa couronne comme devant.

CHAPITRE VIII.

DE HAULTE JUSTICE.

Jà soit ce que à générallement parler il ne soit que une justice qui meut de Dieu, dont le roy a le gouvernement en ce royaulme, toutesfois en espécialité elle est divisée en plusieurs membres, car l'une est nommée haulte justice, l'autre moyenne, l'autre basse, l'autre justice foncière et seigneurie foncière. Aucuns dient que en pais coustumier, ne sont réputés estre de haulte justice, fors trois cas: c'est assavoir bouter feu, ravissement, et meurtre. Et mettent différence entre meurtre et occision. Car l'en dit meurtre quant le fait est advenu scientement, et apensément, ou par aguet, et lors est faict de haulte justice. Mais occision est dit quant le faict n'est mie advenu de propos délibéré ou apensé, mais est fait chauldement, et lors n'est le fait que de moyenne justice, c'est assavoir de pendre seulement. Mais les aultres trois cas précédens sont de traîner et de pendre.

Item aucuns dient que punicion de bougrerie apartient au hault justicier et peult estre adjousté avec les trois cas dessus déclarés.

Maisons abatre, vignes extirper, prés arer, herbes semer : toutes ces choses sont criminelles, mais ils n'emportent peine que de moyenne justice (1).

(1) A.B. : Touchant ces articles cy mis, faut veoir le Coustumier du Maine, qui, à la vérité, traicte cette matière mieux que nul aultre Coustumier de France; et là trouverez la distinction des droits des bas, moyens et haulx justiciers, des chastellains, baronnies, barons, vicontes et contes et la forme de leurs

Celluy qui a haulte justice a puissance de trainer et de ardoir, et peult avoir gibet à trois pilliers, ou plus s'il veult. Toutesfois, plusieurs haults justiciers n'ont fors fourches, mais pour ce ne peult mie le droit de leur justice estre apetissé, si comme aucuns dient, car ils pourroient des fourches faire gibets s'ils vouloient, mais j'en doubte (1), et dient aucuns que la différence entre les fourches d'un hault justicier et moyen justicier est telle. Car des fourches d'un hault justicier, les liens sont par dehors espassés (2) par embas. Mais des fourches d'un moyen justicier, les liens sont par dedans (3).

Nota que pillori et eschelle sont signe de haulte justice, et ne les pevent avoir fors les haults justiciers, et croy qu'il n'y a point de différence entre l'un et l'autre, et qui a eschelle peult faire pillori.

Aucuns tiennent que en bonne ville où le roy a pillori, nul aultre hault justicier ne pourroit en icelle ville faire dresser pillori, mais eschelle, si.

Et ce est pour oster la comparaison, et à trouver la différence d'entre ung souverain et le subject. Et cela fut tenu par opinion pour ceulx de Sainct-Germain des Prés, qui de leur eschelle feirent pillori, mais c'est tout dehors la ville de Paris et devant leur porte et loing du pillori du roy.

justices. *Ultra predicta vide Dom. Jo. de feudis in forma libelli quo agitur actio confess. in glos. super verbo* plenam et omnimodam jurisdictionem [*et precipue doctrinam celeberrimi juris interpretis Do. Jason* in l. Si quis id quod, De ju. om. jud. ff., *et docto. in* l. *fin. ff.* de in jus vocando, *et* l. Quicumque C. De servis fugit (*)]. — Charondas met ici en note : Cette clause n'est en mon exemplaire escrit à la main.

(1) B. : mais l'en doubte.

(2) B. : et patés.

(3) B. ajoute : et non patés.

(*) Manque dans A.

Nota que toute incision de membre, comme essoreiller, couper poing, flastrer au visage et *hujusmodi*, sont exploits de haulte justice.

Item esmonder arbres qui sont sur chemin sont exploits de haulte justice.

Item chantellage, rouage, forage, congnoissance de bournes ostées, banages, liages, estallons de mesure à vin, de mesure à blé, de mesure à avoine, aulnes (1), pressouer, four, moulin, et thorel bannier, toutes telles choses appartiennent au hault justicier, jà soit ce que aucuns aultres par longue tollérance et souffrance, par longue saisine et usaige, en aient usé et usent.

Nota que au bailliage de Melun, a ung prieuré duquel le prieur avoit toute haulte justice; ung sergeant du roy vint audit prieur et l'adjourna. Le prieur dit audit sergeant tels mots : *Tu t'es moult travaillé, il te fault boire*, et après ces mots mist le cul à bort, et lui feist ung pet. Cela fut rapporté au roy, qui le priva de toute sa haulte justice, ne oncques puis n'eust haulte ne moyenne justice, fors censuelle.

Nota que si les fourches ou eschelles sont cheues (2), il ne les peult faire relever sans le congié de son souverain, sinon que ce fut dedans l'an et jour.

Item il est à noter que faire inventoire est exploict de hault justicier (3).

Item si religieux achètent héritaiges en la terre d'aucun seigneur hault justicier, il leur peult faire commandement que dedans an et jour ils le mettent hors de leurs mains, et autant en appartient-il au seigneur moyen et

(1) *Aulnes* manque dans B.

(2) A.B.: cheutes.

(3) B. ajoute : *Doctores in l. Qui repertorium. ff. De administra.*

bas, si comme il est contenu cy devant au *chappitre d'amortissement* (1).

Nota par la coutume que si aucun trouve aucun trésor mussé en la terre d'aucun hault justicier, icelluy trésor est audit hault justicier.

Item *nota* que si ung hault justicier donne ung jugement, dont il soit appelé, et dit mal jugé, ledit hault justicier paie soixante livres parisis d'amende, supposé encores que le jugement soit donné pour raison de sa justice foncière, mais en ce cas, le justicier ne paieroit fors soixante sols, car il n'a amende que de soixante sols.

Nota que quelque povoir ou effort que aucun face de tuer ung aultre, et il ne le fiert, ne ne le tue, le cas n'est point de haulte justice, ne ne doibt estre appellé meurtre. ainsi fut-il jugé contre le bailly de Vermendois et le prévost de Péronne pour les majeur et jurés de la ville qui n'avoient que la basse justice, pour ung qui par aguet, aucunnefois en habit de femme, autresfois en habit de moyne, avoit fait son povoir de tuer ung aultre, ce qu'il ne feist. Car l'en n'en use point, mais sera baillé au bas justicier pour punir civillement, s'il le requiert; mais s'il a féru tellement qu'il luy semble à veoir qu'il l'ait tué, lequel toutesfois par la grâce de Dieu eschappa, *ipse reus est mortis*.

Toutesfoys ils pevent bien contraindre leurs subjects à donner asseurement, mais leur asseurement ne s'estendra pas à aultres choses que à celles qui sont de basse justice, ne aultrement n'en pourroit punir ceulx qui feroient contre leur asseurement.

(1) A.B. ajoutent : *juxta statutum Caroli quinti, publicatum octavo die Maii, anno millesimo CCCLXXII, et registratum in parlamento in LXXI folio dictarum suarum constitutionum.*

Nota que en cas criminel, et en cas réel, un hault justicier n'a pas la congnoissance des nobles, se par espécial n'en est en saisine ; mais s'il a justice foncière et réelle, il peult congnoistre de cas réel seullement, car de tous cas personne noble est exempte au cas dessusdit, combien qu'il eust la confiscation.

Nota que à Clichy, ou à Montereul sur le Bois et en plusieurs autres telles petites jurisdictions a maire ; dudit maire l'en veult appeller à présent devant ung qui se fait appeller le bailly, et ainsi abusivement veullent acquérir ressort là où il n'y en a point ne doit avoir, car tout n'est que une court, ung auditoire, ung siége, et feussent-ils soixante siéges, si n'est ce que une mesme jurisdiction, ne il n'y a point d'appel de l'un à l'autre qui sont en pareille puissance et degré ; mais les seigneurs pour leurs grosses causes, et pour l'estat criminel qu'ils ont en leurs cours, pevent bien avoir ung saige advocat, par-devant lequel, à certain jour, le maire peult réserver les grans cas doubteux, mais pour ce ne sera-ce pas fondation de ressort, ne il ne sera jà (1) pour ce représentant la personne du maire, et le seigneur qui doit avoir le ressort se fait préjudice de le souffrir si longuement que l'en le puisse traire à conséquence.

Item il ne souffist pas de dire : *j'ay toute justice, par ce j'ai ressort*, car la conséquence n'est pas vraie, mais l'en doit regarder en leurs anciens adveus s'ils aveuent tenir à justice et quelle.

Item leur demander leur tiltre du ressort.

Item se il se nomme baillif, pour ce n'a-il pas ressort, ne se n'est qu'ung nom trouvé contre raison, si comme il est cy-devant dit au commencement des *droicts royaulx*,

(1) A.B. : il ne sera jà fors représentant, etc.

ne il ne peult pas pour ce tenir assise, car il n'est que juge premier pour ordinaire en première jurisdiction et première court, qui ne doit congnoistre que des causes pures ordinaires comme maire, ne tous deux, ou plus, se plus sont, ils doibvent (1) avoir que ung seul lieu, ung seul siége, ung prétoire, ung tabellion, un papier. Et si ainsi, abusivement et sans tiltre, ils avoient usé de ressort et de souveraineté en cas d'appel, ou entreprennent (2) fait d'assise en eulx attribuant plus grande et plus ample jurisdiction que sa justice et son fief ne devise, il usurpe le droit du roy et le luy toult, et abuse de sa justice, et doit estre forfaicte et confisquée.

Les chanoines de Saint-Marry (3) ont en leur auditoire deux champions combatans pour signifiance qu'ils ont haulte justice en leur cloistre.

(1) A.B. : ne doibvent.

(2) A.B. ajoutent : contre la souveraineté du roy, sa jurisdiction et la noblesse de son ressort de tel lieu, en entreprenant.

(3) B. : de Sainct-Martin.

CHAPITRE IX.

DE MOYENNE JUSTICE.

Celuy qui a moyenne justice a puissance de pendre sans trainer, et ne peult avoir que fourches à deux pilliers dont les liens sont dedens. Le moyen justicier n'auroit point la confiscation d'un meurtrier prins en sa moyenne justice, mais l'auroit le hault justicier.

Nota qu'ils sont plusieurs moyens justiciers qui ont congnoissance des mesures jusques à LX sols, mais ils les prennent devant les haults justiciers. Et se lesdictes mesures estoient trouvées faulces, et qu'il les faillist ardoir, le hault justicier en auroit la cognoissance et amende à volunté, et le moyen jusques à LX sols de pourfit. Et aussi d'un meurtrier et d'un larron.

CHAPITRE X.

DE BASSE JUSTICE.

Celuy qui a basse justice, si a congnoissance des meffaicts de ses subjects en cas personnels, comme de contraicts, et aucunesfoys des cas réels comme Sainct-Marry, et des amendes jusques à LX sols, et peult avoir siége notable, maire, sergens, prisons, et cep, pour garder ses prisonniers criminels une nuit.

Nota que si ung bas justicier donne ung jugement dont il soit appellé, et dit mal jugé et bien appellé, le bas justicier paie LX sols d'amende, et le hault justicier paie LX livres ; supposé encores que le jugement soit donné pour raison de sa basse justice. Se ung bas justicier pert son fons par la ruine de la maison vuide ?

CHAPITRE XI.

DE JUSTICE FONCIÈRE.

Justice foncière est avoir cens sur ses subjects qui est dit chef cens, ou menu cens, de tournois ou de maille, ou de gros cens comme de vingt sols, aucunesfoys de trente, mais non mie grosse rente, car elle n'est pas de telle nature; car du cens non paié, l'en paie amende cinq ou six sols selon la coustume du lieu, et du cens réel, et du champart levé soixante sols ung denier. Et peult avoir sergent pour exécuter sur son fons, et siége d'une forme ou d'une table pour recepvoir ses cens (1) et peult avoir droit de chantellage et de rouage. Toutesfois justice foncière de soy ne l'emporte pas. Et aussi tel a chantellage qui n'a pas pourtant rouage, et prent ventes et saisines, mais non pas congnoissance de bournes ostées (2).

Nota que, quant héritage (3) doit menu cens au justicier foncier, et gros cens à ung aultre seigneur foncier, le justicier qui a les menus cens a les amendes du cens non paié, les ventes et les saisines, et l'autre non. Et est le menu cens chef cens capital qui regarde plus le fons que l'édiffice, et ce appert, car pour faulte (4) de soy opposer, le seigneur foncier ne pert point son cens dit

(1) Manque dans B.

(2) A.B. : an censiti vel adscripticii sint servi, vide gloss. in l. III, ff. *De statu hominum*, ubi invenies quod non, imo liberi. Textus est in l. *Quemadmodum*, C., *De agric. et cens.*, lib. XI, et in l. II, C., *In quib. caus. col. cens.*, lib. XI.

(3) A. : l'héritaige.

(4) B. : par faulte.

chief cens, ou capital, ou menu cens, mais la rente qui regarde l'édiffice est perdue, car c'est charge grosse et nuisible, et le cens est menu et non nuisible, et n'est fors enseigne, et pour recongnoistre le seigneur, car comme dit le droit, *a primæva institutione* les seigneurs ne baillèrent fors les places vuides, ils ne les baillèrent pas édifiées (1).

Nota que de ventes recellées, l'amende est de soixante sols ung denier (2).

Item que par l'usaige et coustume, ung bourgeois, ou habitant de Paris, ne doit point d'amende de cens non paié, pour cause de ses héritages assis en la ville et banlieue de Paris. Et vous le véez par le fons de terre qui est menu cens, dont l'en ne paie point d'amende.

Item toutes personnes qui ont menu cens tenu en fief [*et talia* (3)], ont ès lieux justice foncière, et à cause de ce, l'amende de sept sols.

Item le justicier foncier est tellement seigneur de son fons, qu'il le peult amortir, en tant comme en luy est, et donner lettres d'amortissement, et mesmement sans le congié du hault justicier (4).

Item à luy appartient recepvoir les dessaisines, et bailler les saisines des héritages vendeus et achetés qui sont séantz et assis en son fons et en sa censive, et à luy est le prouffit des ventes, c'est assavoir vingt deniers pour livre,

(1) A.B. : fors les places vuides et non édifiées.

(2) A.B. : à ce s'accorde la coustume de la prévosté de Paris, tit. *De Censive et droits seigneuriaux,* inséré en LIII et LXII art. dudict Coustumier. *Et sic aliquando propter minimum perditur maximum, puta propter unum denarium.* Concordat tex. in auth., *Qui res,* C., *De sacrosanc. eccl.* — Charondas met ici en note : Cette clause n'est en mon exemplaire escrit à la main.

(3) Manque dans B.

(4) B. ajoute : Les ventes des héritaiges vendus sont deubz, c'est assavoir vingt deniers pour livre, et pour la saisine douze deniers.

et des saisines, c'est assavoir douze deniers pour saisine, et peult faire convenir l'acheteur par-devant luy en sa court par voie de supplication pour en estre paié, *quia causæ que oriuntur ratione fundi, sicut emendæ, ventæ et saisinæ, coram domino fundi ventilari debent*, aussi peult-il mectre le gason de l'héritage en sa main, par deffault de ventes non paiées (1). Et si c'est ung hostel, mectre l'huys hors des gons, pour ce mesmes, et tout ce faire signifier par supplication (2). Et qui attemptera, paiera l'amende de soixante sols pour chacune fois.

Item il ne peult pas faire convenir les propriétaires en action personnelle pour cause de son fons de terre non paié, mais mectre l'huys hors des gons (3).

Item pour cause de son cens non paié, il ne peult faire action contre les censiers, affin de garnir ou de quicter.

Item nota que pour héritage prins a crois de cens, ne fault jà aller prendre saisine devers le seigneur foncier.

Tous propriétaires pevent desmolir et abatre leurs molis (4) pour faire jardin, s'il ne leur est deffendu de par les censiers. Mais le seigneur foncier ne peult faire cette deffence.

Item celluy chef seigneur ne peult faire convenir en action personnelle pour cens de son fons de terre, mais si la maison estoit ruineuse, il mectra l'huis au travers comme dit est (5).

Item il ne peult pas faire crier la maison pour cause de son cens non paié, mais requérir (6) au hault justicier (7).

(1) B. ajoute : en signifiant ledict brandon ou gason.

(2) Manque dans B.

(3) Manque dans B.

(4) B. : maisons.

(5) Manque dans B.

(6) A. : acquérir.

(7) A.B. ajoutent : car sa justice ne si estend pas.

Item ne pour cause d'icelluy cens non paié, faire convenir les censiers affin de garnir ou de quicter (1).

Item il est aultre seigneurie foncière (2), c'est assavoir que ung seigneur foncier prétent fons de terre sur aucun héritage séant en la haulte justice d'un hault justicier, et là icelluy seigneur foncier n'a aucun exploit de fait, et se l'en ne le veult paier, il doit venir au remède par-devers le hault justicier, affin que par luy l'huys soit mis hors des gons, car le seigneur foncier ne le peult faire de luy, pour ce que c'est exploit de haulte justice (3).

Item il a droit d'amortissement (4).

(1) Manque dans A.B.

(2) A. : Item il est un droict nommé aultre seigneurie foncière.

(3) Manque dans B.

(4) Charondas, dans ses notes sur ce chapitre, se sert souvent de son *Vieil praticien escrit à la main*, mais il n'en tire aucune citation textuelle.

CHAPITRE XII.

DES PEINES.

A office de justice appartient à (1) reffraindre les courages des malfaiteurs et de ceulx qui usurpent le droit d'autruy à tort. Et pour ce, establirent les anciens peines; si doit l'on entendre que c'est que peine.

Peine, si est travail de corps, soucy de cueur et desplaisir de volunté, qui sont ordonnés par justice ou pour punition ou pour chastiment.

Peines en cas doubteux sont et doibvent estre entendus en la plus débonnaire et moins aspre partie. Et toutesfois les meffaicts aggravent ou alégent les peines en sept manières.

La première pour cause de la personne, si comme si une chétive personne frappoit une personne de grant auctorité, ou au contraire si une haulte personne frappoit ung varlet, ou quant aucun excès est faict par aucune personne folle ou yvre.

La seconde pour cause du lieu, comme meffaire en sainct lieu, ou en ung hostel privilégié, comme au palais royal, ou au juge séant au siége, ou au prestre célébrant la messe, ou en foire, ou en marché, ou en lieu périlleux de la personne comme en l'ueil (2).

La tierce, pour cause de temps, comme de nuit ou de jour, ou quant l'homme est yvre, ou avant qu'il soit yvre.

(1) B. : appartient refraindre.

(2) B. : l'œil.

La quarte, pour raison de la qualité, comme meffaire en appert, ou d'aguet, ou par gens de telle qualité qu'ils ne congnoissent pas les droicts.

La quinte, pour cause de la quantité, car plus doit estre puni qui tue que celluy qui blesse, et qui emble LX sols que celluy qui emble un oison, et qui faict ung grant meffaict doit grant mal porter et soustenir.

La sixième, pour cause de l'intencion, comme qui mesprendroit de certain propos doit estre plus pugni que qui blesseroit ou mesprendroit ignoramment.

La septième, pour cause de acoustumance, car qui est acoustumé de mal faire doit plus grefvement être pugni que celuy qui n'est pas coustumier.

Moult y a de diverses manières de peines selon les meffaicts, mais selon ce que l'on a usé (1) ès pais où vous serez et aux coustumes des lieux vous en tenez, car il les convient tenir et garder, toutefois attrempéement, car les juges (2) sont doubteux, et doit l'en tousjours plus estre enclin à absolution que à condempnation ; et vauldroit mieulx espargner deux coulpables que punir ung innocent ; et si se doit le juge plus fleschir par humilité et par miséricorde que soi endurcir par rigueur. Car justice sans miséricorde est crueuse, et miséricorde sans justice est lascheté.

Item doit le juge en toutes choses tousjours avoir Dieu devant ses yeulx et en mémoire, car celuy n'est pas digne de tenir jugement qui doubte plus homme que Dieu. Et si doit estre de bonne conversation, car la main orde ne peult l'orde nettoier.

Item doit souverainement en luy reluire justice, et estre

(1) A.B. : l'on en use.

(2) A.B : car les jugemens.

juste en ses faicts et en ses besongnes, et aussi en ses gens de son hostel, et aux officiers qui sont soubs luy.

Si gens sont oiseux ou taverniers, la justice les doit prendre, et getter hors de la cité, car à la justice appartient de punir et nettoyer les cités de telles gens, *ut* ff. *De offic. præsid.*, l. *Congruit.* Et doit bien le juge avoir mémoire de la loy *Arrianus*, ff. *De act. et oblig.*, et de la loy *Absente*, ff. *De pœnis.*

Item doit avoir en mémoire que jugement est espoventable, l. *Rem non novam*, C. *De judic.*

Mémoire de la femme Vincenot, laquelle soubs sa robe, entre ses jambes, avoit mussé son frère que l'en queroit, et faisoit semblant de travailler (1).

Item la femme Jehan de Criel, qui avoit mussé la faulce monnoye au berseau de son enfant au fons, et aussi en avoit mussé en son lict entre deux draps du costé où elle gisoit, pour ce que ces lieux elle povoit deffendre, et que honteuse chose estoit aux hommes de y regarder (2).

Il vauldroit mieux prendre deux innocens que laisser aller ung coupable, mais il vauldroit mieulx laisser deux coulpables que de punir ung innocent (3).

(1) Manque dans B.

(2) Manque dans B.

(3) B. : *juxta illud : Caveant judices, et evidenter attendant ut in causarum processibus nihil sibi vindicet favor. vide c. prim. de sent. et re jud. in* VI° *et c. ipse XI. q. III, etc., c. Novit, de judi. quia judex debet considerare quæ decent secundum honestatem, et quid liceat secundum equitatem, et quid secundum utilitatem expediat. C. Magnæ, de voto, et ibi doctores.*

CHAPITRE XIII.

SE AUCUN DELINQUE TELLEMENT, QU'IL DOIVE CHEOIR EN PUNICION CAPITAL, ET LE JUGE APPRÉHENDER LE PEULT, OU TENIR SA PERSONNE, IL DOIT PROCÉDER, ET FAIRE SON PROCÈS PAR LA MANIÈRE QUI S'ENSUIT.

L'an mil ccc. IIIIxx, etc., tel jour, furent amenés prisonniers en la tour de Chartres, par tels et tels sergens, etc., tel vigneron demourant en tel lieu ; tel maçon demourant en tel lieu, etc. ; tel plastrier, etc., pour suspesson (1) d'avoir tué Gillot le Breton l'an mil ccc. IIIIxx, etc., tel jour, et furent lesdits prisonniers mandés l'ung après l'autre, et accusés d'office chascun à par soy, et l'ung en l'absence de l'autre, par-devant monsieur le baillif, présens tels et tels, et furent leur responses enregistrées par moy, tel notaire et tabellion (2), en la manière qui s'ensuit :

Et premièrement ledit vigneron accusé, requis, et juré de dire vérité de ce et de tous aultres faicts dont il sera requis, sans mensonge, ne faulx adjouter, ne aucune partie du vray taire ou recéler, dist et confessa, etc., et a affermé que ainsi est et non aultrement, et de ce se raporte, etc., audit tel, etc. Derechief attaint (3) en jugement tel jour, en la présence de tel juge, présens tels et tels conseillers, etc., a esté leue sadicte response et confession, après laquelle lecture, et icelle par luy ouye, et entendue dilligemment de mot à mot, dit et afferma par

(1) A. : suspicion. — B. : suspition, suspection.

(2) B. ajoute : ou greffier.

(3) A.B. : attainct et reprins.

son serment icelle estre vraye, et l'avoir dicte et nommée par la forme et manière qu'elle estoit escripte, et qu'elle contenoit vérité, et oultre en déclarant icelle, dit et confessa ce qu'il s'ensuyt :

Premièrement là où est parlé de telle chose, il dit et déclare que ce fut de nuit et par telle manière.

Item là où il est parlé de aultre chose, il dit et déclare que ce fut au pourchas et prière de tel, etc.

Et après en acroissant et augmentant sadicte response et confession, dit et adjousta que l'an mil ccc, etc., tel jour il avoit esté, etc.

L'an mil ccc, etc., fut ledit tel derechef mené par-devant ledit bailly, présens tels et tels, lequel, en respondant à plusieurs interrogatoires à luy faictes par ledict bailly et autres dessusdits, dit et confessa, oultre et par-dessus tout ce que dit est, telle chose, etc.

Aujourd'huy tel jour, etc., ont esté assemblés en la tour monseigneur (1) le bailly, tels et tels, ausquels les informations précédentes et le présent procès ont esté leues, affin d'avoir leur advis et conseil sur ce qui y estoit à faire pour l'acomplissement de justice, lesquels ouys, icelles informations, accusations, et lesdictes responses, déclarations, additions et confessions, dient tous concordablement d'une pareille et semblable opinion que considéré, etc., il est expédient et nécessaire chose pour le bien de justice, et ainsi le désire le cas, que lesdits tels et tels soient gehainés (2) affin de sçavoir plus avant par leur bouche la vérité de leurs meffaits, et pour ce acomplir a ledit tel esté mandé et despouillé, lequel a dit et dénoncé qu'il estoit clerc, et pource qu'il estoit marié, et que sa ton-

(1) B. : Monsieur.
(2) B. : gehennez.

sure ne paroissoit pas souffisamment, ledit bailly a mandé tels et tels barbiers pour veoir icelle tonsure, lesquels ont raporté qu'elle apparessoit souffisamment estre faicte par main de barbier et de poincte de rasouer. Et pour ce, a esté rendu à l'official, et baillé à tel promoteur avec la copie de sa confession dessus escripte pour luy faire raison. Cedit jour ledit tel a esté mis en gehaine, laquelle il a soufferte et enduré, sans dire ne confesser aucune chose fors ce que dit est dessus.

Nota que en la confession d'un homme criminel, l'en ne doit mettre aucuns interrogatoires.

Item et si le prisonnier faict aucune confession, l'en la doit escripre, et en la fin d'icelle escripre tels mots : l'an mil ccc, etc., tel jour, furent assemblés monseigneur le bailly avec tels et tels, ausquels la confession dessus escripte fut leue pour avoir délibération et advis sur le jugement dudit tel, lesquels conseillers furent d'opinion que considéré, etc., ledit tel soit pendu, ou qu'il meure de telle mort, etc.

Item et ou cas que le délinquent se mettroit en franchise par quoy l'en ne pourroit avoir sa personne, l'en le peult adjourner à bouche de toute franchise (1), et faire appeler par les trois jours, et iceulx trois appeaulx passés continuellement et sans interruption, l'en le peult prononcer banny, pourveu qu'il y ait bonne information précédente par laquelle l'appellé soit trouvé coupable, et que le cas soit criminel ou capital (2).

Item et au cas qu'il ne pourroit estre trouvé en personne, l'en le doit adjourner à domicille, et après ce, le faire appeller par quatre quatorzaines par les quarfours

(1) B. : l'en ne le peult adjourner à bouche dedans toute franchise.
(2) B : criminel et capital. Et ainsi on en use au Chastellet de Paris.

et autres lieux acoustumés à faire criée, et dire ces mots : « Nous appellons aux droits du roy pour telle quatorzaine, tel, pour suspicion d'avoir tué tel, etc. » Sur ce qu'il a esté souffisamment adjourné en son domicile à trois briefs jours, en et sur peine de bannissement, et iceulx appeaulx continuellement faicts et parfaicts sans interruption, et iceulx enregistrés et raportés au juge, et veue par luy l'informacion comme dit est, il peult prononcer le bannissement.

Toutesfois, avant que ung juge prononce bannissement, il doit avoir regard à six choses :

Premièrement, que le cas soit criminel et capital :

Item, qu'il soit advenu :

Item, qu'il en soit vraye suspicion par informacion faicte contre l'appelé à ban ;

Item, que l'adjournement soit suffisamment faict à personne ou à domicille ;

Item, que le cas soit touché au premier deffault ;

Item que les appeaulx soient faits sans interruption.

Item, cautum est que au jour de la prononciation, le juge le face *iterum* appeller, et puis prononcer.

Item ung homme a navré ung aultre, le délinquant est appellé à trois briefs jours, tant à la requeste du procureur du roy comme de la partie, les appeaulx sont faits tellement que l'en acquiert sur iceluy delinquent quatre contumaces. Et depuis ce, le navré vient en telle convalescence, que le péril en peult estre raporté. *Quæritur quid juris?* Response. L'en ne le bannira pas. Mais pour ce que *in contemptu judicis, justiciæ et regis*, il n'a daigné comparoir, la partie aura ses conclusions civiles.

Item selon le stil de Chastellet, tantost que ung bannissement est prononcé, les clercs de la prévosté envoient une cédule au crieur, par laquelle il crie par les carfours de Paris, que tel a été prononcé banni, et que doresnavant aucun ne le reçoive, recelle, héberge, musse, aide, ne conforte, sur peine de forfaire corps et biens envers le roy nostre sire, mais quiconques le trouvera hors lieu sainct, si s'efforce de le prendre, à assemblée de gens, à cry, à haro, à son de cloches, et par toutes les manières que l'en pourra, et l'amaine à justice pour recepvoir de ses meffaits pugnicion sur et après ledit bannissement sur la peine dessusdicte. Et sera icelle cédule raportée par le crieur, et sera tout joinct au procès pour pugnir ceulx qui feront le contraire.

Nota comment Arnoult, le larron, en fut pugni (1).

Item et si la partie compare avant les appeaulx passés, les despens qui seront faicts seront premièrement paiés, et aussi l'amende de partie avant que l'amende du roy, et l'amende du roy après (2).

Item messire Guillebert de Saincte Audegond estoit logé oultre les ponts, et pour ce que son hostel luy sembloit trop cher, il dit à ses gens qu'ils apportassent ses malles et aultres biens en l'ostel Castel Festu (3), et ainsi comme il venoit audit hostel après ses varlets, il fut prins sur le pont, accusé et justicié au gibet ; et ce fait, le receveur de Paris voulut avoir ses biens estans audit Chastel Festu. Les dames de Montmartre, en la justice desquelles ladicte hostellerie est située, s'y opposèrent et furent appellées en jugement. Le procureur du roy proposa que ledit chevalier avoit délinqué et esté prins en la terre du roy, et par ce n'estoit mie hoste ne justiciable desdictes dames, ne ses biens n'avoient point dé-

(1) Manque dans B.

(2) B. : de ce je doubte que maintenant ce face.

(3) B. : du chastel du Festu.

mouré ne jeu en leur terre, mais avaient freschement esté portés hors. Oultre, elles n'avoient audit lieu que moienne justice, et la haulte estoit au roy et le (1) chevalier avoit esté trouvé, *quare*, etc. Et les dames proposèrent et prouvèrent avoir audit lieu haulte justice, et par jugement contradictoire leur furent lesdits biens délivrés.

Item quand ung homme est justicié, le geolier de son droit a sa saincture (2), supposé qu'elle soit d'argent, mais que elle ne se passe point (3) un marc, et au dessoubs, et sa tasse et son argent monnoié, puis qu'il ne passe x livres. Et tout ce qui est au dessus de la saincture est au bourreau, et se la saincture pesoit tant soit petit plus que ung marc, et aussi se l'argent monnoié montoit plus de x livres, tant fut-il peu (4), il n'y auroit riens.

Consuetudo talis est quod condempnato pro aliquo crimine capitali, et executioni demandato, omnia bona mobilia et conquestus atque hereditagia ipsius libere transeunt ad dominum suum temporalem, omni obligatione extincta, sive reali, sive personali, non autem jus constitutum in re, et supra rem, ut est jus ad redditus, vel aliud, non tamen hereditagium uxoris neque dotalicium (5).

Item se ung homme est obligé ès foires de Champaigne, et depuis est pendu, le hault justicier mect tantost toute sa terre en sa main, comme confisquée et acquise, et après viennent les debteurs et créanciers qui font crier, vendre, et subhaster lesdits héritaiges et bailler le décret à l'acheteur : *dictum est* que telle vente est bonne, ne la confiscation de telles obligations ne vault riens,

(1) B. : et en laquelle le chevalier.

(2) A. : ceincture.

(3) A.B. : mais qu'elle ne poise que ung marc.

(4) A.B. : tant fust-il petit, le geolier n'y auroit riens.

(5) B. : Non est hereditagium, etc.

mais le seigneur aura son droit du quint dernier. Et si le seigneur se estoit opposé aux criées, il décherroit de son opposition, *et in tali casu perdidit comes Autissiodorensis confiscationem unius suspensi qui erat vassallus suus.*

Ung homme et sa femme sont obligés à paier une debte et chascun pour le tout ; l'homme se forfaict et est justicié, la femme est depuis poursuivie pour ycelle debte et dit qu'elle n'y est tenue, obstant (1) que son mary avoit tout forfait et corps et biens, et que le hault justicier a tout prins, et parmy ce toutes debtes sont abolies, et celles que l'en luy debvoit, et celles qu'il debvoit. Il a esté dit en jugement en Chastellet que elle paiera, considéré que chascun pour le tout y estoit obligé.

Item ung homme est emprisonné (2) à cause d'un crime, et le confesse incontinent. Il meurt, l'en quiert (3) se le corps sera exécuté, et ses biens confisqués. Marie dit que si le procès n'est conseillé et arresté avant sa mort, il n'y aura exécution ne confiscation, et sera le corps enterré aux champs, non obstant l'horreur du crime qu'il a confessé. Et si le procès est conseillé, le seigneur aura la confiscation. Et pour ce que le corps ne peult jamais sentir pugnition, il ne sera jamais exécuté aultrement que le mener aux champs (4).

Item aucuns tiennent que vendre héritaige à moindre charge qu'il ne doit, ou vendre rente sur icelluy héritaige, et traire (5) les autres charges, il n'y chiet que prison,

(1) B. : nonobstant.

(2) A. : est prisonnier.

(3) A.B. : l'en demande.

(4) B. ajoute : que se doibt entendre, s'il s'est précipité ou tué ; mais s'il est mort, *morte naturali ante sententiam*, il sera porté à Saincte-Catherine pour estre inhumé.

(5) B. : faire (taire ?).

restitution et amende : mais il n'y scauroit si peu avoir avec ce qu'il n'y chée pillori (1).

Item Tessier (2), greffier de parlement, tient par l'opinion de messeigneurs de parlement que se ung homme est accusé d'aucuns cas criminels, le juge peult eslire laquelle voie qu'il luy plaist, ou l'ordinaire, ou l'extraordinaire. Et s'il prent la voie ordinaire, et il fault à prouver la cause, il convient que le poursuivi soit et demoure absouls du cas dont il est poursuivi, s'il le requiert, ne le juge ne peult mie retourner à la voie extraordinaire.

Et si, premièrement, il prent la voie extraordinaire, et le tourmenté ne confesse riens, semblablement il sera absouls, ne l'en ne peult mie retourner à la voie ordinaire, et l'accusé délivré et mis hors de prison. Et quant le juge aura plus fort prouvé, il ne pourra renoncer par ceste mesme voie et (3) que de ceste voie l'en ne peult mie venir à la voie extraordinaire. Mais obmise la voie extraordinaire, qui est la plus rigoureuse, l'en peult bien venir à la voie ordinaire qui est la voie plus bénigne, etc., contre la volunté et sans le consentement du délinquent.

Item Tessier (4) dit que de ce dont ung homme aura esté accusé par voie de gaige, et aura obtenu, jamais pour information que le juge ait de ce contre luy, il ne l'en peult accuser. Chaton le tient.

Il n'est pas bon de prendre exemple aux jugemens ne aux exploits de parlement, car la Court n'est obligée ne liée à aucune loy, ne aucun stil, tellement qu'elle ne

(1) B. : ou tenir prison comme faux vendeur, quia tenetur crimine stellionatus, l. *Ignorantia creditoris*, C. *De crimine stellionatus*. Sed liberatur si creditoribus debitum offerat., l. I, eod. titulo.

(2) B. : Item Censières. — A. : Cessières.

(3) A.B. : il ne pourra recommencer par ceste mesme voye. car de ceste voye l'en ne peult mie venir, etc.

(4) A.B. : Cessières.

puisse faire le contraire quand il luy plaist, car c'est la Court capital du royaulme, et le roy est empereur en son royaulme, et y peult loys establir et deffaire. Mais les aultres Cours sont liées au stil de ladicte Court. Et pour ce que si aucun criminel est mis en la voie ordinaire, se le juge fault, il ne le peult mie ramener à l'extraordinaire.

Item si ung justicier subject emprisonne ung sien subject pour cas criminel, et le roy luy fait grâce, la grâce doibt estre exécutée par le juge royal, et quant elle luy est présentée, il peult mander le prisonnier, et deffendre audit justicier qu'il n'atempte au corps dudit prisonnier, et oultre qu'il luy envoie avec les informations, etc., pour prendre droict par-devant luy selon le contenu d'icelle grâce, comme à luy seul appartenant la congnoissance, interprétation et exécution desdictes lettres royaulx et non à aultre. Et se l'exécution de la grâce ne se adressoit pas à aucun juge royal, ains s'adressast à tous justiciers sans spécifier ne nommer aucun (1), *queritur* si le hault justicier subject qui tient le délinquent, qui est son justiciable, n'aura pas la confiscation sur ses biens, car il semble que le roy ne puisse donner le droict de la confiscation qui jà est acquise. *Responce :* forfaicture ne confiscation n'est acquise, fors quant le délinquent est mort ou banni, et pour ce, en ce cas, il n'y a riens si le délinquent ne meurt. Mais s'il meurt, soit par la main du juge royal ou autrement, le juge subject aura la confiscation sur tous les biens estans en la haulte justice. Et s'il est délivré, supposé que ce soit par le juge royal, si mandera-il au juge subject qu'il luy rende ses biens.

Nota que aucun ne doibt estre jugé à mort, tant soit son meffait clerement apparent, s'il ne fait litiscontes-

(1) B. : ne nommer nul.

tation, ou confession, et que sa litiscontestation soit prouvée par sa confession faicte depuis ou autrement. Et se par son malice, *animo indurato*, il ne vouloit donner responce, veue l'information, l'en le peult tourmenter si respondra (1).

Item si ung homme est prisonnier pour cas civil, et il rompt la prison, il sera réputé attainct et convaincu du cas, ou cas qu'ils luy auront esté imposés, et qu'il aura fait litiscontestation, *et non aliter*, par l'usaige et coustume de court laic (2).

Item au bailliage d'Amiens, et en la terre d'Arthois, le conte d'Arthois a fait au temps passé plusieurs rémissions à ses subjects, moiennant aucunes compositions en argent comptant. Mais quant le bailly roial tenoit ses subjects, il les accusoit de cas criminels, dont il sçavoit qu'ils avoient rémission, et ils apportoient leurs rémissions pour descharge, le bailli les recevoit pour ce qu'ils luy bailloient confession (3), mais il les envoioit pendre.

Nota que par les ordonnances royaulx, nul ne peult faire d'ung cas criminel, civil, par composition ne aultrement.

Item par les droits roiaulx aucun ne peult remettre ung cas criminel, fors le roy.

Item se ung faulx tesmoing confesse son faulx tesmoignage, il est à distinguer ou de tesmoignage d'une cause civile, ou sur ung cas criminel. *Si primo*, il sera mis au pilori. *Si secundo*, il doibt mourir de telle mort que l'au-

(1) B. : Mais s'il est convaincu par tesmoings, *non opus est tortura, propterea potest condemnari.*

(2) B. ajoute : Juris tamen notissimum est quod fuga accusat fugientem, et est vehemens contra eum præsumptio, ex qua potest inferri diffinitiva. C. *Afferte*, Extra. *de Præsumptionibus.*

(3) B. : pour ce qu'elles valloient confession.

tre fust mort si sa déposition eust sorti son effect, mesmement quant il en prent argent, et toutesfoys grand amour et grand haine sont équipolés à corruption (1).

Item jà soit ce que l'en tienne communément que nul ne doibt estre gehiné, se son cas n'est criminel ou capital, toutesfoys Jehan de Duisy, escuier, demourant à Soissons, fut emprisonné pour ce qu'il se aida d'une quitance qui estoit signée par Philippe et Guillaume Duvivier, notaires du Chastellet, mais toute la lettre qui premièrement y avoit esté escripte avoit esté rasurée, excepté les deux signes, qui estoient demourés soubs ladicte quictance, qui avoit esté escripte sur le parchemin rasuré comme dit est, et avec ce il fut trouvé de mauvaise renommée, pour ce qu'il travailloit les gens à la court de l'official. Chaton, Doublet, de Silporelles(2), auditeurs, et tous les examinateurs de Chastellet furent d'opinion qu'il fut gehiné pour sçavoir la vérité par sa bouche, nonobstant qu'ils estoient bien d'opinion que le cas n'estoit mie criminel et capital, fors qu'il y chéoit peine publique et confiscation, et toutesfoys il fut gehiné deux fois.

En pareil cas fut gehiné (3) Denisot de Mauregard.

Item des convers pour ce qu'ils estoient de mauvaise renommée, attendu que l'en avoit suspicion sur eulx d'ung larcin qui avoit esté faict à maistre Pierre Soulas au Roule où il repairoit.

Nota que si aucun tue ung aultre en lieu prophane, qui soit près d'aucune franchise et en intention de soy bouter

(1) B. : Sur ce, contre les faulx tesmoings ont esté par le roy, nostre sire, Françoys, premier du nom, faict ordonnances, et publiées en la Court de parlement.

(2) B. : Doublet de Siporelles.

(3) A. : gehenné.

en la franchise quant il auroit faict, la franchise ne le doibt point sauver.

Exemple de maistre Estienne Belin; item de Bellehache, sergeant du roy, et aussi de Richart Barbel de la Geolle, qui fut tué devant Sainct-Marri; celui qui le tua se bouta dedens Sainct-Marri, et pour ce que l'en luy dist que celle franchise ne luy valoit riens, il s'enfuit à Saincte-Genevicfve, où maistre Thomas d'Ermenonville et Adrien Dais, examinateurs, l'allèrent prendre, car, qui brise une franchise il brise toutes les aultres, et de tous les nommés les occiseurs furent prins en franchise et furent traînés et pendus. Et est à regarder que la plus grande esglise a de immunité quarante pas en circuit, et les chappelles ou aultres esglises trente pas, et les biens qui y sont, sont en immunité, et les hommes aussi qui sont dedens. *Et secundum quod dicit Ysidorus : passus habet quinque pedes, pes habet quinque digitos. Nec habet locum immunitas nec dinumeratio XXX pedum circa capellas quæ sunt in castris, propter parvitatem loci.*

Tamen publicus latro, comme espieur de chemin ou de bois, *vel nocturnus depopulator agrorum, non debent gaudere ecclesiæ immunitate, nec etiam cimiterii. Doctores enim videntur sentire quod immunitas ecclesiæ habet locum in illis qui motu aliquo deliquerunt, non autem in illis qui per insidias perpetrant maleficia.*

Item ille non gaudet ecclesiæ immunitate qui committit crimen in finibus ecclesiæ, et si fuerint domus circumvicinæ intra XXX passus.

Solum terra (1) *habet privilegium immunitatis non autem superius.*

Nota que quant la mort de Richart de la Geolle vint à

(1) *Terra* manque dans B.

la congnoissance du prévost, il fist faire information de la mort, et puis la porta en parlement. Messire Estienne de la Grange, messire Philibert Paillart et le prévost de Paris la portèrent devers monseigneur le chancellier, et là ordonnèrent la prinse, mais il fut dict que l'en en parleroit à l'official avant, pour avoir son congié, et respondit qu'il n'en donneroit point congié, mais il souffreroit l'exploit et n'en demenderoit riens. Et pour ce fut prins à Saincte-Geneviefve. L'abbé fist adjourner en parlement les commissaires et requist restitution et amende. Il fut dict l'exploict bon, et ne firent point de restitution ne d'amende, et furent les despens compensés.

Nota que si ung homme bat ung aultre moyennant quelque somme d'argent qu'on luy donne, celuy qui prent l'argent sera pillorié à tout le moins, et s'il y a long aguet et navreure qui emporte mehain, ou qu'il soit énorme, il aura le poing coupé, et celuy qui en a baillé l'argent perdra la moitié de son vaillant.

Se ung homme, prisonnier à cause d'ung cas criminel, se pend et se tue, puis que le cas aura esté exposé, et qu'il aura faict litiscontestation, il sera justicié et ses biens confisqués. Idem s'il rompit (1) la prison. Idem si ung homme non souspeçonné de crime est trouvé pendu en lieu privé et secret, il y a vraye suspicion que luy mesmes se soit pendu comme désespéré, et non mie en voie ou chemin publique ou l'en le puisse espier, que aucun pour vengence ou pour le tuer, ou pour le meurtrir pour avoir le sien, ou aultrement, l'ait pendu, en ce cas il sera justicié et ses biens confisqués.

Se aucun en cas civil appelle, le juge doibt defférer à son appellation, mais en cas criminel en pais coustumier,

(1) B. : s'il rompoit.

non. Et pour ce *cautum est* à ung juge qu'il doibt (1) mander ung homme en la prison, et faire enregistrer l'emprisonnement et puis parler à luy, et s'il appelle il demourra en l'estat (2).

Item se les sergens ameinent ung prisonnier, et ils rencontrent le juge, et en passant appelle de luy, le juge doibt faire semblant qu'il n'en oye riens, et les sergens doibvent estre si duicts qu'ils doibvent passer oultre et le mener en prison.

Nota que si plusieurs compaignons se assemblent en intention d'aller esbattre et jouer, et il y ait débat à aucun qui par l'ung d'eulx soit navré, aucun n'en est tenu fors celuy qui aura faict la navreure, et ceulx qui en auront esté aidans et consentens, mais s'il estoient assemblés en intention de donner une buffe à ung aultre, et il estoit navré, chacun seroit tenu de la navreure pour raison de leur mouvement, et de leur commencement qui estoit desraisonnable ; encores s'ils estoient envoiés par aultre qui par exprès leur eust deffendu de riens plus faire que de donner la buffe (3), si seroit-il tenu du seurplus.

Nota que si ung homme ravist à force une pucelle ou vierge, et à force la maine en sa maison, et l'enferme, et lors elle soit priée de luy, et luy donne son consentement d'estre viollée, cela est réputé efforcement, ne le consentement d'elle, qui jà est ravie et enfermée, ne descharge point celuy qui par violence a faict le commencement, car lors elle n'y povoit obvier.

(1) B. : qui doibt.

(2) B. : Maintenant le juge le mande par-devant luy, et luy prononce sa sentence, et s'il est appellant, il l'envoye avec son procès ou juge souverain, soit en parlement ou aultre juge, et si le procès n'est porté, on retient les sergens qui ont amené le prisonnier apparant.

(3) A.B. : une buffe.

Deux frères sont, dont l'ung est banni du royaulme de France, l'aultre, qui est marié et qui a des enfants, meurt environ quatre ans après, et aussi ses enfants; ung cousin germain vient qui veult succéder, disant qu'il est le plus prochain hoir qui se appère; le procureur du roy l'empesche disant que ledict frère est banni, et que pour luy le roy doibt succéder pour le droit de sa confiscation; le cousin dit au contraire, et que dès lors que ledict frère fust banni il fust inhabile à toute succession, et ne le doit avoir aultre que luy, attendu mesmement qu'il est le plus prochain qui se appère, et quant ores il y auroit aultre présent, s'il se taisoit, si auroit-il la succession par devant luy. *Quæritur quid juris?* Dict a esté contre le roy, et pour le cousin par jugement et par opinion, que se le banni venoit ores garni d'une remission et il demandast la succession advenue durant le temps qu'il estoit banni, si ne l'auroit mie, car il estoit inhabile.

Se le Temple tient ung des subjects de Sainct-Martin des Champs, que icelluy Temple a prins en présent (1), luy accusé il confesse son crime et est condempné, vient Sainct-Martin qui le requiert, il luy sera rendu, mais le Temple pour le bien de justice luy pourra prester son procès, auquel Sainct-Martin n'ajoustera point de foy pource qu'il est fait *a non judice*, et devant non juge (2), mais le fera Sainct-Martin tout de nouvel (3).

Messire Audouin Chameron, baillif d'Amiens, sceut que ung juif habitoit avec une femme chrestienne; il fist la maquerelle tourner au pillory a tout une couronne de papier en laquelle estoient escripts ces mots : *C'est la maquerelle des juifs*. Et la putain fut bastue parmy les

(1) B. 1598 : en présent meffaict.

(2) B. omet ces mots : et devant non juge.

(3) B. ajoute : Et ainsi le fait l'official de Paris.

rues de la ville. Et pource que le juif s'enfouit, il feist entendre aux juifs qui l'envoièrent (1) suivir, et pource eschever ils paièrent six vingts francs. Mais il dit que le cas estoit à luy criminel et capital selon le droit.

Les jours des vendredis sont ordonnés pour les prisonniers. Et pource, si ung debteur est prisonnier pour debte non privillégiée, il peult habandonner au jour de vendredi sans avoir faict adjourner sa partie, et à aultre jour non, sans adjournement précédent (2).

Nota que en matière criminelle l'en ne doit mie appoincter les parties à publier, mais à raporter l'enqueste sans faire publication, et peult l'en dire sauf les contredicts et reprouches.

Le prévost de Paris pour le roy est en possession et saisine d'avoir la congnoissance des cas advenus ès terres des haults justiciers, et mesmes par leurs justiciables, mais c'est à entendre quant les gens du roy y préviennent, aultrement non.

Item si ung justicier subject prenoit en présent meffaict en sa terre ung justiciable du roy, le justicier subject congnoistroit du cas, et ne le renvoieroit pas s'il n'en estoit requis.

Item le prévost de Paris a la congnoissance, réformation et ordonnance sur tous les mestiers de Paris, pour raison et à cause de son office, et pour la police de la ville, dont il est capitaine, et mesmes en la terre des haults justiciers, ou cas qu'ils n'auroient visiteurs jurés, ou aultres réformateurs sur iceulx mestiers.

Nota que quant aucun des subjects d'aucun hault jus-

(1) A. : que l'envoiroit.

(2) B. : Ce n'a lieu quant au temps présent, mais fault appeller les créanciers par-devant le juge pour iceulx ouir, s'ils veulent empescher la cession.

ticier subject du prévost de Paris est prins pour délict, et il respond devant le prévost ou son lieutenant, avant qu'il soit requis de son seigneur, jà plus ne sera rendu ; et prendra jugement devant ledict prévost, mais le prévost baillera lettres que ce soit sans préjudice.

Si ung homme meurt en la terre d'un hault justicier subject, et le roy prent à faire séeller ses biens, le roy aura la congnoissance de l'inventoire et sera faict par ses gens, mesmement quant les héritiers du trespassé, ou ses exécuteurs, en font premièrement requeste aux gens du roy, c'est assavoir au baillif ou juge royal, mais il baille lettres au justicier subject qu'il ne luy tourne à préjudice (1).

Andry Leroy, sergent d'armes, fut emprisonné pour suspicion de larcin, et sans décliner, il donna responce, et fist litiscontestacion devant le prévost. Le connestable fist par ung huissier faire commandement audict prévost, qu'il luy rendist; le prévost s'opposa. Au jour de l'opposition fust dict ce que dessus, et aussi que le cas ne regardoit point l'office, mais la personne privée. Item que le cas estoit criminel. Opposé fut que de tous cas civils et criminels en deffendant, le connestable avoit la congnoissance de sesdicts sergents d'armes, et non aultres juges ordinaires, de ce qu'il regardoit leurs offices et aultrement, et que luy et ses prédécesseurs en estoient en possession et saisine. Et si ledict sergent d'armes avoit respondu, ce avoit esté *tanquam coactus*. Et plusieurs aultres raisons d'une partie et d'autre furent proposées. Dit fut par arrest de parlement qu'il demourroit audict prévost de Paris, et fut icelluy arrest prononcé

(1) B. : Et y pourra assister le procureur fiscal du hault justicier si bon luy semble, sans salaire.

au moys d'aoust mil CCC.LXXII, et enregistré au Chastellet en ung livre que l'en dit (1) *le papier velu* (2).

L'an mil CCC.LII ou LIII, Perrin et Jennin Courtois estoient mineurs et sans gouvernement. Il fut question entre les amis des enfants de mettre leur argent au change pour pourfiter. Les conseilliers tenoient que ce seroit mauvais acquest, et que c'estoit vraye usure ; les aultres tenoient que non, et pource allèrent en parlement devant les seigneurs de la court, là où il fut dit et appointé par lettres que considéré que c'estoit argent de mineurs ausquels l'en ne pourroit mie imputer usure, car ils ne bailloient mie l'argent, et que s'ils estoient aagés par leurs sens ils pourroient multiplier, ce qu'ils ne pourroient faire durant leur minorité, l'en le bailleroit au change pour pourfiter, et fut mis au change de Pierre Chapellu (3) chascun cent pour dix sols d'acquest par an.

Se ung officier soy doubtant qu'on ne face informacion contre luy, requiert que toutes informacions cessans il soit receu à respondre péremptoirement, et l'en luy octroie, il doit respondre de tous cas dont l'en le vouldra accuser, supposé que les accusateurs ne se veulent mie faire parties, ou qu'il n'y ait que dénonciateurs seullement, et sera le

(1) B. : que l'en appelle.

(2) B. : Nota que argent de mineurs se peult par les tuteurs bailler au change pour proufliter à dix pour cent, ce n'est point usure, et ce est approuvé par arrest du parlement, mais toutesfoys les tuteurs doibvent bien regarder à qui ils baillent l'argent, autrement en sont tenus envers les mineurs. *Jura ad hoc sunt vulgata* ; car plusieurs changeurs de mon temps qui avoient prins tels deniers et argent, faisoyent banqueroute, et s'en alloyent aux hyperbores et lieux de non facile appréhension, tellement que le principal et arréraige avoit esté tout perdu, *et dicitur argentarius campsor. Bald. in rubrica*, C., *De fide instrumentorum*.

(3) B. : Chapelle.

procureur du roy adjoinct avec tous dénonciateurs sans informacions, car luy-mesmes les empesche.

Nota que ès ordonnances royaulx faictes sur le faict des garennes, est faicte expresse mencion que aucun, soit noble ou aultre, ne peult prendre coulons de coulombier ni coulons privés des maisons, sur peine d'amende arbitraire.

Item les conniniers (1) qui firent des lacs furent condempnés doublement, c'est assavoir en peine et à restitution. En peine, c'est assavoir estre trois fois tournés au pillory, c'est assavoir deux fois à Paris et une fois au lieu où ils chassoient, jà soit ce que ce fut en la haulte justice de Sainct-Denis, mais il fut dit que ce seroit sans préjudice de leur justice et jurisdiction, et qu'ils en prendroient lettres s'ils vouloient. Et en la restitution de trois cens connins; trois sols pour connin vallent XLV livres XII sols. Et à tenir prison chascun pour le tout jusques à plaine satisfaction. Et que par la satisfaction de l'un tous les aultres seroient quittes et délivres.

Nota que deux d'iceulx conniniers n'avoient esté que deux fois chasser avec les aultres, c'est assavoir aux deux dernières fois où l'en n'avoit prins fors environ cinquante connins; et toutesfois ils furent comprins en la restitution aussi avant comme les aultres, pource que en matière de délict, qui s'y boute il entreprent la charge des faits précédens qu'il peult sçavoir et scet, mesmement quant à la restitution.

Item l'en ne eust mie regard à ce qu'ils ne vendirent mie les connins fors douze deniers tournois la pièce, mais en eust regard à ce qu'ils auroient valu au *quanti plu-*

(1) B. : Coustumiers.

rimi (1). Si furent tauxés à III sols pour pièce, et encores fut-il touché du fruict qu'ils eussent porté le temps pendant, assavoir si l'en les y condempneroit.

Nota que le baillif de Sens ne vouloit pas que les prévosts fermiers feissent adjourner par-devant eulx aucuns des bonnes gens de village, se iceulx prévosts n'avoient informacion.

Item qu'ils ne les feissent adjourner à aultre jour que au jour de feste.

Item que à la première journée la demande leur feust ouverte sans aucune continuation.

Aucuns tabellions apostoliques ou impérials (2) ne se doivent trouver devant les officiers du roy pour rédiger par escript, tabellionner, ou faire instrument à la partie de chose que l'en leur die ou face, ou que lesdits officiers royaulx dient ou facent, mais leur peult bien commander qu'ils s'en voisent, et s'ils désobéissent les envoier en prison. Car les officiers royaulx sont personnes publiques au royaulme, et les tabellions au pais de leur maistre, soit pape ou empereur, et n'ont aucunement à contreroller l'un sur le pais de l'autre.

Item ils ne pevent faire inventoire, car c'est exploit de haulte justice. Et en Chastellet par maistre Jehan Chaton fut deffendu à maistre Jehan Tigry, tabellion lombart, demourant à la Fontaine-Maubué, qui faisoit les inventoires des Lombars mors, et d'icelle deffence appella.

Les sergens des justiciers subjects pevent porter espées et verges tout à descouvert dedens leur terre, mais sitost qu'ils yssent hors de leurs terres, ils doibvent illec layser leurs verges et porter leurs espées à couvert, c'est

(1) A.B. : auroient valu *temporibus intermediis, sub æstimatione quanti plurimi.*

(2) A.B. : impériaulx.

assavoir dessoubs leur robe ou manteau, et pevent bien apparoir le pommeau et la crois de leursdictes espées, et non plus (1).

(1) B. : Nota, les huyssiers des généraulx du Trésor des comptes, et généraulx de la monnoye, et aultres, ne oseront porter verges parmy la salle du Palays, mais bien en leur Court; aultrement les huyssiers de la Court du parlement les rompent, et ainsi l'ay veu faire, et à eulx appartient les porter par la salle du Palays, et partout, et là est la raison qu'ils sont huyssiers de la souveraine (Cour) du royaulme de France.

FINIS.

APPENDICE.

S'ENSUIVENT AUCUNS NOTABLES MOULT PRACTICABLES, EXTRAICTS DU STILLE DE LA COURT DE PARLEMENT, POUR AVOIR VRAIE CONGNOISSANCE D'ICELLUY, ET DE LA MANIÈRE DE PROCÉDER EN LADICTE COURT, AVEC PLUSIEURS ET INFINIS ARRESTS SUR CE INTERVENUS SELON LES MATIÈRES ET CAS OCCURRENTS.

CHAPITRE I.

DES ADJOURNEMENS.

Et premièrement :

Adjournement doit estre impétré par avant le parlement en quelque cause que ce soit, ou aultrement il ne vault riens, ne la partie n'est tenue de procéder en ladicte cause ; ainçois doit avoir congié, se il est impétré durant le parlement à aucun jour durant ledict parlement. Et par semblable, si aucune cause, qui seroit pendant devant aucun juge ou commissaire royal, estoit renvoyée par le roy devant le parlement, auquel les parties fussent adjournées. Car, en ce cas, ne la commission ne l'adjournement ne vauldroient, ainçois seroient les parties renvoiées par ladicte Court au premier juge ou commissaire. Ainsi fut-il dit par arrest de ladicte Court en parlement, l'an mil ccc.xxvii, pour Regné de Goucaigne (1) contre Pierre de Goucaigne, son frère. Et est vray ce que dict est, posé encores que les parties soient de celles qui se gouvernent par droict escript. Et la raison si est, car ces choses regardent seulement l'ordonnance de la plaidoirie, et non pas la décision de la matière. Et pourtant en telles choses doibt estre gardé ledict stil.

Et jàsoit ce que les choses dessus dictes soient vrayes, toutesfois c'est à entendre si en la lettre de l'adjournement n'estoit contenue la clause *non obstante quod nostrum sedeat parlamentum,* laquelle clause on appose communément èsdictes lettres de adjournement en cas d'appel en ladicte Court.

Item et si comme ledict adjournement doibt estre impétré devant le parlement, il peult estre exécuté et poursuivi quant le parlement sera commencé, pourveu que ledit adjournement soit mis à exécution en temps compétent par avant (2) ledict parlement. Et est le temps tel que celuy qui est adjourné puisse avoir appareillé et ordonné les choses qui luy sont nécessaires à venir à la Court, au jour qui luy est assigné, si comme ses escriptures, son argent, et aultres choses nécessaires à sadicte cause, ou si dilation d'attente de conseil n'est pas donnée audit deffendeur, comme ès cas desquels j'ay parlé (3) au tiltre *des dilations*. Aultrement l'adjournement pourroit estre dict trop brief; et peult l'en dire que l'on n'est tenu de procéder avec le demandeur, et peult l'en demander congé et la partie adverse estre condempnée ès despens.

(1) B. : Goucaine.
(2) B. : durant ledict.
(3) B. : Comme ès cas contenus, etc.

Et est ce que dit est vray, si le deffendeur se présentoit en lieu et en temps compétent, au jour qui luy fut assigné, mais s'il ne se présente pas, et pour ce le demandeur obtient deffault et adjournement contre luy au prochain parlement à veoir juger le prouffit dudict deffault, le deffendeur pourroit opposer ce que dit est, et par ce le demandeur ne pourroit avoir aucun prouffit dudict adjournement premier pour la raison dessus dicte.

Item au cas où ladite dilation seroit ordonnée, se la partie se présentoit elle pourroit estre contraincte à procéder.

Item se ung adjournement est impétré contre aucun en son propre nom, ou au nom de sa dignité, comme si le roy disoit : *Ainsi nous te mandons que à l'instance de Guillaume tu adjournes Jehan André*, et ledict Jehan trespasse avant qu'il soit adjourné, et puis l'adjournement est faict à son successeur, ledict successeur n'est tenu de procéder en la cause, et ainsi fut-il dit en parlement, l'an mil CCC.XXXVII, *pro abbate Latiniensi contra Margaretam de Remis*. Ce je croy bien estre vray, se le nom propre estoit exprimé audict adjournement, mais aultrement seroit si le nom de la dignité estoit exprimé audict adjournement. Et par semblable, s'il estoit impétré contre son père ou parent qui se trespassast avant qu'il fust adjourné, et puis par vertu d'icelluy adjournement, tu qui es son hoir, es adjourné, tu n'es tenu respondre. Ainsi fut-il déclaré audit parlement *contra Matheum Gameau de Montesploy pro heredibus Petri Lardi* (1) *dicti loci*.

Item l'adjournement qui se faict *per verbum : Mandamus*, et se adresse à aultre que à l'ordinaire juge d'icelluy qui doibt estre adjourné, n'est pas de valeur, jàsoit ce que

(1) B. : Ganneau de Monte Pessulano pro heredibus Petri Benedicti.

celuy à qui l'adjournement s'adresse trouve en sa baillie, jurisdiction ou séneschaucée celluy qui doit estre adjourné, puisqu'il est (1) adjourné en son domicille et à sa maison hors du bailliage. Car ce mot *Mandamus* est excitatif et signifiant aucune chose de jurisdiction, et celuy n'est pas de sa jurisdiction. Ainsi fut-il dit par arrest de la Court de parlement, contre Guillaume, commissaire d'Arras (2).

Mais s'il est contenu en l'adjournement ce mot : *Committimus*, ledict adjournement est bon et vallable par vertu de la commission qui luy est mandée, se il est adjourné personnellement, ou à son domicille, nonobstant que ce soit hors de sa jurisdiction. Et ainsi fut-il dict en parlement, l'an mil ccc.xxv contre Pierre de Gailardo (3) contre Regnault de Montemauri (4), lequel Pierre, le prévost de Paris avoit adjourné pour ce que il l'avoit trouvé à Paris.

Item quant le roy mande et commet à Guillaume (5) qui n'est pas ordinaire qu'il adjourne ung qui n'est pas son subject, et ledit Guillaume requiert en aide de droict, et prie à Thomas (6), de qui B. est subject, qu'il luy adjourne, lequel Thomas fait l'adjournement, il sembleroit à aucun que tel adjournement ne vaille riens, que telle requeste doit estre faicte *jure ordinario* seulement; mais il est certain que ledict adjournement est de vallue, ainsi comme s'il estoit faict par la commission, qui le pourroit faire de sa propre nature sans aide d'aultre, pour ce mot

(1) B. : puisqu'il estoit.

(2) B. : pour la comtesse d'Arras.

(3) A. : de Gaillardon. — B. : de Galardon.

(4) B. : pro Roberto de Montemauri.

(5) B. : commet à A. qui n'est pas ordinaire qu'il ajourne B. qui n'est pas son subject.

(6) B. : et prie à C.

Committimus, par lequel mot il estoit de greigneur auctorité que l'ordinaire. Mais il fut jugé au contraire, contre la dame de Montfort pour le comte de Connevarx, et messire Guy, son frère, de telle équité de droict, *si non valet ut ago, valeat ut valere potest*.

Seneschaulx, baillifs ou sergens quelconques ne pevent adjourner aucun en parlement, sur quelque cause, sans mandement ou commission du roy, et si de faict ils le faisoient, ledict adjournement seroit de nulle valleur, ne la partie comme adjournée n'est tenue de procéder en ladicte Court. Et se garde bien la Court (1), en toutes causes principalles et en causes d'appellation, de ce que dit est. Mais ceste règle reçoit plusieurs faillances.

Primo, en cause principalle, où l'ordinaire remet les parties à la Court par manière de consultation.

Item quant les parties le consentent, car adoncques la Court ne doit point renvoyer les parties au premier juge, mesmement au cas où il apert évidemment, par raison, que (2) le juge ne le feroit pour soy descharger de la cause. Mais là où il apperroit que le juge sans cause et pour soy descharger il l'auroit faict, en ce cas la Court a acoustumé de renvoier la cause et non aultrement.

Item fault ès baillifs et séneschaulx, qui de leur propre auctorité pevent ouir les pers de France en leurs requestes qu'ils font en cas de nouvelleté, et les parties qui se complaignent desdicts pers, et ou cas que les parties se y vouldroient opposer, ils les pevent adjourner devant celuy ou ceulx qui tiendra ou tiendront le parlement au jour de leur baillie ou séneschaucée dudict parlement. Ainsi fut-il dit par la Court de parlement, l'an

(1) B. : se garde bien par la Court.

(2) B. : par raison, et que le juge.

mil ccc.xxvii, contre l'évesque de Laon et pour ung sien adversaire.

Item cecy fault aussi ès gardiens des églises qui, en cas de nouvelleté, pour l'opposition de leurs adversaires de ce qu'ils ont en sauvegarde espécial (1), adjournent les parties de leur auctorité en la manière dessus dicte, et sont tenues les parties procéder ès dictes causes, ainsi comme si l'adjournement estoit faict de l'auctorité du roy. Et ainsi fut-il faict contre le comte de Sancerre, pour l'abbé et convent de Sainct-Saturnin, en parlement, l'an mil ccc.xxvii, et en plusieurs aultres causes.

Item chacun doit sçavoir que ès actions réelles et personnelles, l'adjournement doit estre faict au lieu du domicille ou en la présence de la personne, selon le stil de parlement, sauf ès cas qui s'ensuyvent.

Primo, en action réelle, où la chose que l'en demande est de telle nature qu'elle requiert le seigneur d'icelle estre présent à la ventiller, ou aultre qui représente sa personne, comme son baillif ou séneschal, ainsi comme qui demanderoit à aucun ung chastel, ou toute sa justice ou jurisdiction, dont il souffiroit l'adjournement estre faict en ce cas au lieu contencieux.

Item cela fault en action réelle en celluy qui demeure hors le royaulme, ou qui est vaccabunt, que l'en ne peult sçavoir où est son demeure. Et ainsi l'ay veu prononcer par arrest de la Court contre maistre Jehan Debellomont (2) en cas de nouvelleté pour ses maisons assises à Paris, qui se disoit avoir domicille à Chartres en sa prébende et chanoinerie, et sa partie disoit qu'il estoit vaccabunt, qui se consone à raison. Mais il est aultrement de ceulx

(1) B. : pour l'opposition des adversaires de ceux qu'ils ont en leur garde adjournent.

(2) B. : de Beaumont.

qui ne sont pas hors du royaulme ne vaccabons comme dessus, car ce seroit contre raison si l'adjournement tenoit, jàsoit ce encores qu'il apparust que l'adjournement fust venu à la notice de celluy qui devoit estre adjourné. Et pour ce il convient regarder par grande diligence tels adjournemens et l'exécution d'iceulx. Car quant celluy qui est absent est adjourné à son domicille, l'adjournement vault, et s'il est contenu que tel adjourne tel pour oyr de tel (1), l'adjournement est de nulle valleur, car celluy qui debvoit adjourner le seigneur n'a pas bien gardé, *immo* excède les termes de son mandement. Et ainsi fut-il dit pour le seigneur de Chastrangart (2) contre le convent de Sainct-Flour en Auvergne.

Item si le seigneur est adjourné, et son procureur se présente en parlement à toutes les choses qu'il aura à faire en parlement en ladicte cause durant ledict parlement, il souffit se le procureur est adjourné sur les choses à faire en ladicte cause (3), et jasoit ce que icelluy procureur soit présent, il ne souffiroit pas, mais il conviendroit adjourner le seigneur ainsi comme sur production de tesmoings, et aultres termes semblables qui durant la commission de ladicte cause devroyent estre faict (4). Et ainsi fut-il déterminé pour la dame de Nerbonne, et pour

(1) B. : adjourne tel, procureur de tel absent, tel adjournement est de nulle valeur, car l'exécuteur excède les termes de son mandement, parce qu'il luy estoit commandé d'adjourner le maistre, non pas son procureur. Et ainsi, etc.

(2) B. : de Chastelleraux. — A. : de Chastelerault contre le convent Sainct-Flour, etc.

(3) B. : en ladicte cause, se ledict procureur est présent, aultrement non. Mais le parlement passé, combien que le procureur fust present, si ne suffiroit-il mye, ainçois couviendroit adjourner le seigneur, comme sur production de tesmoings, et aultres choses qui debvroient estre faictes par-devant les commissaires de la Court donnés en ladicte cause. Et ainsi, etc

(4) B. : et autres choses que devroyent estre faictes par-devant les commissaires de court donnés en ladite cause.

ses seurs contre le seigneur de Montfort. Mais la Court a acoustumé de garder notoirement que si aucun procureur qui s'est présenté pour aucun en parlement est trouvé à Paris, ledict parlement clos, est adjourné, se mestier est, pour concorder les articles, ledict adjournement tient et vault, et après ce l'en peult bien procéder luy absent ou présent, car cela désire célérité; ne la briefveté du temps ne le souffre pas, mesmement que c'est des despendances de la cause. Et ainsi le garde la Court quotidiennement.

Item l'adjournement doibt estre faict en cause d'appel là où la partie et le juge ont leurs domicilles, et sont couchans et levans.

Item (1) en action personnelle doit estre faict par semblable sur la prosécution d'aucun deffault en cause d'appel quant il est impétré en Court, car la prosécution de cause d'appellation où est le deffault d'icelle est chose personnelle; ainsi fut-il dict par la Court de parlement, l'an mil III.C.XXVIII, *pro domino de Calvomonte contre Gaultier de Maxiat.*

Item je pose (2) que l'acteur par sa coulpe ait faict faire l'adjournement allieurs que au domicille du deffendeur, et non à luy personnellement, tant en cause d'appel comme aultre semblable, tel doibt estre réputé pour non adjourné (3), et l'acteur doibt-il décheoir de sa cause comme il eust eu assés temps durant le jour du parlement de soy

(1) A.B. : Item en action personnelle doibt estre faict indistinctement comme dessus est dict, et pareillement sur la prosécution d'aulcun deffault obtenu en la Court de cause d'appel. Car prosécution de cause d'appel, ou de ung deffault en ladicte cause d'appel, est une chose personnelle. *Ita dictum fuit in parlamento, anno millesimo CCCXXIIII pro domino de Calvomonte contra Gaubertum de Mareco.*

(2) B. : Item posé que.

(3) B. : pour adjourné.

adviser, et faire faire compétentement (1) l'adjournement. Responce : La partie sera restituée d'aultre temps, tel que elle puisse faire adjourner de nouvel son adversaire au parlement ensuyvant. Ainsi fut-il déclaré par la Court entre lesdictes parties, et par adventure de grâce.

Item les pers de France sont adjournés par le roy, et non par aultre juge du royaulme, et leur rescript le roy : *Adjornamus vos*, etc. Et commet le roy par aultres lettres à aucun baillif qu'il présente les lettres de l'adjournement au per, auquel ils sont transmises par luy ou par aultre, et que il l'intime qu'il soit au jour qui est contenu dedens en parlement, et qu'il en rescrive à la Court. Et la raison est bonne pourquoy ils ne pevent estre adjournés par aultres que par le roy, car les pers de France ne sont subjects d'aultres juges ordinaires, ny de leur ressort. Mais ceste reigle fault ès cas qui s'ensuyvent :

Primo en cas de nouvelleté, comme dessus est dict.

Item les baillifs et séneschaulx qui pevent inhiber et dénoncer audicts pers de France, que ils n'attentent en aucune manière contre ceulx qui appellent. Et l'en peult intimer que tels appellans sont en la sauvegarde du roy, et espéciallement et mesmement les y peult recevoir, et leur donner espécial gardiateur. Et ceulx qui font contre tels gardiateurs et leurs inhibitions sont griefvement pugnis par la Court, et en ce cas lesdicts pers sont subjects des baillifs et séneschaulx du ressort desquels ils sont. Et est la raison ; car lesdictes choses requièrent célérité et briefve expédition pour lesquelles l'en ne peult pas avoir recours au roy si briefvement sans péril.

(1) B. : compétemment.

CHAPITRE II.

D'ADJOURNEMENS EN CAUSE D'APPEL ET EN QUEL TEMPS ILS DOIBVENT ESTRE IMPÉTRÉS.

Quant aucun appelle d'un juge du pays qui est gouverné par coustume, l'adjournement doit estre baillé principallement au juge qui a donné la sentence [et estre adjourné comme partie (1)]. Et à la partie pour qui la sentence a esté donnée l'on doibt intimer qu'elle viengne au jour où le juge est adjourné, se il voit que bon soit.

Mais en pais qui se gouverne par droict escript, celluy pour qui la sentence a esté donnée comme principalle partie est adjourné, et est faicte l'intimation au juge. Et si l'adjournement estoit faict aultrement que dessus est dict, il seroit de nulle valleur, et succumberoit la partie appellant de son appellation. Et ainsi fut prononcé en parlement, l'an mil ccc.xxvii. Et est vérité que l'appellant qui ainsi auroit impétré son adjournement succumberoit de son appellation, sauf celluy qui est mineur d'aage, auquel cas il seroit restitué par parlement d'aultre temps convenable pour faire adjourner sa partie, et lors proposeroit sa cause. Ainsi fut prononcé par arrest de parlement, l'an mil ccc.xxvii, *pro Remo Caubanilla*, appellant (2).

Item se aucun, soit de pais coustumier ou de droict escript, appelle d'aucune sentence en parlement, se la cause est telle qu'elle ne puisse estre traictée aillieurs que en parlement, il convient impétrer l'adjournement et l'exé-

(1) Manque dans B.

(2) B. : *Pro Benigno Calculeri contra partem adversam.*

cuter dedens trois moys à compter du temps de la sentence, ou plus tost, s'il y a assés temps ; aultrement, il seroit réputé pour non appellant ou au moins l'appellation déserte. Et le temps que j'ay dict est arbitraire à la Court de parlement, et ainsi l'ay veu prononcer, l'an mil ccc.xxviii, contre Guillaume de Bergomède, *pro capitulo de Nogorolio, diœcesis Auxitanensis* (1). Et fut déclaré en ladicte cause que dix sepmaines estoient temps souffisans en la duché d'Acquitaine.

Item se il y a assés temps à impétrer l'adjournement dedans le prouchain parlement, posé que l'an ne soit entièrement passé que la sentence fut donnée, il sera réputé non appellant. Et fut ainsi dit en parlement l'an mil trois cens vingt et quatre, *pro Roberto de Podio contra Rogerium de Marestragno.*

Item mais je demande et fais telle question : Guillaume ne fut pas adjourné à son domicille, ou aultrement deument. Son adversaire (2) l'a trouvé à Paris en parlement, et l'a fait adjourner par la Court, ou du commandement d'icelle. *Queritur* assavoir s'il sera renvoyé à son domicille se il requiert ? Il me semble que non, car il est trouvé en lieu commun de tous ceulx du royaulme. Mais nonobstant ce, tout le contraire est vray du stil de parlement.

Toutesfois ceste règle a plusieurs exceptions, pour ce que l'en demande (3) audict Guillaume cause espécial comme de contract (4) faict en la ville de Paris ; car en ce cas il seroit compellé respondre en la ville de Paris.

Item aultre exception si ledict Jehan requiert à la Court

(1) B. : G. de Logagnato pro capitulo de Burgariolo diœcesis Auxitensis.

(2) B. : Jehan son adversaire.

(3) B. : comme qui demanderoit.

(4) B. : cause espécial de contract.

trèves ou asseurement luy estre donnés par ledict Guillaume ; et par semblable, en toutes aultres causes criminelles, tant d'office comme à dénunciacion, conjoinctement et divisément ; car en ce cas toutes exceptions hors mises, il seroit compellé à respondre. Et ainsi l'ay veu prononcer *contra consules burgenses Narbonenses pro procuratore regis et abbate Fontis Frigidi*, en parlement l'an mil ccc.xxIII (1). Et à tout ce je vey que c'estoit chose notable que l'en l'amendoit ausdicts consuls que ils respondissent en parlement du faict dont l'en accusoit contre l'université du bourg de Nerbonne, combien qu'il eust esté perpétré d'aucuns singuliers de ladicte université non pas au temps desdicts consuls ne de leur propre faict. Par quoy la Court vouloit que ladicte cause fust traictée en parlement. Mais la Court leur donna trève dedens lequel ils se peussent adviser et respondre audict jour en parlement desdictes choses. Et par semblable l'ay veu prononcer en parlement, l'an mil ccc.xxvII, *contra dominam de Bello Forti pro quodam homine domini de Cucaustro* (2).

Item fault aussi cecy (3) si au temps de l'adjournement dudict Jehan ledict G. estoit accusé d'aucun cas criminel. Ainsi fut-il dict contre messire Robert de Chasteau-Villain audict an.

Item fault aussi quant aucun veult appeller à gaige (4)

(1) B. rédige ainsi le paragraphe suivant : *Additio.* Jasoit ce que lesdicts consuls ne fussent pas poursuivis de leur faict, ne de faict advenu de leur temps, mais du faict de ceux de l'université et d'aucuns singuliers. Toutesfois la Court leur donna terme dedans lequel ils se peussent adviser et respondre au jour à eulx assigné sur les choses dont il est question. Et par semblable l'ay veu prononcer, etc.

(2) B. : domini Henrici de Euclastra.

(3) B. : fault pareillement cecy.

(4) B. : à gaige de bataille.

aucun aultre qu'il trouve à Paris : car veulle ou non seroit tenu et compellé respondre, et ay veu cela en plusieurs cas en parlement l'an mil ccc.xxvii, c'est assavoir de Hémeri de Montfort appellé à gaige de bataille par Arnault de Montagu, et en plusieurs aultres; mais pourtant diray-je bien qu'il aura en ce cas, s'il veult avoir, dilacion pour l'absence de ses amis (1).

Item cecy fault ès officiers du roy, comme baillifs, séneschaulx, et aultres semblables, que l'en pourra poursuivre en parlement pour les cas qu'ils auront commis en leursdictes offices quant ils sont trouvés audict parlement, et ce l'ay-je veu en parlement l'an mil ccc.xxiii *pro domino de Tyrannis* (2) *contra dominum Petrum de Ferrariis, senescalum Xantonensem.*

Item quant aucun veult mouvoir question en cause de propriété contre le roy, il convient qu'il face adjourner le procureur estably pour le roy en parlement à procéder en ladicte cause; car il ne souffiroit pas s'il faisoit adjourner le procureur qui est estably pour le roy au pays où la chose est assise, ainçois seroit l'adjournement insouffisant. Ainsi fut-il dict par arrest de la Court de parlement l'an mil ccc.xxv, pour le procureur du roy et Guy le chambellant contre le maire et les jurés de Sainct-Quentin en Vermendois. Mais ès causes d'appellation pour sentence (3) donnée contre le roy, ou en cause de nouvelleté et de saisine, ou aultres semblables, comme la main du roy soit ostée (4) d'aucune chose, il souffiroit d'adjourner celluy qui pour le roy est establi procureur au pais, car ainsi fut-il dit dès lors.

(1) B. ajoute : qui est à noter.

(2) B. : de Tyranno.

(3) B. : d'appellation de sentence.

(4) B. : comme pour venir oster la main du roy.

Item se aucun veult plaider contre Guillaume qui est mineur de xxv ans, il convient que ledict Guillaume soit adjourné de l'auctorité de son curateur et tuteur, car se ledict Guillaume estoit adjourné seulement, l'adjournement seroit insouffisant, et ainsi l'ay veu faire en parlement l'an mil ccc.xxvii, contre dame Marguerite de Releugue et ses enfans [pour une chatiulle (1)].

Item quant aucun plaide en parlement sur la saisine d'aucune chose, et la saisine est adjugée à l'aultre, sauf et retenu par la Court que l'en fera droict sur la propriété, icelluy qui est vaincu de la saisine et celluy qui a obtenu la saisine sont tenus de comparoir en cas de propriété audict parlement tant comme il durera, et aux aultres ensuyvans, ou aultrement deffault seroit donné à l'acteur ou congié au deffendeur. Et ainsi fut-il dit par arrest de parlement l'an mil ccc.xxvii, pour René (2) de la Motte contre Guillaume de la Barre.

(1) Manque dans B.
(2) B. : Bernard.

CHAPITRE III.

DE LA PROBATION EN PARLEMENT QUI EST A FAIRE PAR PRÉSENTATION LA PARTIE APPELLANTE, ETC. (1).

Le stille de la court de France est tel que les parties qui ont à faire en parlement se doibvent présenter au jour de la séneschaucée ou bailliage dont ils sont, par-devant celluy qui est commis par la court à recepvoir les présentations ou au moins au lendemain, avant que les seigneurs tenans le parlement se départent, et si aultrement est faict, se l'acteur se présente à temps, deffault luy est donné contre le deffendeur. Et si le deffendeur s'est présenté à temps, l'en luy donne congié. Et ainsi souloit estre gardé; mais maintenant l'en se peult présenter tout le jour, et ainsi fut dit en parlement l'an mil ccc.xxiiii, pour le prévost de Montricon (2).

Et la partie qui n'est présentée à temps ne sera point ouye par le parlement, si comme il appert par les exemples qui s'ensuyvent; car si aucun juge faict exécution contre G., et pour icelluy G. appelle, si ledict juge est adjourné en parlement, et intimation faicte à la partie, lesquels juge et partie ne comparent point au jour assigné, posé ores que (3), ainsi qu'ils se présentent, après que les présentations seront lues en la chambre, et dont veulle poursuivir l'appelle que ledict appellant ne peult

(1) B. : des présentations à faire en parlement.

(2) B. *additio :* De ces présentations y a ordonnance faicte par le roy Charles VII, en l'an mil cccc.liii, ou mois d'apvril avant Pasques, ou xlv, xlvi et xlvii articles desdictes ordonnances.

(3) B. : posé ores que après les présentations, etc.

dire avoir appellé (1), et ainsi luy veulle redarguer et prouve pour ce qu'il est venu contre l'exécution, il n'y sera ouy, ne riens ne peult empescher la requeste de partie, car il se peult estre présenté en temps deu et dont l'acteur propose, et pour ce qu'il ne s'est présenté il n'y sera point ouy. Ainsi fut-il dict en parlement, l'an mil ccc.xxv, *contra magistrum Guillermum de Tornaco pro heredibus cujusdam.*

Et par semblable seroit s'il vouloit dire et proposer contre l'appellant qu'il avoit renoncé à son appellation, disant que devant certains commissaires il peult faire procès sur telles causes pour lesquelles ledict appellant a appellé, car ledict juge ne sera receu à celle exception par la raison devant dicte, et ainsi fut dict en ladicte cause (2).

Item pour ce que j'ay dict (3) que qui ne se présente à temps n'est ouy [à telles objections (4)], il fault s'il vouloit dire l'adjournement non valoir ou non tenir. Et pour ce n'estoit mestier qu'il se présentast; car en ce disant doibt estre ouy. Et la raison est telle, car la Court, qui se doibt informer si l'adjournement vault ou non, ne doibt point donner deffault se l'adjournement n'estoit de value, comme là où il n'y a bon fondement, nul n'y doibt édifier. Mais si

(1) B. : leues en la chambre, ils veullent dire l'appellant n'avoir peu appeller, ou le arguer de parjure parce qu'il est venu contre l'exécution, ils ne seront pas ouys par faulte d'être présentés. Et ainsi fust-il dict en parlement l'an mil ccc.xxv, etc.

(2) B. rédige ainsi ce paragraphe : Et semblable chose seroit, se ils vouloient dire et proposer contre l'appellant qu'il avoit renoncé à son appellation, ou que sur les mesmes articles dont il avoit appelé procès fut pendant par-devant certains commissaires donnés par le roy, et ainsi fut dict en ladicte cause.

(3) B. : Item ce que j'ay dict.

(4) Manque dans B.

la Court dict l'adjournement valoir et tenir (1), elle ne doibt ouyr tel appellant qui ne se présente point contre le deffendeur, lequel deffendeur pourra impétrer nouvel adjournement contre sa partie, par lequel il luy sera adjugé l'utilité du deffault au prochain parlement ensuyvant.

Item il convient que les parties se présentent au jour de leur séneschaussée ou bailliage, contre ceulx à qui ils ont affaire espéciallement et nomméement en les déclarant : car si j'ay affaire contre plusieurs, il ne souffiroit pas de me présenter contre l'ung d'iceulx, posé ores que la cause fust commune de tous (2), ne ne souffiroit se je disoie : *Je me présente contre tous mes adversaires ;* mais les doibt tous nommer en soy présentant : car, aultrement (3), si c'estoit le demandeur, l'en luy diroit : *Tu ne te présentes pas espéciallement et nomméement contre moy, et pour ce je requiers deffault;* et si j'estoie deffendeur, je auroie congé contre l'acteur.

Item selon les ordonnances royaulx et le stille de la Court, si le présenté qui se présente n'est trouvé à la porte de la chambre, quant il sera appellé là où il est acoustumé, et selon l'ordonnance du registre, ny après tant comme l'en plaide, congé sera donné contre l'acteur, et deffault contre le deffendeur (4) ; et ycy peult estre et cheoir grant péril, comme il sera proposé plus à plain au tiltre de contumace et deffault. Ne tel de tout celuy parlement ne sera ouy en la cause devant dicte où il estoit

(1) B. rédige ainsi la fin du paragraphe : . . valoir et tenir, pourtant ne doibt la partie non présente perdre sa cause. Mais doibt avoir la partie présentée deffault contre la non présente, et nouvel adjournement pour en veoir adjuger le prouffit ou prochain parlement ensuyvant.

(2) B. : que la cause fust connexe.

(3) B. : car aultrement le demandeur auroit deffault, et le défendeur congié.

(4) B. : et deffault il est à le deffendeur.

présenté, et ce est vray là où il se présente en propre personne (1), mais ceste règle a plusieurs exceptions.

Primo, se le procureur se présente pour ce qu'il ne s'est trouvé à la porte ou en la chambre, comme devant est dict, néantmoins que s'il vient le lendemain, il sera ouy ; car ce seroit mauvaise chose et dure, si pour la négligence du procureur le seigneur souffrist si grand dommaige. Et ainsi fut prononcé en la Court pour ung homme du bailliage d'Orléans, *domino de Tornaco* (2) débatant le contraire.

Item cela fault en celuy qui ne présente point et ne fut pas trouvé à la porte (3), se il peult prouver qu'il ait eu cas de fortune par lequel il fut empesché contre les choses dessus dictes, se la prouve (4), il seroit ouy et excusé contre lesdictes choses, posé qu'il ne feust oncques présenté ne qu'il n'eust esté trouvé, et ce garde la Court notoirement.

Item se aucun se présente en parlement en propre personne, se il se part sans licence de la Court, autant vault comme s'il ne se feust pas présenté, posé ores qu'il ait procureur en ladicte court, et pour ce chascun feroit que saige de se partir du congié et licence de la Court, et le faire enregistrer, et laisser procureur en ladicte Court.

Item je suppose ung tel cas : Guillaume estoit subject d'aucun seigneur spirituel (5) qui avoit haulte et basse jurisdiction ; ledict Guillaume, qui estoit couchant et le-

(1) B. dit simplement : ou il estoit présenté en propre personne.

(2) B. : domino Nicolao de Tornaco.

(3) B. : Item cela fault en celluy qui n'est présenté ne trouvé en la porte, s'il peult, etc.

(4) B. : par lequel il ne s'est peu présenter, car se le prouve.

(5) B. : d'aulcun seigneur temporel.

vant soubs luy, fut adjourné par-devant aucun juge royal sur une action personnelle à la requeste et à l'instance de Regnault : lequel Guillaume et son seigneur requéroient ladicte cause estre renvoiée à la Court dudict seigneur, et pour ce que le juge prononça ladicte rémission ne dehvoir pas estre faicte, ledict Guillaume et son seigneur en appellèrent en parlement, et impétrèrent adjournement souffisant en ladicte cause; mais, combien que ledict Guillaume se présentast au jour de la présentation en ladicte cause, toutesfoys ledict seigneur ne se présenta pas. Et pour ce fut réputé ledict Guillaume non appellant sans amende, mais nonobstant ladicte cause principalle demoura en la Court pour le deffault dudict seigneur. Ainsi fut-il dict et enregistré en parlement l'an mil ccc.xxv, *pro matriculariis Sanctæ Crucis Aurelianensis contra quemdam militem dominum de Baillesio* (1). Et la raison si est: car nulle rémission ou renvoy de cause ne doibt estre faicte à la pétition du subject se le seigneur ne le requiert. Et pour ce que le seigneur ne se présenta pas avec le subject, il ne doibt estre ouy comme dessus est dict, et par conséquent ne le subject aussi.

Item nota que se la présentation du défendeur vient et est leue la première en la chambre, l'acteur ne peult estre compellé de plaidoyer jusques à tant que sa présentation soit venue, ne deffault ne sera donné contre luy. Et ainsi fut-il dict en parlement, l'an mil ccc.xxvii.

Item se aucun de pais coustumier a appellé en parlement d'une sentence donnée contre luy, et faict adjourner le juge au prouchain parlement à deffendre le jugé et intimer à partie selon le stil de la Court, et s'est présenté aux jours des présentations du bailliage ou séneschaucée

(1) B. : de Vallesio.

dont il est, contre le juge seullement, non contre la partie pour qui la sentence fut donnée, je faics doubte (1) que telle présentation n'est pas souffisante quant à la partie, mais ladicte sentence doibt estre mise à exécution; car principallement la partie est celle qui doibt avoir le prouffit de la sentence, etc.

Mais il est vérité que la partie n'en doibt avoir aucun prouffit, ainçoys doibt estre traictée la cause quant il se présenta (2) contre le juge qui estoit sa partie principalle, car supposé que la partie pour qui fut donnée la sentence ne fut aucunement intimée, l'adjournement à ladicte partie se peult conjoindre et assembler le juge selon le stil de la court de France s'il a pover de collusion (3). Ainsi fut-il dict par arrest de parlement, *pro domino Clichon Milite contra dominum Miette*, qui comme le chevalier en ce cas se fut présenté contre le juge qui avoit prononcé la sentence contre luy, et pour ledict Clichon, jà soit ce qu'il ne se présentast contre ledict N. Miette, pour ce que la présentation estoit souffisante, que ledict N. ne auroit congié contre ledict chevallier ne le prouffit dessusdict; mais la cause seroit traictée (4). Et ainsi le procès en la cause principalle à l'instance dudict chevallier fut reçue

(1) B. : assavoir se telle présentation n'est pas souffisante ? il semble que non quant à la partie, mais ladicte sentence.....

(2) B. : puisque s'est présenté contre le juge.

(3) B. : intimée, toutesfoys elle se povoit joindre et assembler avec le juge, selon le stil de la Court de France, s'il apparoit de conclusion. — A. : de collusion.

(4) A B. : *pro domino Regnaldo Lestau milite contra Nicolaum Miette*; lequel chevalier s'estoit présenté contre le juge, et non contre ledict Nicolas Miette; et fust dict ladicte présentation suffisante, et que ledict Nicolas n'auroit congé contre ledict chevalier, ne le prouffit dessusdict, mais seroit la cause traictée en parlement et le procès reçeu pour juge (A. : juger) assavoir s'il auroit esté bien ou mal jugé. Et affin que, etc.

affin de juger en voyant ou il est bien ou mal. Et affin que telle ordination de Court soit gardée perpétuellement au temps advenir, du commandement d'icelle fut enregistrée. Ainsi fut faict en parlement l'an mil ccc.xxv, après la feste de la Purification Nostre-Dame.

CHAPITRE IV.

DES CONTUMACES ET DEFFAULX ET DU PROUFFIT D'ICEULX. — ET PRIMO EN CAS D'APPELLATION ET DE NOUVELLETÉ (1).

Au registre de parlement sont quatre cas de deffaulx moult doubteux.

Le premier est en cas de nouvelleté.

Le second est sur renovation de commission en la contumace d'une partie.

Le tiers est de la contumace contre l'appellant, et de l'utilité d'icelle.

Le quart est l'appelle de contumace (2) duquel registre la teneur s'ensuit en latin.

Anno Domini millesimo IIIC.XXIX, die sabbati, in cathedra Sancti Petri, de consensu omnium magistrorum in parlamento, ac vocatis ad hoc advocatis omnibus antiquis et pro vectis ipsius parlamenti, et deliberatione prius habita super hoc inter ipsos, et postea deliberato cum ipsis advocatis per dictos dominos super quatuor articulis infra scriptis, Curia declaravit in parlamento parisius longis temporibus observatum fuisse prout sequitur, et ordinando decrevit sic deinceps observari debere.

Primo, in casu novitatis, concessa littera justiciæ et per ejus excecutionem (3) *propter opinionem partis adverse debato hujusmodi proposito* (4) *ad manum regiam tanquam*

(1) B : et premièrement en cas d'appel de nouvelleté.

(2) B. : Le quart est de la contumace contre l'appelé ou intimé, duquel, etc.

(3) B. : *executorem propter oppositionem partis.*

(4) B. : *posito.*

superiorem, et die certa assignata partibus ad procedendum ulterius super ipso debato, si ad ipsam diem parte conquerente comparente, pars quæ se opposuit non compareat, nec excusatorem mittat, dictus vero (1) *opponens ponitur in defectu, et statim absque dilatione res prædicta posita in manu regia ponetur in manu prædicti conquerentis, et in ejus saisina deffendetur, salva questione proprietatis parti adversæ.*

Item super articulis partium facta commissione, si ad sequens parlamentum pro renovanda dicta commissione una pars compareat, alia vero non, nec excusatorem mittat, ad requisitionem partis comparentis pars non comparens ponetur in deffectu, vel statim renovabitur dicta commissio ad utilitatem tantummodo dictæ partis quæ comparuit, si hoc maluerit. Et si pars non comparens excusatorem miserit, et ad aliud proximum parlamentum suum adversarium fecerit adjornari, ad videndum purgare suum deffectum, ipsa super dicta purgatione audietur; et deinceps renovabitur dicta commissio ad utilitatem dictæ partis. Si vero super purgatione dicti deffectus adjournata parte adversa competenter, ut præmissum est, purgatus fuerit competenter dictus deffectus, dicta commissio ex tunc absque dilatione renovabitur (2) *ab utraque parte.*

Item si a judicato contra se lato pars appellaverit ad parlamentum, et adversarium suum ad certam diem fecerit adjornari ad procedendum in eadem ad dictum parlamentum, et dicta die adveniente, pars quæ pro se judicatum obtinuit comparuit, pars autem appellans non, nec excusatorem miserit (3), *si pars appellata hoc requisierit ponetur*

(1) B. : *tunc dictus.*

(2) A.B. : *renovabitur pro.*

(3) A. *ipsa pars appellans, si hoc pars appellata quæ comparuit requisierit ponetur, etc.*

in deffectu (1), *et statim dabitur parti appellatæ littera quod judicatum prædictum pro se latum mandetur executioni; nam presumendum est pro dicto judicato ex quo appellans non comparuit, nec excusationem misit, videbiturque* (2) *quod dictum judicatum per dictum appellatum* (3) *non velit impugnare. Si vero pars quæ appellavit ad dictam diem compareat, parte quæ pro se judicatum obtinuit non comparente, ipsa pars comparens ponetur in deffectu et readjornabitur ad requestam partis comparentis ad tunc futurum proximum parlamentum, visura adjudicare utilitatem defectus. Non enim de facili procedendum est ad annullandum dictum judicatum sicut ad exequendum, cum appellatio contra dictum judicatum interposita non fuerit diligenter prosecuta. Datum ut supra.*

Item oultre le registre doit l'en sçavoir que l'utilité dudit deffault est que, sa partie viengne ou non viengne, l'en prononcera mal jugé et bien appellé s'il ne peult prétendre aucunes justes causes à excuser ladicte contumace; car, en ce cas, il y seroit ouy. Et ce appert assez par la teneur dudit arrest où il est mandé réadjourner la partie à veoir, etc. Et pour néant seroit adjourné s'il ne povoit proposer en jugement cause pourquoy ledit prouffit ne luy doit estre octroié, et aucunes aultres meilleures excusations proposer pour empescher lesdictes choses.

Et quant au tiers cas dessusdict, je croy que si la partie comparante eust envoyé ses excusations au parlement ensuyvant, et eust faict adjourner son adversaire à veoir purger son deffault, que il seroit ouy à sa purgation. Mais tu dois bien sçavoir que tel excusateur ne seroit pas reçeu

(1) B. ajoute : alias *habebit congedium.*
(2) B. : *videtur quod.*
(3) B. : *per dictam appellationem.*

sans procuration contenant pouvoir de l'excuser. Et sachez notablement que lesdictes choses ont lieu à celluy qui est contumax avant la contestation du plait en faicts contraires, et ont commission renouvellée au prouffit du comparant. Mais pour le deffault ne luy sera adjugé aucune utilité ne mais que pour ledict deffault (1).

Mais posé que l'adjournement est faict, quelle utilité demandera le comparant, et quelle luy doit estre adjugée? Je dy que si défailly estoit l'appellant, la partie appellée peult avoir telle utilité que l'appellant a perdu sa cause, s'il ne peult monstrer et prouver causes justes de son essoine. Et la raison est telle : car du stille de Court le demandeur est tenu de continuer les erremens et termes de la cause (2), et se il y faict aucune interruption de procès, il chiet de l'instance de sa cause, et est ainsi comme s'il n'eust oncques procédé en ladicte cause et sy est-il par semblable, mais s'il n'eust (3) en riens procédé en icelle cause au premier parlement, il eust perdu sa cause comme dessus est dit au tiltre *Des Adjournemens*.

Mais se je faicts selon le cas devant dit au parlement prouchain, que sera-il se la partie qui estoit appellée se deffault (4)? Responce : je dy [que l'appellé qui ne sera pas comparu (5)], que la commission ne sera pas

(1) A.B. : ... avant la contestation en cause d'appel. Mais quant les parties ont conteste en cause, et sont appoinctées contraires et en commission, et l'une d'icelles compare et l'aultre non ; à la partie presente sera donné deffault contre la non présentée, et la commission renouvelée à son prouffit, et pour le deffaillant (A.: le deffault) ne luy sera adjugée aulcune utilité ; mais posé que l'adjournement, etc.

(2) B. : de continuer les erremens de la cause de parlement en parlement.

(3) B. : aussi s'il eust en rien, etc.

(4) B. : Mais que sera-il se la partie appellée deffault ?

(5) Manque dans B.

renouvellée à son prouffit, et l'appellé (1) gaigne cela que à son prouffit sera renouvellée ladicte commission, et incontinent ledit deffault eu, il sera adjourné pour veoir adjuger le prouffit qu'il doit avoir dudict deffault jouxte le second chapitre du registre dessusdict. Et est semblable se l'appellant, après la contestation du plait, et l'appellé estoient en faicts contraires, et ils ne se présentoient au prouchain parlement ensuyvant, au ij[e] ou au tiers jour de leur présentation (2), mais aux jours ensuyvans, ou s'il envoie ung procureur moins souffisant ou s'il ne s'estoit présenté en aucune manière. Ainsi fut-il dit par arrest de la Court de parlement, *pro domino Reginaldo Roisel contra dominum de Chaumes, anno Domini millesimo CCC.XXV.*

Mais jouxte ce que dit est, je posé que les parties furent (3) en faicts contraires en cause d'appellation (4), et sur ce leur furent données commissions, et tesmoings oys; la partie appellant ne se présenta pas au parlement ensuyvant aux jours de leurs séneschaucées ou de leurs bailliages, et se il se présenta si ne fust-ce pas (valablement), comme à ung aultre jour ou par procureur qui n'estoit pas fondé (5), et si il estoit, si estoit-il moins que souffisamment, et est advis à la partie appellée qu'elle ne pourra pas souffisamment prouver son intencion (6), et doubte que sa partie ne preuve et est en doubte que l'ap-

(1) B. : l'appellant.

(2) B. : ensuyvant, au jour de leur présentation.

(3) B. : fussent.

(4) B. : d'appel.

(5) B. : si ne fust-ce pas au jour nommé, ou par procureur qui n'estoit pas fondé.

(6) B. : qu'elle n'a pas souffisamment prouvé son intention, et croyt que sa partie a bien prouvé, et est en doubte que l'appelant, etc.

pellant pourroit bien impugner son deffault et sa contumace, *quæritur quid faciet ipse?*

Je dy qu'il peult demander deffault contre l'appellant, et adjournement à ouyr l'utilité dudict deffault; et il luy sera faict au parlement ensuyvant, auquel parlement il aura l'utilité dessusdicte, se l'appellant ne peult purger, etc. Mais selon l'opinion de plusieurs, il luy vauldroit mieulx requérir sa commission estre renouvellée à son utilité, et l'en luy feroit tantost; mais en vérité je croy qu'il luy vauldroit mieulx prendre ledit deffault et adjournement, et requerre au parlement ensuyvant ladicte utilité luy estre adjugée, c'est assavoir que sa partie adverse a perdu sa cause, ou protestation que, s'il n'avoit ladicte utilité ou debvoit avoir, que il l'eust telle que la Court adviseroit. Et est la raison double.

Primo, car si pour ledit deffault il avoit demandé ladicte utilité, c'est assavoir que sa commission feust renouvellée à son prouffit, il ne seroit plus receu à demander aultre utilité.

Secundo, car se il prent ledict deffault et l'adjournement, et il requiert au parlement ensuyvant ladicte utilité, c'est assavoir qu'il soit jugié par la Court que son adversaire a perdu sa cause, se ledict adversaire ne peult purger son essoine, il a gaigné sa cause sans grant labeur et sans grant mise. Mais il ne seroit mie ainsi en l'autre cas dessusdict. Car il conviendroit parfaire l'enqueste et adjourner la partie à la veoir recepvoir et juger. Mais jouxte le cas prochain dessusdict, se ledit appellé pour l'utilité du deffault requiert et obtient ladicte commission estre renouvellée et l'enqueste estre parfaicte, et adjourner son adversaire au parlement ensuivant à veoir juger ladicte enqueste estre receue audit parlement (1) auquel les parties présentes il l'appelle estre adjugé ladicte enqueste et l'appellant requiert ladicte commission estre renouvellée, et se offre apareillé à purger ladicte contumace, et allègue justes causes qui sont souffisantes, si elles estoient vraies à la purgation, assavoir se il sera receu et ouy à ladicte purgation? Il semble que non, car il n'a pas jour à ce, et n'a pas fait adjourner son adversaire sur ce, et c'est assez noté par la teneur dudit registre. Mais il me semble le contraire estre vray, et que c'est la cause pourquoy (2) ladicte enqueste ne doit estre receue ne adjugée, et que ceste cause doit à tout le moins estre receue par manière d'une exception, affin qu'il puisse réprouver les témoings que sa partie a produits [et (3)] non sur le principal.

Item que seroit-il, se la cause de l'appellation de plusieurs estoit conjoincte, desquels les ungs se présentent et les aultres non; il est vray que ceulx qui ne se présentent ne seront pas relevés de leurs contumaces par ceulx qui se seront présentés, jà soit ce que la cause soit connexe. Mais je pose ung tel cas : plusieurs hommes jugeans donnèrent une sentence contre Guillaume et pour Jehan à la court d'aucun seigneur, comme il est aucunesfois au pais de Picardie et allieurs. Guillaume appella, et furent les juges adjournés en parlement à deffendre leur jugé, et intimation faicte à partie. C'est assavoir à Jehan pour qui la sentence fut donnée. Les juges

(1) B. : à veoir recepvoir et juger ladicte enqueste audict parlement, auquel les parties se présentent, et requiert l'appellé son enqueste estre receue pour juger. Et au regard de l'appellant il requiert ladicte commission estre renouvellée et se offre, etc.

(2) B. : et que pour ceste cause ladicte enqueste ne doibt estre receue ne jugée, et que ce doibt à tout le moins estre receue.

(3) Manque dans B.

se présentent (1) au jour de leur présentation contre Guillaume, qui aussy se présenta. Mais Jehan ne se présenta pas. Aucuns dient que l'appellant aura deffault contre l'appellé, et pour son utilité aura ce que devant est dit au registre ; mais néanmoins sera tenu de procéder avecques lesdicts juges en ladicte cause pour l'amende deue au roy et aux juges, au cas où il apparestroit avoir mal appellé ; et posé que par la court il soit prononcé en ladicte cause *bien jugé,* se l'appellé ne purge sa contumace, et l'appellant est condempné au roy et aux juges en amende, ce non obstant ledict appellant aura l'utilité pour ledict deffault contre l'appellé pour qui la sentence fut donnée, que la sentence pour icelluy contumax donnée ne sera pas mise à exécution, mais sera prononcé *bien appellé* contre celuy non comparant, et que la sentence ne sera mise à exécution pour son deffault quant il ne comparut. Mais je prens que la partie pour qui la sentence fut donnée et la partie appellante soient comparues, mais les juges qui doivent poursuivre leur jugé à bon se défaillirent (2), et non obstant leur contumace lesdictes parties procédèrent en la cause, et fut prononcé mal appellé et bien jugé (3) se ils ne se sont présentés. Et seront semblables se aucuns desdicts juges estoient comparus et aucuns non, car il seroit relevé de l'amende deue au non comparant.

(1) B. : se presentèrent.

(2) B. : Mais je prens que la partie pour qui la sentence fust donnée, et l'apellant soient comparus, et non pas les juges qui doibvent soustenir leur jugé, mais deffaillirent, et nonobstant, etc.

(3) B. : et bien jugé. Et en ce cas l'appellant sera relevé de l'amende deue ausdictz juges. Et si aulcuns desdits juges estoient présentés, ledict appellant sera aussi relevé de l'amende deue aux non présentés.

CHAPITRE V.

DES DEFFAULX EN ACTION RÉELLE ET DU PROUFFIT D'ICEULX.

En jugement propriétaire, ou possessoire aultre que de nouvelleté, se la cause est traictée en parlement, et le deffendeur ne se comparoist, il ne souffit pas une contumace, mais trois, en trois parlements, obtenues par trois adjournemens ; et convient au second et au tiers adjournement que la partie soit adjournée à veoir juger l'utilité desdicts deffaulx, et sur certaine pétition spécifiée, et à procéder en la cause comme de raison sera. Et est vérité que celuy qui est demandeur ne aura contre le deffendeur aucune utilité de la première ou de la seconde contumace, ou de deux ensemble, sinon que le deffendeur sera condempné envers le demandeur ès despens qu'il a faicts pour raison desdictes contumaces par l'ordonnance faicte sur ce par le roy. Mais si le deffendeur a faict trois contumaces, la possession luy est ostée et baillée au demandeur. Et se il ne vient point, mais seulement se offre à procéder, il perdra pour chacune contumace la dilation qu'il peult avoir eue (1).

Toutesfois ce que dit est, que la possession est ostée au deffendeur, cela fault ou cas qui s'ensuit. C'est assavoir que si l'en donne auxdictes parties commissaire en leur pais pour faire la veue et leur monstrée, et que le demandeur s'est présenté souffisamment en parlement prochain après que la veue fut faicte, et le deffendeur non, deffault luy est donné contre le deffendeur par lequel

(1) B. : qu'il debvoit avoir.

deffault seul la possession luy est ostée. Et c'est le stil de la court de parlement gardé et observé généralement. Et aussi c'est la coustume générale du royaulme de France, ès lieux qui sont gouvernés par coustume, jà soit ce que ce soit contre le droit escript. Et fut ainsi obtenu en chascune desdictes causes, devant veue et après veue, par arrest de la Court entre l'abbé et convent de Sainct-Denis et Guillaume d'Aunoy en cause d'opposition (1) de prendre les grosses bestes en ung bois dont ils avoient dissencion.

Mais si le demandeur est contumax, quelle utilité sera adjugée contre luy? Je dis que pour une, ou pour deux contumaces, il soit (2) condempné ès despens, intérests et dommages. Et s'il a faict trois contumaces, il pert sa cause.

Et sont vrayes lesdictes (3) choses se il se deffailloit avant litiscontestation du plait au prochain parlement (4). Et ne seroit pas ainsi si le deffendeur deffailloit après litiscontestation, et les articles jà baillés et les commissions; car s'il deffailloit en court pour cause de sa contumace, il pert seulement l'article sur quoy il avoit jour. Et se il est contumax par-devant aucun juge ordinaire, devant lequel avoit jour à produire témoings, il pert telle production; mais ce n'auroit pas lieu devant les commissaires de parlement, se la partie avoit à produire témoings devant eulx. Et la raison si est telle, car devant tels commissaires n'a que une production d'un parlement à l'autre, et peuvent les parties produire entre deux parlemens devant lesdicts commissaires tant de fois

(1) B. : de possession.
(2) B. : il sera condempné ès despens. Et s'il, etc.
(3) B. : cesdictes.
(4) B. : avant litiscontestation ou après veue. Et ne seroit, etc.

comme il leur plaira. Mais au cas devant dit, se l'une des parties qui a jour devant lesdits commissaires se deffailloit, ce qui seroit fait en ladicte cause par ledit commissaire en l'instance de la partie présente (1) tiendroit et seroit de valeur, et ne seroit receue la partie contumax à réprouver les tesmoings produits de sa partie adverse contre luy en son absence. Et ne sera pour ce aultrement pugni ; ainçois s'il venoit après, lesdicts commissaires procédans encores en ladicte cause, il pourroit procéder et produire tesmoings. Et se son adversaire vouloit après tesmoings produire, ils seroient receus en sa présence, puisqu'il s'offre à procéder, et pourroit dire contre eulx et les reprocher. Et la raison pourquoy il ne peult reproucher les tesmoings produicts contre luy en son absence est sa contumace, car nul ne peult reproucher tesmoings produits, se il ne le fait en présent et si tost qu'ils sont produits, ou se le juge ne le réserve, et cestui fust absent et contumax quant ils furent produicts, pour quoy il ne doit (2) plus estre ouy.

Item si les tesmoings furent, comme dit est, produicts devant lesdicts commissaires en son absence ; après ce il ne se compare comme dit est devant les commissaires, mais au parlement prouchain ensuivant il vient, et se présente souffisamment et requiert que les commissions soient renouvellées ; ladicte commission ne sera (3) jà renouvellée à l'utilité de chascun d'eulx, non obstant que la partie débate qu'elle ne le doit estre pour deffault où il fut mis devant lesdicts commissaires. Ainsi fut-il prononcé en parlement pour un *quidam de Silvanecto contra*

(1) B. : pour la partie présente.

(2) B. : il n'y doit.

(3) B. : ladicte commission sera renouvellée à l'utilité des deux parties.

abbatem et conventum Sancti Cornelii de Compendio. Et est cecy vray ne mais (1) ou cas que l'enqueste seroit perfaicte et acomplie, pour la partie comparant, car celuy qui se deffault ne seroit pas ouy plus (2) sur lesdictes choses.

Item si après veue le deffendeur ne vient pas à jour assigné à garand, il pert seulement le garand, et aussi se il avoit jour assigné en court en aucun aultre article de ladicte cause, car il perdroit tel article seulement. Ainsi fut-il prononcé en la court de parlement pour les chappellains de Thoulouse (3) *contra Geraldum Parvanoie super jurisdictionem de Blancheto.*

Item qui est adjourné devant aucun juge de pais coustumier à jurer vérité en aucune cause, se il deffault, il pert sa cause; combien que celuy qui le feist adjourner, se il deffailloit il ne la perdroit pas; ainsi fut-il prononcé par arrest de la court de parlement en une cause, jà soit ce que le prévost de Paris eust prononcé le contraire.

Item il est de coustume que en chascune cause, et en chascune partie du plait, se l'acteur se départ du jugement sans prendre jour en aucune manière, il chiet de l'instance de la cause et non pas de ladicte cause, pour ce qu'il semble qu'il a déguerpi le plait et y renonce (4).

Item il est de coustume quant l'une ou l'autre partie deffault au jour assigné à bailler leurs faicts par escript devant aulcun juge en pais coustumier, le deffaillant chiet des propos qu'il a faicts, et sera enquise la vérité, et fera l'en droit (5) audict jour sur les propos que baillera l'autre partie.

(1) B. : sinon.
(2) B. : ne seroit plus ouy.
(3) B. : contre messire Gérard Beleue, pour raison de certaine jurisdiction.
(4) B. : il semble qu'il a délaissé le plaict, et renonce à icelluy.
(5) B. : et faict droit.

Item, il est de coustume au Chastellet de Paris que si aucune des parties se deffault (1) quant le prévost doit donner sa sentence (2) pour celuy qui se deffault, ou contre luy, il pert sa cause.

(1) B. : est absente.

(2) A. : sa sentence, le deffaillant pert sa cause, combien que la sentence eust esté pour luy, s'il eust esté présent.

CHAPITRE VI.

DE CONTUMACE ET DEFFAULT ET L'UTILITÉ D'ICEULX SUR ACTION PERSONNELLE (1).

Quiconques faict adjourner son adversaire en parlement sur action pure personnelle, si la cause qu'il luy pense a demander est contenue audict adjournement, si celuy qui est adjourné ne se compare au jour dudict adjournement, deffault sera donné au demandeur contre le deffendeur, et adjournement à veoir juger l'utilité dudict deffault au parlement prouchain après ensuivant. auquel parlement se ledit deffendeur adjourné ne se présente en temps deu, ou se il ne peult excuser ledit deffault, le demandeur aura telle utilité dudit deffault que ledit deffendeur est descheu de ses deffenses, et que la court fera enquerre la vérité des choses que le demandeur vouldra proposer en ladite cause pour son droit, se elles sont dépendantes de ladite cause, ou à icelles causes apartiennent, et sur les aultres moiens qui sont contenus et exprimés audit adjournement. Et ce fait, la court fera droit sur ce ausdites parties. Et ainsi fut ordonné en parlement en toutes causes personnelles, civilles, ou criminelles intentées civillement, et commandé à garder en manière de édict ou temps advenir. Donné et prononcé le samedi avant la Sainct-Andry, et enregistré en ladicte court l'an mil ccc.xxvii (2).

(1) B. : Des contumaces et deffaulx, et de l'utilité d'iceulx en action personnelle.

(2) B. : De jure autem qualiter sit procedendum in actionibus personalibus contra reum contumacem, vide, C. *Quoniam frequenter* in fin. *ut lit. non contest.*; et c. 1, *De bon. auct. jud. possid.*

Item se le deffendeur est adjourné (1) en parlement sur auscunes desdictes actions, c'est assavoir civilles ou criminelles intentées civillement, la cause exprimée audit adjournement, deffault au premier jour qui lui est assigné à répondre, et au second jour à veoir juger et déclarer l'utilité dudit deffault, et ne se compare, il sera adjourné derechief à certain bref jour durant ledit parlement second, pour veoir juger le prouffit desdicts deffaults ; auquel jour viengne ou non ledit deffendeur, le demandeur aura le prouffit desdicts deffaulx. Ainsi fut-il dit par arrest de parlement le jour dessusdict, pour le procureur de Sainct-Quentin près Beauvais contre Jehan Huet.

Item qui estoit demandeur feist sa pétition ouvrir en parlement contre Guillaume ou son procureur qui prindrent jour de conseil ou aultre assignation, auquel jour ledit Guillaume se laissa mettre en deffault, et par vertu de celuy deffault la pétition dudit demandeur sera jugée pour confessée. Ainsi fut-il dit et jugié par *omnes dominos, Johanne de Fermente tunc cancellario Francie* audit parlement, le jour dessusdict (2).

Item, il est ainsi (3) du stil de parlement que se ledit demandeur ne poursuit son errement de parlement en

(1) B. : si le deffendeur adjourné.

(2) Ce paragraphe manque dans A.B. et est remplacé par le paragraphe suivant :

Item si après une demande faicte en jugement, en parlement, par ung demandeur en la présence du deffendeur, ou de son procureur, ledict deffendeur se laisse mettre en deffault, par vertu de celluy deffault la pétition dudict demandeur sera jugée pour confessée. Ainsi fut-il dict et jugé par messire Jehan de Cherchemont, lors chancellier de France, audict parlement, le jour dessusdict. — B. : Hic stillus est correctus per ea quæ notat do. Aufrerius in suo opere, eo titulo, fo. cxiii, § *Item si defensor*, etc., quia per hujusmodi deffectum dicetur quod ipse deffensor cecidit a suis deffensionibus, et non habebit nisi unum *ny*, et condempnatur in expensis.

(3) *Ainsi* manque dans B.

parlement, il déchiet de l'instance de sa cause, et aulcunefoys il déchiet de toute sa cause, comme (1) en cas d'appellation et de nouvelleté, se comme il appert par ce que dessus est dit.

Item, en quelque cause que la partie aura deffault contre l'autre partie en parlement, celuy qui a deffault doit requérir et faire diligence que son adversaire soit adjourné à veoir l'utilité dudit deffault. Ainsi fut-il dict en parlement l'an mil ccc.xxv, *pro episcopo Noviomensi contra abbatem et conventum sancti Eligii Noviomensis*, en la cause meue par lesdicts religieux en cas de nouvelleté contre ledict évesque de Noion sur la jurisdiction de Belles.

Item, si la partie qui a obtenu default contre l'aultre en quelque cause qu'il procède [sa partie adverse après ledit deffault (2)] au jour assigné requiert à la court luy estre adjugé [le prouffit dudit deffault,] aultre prouffit que celuy qui luy debvoit estre adjugié du stil et coustume de la court, et pour ce qu'il requist simplement l'utilité du deffault sans protester d'autre utilité, il n'aura pas l'utilité dudit deffault qu'il requiert, car le stil est à ce répugnant et contraire, ou au moins ne donne pas qu'il doibve avoir telle utilité, ne il n'aura l'utilité que l'usaige de la court donne pour ce qu'il ne l'a pas requis. Par quoy les saiges advocats dient communément : *Je requiers telle utilité à moy estre adjugée, ou celle qui m'est deue, du stille et coustume de ceste présente Court.*

(1) *Comme* manque dans B.

(2) B. : qu'il procède au jour assigné à son adversaire pour veoir adjuger le prouffict dudit deffault, requiert à la Court luy estre adjugé aultre prouffit que ce qui luy debvoit estre adjugé du stil et coustume de la Court, sans protester d'aultre utilité, il n'aura pas l'utilité qu'il requiert, car le stil est à ce répugnant et contraire, et si n'aura l'utilité que l'usaige de la Court donne, pour ce qu'il ne l'a pas requis. Par quoy, etc.

CHAPITRE VII.

DES DILATIONS ET PAR QUEL ORDRE ILS PEVENT ESTRE DEMANDÉES (1).

Dilations ont acoustumé d'estre données régulièrement en la court de parlement, c'est assavoir dilation de conseil qui aucunesfoys est appellée apensement (2).

Item dilation de veue.

Item dilation pour garantie. Et est une aultre dilation qui est extraordinaire, de laquelle il sera veu cy après. Et pour ce, de chascune desdictes dilations je parleray cy après singulièrement, et en quel cas compétent ou non.

Et doit chascun noter que dilation de conseil doit estre premièrement requise, dilation de veue secondement, et dilation de garantie tiercement. Et qui aultrement les requiert, il luy porte préjudice. Car qui requiert dilation de veue, ou dilation de garand, il renonce aux aultres précédentes. Et plus espécial quant il requiert jour de garand. Mais en requérant dilation pour veue, il ne renonce pas pourtant à ses déclinatoires, car par la veue il luy apperra quel juge il doit avoir. Et sachez que ceste dilation compète (3) à toute action réelle, sauf en pétition de héritage (4); car combien que dilation de conseil et de garant y compètent, dilation de veue n'y compète pas; et est la raison. Car comme ce soit juge-

(1) B. : ils pevent faire demandes.

(2) B. : pensement.

(3) B. : ces dilations compètent.

(4) B. : de hérédité.

ment universel, et en icelles pétitions soient contenues non pas seulement les choses de quoy le deffendeur avoit possession au temps de la litiscontestation du plait, mais aussi icelles choses (1) qu'il a depuis commencé à posséder, et partant dilation de veue n'y est point octroiée. Et ainsi l'ay veu juger en parlement, l'an mil ccc.xxvii, *pro Beatrice Fabiane* (2), *filia domini Gancelini contra dominum Petrum Fredeli et alias suos adversarios*. Et y fut une aultre raison assignée, car lesdicts adversaires luy avoient confessé posséder certaines choses de l'héritage dudit seigneur.

Item lesdictes dilations sont données devant tous juges compétens et ordinaires pour la possession estre recouverte. Et ainsi fut-il dit *in casu episcopi Lingonensis et ducis Burgundiæ*. Et cecy est vray où l'adjournement seroit général et incertain, car s'il estoit certain il n'auroit pas dilation de conseil, mais des aultres dilations il auroit ce qu'il fault en cause de nouvelleté, et la raison sera dicte cy après.

(1) B. : mais aussi les choses.
(2) A.B. : Béatrice de Fabiana.

CHAPITRE VIII.

DE DILATION DE CONSEIL.

Ceste dilation peult estre requise en toutes actions réelles et personnelles, après la pétition faicte et baillée par escript, ou de parolle nue (1) ou ouverte en jugement selon la manière qui se doit faire du stil de la court et jouxte la nature de la cause qui est intentée.

Item est donnée ceste dilation, et a lieu en toutes actions, affin que le deffendeur puisse délibérer ou s'il plaidera, ou s'il délaissera, et spécialement se le deffendeur est adjourné généralement et incertainement. Et est la raison, car il ne peult pourveoir à son droit, ne il ne peult démener (2) ce que le demandeur luy veult demander, et espécialement il aura ledit jour de conseil s'il estoit poursuivi pour le faict d'aultruy, car en aultruy cas ignorance est tollérable, *juxta l. finalem, ff. Pro socio.*

Item ce que j'ay dit, que telle dilation est donnée en toutes actions, cela fault ès cas qui s'ensuivent :

Premièrement en cas de nouvelleté, *in interdicto unde vi*, car en ces deux cas l'an seroit passé, et telles dilations sont données de parlement en parlement, et ainsi auroit l'acteur sa cause perdue ; et en telles desaisines la court veult procéder sommièrement et brefvement, jouxte la loy *De submersis*, C. *De nauffragio*, et l. *Si coloni.* C. *De agricol. et censi.*

Item, je veis une fois que la court de parlement en ung

(1) B. : muée.
(2) B. : deviner. — A. : denier.

cas (1) de nouvelleté pour une maladerie de Bailliaco (2) meue par le procureur dudit lieu contre maistre Raoul de Prelles, la court donna dilation de conseil pour ce que l'adjournement estoit général et incertain, et par adventure ce fut de grâce espécial, et fut en parlement l'an mil ccc.xxvii.

Item, cela fault aussi quant les demandes et choses (3) que l'en pense demander, et quant l'action que l'en pense faire et la cause et manière par quoy l'en conclud contre la partie sont contenus en l'adjournement. Et ainsi fut prononcé par la court de parlement l'an mil ccc xxvii.

Item, cela fault aussi quant la demande est de crime ou d'excès, que (4) ceste dilation ne soit pas (5) donnée, pource que la partie est poursuivie de son propre fait, de quoy chascun doit estre advisé de respondre. Et est assavoir que ceste dilation ne seroit pas donnée de parlement en parlement, mais elle seroit bien donnée de jour à aultre, ou aultrement à aultre journée brefve selon la qualité des faicts criminels proposés contre luy (6).

Item en cas de bataille telle dilation seroit bien donnée dedans le parlement telle qu'il puisse avoir ses amis à le conseiller (7).

Item elle seroit aussi donnée en cas où aucun consul ou autre administrateur (8) d'aucun lieu, seroit poursuivi

(1) B. : en une cause.

(2) B. : de Boliaco.

(3) B. : quant les choses que l'en pense demander.

(4) B. : car ceste dilacion, etc.

(5) B. : ne sera pas.

(6) B. ajoute : Idem tenet glossa in q. in summa de quo per Siculum in alleg. C. *Præterea,* nam quis certus esse debet de facto suo, text. in C. *Ex tenore de rescript.* facit l. *Quisquis.* C. *De rescind. vend.*

(7) B. : comme dessus est dict.

(8) B. : Item se aucun consul, ou autre administrateur d'aulcun lieu.

d'aucuns crimes perpétrés par luy ou par aultres administrateurs et aucun de l'université, ceste dilation lui seroit donnée dedens le parlement, affin qu'il puisse délibérer avec ses aultres compaignons sur les deffenses de ce que l'en luy demande, et espéciallement si l'en le poursuit pour le faict de ses prédécesseurs audict office. Et ainsi l'ay veu prononcer en la court de parlement pour le procureur du roy et l'abbé de *Fontefrigido contra consulem universitatis Narbonensis* (1) l'an mil ccc.xxvii.

Item fault encores quant les officiers du roy sont poursuivis en Court pour aucuns forfaicts commis en leur office et à cause dudit office.

Item quant l'en a faict exécution d'aucun jugement et arrest (2) donné sur certaines causes en meubles, et aucun s'en complainct, et dit l'exécution avoir esté faicte de plus grant somme qu'il ne devoit. Et dont (3) fault distinguer : ou la partie a faict adjourner ses exécuteurs comme principaulx, et la partie comme accessoire soubs ceste clause : *s'ils cuident leur appartenir*, et ainsi est faicte la péticion principallement contre les exécuteurs. Ou il a fait adjourner la partie comme principalle, et les exécuteurs comme accessoires. Au premier cas, l'en procède sans donner dilation pour jour de conseil ne de veue. Mais au second cas, c'est assavoir se il a faict adjourner la partie principallement, et attentée (4) sa pétition contre ladite partie principallement, et contre les exécuteurs accessoirement, l'en procédera contre luy par voies ordinaires, et seront données toutes dilations. Et la raison est telle, car puisqu'il conclud contre la partie, la

(1) B. : Contra consules Burgi Narbonæ.

(2) B. : en arrest donné.

(3) B. : et adonc.

(4) B. : adjourner la partie, et adresser sa pétition contre ladicte, etc.

cause sent nature de propriété, comme la partie soit saisie, et la pétition emporte le droit de la propriété. Ainsi fut-il jugé en parlement *contra episcopum de Toronensi* (1), *pro domino de Grassaches.*

(1) B. : de Tarravana, alias Morinensem, pro domina Grassaches.

CHAPITRE IX.

DE DILATION POUR VEUE.

Ceste dilation est moult doubteuse, et doit l'en bien garder comment l'en la fait, et pourtant il en convient parler plus largement, et la traicter. Et doit l'en sçavoir que quant la court donne ceste dilation de veue, les parties doivent concorder en court par entre eulx du lieu où ils s'assembleront pour l'affaire (1), et des commissaires devant [nommés par] qui icelle veue doit estre faicte, et qui en doivent rescripre à la court. Et se ils se concordent entre eulx, la court leur donnera le lieu, et les commissaires nommés entre eux.

Item concordent du jour et de l'heure qu'ils se doivent assembler audit lieu, et si non la court ordonnera de ce à son plaisir, et sur ce leur sera donné lettre de justice à double (2) en forme acoustumée, laquelle tu pourras veoir cy après.

Item quant ils seront assemblés au lieu et au jour entre eulx acordés, ils doivent aller d'illec à chascun lieu où sont assises les choses demandées et contenues en la pétition : et lors le demandeur doit monstrer au deffendeur les choses que il demande, ou que il entend à demander, singulièrement, et tant que il les voie clerement, et désiner les mettes, et leur nom et seurnom de chascune chose qu'il demande, c'est assavoir : *je requiers et de-*

(1) B. : la faire.

(2) B. : lettre de justice double.

mande tel pré de ceste prairie (1) *jusques à tel arbre ou telle affiche* qui doit monstrer de tel arbre en devise jusques à tel lieu, etc., et aussi doit faire mencion de telles choses en les devisant clerement, et les appartenances ; et doivent toutes ces choses estre contenues en la rescription que les commissaires feront à la court sur ce, c'est assavoir comme tel jour à ce assigné se comparurent tels et tels devant eulx, telle heure, et d'illec allèrent et furent, etc.

Mais je pose qu'il désine et monstre ces choses (2) comme dit est, et aucunes non ; et puis dit le demandeur après ladite veue, *selon ce que j'ay désiné et monstré ces choses en mon libelle se il plaist à ma partie adverse, je les désineray et monstreray aultrement, et suis prest de le faire, combien que il me semble que la désignation faicte en mon libelle souffise*, se le deffendeur ne respond à ce, ou s'il ne se consent expresséement par parolles, la veue monstrée n'est pas souffisamment faicte. Et pour ce aura le deffendeur aultre dilation pour faire la veue, et après ceste encore une aultre, jusques à ce que la veue soit faicte souffisamment ; mais se le deffendeur se consent à ce que le demandeur a avant dit, et dit (3) que sur les choses qui ne sont pas veues ne monstrées, il luy souffit la désignation faicte au libelle, et aussi que le commissaire le mette en la relation, la veue est et sera réputée faicte souffisamment.

Item je pose que le demandeur, ou le commissaire ne sont comparans au jour ne au lieu assignés, mais le deffendeur s'est comparu, ledit deffendeur doit faire sa dili-

(1) B. : de ceste prairie, de tel arbre ou de telle affiche qui doibt monstrer jusques à tel lieu, et aussi doibt, etc. — (A. : qu'il doit monstrer.)

(2) B. : aulcunes choses.

(3) B. : à ce que le demandeur a dit, et respond que.

gence et avoir instrument publicque signé, ou relation de deux loyaulx tesmoings séelée, comme il s'est comparu, et le doit porter à la court au prouchain parlement ensuivant, et ainsi il aura une aultre dilation.

Item je demande se le demandeur et le commissaire sont au jour et lieu assigné, et attendent souffisamment le deffendeur qui ne se compairoit pas lors ; non obstant la contumace dudit deffendeur, il convient aller au lieu où sont assises les choses demandées, et doit faire ledit demandeur sa veue audit commissaire, comme dessus est dit. Et doit faire ledit commissaire mencion en sa relation de ladicte expectation et de ladicte contumace, et du temps et de toutes les choses devant dictes ; ou s'il ne fait ainsi, ladite veue est réputée insuffisante et aura le deffendeur aultre dilation.

Item ceste dilation n'a pas lieu ne n'est donnée en aucuns universels jugemens comme en pétition de héritage et semblables pour les raisons dessusdictes.

CHAPITRE X.

DE DILATION POUR GARAND.

Chascun doit sçavoir que garand est celuy qui est tenu de garantir, garder, et deffendre de toute éviction la chose baillée à celuy à qui il l'a baillée. Et pour ce ceste dilation n'est donnée (1) fors ès actions réelles, *vel in rem scriptas* (2) ou mixtes, fors (3) en cas de nouvelleté.

Et sachez que le deffendeur peult avoir trois dilations pour garand, se son garandisseur deffault. Et doit bien garder le deffendeur que quant il demande sa première dilation pour garand que il face protestation pour deffendre la cause en son nom, au cas où le garand ne se vouldroit comparoir, ou posé qu'il se comparust en aucunes des trois dilations, s'il refuse garantir ledit deffendeur, autrement a perdu (4) sa cause, car puisque en demandant son garand il n'a fait retenue de deffendre la cause comme dit est, il semble qu'il ne se confie de son droit ne mais (5) en ce que le garand diroit, et ainsi *tacitè* il confesse l'intention du demandeur, se ledit garand ne veult deffendre la cause.

Item je prens qu'il estoient (6) plusieurs prins à garand, c'est assavoir trois, dont les ungs se présentèrent et comparurent, les aultres non, pour cause des non com-

(1) B. : ne peult estre demandée sinon en actions réelles, etc.

(2) B. : *scriptis*.

(3) B. : mais cela fault en cas de nouvelleté.

(4) A.B. : aultrement il perdroit.

(5) A B. : sinon en ce que son garand diroit.

(6) B. : Item s'ils estoient plusieurs prins à garand.

parans la partie aura la seconde ou la tierce dilation pour garand ou les deux, et ne sera tenu de respondre s'il ne veult (1).

Item doit chascun sçavoir que dilation pour garand n'est pas donnée à chascun, se il ne nomme certaine personne que il die luy estre tenue et obligée garantir la chose contencieuse, car il a acheté de luy, ou la print par tel convenant qu'il luy promist la luy garantir. Et est tel le stil de la Court de parlement. Mais par le stille de Chastellet il aura ceste dilation sans nommer son garand ne n'y est aucunement tenu (2).

Item celluy qui est appellé à garantir peut avoir et requérir jour de conseil et de veue s'il veult, et les aura s'il les requiert avant qu'il prengne en soy la garantie, et fera la veue le deffendeur qui l'appelle (3) à garand dedans le jour de la dilation de conseil, comme dient aucuns. Mais si après ce qu'il auroit prins la garantie il demandoit celles dilations, il ne seroit point ouy. Ainsi fut-il dit par (4) maistre Guillaume de Brueil, *in causa episcopi Appannarum*, qui avoit prins la garantie de Ponce Lefèvre en la cause que l'abbé de Nerbonne avoit meue contre luy. Et est la raison ; car en prenant la garantie il a trouvé qu'il a certaines deffences (5) et que il ne la prendroit pas s'il ne sçavoit les mérites de la cause et de la deffense d'i-

(1) B. : quod est contra l. *Si rem quæ apud te*, § 1, ff. *De evict.* ubi text. quod licet hæredes venditorum teneantur de evictione pro portionibus hæreditariis, cuilibet tamen in solidum est denunciandum, et quilibet in solidum defendere debet, et victoria unius prodest cæteris, pro quo facit l. *Cum ex causa*. ff. *De verb. oblig.*

(2) B. : Cecy est corrigé, car se le demandeur requiert nommer le garand, il le doibt nommer, ou prendre délay pour le venir nommer.

(3) A.B. : qui l'a appellé.

(4) B. : à maistre, etc.

(5) B. : la garantie, il est à présumer qu'il est certain, et qu'il ne le prendroit pas.

celle. Et pour celle présumption il n'aura lesdictes dilations.

Item posé soit que au cas prochain dessusdict l'en ne veulle donner lesdictes dilations audit garand, non obstant ce, il pourra proposer causes ineptes (1) contre la péticion dudict demandeur.

Item par semblable (2) seroit octroié au deffendeur qui demanda ceste dilation, et ne feist pas retenue de deffendre la cause, se il deffailloit d'avoir son garand.

Item celluy qui est appellé à garand peult proposer ce qu'il luy plaira contre l'adjournement fait contre celluy qui l'appella à garand. Ainsi fut-il dict en la Court de parlement pour l'archevesque de Reims qui avoit prins la garantie de la cause meue contre certains officiers du roy par le doien et chapitre de Reims, et les hommes de son ban, et du ban de Saint-Remi en cas de nouvelleté (3) que l'en acomplissoit à paier les despens faicts pour la coronation du roy Loys et du roy Philippe contre les libertés qu'ils disoient avoir de non les paier. Et est la raison, car si le garantisseur fust venu au commencement avec celluy qui le feist adjourner, il eust peu proposer contre ledict adjournement ce qui luy eust pleu, et aussi peult avoir faict (4) celluy qui le fist adjourner s'il eust failli d'avoir son garand. Et dient aucuns qu'il seroit faict par semblable après la veue, ou aultre procès faict avant la contestation du plait, jà soit ce que aucuns contredient, que je ne croy pas. Mais il ne pourroit demander nouvelle veue luy estre faicte, comme tu verras cy-après.

Item se celluy qui est prins à garand dict qu'il veult

(1) B. : causes de inaptitude.

(2) A.B. : Item ce mesme seroit.

(3) A.B. : de nouvelleté, que l'en vouloit compeller à payer les despens, etc.

(4) A.B. : et aussi eust peu faire.

prendre en soy la garantie, il doit deffendre la cause à son péril et à ses despens. Mais posé qu'il la prengne, s'il est condempné en la cause, l'exécution de la sentence sera faicte sur celluy qui l'a prins à garand.

Item se le garand est condempné à rendre la chose contencieuse, il semble que par semblable il doict estre condempné à l'intérest de celluy qui possédoit la chose (1), et qui l'avoit traict à garand, et par icelle sentence mesmes par vertu de laquelle l'en mandera enquérir sommièrement de l'intérest du possident dessusdict, s'il y a doubte, pour sçavoir combien icelluy interest monte et peult valloir, à ce que l'en sache pour combien l'en fera l'exécution contre ledict garand.

Mais je fais une telle question : le garand est adjourné à prendre la garantie et se compare, mais il ne veult prendre la garantie, ou prenez qu'il ait esté trois fois adjourné et ne comparoist pas, que fera le deffendeur ? il ne deffendra pas la cause s'il ne veult, mais l'action luy compète contre le garand qui luy avoit promis garantir.

Item le deffendeur qui veult avoir garand ne doict point estre compellé à faire contestation de son plait jusques à ce qu'il ait eu les trois dilations dessusdictes de son garand, et qu'il ait eu adjournement et obtenu trois deffaulx contre luy. Et la raison est, car par lesdicts deffaulx il est ferme et assuré de recouvrir le sien contre celluy qui luy avoit promis garantir la chose contencieuse, et lors ne luy doit imputer à mal s'il délaisse la cause, considéré que celluy qui estoit tenu de garantir, et auquel principallement appartenoit deffendre icelle cause se deffie de son droit, puisqu'il n'a voulu prendre la garan-

(1) A.B. : il semble qu'il soit aussi condempné ès-intérêts de celuy qui possédoit la chose, et est condempné par la même sentence, et par vertu d'icelle sera mandé enquérir sommièrement de l'intérêt du possident, etc.

tie où il a esté trois fois adjourné, et ne s'est voulu comparoir. Et pour ce en tel cas, il luy est licite de recongnoistre bonne foy.

Mais je prens que le garand se comparut au jour, et demande jour de y penser et de soy adviser, se pour son faict il est poursuivi, il ne l'aura pas (1).

Item je pose que le garand veult avoir aultre garand, et pour ce demande dilation pour garand, il y doit estre ouy. Et ainsi fut-il prononcé *in causa domini de Couciaco*.

Item si la veue a esté faicte au deffendeur, et le garand, adjourné pour garantir, demande veue luy estre faicte, il n'y doit (2) estre ouy; mais où la veue n'auroit esté faicte au deffendeur, elle sera faicte à icelluy garand. Et est la raison telle au premier cas, car puisqu'il a prins en soy la garantie, il est à présumer qu'il est advisé et certain de la chose que l'en luy demande, pourquoy il ne fault plus luy monstrer.

Item se le garand demande conseil ou veue, il ne s'ensuyt pas pourtant qu'il preingne la garantie.

Item je pose que celluy qui est adjourné à garantir ne se compare pas en personne, mais il envoye procureur; se le procureur est ydoine, et il est contenu expressément en sa procuration povoir de garantir ou de refuser la garantie, comme par telles parolles qui s'ensuyvent : *donnans et octroians audit procureur plain povoir et auctorité de faire adveu ou désaveu sur la garantie*, etc., il vault et souffit; aultrement non. Et pour ce la Court de parlement, l'an mil ccc.xxiii, ordonna et commanda à tous ceulx qui estoient en parlement que ils certifiassent et

(1) A.B. ajoutent : mais bien pour faict d'aultruy.

(2) A.B. : il ne doit.

notifiassent à chascun de ordonner et donner tel povoir à leurs procureurs en leur procuration comme dessus est dit, affin que cela les recusast (1).

Item ceste dilation pour garand n'a pas lieu en demande pour délicts ou excès ; et la raison si est, car supposé que celuy qu'il nommeroit ou vouldroit avoir à garand feust son seigneur, ou son père, et qu'il fust présent, et vouldroit le prendre à garantie (2), pourtant il ne seroit pas excusé du délict, car au commandement de faire péché ou d'offenser, nul n'est tenu donner adveu (3).

Mais cecy fault aucunesfoys, car si ung bailli ou sergent adjourne en la Court pour délict, ou aucun excès qui puisse trouver (4) en espèce de délict, disant qu'il eust ce fait du commandement de son seigneur souverain, et en justiciant, et sur ce il requiert avoir garand celuy par le commandement duquel il le feist, se il est certain que celuy soit son souverain, ceste dilation luy doit estre donnée, et l'adjournement aussi si le requiert. Lequel souverain adjourné à garantir, s'il vient et advoue son subject desdictes choses que il feist de son commandement, dont (5) ledict subject ne doit plus estre molesté pour ce, jà soit ce que lesdictes choses ainsi faictes soient veues et prouvées estre faictes sur espèce de délict, ou ainsi comme délict, mais en doibt estre laissé en paix. Ainsi l'ay veu prononcer pour ung sergent du bailliage de Vermandois, et de la prévosté de Péronne, contre le lieutenant du prévost de Péronne, et Jehan de Matons son varlet, à qui ledit sergent avoit ars les doits en la question

(1) A.B. : les relevast.

(2) B. : vouldroit prendre sa garantie.

(3) A.B. : nul n'est tenu de obéir.

(4) A.B. : qui puisse tourner en espèce de délit,

(5) A.B. : adonc.

où il l'avoit mis. *Et in isto casu non debet cadere* (1) garand, mais adveu.

Item fault aussi cecy quant aucun se complainct du bailli ou du sergent d'aucun seigneur, disant qu'il luy a fait aucune injure, et le bailli ou le sergent dit qu'il le feist en justiciant et en gardant le droit de son seigneur et de son commandement, *puta* comme il diroit (2) qu'il l'eust trouvé en prenant et ravissant aucunes de ses choses, et quant il le voulust prendre il fut rebelle, et résista à luy, dont du commandement de son seigneur, ou par vertu de la puissance à luy donnée, il dist l'avoir prins ou l'avoir navré ; si demanda son seigneur en tant comme il l'en povoit garantir, et requist sa dilation et adjournement, lequel luy doit estre octroiée, si la contestation du plait n'estoit pas faicte avant la requeste ; et seroit fait semblablement (3) en cas semblables, qui moult est chose nouvelle.

Item quant le garand adjourné à garantir refuse expressément prendre la garantie, et le deffendeur qui feist la protestation de deffendre la cause la prent, il le doit sommer qu'il défende, ou qu'il luy monstre causes et raisons par lesquelles il la puisse deffendre, ou protester contre le garand de ses despens, dommages et intérests.

Item quant aucuns hommes ordonnés en une Court dient qu'ils ne sont pas assez saiges pour donner sentence en aucune cause, et le afferment par leur serment, et pour ce renvoient et remectent ladicte cause à leur souverain, qui en pourra juger en absence d'eux comme bon luy semblera, et iceulx hommes mesmes de nécessité ont à prononcer ladicte sentence selon ce qu'elle a esté con-

(1) A.B. : ne chiet point garand.

(2) A.B. : comme s'il disoit.

(3) A.B. : pareillement.

seillée par leur souverain. Et si l'en appelle de leur jugé, et l'en leur [en] faict demande, ils pevent traire à garand leurdict souverain (1).

(1) B. : si on ne leur opposoit qu'ils eussent faulx rapporté à leur dict souverain, auquel cas ils n'auroient garand, mais seroient tenus de respondre comme de leur propre faict.

CHAPITRE XI.

DES EXCEPTIONS, ET PAR QUEL ORDRE ELLES DOIBVENT ESTRE PROPOSÉES.

A la déclaration et évidence de ceste matière, chascun doit sçavoir que si celluy qui est acteur ne s'est présenté, l'en a acoustumé en la Court de proposer dilatoirement (1), et ceste exception a force de péremptoire comme dessus est dit. Et si elle n'est proposée par le deffendeur avant qu'il se mecte en deffence, ou qu'il propose aultres dilatoires, il semble qu'il reçoit le demandeur comme présenté, et pourtant ne la pourra plus proposer. Et ainsi fut-il dit pour messire Jehan de Saint-Germain, par arrest de parlement, l'an mil ccc.xxv. Et est ce vray, ne mais ou cas (2) où la Court commanderoit au deffendeur qu'il procédast oultre, avec protestation que si le demandeur (3) ne se présente, le deffendeur puisse venir assez à temps à luy reprouchier ce qu'il dira vaille, autrement non.

Item il convient (4) opposer exception de procuration ou de fondation, et dit l'en souvent en court à la partie que il procède soubs protestation se il est fondé, et puis ce fait monstrer la procuration, laquelle veue, la partie à l'encontre doit procéder (5) ce qu'elle vouldra, ou si elle

(1) A.B. : de proposer premièrement ceste dilatoire qui a force de péremptoire, comme dessus est dict.

(2) A.B. : sinon au cas où la Court commanderoit au deffendeur.

(3) B. : que si le demandeur s'est présenté, ce qu'il dira vaille, aultrement non.

(4) A.B. : Item *secundo*.

(5) A B. : la partie doit proposer.

veult, elle ne procédera pas jusques à ce qu'il ait veue (1), posé qu'il apparust aultrement que il ne fust pas souffisamment fondé. Et cette exception, c'est assavoir que le procureur n'est pas souffisamment fondé, peult estre proposée avant litiscontestation du plait, ou après par le deffendeur; car nul homme n'est tenu de plaider sans l'acteur. Et il appartient à la Court garder que son jugement ne soit illusoire.

Tertio, doit estre opposée exception de la grace quant l'acteur n'est présent en jugement, mais son procureur, auquel l'en peult dire : *Vous ne avez pas grâce et pource ne debvez estre receu.* Et doit chascun noter que le demandeur qui est de pais coustumier, ne peult estre en jugement par procureur sans avoir grâce du roy. *Et ratio est :* car si le principal est bon homme, il doit avoir honte de intenter ou commencer mauvaise cause, et son procureur n'est pas si vergongneux, car aucunesfoys l'en ne faict pas ses procureurs des meilleurs hommes, mais d'autres, affin qu'ils laissent (2) plus de légier leurs consciences. Et ceste raison que j'ay dicte n'est pas la raison. Mais est la raison, car quant les principalles personnes sont présentes, le siége du juge (3) en est plus honoré, comme de la présence d'aucun prince, conte, baron, noble homme. Et mesmement en parlement a ceste raison lieu, car c'est la plus noble et excellente Court de toutes les jurisdictions royalles, et pource tant comme elle est plus principalle, de tant plus doit-elle estre honorée.

Après ce, fault sçavoir qui sont ceulx qui (n') ont mestier

(1) B. : qu'elle l'ait veue.

(2) A.B. : qu'ils lâchent plus facilement leurs consciences que les parties principalles à qui la chose touche.

(3) B. : la Cour.

de grâce. Et premièrement tous demandeurs se pevent présenter par procureur sans grâce du roy, et souffit que le procureur ait grâce en jugement quant l'en commencera à plaider la cause, ou que icelluy demandeur seroit présent en jugement.

Item, grâce généralle en parlement et *extra* est tousjours bonne et souffisante pour parlement.

Item, le procureur du deffendeur n'a pas mestier de grâce.

Item ne le procureur du demandeur qui est du pais qui se gouverne par droit escript.

Item, le procureur d'un prieur et convent de tous priorés conventuels (1) est receu sans grâce, mais si c'estoit le procureur d'un prieur non conventuel, il luy conviendroit avoir grâce. Ainsi fut-il dit en parlement, l'an mil ccc.xxv, pour Guillaume de Gugolio (2) contre ung prieur.

Item, le procureur du demandeur est receu sans grâce à demander l'utilité d'un deffault. Ce (3) tiennent aucuns, mais maistre Guillaume du Brueil tient le contraire du stil de la Court (4), car par ce deffault pourroit le demandeur gaigner sa cause.

Item, le procureur du demandeur est receu en parlement sans grâce, quant il requiert sa commission estre renouvellée. Ainsi fut-il dit par parlement, l'an mil ccc.xxv, pour la contesse de Guines *contra dominum de Couciaco* (5).

Item, tous procureurs d'évesque ou d'autre prélat ou

(1) A.B. : Item le procureur d'un prieur conventuel est reçu.

(2) A.B. : pour Guillaume Robert de Jargolio.

(3) B. : Comme tiennent aucuns.

(4) B. : tient le stil de la Court.

(5) A.B. contre le seigneur de Coucy.

chappitre ou de collége, est bien receu en la Court sans grâce.

Item par semblable (1), tous procureurs de ville ou d'aucune université, tant en demandant comme en deffendant. *Ita fuit dictum pro procuratore Majoris et juratorum de Monte Marciano anno domini millesimo* ccc.xxiii.

Item tous procureurs de tout demandeur, quel qu'il soit indifféremment, est receu sans grâce après litiscontestacion du plait (2).

Item, quiconques veult proposer exception contre l'adjournement, l'en la doit proposer (3) avant toutes les aultres exceptions, sauf les devant dictes, *et excepta declinatoria fori*, qui doit estre la première proposée. Et se aucun pour abréger le plait les vouloit proposer toutes deux ensemble, il ne doit estre ouy. *Ita fuit dictum contra ducem Aquitaniæ pro domino Guillardo de Monte*, l'an mil ccc.xxv, et ce est vray se il n'avoit premièrement approuvé l'adjournement. Mais il est aultrement des aultres exceptions, car en les proposant il semble que taisiblement il approuve ledit adjournement. Mais si la Court te veult souffrir proposer plusieurs et diverses exceptions ensemble, si les propose en protestant que par la seconde tu ne entens pas départir ne renoncer à la première, ne par la seconde de la tierce, *et sic de aliis*. Et requiers que l'en te face droit par chascune (4) jouxte son ayde (5) et la nature d'icelle. Et ce que j'ay dit, que *declinatoria fori* et les exceptions contre l'adjournement ne se pevent pro-

(1) A.B. : Item pareillement.

(2) A.B. : Item tous procureurs de demandeurs indifféremment sont receu sans grâce après litiscontestation du plait.

(3) A.B. : il doibt proposer.

(4) A.B. : en chascune.

(5) A.B. : son ordre.

poser ensemble, dient aucuns avoir lieu en ceulx qui sont dehors le royaulme, mais ils dient que ce peult bien estre souffert en ceulx du royaulme, car ce n'est pas décliner, mais demander estre remis (1). Car nul ne doit présumer que la Court du roy, qui est souveraine des aultres, veulle occuper ou usurper pour si petit la jurisdiction de ses subjects. *Sed cautum est*, si (2) tu proposes premièrement la déclinatoire, que tu protestes dire (3) contre l'adjournement.

Item, se le demandeur demande au deffendeur que il luy paye ce qu'il lui doit, ou luy face ce qu'il luy doit faire, et le deffendeur propose solution, ou que il luy a promis non demander riens, ou aultres semblables exceptions, en les proposant il confesse *tacitè* la debte, et convient du stille de ceste court qu'il garnisse la main de la court de tant comme l'autre demande.

Ou posé soit (4) que il offre à prouver les exceptions ausquelles prouver il sera aultrement receu, et en tel cas on a acoustumé de dire en françoys *nantisse et garnisse, ou emplisse la main*, et est la raison, car aucunesfoys les tricheurs debteurs possent malicieusement telles exceptions proposer, affin que les choses et biens en quoy pourroit estre faicte exécution à présent ils puissent alongner et délaier ou continuer.

Item sont aultres exceptions qui sont moult anormalles,

(1) A.B. : estre remis et renvoyé.

(2) A.B. : mais la cautelle est que tu proposes.

(3) A B. : en protestant de dire.

(4) B : Posé ores que il soit prest, et se offre prouver lesdits exceptions ausquelles prouver il ne sera aultrement receu que en garnissant, et est la manière de parler *qu'il garnisse et namptisse la main*, et la raison si est, car aulcunes foys les tricheurs debteurs pourroient malicieusement telles exceptions proposer, afin que pendant la preuve d'icelles, ils peussent esloingner ou consumer les biens dont pourroit estre faicte prompte exécution sur eulx.

comme ceste que je mects en terme. L'en acuse Gaultier d'avoir faict et perpétré aucun crime. Il fut adjourné pour venir à droit, mais il se deffaillit, et pour ce que il ne veult venir (1), ses biens furent saisis. Mais après ce, il vint prest et appareillé de ester à droit sur ce que on luy avoit proposé, la Court veult qu'il responde à la pétition ou dénonciation ; il peult bien dire : Vous avez mis mes biens en vostre main et saisi ; je demande estre receu (2) ; car vous les tenez et occupez pour ceste cause. Ceste exception est bonne, et après tantost luy doibt estre faicte recréance. Car aultrement Gaultier n'est tenu de respondre, sauf en ce cas que si sentence (3) avoit esté donnée contre Gaultier contumax, de laquelle il appella (4) en parlement ; car il doit premièrement proposer causes justes pour estre absoubs, affin qu'il ne soit réputé deffaillant. Et ce fait l'en luy baillera ses biens à recréance. *Ita dictum fuit in parlamento anno domini millesimo* ccc.xxv *pro procuratore regis contra vicecomitem de Dunois* (5).

Item il est une aultre exception forment semblable à celle que j'ay dit (6). L'en fait demande à aucun sur saisine par manière de nouvelleté ; la chose contencieuse est mise en la main du juge devant qui la cause est ventillée ; le deffendeur peult faire exception que il n'est tenu de respondre jusques à ce que le juge ait osté sa main mise dessus ladicte chose. Et ce apert bien par l'exemple qui s'ensuit. L'abbé de Sainct-Benoist sur Loire faisoit de-

(1) A.B. : pour ce qu'il ne voulust venir.

(2) A.B. : je demande qu'ils me soient recreus.

(3) B. : sauf que sa sentence.

(4) B. : il eust appelé.

(5) A.B. : d'*Evreux*.

(6) A.B. : Item il y a une aultre exception quasi semblable à celle que j'ay dicte.

maude au seigneur de Lerverus (1) sur nouvel empeschement, car ledit chevalier (2) disoit avoir droit de couper et trancher un boys qui estoit de ladicte abbaie pour l'usaige du four d'une ville dudit chevalier (3). La cause fut meue devant le bailli d'Orléans qui mist sa main audit exploict ; ledit chevalier disoit qu'il n'estoit tenu de procéder ne respondre jusques à ce qu'il eust osté sa main mise, et le requéroit, et disoit sur ce la partie de l'abbé que le juge ne le devoit faire, car ledit chevalier avoit procédé avec ledit abbé par deulx ou troys assignations de jour sans la demander (4). Ledit juge prononça que ledit chevalier responderoit non obstant tout audit abbé et qu'il ne osteroit point la main. Ledit chevalier appella de ceste sentence en parlement, où il fut dit par arrest mal jugé et bien appellé.

Item exception de prescription empesche litiscontestation de plait, comme appert par cest exemple que je diray cy après. Le maire et les jurés de Sainct-Quentin en Vermendoys demandoient sur propriété au procureur du roy, et aussi à Quentin le chambeleng, pour le vinaige et paiage (5) des bourgeois dudit lieu, qui disoient et proposoient que lesdicts maires et jurés ne avoient aucune action contre eulx, car puisque la saisine leur fut adjugée sur lesdictes choses, réservé le droit sur la propriété, dedens ung an (6) ils deussent avoir impétré adjournement contre eulx, ce qu'ils ne feirent pas, et pource, selon le stil de la Court, ils estoient descheus du

(1) A.B. : de Linières.

(2) A.B. : lequel seigneur disoit.

(3) A.B. : dudit seigneur (et ainsi toutes les fois qu'il y a chevalier).

(4) A B. : assignations du jour sans le demander.

(5) B. : pour l'ommage et péage. — A. : pour l'hommaige et péage.

(6) B. : dedans l'an.

droit qu'ils avoient oudict arrest (1). Et depuis avoient levé continuellement lesdictes choses, et ainsi avoient eu icelles aquis droit de propriété, où il souffit dix ans entre les présens et xx ans entre les absens ; et exception de prescription empesche litiscontestation. Mais partie adverse proposa que ils disoient mal avoir eu arrest sur la saisine en l'an et au prouchain parlement (2) réservé à eulx le droit sur la propriété, et que considéré que en l'an prochain passé le parlement n'avoit pas esté tenu, il ne leur debvoit pas estre imputé, considéré ladicte réservation, et que l'exception de prescription n'est pas de celles qui empeschent litiscontestation, ils doibvent estre receus et ouys. La Court, considéré la négligence de la partie qui a esté commise de xxx ans du premier arrest, considéré aussi que ledict arrest dequoy ladicte partie faisoit mencion avoit esté déclaratif du premier, et que par vertu de celuy n'estoit donné ne diminué aucune chose audictes parties de nouvel, il fut dit par arrest de parlement, l'an mil ccc.xxv, que les maire et jurés ne seroient receus à proposer ladicte action. Et par ce est vray le notable que j'ay mis au commencement de ce paragraphe.

Item nota que arrest qui est déclaratif d'aucun aultre, jà soit ce que il contiengne aucune réservation, ne donne ne acquiert riens de nouvel.

Item nota que unes mesmes exceptions ou diverses ne sont proposées en parlement, ne allieurs en court laie, ne

(1) Le *Stylus Parlamenti* dit : *Ceciderant a jure, si quod habebant. Item quod lapsi erant* 30 *anni ab eo tempore quo ipse major et jurati habuerant dictum arrestum.*

(2) A.B. : Mais partie adverse proposa que sur la saisine il avoit eu arrest en l'an et au prochain parlement, réservé, etc.

mais une foys (1) à une mesme fin, mais elles pevent bien estre proposées plusieurs foys à diverses fins.

Item nota que puisque la partie du deffendeur a commencé à proposer ses exceptions péremptoires avant que les déclinatoires, il se fait préjudice aux dilatoires, car il ne sera plus receu à proposer aucunes d'icelles, et ce, pour la prépostération. Et est la raison, car en proposant exceptions péremptoires, le plait est commencé, et la contestation faicte. Et ce est vray s'il ne proposoit les péremptoires par manière de dilatoires, ce que il peult faire sur protestation que il les veult faire proposer par manière de dilatoires.

Item doit noter le deffendeur que toutes exceptions tendans à une fin doibvent estre proposées ensemble, et à une foys, et ne doit procéder oultre se la court ne luy commandoit, ou ordonnoit ; car si aucun proposoit hier une déclinatoire, et puis demain il veult proposer une aultre, il n'y doit estre ouy.

(1) B. : que une foys.

CHAPITRE XII.

DE ADJOURNER LES HÉRITIERS D'UNG TRESPASSÉ A REPRENDRE LE PROCÈS.

Je vueil parler cy après d'une aultre exception moult anormalle (1) et fréquente à la court de parlement. Car si le deffendeur est mort en quelque partie de la cause, posé que le successeur se présente audict parlement, et le demandeur si demande qu'il procède oultre en la cause, ledict successeur peult faire exception, disant : *Tu ne m'as pas fait adjourner à ce parlement, jà soit ce que tu eusses temps assez, pourquoy je demande congé*, lequel luy sera donné. *Ita fuit dictum in causa proprietatis contra Enguerrandum de Nagula* (2), *pro hospitali Sancti Johannis in causa possessionis, pro dicto hospitali contra comitem de Pontieu, in parlamento, anno Domini millesimo trecentesimo vigesimo septimo.*

Mais je pose que ledict successeur qui est adjourné simplement à procéder au négoce commencé en la court, avec son prédécesseur, auquel adjournement n'est pas contenu expressément qu'il soit adjourné à reprendre en soy les erremens de la cause, *et cetera.* Je dy que par vertu de tel adjournement, il n'est tenu de procéder en la cause, mais peult faire exception et dire : *Tu me debvoys faire adjourner expressément à reprendre les erremens de la cause, et tu m'as fait adjourner simplement sans en faire mencion, et pour ce je dy que je ne suis tenu de procéder*

(1) B. : irrégulière.
(2) B. : Nigelle.

comme adjourné, et requiers congé, qui luy doit estre donné.

Et doit chascun entendre notablement que ce nom *successeur* comprent non pas tant seullement les hoirs du mort, mais tous aultres quiconques qui succèdent à sa chose, soient privés, ou singuliers, ou prélats quelconques à qui l'en demande, soit ou pour action personnelle, ou pour le patrimoine de l'Église (1).

Mais je fais une telle question : le demandeur est mort, sçavoir si le deffendeur fera adjourner les hoirs dudict demandeur ? Je dy que non ; ainçois les hoirs du demandeur doibvent et pevent prendre les erremens de leurs prédécesseurs sans adjourner (2), et s'ils le font, ils décherront de l'instance et non continent le plait, et peult estre tel cas qu'ils perderoient la cause, comme en cas de nouvelleté ou de appellation.

Item se doit bien garder le deffendeur qu'il ne face adjourner les hoirs ou le successeur du demandeur à reprendre, *et cetera*. Car s'il le fait, jà soit ce que ils soient négligens de le faire réadjourner, toutesfoys ils seroient relevés par la diligence dudict deffendeur. Et par semblable seroient si les successeurs du deffendeur faisoient adjourner le demandeur à reprendre, *et cetera*. Car au jour que ledict deffendeur, ou son successeur, avoit fait adjourner ledict demandeur ou son successeur, il peult et doit, s'il veult, prendre et continuer la cause, nonobstant que le deffendeur, *et cetera*, die à l'acteur : *Tu ne m'as pas fait adjourner sur ce*, car le demandeur ou son suc-

(1) A.B. : soit pour son propre patrimoigne, ou pour le patrimoigne de l'Eglise.

(2) A.B. : sans adjournement, et pourroit estre que s'ils ne le faisoient et impétroient nouvel adjournement [ils perdroient] leur cause, si comme en cas de nouvelleté et d'appel.

cesseur répliqueroit et diroit : *Non. Je n'en avoye mestier, et n'eusse fait que me donner vexation, car tu m'avoys fait adjourner à ce. Ita vidi prononciari per arrestum curiæ parlamenti pro domino Montiniaci contra dominum priorem antedictum, qui fecerat adjournari dominum Bellini* (1) *ad resumendum, etc.*

Et ce que j'ay dit cy dessus au parraphe : *Mais je fay telle question*, que les hoirs du demandeur puissent reprendre les erremens de leurs prédécesseurs sans adjournement au prouchain parlement, après la mort de leur prédécesseur, il est vray si le deffendeur est présent, et se est présenté oudit parlement. Mais s'il est absent, et tu ne l'as fait adjourner de nouvel à procéder en la cause, tu ne auras deffault contre luy, jà soit ce qu'il ne se soit pas présenté. *Ita fuit dictum contra abbatem Sancti Dionysii in Francia pro G. de Castro Villani in parlamento anno Domini millesimo* ccc.xxvii (2).

Item que si les hoirs du deffendeur sont adjournés à reprendre les erremens, ils doibvent demander (3) à les veoir, et quant ils les auront veus, ils pevent incontinent reprendre s'ils veullent, ou demander jour d'apensement, et est le meilleur (4), affin de veoir et adviser. Se ils ne les ont eues avant jour d'apensement, ils les pourront de rechief demander audit jour d'apensement, et leur sera de rechief faict (5) avant qu'ils soient tenus de

(1) A.B. : de Belloloco.

(2) A.B. : Et ainsi a été dict par arrest pour Guillaume de Chasteau-Villain contre l'abbé de Sainct-Denys en France au parlement de l'an mil trois cent vingt-sept.

(3) A.B. : Item les hoirs du deffendeur adjournés à reprendre les erremens doibvent demander.

(4) B. : et qu'ils le demandent, car si ils les ont eus avant jour d'appensement, il les pourront encores demander audit jour, etc.

(5) A B. : monstré.

procéder oultre. *Ita vidi ordinari per curiam parlamenti anno Domini millesimo* CCC.XXVII, *sed nescio an fuerit registratum, vel non.*

Item, je prends qu'ils soient (1) plusieurs deffendeurs desquels ung décède, je ay veu que les hoirs d'icelluy qui est mort sont adjournés comme dit est (2), car se ce non pource que la cause est connexe et conjoincte qui ne se doit diviser, elle pourroit cheoir audit péril. *Et ita vidi per arrestum parlamenti anno Domini millesimo* CCC.XXVII *contra ducem Burgundiæ, pro priore Martiniaci et procuratore regio;* car ledit prieur n'avoit pas esté adjourné après la mort de son prédécesseur.

Et se les héritiers du deffendeur prouchain devant dit (3) demandent jour d'apensement à l'aultre parlement, il leur sera donné, jà soit ce que les aultres deffendeurs soient présens et vivans, et ainsi sera, et si dormira toute la cause jusques à l'aultre parlement pour ceulx qui ont demandé jour d'apensement; car la cause est conjoincte, posé que le demandeur la peult avoir séparée au commencement. *Et ita dictum fuit per arrestum curiæ parlamenti anno Domini millesimo* CCC.XXV *contra comitissam de Dommartino* (4) *et pro heredibus Nicolai de Paciaco civis Parisiensis.*

Maistre, je voy bien par ce qui est dit devant (5) que si le deffendeur vit et le demandeur est mort, ou si le deffendeur est mort et l'acteur vit, il est tousjours nécessaire que l'acteur et ses hoirs facent diligence de faire adjour-

(1) B. : Item s'il y a. — A. : Item là où il y a.

(2) A.B. : aultrement le demandeur pourroit cheoir au péril dessusdict, pour ce que la cause est connexe et conjointe qui ne se doibt diviser. *Et ita vidi.*

(3) A.B. : du deffendeur ajourné comme dit est, demandent.

(4) A.B. : *comitissam Atrebatensem.*

(5) A.B. : Par ce que dict est, il appert que si le deffendeur.

ner le deffendeur ou ses hoirs, pourquoy je demande si en ce faire il y a aucune différence?

A laquelle chose je respons que la différence est double.

La première est : car quant le deffendeur est mort, il convient ses hoirs réadjourner par parolles (1) à reprendre, etc.

Et quant il est vivant, et le demandeur mort, il souffist que les hoirs du demandeur facent adjourner le deffendeur simplement à procéder en la cause, sans mectre expresséement lesdictes parolles *à reprendre*, etc. Et toutesfois seroit ce le meilleur de les mectre tousjours oudict adjournement.

L'autre différence est que, le deffendeur mort, ses hoirs adjournés auront jour d'apensement. Mais s'il est vif et l'acteur est mort, duquel ses hoirs font adjourner le deffendeur, icelluy deffendeur n'aura pas jour d'apensement, mais sera tenu procéder en oultre. *Ratio est*, car luy vivant congnoist les mérites de sa cause, et les hoirs pourroient après sa mort ce ignorer.

Et pourtant comme j'ay dit dessus que les successeurs du mort doibvent estre adjournés, c'est vray, jà soit ce que ils soient mineurs d'aage, ou qu'ils soient en bail d'aucun ; et lors celuy qui tient le bail sera réadjourné, car il peult estre pour eulx en cause personnelle, non pas en action réelle. Et pour ceste matière, voyez ce qui est noté cy-après au tiltre : *De minoribus vel eorum habentibus Balliviam*, où il parle de la manière de reprendre les erremens (2).

Item je mets un tel cas : commissaires furent donnés en la court entre les parties ; le deffendeur estoit mort (3),

(1) B. : par parolles expresses à reprendre.

(2) Cette phrase manque dans A.B.

(3) B. : mourut.

ses hoirs furent adjournés à prendre les erremens qui leur furent monstrés, contre lesquels ils ne proposèrent riens, mais demandèrent jour d'apensement au prochain parlement qui leur fut donné, auquel jour ils se comparurent appareillés et voulant reprendre les erremens ; mais le demandeur requiert que la commission soit renouvellée sur les hoirs du deffendeur, qui alléguèrent qu'il ne doit estre ouy s'il ne monstre diligence. Le demandeur dit qu'il n'y est tenu, car ladicte commission est des erremens qui leur furent monstrés, pourquoy ils povoient veoir se il avoit esté diligens ou non. Mais la partie du deffendeur objissoit et disoit le contraire, proposant que après le jour d'apensement ils représentoient la personne du mort, qui povoit requerre ce qui est dit. Lors fut dit par arrest, que nonobstant lesdictes objections, ledit demandeur enseigneroit de sa diligence, aultrement la commission ne sera point renouvellée. *Et ita fuit dictum contra comitissam Atrebatensem et pro domino Simone de Nigella, filio domini Giudonis de Nigella, in parlamento anno Domini millesimo* CCC.XXVIII.

CHAPITRE XIII.

SE LA PARTIE DOIT FAIRE FOY DES CHOSES QU'ELLE PROPOSE AVANT QUE LE DEFFENDEUR RESPONDE.

Chascun qui veult plaider garde bien d'estre trop large de parler, car quiconcques fait mention en plaidant d'aucuns actes de court ou lettres du roy, comme adjournemens, rescriptions, ou aultres semblables, il est tenu de les exhiber à sa partie avant que il soit tenu de respondre; mais aultre chose seroit des lettres et instrumens dont il veult user par manière d'aprobation (1), car en ce cas il ne seroit pas tenu de les exhiber s'il ne vouloit lors produire. Ainsi fut-il dit pour les appellans de la duché d'Acquitaine contre le duc en parlement l'an mil CCC.XXIIII. C'est assavoir qu'ils n'estoient pas tenus de exhiber les appellations, car elles vauldroient par manière de probation, mais qu'ils exhiberoient seulement les (2) adjournemens et rescriptions.

Item quant auscun se dit estre saisi d'aucune chose qui de droit commun ne peult pas cheoir en sa personne, et il allègue sur ce tiltre de privillége, il doit incontinent enseigner et faire apparoir dudit privillége, avant que la partie adverse soit tenue de respondre. *Et ita dictum fuit Parisius in parlamento anno Domini millesimo* CCC.XXIIII *contra procuratorem ville Tornacensis et pro procuratore capituli Tornacensis.*

Item plus fort quant aucun pour fonder aucune saisine,

(1) A.B. : de probation.

(2) A.B. : leurs.

telle comme j'ay dit dessus, allègue tiltre qui est contre droit commun, et tout ce allègue pour privillége, avant que la partie responde il doit présentement enseigner du tiltre, et dudict privillége ; et la raison si est, car combien que nul ne soit tenu de dire et nommer le tiltre de sa possession s'il ne veult, toutesfoys, s'il allègue tiltre et privillége, il est tenu le exhiber, puisqu'il est contre droit commun. *Ita fuit dictum per dominum Johannem de Sercomonte, tunc cancellarium Franciæ*, contre les maires et eschevins de Sainct-Quentin en Vermendois, en la cause de la monnoie (1) de ladicte ville ; et pour ce fut foulle l'advocat (2) qui allégua tel tiltre.

(1) A.B. : de la nouvelleté.
(2) A.B. : Et pour ce l'advocat pécha qui allegua tel titre.

CHAPITRE XIV.

DE ACTION RÉELLE.

Au royaulme de France n'y a bailli, séneschal, ne aultre juge qui puisse, ou doie tenir court ne aucunement congnoistre ou soy entremectre de avoir la congnoissance du patrimoine du roy, sinon la Court de parlement, ne allieurs ne peult estre ladicte cause ventillée, sinon du mandement espécial, ou commission du roy, ou de la Court de parlement ; et s'il estoit faict aultrement par quelque personne que ce fust, tout seroit annullé par la Court, et prononcé pour nul. Ainsi fut-il dit par arrest contre l'abbé de Montauban contre le roy (1).

Mais (2) les séneschaux ou baillifs pevent bien congnoistre sur la possession, car lors en a esté faicte ordonnance sur ce terme. (Ce) que j'ay dessus dit, que en cas de propriété la pétition est donnée par escript, il fault se partage est faict avec le roy par aucun sur certaines choses, et icelluy contre qui le partage sera faict en appelle comme non fait deuement, ledit partage sera mis au néant, car posé que ce soit cas de propriété, toutesfoys l'en ne donne pas par escript sa pétition. Et ainsi fut-il dit à maistre Guillaume du Brueil ou faict du recteur de l'ysle en Lymosin.

(1) A.B. : par arrest ès causes meues par l'abbé de Montfort contre le roy.

(2) A.B. : Il est assavoir du stille de la Court de France, que en cause de propriété la cause doibt estre baillée par escript en la Court, et en doibvent quérir baillées trois d'une même teneur, dont l'une demourera par devers ladite Court, et les deux autres seront closes et scellées, et rebaillées, l'une au demandeur et l'autre au deffendeur. Mais les séneschaux, etc.

Fallit (1) quant aucune des parties intente action pétitoire en court, car elle confesse sa partie estre saisie selon le stil de la Court. Et ainsi (2) la saisine doit estre adjugée au deffendeur (3).

L'autre (4) partie feist sa demande pétitoire et fut faicte contestacion, et les articles baillés d'une part et d'autre, et puis le demandeur cessa de procéder par dix ans en ladicte cause, et puis impétra adjournement contre le deffendeur en parlement, et se disoit (5) saisi de la chose, pourquoy il avoit piéçà meu plaict en la propriété, sur laquelle saisine il disoit que sa partie adverse disoit qu'il ne se povoit dire saisi (6), car autresfoys en ceste présente court il avoit intenté reivendication, contre le demandeur (7), réplique et dit ledit procès estre interrompu, et annichillé par l'espace dudit temps, et pourtant ne luy peult nuire, ainçoys doit valloir l'acquisition de ladicte saisine (8). Et ainsi fut-il dit par arrest de parlement pour l'évesque de Noyon, contre le procureur du roy et les mayeurs et jurez de Noyon, l'an mil ccc.xxv (9).

(1) A.B. : Item quand aucune des parties intentée a action pétitoire en Court, elle confesse.

(2) B. : parquoy la saisine.

(3) B. : au demandeur. — A. : au dessusdit.

(4) B. : Item si la partie qui a faict sa demande pétitoire, sur laquelle le défendeur a contesté, cesse de procéder par dix ans en ladicte cause, et cependant renvoye sa saisine, et puis impètre adjournement, etc.

(5) B. : et se die. — A. : et se dit.

(6) A B. : sur laquelle saisine sa partie adverse l'a de nouvel troublé, et partie adverse lui obisse qu'il ne se puisse dire saisi, car aultrefoys.

(7) B. : reivendication, [le] demandeur réplique. — A. : reivendication demande réplique.

(8) A.B. : laquelle se peult faire par an et jour, le demandeur ne sera point ouy sur ladicte saisine.

(9) A.B. ajoutent : Ung mineur n'est tenu de continuer les causes de propriété commencées contre son prédécesseur ; mais dormira ladicte cause jusqu'à

Item en toutes réelles actions le deffendeur doit avoir trois dilations, c'est assavoir de conseil, de veue et de garand. Mais il est compellé à respondre après la dilation de la veue se il ne propose qu'il eust (1) garand. Et aussi seroit-il compellé de respondre après la dilation de garand, mais il pourroit bien proposer les exceptions dilatoires, et non pas les déclinatoires, car par le procès il appert qu'il a approuvé la Court pour juge. Mais ceste reigle fault ès exceptions déclinatoires par lesquelles il demande estre renvoyé au juge soubs qui la chose contencieuse est assise; car ceste déclinatoire peult il bien proposer. Et est la raison, car la veue luy monstre bien quel juge il doit avoir pour icelle chose, et est cela vray s'il a pourpensé (2) tantost sans interposition après la veue, mais il est aultrement comme dit est, se il a proposé après le garand, et par le procès il est veu qu'il doit approuver la court (3).

Item, où doit estre fait l'adjournement, et qui le doit faire, et qui doit estre adjourné, peult-on veoir dessus au tiltre *Des Adjournemens* (4).

Item ès causes de héritages et aultres réelles actions, la publication des requestes de la cause meue doit estre faicte en Court, et par semblable requeste faicte par commission

ce qu'il soit parvenu en aage légitime. Ainsi fust-il dit pour Charles d'Evreux contre l'abbé de Sainct-Denys, au parlement, l'an mil trois cens vingt et sept.

Si ung mineur est noble et a vingt ans accomplis, et soit entré dedans le XXIe an, il est réputé majeur. Et ung mineur non noble qui a quatorze ans accomplis, et commence XV, est réputé majeur, quant à donner cause de propriété, soit en demandant ou deffendant.

(1) A.B. : qu'il ait.

(2) B. : proposé. — A. : se il le propose.

(3) A.B. : car par ledict procès, il est veu approuver la Court à juge.

(4) A.B. ajoutent : Item des deffaulx et contumaces, et de leur prouffit, il fault noter ce qui en est escript cy-dessus au titre *Des deffaulx et contumaces*.

donnée par la Court et pour enquérir et référer, etc. (1). Mais ce n'est pas vray s'il estoit renoncé, et conclud en la cause simplement, car adoncques celuy qui requiert la publication estre faicte ne seroit pas ouy. *Et ita fuit dictum pro episcopo Laudunensi contra procuratorem regis et contra me, et in casu ubi esset etiam renunciatum in causa Galterii pro procuratore regis* (2).

Item quant l'action est par vendication de la chose, et le demandeur ou le deffendeur a aliéné (3) ladicte chose litigieuse, ou aucun droit (4), le plait pendant, qu'il y avoit, jà soit ce que la partie pourroit proposer vice de litige, affin que l'autre eust perdu son droit, et l'autre partie se consent depuis que l'enqueste soit parfaicte, et icelle perfaicte soit receue par la Court, et après ce que ladicte requeste perfaicte seroit remise par le commissaire à la Court pour faire jugement, veult proposer que son adversaire ait aliéné la chose litigieuse, le plait pendant, affin qu'il ne doibve estre receu, il n'y sera pas ouy, ainçois l'enqueste sera veue et jugée [car il peult bien avoir pourpensé ainçois qu'il se feust consenti à perfaire ne à recevoir ladicte requeste, et quant il le peult il ne voulut, or il ne le peult quant il le veult (5)]. Ainsi fut-il dit en parlement, l'an mil ccc.xxv, pour les hoirs maistre Pierre de la Chartre pour une femme appellée la Hermande (6).

(1) B. : Item ès causes de héritaiges, et aultres réelles actions meues en la Court, et aussi les enquestes faites par commission donnée par la Court, et pour enquérir et référer doibvent estre publiées; mais ce n'est pas vray, etc.

(2) B. : et contra procuratorem regis.

(3) A.B. : aliène.

(4) A.B. : ou le droict qu'il y prétend.

(5) Manque dans A.B.

(6) B. : la Horaulde. — A. : la Héraulde.

CHAPITRE XV.

DES CAS DE NOUVELLETÉ (1).

Qui est empesché indeuement, et de nouvel en la saisine d'aucune chose, peult impétrer de la Court du roy lettres de justice sur ceste fourme.

Philippus, Dei gratia Francorum rex, etc. Tales habitatores Insulæ in Flandria, nobis conquerendo fecerunt exponi, quod licet ipsi eorumque predecessores sint et fuerint ab antiquo a tanto tempore cujus in contrarium memoria hominum non existat in possessione et saisina, seu quasi, libertatis et immunitatis non solvendi vectigal, seu pedagium, dum ipsi transitum faciunt cum mercaturis suis per totam terram carissimæ consanguineæ nostræ comitissæ Attrebatensis, nichilominus sui pedagerii de Bapaulme et ejus dependenciis talem burgensem dictæ villæ extra districtum dicti loci, cum ejus mercatura transeuntem, occasione pedagii pignoraverint, ipsos in ipsorum possessione, seu quasi, impediendo et perturbando indebite et de novo, sicut dicunt. Quare vobis præcipimus et mandamus quatenus, si vocatis evocandis summarie et de plano vobis constiterit de premissis, impedimenta et novitates hujusmodi exinde amovere, et dicta pignora dicto burgensi reddi ac restitui, et omnia in contrarium acta ad statum pristinum et debitum (reduci) faciatis, ac nobis et dicto conquerenti de premissis emendam condignam prestari faciatis indilate. Si vero dicta comitissa et ejus pedagerii in contrarium se opposuerint et debatum super hoc orietur, debato, etc.

(1) A.B. : De cause de nouvelleté.

Item ung cas de nouvelleté ne peult pas estre intenté contre celuy qui a possédé par an et par jour, mais par droit commun et ordinaire doit estre convenu sur la saisine, et aura dilation pour conseil, pour veue et pour garand, nonobstant que j'ay dit le contraire cy-dessus au tiltre *Des Dilations*.

Item s'il se complaint en ce cas (1), il doit bien garder qu'il ne se despouille, ne désaisisse, car en tel cas de nouvelleté ne chet pas tel interdit, ne n'est donné fors à icelluy qui se dit estre possesseur.

Item aucuns dient que le stille de la Court est tel, que par tel (2) qui est donné commissaire en ladicte lettre de justice, en cas d'opposition, doit assigner jour aulx parties sur le lieu du débat, et non ailleurs, car se il assignoit allieurs, ne l'assignation, ne aultre chose faicte pour ce ne contient ne ne vault (3). Et pour ce en tel cas de nouvelleté tout doit estre faict au lieu du débat, et en présence de tesmoings et de partie. Et pour ce est-il dit que en cas de nouvelleté l'en n'a point de veue. Et ainsi fut-il dit par arrest de la Court de parlement en cas de nouvelleté, contre l'abbé et convent de Sainct-Éloy de Noyon, pour l'évesque de Noyon, pour la jurisdiction de la ville de Babeuf (4), l'an mil ccc.xxv. Et est ce vray s'il met le lieu contencieux en la main du roy, où il en fait la recréance, et non pas quant à aultre chose.

Item tout commissaire donné en ceste cause doit procéder par la manière qui s'ensuit.

Primo, il doit adjourner le deffendeur à certain et compétent jour sur le lieu du débat, à veoir mettre à exécution

(1) A.B. : Item le complaignant en cas de nouvelleté doit bien garder.
(2) B. : que celluy qui est donné.
(3) A.B. : ne tiendroit, ne vauldroit.
(4) A.B. : de Valle.

unes lettres royaulx (1), au jour et au lieu dessus dicts, les parties présentes devant ledict commissaire selon la forme et teneur de sa commission, et dont le deffendeur dit qu'il n'a ne demande riens en la chose où ledit demandeur pose qu'il l'a perturbé induement en la saisine d'icelle, et tout ce le deffendeur nye avoir empesché, ou perturbé en la saisine, ledit commissaire doit oster ledit empeschement, ou restituer le demandeur à certain pris, ou à certaine chose (2) pour restablir le lieu selon l'empeschement. Et par semblable fera ledit commissaire, posé que (3) ledict deffendeur confesse avoir faict ledit empeschement, jà soit ce qu'il n'eust nul droit en la chose, mais oultre ce, il le doit compeller de amender à la Court et à la partie, ce qu'il ne feroit en l'autre cas prochain dessusdict.

Mais je prens que le deffendeur ne se présente pas devant l'exécuteur ou commissaire, le demandeur doit faire sa requeste, c'est assavoir que il soit ressaisi, ou que ledit empeschement soit osté, ce que doibt faire ledit exécuteur, posé que ledit deffendeur ne soit contumax que pour une seulle fois, jà soit ce que en aultre cas il faille en contumace (4), à ce que l'en puisse procéder contre luy *ut* ff. *De judic.*, l. *Ad peremptorium.*

Et ce est vray, si le commissaire ou l'exécuteur a en sa commission povoir de le faire, car aultrement il doit

(1) A.B. : Et se au jour et lieu assignez les parties comparent devant ledict commissaire, le demandeur doibt requérir estre maintenu et gardé selon la forme et teneur de sa commission, et adonc le demandeur dict qu'il n'a ne demande riens, etc.

A. : et adonc le deffendeur dit qu'il n'a rien demandé.

(2) A.B. : de certain pris ou chose.

(3) A.B. : là où.

(4) A.B. : jà soit ce que autresfoys trois contumaces fussent requises à ce que l'en peust procéder contre luy.

remettre ses parties à la Court, jouxte la teneur de sa commission.

Mais le commissaire à ce député ne oste voluntiers tels empeschemens, ne ne fait ce que j'ay dit dessus, jà soit ce qu'il en eust povoir, mais luy seul mettra la chose contencieuse en la main du roy, et adjournera les parties en parlement, et est le plus seur, car l'en ne scet si la partie qui est contumace pourroit purger sa contumace, car s'il la povoit purger il seroit receu en parlement à proposer son droit, et seroient faicts articles sur les propos d'un costé et d'aultre, et dont l'en enquiert (1) de la saisine de chascune partie, il (2) ne seroit point aultrement pugny pour sa contumace, ne mais (3) que la chose contencieuse demourroit en la main du roy pendant ladicte enqueste, laquelle faicte et reportée à la Court, après ce que par ladicte Court elle sera receue et veue, par jugement et par arrest ledit empeschement sera osté; et sera adjugée la saisine à celuy qui a le meilleur et le plus juste tiltre.

Mais si le deffendeur ne peult purger son deffault, adonc sera osté l'empeschement et la main du roy, et la saisine adjugée au demandeur. Ainsi fut-il dit par arrest de parlement pour le chapitre de Rennes (4) contre le conte de Roussi.

Item quant les commissaires ont povoir sur les choses dessus dictes, et le deffendeur ne se comparoist devant eulx, le demandeur doit requérir que il soit mis en deffault, et que l'empeschement soit osté. Et se il ne le requiert, et cependant le temps de la nouvelleté se passe,

(1) A.B. : et enquis de la saisine.
(2) A.B. : et ne seroit.
(3) A B. : sinon que.
(4) B. : Reims. — A : Reyns.

il chiet du cas de nouvelleté. Ainsi fut-il dit par arrest de parlement pour l'évesque de Noyon, contre l'abbé et convent de Sainct-Eloy, en la cause dessus dicte, meue entre eulx.

Mais je pose que le demandeur ne se comparoit pas au jour assigné par les commissaires (1); *quæritur* si pour une seulle contumace il pert le prouffit de ses lettres? Je dy que ouy, tant qu'il ne peult plus poursuivir ladicte cause par vertu d'icelles; mais s'il impètre aultres lettres, il pourra bien par vertu d'icelles secondes, nonobstant ce, poursuivre sa cause; mais que ledict an ne soit passé.

Item je prens que aucun impètre lettres de justice en cas de nouvelleté, et commence le procès par vertu d'icelles contre son adversaire, puis laisse son procès, et puis veult procéder par vertu d'aultres lettres que il a impétrées par aultre procès, il chiet du premier procès encommencé de la cause de la nouvelleté se l'an est passé du temps de ses secondes lettres.

Et puisque ledict commissaire a mis par vertu de sa commission la chose contencieuse en la main du roy, et adjourné les parties en parlement sur l'opposition du procès, son pouvoir est fini sans ce que il puisse plus procéder en aucune manière; et s'il procédoit, ce qu'il feroit seroit de nulle valeur, et tout annullé. Ainsi fut-il dit par arrest de parlement, l'an mil ccc.xxv, pour l'évesque de Laon contre ung homme de Laon, que la promesse faicte de se comparoir devant le bailli de Vermandois fut annullée après l'oposition et rémission.

Item se l'adjournement fut impétré (2) sur nouvel empeschement, et la chose contencieuse mise en la main du

(1) A.B. : par-devant les commissaires.
(2) A.B. : a été impétré.

roy, et quant la pétition fut faicte (1), le demandeur dist qu'il avoit esté empesché sur la saisine, sans dire *de nouvel*, le deffendeur n'est tenu de respondre ; car, la substance de l'action est muée, en faisant de nouvel adjourné (2), à ce, et pour ce aura congié, se il le requiert, et l'empeschement osté, et demourra saisi ledict deffendeur. Ainsi fut-il dit par arrest de parlement pour l'archevesque de Rains et le procureur du roy, contre les doien et chapitre de Rains, et les hommes de leur ban et de Sainct-Remy, en cas de nouvelleté meu par le doien, etc., contre ledict archevesque, sur ce qu'il disoit que l'en les avoit empeschés et perturbés en la saisine où ils estoient de liberté de non contribuer ès mises, frais et despens pour la coronation des roys de France, pour certaine somme d'argent qu'on leur demandoit pour le couronnement des roys Loys et Philippe.

Item se les exécuteurs de l'adjournement impétroient commission en cas de nouvelleté (3), ils ne pourroient mettre la chose contencieuse en la main du roy. Se le deffendeur quant l'en plaidera demande que l'en luy donne veue, elle luy sera faicte, mais le demandeur ne chiet pas du cas de nouvelleté, jà soit ce que contestation ne soit faicte dedans l'an du temps que l'empeschement fut mis.

Item selon le cas prouchain dessus dict, si le demandeur requiert la chose estre mise en la main du roy avant que le deffendeur ait fait contestation, il sera ouy. Mais se

(1) A.B. : si en faisant la demande, le demandeur dict que il a esté empesché.

(2) A.B. : muée, et pour ce que le deffendeur n'est à ce adjourné, pour ce aura congé.

(3) A.B. : ne pevent en cas de nouvelleté mettre la chose contencieuse.

il la requéroit (1) après la contestation, il n'y seroit pas ouy ne receu, ainçois il conviendroit oultre plaider, et reviendroit ledict deffendeur en l'estat qu'il estoit sur la saisine de la chose contencieuse.

Et doit chascun sçavoir que en ce cas dilation de veue, ne de conseil, n'est pas donnée, ne mais au cas (2) prouchain, ne dilation pour garantir. Ainsi fut dit par arrest de la Court de parlement contre le connestable de France qui vouloit avoir à garand le roy de Navarre. Et entens ce estre vray quant le deffendeur dit que il propose (3) la chose contencieuse comme son propre fait, et de son droit avoir fait ce que l'en luy impose; mais il seroit aultrement se il disoit l'avoir fait ou nom d'aultre, comme seroient baillis ou tels semblables. Et la raison pourquoy est notée cy-dessus au tiltre; *De garand.*

Item posé que l'adjournement fut impétré en cas de nouvelleté, et fut plaidoié devant les commissaires, et en tel temps (4) que ils peussent bien avoir adjourné et remis les parties au prouchain parlement, ce que ils ne feroient pas (5), mais l'adjournement fut au second parlement, telle assignation ne vault riens, jà soit ce que les parties se assentirent, dit-il (6). Il apert à la Court que l'an et le jour soit passé du temps de la nouvelleté; car tel interdict n'est donné ne mais à celuy qui est perturbé

(1) B.: la relevoist.

(2) B.: mais au cas.

(3) A.B.: dict qu'il possède la chose contentieuse comme son propre, et de son droict, et avoir faict ce que, etc.

(4) A.B.: et par tels temps.

(5) A.B.: ce que ils ne ont faict mais au second parlement.

(6) A.B.: jàçoit ce que les parties l'acceptent. Et s'il appert à la Court que l'an et le jour soit passé, tel conquérant n'est plus ouy par voye de nouvelleté du temps de la nouvelleté. Et ainsi fut dit, etc.

depuis an et jour. Et ainsi fut dit par arrest de parlement contre le procureur de Sainct-Vaast d'Arras pour la contesse d'Arthois.

Item du deffault et du prouffit de tel cas contre le contumax peulx tu veoir cy-dessus au tiltre *Des deffaulx*, où tu as la copie du registre.

Item je fais telle demande : celuy qui est adjourné en cas de nouvelleté propose que l'an et jour du temps de l'empeschement que l'en luy oppose sont passés, et le veult prouver, sçavoir s'il sera receu à celle exception, et si elle empesche contestation de cause? Il semble que de raison il doit estre ouy ; car aultrement la chose seroit mise en la main du roy en son préjudice ; et pour ce que plus brefvement et sans procès ordinaire ceste cause seroit expédiée. Mais tout le contraire est vérité, car, prouvé ou non prouvé ladicte exception, il conviendroit de rechief plaider de ladicte saisine par voie ordinaire. Maintenant non, car l'en ne plaidera que une fois, c'est en confortant la reigle qui dit *en cas de nouvelleté il convient tout plaider à une foys;* et pour ce ne se doit pas le deffendeur arrester sur son exception seullement, car protestation ne le relèveroit pas ; et se le demandeur prouve la nouvelleté, il obtiendra, jà soit ce qu'il ne puisse prouver la saisine.

Item exception des aultres saisines est receue du stille de la Court, c'est assavoir si le deffendeur dit au demandeur : *Tu ne te peus dire saisi, car tu m'as déjecté violentement de ma possession ;* et si le demandeur réplique : *Tu ne te peus dire saisi, car tu ne feus oncques saisi ;* adonc l'en enquerra de la saisine de chascun.

Item se aucun se dit empesché en sa saisine et de nouvel, et prouve bien l'empeschement et saisine, et non la nouvelleté, il déchiet de sa cause. Mais il pourra bien de rechief proposer son action, en disant qu'il est dessaisi et perturbé, sans faire mencion de nouvelleté.

Item en cas de nouvelleté entre privées personnes, la congnoissance appartient au roy, et à ceste présente Court espécialement. Et pour ce, se les parties demandent estre renvoiées au juge soubs lequel ils sont couchans et levans, ils ne seront ouys, car la demande de ce est au roy (1).

Item si le subject se complainct de son seigneur sur nouvel empeschement, la cause sera renvoiée au jugement dudict seigneur, car en proposant ainsi de nouvel empeschement, le subject osteroit au seigneur sa jurisdiction (2), et pour ce l'on dit vulgairement *entre seigneur et subject n'a point de nouvelleté*.

Item se aucun s'oppose en cas de nouvelleté, ou aultre semblable, pour certaine cause qu'il exprime et nomme, il est exclud et privé de toutes aultres exceptions et dilations quelsconques, fors de celle qu'il a déclairée. Ainsi fut-il dit par arrest de parlement contre l'archevesque de Reins, *pro stabilis* (3) *banni sui et sancti Remigii*, en la cause des despens faicts pour le couronnement du roy de France. Mais se il s'oppose généralement, il sera receu à opposer (4) déclinatoires et dilatoires, et toutes aultres exceptions quelsconques par le stil de la Court. Ainsi fut-il dit pour l'abbé *Sancti Audomairii* (5) ou bois contre le sire de Seelles, en parlement, l'an mil ccc.xxvii.

(1) Stylus Parlam., *quia emenda ob hoc debetur Regi.*

(2) B. : et la raison si est, car par ce moyen il seroit en la puissance du sujet de oster au seigneur sa jurisdiction.

(3) B. : Pro scabinis stabilis.

(4) A.B. : à proposer.

(5) B. : de Saint-Audemer.

CHAPITRE XVI.

DE ACTION PERSONNELLE.

Se aucun demande en ceste Court par action personnelle, ou aultrement en concluant par moyen d'action personnelle, comme de action de reivendication ou de testament, ou d'autre semblable, la pétition n'est pas donnée en escript à la Court, mais (1) est proposée par parolles ; mais aucunesfois quant la besongne est grande, et où il y a grand traict, ou peult avoir, la Court commande qu'on baille ladicte pétition par escript, et doit estre intitullée par manière de mémoire. Ainsi fut dit par arrest de la Court de parlement *in facto domini de Cenfessis* (2) *contra dominum de Nigella* (3).

Item doit chascun sçavoir que se aucun te doit aucune chose, tu le peus poursuivir par voie d'action personnelle, et aucunesfoys par voie de exécution. Comme se aucun se oblige vers celuy à qui il doit par lettres séellées d'aucun séel royal, et se submecte à la cohibition (4) desdicts seaux, ou se aucun s'oblige par lettres séellées de son propre séel, celuy qui s'oblige par la voie première peult estre poursuivi par voie d'exécution, tant comme il vivra ; et s'il propose aucune juste cause d'exception, il n'y doit estre receu ne ouy jusques à tant qu'il ait garni la main de la Court jusques à la somme deman-

(1) A.B. : ains est proposée.

(2) A.B. : de Ansemont.

(3) B. : Et ainsi on en use en Chastellet.

(4) A.B : à la cohertion dudict séel.

dée, et la raison est notée cy-dessus au tiltre : *Des exceptions*. Et par la coustume (1), elle doit estre garnie de biens meubles s'ils y sont, car si elle est garnie aultrement, il ne souffiroit pas, et si garnit l'en aucunesfois de immeubles en deffault de meubles. Ainsi fut-il dit par arrest de parlement pour messire Simon de Brueil, l'an mil ccc.xxvi.

Item doit aussi chascun sçavoir que contre telle exécution l'en peult opposer ceste exception, et non aultre (2), c'est assavoir de la chose requise solution, faulceté de lettres, ou qui luy ait promis de jamais ne luy en riens demander.

Et se le debteur (3) qui se obligea par lesdictes lettres est mort sans faire satisfaction, celuy à qui il se obligea ne peult poursuivre par voye d'exécution les hoirs dudict deffunct, mais bien par voye d'action personnelle, ne ils ne seront point tenus à garnir la main, ce que le principal obligé seroit tenu s'il vivoit. Et la raison est telle, car le debteur qui se obligea doit estre plus certain de son propre faict, que son hoir que l'en poursuit d'aultruy faict. Et pourtant ce n'est pas de merveille, se l'en procède plus asprement contre luy que contre ses hoirs.

Mais s'il se obligea par lettres séellées de son propre séel, le demandeur le doit faire adjourner à recongnoistre si c'est son séel ou non ; et s'il le congnoist, celluy qui demande sera ouy par voie d'exécutiôn. Aussi s'il nye (4)

(1) A.B. : Item cette munition par la coustume doibt estre faicte des biens meubles, car si d'aultres elle se faisoit, la Court ne seroit pas souffisamment garnie. Toutesfoys en deffaut de meubles l'on garnist de immeubles. Ainsi fust-il dict.

(2) B. : proposer ces exceptions, c'est assavoir, etc.

(3) B : Item se le débiteur.

(4) A.B. : Et pareillement s'il nye.

et il est prouvé aultrement, il seroit poursuivi (1) par voie d'action (2), et non pas par voie d'exécution.

Item je pose que Jehan fit la pétition générallement contre G. et R., qu'il requéroit envers luy estre condempnés en dix livres, lesquels G. et R. proposoient à l'encontre aucune exception pour laquelle la plaidoierie fust moult prolongée et alongnée par grand temps, et après ce requièrent que ledit demandeur réparast (3) par parolles sa pétition, et de rechief, en laquelle pétition secondement proposa ledict demandeur et requist chascun d'eulx estre condempné envers luy pour le tout, et pour tant qu'il luy touche en ladicte somme, et dont répliquèrent lesdicts G. et R., disans qu'ils ne sont tenus de y respondre, pourtant que la dernière pétition n'est pas semblable, mais est muée la substance de la première (4); et ainsi fut-il dit pour la dame de Montfort contre le conte *Convenarum* et messire Guy, son frère, en cas semblable, que ils respondroient à la pétition de ladicte dame, jà soit ce qu'elle eust faict mutation telle, car il n'est veu qu'elle ait mué, mais accumulé à la première péticion, ce qu'il loit faire de droit avant litiscontestation faicte en cause.

Item je demande ung tel cas : G. avoit dit injures à Jehan, pourquoy il fust condempné en amende au roy et audit Jehan : et fut dit qu'il tiendroit prison jusques à ce qu'il eust satisfaict audit J. sa partie. G. fust mis en prison pour ce, et puis fust délivré sans faire satisfaction audit Jehan et sans sa volunté. Jehan demande audit G., qu'il voit hors de prison, que il luy face satisfaction de

(1) B. : il fauldroit poursuyvre. — A. : il le fauldroit poursuyvre.

(2) A. : par voye de action. Et s'il meurt, il convient poursuyvir son hoir par voye d'action et non pas par voye d'exécution.

(3) A.B. : répétast.

(4) B. ajoute : lesquels G. et R. ne furent point ouys.

ladicte somme, et oultre ce luy demande plusieurs despens qu'il a faits en poursuivant ladicte exécution estre acomplie depuis que ledit G. fut mis hors de prison. — *Responce :* J. a tort de poursuivre ledit G. pour le principal, mais doit poursuivre ceulx qui le mirent hors de prison jusques à tant qu'il eust faict (1) satisfaction du principal et des despens. Ainsi fut-il dit par arrest de parlement en tel cas, *pro domino Fornilarii qui prosequebatur contra dominam Johannem de Croisiaco* (2).

Item la Court n'a pas acoustumé de donner lettres, ne adjuger aucune chose à celluy qui propose qu'il est déceu de oultre moitié de juste pris en choses meubles, et telle est la coustume généralle du royaume de France, ne par semblable des arrérages deus à cause d'une chose immeuble ou de usufruicts, et cecy est traicté (3) in l. *Rem majoris precii*, C. *De rescindenda venditione*. Mais (4) il ne peult pas bien estre soustenu par la loy *Si ea*, C. *De usufructu*, et ff. *Ex quibus causis majores*, l. IIII.

(1) B. : qu'il ait faict.

(2) A.B. : *prosequebatur dominum Johannem de Treciaco.*

(3) A.B. : Mais cecy est contre la l.

(4) A.B. : Et toutesfoys.

CHAPITRE XVII.

DES APPELLATIONS ET AMENDES ET EXÉCUTIONS D'ICELLES.

Pour plus évidente déclaration de ceste matière, doit chascun noter en quelle forme, et dedens quel temps, adjournement doit estre faict et impétré comme dessus a esté dit au tiltre : *Des adjournemens et des deffaulx et contumaces.*

Si aucun appelle d'une sentence donnée par aucun juge du pais qui se gouverne par droit escript, il met qu'il appelle de ladicte sentence comme nulle, et si elle est aucune, il doit appeller d'icelle comme inique et injuste. Mais si le juge estoit de pais coustumier, il doit appeller d'icelle comme nulle, et si elle est aucune, comme de faulce et mauvaise. Et si la sentence est donnée par juge de pais coustumier, il convient appeller si tost que ladicte sentence est donnée, et ainçoys que le juge se dresse pour se départir, ou sinon il est réputé pour non appellant. Mais si l'on appelle d'ung juge du pais qui se gouverne par droit escript, il souffit dire incontinent : *je appelle,* sans aultre spécification de parolles, mais qu'il en appère entre les aultres mots (1), pourveu

(1) A B. : entre les actes. Mais s'il en appelle après, il fault que ce soit dedans les dix jours et par escript, et qu'il allègue en son appellation aulcunes choses raisonnables. Si la partie de droict escript ne appelle, néantmoins elle pourra dire ladicte sentence nulle, et donner libelle en cause de nullité devant le juge qui la prononça, et a accoustumé la Cour de donner et transmettre lettres aux juges qui ont donné telle sentence. Mais se la partie de pays coustumier ne appelle, elle ne pourra pas avoir action sur nullité de sentence, sinon ès cas qui s'ensuyvent :

Primo, quant la sentence a esté donnée par juge incompétent ;

toutesfois que ce soit dedens dix jours ; lors il convient appeller par escript, et alléguer et mectre en ladicte appellation aucunes causes raisonnables et légitimes, et telles que si elles estoient vraies elles debveroient estre réputées pour bonnes et loyalles.

La partie qui fut grevée par le juge du pais de droit escript n'appelle pas, jà soit ce que elle le peult faire nonobstant ce qu'elle pourra dire ladicte sentence nulle et donner libelle en cause de nullité devant le juge qui la prononça, et a acoustumé la Court de donner et transmectre lettres aux juges qui ont donné telles sentences. Et se la sentence fut donnée du juge du pais coustumier de laquelle il ne fut pas appellé, jà soit ce que la sentence fust nulle, la partie grefvée ne pourra pas avoir action sur nullité de sentence, puisqu'il n'en appella, mais fut donnée soudainement et trop tost et sans garder la demeure des dilations acoustumées. *Responsio* : Quant l'en dit que en ladicte sentence a erreur patent, en ce cas la sentence ne vault ne ne tient, posé qu'il n'en soit appellé. Et ces trois cas appèrent assez bien par cest exemple. Les hoirs feu Robert le Tourains, de la cité de Paris, disoient en parlement contre Jehan de Bondis (1), que une sentence avoit esté donnée contre eulx, et pour ledict Jehan, devant le prévost de Paris, en une cause pécuniaire, laquelle sentence fust donnée par ledit prévost par quatre deffaulx impétrés en la Court dudit prévost par ledit Jehan contre eulx ; laquelle sentence lesdicts hoirs disoient estre nulle ou faulce :

Primo, car les adjournemens avoient esté faicts en

Secundo, quant elle a esté donnée soudainement, sans garder ordre ;

Tertio, quant la sentence contient erreur manifeste. En ces cas la sentence ne vaut, pourvu qu'il en soit appelé. Et ces trois cas, etc.

(1) A.B. : Jehan de Senas.

une maison en laquelle se hébergeoient lesdicts hoirs, quant ils venoient à Paris, et non pas au lieu de leur demeure qui est à cinq lieues de Paris, et auquel lieu ils avoient leurs propres domicilles, et par ce n'estoit pas venu l'adjournement à eulx ne à leur congnoissance, car comme l'action fut personnelle, l'adjournement debvoit venir à leur domicille, tant du stil de la Court comme par la coustume de France.

Item l'un desdits hoirs estoit clerc; et pour ce, celluy qui donna la sentence n'estoit son juge, et pour ce ne valloit ne ne tenoit le jugement.

Item quant ils furent adjournés quartement, et il vint à leur notice, ils se comparurent devant ledict prévost, et l'acteur fut deffaillant, comme ils monstrèrent par ung mémorial du Chastellet, et pour ce disoient-ils selon le stil du Chastellet que le procès desdicts deffaulx estoit interrupt, et pour ce ne pourroit sur iceulx la sentence estre donnée, mais quant l'en les vint (1) exécuter pour ce, ils requirent audit prévost que il annulast ladicte sentence, et il dist que non feroit, ainçoys vouloit qu'elle fust mise à exécution, dont ils appellèrent de luy.

Mais ledit Jehan proposa contre lesdicts hoirs affin qu'ils ne fussent receus (2), il disoit avoir esté bien jugié

(1) A.B : Et avant qu'on les vint.

(2) A.B. : Et, au contraire, estoit proposé par ledict Jehan : *Primo,* que les adjournemens estoient faicts à leurs personnes, comme il apparoissoit par la relation du sergent.

Secundo, qu'elle avoit esté donnée après quatre deffaulx.

Tertio, que d'icelle sentence n'avoit esté appellé *illico*, mais ung an après, et jà soit ce qu'elle fust nulle au commencement, si debvoit-elle tenir selon la coustume généralle, et dénya que l'autre feust clerc.

Item quant à ce qu'il fust dict qu'ils n'estoient recepvables comme appelans, et qu'il avoit esté dict bien jugé et mal appellé, lesdicts hoirs disoient au contraire :

Primo, que ladicte coustume pourroit avoir lieu, se la sentence estoit donnée

et mal appellé pour les causes qui s'ensuivent : *primo*, que lesdicts adjournemens avoient esté faicts ausdicts hoirs de bouche, comme il apparoist par le mémorial et par les sergens de la Court ; *secundo*, qu'elle avoit esté donnée après les quatre deffaulx, comme il estoit apparu clèrement à la Court ; *tertio*, que combien qu'il appellast, ce ne fut pas tantost qu'elle fust donnée, mais après l'an, parquoy jà soit ce qu'elle fust nulle au commencement, elle tenoit, selon la coustume généralle.

Les hoirs proposoient contre les allégations dessusdictes, *primo*, contre celluy qui disoit que selon la coustume ladicte sentence, puisqu'il n'avoient appellé dedens le temps, elle tenoit et valloit, il est vray, et a cela lieu quant telle sentence que l'en dit estre nulle fut donnée de juge compétent comme ou cas de présent. Item peult avoir lieu quant l'en ne peult pas bien prouver que il y eust erreur en la sentence. Mais en ladicte sentence donnée par ledict prévost avoit erreur manifeste, pour ce qu'il faignoit et disoit qu'il avoit eu quatre deffaulx continués justement impétrés, mais il disoit mal, comme j'ay dit, en la parfin dudict arrest, que lesdicts hoirs seroient receus à ladicte appellation. Et pourtant comme il apparut par la teneur dudict mémorial dont j'ay parlé

par juge compétent, non pas là où le juge seroit incompétent, et aussi là où ladicte sentence ne contiendroit aulcun erreur ; mais ainçois le présent erreur estoit manifeste, parce que en ladicte sentence ledit prévost avoit fait quatre deffaulx bien entretenus, et maintenant il apparoissoit par ledict mémorial que lesdits deffaulx avoient esté interrumpus. Aussi par le procès il apparoissoit que lesdicts adjournemens avoient esté donnez et faicts à termes trop briefs, car le premier fust donné à ung jour de mardy, le second à ung jour de mercredy, et le tiers au jeudy, et le quart au samedy prochain ensuyvant Et pourtant furent lesdictz hoirs receuz comme appellans, et oultre plus fut dict par arrest donné en parlement, l'an mil trois cens vingt-cinq, qu'il avoit esté mal jugé, bien appellé.

dessus que ledit procès avoit esté interrupt, lequel procès veu et regardé, il apparoist que lesdicts adjournemens avoient esté donnés et faicts à termes trop briefs, car le premier fut donné à ung jour de mardi, le second à ung jour de mercredi, et le tiers au jeudi et le quart au samedi prouchain ensuyvant. Et pourtant il fut dit mal jugé, et bien appellé. Donné en parlement, l'an mil ccc.xxv (1).

Item le juge de qui l'en a appellé ne peult pas adjourner en parlement de sa propre auctorité sans mandement de court, ou commission des parties, et s'il le faict, jà soit ce que la partie appellée se présente, elle ne sera tenue de respondre, ainsi que si elle n'estoit point adjournée.

(1) B. : Et pourtant furent lesdits hoirs receus comme appelans. Et outre plus, fust dict par arrest donné en parlement, l'an mil ccc xxv, qui avoit été mal jugé, bien appellé.

CHAPITRE XVIII.

QUANT AUCUN EST FAICT EXEMPT DE LA JURISDICION DE CELLUY DE QUI IL APPELLE ; ET QUANT L'APPELLANT RENONCE A SON EXEMPTION.

Se aucun appelle d'un juge du pais qui se gouverne par droit escript (1), soit juge royal ou aultre, celluy qui appelle n'est exempt de leur jurisdiction, ne mais (2) pour la cause pour laquelle il appelle, et ainsi le garde le stil de la Court. Mais ceste reigle fault quant l'en appelle des pers de France ou de leurs juges, car jà soit ce qu'ils soient de pais de droit escript ou de pais coustumier (3), qui n'est pas juge royal, il est tousjours exempt de sa jurisdiction en toutes et chascunes de ses causes, tant en demandant comme en deffendant, pendant ladicte appellation.

Item si l'en appelle d'un juge de pais coustumier qui n'est pas juge royal, celluy qui en appelle est exempt de sa jurisdiction durant ledict appel en toutes ses causes (4).

Item quant l'en appelle des hommes d'aucun per de France, ou de leur sentence, à la Court de France, et iceulx hommes n'ont pas aultres hommes par-dessus eulx en la Court dudit per, l'appellant est exempt de la Court du per en toutes ses causes meues contre quelsconques personnes, jà soit ce que non mie pour la cause du per, mais entre privés personnes. Ainsi fut-il dit par la Court

(1) A.B. : des juges des pais qui se gouvernent.

(2) A.B. : sinon.

(3) A.B. : coustumier, l'appelant est toujours exempt de sa juridiction et de tous ses juges.

(4) B. : je croy que cecy n'est gardé.

contra comitissam Attrebatensem pour messire Loys de Mareschis, en parlement, l'an mil ccc.xxv. Mais se ceulx de qui il appelle avoient aultres hommes par-dessus eulx, ledict appellant ne seroit pas exempt fors de la jurisdiction de ceulx de qui il appella.

Mais je dy que celluy qui appella, et qui est exempt de la jurisdiction des pers de France pour cause d'appel, et procéda devant eulx en avant (1), il renonça à toute son exemption, sauve de la cause pour laquelle il appella. Ainsi fut-il dit pour ladicte contesse et contre ledit Loys, s'il n'eust esté trouvé par la Court que maistre Jehan (2) ne l'avoit pas proposé en plaidant (3) avant qu'il fust adjourné, mais après ce qu'il fust adjourné quant la partie s'en fut allée et départie.

Item la Court a acoustumé de donner gardiateur à celuy qui a appellé et qui est exempt du juge pendant l'exécution de ladicte cause (4).

(1) A.B. : en aultre cause.

(2) A.B. : maistre Jehan d'Orléans.

(3) A.B. : en plaidant ; mais après l'advocation, et que la partie s'en fust allée.

(4) A.B. : Item la Court a accoustumé de donner à l'exempt gardiateur devant lequel il poursuyt ses causes pendant l'exemption.

EXPLICIT.

CY-APRÈS C'ENSUIT LA MANIÈRE DE FAIRE LES ASSIGNATIONS ET APPOINTEMENS QU'IL CONVIENT FAIRE EN PLAIDOIRIE ET AULTRES MATIÈRES SELON LE STIL DE CHASTELLET DE PARIS ET AULTRES JURISDICTIONS DU ROYAULME DE FRANCE (1).

Premièrement, nous commencerons aux assignations qui telles sont : Toutes les causes qui aujourd'hui estoient assignés par-devant vous tel juge, etc., tant par assignation, continuation et adjournement comme aultrement, sont générallement continuées de nostre office jusques à tel jour, etc.

Aujourd'huy, etc., avons donné congé de court à Robert contre et en la présence de Bernard, parce qu'il ne luy a voulu aucune chose demander, ne riens dire contre luy.

De R. contre B. à faire foy de l'adjournement dont il se vante en cas d'asseurement aujourd'hui après la requeste faicte par R. à l'encontre de B.; nous, à iceluy B. avons donné congé de court par deffault d'enseignement de jour.

Deffault R. contre B. semons par tel sergent à personne ou à domicille, et aux voisins affin de garnir ou quiter et à respondre, etc.

Deffault R. contre B., etc., sauf l'exoine raportée par sa femme ou par tel, etc., sauf l'excusation raportée par sa femme, sauf l'exoine de maladie disant que les pieds ne pevent porter le corps.

Comparuit R. contre B. semons par tel sergens, etc.,

(1) Tout ce qui suit manque dans B., jusqu'au chapitre *Rapport de jurés*.

et y a différence entre deffault congé et deffault *comparuit*, c'est assavoir que celuy qui a fait adjourner ou semondre son adversaire, il prent deffault contre luy s'il ne vient ; et se l'adjourné vient et l'adjournant non, l'adjourné aura *comparuit*. Et se les parties ont eu appointement en cause et le demandeur fault à aucun appointement de cause, ou (1) à aucune journée avant litiscontestation faicte en cause, le deffendeur ou adjourné aura congé de la journée qui défaudra à venir. Et après litiscontestation faicte en la cause, chascune partie peult demander deffault, car chascun a intérest en la cause par le deffault s'il y eschet.

Deffault R. contre B. adjourné, etc., à veoir vendre ses gaiges et les faire valoir pour telle somme contenue ès lettres obligatoires de tel, etc., par vertu duquel deffault nous avons donné congé de vendre sesdicts gaiges qui sont prins et levés, et des siens aultres au cas que ceulx qui sont prins et levés ne souffiroient, etc.

De R. contre B., advis audit B. audit nom à tel jour sur la demande aujourd'hui faicte contre luy par ledit R. de telle somme affin de vendre et de traire une queue de vin.

De R., procureur de tel, contre B., procureur de tel, à VIIIe délibération audit R. audit nom après la cause souffisamment requise estre renvoyé par-devant le prévost de tel lieu par tel procureur ou sergent dudit jour d'avis en espérance de paix, et avons donné aux parties congé de acorder ensemble, par raportant l'acord devers la Court.

De R. contre B. sur jour d'avis par renvoy de nous par-devant le prévost, etc., auquel la congnoissance du

(1) *Ou* manque dans A.

cas appartient. Et aujourd'hui a ledit R. demandé ce qu'il avoit fait telle chose (1), et après ce avons deffendu audictes parties qu'elles ne s'entremefacent ne mesdient sur peine, etc.

De R. contre B. sur jour d'avis à tel jour, auquel jour nous renvoions lesdictes parties pour procéder, et aller avant par-devant le prévost, pour ce que la cause est ordinaire et à luy en apartient la congnoissance.

De R. contre B. estat à VIIIe pour adjournement accepté.

De R. contre B. estat à VIIIe en toutes ses causes.

De R. contre B. estat pour délay en lieu de garand ; *in casu isto* le deffaillant pert sa cause soit demandeur ou deffendeur.

De R. contre B., procureur de tel, à VIIIe à amener dudict procureur son maistre en personne pour parler à nous de nostre office, ou pour dire la vérité sur la demande de dix sols que ledit R. a faicte contre luy, et au serment duquel ledict R. s'est rapporté pour toutes preuves.

De R. contre B. estat à VIIIe à venir dudit tel tout advisé de son serment sur la demande dudict R., de telle somme qu'il dit que ledit B. luy doit et dont icelluy B. se raporte à luy.

De R. contre B. estat à XVe sur jour d'avis pour l'absence du conseil dudit B., et a offert, etc., ou confesse, etc.

De R. contre B. estat sur jour d'avis, et dedens VIII jours ledict R. baillera sa déclaration plus formellement que il n'avoit, et aujourd'hui ledit B. a confessé que, etc.

Nota que estat ne mue, ne change riens, mais qu'il soit simple, sinon seulement en ung cas, c'est assavoir si ung demandeur avoit commencé ung procès contre son def-

(1) B. : demandé telle chose.

fendeur, et après litiscontestation faicte en la cause le demandeur auroit ung procureur fondé de procuration sans grâce avecques lequel ledict passera une simple continuation, ladicte continuation portera tel préjudice audit deffendeur, que en toutes causes le procureur dudit demandeur sera receu par procureur sans grâce. Mais qui prendroit ladicte continuation entre les maistres principaulx sans procureur d'un costé ou d'autre après interruption (1), *secus*.

De R. contre B. à VIIIe à venir dudict B. deffendre comme de raison sur la demande ou requeste aujourd'hui faicte contre ledit B. de telle chose, et le prouffit d'un deffault requis et esclarci sauf le débat de l'adjournement, se débat y chiet. Et aujourd'hui a esleu ledit tel son domicille en tel lieu pour estre convenu en ceste cause et ès despendances.

De R. contre B. à VIIIe à venir dudict B. deffendre comme devant pour l'absence du conseil, etc., et avons ordonné que tels biens qui sont arrestés à la requeste de R., seront baillés audict B. pour en faire son prouffit par baillant caution souffisante de la valleur d'icelles choses sortissant celle mesme nature.

De R. contre B. à VIIIe à venir dudict B. deffendre comme de raison la demande dudict R. de telle chose, etc.

Nota que à jour promis à venir (2) procéder peult l'en débatre l'adjournement, et décliner à venir deffendre. S'il n'y avoit *comme de raison*, l'en ne peult débatre l'adjournement ne décliner, mais là où il y auroit *comme de raison*, l'en peult décliner seulement.

De R. contre B. à VIIIe délibération audit tel de parler à sa femme sur la demande de telle chose, etc., *vel sic :* dé-

(1) A. : sans l'interruption, *secùs*.
(2) A. : au jour promis venir, etc.

libération et audit jour icelluy B. amènera sa femme pour parler à nous de nostre office, a prins ledit B. la deffense, le faict et charge du plait sur le procès meu, ou espéré à mouvoir entre R., demandeur, d'une part, et B., deffendeur, d'aultre part, pour raison de telle chose acordé est telle chose, etc.

Item aucunesfois en une cause ordinaire le juge mande les tesmoings ou ordonne que les parties les luy amèneront, et se les parties veulent avoir leurs productions, le juge les leur peult reffuser, et quant le juge les a mandés, et il voit qu'il déplaist aux parties, il peult bien assigner jour à xve à publier tels tesmoings que icelles parties ont faict jurer, et lesquels seront cependant examinés sur les faicts proposés, que lesdictes parties bailleront par escript dedens tel jour, et ce jour ou le lendemain lesdictes parties respondront et diront les vérités par-devant le commissaire donné de nous en la cause de l'acord desdictes parties, et pourront aussi cependant mectre lesdictes parties en forme de preuve tant de lettres comme il leur plaira, sauf les contredicts. Et est à noter que si en ce cas les parties principalles voient jurer les tesmoings, et ils les congnoissent, il est nécessaire que ils couchent les contredicts, ou aultrement l'en ne leur doit point réserver. Mais se ils ne les congnoissent, *secus*.

Et est aussi à noter que dedens le jour de publier, se le mémoire contient que les parties mettront en forme de preuve tant de lettres, etc., la partie qui en sera deffaillante perdra la preuve de ses lettres, et après les contredicts ne sera la partie receue à mectre en forme de preuve que mémoriaulx et actes seullement. Et encores veulent dire aucuns que la partie soit forclose de toutes preuves quelsconques.

De R. contre B. à VIIIe à oyr droit l'ordonnance ou appoinctement (1) sur leur plaidoié huy et aultresfois faicts desdictes parties.

De R. contre B. à VIIIe à estre délibéré de nous de faire droit aux parties sur leur plaidoié ou les appoincter comme de raison sera, et aller avant, etc. (2).

Nota que délibération et advis est tout ung, et ne peult le deffendeur débatre la fondation ne l'adjournement après advis, mais il peult décliner et convient que ce soit avant veue.

A BAILLER PAR ESCRIPT.

De R. contre B. à XVe à oyr droit sur le plaidoié desdictes parties que dedens VIII jours sera baillé par escript devers la court par manière de mémoire.

Aujourd'hui l'en doit donner droit, et se le droit vient contre le deffendeur, il sera condempné en la cause s'il n'a protesté aultrement deffendre, et se il a faict protestation, il sera condempné à procéder *ut infra.*

De R. contre B. à oyr droit où il chiet sur le plaidoié desdictes parties qui dedens VIIIe sera baillé devers la court et aller avant, etc.

De R. contre B. à VIIIe à bailler d'une partie et d'autre leurs faicts et raisons aujourd'hui plaidoiés et nyés aux fins où icelles parties tendent, *vel sic :* aux fins plaidoiés et aller avant, etc.

(1) A. : l'ordonnance de appoinctement.

(2) A. ajoute : De R. contre B. à VIIIe à avoir délibération audit B. sur les raisons, exceptions et deffences proposées par ledit B. contre la demande et aller avant, etc.

A ALLER AVANT.

De R. contre B. à VIIIe à bailler d'une partie et d'autre leurs faicts et réplications, ou au moins à aller avant sur ce que aujourd'hui a esté baillé par escript devers la court par lesdictes parties, etc.

A OYR DROIT OÙ IL CHIET.

De R. contre B. à VIIIe à oyr droit où il chiet sur ce que aujourd'hui et aultres fois a esté baillé d'une part et d'aultre, protestant lesdictes parties que si en ce qui a esté baillé à la court a aucuns faicts nouveaux proposés qui ne soient en respondant ou répliquant, acordé est qu'ils chéent et soient rejectés, et se faits y a recevables, les parties les nyent, et fera collation et baillera pour droit qui vouldra dedens tel jour, ou aultrement la collation sera tenue et réputée pour faicte, et ne sera plus reçeu leur bailler pour droit, et après l'interlocutoire prononcée qui ainsi se commence :

Comparans en jugement par-devant nous tel baillif ou prévost, etc., de tel lieu, etc., l'an de grâce, etc., tel jour, etc., tel demandeur d'une part, et tel procureur de tel deffendeur d'aultre part, requérans icelles parties ouyr droit, ou interlocutoire estre prononcée de nous sur certains faicts par lesdictes parties baillés par escript devers la court, pour lequel droit ouyr nous leur eussions enseigné (1) plusieurs journées, et dernièrement à huy. Sçavoir faisons que veues lesdictes escriptures, et les mémoriaux prins et acceptés entre lesdictes parties à

(1) A. : assigné.

oyr droit sur icelles, deismes et prononceames, disons et prononceons en ceste manière : veu ce qui a esté baillé pardevers la court de par tel demandeur à l'encontre de tel deffendeur, et par ledit deffendeur au contraire, les mémoriaux acordés entre les parties à oyr droit où il chiet sur ce que dit est, considéré ce qui fait à considérer, eu sur le tout conseil et délibération aux saiges, nous avons receu et recepvons les parties à prouver leurs faicts à fin de principal. Et oultre ordonnons telle chose estre faicte ce qui est de droit, et les despens réservés en deffinitive de ceste cause par nostre jugement, sentence, et par droit.

Nota que si auscunes parties sont appointées à ouyr droit où il chiet, et l'une d'icelles se laisse mettre en deffault au jour de ouyr droit, se le procès n'est veu et prest à juger, la partie deffaillante, c'est assavoir le deffendeur, ne pert seulement que despens. Et se le procès estoit veu et prest pour juger, et l'une ou l'autre partie deffault, celle qui deffault perdra sa cause, c'est assavoir le demandeur instance et principal, et le deffendeur ce sur quoy l'interlocutoire se asserra.

L'en doit prendre aller avant sur et après l'interlocutoire prononcée, et qui veult l'en prent assignation (1) qui s'ensuit :

De R. contre B. à voir à aller avant sur et après les vérités qui cependant seront dictes par les parties, ou dedans tel jour qui est meilleur et plus seur pour faire adjourner sa partie audit jour d'aller avant s'elle estoit deffaillant de respondre, et sera mis au mémorial en personne l'une en l'absence de l'autre, ou les parties à ce appellés par-devant tel commissaire de nous donné en la

(1) A. : l'assignation.

cause, de l'accord et consentement desdictes parties, ou pardevant l'un d'iceulx sur les faicts et raisons qui baillés ont esté d'icelles parties par escript devers la court, et qui luy ont esté receu (1) à prouver par interlocutoire.

De R. contre B. à trois sepmaines à ouyr droit où il chiet sur les faicts et raisons aujourd'huy plaidoyés et nyés desdictes parties, et sur leurs réplications proposés au contraire que les parties mettront à court dedans xve, et si à ce jour baillent aucuns faicts de nouveau, ou qu'ils ne soient responsifs, il sera de nulle valeur. Et les faicts recepvables les parties nient et le lendemain feront collation, etc., et aller avant, etc.

De R. contre B. à bailler par escript à VIIIe devers la court, c'est assavoir de par ledit R. sa demande par manière de *intendit*, et de par ledit B., sa litiscontestation au contraire, jurer et dire les vérités par-devant tel à ce commis de nous de l'accord et consentement des parties. Et aujourd'hui avons débouté tel de telle chose qu'il avoit proposée.

De R. contre B. à VIIIe à bailler par escript d'une partie et d'aultre leurs faicts et raisons aujourd'hui plaidoyés et nyés des parties, à fin de principal en demandant de par ledit R. et en deffendant de par ledit B., jurer et dire les vérités par devant tel commissaire donné de nous en la cause, de l'accord des parties, et aller avant, etc., et aujourd'hui ledit B. a confessé telle chose, etc.

De R. contre B. à tel jour à bailler par escript devers la court lettres, faicts et raisons plaidoiés et nyés affin de principal, c'est assavoir de par ledit R. en demandant, et par ledit B. en deffendant, à aller avant, etc. Après ceste assignation, l'en prent à bailler d'une partie et d'autre

(1) A. : et qu'elles ont esté receues.

leurs réplications, c'est assavoir à aller avant sur ce qui est baillé devers la court, et après ce l'en prent assignation qui s'ensuit.

A ALLER AVANT SUR LES VÉRITÉS.

De R. contre B. à VIIIe à aller avant sur et après les vérités qui cependant seront dictes desdictes parties en personne, l'une en l'absence de l'autre, par-devant tel commissaire (1) donné de nous, ou l'un d'eulx, en la cause, de l'accord desdictes parties, sur leurs faicts baillés à la court huy et aultres foys par icelles parties.

De R. contre B. à VIIIe à aller avant sur et après les vérités qui dedens dimenche seront dictes desdictes parties en personne, de l'une en l'absence de l'aultre, par-devant tel commissaire seul donné de nous en la cause sur les faicts et raisons jà pieçà baillés par B. devers la court, et que ledit R. baillera huy ou demain.

PREMIÈRE PRODUCTION.

De R. contre B. à tel jour à prouver première fois dudit R. sa demande nyée par ledit B., etc.

De R. contre B. à prouver première fois desdictes parties leurs faicts et raisons plaidoyés et nyés, c'est assavoir de par ledit R. en demandant et par ledit B. en deffendant.

De R. contre B. à VIIIe à prouver seconde fois d'une

(1) A. : tels commissaires donnés de nous, ou l'un d'eux, de l'accord desdites parties.

partie et d'autre leurs faicts autrefois et aujourd'hui proposés et nyés desdictes parties, lesquels icelles parties bailleront par escript devers la court dedens tel jour, et y respondront icelles parties en personne par-devant le commissaire de tel jour, ou sinon elles vauldront (1) pour confessés.

De R. contre B. à VIIIe à prouver seconde fois d'une partie et d'autre leurs faicts et raisons aujourd'huy plaidoyés et nyés desdictes parties, et qui sont par escript devers la court baillés de la partie dudit R., et ceulx que ledit B. baillera jeudi, ausquels faicts lesdictes parties respondront l'une en l'absence de l'autre, et diront les vérités ledit jeudi, ou le lendemain, par-devant le commissaire donné en la cause, ou l'un d'eulx, de l'accord desdictes parties et aller avant, etc.

De R. contre B. à XVe à prouver seconde fois d'une partie et d'autre leurs faicts et raisons qui sont par escript devers la court, et aujourd'huy a ledit R. produit pour première production tel et tel, etc., et ledit B. a fait mettre en deffault tels et tels, sauf les contredicts.

De R. contre B. à XVe à raporter l'enqueste pour tous termes et délais qui cependant sera faicte sommièrement et de plain par tel commissaire seul donné de nous en la cause, de l'accord des parties, sur les faicts huy proposés et nyés de chascune des parties, et lesquels faicts icelles parties bailleront par escript devers la court dedens VIII jours, et à iceulx respondront en personne ce jour à bailler ou le lendemain ; et pendant ledit temps lesdictes parties pourront faire ouyr et examiner tant de tesmoings et mettre en forme de preuve tant de lettres, actes et mé-

(1) A. : ils vauldront.

moriaulx comme il leur plaira, sauf les contredicts, et aller avant, etc.

Nota que ès cas criminels l'en ne donne pas publication, mais l'en nomme les tesmoings aux parties pour les contredire et reprocher.

De R. contre B., ou contre son procureur, à VIIIe à publier d'une partie et d'autre les tesmoings qui naguères ont juré en la cause pour première production, et tels et tels, qui de la partie dudit R. audit nom, et tels et tels qui de la partie dudit B. audit nom que dessus ont huy juré en la cause pour seconde production, lesquels seront cependant examinés par tel commissaire seul donné de nous en ladite cause, de l'accord desdictes parties, par devant lequel les parties pourront mettre cependant tant de lettres en forme de preuve, actes et mémoriaulx, comme il leur plaira, sauf les contredicts d'une partie et d'autre.

De R. contre B. à publier d'une partie et d'aultre tous les tesmoings qui appèrent avoir juré pour première production par icelles parties, et aussi tels et tels qui par ledit B., et tels et tels qui par ledit R. ont aujourd'huy juré non contredicts, et tous aultres dont les parties feront foy avoir esté souffisamment semons et adjournés à aujourd'huy pour seconde production, avec tant de lettres, actes, mémoriaulx et instrumens comme lesdictes parties vouldront cependant mettre en forme de preuve, sauf les contredicts en tant que touchent les lettres qui sont mises en forme de preuves, et les tesmoings qui ont juré, et lesquels tesmoings seront cependant examinés, et les lettres mises en forme de preuve sur les faicts qui sont par escript devers la court nyés desdictes parties, par le commissaire aultrefois donné de nous en la cause, en la présence, etc., et par-devant lequel lesdicts tesmoings jurèrent.

La journée de publier, etc., qui aujourd'huy estoit assignée par-devant nous à R. contre B. est continuée de nostre office à VIIIe en estat d'huy pour certaines causes.

De R. contre B. à trois sepmaines à publier dudit R. les tesmoings qui ont juré à la première et seconde production, et ceulx qui appèrent avoir esté adjournés, lesquels seront cependant examinés par tel à ce commis de nous de l'accord desdictes parties sur les escriptures dudit R. jà pieçà baillés à la court, et cependant pourront les parties mettre tant de lettres en forme de preuve comme il leur plaira, sauf les contredicts.

De R. contre B. à trois sepmaines à publier d'une part et d'autre tant de tesmoings comme les parties vouldront cependant faire jurer ou examiner, l'une partie en l'absence de l'autre, par-devant tel commissaire seul donné de nous en la cause, de l'accord des parties, sur les faicts d'icelles qui sont devers la court, et ausquels icelles parties ont respondu. Et cependant icelles parties mettront en forme de preuve tant de lettres, instrumens, actes et mémoriaulx comme elles vouldront, sauf les contredicts, [et] aller avant, etc. Et est assavoir que ceste assignation est prinse du consentement des parties, aultrement non, et l'en délaisse première et seconde production, et est prinse après l'assignation d'aller avant après les vérités. Et, qui veult prendre l'assignation le jour de bailler, l'en peult dire ainsi : ausquels lesdictes parties respondront dedans jeudi et cependant, etc.

De R. contre B. à VIIIe à publier tels et tels qui de la partie du demandeur, et tels et tels qui de la partie du deffendeur ont huy juré pour première production, et si ceulx qui mardi prochain jureront pour seconde production, lesquels seront cependant examinés par tel commissaire seul donné de nous en la cause, de l'accord des parties, sur les faicts proposés et nyés, lesquels icelles parties bailleront dedens samedi prouchain venant, et à iceulx respondront ce jour ou le lendemain, *vel* sur les faicts desdictes parties aultresfois baillés par escript à la court, et pourront mectre cependant tant de lettres en forme de preuve comme il leur plaira, sauf les contredicts et aller avant, etc.

A DIRE.

De R. contre B. à dire à VIIIe d'une partie et d'autre contre les tesmoings ouys et examinés à la requeste de chascune des parties, et leurs lettres aultresfoys mises, et que icelles parties mettront dedens le jourd'huy ou tel autre, etc., en forme de preuve, lesquels tesmoings et lettres les parties ont huy termé pour publier et aller avant, etc.

De R. contre B. à VIIIe à dire d'une partie et d'autre contre les tesmoings et lettres aujourd'huy tenus pour publiés de chascune d'icelles parties, sauf tant que dedens tel jour lesdictes parties pourront faire examiner chacune d'eulx (1), tesmoings tels comme ils vouldront eslire et mectre leurs lettres en forme de preuve, et lesquels sont dès maintenant pour lors tenus pour publiés de l'accord desdictes parties, comme dessus, et contre iceulx ont à dire audit jour.

A ALLER AVANT SUR LES CONTREDICTS.

De R. contre B. à XVe à aller avant sur les faicts des contredicts qui aujourd'huy ont esté baillés à la court par

(1) A. : d'elles telz tesmoingz qu'elles vouldront.

ledit R., et ont acordé lesdictes parties telle chose estre faicte, etc.

De R. contre B. à xve à ouyr droict sur les faicts des contredicts et sur les salvations qui dedens tel jour seront baillés à la court par ledit B., lesquelles parties ont acordé que si en ce que luy a esté baillé (1) *ut in sequenti assignatione*.

A OUIR DROIT OU IL ESCHET SUR LES CONTREDICTS.

De R. contre B. à VIIIe à ouir droit où il chiet sur les faicts des contredicts et salvations qui huy et aultresfois ont esté baillés par lesdictes parties par escript devers la court, et si en ce que par les parties a esté baillé à aucun fait de contredicts ou salvations, ou qui ne soient en respondant ou réplicant, sur ce acordé est qu'ils chéent et les faicts recepvables, etc.

De R. contre B. au mois à ouir droit où il chiet comme devant, à tel jour, sur les faicts de contredicts et salvations qui sont devers la court, et cependant fera collation et vauldra pour droit qui vauldra ou sinon, etc.

SECONDE INTERLOCUTOIRE.

Comparans en jugement par-devant nous tel, etc., R. contre B. requérans icelles parties ouir droit, et interlocutoire à eulx par nous estre faict et prononcé sur plusieurs faicts et raisons de contredicts et salvations baillés par escript devers la court par lesdictes parties, c'est assavoir sur les faicts de contredicts baillés par ledit tel, etc.;

(1) A. : en ce qui par elles a esté baillé.

et sur les salvations baillées au contraire par ledit tel, nous, veus lesdicts contredicts et salvations, et les faicts contenus en iceulx, et tout ce qui fait à veoir et considérer, eu sur le tout conseil et délibération aux saiges, [deismes et prononceasmes, disons et prononceons en la manière qui s'ensuyt, veu ce qui a esté baillé par escript devers la court par manière de contredicts de par ledit tel contre les tesmoings examinés à la requeste de tel, etc., d'une part, et les salvations baillées au contraire par iceluy tel, les fins à quoy les parties tendent, les mémoriaux prins et acceptés entre icelles parties à ouyr droit où il chiet sur ce que dit est, considéré tout ce qui fait à considérer, eu sur tout conseil et délibération aux saiges (1)], nous recevons à prouver de par ledit tel le premier tels et tels articles des faicts des contredicts par luy baillés, et ledit tel aultre en tant comme il se raporte aux précédens articles receus comme dit est, et si recevons les salvations baillées à l'encontre desdicts contredicts par ledit tel, en tant et pour tant comme valoir luy pourra ce qui est de droit, et les despens réservés en deffinitive par nostre sentence interlocutoire et par droit. Ce fut fait et prononcé en jugement en présence des parties l'an de grâce, etc.

Nota que si le deffendeur se laisse mettre en deffault au jour de ouyr droit où il chiet sur faicts de contredicts et salvations, il pert ses contredicts et aussi ses salvations se aucunes en a, se le procès est prest pour juger, et si non, *secus*. Et si le demandeur se laisse mettre en deffault audit jour, il pert sa cause, car il fait interruption, etc. Après lequel appoinctement les parties prendront l'appoinctement qui s'ensuit.

(1) Tout ce qui est entre crochets manque dans A.

A ALLER AVANT APRÈS L'INTERLOCUTOIRE PRONONCÉE.

De R. contre B. à VIIIe à aller avant sur et après l'interlocutoire prononcée sur les faicts de contredicts et salvations aujourd'huy receus à prover par ladicte interlocutoire, etc.

A ALLER AVANT SUR ET APRÈS LES VÉRITÉS QUI SERONT DICTS SUR CONTREDICTS RECEUS A PROUVER.

De R. contre B. à VIIIe à aller avant sur et après les vérités qui dedens jeudi prochain venant seront dictes pardevant le commissaire autrefoys donné de nous en la cause sur les faicts de contredicts à prouver, et sur les salvations receus au contraire.

De R. contre B. à VIIIe à aller avant sur et après les vérités qui seront dictes sur les faicts de contredicts aujourd'huy receus à prouver par interlocutoire, et sur les salvations receues au contraire ; après laquelle assignation l'en peult prendre à prouver première et seconde foys qui veult. Et toutesfoys il y chiet mieulx qu'il ne faict sur les faicts principaulx, car l'en n'a pas contredicts sur contredicts se n'estoit seullement sur aucun tesmoing qui seroit de mauvaise vie et renommée, lesquels contredicts il conviendroit dire de bouche sans les bailler par escript, et les pourra le juge examiner pour mouvoir conscience à faire son jugement se il luy plaist, mais aucuns tiennent que le juge ne le fera pas se il ne luy plaist, car qui baille contredicts sur contredicts l'en ne verroit jamais la fin des procès.

A PUBLIER SUR FAICTZ DE CONTREDIT.

De R. contre B. à VIIIe à publier les tesmoings *ut supra*. Mais en l'assignation doibt estre dict : à veoir jurer les tesmoings, les parties seront présentes et appellez, et diront leurs reproches de bouche, comme dict est, par-devant le juge ou le commissaire donné de luy, et sera tout mis et enjoint au procès et à aller avant, etc.

De R. contre B. à VIIIe à publier d'une partie et d'aultre tous les tesmoingz qui ont juré en la cause sur faict de contredit et salvations reçues à prouver par interlocutoire tant pour première production comme pour seconde, lesquelz cependant seront examinés par tel commissaire seul huy et aultrefois donné en la cause de l'acord des parties, lesquelles seront présentées et appellées à veoir jurer les tesmoings par-devant icelluy commissaire auquel ils diront de bouche leurs contredits, ou au reproche par la manière dessusdict iceluy commissaire mettra et joindra tous procès et à aller avant, etc., *vel sic*.

De R. contre B. à VIIIe à publier d'une partie et d'aultre tous les tesmoings qui sur les faictz de contredit et salvations receus à prouver par interlocutoire apparront à avoir jurer pour première production, et telz et telz de la partie dudit R., et aussi telz et telz de la partie dudit B. qui ont aujourd'huy juré non contreditz, et aussi qui apparront avoir esté adjournez à huy pour seconde production, lesquelz jureront par-devant tel commissaire seul huy et aultrefoys donné de nous en la cause de l'accord des parties. A veoir jurer iceulx tesmoings seront les parties présentes et appellées par ledit commissaire auquel icelles parties diront de bouche leurs contredits ou reproches s'aulcuns en ont, et lesquels iceluy commissaire mettra et joindra audict procès et aller avant, etc.

A OUYR DROIT EN DIFFINITIVE.

De R. contre B. à VIIIe à ouyr droit en diffinitive sur le procès desdites parties qui est par escript devers la Court, et feront collation, et baillera pour droit dedans tel jour, *sin autem*, etc.

De R. contre B. à VIIIe à ouyr droit en diffinitive, comme devant, sur le procès desdites parties qui est devers la Court par escrit, duquel procès collation sera faicte dedans VIII jours, ou sinon elle sera tenue pour faicte, et ce dit jour baillera pour droit qui vouldra, etc.

De R. contre B. à VIIIe à ouyr droit sur l'information, qui par tel a été collée sur laquelle les parties ont voulu prendre droit, etc.

CONDEMPNATIONS.

Condempné est R. par sa confession à rendre et payer à B. LX sols parisis pour vente de pain et vin et ès despens.

Aujourd'huy, en jugement, R. a confessé debvoir à B. telle somme pour telle cause, en laquelle somme l'avons condempné à payer audit B. dedans tel jour et ès despens de cette condempnation.

Aujourd'huy après la demande dudit R. contre ledict B., qui icelle a nyée, et sur laquelle ledict R. a produit tant de tesmoings comme il a voulu, nous disons que icelluy R. a moins que souffisamment prouvé icelle demande, et pour ce nous absolvons ledict B., et condempnons icelluy R. ès despens dudict B. faictz pour ceste cause.

Et est du consentement dudit R., que les biens et gaiges qui prins ont esté en son hostel pour telle somme, qu'il doit à B. pour censive seront venduz à VIII jours de rescousse à rendre à B., condemné est R. à paier dedans huit jours à B. dix sols pour deux termes à cause de XX sols de rente, et doresnavant ladite rente et les arrérages tant et si longuement comme il sera détenteur, et propriétaire d'une maison et vigne assise en telle rue, et aussi à tenir le lieu en bon et souffisant estat, et tellement garni de biens meubles exploictables, que doresnavant ledit B. y puisse trouver à gaiger et prendre sa rente et condempné ès despens.

Prins le serment de B. auquel R. s'est rapporté pour toutes preuves, sur ce que ledit R. lui faisoit demande de la somme de quarante sols parisis pour telle cause, et par la déposition duquel serment il a dict qu'il ne lui estoit aucune chose deue, nous, veue ladite déposition, et tout ce qui sur ce faisoit à veoir, avons absouls et absoulons ledit B. de l'impétition dudit R., et condempné ledit R. ès despens dudit B.

Veu le procès faict entre R., demandeur, d'une part, et B., deffendeur, d'autre part, les dépositions des tesmoings produicts et examinés d'une part et d'autre, les contredits et salvations baillés de chacune d'icelles parties, et l'enquète faicte sur iceux contredits et salvations, et mesmes les mémoriaulx prins et acceptés entre lesdites parties et jour assigné à ouyr droit en diffinitive, nous disons que ledit R. a souffisamment prouvé son intention, et pour ce condempnons ledit B. envers ledit R. en telle somme, et dont ledit B. a demandé l'amendement.

AMENDEMENT.

Aujourd'huy R., qui de tel jour avoit demandé l'amendement des assises de certain jugement donné de nous pour et au prouffit de B. contre icelluy R., lequel B. avoit renoncé audict amendement demandé.

De B., demandeur, en cas d'amendement contre R., deffendeur dudit cas, à VIIIe à confermer ou infirmer la sentence donnée par le prévost de tel lieu, etc., sur le procès des parties, lequel a huy esté mis en Court, et de laquelle ledit B. avoit demandé l'amendement des assises, et dedens mardy prochain venant sera faite collation ou sinon, etc.

De B. contre R. à VIIIe en estat d'huy pour l'absence du conseil dudict B., à aller avant, etc.

De R. contre B. à VIIIe à ouyr la tauxation des despens esquels ledit B. a été condempné par nous envers ledit R. et les parties desquelz iceluy R. baillera par déclaration dedens mardi, et ledit B. pour diminution dedens jeudi s'il peut.

De R. contre B. à VIIIe à ouyr la tauxation des despens esquelz ledit B. a esté condempné par trois sentences donnez de nous pour et au prouffit dudit R., les parties desquelz despens il baillera par déclaration par devers tel commissaire de nous donné pour iceulx despens tauxer et ledit B. pour diminution dedens jeudi se il cuide que bien soit.

CAS RÉEL.

De R. contre B. advis audit B. a de huy en XL jours, sur et après la demande ou requeste aujourd'huy faicte de la partie dudit R. contre B., pour raison de l'héritage dont contens est entre les parties en cas de propriété et à aller avant, etc. De R. contre B. à dimanche veue de l'héritaige dont contens est, pour laquelle veue veoir faire estre présens, et nous rapporter, nous commettons le premier sergent, et assemblerons lesdictes parties pour ladicte veue faire en l'issue de la messe, à l'huys de l'église de la paroisse, et debvront faire leur veue, et retourneront au plait à d'huy en VIII jours.

Et est à noter que veue formelle ne chiet que en cas purs réels ou mixtes, mais en aultres l'en donne déclaration en lieu de veue.

De R. contre B. à VIIIe à amener son garand ou proposer sur la demande dudit R., après ce que ledit B. a aujourd'huy prins sur soy la garantie de ceste cause pour, etc.

De R. contre B. à VIIIe à amener dudit B. son garand ou apporter ses raisons à l'encontre de la demande et requeste dudit R., et baillera ledit R. dedens jeudi, rédigée par escript devers la Court la veue qu'il a faicte; *vel sic;* ou à proposer ses bonnes raisons sur la demande ou requeste huy et aultrefoys faicte de par ledit tel en cas pétitoire.

De R. contre B. à VIIIe à aller avant, sur et après le rapport de tels et tels, maçons jurés et charpentiers nommés et esleus desdites parties, lesquels seront menés huy à heure de vespres par tel, nostre sergent commis, au lieu dont ledict R. est plaintif en cas de péril, enjoignons aux parties qu'elles y soient, etc. Au lundi prouchain venant de R. contre B., aller avant sur et après le rapport de tels et de tels, jurés maçons et charpentiers nommés et esleus desdites parties, qui dedens samedi, heure de vespres, seront menés par tel sergent au lieu dont ledict R. est plaintif en cas de péril.

RAPPORT DES JURÉS (1).

L'an de grâce mil, etc., tel jour, etc., rapportèrent et tesmoignèrent par leur serment tels et tels massons et tels et tels charpentiers jurés de la ville, etc., pour veoir et visiter toutes manières de maisons et édifices en ladite ville, etc., et ès mètes d'icelles qui de nostre commandement à eulx fait par tel sergent; *vel sic :* à la requeste de tel, tel jour, se transportèrent en tel lieu pour veoir et visiter telle chose estant, etc., laquelle chose ils avoyent veue et visitée diligemment du long et du large, en hault et en bas, si dirent et rapportèrent par leurs sermens que il est ainsi et ainsi. Et ce nous rapportèrent eulx, etc. En tesmoing de ce, nous, etc.

AUTRE RAPPORT ET PAR AULTRE FORME.

A honorable homme et saige tel baillif ou son lieutenant, tels et tels massons (2), et tels et tels charpentiers jurés sur les édifices des maisons de telle ville et les vostres, honneur, service et révérence avec toute obéyssance.

Cher sire, plaise vous sçavoir que de vostre commandement à nous faict tel jour par tel sergent, etc. Nous nous transportasmes en tel lieu, ouquel nous, à la requeste de tel, veismes et visitasmes telle chose, déclairées (3) bien et diligemment du long et du lé, hault et bas, et disons, et vous rapportons que il est ainsi et ainsi ; et ce vous rapportons par ce présent nostre rapport que nous avons séellé de nos seeaulx. Ce fut faict, etc.

(1) Ici commence B.
(2) A. : maçons.
(3) A. : *declaretur*.

AULTRE RAPPORT.

A tous ceulx, etc., tels et tels, de tel mestier, demourans en tel lieu, tous jurés pour veoir et visiter tous édifices faicts en tel lieu et ailleurs, etc., salut.

Sçavoir faisons que à la requeste de tel, etc., nous, le jourd'huy, ou tel jour, nous sommes transportés en tel lieu à la requeste de tel, etc., laquelle chose et les appartenances de ce nous avons veue et diligemment visitée du long et du lé (1), hault et bas, si disons et rapportons que il est ainsi et ainsi ; et les convient faire sans jour et sans terme, etc., et ce rapportons par nostre serment par ce nostre présent rapport, etc.

Au samedy prochainement (2) venant, de R. contre B., à aller avant sur et après le rapport des bacheliers qui dedans jeudy prochain seront menés à la requeste dudit R., par tel sergent au lieu dont ledit R. est plainctif, et du raport duquel naguères faict par les jurés, et aujourd'huy leu en jugement, et parmy lequel ces présentes sont annexées, ledit R. a demandé l'amendement d'iceulx bacheliers, donné, etc.

Nota que si à ce jour d'aller avant ces (3) bacheliers n'ont esté menés au lieu, la négligence cherra sur le deffendeur qui l'amendement demanda, et sera condenné ès despens pour la retardation du procès, et leur sera jour assigné à aller avant comme devant. Et est assavoir que pour destruire ung rapport des jurés, convient dix bacheliers concordans et consonans examinés comme ung coustumier.

(1) A. : et lez.
(2) A. : prochain.
(3) A. : les

Tel eslargi à xve, auquel jour à l'issue de la messe il a promis de retourner en l'estat que il est dedans la prison ou il estoit sur peine de x livres, et d'estre attainct des cas dont il est accusé : et de ce faire l'ont pleigé tels et tels à telle peine que devant et pour luy (1) fournir à droict.

A l'élection et nomination de tels et tels, amys de par père, et tels et tels de par mère, nous avons ordonné tels tuteurs et curateurs de tels enfans, et ont lesdits tuteurs juré, etc., de rendre bon compte, sur l'obligation de tous leurs biens, etc., de leurs corps, etc., et leur est baillé povoir d'exercer le faict de ladicte tuition et curation par la forme et manière qui cy-après s'ensuyt.

TUITION OU CURATION.

A tous ceulx qui ces présentes lettres verront, salut.

Sçavoir faisons que tel an et tel jour furent présens en jugement par-devant nous et en tel lieu, tels et tels, amys et affins, si comme ils disoient, de tels et tels, enfans mineurs d'ans de tel et telle sa femme, lesquels nous supplièrent humblement que nous voulsissions pourveoir auxdits mineurs de tuteurs et curateurs ydoines et suffisans pour iceulx mineurs et leurs biens garder et gouverner et deffendre bien et loyaulment, et tellement que d'iceulx biens ils puissent et saichent rendre bon compte et juste, et loyal, toutesfois que mestier sera, et que re-

(1) A. : la.

quis en seront ; et nous, ouye la supplication des dessusdicts nommés qui nous semble estre juste et raisonnable pour eschever le dommaige desdits mineurs, et secourir aux deffaultes qui leur pourroient sourdre (1) et advenir, prins d'abondant le serment des dessus nommés qui nous afferment (2) solemnellement, par leursdits sermens, que tels et tels estoyent personnes suffisantes (3), ydoines et convenables pour lesdits mineurs et leurs biens garder et gouverner, et leurs libertés et franchises, donnâmes et octroyasmes comme justice à iceulx mineurs, tuteurs et curateurs, c'est assavoir lesdits tels et tels, chascun pour le tout en la manière que dit est dessus ; lesquels, premièrement receus en eulx le faict et charge de ladicte tuition et curation, jurèrent en jugement par-devant nous, solemnellement sur les sainctes Évangilles de Dieu, que bien et loyaulment à leur povoir ils garderont et gouverneront lesdits mineurs et leurs biens, avec leurs libertés et franchises, et le dommaige d'iceulx eschèveront à leur povoir, et que de toutes les choses et biens desdits mineurs, eulx et chascun d'eulx, par soy et pour le tout, à nous comme à justice, ou là où il appartiendra, feront et rendront bon, juste et loyal compte toutesfois que requis en seront, ou les ungs d'eulx, soubs l'obligation de tous leurs biens meubles et immeubles présens et advenir, lesquels quant à ce et pour ce ils soubmisrent (4) du tout à celle jurisdiction, etc., en tesmoing de ce, etc.

(1) A. : soudre.
(2) A. : affermèrent.
(3) A. : souffisantes.
(4) B. : soubmidrent.

AULTRE TUITION ET CURATION PAR AUTRE FORME.

A tous ceulx, etc., tel juge, etc., salut. Sçavoir faisons que l'an de grâce, etc., tel jour, etc., furent présens en jugement par-devant nous au Chastellet de Paris tels et tels, oncles de par père, et tels, oncles et cousins de par mère, de tel enfant, si comme ils disoyent; lesquels nous supplièrent et requirent que comme audit mineur feust mestier et nécessaire d'avoir tuteurs et curateurs pour luy et ses biens, droicts, causes, querelles, négoces et besongnes garder, gouverner, traicter et deffendre, et administrer, et aussi pour requerre, veoir, faire et accepter, *si sit pater, vel mater* vivans, envers et contre sondit père, ou mère si elle vit, le père mort, inventoire, partaige et division de tous les biens qui communs estoyent entre ledit tel père et telle sa femme, mère dudit mineur, au jour qu'elle alla de vie à trespas, nous à icelluy mineur voulsissions sur ce pourveoir, si comme à nous par raison de nostre office appartenoit et appartient; et nous, ouye la supplication ou requeste desdicts amys et affins dessus nommés, qui nous sembla estre juste et raisonnable, non voulans icelluy mineur par deffault de tuteur et curateur, avoir, souffrir, encourir ne soustenir aucune lésion ou dommaige; lesdits tels qui des autres amys et affins dessus nommés nous furent tesmoings, leurs sermens faicts solemnellement aulx Evangilles de Dieu, estre souffisans et ydoines personnes et plus prouffitables à estre tuteurs et curateurs dudit mineur que aucuns autres qui fussent de son lignage. Et pour ceste cause, nous, moyennant les solennités en tel cas requises et accoustumées, les donnasmes et establismes, et par ces présentes les ordonnons et establissons tuteurs et curateurs audit mineur pour requérir, veoir, faire recepvoir envers et contre ledit tel père pour ledit mineur ses biens, droits, causes, querelles, négoces et besongnes garder et gouverner, curater, deffendre, administrer, et pour faire ce que bons et loyaulx curateurs. Et après qu'ils ont prins et retenu sur eulx les faicts et les charges de ladicte tuition, nous les feismes jurer par leurs sermens solennellement ès sainctes Evangilles de Dieu que toutes les choses dessus dictes et chascune d'icelles, et tout ce qu'ils sçauront et cuyderont estre prouffitable pour ledit mineur, ses biens et besongnes, ils feront, et les improuffitables choses pour luy ils eschèveront à leur povoir; et de l'administration et gouvernement qu'ils auront eu, et de tout ce dont ils se seront entremis pour icelluy mineur, ses biens et ses besongnes, feront et rendront bon, juste et vray, et loyal compte audit mineur, à ses amis, ou autre stipulant pour luy, toutesfois que mestier sera, sur l'obligation de tous leurs biens et de leurs hoirs, meubles et immeubles présens et advenir; lesquels ils soubsmisrent (1) pour ce du tout à la jurisdiction, correction et contraincte de tel juge et de tous autres, etc., soubs la jurisdiction duquel ils seront et pourront estre trouvés. Et ainsi feismes jurer ledit tel père, que à faire lesdits inventoires, partaige, division, il nommera, dira et enseignera tous les biens; et aucuns n'en recellera sur la peine en tel cas introduicte.

En tesmoing de ce, etc.

ORDONNANCE DE JUGE (2).

Vueillez sçavoir que quant la partie a deffendu, le juge a à regarder deux choses, l'une où les parties sont povres

(1) B. : soubmidrent.

(2) Ce chapitre manque dans B.

et la cause petite, comme une cause personnelle de vingt sols ou de trente sols, ou ung cas de injures ou de villenies; l'autre où les parties sont riches et puissans qui traictent de héritaige ou d'autre cause. *Si primo*, le juge fait leur procès-verbal, et sommièrement, par l'advis des conseillers de la Court, il dépesche les parties sur-le-champ. De déclinatoire, de usaige et stille, se icelles parties les proposent, et il faict doubte, il prent d'estre délibéré de faire droict aux parties ou les appointer comme de raison sur le plaidoyé aujourd'huy fait entre elles, et au jour leur fait droit. Et sur leurs faicts principaulx, quant ils sont contraires et receus à prouver par interlocutoire, affin de principal aultrement, il les appointe à prouver première et seconde fois ou à raporter l'enqueste, etc., *ut infra*. *Si secundo*, le juge faict leur procès escript pour deux causes. L'une, pour ce que les parties pevent bien endurer les mises, et le cas aussi le désire. L'autre, pour ce que si le juge faisoit droict à l'une des parties qui par venture ne le prendroit pas bien en gré, elle en appelleroit, et devant le souverain pourroit palier et conforter son appellation, et dire le cas aultrement qu'il n'auroit esté proposé, disans que sans avoir enquis la vérité de ses faits, etc., le juge les pourroit délivrer, et ainsi il auroit eu blasme, etc. Et pour eschever à ce blasme peult le juge tels riches malicieux appointer à bailler par escript, ou pour moindres despens se le cas le désire, il peult faire escripre en l'apointement les faits des parties affin qu'ils ne les changent depuis. Et en tel cas au commencement de leur plaidoyé, il doit avoir regard à trois choses. L'une, où les parties plaident leurs déclinatoires seulement ou dilatoires seulement, ou péremptoires seulement. L'autre, ou elles plaident déclinatoires et dilatoires ensemble par protestation, etc. La tierce, où elles plaident déclinatoires, dilatoires et péremptoires tout ensemble.

Si primo vel secundo, c'est assavoir si les parties plaident ou s'arrestent sur la fin déclinatoire ou sur aulcunes dilatoires, ou sur tous deux ensemble par retenue et par protestation, etc. et ne entament point leur principal à celle fin, ne proposent usaige, stil ou coustume, ne aultre chose quelconque qui chée en faict ne qui désire preuve quelconque, et que tout chée en droict, le juge les doibt appoincter ainsi.

De R. contre B. à ouyr droit sur le playdoié des parties, qui dedens huit jours sera baillée par escript devers la Court par manière de mémoires aux fins où elles tendent, et si au jour de ouyr droit, le droit vient pour le deffendeur qui a proposé ses déclinatoires ou dilatoires, c'est assavoir si le juge a trouvé que le cas soit spirituel, ou que le deffendeur soit clerc, et qu'il ne soit tenu de respondre devant le juge lay, ou que il soit d'aultre jurisdition, et requis, ou qu'il soit fellement convenu, ou que le demandeur ne face à ouyr ne à recepvoir, le procès est fini; et aura le deffendeur congé et sera le demandeur condempné en ses despens.

Et se droit vient pour le demandeur et contre le deffendeur et au commencement du plait, et en deffendant, et aussi ès escriptures le deffendeur a faict souffisante retenue et protestation d'aultrement deffendre, procéder et aller avant, etc.

Lors sera dict par le juge : Nous disons que la congnoissance du cas nous appartient, et en congnoistrons, et oultre disons que ledict B. est tenu de respondre, et y respondra et procédera et ira avant par-devant nous, et avec ce, nous disons que ledict R. faict bien à ouyr et recepvoir, et sera ouy et receu comme personne habile et légitime, nonobstant chose proposée ou maintenue par ledict B. au contraire, dont nous le déboutons comme de propos non vallable. Et procéderont les parties sur le principal, et condemnons ledict B. ès despens de cest incident.

Et après icelluy jugement les parties prendront jour à aller avant sur et après l'interlocutoire, etc. Et aujourd'huy procéder sur le principal. Et se sur le principal ils sont contraires, ils seront de rechief appoinctées à bailler et aller avant, *ut supra*, et puis aller avant sur les faicts principaulx que les parties ont huy mis devers la Court. Et après ce, prendront les parties assignation à aller avant sur et après les vérités qui dedens tel jour seront dictes, etc. Et se le juge et les parties veullent plus abréger, ils pevent aussi estre appointées à bailler et jurer, et après ce, à aller avant, sur et après les vérités, etc., et s'il advient que avec leurs fins déclinatoires et dilatoires, et pour iceulx conforter et fortifier, les parties proposent usaiges et stilles qui leur seront niés, ou aultres faits qui chéent en preuve, le juge les doibt appoincter ainsi :

De R. contre B. à xve à ouyr droit où il chet sur les faicts et raisons aujourd'huy playdoiées et niées desdites parties, lesquels icelles parties bailleront à la Court dedens viiie pour mémoires ès fins où elles tendent.

Au jour, se les parties sont receues à prouver leurs faicts aux fins plaidoiés, le juge prononcera ainsi. Veu, etc., après les parties prendront à aller avant sur et après l'interlocutoire, et après à aller avant sur et après les vérités, première production, seconde production publier, à dire à aller avant sur contredicts, ouyr droict sur contredicts et salvations, à aller avant sur les faicts des contredicts et salvations, etc., première production et seconde sur contredicts. A publier tous les tesmoings qui sur les faicts de contredicts et salvations receus à prouver par interlocutoire, qui apparestront avoir juré, et lesquels seront examinés par tel commissaire huy et aultreffois donné de nous en la cause de l'accord des parties, lesquelles parties seront présentes ou appellées pour veoir jurer iceulx tesmoings par-devant ledict commissaire, auquel icelles parties diront de bouche leurs contredicts ou reproches, se aulcuns en ont, pour mettre et joindre audict procès pour valoir à icelles parties ce que valoir leur pourra et debvra de raison et aller avant, etc. Et après à ouyr droit en diffinitive aux fins proposées, etc. Et si le droit est pour le demandeur, il sera dict que les parties procéderont sur le principal et oultre comme dessus est dict.

Or est assavoir que aucunes fois il advient que les parties playdent déclinatoires, dilatoires et péremptoires tout à une fois et sont contraires, et lors ils seront appoinctées ainsi.

De R. contre B. à VIIIe à bailler d'une partie et d'autre leurs faicts et raisons aujourd'huy playdoiés et nyés aux fins où icelles parties tendent, *vel sic* aux fins plaidoyées à aller avant, etc., et au jour venu seront appoinctées ainsi.

De R. contre B. à VIIIe à ouyr droit à bailler d'une partie et d'aultre leurs faicts et réplications et aller avant, etc., et après seront appoinctées ainsi.

De R. contre B. à VIIIe à ouyr droit où il chiet, sur ce que aujourd'huy et aultrefoys a esté baillé d'une partie et d'autre par escript devers la Court, et protestent lesdictes parties que en ce qui luy a esté baillé a aulcun faict nouvel, propose qu'il ne soit en respondant ou répliquant qu'il déchée et soit rejectée, et se fait y a recepvable les parties le nyent, et fera collation et baillera pour droit qui vouldra dedens jeudy prochain venant, ou aultrement elle sera tenue pour faicte et ne sera plus receu leur bailler pour droit. Et à ce jour se droit vient pour le deffendeur, c'est-à-dire qu'il soit dit qu'il est tenu de procéder ou que le demandeur ne face à récepvoir, le procès est fini comme dessus, et en la fin sera dict : Et recevons les parties à prouver leurs faitz seullement afin de principal. Et après ce, les parties prendront jour à aller avant sur et après l'interlocutoire, etc., et après à aller avant sur et après les vérités qui après seront dictes, etc., *ut supra*. Et se les parties ne plaident tout principal, si peuvent-ils estre apoinctées à bailler par escript et aller en avant, etc., et après à bailler les réplications, et après à aller en avant sur et après les vérités que cependant, etc.

Toutesfoys se la matière est grande, subtille et entreversée. Mais si la matière estoit clère et commune, le juge les pourroit apointer ainsi :

De R. contre B. à bailler d'une partie et d'aultre par escript devers la Court leurs faicts et raisons aujourd'huy playdoiés et nyés desdictes parties, afin de principal en demandant de par ledict R. et en deffendant de par ledit B., jurer et dire les vérités par-devant tel commissaire donné de nous en la cause, de l'accord desdictes parties, et aller avant, et à ce jour prendront à aller avant sur et après les vérités, et après prendront les aultres assignations entresuyvans. Or, il advient aucunefoys que les parties qui plaident en cas principal et péremptoire, le défendeur ne propose ne n'a aulcuns faicts, fors litiscontestation seulement, et lors le juge les peult appoincter ainsi :

De R. contre B. à xve à bailler par escript devers la Court, c'est assavoir de par ledict R. ses faicts et raisons aujourd'huy plaidoyés, et de par ledict B. sa litiscontestation au contraire, jurer et dire les vérités par-devant tel commissaire seul donné en la cause de l'accord desdictes parties, le jour de bailler ou lendemain et aller avant, etc.

AULTRE ENSUYVANT.

De R. contre B. à xve à bailler par escript devers la Court, c'est assavoir de par ledict R. sa demande par manière de *intendit*, et de par ledict B. sa litiscontestation au contraire, s'il cuyde que bon soit, et à aller avant sur et après les vérités qui cependant seront dictes, etc., pardevant tel commissaire en la manière dessus escripte.

Veu ce que baillé a esté par escript devers la Court par manière de mémoire de la partie de R. d'une part, à l'encontre de B. d'aultre part ; aussi ce que de par icelluy B. ou nom que dessus a esté baillé au contraire, les fins à quoy lesdictes parties tendent et concluent, et aussi le mémorial par lequel il appert lesdictes parties estre appoinctées à ouyr droit sur leur dict plaidoyé, et tout ce qui fait à veoir et considérer, et sur ce, eu conseil et délibération aux saiges, nous recepvons lesdictes parties à prouver leurs faicts aux fins où elles tendent, les despens, et ce qui est de droit, réservé en diffinitive par notre sentence interlocutoire et par droit.

Veu le procès incident faict par-devant nous entre R. ou son procureur, demandeur, d'une part, et B., garand, deffendeur, d'autre part, les réponses faictes aux articles de chascune partie, les dépositions des tesmoings, les lettres, actes et mémoriaulx mis en forme de preuve d'icelles parties; veu le mémorial par lequel il appert que il fut par nous ordonné que la cause principalle sur ce seroit jusques à ce que déterminé fust de ce présent incident : et le mémorial par lequel il appert icelles parties avoir prins et accepté à ouyr droit sur icelluy procès et incident; et tout ce qui nous peut et doit mouvoir; eu sur ce conseil et délibération aux saiges, nous disons que ledict B. est tenu de procéder et aller avant en la cause principalle, et la gagerie dont mention est faicte en ce procès, et que à ce requérir ledict R. faict à ouyr et à recepvoir; et en déboutons ledict B. et le condemnons ès despens dudict R. faictz en ce présent incident, la tauxation d'iceulx envers nous réservée par nostre sentence et par droit.

PROCÉDURES EN MATIÈRES CRIMINELLES.

Comme tel jour de tel an, il fust venu à nostre congnoissance que telz et telz avoient batu et navré de plusieurs plaies mortelles à grande effusion de sang, de nuit et par aguet, tel qui en estoit en péril de mort, et pour ce fussions allez devers ledict navré qui nous dist, sur le péril de la mort qu'il atendoit, que ce avoient faict les dessus nommez qui ainsi l'avoient batu, et s'en plaignoit en tant comme plus povoit en requérant que raison et justice en fust faicte.

Ausquelles dénonciation et requeste pour lesquelles nous eussions faict appeler par adjournement ledit tel ou tels, par-devant nous à trois briefs jours, c'est assavoir samedy, lundi et mardy, par tel sergent, pour respondre au procureur de Monseigneur sur faict de corps et sur peine de bannissement souffisant à leurs domiciles, c'est assavoir ledict tel à la personne de sa femme, et ledict tel à la personne de son maistre, à sa femme ou à ses gens, ausquels trois jours ne à aulcun d'iceulx ils ne vindrent, ne pour eux envoyèrent contre ledit procureur, qui à chascun d'iceulx jours vint et comparut souffisamment, et pour ce furent mis en deffault appelé par tel sergent. Et pour ce le faict dessusdict, si comme nous le veismes plus à plain estre contenu par la teneur desdits deffaulx qui cy-après s'ensuyt.

L'an de grâce, etc., à tel jour, etc., à nous tel juge rapporta, tesmoigna par son serment, que par tel sergent de nostre commandement à luy faict, adjourna tels en la présence de tels et tels à leur domicilles, pour ce que leurs personnes ne peuvent trouver à comparoir par-devant nous à tels briefs jours, c'est assavoir le samedy, lundy, le mardy, à l'encontre du procureur de Monsieur, et pour répondre à luy sur faict de corps et en peine de bannissement, et sur ce procéder et aller avant comme il appartiendra par raison. Auquel jour de samedy le procureur de Monseigneur vint et comparut par-devant nous souffisamment à l'heure accoustumée à tenir nos plaits, et depuis par grand espace contre les dessus nommés et chascun d'eulx qui [ne] vindrent ne aultres pour eulx envoyèrent, et pour ce furent tenus et réputés pour deffaillans, attendans et appelléz souffisamment par tel sergent en et par la manière que dict est. Donné, etc.

SECOND DEFFAULT.

L'an de grâce, etc. Comparut par-devant nous tel juge, etc., tel procureur, etc., à l'heure accoustumée à tenir nos plaits audict lieu, et nous requist que nous feissions appeller tels et tels pour le second des trois briefs jours qui leur estoit assigné par tel sergent de nostre commandement, si comme il appert par le premier deffault auquel ce présent deffault est annexé; et pour ce que ils ne vindrent ne comparurent ou aulcuns d'eulx, ils furent tenus et réputés pour deffaillans contre ledict procureur, eulx attendans et appelés par tel sergent, etc., sur fait de corps et en peine de bannissement, et que c'estoit le second appel des troys briefs jours. Donné, etc.

LE TIERS DEFFAULT.

L'an mil, etc. Ainsi comme le second deffault, et dire en la fin, et que c'estoit le tiers et dernier appel desdits trois briefs jours, comme dessus.

Par vertu desquels deffaulx, nous, à la requeste dudict procureur, pour ce que ledict navré estoit allé de vie à trespas, eussions procédé et allé avant contre lesdicts tels et tels ès appeaulx de mondict seigneur, et les feismes faire deument et souffisamment par une quatorzaine, par deux, par troys et d'abondant par quatre quatorzaines, si comme il est plus à plain contenu ès mémoriaulx escripts sur ce, faicts et extraicts de nos registres et desquels les teneurs s'ensuyvent :

L'an de grâce, etc., tel jour, etc. Nous rapporta tel, etc. Que il, de nostre commandement, à la requeste du procureur, etc., avoit appelé aux droicts de Monsieur pour la première quatorzaine tels et tels par suspition de avoir tué et occis de nuyct par aguet et de faict apensé tel ou tel, sur ce qu'ilz ont été souffisamment adjournés à leur demicille à troys briefs jours, et en peine de bannissement, et par iceulx troys jours mis en deffault sans interruption ou discontinuation deuement enregistrés, et avons rapporté, etc. Auquel cri, etc., quatorzaine, ledict procureur vint et comparut souffisamment contre lesdicts défaillans nommés, et chascun d'eulx qui ne vindrent ou comparurent, ne aultre pour eux, et pour ce sont tenus et réputés pour défaillans, appelés et attendus souffisamment par tel sergent, etc. Donné comme dessus.

Et par ceste manière doibvent estre faicts les aultres troys cris par les autres troys quatorzaines, et mettre ce mot en la dernière : pour la quarte quatorzaine d'abondant, etc. Duquel faict nous de nostre office eussions enquis diligemment la vérité tant par la confession et dénunciation dudict deffunct, comme par information par nous sur ce faicte, laquelle est attachée à ce présent procès, et bannissement, parquoy il est notoire que icelluy faict a esté faict par la manière dessus escripte par les dessus nommés et chascun d'eulx. Et pour ce nous, eu sur ce et sur lesdicts appeaulx qui sont faicts et passés si comme dict est dessus, conseil, advis et délibération; considéré aussi la coustume de la viconté et prévosté de Paris, et tout ce qui de raison nous povoit, debvoit, peult et doit mouvoir, par bonnes gens, saiges et expers en droits et coustumes, par vertu de quatre quatorzaines passés et toutes complètes, avons lesdicts tels et tels banny et bannyssons de la terre de mondict seigneur à tousjoursmais, perpétuellement, sans rappel et sur la hard, et les prononceasmes et prononceons pour bannys par toute ladicte terre par notre sentence diffinitive et par droict, etc.

Après lequel bannissement ainsi prononcé, nous feismes crier solennellement en et par toute la terre, en défendant à tous généralement qu'ils ne tiennent compagnie aulx dessus dits bannys soit en beire et en menger, en appert ou en secret, et que doresenavant ne les recellent, recepvent, hébergent, mussent, aydent ne confortent en aulcune manière, sur peine de forfaire corps et biens envers mondict seigneur. Mais quiconques les trouvera hors lieu sainct, si s'efforce de les prendre à assemblée, à cri, à son de cloches, et par toutes les voyes et manières que l'en pourra, et soyent amenés en justice se prins pevent estre pour illec recepvoir punition dudict cas, etc., lequel cri sera mis en une cédulle, et sera tout joinct au procès pour pugnir ceux qui feront le contraire.

Nota que se mort ne s'ensuit en la personne blessée, et la partie compare avant que les appeaulx soient faits et passés, les despens qui seront faicts seront premièrement payés se c'est à la requeste de partie, et aussi l'amende de partie avant que l'amende du seigneur.

Et icy finist le procès criminel en tant comme il touche la Court laye.

HABANDONNEMENT OU CESSION DE BIENS

Par-devant nous fust présent personnellement en jugement tel de tel lieu, qui de sa bonne volunté abandonna et feist cession pleine (1) à tels porteurs de gaigement, de tels droits ses biens meubles présens et advenir, quels qu'ils soyent, desquels il se dessaisist du tout en nostre main tout pour prendre et despendre par nous et par tous justiciers jusques au rez des sommes d'argent contenues èsdicts gaigemens, saulve ses bonnes raisons, et jura qu'il n'avoit à présent aucuns biens meubles par quoy il peust payer les debtes contenues èsdicts gaigemens, et que si tost qu'il viendra à puissance et fortune de biens, il payera lesdictes debtes sans riens receller pardessus son vivre et vestir raisonnablement. Donné en jugement, etc.

(1) A. : planière.

ASSEUREMENT.

A tous ceulx qui ces présentes lettres verront, etc., salut. Sçavoir faisons que par-devant nous pour ce présent en jugement tel demourant en tel lieu, etc., lequel asseura et fiança en nostre main, à tel, bon et loyal asseurement de luy et des siens selon les us et coustumes de France sans les enfraindre en aucune manière. En tesmoing de ce, etc.

DEFFENCES.

Nous, tel juge, avons deffendu et enjoinct, deffendons et enjoignons à tel et à sa femme, en peine de tant d'amende à applicquer, etc., que ils ne traictent ne molestent, mesdisent ou meffacent par parolles contumélieuses, ne en corps ne en biens, tel, sa femme, enfans, et mesgnie, et ne les poursuyvent ailleurs que par-devant nous de chose dont la congnoissance nous appartienne, etc. Donné, etc.

DÉLIVRANCE D'UNG PRISONNIER A CAUTION.

A tous ceulx qui ces présentes, etc., salut. Sçavoir faisons que par-devant nous vindrent en jugement tel et tel de tel lieu, et recongneurent que comme ils eussent esté prins et emprisonnés en tel lieu pour suspition d'avoir esté à tuer et occire tel, comme facteurs ou au moins consors et complices, et il soit ainsi que des choses nous ayons faict ou faict faire information secrette, le mieulx et le plus diligemment que nous avons peu, laquelle information nous avons veue et faict veoir par gens saiges et expers, qui nous ont dit et conseillé que ledit prisonnier nous povons délivrer quant à présent à caution, ou luy ouvrir les huis de ladicte prison. Et pour ce, nous, tout ce veu et considéré, nous avons délivré ledit tel prisonnier, à la caution de tels et tels, et a ledit prisonnier promis retourner, en peine d'estre attainct des cas dont il estoit poursuivy. Et lesdits tels l'ont promis ramener à nostre première requeste èsdictes prisons sur peine de cent livres parisis à appliquer à Monsieur, se faulte y avoit, et ledit tel les en a promis garantir, délivrer et deffendre à ses propres cousts et despens.

L'ARBRE DE CONSANGUINITÉ ET D'AFFINITÉ, ENSEMBLE DE LA COGNATION LÉGALLE, ET COGNATION SPIRITUELLE; NOUVELLEMENT RÉDIGÉE EN LANGAIGE VULGAIRE.

Consanguinitas, seu consanguinei dicuntur quasi omnes sanguinem unum habentes, vel ab uno sanguine procedentes. Vel sic : consanguinitas est vinculum personarum ab eodem stipite descendentium, carnali propagatione contractum.

Et est à noter qu'il est deux lignes de consanguinité, l'une si est directe, et l'autre si est collatéralle; la ligne directe est double, l'une est ascendant, et l'autre descendant.

Ceulx qui sont en ligne ascendant, ce sont ceulx de qui nous avons prins nostre naissance par moyen ou sans moyen : sans moyen, si comme de père (1) et de la mère; par moyen, si comme de l'ayeul ou de l'ayeulle, du besayeul ou besayeulle; et ainsi des autres. Mais ceulx qui

(1) B. : du père.

sont de ligne descendant qui ont prins de nous leur naissance par moyen ou sans moyen sont : sans moyen, si comme les fils, les filles : par moyen, si comme les enfans de nos enfans, et de nos fils et de nos filles, leurs enfans, enfans de nos filles et de nos fils.

Ceulx sont en ligne collatéral qui sont prochains de lignaige, et toutesfois l'ung n'a point prins naissance de l'autre, *nec e contra;* si comme deux frères, deux seurs, ou deux cousins germains, c'est assavoir les fils de deux frères ou seurs, *et sic de aliis.*

Et pour plus proprement sçavoir compter les degrés du lignaige, lequel semble estre nécessaire à sçavoir tant pour les mariages qui souvent sont célébrés contre droict canon, au moyen de quoy les convient aucunes fois dire nuls, et demeurent les enfans, voyre les pères et les mères, tachés de vilain reproche, et aussi pour faire les plus prochains d'iceulx tuteurs et curateurs aux orphelins de leur lignaige, et aussi pour saulver et contredire tesmoings, il est à noter, comme dit est dessus, que, selon l'Institute, en la rubrice *De gradibus cognationum*, ung lignaige est compté en montant, et l'autre en dévallant, et l'autre de travers. Le lignaige en montant est le père, l'ayeul, etc. Celluy qui vient en dévallant sont les fils, les filles et leurs enfans, etc. Celluy qui vient de travers est le frère et la seur, et ceulx qui descendent d'eulx, est l'oncle et la tante que l'en dit en françoys *bellante*, tant de par père comme de par mère. Et en droict civil ceulx de par père sont appellés *patruus*, *amita*. Et ceulx de par mère, *avunculus*, *matertera*. Unde versus :

Sunt patrui patris fratres, amitæque sorores,
Frater avunculus est, soror et matertera matris.

Les lignaiges qui viennent en montant et en avallant

commencent et sont comptés du premier degré, mais au lignaige qui est de travers n'est point trouvé de premier degré se le degré n'est trouvé en ligne directe. Et pour ce l'en commence au second poinct du degré, car le père et son fils ou fille ne font que ung degré, mais celluy que l'en compte après, soit en montant, dévallant ou de travers, est compté pour deuxiesme degré. Et pour avérer ce que dit est dessus, que le père ou son fils ou fille ne facent que ung degré, il est monstré en la figure cy-après, par exemple d'une fenestre laquelle à deux coulonnes ne font fors une fenestre. Et se une seulle coulonne y est adjoustée, elle toute seulle adjoustée au millieu d'eulx fera que l'en dira deux fenestraiges, et chascune fenestraige sera monstrée et dicte esgallement une fenestre. Aussi le père et son fils et sa fille ne font que ung degré, et le prochain après n'est compté que pour le second degré, et ainsi en suyvant. Et pour plus clèrement monstrer les degrés, il est assavoir que au premier degré en montant, *ut id est supra*, est le père et la mère. Et en icelluy premier degré en avallant sont les fils et les filles. Au (1) second degré en montant sont l'ayeul et l'ayeulle. Au second en avallant sont les enfans du fils et de la fille que les loix appellent *nepos et neptis*. Et au second degré de travers sont les frères et les seurs. Au tiers degré en montant sont le besayeul et la besayeulle. En icelluy degré en avallant sont les enfans des enfans au fils et à la fille, que les légistes appellent *pronepos*, *proneptis*. Et en icelluy tiers degré de travers sont les fils de la fille du frère ou de la seur, que les légistes dient *fratris filius et filia*, et le frère ou seur du père ou de la mère que les légistes appellent *patruus*, *amita*, *avunculus*, *matertera*.

(1) B. : Ou.

Au quart degré en montant sont le troisième ayeul et la troisième ayeulle. En icelluy degré en avallant sont les enfans aux enfans des enfans du fils et fille. En icelluy quart degré de travers, sont les nepveus et les enfans des enfans du frère et de la seur, *scilicet fratris nepos et neptis*, et le frère ou la seur de l'ayeul, *scilicet patruus magnus et amita magna*.

Non gignunt dextras qui sunt in parte sinistra;
Læva dat uxores : dat tibi dextra mares.

S'ENSUYT L'ARBRE DE CONSANGUINITÉ.

				Abavus, Abavia. IV.				
			Proavunculus. Promatertera. V.	Proavus, Proavia. III.	Propatruus. Proamita. V.			
		Horum filius, filia. VI.	Avunculus magnus. Matertera magna. IV.	Avus, Avia. II.	Patruus magnus. Amita magna. IV.	Horum filius, filia. VI.		
	Eorum nepos, neptis. VII.	Propior sobrinus. Propior sobrina. V.	Avunculus. Matertera. III.	Pater, Mater. I.	Patruus. Amita. III.	Propior sobrinus. Propior sobrina. V.	Eorum nepos, neptis. VII.	
Eorum pronepos, proneptis. VIII.	Horum filius, filia. VI.	Consobrinus. Consobrina. IV.	Soror. II.		Frater. II.	Consobrinus. Consobrina. IV.	Horum filius, filia. VI.	Eorum pronepos, proneptis. VIII.
Eorum nepos, neptis. VII.	Horum filius, filia. V.	Sororis filius. filia. III.		Filius, Filia. I.		Fratris filius, filia. III.	Horum filius, filia. V.	Eorum nepos, neptis. VII.
Horum nepos, neptis. VI.	Sororis nepos, neptis. IV.			Nepos, Neptis. II.			Fratris nepos, neptis. IV.	Horum nepos, neptis. VI.
Sororis pronepos, proneptis. V.				Pronepos, Proneptis. III.				Fratris pronepos, Proneptis. V.
				Abnepos, Abneptis. IV.				

HIC EST ARBOR CONSANGUINITATIS.

Linea est triplex, scilicet graduum descendentium, ascendentium et collateralium. Gradus est habitudo distantium personarum qua cognoscitur quota agnationis vel cognationis distantia duæ personæ inter se differunt. Et dicuntur gradus ad similitudinem graduum scalarum, vel locorum proclivium, quia ita gradimur de proximo in proximum. Consanguinitas est attinentia personarum ex eo proveniens quod una descendit ab altera, vel ambæ ab eodem, vel est vinculum personarum ab eodem stipite descendentium.

Item le grant oncle et la grant tante, c'est assavoir le frère ou seur de l'ayeul, *scilicet avunculus magnus, matertera magna*, et les enfans des frères et seurs de mon père que l'en dit *fratres patrueles, soror patruelis*, et aussi de la mère que on dit *consobrinus et consobrina*, lesquels nous appellons cousins et cousines germains, pource qu'ils descendent des frères ou des seurs de nos père ou mère, et que aucuns dient que ceulx sont appellés cousins et consobrins, et les filles sont appellées germaines et *sorores patrueles*.

Et ceulx qui sont nés l'ung d'ung frère, l'autre de la seur, ils sont proprement nommés *amitinos*. Les fils de la seur de ton père t'appellent cousin, et tu les appelles *amitinos laterins ;* et ceulx sont appellés germains qui sont nés de deux seurs. Au quint degré en montant seroyent le quart ayeul et la quarte ayeulle, *attavus, attavia*, qui ne sont point à ceste figure. En icelluy quint degré en avallant, seroyent les enfans aux enfans du fils ou de la fille, *scilicet atnepos, atneptis*, qui aussi n'y sont point pource que la figure seroit trop longue, et en icelluy quint degré de travers sont les enfans des enfans aux enfans du frère et de la seur *et fratris sororisque pronepos et proneptis*, et le frère et la seur du besayeul ou de la besayeulle et leur fils, *scilicet horum filius et horum filia* la plus près, car en la figure en a trois. Au sixiesme degré en montant seroyent le quintayeul et la quinte ayeulle, *scilicet tritavus, tritavia*, qui ne sont pas [en la figure]. En icelluy sixiesme degré, seroyent les nepveux aux enfans des enfans des enfans aux enfans du fils ou fille : *id est trinepos, trineptis*, qui aussi n'y sont pas figurés. Et audit sixiesme degré de travers en ascendant sont les enfans du frère et seur du besayeul ou de la besayeulle, *scilicet horum filius, horum filia*, et plus hault, car la figure en a trois.

Et en icelluy sixiesme degré de travers sont les nepveux des nepveux du frère que l'en peult dire les enfans des enfans aux enfans des enfans du frère et de la seur : *scilicet fratris sororisque abnepos et abneptis*, qui ne sont pas cy figurés, et le frère et la seur au tiers ayeul ou à la tierce ayeulle : *scilicet abpatruus, abamita, id est abavi frater et soror ; abavunculus, abmatertera id est abavi frater et soror*, qui aussi ne sont pas en ceste figure ; et ceulx qui sont yssus des enfans à vos cousins germains, c'est assavoir les enfans des enfans aux enfans de frère et de seur de père et de la mère, qui sont dits *eorum nepos et neptis*, et aussi les enfans des enfans du frère ou seur de l'ayeul ou ayeulle qui sont dicts en la figure *horum filius et filia*, le moyen. Car il y en a quatre par ce que dit est. Et par querre en la table, sans autre industrie, povez vous trouver le VIe et VIIe degré, et les autres aussi par ce que dit est. Mais pour ce que vous povez dire contre moy ainsi : vous m'avés très-bien déclairé par figure et par parolle selon l'industrie des degrés de cognation, par les nombres ou poincts qui sont dessus en chascune des celles et cellules de la figure, c'est assavoir ès lignes transversalles ; mais je trouve le contraire ou au moins différence entre les nombres de dessoubs (1) qui sont selon les loix, et les nombres de dessus qui sont selon les droits canons, si ne sçay la cause de la différence ne mettre différence en ce. A quoy je respons : *Dominus Goffredus in Summa* qui fist le droict canon *De consanguinitate et affinitate*. Et nota que Goffredus dit que *gradus legales* sont désignez par les poincts noirs qui sont dessoubs; et *gradus canonici* sont désignés par les poincts rouges qui sont dessus, et là commance une dé-

(1) Ces points rouges ne sont pas indiqués dans les textes imprimés.

claration de compte sur iceulx poincts qui dit ainsi : Consanguinité est dicte en latin *consanguinitas, et dicitur quasi unam consanguinitatem habentes, vel duo de uno sanguine procedentes.*

Item deux frères, ou ung frère et une seur s'attiennent en ligne transversal : ceulx qui s'attiennent au premier, second, tiers ou quart degré ne se pevent conjoindre par mariage. La fenestre qui est au millieu de la ligne directe est prinse ou nommée tronc ou souche. Et au regard d'icelluy tous les autres de l'arbre prennent leur nom : excepté seullement ceulx qui sont génitifs cas, si comme il apert en la figure, *vel sic*, tronc ou souche est dicte l'original ou principalle personne de laquelle les autres sont descendus et d'icelles ont prins leur naissance. Si comme Adam fut souche de Caïn et Abel et des enfans qui de luy procédèrent.

Item le tronc ne peult contraher mariage avec aucun qui soit en la figure, mais ceulx qui sont de l'une partie pevent contraher avec ceulx qui sont de l'autre part. Excepté ceulx qui sont mis ès quatre lignes d'en bas, *scilicet* le frère avec sa succession, et en icelle le fils avec sa succession. Et en icelle la seur aussi avec sa succession. Mais ceulx de l'une partie ne pevent nullement contraher entre eulx de l'ung à l'autre, et se celle exception est bonne dont le fils avec sa succession soit d'icelle mesme partie avec ceulx qui descendent par la ligne de consanguinité de la partie oblique du frère, au regard de ses souverains. Et se ce n'est au quart degré, c'est doncques faulx qui dit que *abnepos* tronc peult contraher avec ceulx qui sont escripts au-dessus, et avec les souverains de tronc, *pronepos* avec ceux qui sont escripts au-dessus, c'est assavoir les souverains de *pater* comme ils sont au quint, et aussi des autres jusques *ad truncum*, excepté *abnepte trunci et frater* avec leur postérité, comme ils leur soyent au quint degré ou plus loing.

Item qu'il n'est mis en l'arbre toute la consanguinité *trunci*, car *truncus* a quatre ayols, l'ayeul et l'ayeulle de par père, et l'ayeul et l'ayeulle de par mère, huyt besayols, vingt tresbesayols, et ainsi tousjours doublent en montant. Et jà soit ce que si ne soyent discutés seullement sans quatre degrés, toutesfois consanguinité s'estend bien plus avant iceulx quatre degrés, *quia civilis ratio non potest naturalia jura tollere, ff. De cap. mi. l. eas. et Instit., De legitima agnat. tut., in fine.*

Mais la raison pourquoy les droits canons ne parlent plus avant, c'est pource que mariage ne s'estend que jusques à iceulx quatre degrés de consanguinité et non plus, mais les droits civils qui traictent de succession parlent plus avant, pource que succession s'estend et plus avant et plus arrière, car succession se prent dès le premier, deux, trois, quart et quint degrés, ce qui n'est pas de mariage; ainsi se estend succession *usque ad decimum gradum legalem*, et dit *legalem* à la différence du chapitre EXTRA *de cognatione spirituali : id est secundum canonem.* Et puisque jusques à ce degré l'en succède, se peult dire cognation.

La ligne directe est celle du millieu, en laquelle vous avez quatre celles descendans de *protheo* (1) et quatre ascendans. Des lignes transversalles sont deux qui naissent de *protheo*, l'une à dextre, et l'autre à sénestre, et de chascune par-dessus deux, l'ung de par père, et l'autre de par mère, et de celle au-dessoubs, l'une ligne transversalle, et n'est, car toutes descendent *de recta lignea a protheo.* Prenez doncques tout joingnant de cousté de *protheo* de chascun

(1) *Protheus.* Voyez l'explication de ce mot, *inf.*, p. 824.

cousté qui est par-dessus ; nous les dirons frères et seurs, et rapportons aux noms qui sont illec nommés et relatifs *ad protheum*, et d'ilec en dévallant de chascun nous désignons les fils, les nepveux, etc., jusques à quatre degrés, au regard de *prothe* et aussi en enclouant la consanguinité de *prothei* jusques à quatre degrés, et note que la moytié de la vie (1) suffist bien pour monstrer la doctrine, mais l'autre moytié fut mise tant pour beaulté de la figure comme pour sçavoir les noms de consanguinité entre le sexe masculin et le sexe féminin.

OR VEONS AU COMPTE DES DEGRÉS.

Primo canonicam et legalem in linea ascendenti et descendenti ; car c'est tout par une mesme raison.

Secundo la canonique *in linea transversali.*

Tertio legalem.

Primo est assavoir que *protheus* ne faict point de degré, mais est réputé pour tronc ou souche, et est dit père en la ligne ascendant, et fils en la ligne descendant. En la ligne transversal, il est dit frère ou seur : doncques le fils est loingtain *a protheo* du premier degré, *nepos* du second ; et ainsi jusques *ad abnepotem,* qui est au quart degré.

Semblablement, en ligne ascendant, le père est loing qui est loing *de protheo* au quart degré. Et nota *quod gradus legales secundum leges* sont désignés par les poincts noirs qui sont dessoubs en chascun quarré ; *gradus canonici* sont désignés par les poincts rouges qui sont dessus en chascun quarré.

(1) De l'arbre ?

Item les personnes qui esgallement se eslongnent du commun degré sont dits et comptés estre au degré et faire degré. Et ceulx qui inesgallement sont eslongnés d'icelluy commun degré, sont dits estre eslongnés d'icelluy degré, *ut* xxxv. q. v. c. *pono*.

Tu dois faire ton compte canonique par ceste reigle : s'aucun est eslongné au quart degré d'aucun autre escript au-dessus en la table, icelluy aucun est eslongné en icelluy mesmes degré de chascun des descendans d'icelluy aucun escript au-dessus, par l'autre ligne de l'autre partie jusques à la ligne d'esgalité ; et ce qui reste à compter des personnes plus avant et plus bas sera tant au plus hault degré d'esgallement. vj. c. q. *Dilectio*. Extra. *De consanguinitate et affinitate*.

Or commençons doncques selon la reigle devant dicte au plus hault quarré. Et disons ainsi : *abavus* est loing à trouver au quatriesme degré.

Doncques *abpatruus* qui descend d'*abavus* par l'autre ligne est semblablement au quatriesme degré. *Propatrui filius* semblablement au quatriesme degré. Et je le prouve ainsi : puisque *propatruus et proavus* sont deux frères, doncques sont-ils en ung degré. *Ut* xxxv *questio V. c. ad sedem. Ergo*, *avus* et le fils *proavi* se eslongnent au deuxiesme degré, *pater* au troisiesme, *truncus* au quatriesme degré.

Semblablement le fils *propatrui* se eslongne au quatriesme degré *à trunco. Probo*. Le fils *propatrui et avus sunt duo nepotes*, doncques sont-ils au second degré. Car ils sont fils de deux freres qui sont au premier degré ; ainsi *pater* se eslongne *a filio propatrui* au troisiesme degré, et *truncus* au quatriesme degré.

Semblablement *nepos propatrui et pater* sont fils de deux nepveux qui sont au deuxiesme degré. Ainsi, *truncus* est loing au quatriesme degré.

Semblablement *pronepos propatrui* est au quatriesme degré avec *trunco* en la ligne d'esgalité qui contient esgallement toutes personnes descendans avec eulx. Je le prouve. *Sunt duo abnepotes*, doncques sont-ils au quatriesme degré, car ils sont *filii duorum pronepotum* qui sont au quart.

Or convient monter du père au besayeul qui est dit *proavus*, qui est eslongné à trouver au tiers degré, doncques *patruus magnus*, qui est descendant de luy par aultre ligne, est eslongné seullement au troisiesme degré : *propterea sobrinus*, au tiers avec luy en ligne d'esgalité.

D'ilec en avant soyent adjoutés degrés du nombre des personnes. En ceste preuve convient procéder comme dessus, car *patruus magnus et avus* sont deux frères, doncques sont-ils au premier degré, ainsi le père eslongné du second, et *truncus* du tiers, *a patruo magno. Hæc probatio colligitur* xxxv. q. v. c. *ad sedem*.

Or s'ensuit *de legali computatione*, en ligne transversal, duquel compte est faict ceste reigle : que autant de personnes comme l'en peult nombrer de çà et de là descendans à *communi stipite*, mise hors icelle commune souche, par autant de degrés se eslongnent les plus loingtaines personnes dont l'en quiert veoir : comme si l'en demande de aucune personne qui se eslongne de quatre degrés, toutes icelles personnes avecques leurs parens communs sont au septiesme degré. Ainsi, osté le commun parent, demeurent six personnes qui par six degrés se eslongnent entre eulx. Et ainsi appert que *legales* aucunesfois doublent les degrés canonicques, aucunesfois non, car en ligne d'esgalité ils doublent, mais sur icelle et par-dessus icelle.

Or sont cy à recueillir les reigles qui sont premièrement baillées si comme la reigle cy-dessus escripte, ou qui commence : Tu dois faire ton compte canonique, affin que plus légièrement l'en puisse avoir ceste doctrine.

La première reigle est telle ; auquel degré aucun est eslongné d'aucun autre son souverain ou par-dessus (1), par autant de degrés est-il eslongné de chascun des descendans d'icelluy par l'autre ligne jusques à la ligne d'esgalité ; et après, et depuis icelle ligne l'en accroist le nombre des degrés selon le surplus des personnes : *Ut c. quod dilectio : De consanguin. et affin.*

Item l'autre reigle qui au chapitre s'ensuit qui est dit que autant de personnes descendans du commun parent comme l'en peult nombrer deçà et delà en ligne ascendant (2) ou collatéral, mise hors la souche, par autant de degrés s'eslongnent des dernières personnes, de l'eslongnement desquelles en demande. Se tu le veulx veoir en ta main, le peulx en ceste manière : Tu as en ta main advisés quatre doigts par quatre articles, doncques, se tu veulx trouver auquel degré ou par quantz degrés aucuns se eslongnent, nombre les articles des deux collatéraulx avec le doigt du millieu pour souche et pour commun parent, procédant (3) selon ces reigles. Et se tu veulx sçavoir en quants degrés une personne est eslongnée de l'autre en la ligne ascendant ou descendant, nombre toutes les personnes. Et d'icelluy nombre oste l'une, et autant qu'il demeure, autant de degrés sont-ils eslongnés. Et se tu veulx sçavoir en quel degré, selon les canons, une personne est eslongnée de l'autre en ligne transversal, advise se ils descendent esgallement, et quantes personnes sont de l'une partie au regard de la souche commune, en autant de degrés se abstiennent-ils. Et se ils descendent

(1) A. : au par-dessus.
(2) B. : descendant ou collatéral.
(3) B. : procede.

inesgallement, en autant de degrés comme le plus loingtain est eslongné du commun parent, en autant de degrés s'en (1) eslongnent-ils, *et hoc videtur* Extra. *De consanguin. et affin.*, c. *Vir qui a stipite*, et xxxv. *questio*, v. c. *parentele*.

. . .

CONVIENT VEOIR AUCUNES DOUBTES.

Nota que cest argument ne vault : Pierre et Martin sont cousins, Pierre peult prendre à femme la fille Martin, *ergo* Martin peult prendre à femme la fille de Pierre, car *propatruus* et *truncus* sont cousins. *Propatruus* peult prendre à femme la fille *trunci*, car elle lui est au quint degré, et toutefois *truncus* ne peult prendre à femme la fille *propatrui*, car elle luy est au quart degré. Mais c'est parce que le fils *trunci* adjouste degré au regard *trunci*, comme il est soubs la ligne d'esgalité; mais la fille *propatrui* ne adjouste pas degré au regard *trunci*, comme elle soit dessus, se ce n'est pour cause d'esgalité.

Nota *quod licet propatruus et ejus pronepotes* attiennent à *trunco* en ung mesme degré, toutesfois est-il greigneur *consanguinitas* entre *truncum et pronepotem patrui* : *Ut* Extra. *De consanguinitate et affinitate*, *c. q. dilectio*.

Item l'en demande pourquoy *protheus*, qui au IIIIe degré est eslongné *ab abavo*, n'est eslongné au cinquième degré *a patruo*, comme la reigle soit telle que personne qui est conjoincte à autre par charnelle couple adjouste degré; et à ce dient aucuns que par telle raison voirement doibt eslongner au ve degré, mais pour ce qu'il est en même degré avec *proavo* qui n'est que eslongné au tiers, par ceste raison ne doit-il estre eslongné que au tiers; et pour la répugnance de ces raisons fut esleu une nouvelle voye,

(1) B. : se.

scilicet qu'il seroit dit estre eslongné au quart degré, sicomme ils dient, mais la raison de ceulx qui ce dient estre nulle comme reigle, *videlicet* que nulle personne qui est conjoincte à autre, etc., a lieu tant seullement en ligne ascendant et descendant, et par ce tu peulx dire que ils s'esloignent au quatriesme degré par celle ligne qui parle en ligne transversal, laquelle chose est vraye.

Item comme *proavus* et *propatruus et econtra*. Et à ce peulx-tu dire que ceulx sont dicts en ung mesme degré *respectu communis parentis*, c'est à entendre *abavi*, duquel ils descendent esgallement, *et non respectu prothei*, au regard duquel *protheus* se eslongne d'ung degré plus que *proavus*.

Nota : deux personnes, c'est assavoir ung homme et une femme, sont, dont l'ung est eslongné et se diffère au commun parent par trois ou quatre degrés, l'autre par cinq degrés, l'en demande s'ils pevent ensemble contraher mariage, et semble que non, *ut* Extra. *De consang. et affin.*, c. *Quod dilectio;* mais le contraire est vray comme à présent, de droict commun, l'en peult contraher au cinquiesme degré (1). Et celle décrétale *Quod dilectio* parle en dispensation en laquelle il est plus estroictement à procéder que par droit commun.

Item l'en demande se incest peult estre commis avec sa cousine au cinquiesme degré. Responce, non. Incest est commis seullement par la constitution de l'Église, xxxv. q. i. c. *Cum igitur*. Et jadis incest n'estoit point commis au VIIe degré. (ar. xxxv *q. v. c. Ad sedem*). Doncques par ceste mesme raison, incest n'est point commis du présent oultre le quatriesme degré.

Selon aucune lecture l'en faict une telle similitude.

(1) B. : et ceulx se different et eslongnent au ve degré.

Tout ainsi comme des arbres portans fruict l'en entend quatre choses : c'est assavoir, l'arbre, les rameaulx (1), le fruict et les feuilles : tout ainsi en cest arbre dont l'en traicte, quatre choses sont à considérer :

Premièrement le tronc, lequel nous pouvons dire Joachin, lequel redresse son ascendant en montant en contremont, il estend ses rameaulx et collatéraulx de chascune part, il accroist et multiplie ses rames par-dessoubs luy qui refont et pevent faire nouvelle génération. Ainsi peult estre d'icelluy tronc, rameaulx et fruict, et les feuilles, dont pevent estre entendues d'aucunes questions qui pevent cheoir et naistre de l'auctorité de l'arbre selon ceste lecture ; dont il convient faire cinq reigles.

Premièrement, toute personne assemblée à autre par charnelle couple faict degré, et est ce lieu (2) en ligne ascendant ou descendant.

La seconde est telle : quantes personnes sont celles de quoy l'en quiert tout compte osté, l'une à tout de degrés s'attiennent elles *vel contra*. Se ils sont quatre personnes, les dernières et les plus loingtaines s'entretiennent au tiers degré ; se ils sont cinq, au quart degré. Et ceste reigle a lieu ès personnes desquelles l'une descend de l'autre, tant en ligne ascendant comme descendant.

La tierce est telle : se les personnes desquelles l'en quiert ne descendent l'une de l'autre, mais collatérallement procèdent tous deux *a communi stipite*, et soyent esgaulx en ligne, par autant de degrés comme chascune de cestes personnes se eslongnent de la commune souche, par autant de degrés se diffèrent et eslongnent.

La quarte reigle est telle : se les personnes desquelles l'en quiert ne descendent mye l'une de l'autre, mais pro-

(1) B. : les rainseaulx.

(2) B. : ad ce lieu.

cèdent collatérallement de la commune souche et soyent en ligne inesgalle, par autant de degrés comme les personnes plus loingtaines sont loing de la souche, par autant de degrés sont icelles personnes eslongnées l'une de l'autre. Et en cest (1) cas doit l'en tousjours faire son compte et avoir regard à la personne qui est plus loingtaine d'icelluy, et à icelluy tronc, et ces deux dernières reigles ont lieu ès collatéraulx.

La cinquiesme reigle est telle : par autant de degrés comme les personnes dont l'en quiert se eslongnent de la commune souche, par autant de degrés se eslongnent-elles de tous les descendans d'icelle souche. Et ceste reigle a lieu jusques à la ligne d'esgalité ; et de ce faict mention le *c. fi. tit. de consang. et affin.*

L'on demande pourquoy *cellula* en laquelle est Joachin est dicte *cellula vacua*. Responce : l'en dit que c'est pour ce qu'elle est mise illec pour tronc ; et duquel tronc tous les aultres rameaulx procèdent, et en icelle celle ou tronc sont imposées deux personnes ainsi comme ès autres, parce que au regard de diverses personnes, degrés ou choses, divers noms sont dénommés à la celle, et icelle divisément prinse, et par noms divers dénoncée. Car aucunes fois elle est prinse pour le père, et aucunes foys pour le filz, et aussi aucunes fois pour le nepveu, aucunes fois pour l'ayeul, et nom certain et congneu ne luy peult estre mis, mais *cellula vacua, et dicitur truncus, ut* xxxv *q. v. c. Senes.* Aussi est-elle dicte *protheus* pour la diversité des noms et des propriétés qui luy sont attribuées.

Je demande comme il soit ainsi que *proavus, proavunculus et patruus* soyent en une mesme ligne et ung mesme

(1) B. : en ce cas.

degré, comment peult ce estre que Joachin soit plus loing de *patruo* et de *proavunculo* que *de proavo*. Responce : l'en dit voirement qu'ils sont en ung mesme degré, mais c'est au regard du souverain, et non pas au regard de ceulx qui sont plus bas.

Item l'en demande combien se estend consanguinité en ligne ascendant. Response : *Usque in infinitum. Ut. ff. de ritu. nuptia. l. et nuptie*, etc. LXXXV *q. ij. c. Progeniem.* Toutesfois de présent, indifférentement, tant en ligne ascendant comme descendant ou collatéral, la différence ne passe point le quatriesme degré : *ut in eodem capitu. Progeniem, eadem q.* Et ces notables sont à noter notablement, car Joachin ne peult contraher avecques quelconque personne mis en l'arbre.

Item ceulx qui sont mis en l'une partie de l'arbre ne pevent aucunement contraher l'ung avec l'autre tant près s'entretiennent. Toutesfois jusques à la dernière ligne d'esgalité, laquelle est conjointe à Joachin par le fils. Car les six dernières lignes de la celle de l'une partie de l'arbre ne attiennent en riens à ceulx qui sont par-dessus, si comme par clère démonstration peult estre veu.

Item ceulx qui sont mis en l'une partie de l'arbre pevent contraher avecques ceulx qui sont de l'autre. Excepté ès trois dernières lignes descendans d'icelle celle en laquelle est contenu *pater*, *mater*, car iceulx ne pevent en riens contraher avec ceulx qui sont en la ligne *sororis et fratris* de Joachin.

Item est à noter que ès trois degrés légaulx, *id est* ès degrés selon les loix, tant aux ascendans comme ès descendans, les deux premières lignes mises cy-dessus, c'est assavoir ceulx qui ont lieu, et ès collatéraulx est telle reigle : Que quantes personnes sont collatérallement descendues de la commune souche, mise hors icelle souche, par autant de degrés sont eslongnés l'ung de l'autre et les derniers de laquelle attinence l'en quiert.

DE COGNATION LÉGALLE.

Autre cognation ou consanguinité est qui est dicte *cognatio legalis*. Et vient par adoption. *Adoptio est legitimus actus per quem qui filius non est pro filio habetur*. Deux espèces sont de adoption, l'une que on adopte ou désire celluy qui est en autruy puissance, comme ung jeune enfant. Et ce est dit *adoptio*. L'autre quant l'en arrogue celluy qui est *sui juris*. Et est ce dit *arrogatio*. *Unde versus :*

Arrogo qui suus est. Sed habet meus esse necesse.
Patris adopto suum, nec patris desinit esse.

Adoption est de *adopto, adoptas :* qui est à dire désirer. Arrogation est dicte de *arrogo, arrogas*, car *arrogans sive adoptans rogat, et super hoc interrogat an videlicet nec*, etc.

Et toutesfois, soit pour luy ou pour autre, il convient l'auctorité du prince, pour ce que à luy touche pour la succession de l'arrogant, à laquelle l'arrogué est habilité par ce faict, et laquelle appartiendroit autrement à icelluy seigneur ou prince par deffault de autre hoir, s'il n'y avoit mis son décret. Ce bénéfice n'empesche pas seullement à contraher mariage, mais il despièce (1) quant il est assemblé, *ut* xxx. *q. j. c. Ita diligere debet homo*. Ceste adoption ou arrogation est perpétuelle entre l'adopté ou l'arrogué, et la femme de l'adoptant ou arrogant, car il est au lieu du fils comme dit est dessus, et a ce lieu en ligne directe, mais en ligne collatéral, non.

(1) B. : il le despèce.

DE COGNATION SPIRITUELLE.

Autre cognation est qui est dicte spirituelle. Cognation spirituelle est prochaineté ou proximité ou attinence qui vient *ex sacramenti datione*.

Neuf prochainetés, ou proximités, ou attinences sont nées de cognation spirituelle acquise par baptesme.

La première entre le fils baptisé, et le prebstre qui baptise, qui est dicte *filiatio*.

La seconde entre le prebstre et le père du baptisé, qui est dicte *compaternitas*.

La tierce entre le prebstre et la mère de l'enfant baptisé, qui est dicte *commaternitas*.

La quatriesme entre les enfans du prebstre et l'enfant baptisé, qui est dicte *fraternitas*, *ut* xxx. q. j. c. *Omnis* et q. iij. c. *Ita diligere debet homo*.

La quinte, entre le baptisé et celluy qui le liève des fons, qui est dicte *filiatio*.

La sixiesme qui est entre le baptisé et la femme d'icelluy qui le lève, et ce est dit, comme dessus, *filiatio*.

La septiesme est entre le baptisé et les enfans d'icelluy qui le liève, et ce est dit *fraternitas*.

La huitiesme est entre le levant et le père du levé, et est ce dit *compaternitas*.

La neuviesme est entre le levant et la mère du levé, et ce est dit *commaternitas*. Si comme toutes ces choses sont prouvées xxxj. q. iij. *per totum* et q. iiij. *ca. Si quis unus*, et c. *Qui spiritualem* et c. *post* Extra. *eo. et c. j. et c. Martinus et c. Veniemus* et c. *Tua. de cogna. spiri.* Et ces cognations empeschent et despiècent mariage.

Le baptisant,

Les levans ou levantes, *dicitur compaternitas*.

Et le père ou mère du levé,

Leurs maris et femmes par avant cogneues, *commaternitas.*

Les levans ou levantes,

Le baptisant et leur levé, *dicitur filiatio.*

Les femmes des levans par devant congneues,

Les femmes des levans,

Les enfans du baptisant,

Et le levé, *dicitur fraternitas.*

DE AFFINITÉ.

Affinité est une attinence qui vient de unes personnes à aultres moyennant aucune charnelle couple; et qui deffault de toute parenté, sicomme dit le chapitre : Tiercement, en la fin de ceste rubrique : quant l'homme est charnellement conjoinct à femme, tous les parens de l'homme sont faicts affins à sa femme, en iceulx mesmes degrés d'affinité, èsquels parenté, lignaige ou consanguinité charnelle ils attiennent à icelluy marié ou à icelle mariée ; mais entre les parens de l'homme et les parens de la femme n'est aucune attinence de mariage, *ut in c. et super hiis :* Extra. *De consanguin. et affin.* et sont dits affins *quasi ad alterius fines accedentes.*

Quatre reigles sont mises en l'arbre; desquelles la première est telle : Quant le mariage est consumé et contrahé de la personne dont l'en quiert, de ce naist le premier degré d'affinité, et aussi le degré lequel est près selon et jouxte le degré de consanguinité entre les parens de la femme, et le mary d'icelle, et les parens de l'homme et icelle mariée. *Hæc regula comprobatur in c. q. super his. De consan. et affi.* Extra.

La ij^e est telle : par autant de degrés que la parenté ou

lignage est élongné d'icelluy ou d'icelle, par autant de degrés est-il eslongné de la femme d'icelluy ou du mary d'icelle. *Hec regula comprobatur per c. De propinquis* xxxv. *q. ij. et iij.*

La tierce est : toute personne adjoustée à autre par charnel couple, elle mue le genre et non le degré. *Hæc regula comprobatur* xxxv. *q. v. c. Porro, etc. c. seq.*

La quatriesme reigle est : que personne adjoustée à autre par charnelle génération mue le degré et non le genre. *Hæc regula approbatur* xxxv. *q. v.* et ces deux dernières reigles sont comprinses en ces vers :

Mutat mixta genus : sed generata gradum.

Or convient-il composer l'arbre et l'exposer selon l'art des degrés d'affinité ; affin que par briefve instruction l'en puisse sçavoir en quel degré d'affinité les maris de ma seur, et des filles descendans d'elle jusques au quatriesme degré, attiennent aux parens de leurs femmes, comme à moy qui suis son frère, et à ses autres frères et nostre postérité jusques au quatriesme degré, *et econtra* en quel degré d'affinité les femmes de mon frère et du fils descendans de luy jusques au quatriesme degré attiennent à nos autres seurs et leur postérité jusques à icelluy quatriesme degré. Or soit mise au meillieu de l'arbre une ligne contenant quatre celles, et soit en icelle escript : *Primus gradus*, *secundus gradus*, *tertius gradus*, *quartus gradus ;* et sera mise au meillieu pour trois causes : l'une, affin qu'il soit entendu que affinité naist de consanguinité ; la deuxiesme cause est que affinité est contrahée de l'ung et de l'autre séparé tant masculin que féminin ; la troisiesme, que les degrés d'affinité sont contrahés selon les degrés de consanguinité, comme il sera monstré ci-après. De l'autre costé de icelle ligne soit mise une autre contenant quatre celles : et en la première celle soit mis *frater*, et en la seconde soit mis *fratris filius*, et en la troisième (1) *fratris nepos*, et en la quarte *fratris pronepos*.

De l'autre costé pour l'autre ligne contenant quatre celles ; en la première, soit escript *soror ;* en la seconde, *sororis filia ;* en la tierce, *sororis neptis ;* en la quarte, *sororis proneptis*. Doncques quant le frère est marié, le premier genre et le premier degré d'affinité sont contrahées entre la femme d'icelluy marié et la seur d'icelluy mesmes et les enfans qui descendent d'icelle seur. Et se la seur a depuis fille, lors naist le second degré d'affinité ; et se icelle fille de la seur a une autre fille, adonc est né le tiers degré. Et se la fille de la fille de la seur a une autre fille, lors est né le quatriesme degré. Et ce que je dis des filles ainsi est-il des fils, et n'y a quant à ce aucune différence mais en l'arbre en une partie sont mis les parens du sexe masculin ; et de l'autre partie les parens du sexe féminin.

SEQUITUR ARBOR SECUNDUM GRADUS AFFINITATIS.

L'arbre de affinité.

(4) Relictus relicti fratris.	(3) Uxor fratris olim relicta.	(2) Frater.	Primus gradus.	Soror (2).	Vir (3) sororis olim.	Relicta (4) relicti sororis.
	Uxor filii fratris.	Fratris filius.	Secundus gradus.	Sororis filius.	Vir filiæ sororis.	
	Uxor neptis fratris.	Fratris nepos.	Tertius gradus.	Sororis neptis.	Vir neptis sororis.	
	Uxor proneptis fratris.	Fratris pronepos.	Quartus gradus.	Sororis proneptis.	Vir proneptis sororis.	

(1) B. : en la tierce.
(2) Il est écrit au-dessus de cet arc de cercle : *Primum genus affinitatis.*
(3) *Affinitas quod hodie habet prohibitionem*, est-il écrit sur le plus grand arc de cercle.
(4) *Istæ duæ cellulæ ab extra positæ ponuntur ad decorem et ad demonstrandum genus affinitatis, sed non habent prohibitionem.*

Item quant le fils du frère contracte mariage, entre la femme d'icelluy et la femme dudit frère, c'est assavoir le père d'icelluy contrahant avec la ligne qui est en descendant, est né le premier genre d'affinité en ung autel degré d'affinité comme ils (1) et chacun d'eulx sont de sa consanguinité avec icelluy contrahant et sondit mary. Autant dis-je du fils frère, et autel du fils du frère, car les femmes sont contenues en icelle ligne qui est près (2) sur *frater*, laquelle ligne contient quatre celles. En la première desquelles est escript : *Uxor fratris olim relicta.* In secunda, *uxor fratris.* In tertia, *uxor neptis fratris.* In quarta, *uxor proneptis fratris.* Et ne soyez mye esmerveillés se ès narrations de tant de degrés n'est mis le genre d'affinité, mais le degré ; car le genre ne se mue poinct par engendrement charnel, mais le degré se mue comme dit est dessus, et que dit sera cy-après sur la partie de l'autre costé de la figure.

Car quant la seur contracte mariage, adonc naist le premier genre et le premier degré d'affinité entre le mary d'icelle contrahant, et le frère d'elle, et les enfans qui en descendent.

La fille contrahant, lors naist le deuxiesme degré d'affinité, entre le mary d'elle, et les frères et seurs de sa mère, et ceulx et celles qui d'iceulx frères et seurs descendent. Le mesmes (3) que dessus est, quant la fille de la fille contracte. *Item* quant la fille de la fille à la fille contracte mariage. Le genre d'affinité non mue en variation de succession, mais les degrés varient. Sicomme le degré de consanguinité est varié avec icelle personne moyennant laquelle personne l'affinité est contrahée.

(1) B. : il.

(2) B. : qui est en pies.

(3) B. : ce mesmes.

Icelle ligne qui est *juxta sororem* contient les hommes de ses femmes. Laquelle ligne a quatre celles. En la première est escript : *vir sororis olim relictus.* En la deuxiesme, *vir filiæ sororis.* En la tierce, *vir neptis sororis.* En la quarte, *vir proneptis sororis.*

Par-dessus et oultre ce sont deux oreilles, ou celles, mises de chascun costé de l'arbre. En l'ung est contenu : *Relictus relicte fratris*, et en l'autre : *Relicta relicti sororis*, lesquelles celles sont seulles et n'ont point de lignes ; et sont mises pour cause de beaulté ou de aornement, si-comme je diray cy-après.

Nota que les femmes de deux frères ou de deux cousins ne sont point affins (1), tellement que après le décès de leurs marys aucuns autres les pevent bien avoir par mariage successivement l'une après l'autre, nonobstant aucuns canons anciens ausquels il est à présent dérogué. xxxv. *q. v. c. Porro.*

Or, voyons des notables en quelle manière sont contrahés les genres d'affinité. Il est assavoir que quant aucun contracte mariage et le consomme par charnelle couple, adonc est né le premier genre de affinité entre le mary et les parens de sa femme, et entre la femme et les parens du mary, *ut infra eodem tit.*

Le second degré naist ainsi : si le frère contracte mariage, comme dit est, et après il meurt et la veufve de luy contracte avec ung autre mariage, lors naist le second genre d'affinité entre la seconde femme et les parens du premier mary. Et pour dénoter ce que dit est, il met tels mots en aucunes celles : *olim relictus, olim relicta*, aussi comme se il dist : en l'arbre ancien estoyent mis en ces parolles, *relictus, relicta ;* en démonstrant ausquels con-

(1) B. : affines.

trahans naissoit le second degré d'affinité, laquelle chose n'a pas lieu de présent ; ou par adventure a lieu quant ils sont au deuxiesme ou troisiesme genre d'affinité.

Item quant le frère contracte, lors naist le premier genre d'affinité entre la femme d'icelluy et la seur d'icelluy, mesmes avec la postérité d'icelle seur. Et se icelluy frère trespasse, et sa femme, *uxor fratris olim relicta*, se marie avec ung aultre mary, lors naist le deuxiesme degré d'affinité entre le deuxiesme mary et la seur devant dicte avec sa postérité.

Se icelle secondement mariée trespasse et son feu mary contracte avecques une autre femme, lors naist le troisiesme degré d'affinité entre elle et ladicte seur avec sa ligne. Et ce dernier est désigné par icelle oreille, ou celle, qui dict : *relictus relictœ fratris*.

Autel est-il de l'autre costé de l'arbre ; car quant la seur contracte mariage, alors naist le premier degré d'affinité entre le mary d'icelle seur et le frère d'icelle avec la postérité d'icelluy frère. Quant la seur est morte, et le mary d'elle contracte avec ung autre, adonc naist le deuxiesme degré d'affinité entre icelle seconde femme et le frère de la première feue (1) femme, ou avec la postérité d'icelluy. Et quant icelluy qui fut mary de la seur est trespassé, et sa femme contracte avec l'autre, lors naist entre icelluy et le frère devant dit de sa première femme avec la ligne d'icelluy, le tiers genre d'affinité. Et ce dénote celle oreille en laquelle est escript : *relicta relicti sororis*.

Secondement tu doibs noter que sur la celle sur laquelle il est escript : *uxor fratris olim relicta*, est commencée et extendue une reigle ou ligne sur le demy rond, en la-

(1) B. : veufve.

quelle est escript : *primum genus affinitatis*. Et s'adresse et prent fin à la celle à laquelle est escript *soror*. Et icelle estendue aussi retourne et prent illec commencement et se adresse en retournant en ladicte ligne, *uxor fratris*, etc. Et ce dénote que eulx sont affins l'ung de l'autre.

Et semblablement sur la celle *frater* est commencée et extendue une autre reigle ou ligne sur le demy ront, en laquelle sont ces mesmes parolles : *primum genus affinitatis*, et ressortist et retourne à icelle celle, *vir sororis*. Et de icelle celle *vir sororis* retourne à icelle reigle ou ligne à ladicte celle *frater*, et ce dénote que ils sont affins l'ung de l'autre.

Tiercement, tu dois noter que affinité est une prochaineté de personne qui vient de charnelle conjonction et deffaillant de toute parenté.

Quartement, tu dois noter que affinité ne naist point de nopces interdictes, *ut ff. De gradibus, l. Non facile*, § *Sciendum est*. Et ainsi par quatre reigles, par quatre questions, et par quatre notables est exposé l'arbre.

ET SIC EST FINIS ARBORIS AFFINITATIS (1).

S'ENSUYT LA MANIÈRE DE FAIRE BREVET OU OBLIGATION.

Jehan de Baillieu, marchant drappier, demourant à Paris, demourant en la rue de la Vieille-Draperie, confesse debvoir à gaige à Jehan des Champs, aussi demourant à Paris, à ce présent ou au porteur, etc., la somme de dix livres tournoys, monnoye courant à présent, pour cause de pur et loyal prest faict amyablement en deniers comptans par ledict Jehan des Champs audict Jehan Baillieu à

(1) Ici finit B.

son besoing et nécessité, sicomme, etc., dont, etc., à paier ladite somme de dix livres tournoys à la Sainct-Remy prochainement venant, promectant, etc., oblige corps et biens, etc. Faict et passé tel an et tel jour, etc.

AULTRES CAUSES.

Pour vente de deux muytz de forment, bon et loyal marchant, qu'il confesse avoir eu et receu dudict créancier; *vel sic*, pour vente d'un cheval de poil bayard à longue queue, etc.

BREVET POUR CONSTITUTION DE RENTE.

Guillaume Coquart, etc., vent, constitue et promet garantir à maistre Guillaume Guerson, maistre ès-ars, escollier à Paris, à ce présent, acheteur pour luy et ses hoirs, etc., vingt-quatre solz parisis monnoye courant de rente annuelle, à les avoir et prendre, et que ledict vendeur promect et gaige par luy, ses hoirs, à rendre et payer audict acheteur, à ses hoirs ou au porteur, et doresenavant par chascun an au jour de Noel, premier terme de payement escheant à Noel mil cinq cens et ung. Sur une maison, court, jardin, granches, estables, bergeries, le lieu et cetera.

Assavoir audict Orly, en la rue de Parruseau (1), près la fontaine, tenant d'une part à Guillaume Chastel, et d'autre part à la rue de Bourneil, chargé de cinq solz quatre deniers parisis par an. Item sur quartier et demy de vigne ou terrouer de Grignon, tenant d'une

(1) A.: de Parruse, auprès, etc.

part à Jehan Guerrant, et d'autre part à Jacques Villaines, aboutissant d'ung bout sur le pressouer dudict Grignon, chargé de III ob. t. Item sur quartier et demy de vigne ou terrouer dudict Grignon, tenant d'une part à Pierre le Maire, aboutisant sur la voye qui va à Thiais, chargé de IIII deniers ob. t. Item sur cinq arpens de terre ou terrouer de Paray, tenant d'une part à Jehan Robert, et d'aultre a Aucoy Nolyot, aboutissant sur la voye de Ovy soubz charge au pris de XII deniers parisiz chascun arpent. Les toutes censives dont ce meult. Et généralement, etc., à fournir et faire valoir, etc., non obstant, etc. Cette vente et constitution faicte moyennant dix-huit livres tournois moins (1) que pour ce ledict vendeur en confesse avoir eu et receu dudict acheteur. Sicomme, etc., dont, etc., quicte, etc., désaisissent jusques à la valeur, etc., procureur le porteur, etc., donnant pouvoir, etc., rachetable à une ou deux fois pour pareille somme de XVIII livres tournois monnoye courant à présent. Arréraiges par portion de temps et tous loyaux coustemens. Promet oblige, etc. Faict l'an mil cinq cens, le mardi vingt-deuxiesme jour de décembre.

BREVET DE PROCURATION.

Estienne Bailly, libraire, demourant à Challons en Champaigne, fait et constitue ses procureurs maistre Anthoine Parceval, Martin le Saige, procureurs ou Chastellet de Paris, et chascun d'eux pour playder, opposer, appeler, etc., substituer, etc. Et par espécial audit tel, etc., de poursuivir, pourchasser, contraindre, demander et re-

(1) Monnoye courant ?

cepvoir de Petit Jehan Delaistre à Paris, chartier, demourant, etc., ès faubourgs de Paris, etc., la somme de dix livres tournois deues audit constituant pour les causes contenues ès lettres obligatoires sur ce faictes et passées soubs le séel de la baillye de Vermandoys à Laon, l'an mil cinq cens, le vingt-deuxiesme jour du moys d'octobre.

AULTRE CLAUSE ESPÉCIALLE.

Spéciallement et par exprès pour acquiescer en certaine cause et procès pendant en la Court de parlement à Paris, entre ledit constituant, appartenant du baillif de Montferrant ou son lieutenant d'une part, et maistre Pierre des Champs, intimé, d'autre part, ou anticipant s'il a esté anticipé.

AULTRE CLAUSE SPÉCIALLE.

Et par espécial pour poursuyvir, pourchasser, demander, requérir, recepvoir et faire venir ens tout ce qui peut estre deu audict constituant par telz et telz et par toutes aultres personnes, de quelque estat et condition qu'elles soient, du receu bailler quictance une ou plusieurs, telles et si bonnes que mestier sera et au cas appartiendra.

AULTRE CLAUSE ESPÉCIALLE.

Pour requérir, faire, accepter partaige et division avec toutes personnes qu'il appartiendra, de tous les biens et héritaiges qui pevent compéter et appartenir audit constituant, tant par les décès et succession de ses feu père et mère ou de tels et tels, etc., gecter au lots en la manière accoustumée, accepter et prendre le lot, part et portion qui adviendra et escherra audit constituant, icelluy recepvoir et de ce faire, passer et bailler lettres de partaige et quictance, une ou plusieurs, telles que au cas appartiendra. Et générallement, etc., promectant, etc., oblig., etc., renonçant, etc.

PROCURATION GROSSOYÉE.

A tous ceux qui ces présentes lettres verront : Jacques d'Estouteville, chevalier, seigneur de Beine et de Bleinville, baron d'Ivry et de Saint-Andry en la Marche, conseiller, chambellan du roy nostre sire, et garde de la prévosté de Paris, salut.

Sçavoir faisons que par-devant Pierre Oraige et Jehan de Calays le jeune, notaires du roy nostre dict seigneur, de par luy establiz en son Chastellet de Paris, fut présent et comparut vénérable et discrète personne maistre Gilles, etc., licencié en loix, prieur commendataire du prieuré [Saint-Jean-Baptiste] ou diocèse de Poictiers, membre dépendant de l'ordre de Sainct-Benoist ou diocèse de Tours, lequel fist, nomma, ordonna, constitua, establit ses procureurs généraux et messagiers espéciaulx, maistre Pierre Golet, maistre Guillaume Mesnagier et maistre Nycole Jourdain, licenciés en loix, auxquelz et à chascun d'eulx seul par soy et pour le tout, portant ces lettres, ledict constituant donna et donne plain povoir, puissance, auctorité et mandement espécial de, pour et ou nom de luy, requérir l'exécution de certaine sentence de recréance de nous donnée à son prouffit à l'encontre de tel, etc., pour raison dudict prieuré Sainct-Jehan-Baptiste, demander et recepvoir les fruicts, proffitz, revenu et esmolument dudict prieuré, en traicter, chevir et composer ainsi que bon leur semblera, bailler à ferme et amodiation tout le revenu d'icelluy prieuré, tant en général que en particulier, à telles personnes, pour tel pris, et ainsi que bon leur semblera, et en recepvoir le revenu, du receu eux tenir pour contans, y commettre et establir officiers pour exercer la justice dudit prieuré, soit baillif, prévôt, maire, juge, greffier, geollier, sergens que aultres officiers, et sur ce faire passer lettres de bail, d'estat, quictances, une ou plusieurs, telles que mestier sera et au cas appartiendra. Et, se mestier est, plaider pour luy en toutes cours, et par-devant tous juges tant d'église que court laye, sa personne représenter, excuser et exonier, plaider pour luy, plaitz entamer, poursuivir et mener, etc., reconvenir, advouer, désavouer, etc., adjoindre en toutes causes et procès, en prendre l'adveu, faicts et charge de garantie et en requérir le renvoy, faire faire tous exploits de justice, requérir l'exécution de toutes manières de lettres obtenues et à obtenir, former toutes complainctes en cas de simple saisine, de nouvelleté et aultrement, les faire ramener à effect et toutes aultres demandes, etc., jurer en l'âme de luy et faire tous sermens que ordre de droit veult et permet, répliequer, etc., eslire domicille, bailler caution, décliner Court et juge, accepter Court et jurisdiction, conclure en cause, faire et veoir jurer tesmoings, produyre toutes manières de lettres, bailler faits de reproches, contredits, etc., opposer en tous cas, appeler de tous griefs et y renoncer se mestier est, bailler par escript et proposer de bouche faicts et raisons par *credit vel non credit*, faire veues et ostentions de lieux, et faire au surplus tout ce que a fait, etc. Et oultre donne povoir et puissance audict tel, etc., de substituer aultres procureurs, ung ou plusieurs, qui ait ou ayent le povoir dessusdict ou partie d'icelluy, et les révocquer, se bon luy semble, ces présentes demourans en leur vertu. Et générallement de faire et besongner ès choses dessusdictes et ès despendances tout pareillement comme ledict constituant feroit et faire pourroit si présent en sa personne y estoit, jà soit ce que le cas requist mandement plus espécial. Promectant icelluy constituant en bonne foy, etc., de tous ses biens, revenu temporel, présens et advenir, avoir agréable, tenir ferme et estable à toujours, tout ce que par sesdicts procureurs leurs substit[uts] et chacun d'eulx sera faict et besongné ès-choses dessusdictes et ès dépendances. Et payer le juge se mestier est.

COMMISSION POUR BESONGNER PAR PROVISION DE JUSTICE SUR AULCUN HÉRITAIGE.

A tous ceulx qui ces présentes lettres verront, Jacques d'Estouteville, etc., sçavoir faisons que cejourd'huy, date de ces présentes, à la requeste de vénérable et discrète personne maistre Symon, etc., disant que certain vray tiltre à déclairer en temps et en lieu luy compète et appartient, et est puis naguères devenu détenteur d'une maison, etc. Esquelz lieux convient et est nécessité faire plusieurs réparations, édiffices et aultres, etc., sans lesquelles estre faictes iceulx lieux seroient inutiles et de nul prouffit et valeur audict tel, etc., qui icelles réparations ne ose faire faire, ne prester les deniers pour ce faire, pour doubte de les perdre au moyen de l'éviction qui faite luy en pourroit estre par retraict, ypothèque ou aultrement, requérant sur ce nostre provision. Nous, ce considéré, avons ordonné et ordonnons par provision de justice que ledict maistre Symon, etc., que à ce faire commectons comme personne estrange, pourra faire faire lesdictes réparations, édiffices et aultres méliorations nécessaires à faire esdits lieux, iceulx lieux premièrement veus et visités par jurés maçons, charpentiers et gens en ce congnoissans. Et prester les deniers qu'il conviendra pour ce faire, sauf à iceulx recouvrer sur iceulx lieux, et partout ailleurs où il appartiendra par raison. En tesmoing de ce, etc.

ET SIC EST FINIS.

Cy finist le grant Coustumier de France, instruction de practique et manière de procéder et practiquer ès souveraines Cours de parlement, prévosté et viconté de Paris et aultres jurisdictions du royaulme de France. Nouvellement reveu, corrigé, adapté le droit, la coustume, et ordonnances royaulx et plusieurs arrestz de la Court de parlement selon les matières et cas occurrents, avecques l'extraict du stille de la Court et manière de faire les assignations et appoinctemens. Avec les ordonnances des eaues et forestz, contenans LXXV articles, avecques l'arbre de consanguinité et affinité, et plusieurs aultres additions, nouvellement adjoutées.

Laus Deo, pax vivis, et requies deffunctis.

TABLE DES MATIÈRES.

LIVRE I.

LIVRE II.

LIVRE III.

FIN DE LA TABLE DES MATIÈRES.

Paris. — Typ. HENNUYER ET FILS, rue du Boulevard, 7.

www.ingramcontent.com/pod-product-compliance
Ingram Content Group UK Ltd.
Pitfield, Milton Keynes, MK11 3LW, UK
UKHW020129290926
15471UKWH00003B/367

LIVRE IV.

APPENDICE.

S'ENSUIVENT AUCUNS NOTABLES MOULT PRACTICABLES, EXTRAICTS DU STILLE DE LA COURT DE PARLEMENT, POUR AVOIR VRAIE CONGNOISSANCE D'ICELLUY, ET DE LA MANIÈRE DE PROCÉDER EN LADICTE COURT, AVEC PLUSIEURS ET INFINIS ARRESTS SUR CE INTERVENUS SELON LES MATIÈRES ET CAS OCCURRENTS.

FIN DE LA TABLE DES MATIÈRES.

Paris. — Typ. HENNUYER ET FILS, rue du Boulevard, 7.

www.ingramcontent.com/pod-product-compliance
Ingram Content Group UK Ltd.
Pitfield, Milton Keynes, MK11 3LW, UK
UKHW020129290926
15471UKWH00003B/367

9 782012 686878